国家社科基金重大项目"孔子学院跨文化传播与管理研究"(16ZDA221)结项成果

安然 等著

孔子学院跨文化研究（上）

周斌 题

中国社会科学出版社

图书在版编目（CIP）数据

孔子学院跨文化研究：全二册 / 安然等著.
北京：中国社会科学出版社，2025.3. -- ISBN 978-7
-5227-4543-5

Ⅰ. G125

中国国家版本馆 CIP 数据核字第 2024BC4819 号

出 版 人	赵剑英
责任编辑	刘志兵
责任校对	冯英爽
责任印制	李寡寡
封面题字	周　斌

出　　版	中国社会科学出版社
社　　址	北京鼓楼西大街甲 158 号
邮　　编	100720
网　　址	http://www.csspw.cn
发 行 部	010-84083685
门 市 部	010-84029450
经　　销	新华书店及其他书店

印　　刷	北京明恒达印务有限公司
装　　订	廊坊市广阳区广增装订厂
版　　次	2025 年 3 月第 1 版
印　　次	2025 年 3 月第 1 次印刷

开　　本	710×1000　1/16
印　　张	41.5
字　　数	635 千字
定　　价	239.00 元(全二册)

凡购买中国社会科学出版社图书，如有质量问题请与本社营销中心联系调换
电话：010-84083683
版权所有　侵权必究

总目录

绪论 …………………………………………………………… (1)

第一部分 孔子学院跨文化适应(社会与心理)研究:基于汉语教师志愿者

第一章 孔子学院汉语教师志愿者跨文化适应研究理论基础 …………………………………………………… (59)
第二章 孔子学院汉语教师志愿者的跨文化适应 ………… (71)
第三章 孔子学院汉语教师志愿者跨文化适应理论模型建构 …………………………………………………… (121)

第二部分 孔子学院跨文化适应(职业与身份)研究:基于公派教师群体

第四章 孔子学院公派教师跨文化职业适应研究理论基础 …… (129)
第五章 孔子学院公派教师跨文化职业适应特征 ………… (144)
第六章 孔子学院公派教师跨文化职业适应理论模型建构 …… (201)

第三部分 孔子学院跨文化管理沟通研究:基于中外方院长

第七章 跨文化管理沟通研究理论基础 ………………… (211)

目　录

（上　册）

绪论 ……………………………………………………………（1）

第一部分　孔子学院跨文化适应（社会与心理）研究：基于汉语教师志愿者

第一章　孔子学院汉语教师志愿者跨文化适应研究理论基础 …………………………………………………（59）
第一节　跨文化适应理论维度 ……………………………（59）
第二节　组织支持 …………………………………………（61）
第三节　使命感的内涵 ……………………………………（63）
第四节　志愿者跨文化适应研究与分析路径 ……………（64）

第二章　孔子学院汉语教师志愿者的跨文化适应 ………（71）
第一节　社会文化及心理适应 ……………………………（72）
第二节　跨文化教学适应 …………………………………（91）
第三节　职业使命感的内涵与呈现 ………………………（102）
第四节　志愿者获得的组织支持 …………………………（111）

第三章　孔子学院汉语教师志愿者跨文化适应理论模型建构 ………………………………………………（121）
第一节　志愿者跨文化适应理论模型的提出 ……………（121）

第二节　跨文化管理沟通影响因素 …………………………（212）
第三节　跨文化管理沟通冲突及应对策略 …………………（213）
第四节　中外方院长跨文化管理沟通研究与分析路径 ………（214）

第八章　孔子学院中外方院长跨文化管理沟通影响因素及应对策略 …………………………（219）
第一节　中外方院长跨文化管理沟通现状 …………………（219）
第二节　中外方院长跨文化管理沟通影响因素 ………………（226）
第三节　中外方院长跨文化管理沟通应对策略 ………………（233）
第四节　中外方院长跨文化管理沟通影响机制 ………………（237）
第五节　中外方院长跨文化管理沟通应对方式及结果 ………（242）

第九章　孔子学院中外方院长跨文化管理沟通理论模型建构 ………………………………（245）
第一节　中外方院长跨文化管理沟通模型的提出 ……………（245）
第二节　中外方院长跨文化管理沟通机制 …………………（246）
第三节　本部分小结 …………………………………………（247）

第四部分　孔子学院跨文化领导力研究：基于中外方院长

第十章　跨文化领导力研究理论基础 …………………………（255）
第一节　领导力定义及维度构成 ……………………………（255）
第二节　领导力研究流派及走向 ……………………………（257）
第三节　跨文化领导力研究主要方向 ………………………（258）
第四节　中外方院长跨文化领导力研究与分析路径 …………（260）

第十一章　孔子学院中外方院长跨文化领导力维度建构 ………（267）
第一节　个人层面跨文化领导力建构 ………………………（268）
第二节　团队层面跨文化领导力建构 ………………………（279）

第三节　组织层面跨文化领导力建构 …………………………（292）

第十二章　孔子学院中外方院长跨文化领导力理论模型建构 ……（308）
　　第一节　中外方院长跨文化领导力理论模型的提出 …………（308）
　　第二节　中外方院长跨文化领导力模型机制阐释 ……………（310）
　　第三节　本部分小结 ……………………………………………（313）

第五部分　孔子学院跨文化适应与发展理论模式建构及实践探索

第十三章　孔子学院跨文化研究理论模型建构 ……………………（317）
　　第一节　孔子学院跨文化研究的理论定位 ……………………（317）
　　第二节　本书的主要理论观点 …………………………………（320）
　　第三节　孔子学院跨文化适应理论模式建构 …………………（323）
　　第四节　孔子学院本土化发展思考 ……………………………（327）

第十四章　孔子学院发展对策 ………………………………………（330）
　　第一节　注重汉语教学志愿者跨文化适应培训与
　　　　　　政策支持 ……………………………………………（330）
　　第二节　进一步完善国际中文教师队伍建设 …………………（334）
　　第三节　提升孔子学院中外方院长管理沟通效率 ……………（338）
　　第四节　完善孔子学院院长领导力培育路径 …………………（341）

绪　　论

一　孔子学院基本概况

随着"汉语热"持续升温，越来越多的国家将汉语纳入国民教育体系，汉语教学在多国的普及性、基础性大幅提升。截至2023年5月，全球已有81个国家将汉语纳入国民教育体系，包含俄罗斯、印度、印度尼西亚、泰国等15个"一带一路"共建国家，180多个国家和地区开展中文教学，35个国家颁布专项支持汉语教学的法令和政策，涵盖世界上主要政治体和经济体国家。另外，各国不断推出汉语教学专项计划和重大项目，支持力度越来越大，泰国从王室到社会各界高度重视汉语教学，2016年，阿联酋王储穆罕默德提出在100所学校开设汉语课程。

2004年，中国借鉴英、法、德等国设立对外语言文化传播机构的经验，在韩国设立第一所孔子学院。自此，中国在海外逐渐兴办这种特定的非营利性公益文化机构，以本国语言学习与推广为起点，通过举办一系列教学与文化活动，最终实现向海外民众零距离传播中国文化的目的。正如德国歌德学院或西班牙塞万提斯学院都选取了本国历史上最具文化影响力的思想先驱命名海外文化机构一样，中国也选取了海内外文化影响力最广泛的儒学至圣孔子，将在海外兴办的这一文化机构命名为"孔子学院"。孔子学院的发展日益壮大，截至2019年底，共有162个国家（地区）设立了550所孔子学院和1172

理事会主要负责研究审定孔子学院的发展规划、年度工作和预决算方案等内容。中外双方共同筹措和管理办学资金，一般投入比例为1∶1，真正做到共建、共管、共享、共赢。

孔子学院相对于一般的非营利性机构，乃至世界主要语言文化推广机构，存在很大不同，体现在以下三方面：一是孔子学院由中外合作办学，部分孔子学院同时具备中外方两个院长；二是孔子学院大都由总部委托中方机构（省级教育主管部门或中国高等院校）与外方机构（外国高校、外国政府机构或社区）共同建设，总部、中方院校、外方院校三者相互依存是孔子学院稳定发展的关键；三是孔子学院所处的外部环境受国家之间关系和国家外交等因素影响。目前，孔子学院的办学主要采取五种合作模式：一是国内外高校合作；二是国内外中学合作；三是外国社团与国内高校合作；四是外国政府与中国地方政府合作；五是企业与高校合作。

2. 孔子学院的章程

对于任何一个法人组织而言，提交章程是其成立的前提条件，章程对组织发展建设有指导、规范和约束性作用。对于孔子学院这样的语言文化推广机构，章程具有十分重要的意义。2008年，孔子学院章程拟定通过，并在章程建设和章程内容确定的初期，为孔子学院确立了长远清晰的发展使命和目标宗旨，规定了孔子学院建设所必需的重要事项。孔子学院章程初期确立的工作内容可能简略、可能不够全面，但确立下来的都是机构的"头等大事"，需要经得起时间的考验。孔子学院章程历经短短十余年，章程建设不可能一步到位，无论是章程制定还是章程内容，都需要不断甄别、充实和完善。目前，孔子学院章程制定工作刚刚起步，孔子学院章程的价值和作用需要加以重视，明确孔子学院章程的文本内容，对章程中的条款进行解释并说明适用范围，避免争议，才能保障各项条款得到切实有效的执行。因此，章程的建设是一个从简单粗略逐步走向详细完备的过程。

章程对一个组织的发展起着至关重要的作用，因此我们专门系统地分析并比较了孔子学院和英国文化协会、法语联盟、歌德学院、塞万提斯学院和世宗学堂等国外语言文化推广机构的章程文本（文本由推国际中文教育事业可持续发展。

（4）办学目的：推动中外人文交流，增进国际理解

孔子学院办学目的之一在于推动中外人文交流，增加国际的理解与互信，打造中外交流交往和公共平台。在高度相互依赖的共同体时代，政府推动公共交往，促进国际理解，需要非政府组织公共交往的补充和完善，孔子学院以教育的形式，面向外国民众开展汉语知识传播和文化交流，凸显其公共交往作用，不少学者将其视为一种创新形式的文化外交。

另外，孔子学院具有独特的组织结构配置，强调外国非政府组织参与的必要性和重要性，这使得孔子学院在某种意义上也是"新"公共交往的一个典型案例。依托中国汉语母语国优势、深耕语言文化交流领域、开展中外合作办学的孔子学院，其公共交往功能具有独特性质，因此，如何客观介绍中国的方案和信心，关系到信息传播的完整性，也是孔子学院后续发展需要深入思考和关注的问题之一。孔子学院可以成为中国公共外交转型的政策试点，把更多经验教训转化成公共外交的知识资产，进而为其他项目提供借鉴。

2. 孔子学院主要功能

目前，孔子学院主要承担汉语教学、中外人文交流交往平台和综合服务等多种功能。作为非营利性的语言文化教育机构，孔子学院正以教育的形式，开展文化的交流，实现其社会的价值。

（1）汉语教学工作

汉语教学是孔子学院办学的核心功能，在孔子学院发展中占据最为重要的地位。孔子学院的汉语教学内容较为多样，这和孔子学院在世界各地办学，面临不同的办学现状紧密相关。孔子学院汉语教学主要包括以下几种类型：

一是大学汉语教学课程。一些孔子学院在合作的外方高校中开设相应的汉语教学课程，为该校在校学生提供汉语教学。

二是中小学生教学为代表的基础汉语教学。这部分汉语教学主要针对低龄学童或者完全不具备汉语基础的成人开展。随着中国经济实力的发展，"汉语热"不断升温，中文学习逐渐呈低龄化趋势，所以

此类教学主要为汉语基础教学。

三是为企业员工提供的汉语教学。孔子学院作为中外合作办学的教育机构，外方举办机构不仅仅是外方高校，也有外方企业，因此，孔子学院的汉语教学也就包含了为企业员工提供汉语教学等。

（2）孔子学院的文化活动平台功能

孔子学院主要承担汉语推广与文化传播工作，因此，开展文化活动是孔子学院的重要工作内容，也是孔子学院的核心功能。各类文化活动的举办是孔子学院展示与传播中国文化的重要方式和路径。文化活动的内容和形式较为多样，包括：

文化展示类。此类活动以展示中国文化为主，以纵向时间来看，孔子学院的文化展示活动既包含传统文化，也涵盖中国现当代文化的展示，主要涉及中国基本情况，传统文化中的武术、书法、音乐等。

文化体验类。此类活动指的是孔子学院组织学生通过课堂教学等了解中国文化，体验中国文化魅力。有的专门开设了中国文化体验课堂，为当地学生了解和体验中国文化搭建平台。

会议讲座类。此类活动通过讲座或者会议介绍中国文化，与汉语学习者和当地居民互动。

（3）孔子学院的交流交往平台功能

孔子学院是国际文化交流平台的典型代表，作为中外合办的文化教育机构，在两国间、两个举办机构间承担了非常重要的文化交流平台功能。在推广汉语工作的同时，为当地人了解中国文化，为中国相关高校、企业了解当地文化，中外文化和组织间的沟通交流起到了非常重要的连接作用。孔子学院以语言交流为纽带，同时促进了不同文明和国家间的交流与交往。孔子学院搭建了一个交流平台，通过孔子学院的文化活动和课程，来自不同国家的学生有了交流和交往的机会。随着中国经济和贸易的发展，尤其是"一带一路"共建国家与中国进行商贸往来和人员交流的需求不断高涨，孔子学院的建设及功能正弥补了这一环节的不足与需要。

交流是双向的，传播也是双向的。孔子学院的办学不单单向所在国介绍中国文化，同样也会将该国的文化介绍给国人，起到文化双向交流的作用。在国外某汉办驻外代表处采访时,该处长提到,一位在该国做汉语教师的中方人员,在汉办代表处的支持和积极鼓励下,利用抖音拍摄该国的日常生活,面向国内传播。在访谈中他提到,这项工作更多的是将该国的生活和现状传到中国去,其实更难能可贵的地方就在这里。实际上国内对于这个国家的风土人情、学生和民众也不了解,他们的工作就是全部展现和记录这些问题。孔子学院作为跨文化的组织和机构,就要倡导文化间相互学习、借鉴和交流。孔子学院通过文化教育的交流以及人员交流,为所在国与中国间的互相了解、民间交流构建稳定通道。

(4) 孔子学院的综合服务平台功能

孔子学院在海外办学,面对不同的国家和地区,在开展汉语教学活动和推广文化活动的同时,提供多种综合性服务。如有的利用合作院校的特色与优势,积极开展中医药文化推广活动,开设中医课程,推广中医文化。有的积极开展商务服务活动,提供中文翻译或者商务咨询服务,为当地企业提供商业服务。同时,借助"汉语桥"等多个合作项目,组织当地学生参与世界大学生、中学生中文比赛和全球外国人汉语大会,通过"汉语桥"夏令营和交流团支持各国汉语爱好者和学习者赴华学习。有的孔子学院帮助学生学习汉语,获得赴华继续深造的机会,如赴华攻读硕士学位,这也是孔子学院促进中外人员交流的生动案例。同时,也有部分孔子学院在中外合作院校间积极联系,在孔子学院建立培训基地,提供中外学生的实习与培训。

不同的孔子学院严格遵守各国法律法规,尊重当地文化习俗,紧紧依靠所在大学,从语言入手,用文化交融,以当地人喜闻乐见的方式,因地制宜、灵活多样地开展汉语教学和文化活动,充分发挥了综合文化交流平台作用,拓展了孔子学院在当地办学的综合服务范围与内容。

(5) 在对立统一、互相争胜中统筹孔子学院原始基础定位与新核心竞争力

整体而言,多数孔子学院设在外方合办院校内,属于外方大学的下属教学机构,由外方大学聘用外方管理人员直接领导和管理。从这

个意义上来说,孔子学院的个体"本土化"发展代表了外方大学的利益诉求,体现为"外方"。而孔子学院内的中方院长和教师、志愿者等,以及中方合办院校代表了孔子学院总部权益诉求的"中方"。孔子学院既包含了中外方人员间的分工协作,也包含了孔子学院与外部中方组织(如孔子学院总部和中方合作院校)的协调合作。

因此,孔子学院如果单一地以"让国外民众学习中文和文化,了解中国"为策略,将难以适应复杂多变的本土动态环境,需要明确孔子学院汉语教学等原始基础定位与其发展基础定位之外形成的发展特色,协调二者的对立统一关系,合理调配发展资源、师资、时间等,从而塑造与众不同的核心竞争力。原始基础定位与调整形成的新核心竞争力的动态变化体现了互相争胜、协调统一的过程,即孔子学院早期基于总部规划的原始定位与市场导向发展中转变的核心竞争力之间的对立、互化、统一的动态关系,这也是本书重要观点之一。

(三)孔子学院人员构成

虽然孔子学院在结构上大体相同,但在具体的理事会成员组成、内部组织架构,以及嵌入当地大学或机构的方式上却各不相同,这些不同会导致孔子学院人员的组成和职能各不相同。整体而言,孔子学院主要由"三大人群"构成,他们各司其职。

孔子学院的"三大人群"主要指孔子学院的中外方院长、教师及汉语教师志愿者三个群体。在孔子学院内部,由院长负责孔子学院的日常运营和管理。在孔子学院的内部管理上,一般设置一名中方院长,一名外方院长。孔子学院的教师通常来自中方院校,如果实际工作有需要,也会聘用当地的汉语教师。而汉语教师志愿者则基本来自中国国内汉语教师志愿者项目。近年来,随着发展形势的多样化,也有少量的海外汉语教师志愿者加入孔子学院。

1. 中外方院长群体

在院长负责制下,孔子学院的中外方院长共同履行对孔子学院的管理职责。中外方院长的分工,主要体现为在日常管理和教学过程中,实行以外方为主、中方协助的方式,以充分调动外方办学的积极性。孔子学院章程对于中外方院长的分工也并未做清晰的描述,只是提到院长负责孔子学院的日常运营与管理。一般在院长负责制下，外方院长主要管理外方经理、本土教师和当地工作人员（项目经理、秘书等），而中方院长主要管理中方的公派教师和志愿者。但这一管理模式并不绝对，因为孔子学院设立的国家和地域不同，其组织架构也较为灵活。有的地区甚至是外方副校长兼任孔子学院的院长，这样中方院长和外方院长相当于"副院长"或者"执行副院长"，负责日常的工作与管理。同时，部分孔子学院还设置"外方经理"一职，负责孔子学院的商务联系、业务拓展或者公共事务接洽等事宜，依据地区情况不同，外方经理也承担不同的管理任务。本书所称的"中外方院长"指孔子学院的管理群体，也包括部分外方经理群体。这一群体是孔子学院作为组织的领导方，双重领导下的沟通协商乃至领导力均为新情况新模式，亟须探索研究，这也是本书的主要内容之一。

2. 教师群体

孔子学院教师群体包括公派教师和在当地聘请的汉语教师。孔子学院公派教师，也叫国家公派教师、国际中文教师，这一群体是奋斗在国际汉语教育事业一线的教学人员，其主要来源于国内合作院校派出的教师、大、中、小学在职教师、教育局下属在职教师自主报名派出、志愿者转公派教师派出等。外派期间，不仅要完成教学工作，同时也要处理一些行政方面的事务，包括维持孔子学院正常运营的行政、财务等方面的工作，以及对外联络，如承接国内高校团组来访、汉语教师志愿者、公派教师及本土教师的培训、承办各种汉语相关比赛及考试等。与传统教师相比，孔子学院公派教师存在流动性大、任期短、工作环境跨文化特征突出等特点。孔子学院公派教师群体与孔子学院中另两类群体（院长、汉语教师志愿者）有明显区别，他们在海外的工作教学情况、社会生活情况甚至是人际关系情况呈现怎样的状态，他们作为跨文化传播与适应下的主体，与其他外派人员（公司外派人员、留学生等）的跨文化适应情况表现出哪些共性与特性等，这些"问题"是需要我们去探究的。目前，学界研究存在对公派教师群体关注度不高、群体本身研究层面窄、维度少等问题。本书以上述不足为切入点开展研究，旨在深入考察外派人员跨文化职业适应研究、家庭—工作平衡关系、工作与组织的互动关系等，延伸相关理论，拓展研究范围。

3. 汉语教师志愿者群体

汉语教师志愿者一般是由国家汉办/孔子学院总部汉语教师志愿者项目招募、选拔、培训并由国内派出，在海外孔子学院、孔子课堂教学点任教的中国籍志愿者教师。其中包含汉语教师志愿者和海外汉语教师志愿者两大群体，两者的主要区别为，海外汉语教师志愿者拥有所在国的合法居留身份，筛选合格后就地上岗。从国内派出的汉语教师志愿者需办理赴任国的签证，并培训合格后派出。两个群体在孔子学院的工作内容，享受同等生活津贴。汉语教师志愿者群体的主体为国内各大高校的毕业生或参与专业实习的在校学生，相较于公派教师、中方院长和经过专业培训后持证上岗的传统教师，该群体缺少教学实践经验，绝大多数没有过海外工作生活的经历，具有流动性大、任期短、有活力、使命感强等特征。作为首次离开母文化环境的短期旅居者，到异文化环境中从事1—3年的汉语教学和文化传播工作，该群体不仅要适应陌生的异文化环境、接触并与有着不同文化背景的人相处、学习语言教学及课堂管理技巧，还面临着自身从"学生"到"教师"的身份转变以及所处环境从"学校"到"职场"的转变。同时，我们对孔子学院汉语教师志愿者"使命感"进行挖掘，探讨了志愿者的使命感从何而来、有何影响等问题。本书试图揭示志愿者的使命感与志愿者派出国的文化的关系，并指出在志愿者的工作实践中使命感将影响其工作价值取向（由个人取向转换为集体取向），进而促进其身份转换，丰富了志愿者使命感与跨文化适应内在动因方面的探究。

孔子学院三大人群是本书的直接切入点。本书从内部视角出发，在孔子学院情境下，对三大人群进行深入剖析，对于涉及的跨文化适应类别及特征、机理机制进行梳理并呈现，彰显质性研究特色，并建构相应的理论模式；同时通过对院长跨文化领导力模型的构建，扩展跨文化领导力情境研究、明确影响机制，等等。

二 跨文化研究理论及发展

跨文化是一个庞大而复杂的概念领域，其研究所涉及的学科、主题、概念等都相当多样，这也正呼应了文化的多样性、文化主体的多样性这一现实（Sowell，1991；张昆、陈雅莉，2015）。作为聚焦孔子学院这个具体跨文化组织情境以及三大人群这个具体研究对象的研究，本书不可能囊括跨文化研究的方方面面，而是有选择地纳入与本书研究情境和研究对象最为相关和适应的理论，作为指导本书研究数据分析的理论基础，同时期望经由我们的研究对这些理论做出补充和发展。因此，本书的开篇对所涉跨文化理论做一个简要回顾，主要涉及跨文化适应、跨文化沟通、跨文化领导力等理论范畴，以一个理论总括的姿态奠定本书的理论基础。之所以将其称为理论范畴，是因为每一个理论概念下面都包含了很多维度和分支，这更体现了跨文化研究的复杂性。之后的各个章节，会对所涉及的理论概念进行更为细致的梳理和介绍。

（一）孔子学院的跨文化定位

跨文化研究起源于西方，通常有"intercultural"和"cross-cultural"两个表述，而在中文里统一翻译为"跨文化"。"intercultural"强调不同文化进行接触，产生交流和对话，意含对社会整体性的强调（Berry，2005；Meer & Modood，2012）。这个整体指的是不同文化接触交流之后产生共享意义空间，形成一种中间地带，连接不同文化，所以又称文化间性（interculturality），是不同文化相遇之后建立某种对话关系的结果（方维规，2015）。"interculturalism"通常与互相依赖（interdependency）、互动交流（interaction）、互联性（interconnectedness）、国际性（internationalism）以及融合（integration）等词语紧密相关，且跨文化对话（intercultural dialogue）强调开放和交流的过程，说明跨文化的（intercultural）核心要义在于"对话和交流"，以至于达成理解，甚至融合的结果。跨文化的另一个英文表述是"cross-cultural"，源于跨文化心理学（cross-cultural psychology），认为文化和行为是可以

绪 论

分离的，不要求两种文化进行接触，侧重于对两种文化进行比较（Berry，2011），因此不强调接触和对话的过程。孔子学院跨文化研究，根植于中方工作人员和外方工作人员以及当地民众的日常交流互动情境中，必然是"intercultural"的。

跨文化理论体系庞杂，要想选取最贴合本书的理论范畴，指导本书的分析，就必须从孔子学院的跨文化定位出发，并充分考虑本书所牵涉的具体研究对象的特性和日常活动，即三大人群。孔子学院是中外合办的跨文化教育机构，其日常经营活动少不了中外双方的参与，发展轨迹也受中国文化以及当地文化的双重影响，跨文化特征明显。在这个跨文化组织中，维持其运转的核心实际上是以院长、教师和志愿者构成的三大人群，而三大人群除了部分外方院长，大部分都是来自中国的外派人员，他们在新文化和工作环境中的跨文化适应问题不可避免。三大人群跨文化适应的情况与孔子学院是否能够良好地运转息息相关，因此，跨文化适应理论也就理所当然地成为本书的理论起点。

在跨文化适应视角下，孔子学院三大人群的生活和工作情况犹如一幅画卷徐徐展开。教师和志愿者基本都是国内派出的，而院长群体一半是由国内派出的中方院长，另一半是来自当地合办机构的外方院长，他们之间的沟通本质上也是跨文化的。因此，跨文化沟通相关理论成为研究院长群体绕不开的一个理论范畴。另外，在日常工作中，相比教师和志愿者，院长还有一个管理者和领导者的身份，因此，他们的领导能力对于孔子学院的发展走向至关重要，而跨文化领导力自然也就成为研究院长领导力的理论范畴。跨文化适应、沟通、领导力是将三大人群置于研究的核心，本质上是个体和团队层面的，而孔子学院作为一个跨文化组织，研究视角必须提升到组织层面。

接下来，本书简要梳理跨文化适应理论，其目的不是对相关理论进行细致的文献综述，而是以一个概貌描绘的方式为该理论画一个全身像，框定理论基础，说明每一个理论如何适用于本书的特定部分，从而为孔子学院的跨文化研究找到合适的理论坐标。之后在每一具体章节，还会有相关理论的细致梳理，尤其详细说明与该章节研究对象紧密相关的某些理论维度，展示理论细节。

需要注意的是，理论概念的阐述虽然都分成三部分，但并未遵循统一的模板和格式，因为每一个概念的发展历史、适用情境以及研究走向都有其特殊性，无法用一个统一格式来框定。因此，我们的概念阐述本着两条基本原则，力求用最精练的语言完成理论自画像：一要说清理论的基本概念内涵；二要指明与本书内容的契合点。

本书涉及的理论概念如表0-1所示。

表0-1 本书涉及的理论概念

概念	内容聚焦	说明
跨文化适应	发展脉络、主要研究方向、本书的关注点	跨文化适应的概念定义和维度相对清晰，但是其发展历史久、涉及学科多且影响因素众多，因此本书重点关注其发展脉络以及研究方向，尤其是本书如何使用此概念
跨文化沟通	概念定义、跨文化管理情境、本书的情境聚焦	跨文化沟通的概念受英文翻译和学科差异影响，存在概念界定不清的情况。因此，本书主要梳理其在传播和管理学界的概念定义和不同情境，并说明本书的情境如何与管理学界的定义和情境匹配
跨文化领导力	研究情境、主要研究方向、本书的关注点	领导力的概念主要出现在管理学中，且界定相对清晰，跨文化领导力的概念界定则并不清晰，因此需要对其进行研究情境的辨析，再结合主要研究方向和本书的情境，总结操作定义

（二）跨文化适应

跨文化适应是跨文化研究的重要议题，随着越来越多的外派人员被派遣到世界各地，探究跨文化适应过程的全貌、如何在新的文化环境下更好地适应东道国、如何克服外派不适应带来的诸多困难，成为学者们持续探究的重要方面。

1. 跨文化适应研究发展脉络

跨文化适应（acculturation, intercultural adaptation, cross-cultural adjustment）在不同研究领域对应不同术语，但其本质均指在新的文化环境下，个体提升自我的"适配性"与"兼容性"以契合当地文化需求的过程。个体需要在新的文化环境中经历并应对不适应，从而克服东道国文化与母国文化之间的种种差异。

跨文化研究及其发展主要分布于人类学、社会学、心理学、教育学、管理学等学科。关于跨文化适应的研究,最早可追溯至人类学,主要运用田野调查、民族志、深描的方法探索移民与当地居民之间的跨文化互动问题。基于对文化习俗与价值观差异的深描,国际移民潮的兴起促使社会学家也开始关注移民在与东道国居民接触后的文化同化过程(Lewis,2000)。跨文化研究在人类学与社会学领域的发轫,为其在心理学的发展奠定了重要基础。雷德菲尔德等(Redfield et al.,1936)首次提出跨文化适应(acculturation)定义,标志着跨文化适应研究在心理学领域兴起。跨文化心理学研究者们不仅将研究对象由移民群体扩大至留学生、旅居者等更广泛的群体,更是形成并发展了诸多经典理论,例如,文化休克(culture shock)是对旅居者进入新的文化环境所遭遇的一系列生理、心理状态的刻画(Oberg,1960),使个体层面的社会、心理适应状态逐步受到关注。利兹格德(Lysgaard,1955)将跨文化适应过程总结为初始调整期、危机期、恢复适应期三个阶段,后经多位学者不断补充,形成了关于跨文化适应的U形曲线(U-curve)。ABC模型(Ward et al.,2001)、跨文化适应综合动态模型(Kim & Gudykunst,1988)、跨文化适应策略(Berry,2003)等,均为跨文化适应在其他领域的发展与夯实。跨文化适应研究在教育学的运用主要聚焦留学生或本国学生群体(An,2009;安然等,2011),探究他们在异国的社会文化与心理适应结果,跨文化适应的术语使用也由侧重文化影响过程的"acculturation"发展为侧重文化相互影响结果的"intercultural adaptation",强调不同文化群体之间的文化对话,以及形成的文化间性(interculturality)。文化间性阐释了在主体间性(intersubjectivity)基础上更加广阔的社会交流,其内核在于文化之间的相似性与差异性,凸显不同文化的相似、重叠、共享空间,由此形成不同文化群体之间和谐共处或紧张冲突的动态关系。自布莱克等(Black et al.,1991)对跨文化适应U形曲线进行系统文献回顾,管理学领域也开始关注跨文化适应研究,强调一方对另一方的文化影响程度,而非注重双向的共享文化空间意义,采用实证研究方法对其进行测度,学者将跨文化适应界定为"cross-cultural adjustment",将其与之前的跨文化适应概念相区分。因此,跨文化适应研究在各个学科领域的兴起与运用,标志着其逐渐成为学界关注的焦点议题内容。

2. 跨文化适应主要研究方向

当前关于跨文化适应的研究主要将其作为结果变量,探索其前因变量的影响。将一般适应(general adjustment)、工作适应(work adjustment)、交流适应(interaction adjustment)作为跨文化适应的三个构成维度(Black et al.,1991),发现个体(外派人员、旅居者等)层面的特点或要素对跨文化适应结果的影响,例如跨文化经历、跨文化能力、文化智力、语言能力、性格特征等,组织层面以及国家层面的影响因素则主要有社会支持、文化距离等。

另外,也有部分学者认为,跨文化适应由社会文化适应(sociocultural adjustment)与心理适应(psychological adjustment)两个方面组成(Ward & Kennedy,1993a)。对于社会文化适应的研究主要关注留学生的自我效能、文化偏见感知、社会支持感知等。对于心理适应则聚焦疫情对个体的心理冲击、幸福感、心理压力等。其他学者则持续探究跨文化适应的形成与发展过程(Berry,2019),为跨文化适应研究提供了新的研究方向。

3. 本书的关注点

基于对跨文化研究脉络的梳理,当前研究现状的阐述,以及不同研究流派的关注焦点展示,再结合孔子学院的实际情境,本书所探析的跨文化适应主要是以孔子学院志愿者与公派教师群体为具体研究对象,关注他们在跨文化情境下能否适应日常生活环境以及心理上的变化,尤其关注跨文化工作适应方面。基于对这两大群体跨文化适应状况的阐释,一方面,从身份认同视角,深入探究孔子学院公派教师在跨文化工作环境下如何与外部环境进行意义协商并进行身份构建;另一方面,从组织支持视角,全面了解孔子学院在支持和帮助公派教师及志愿者群体上的举措对该群体在社会文化、心理跨文化适应的影响,从而建构两大群体跨文化适应的具体维度及其内在关联。

(三)跨文化沟通

1. 跨文化沟通概念

著名人类学者霍尔(Edward T. Hall)是文化间接触概念系统研究

的奠基人。他很早便致力于从人类学角度出发，阐释文化本身的特殊性以帮助不同文化间的人们进行交流与沟通（Hall & Whyte，1960）。"intercultural communication"研究指的是如何让拥有不同文化背景和经历的人进行有效的沟通和交流，其核心在于文化的互动。"intercultural communication"在不同研究领域和情境下，也有着不同的研究重点。"intercultural communication"自20世纪80年代进入中国以来，主要被译为"跨文化交际"和"跨文化传播"，广泛应用于外语研究和传播研究。1995年，国内第一本跨文化传播学著作将其译为"跨文化交流"。陈国明（2003）在《文化间传播学》（*Intercultural Communication*）中将communication理解为传播，进一步区分解释了"文化"与"传播"两个概念，详细梳理跨文化传播学的学术研究脉络，界定了跨文化传播学在传播学中的内容及领域。跨文化传播（intercultural communication）偏重交流双方通过创造共享的共同意义空间，通过与他者互动，最大限度扩大文化差异的积极意义，以达到双方相互理解，促进自我发展、丰富的过程（Alexander et al.，2014；单波，2011），它包含了对信息、话语以及对这些信息和话语进行理解或者不理解的选择过程，并以达成一定程度的共识为结果（Luhmann，1992）。跨文化传播的研究聚焦于通过沟通或者交流以促进文化间的感知与理解（肖珺、张毓强，2021）。"intercultural communication"亦可译为"跨文化交际"，跨文化交际核心议题来自不同文化间的文化差异对语言交际的影响，随着研究的深入，聚焦在价值、身份、能力和意义等话题上（戴晓东，2011）。

本书倾向于管理学界的理解，将"intercultural communication"界定为跨文化沟通。跨文化沟通强调跨文化组织中为达成组织目的，促进组织跨文化发展，解决跨文化带来的冲突而进行的人际沟通。跨文化沟通是促进跨文化管理、解决跨文化层面冲突的重要手段，是管理学领域中的重要议题（李彦亮，2006）。

2. 跨文化管理情境中的沟通

随着经济全球化的推进，在具有跨文化背景的企业或者组织内部跨文化沟通显得尤为重要。约翰逊等（Johnson et al.，2006）指出，在组织管理和企业运营中，大部分失败都可以归因于跨文化沟通和交流的不足。霍夫斯泰德（Hofstede，1983）是最早涉及这一领域的学者之一，他在文章（"The Cultural Relativity of Organizational Practices and Theories"）中指出，民族文化以及由此产生的文化差异对组织管理领域而言是格外重要的影响因素，管理者应当对于文化差异具有足够的重视和敏感度，尤其是在跨文化组织中，需要具备一定的跨文化沟通的能力。马佐里尼（Mazzolini，1974）在对欧洲跨国公司的研究中发现，在跨文化背景下的管理者中，公司的运营与发展会存在很多种矛盾，通常法律和财政会被认为是可能的主要障碍，而实际上人和文化才是引发这些矛盾的主要因素。由于交流沟通的双方来自不同的文化背景，产生不同的价值观和思维方式，因而其沟通方式也相应不同。

实际上，跨文化管理中的跨文化冲突现象更为严重（庄恩平，2003）。部分原因是，跨文化组织中的人员由于不同文化、不同价值观和由此产生的不同思维方式会显著反映在企业的日常管理与经营之中，如在企业决策、管理制度建立过程中产生更多冲突的可能性。那么，这也更凸显出跨文化沟通的重要性。对一个跨国企业的研究表明，母语和非母语的跨文化工作人员在日常管理工作中都会存在沟通的焦虑情绪（Wang et al.，2020）。在跨文化组织中，跨文化沟通产生的障碍主要来自认知层面、价值观层、语言层面和非语言交际层面。同时，人格因素、跨文化敏感性等也都是跨文化沟通中的重要影响因素。田志龙等（2013）站在中国员工的角度，讨论跨国公司中的中国员工更可能遇到的跨文化沟通问题，指出在"走出去"的企业及组织中的中国员工，更容易遇到复杂多样的跨文化沟通挑战情境。他们不仅要适应组织外部的跨文化沟通情境，也要应对组织内部的跨文化适应挑战。许晖等（2020）等研究指出，在复杂跨文化情境中面对跨文化冲突时，要重视文化的嵌入作用和冲突管控策略，在不同文化嵌入背景下选择不同的冲突管理策略。

3. 本书的关注点

我们通过收集的一手数据发现，孔子学院中外方院长在日常沟通中存在一些问题和矛盾。本书主要聚焦组织层面的跨文化管理沟通。沟通的目的在于有效管理，尽量减少跨文化差异与冲突，以提高组织效率。跨文化管理的优劣与管理者个人文化背景因素紧密相关，而这些因素会影响管理者在管理过程中的认知和问题处理，通过跨文化管理沟通将有效克服管理冲突和认知差异，协助企业和组织发展（Shaw，1990）。孔子学院作为跨文化组织的典型代表，内部的跨文化沟通水平在一定程度上反映其跨文化管理能力，尤其是中外方院长作为孔子学院的管理者，其跨文化沟通机制值得研究与探索。

（四）跨文化领导力

领导力一直以来都是管理学中备受关注的研究主题。随着全球化的不断发展，越来越多的跨国公司和组织出现，如何在跨文化情境中调整领导行为，以适应企业在跨文化情境中经营的需要，成为领导力研究的新课题。

1. 跨文化领导力的研究情境

目前，现有文献对跨文化领导力的"跨文化"是"cross-cultural"还是"intercultural"有一定争议，二者常常存在概念边界不清或者含义重叠（Rosado-May et al.，2020）。上文提到"intercultural"强调不同文化间的接触和互动，而"cross-cultural"不强调接触和对话，认为文化和行为可以分离。在国际管理研究领域中，一般有三种研究范式：基于直接跨国情境的观察，对比不同文化和国家的员工行为或管理实践，以北美情境为对照的其他单一国家研究。外派人员和外派领导者的活动一般都是在多种文化并存的环境中进行的，很显然属于第一种范式。因此，基于"跨文化"的英文含义和国际管理的范式区别，跨文化领导力的核心研究情境是一种基于跨国公司母文化和东道国文化交汇的组织情境，在二者的互动交流中探索领导者如何调整自己的行为，构建二者的共享意义空间，从而促进组织目标的达成。

2. 跨文化领导力研究的主要方向

跨文化领导力研究由于涉及了文化因素，因此，不同于一般的领导力研究，大多探究某一领导风格的影响效果。跨文化领导力研究一般而言会基于不同文化情境和要素，探究领导力的不同构成、行为调整以及影响效果。具体而言，跨文化领导力研究通常从以下三个方面展开：外派人员跨文化能力视角，不同领导风格的跨情境对比与验证，基于直接跨国情境的领导力有效性探析。

外派群体的跨文化领导力表现需要以外派人员自我适应为前提的有效适应当地文化的跨文化能力，同时需要完成工作角色的转变。布莱克（Black）是这一研究方向的著名学者，他的一系列研究探讨了外派经理的跨文化适应影响因素和影响结果（Black，1988a，1990；Black et al.，1991），证实了个体的跨文化能力对于适应的重要作用。

在领导力研究的发展过程中，归纳出各式各样的领导风格，如魅力型领导、变革型领导、真诚型领导等。这些领导风格研究大多在以美国为首的西方文化情境下进行的，而这些领导风格在其他文化情境下是否能够带来同样的领导效果，需要经过跨文化研究的对比验证，由此催生了跨文化领导力研究中的一个重要分支，即领导风格的跨文化对比和验证，相关研究数量较多。一般而言，这类研究大多以霍夫斯泰德（Hofstede，1980）的文化维度理论为重要影响变量，探究某一领导风格在不同文化维度影响下的不同效果。GLOBE研究团队在这一方向做出了重要贡献，他们发现领导行为因国家文化不同而表现不同，但也有一些文化间通用的领导风格，比如魅力型领导。

最后，基于直接跨国情境的领导力有效性探析，是以两种文化交汇形成的对话情境为基础，是真正"intercultural"的，强调跨文化组织母国和东道国人民的对话交流特性（Lin et al.，2018）。这一方向的研究数量相对较少，但近年来研究热度有攀升趋势。跨文化领导力又可称为全球领导力，主要强调领导者在多元文化情境中能够有效激励下属追求组织愿景的能力，描述了跨文化领导者是什么样的人，职责为何，具体的工作情境为何（Dickson et al.，2012）。该类研究大多超越了外派领导者个人适应的层次，重点关注多元文化情境中的领导行为调整和表现，并与团队和组织发展关联，从个体"文化适应"走向组织"文化协商"（刘畅唱等，2020）。

3. 本书的关注点

基于对跨文化领导力的情境探析，以及对不同研究方向的梳理，再结合孔子学院组织情境,本书所探析的跨文化领导力是以孔子学院中外方院长为具体研究对象,关注他们如何在中国文化和当地文化所构建的跨文化交流情境中,调整自己的领导行为,实现孔子学院组织目标的发展。这是一种基于直接跨国情境的领导力有效性探析,以孔子学院院长的日常领导力实践为基础,看他们如何在复杂的跨文化情境中有效促进孔子学院的发展,从而构建他们跨文化领导力的具体维度和内在关联。

(五) 本书跨文化理论体系

本书主要关注孔子学院的三大人群,涉及志愿者、教师和院长,研究层级也涉及三个方面,涉及个体层面的跨文化适应、团队层面的跨文化沟通和领导力。从涉及的概念看,实际上,跨文化适应的概念贯穿本书的始终,是本书的基础理论,是研究志愿者和教师跨文化的核心理论,在院长群体中也会涉及,其对院长领导力的生发也至关重要。从研究层级来看,从跨文化适应到跨文化领导力视角,这几个理论范畴是层层递进又相互关联的,主要涉及层级从个体到团队,最终体现为对组织整体的研究。

本书的跨文化理论体系如表 0-2 所示。

表 0-2　　　　　　　　　本书跨文化理论体系

理论范畴	概念维度	主要涉及对象	涉及层级
跨文化适应	心理、社会文化、工作	志愿者、教师	个体
跨文化沟通	沟通能力、冲突解决	院长	团队
跨文化领导力	表现维度、影响机制和结果	院长	团队

三　孔子学院跨文化研究现状

进入 21 世纪,中国借鉴英、法、德等国设立对外语言文化传播机构的经验,于 2004 年在韩国设立第一所孔子学院,开始了中国语言文化对外传播的探索历程。孔子学院发展日益壮大,至 2020 年已在全球 162 个国家(地区)设立了 550 所孔子学院和 1172 个孔子课堂,其定位为中外合作建立的非营利性教育机构,以满足世界人民汉语学习需要和传播中国语言文化为主要目的。孔子学院作为新时代中国对外交流的文化使者,和 21 世纪的中国一同成长,在此过程中,既有令人欣喜的成就,也有无法回避的问题。伴随着孔子学院的发展,孔子学院研究也被学界关注,且逐渐成为研究热点。

与其他西方语言文化推广机构相比,孔子学院的发展历史相对较短,尚属世界语言文化推广机构中的新成员,因此,近年来,以"孔子学院"为主题的研究不断涌现,从孔子学院发展的方方面面进行探析,为其发展建言献策。与此同时,孔子学院自身也在逐步转型。2021 年 6 月,中国国际教育基金会成立,正式接替孔子学院总部,开始管理孔子学院。管理机构的改革,旨在强调孔子学院的教育使命,重申孔子学院建设的民间支持,即在大学、企业和社会组织的共同力量支撑下,加强中外人文交流,使孔子学院的发展更具非营利性教育机构的组织特性。

总体来说,孔子学院研究经历了三个发展阶段。最初仅有国内学者介入,且多为经验总结,随后国外学者的研究逐渐增多,整体研究视角也在扩展,在第三个阶段,走上了更为科学的发展道路。随着孔子学院的进一步发展,孔子学院研究也必将获得更多关注,相应的理论模式总结会逐渐增多,于学术对话、于孔子学院发展实践都会产生积极意义。然而,孔子学院作为一个跨文化组织,跨文化理论视角下的研究仍较缺乏,学界亟须开展相应的研究,增补相关成果。

(一)孔子学院研究发展脉络

基于中国知网(CNKI)和 Web of Science 中外文数据库,以 2020 年 12 月为时间节点,分别以"孔子学院""Confucius Institute"为关键词,搜索主题,仅统计核心期刊发文,剔除不相关文献,共搜集到国内 591 篇,国外 82 篇。另外,《云南师范大学学报(对外汉语教学与研究版)》作为对外汉语教育领域内知名的非核心专业期刊,发表了大量与孔子学院相关的高质量论文,经筛选,该杂志符合规范的论文有 94 篇。另外,从参考文献部分检索出 15 篇相关英文论文。因此,最终获得 685 篇中文文献,97 篇英文文献。基于文献发表时间,我们梳理孔子学院研究重点的变化，呈现孔子学院研究的发展趋势和完整发展图景。

图 0-1 清晰地呈现了孔子学院研究国内外期刊发文量趋势。总体来说，国内发文量一直多于国外，从 2005 年开始到 2014 年逐年增加，2014 年达到顶峰 80 篇，此时正值第一所孔子学院成立十周年之际，故研究热度凸显。此后，国内发文量在 2015 年回落到 2013 年水平，并呈波动下降态势，表明孔子学院研究热度在国内有降低趋势。国外发文量在绝对数量上不如国内，但从 2006 年发表第一篇相关文献以来，总体呈波动增长趋势，2020 年达 19 篇，表明国外孔子学院研究热度在不断上升。总体来说，孔子学院研究的主体还是在中国，绝大部分文献都是中文文献。

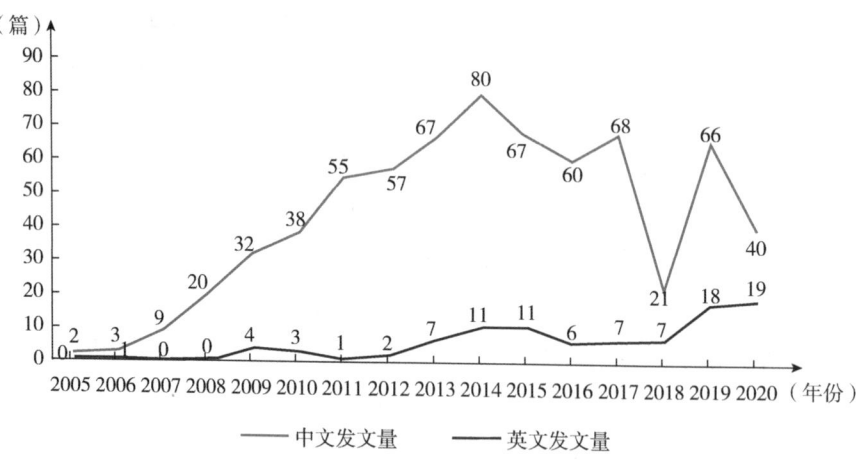

图 0-1 孔子学院研究国内外期刊发文数量趋势

对于一个研究主题，应不断有综述文章出现，总结该主题过去的阶段性发展状况，发现问题，指导未来的研究，这是文献综述的目的。不少文献综述了孔子学院的相关研究，发现关于孔子学院的研究焦点在不断变化，从而呈现了孔子学院研究发展的脉络。

基于发文量统计和综述文献梳理，综合国内外视角，本书将孔子学院研究分为三个阶段：国内学者视角为主的第一阶段（2005—2010），国内外学者多视角介入的第二阶段（2011—2015）和综合视角下规范化发展的第三阶段（2016—2020）。除了第一阶段包含六年的时间跨度，另外两个阶段时间跨度均为五年。

表 0-3　　　　　　　　　孔子学院研究综述文章统计

序号	作者（年份）	标题	期刊	内容概括
1	黄联英（2011）	国内学者孔子学院研究的文献综述	东方企业文化 08：173—174	●关注概况、运作模式、教学、功能和发展等主题 ●存在宏观经验总结多，实操性不强的问题
2	黄哲、付巧玉（2012）	跨文化传播视角下的孔子学院研究综述	才智，13：191—192	●关注语言传播和教学培养、文化传播现状和策略研究 ●存在理论研究少、模式研究少、知名学者少的问题
3	刘程（2012）	孔子学院国内研究现状及走向	云南师范大学学报（对外汉语教学与研究版），10（01）：88—92	●学者从发展现状、办学模式、软实力和比较研究四个角度展开研究 ●存在理论提升少、比较研究少、定量研究少、专门问题研究少的问题
4	安然、魏先鹏、许萌萌、刘程（2014）	海内外对孔子学院研究的现状分析	学术研究，11：129—136+160	●国内国外研究视角处于双轨行驶，国内关注自身研究多，国外关注影响研究多 ●国内外研究视角处于双轨行驶状态
5	陈曦（2015）	孔子学院研究进展：国内外视角的反差及其政策启示	广西社会科学，06：198—202	●发现国内关注孔子学院实际操作层面，国外关注软实力作用 ●国内外研究视角差异明显
6	尹春梅（2016）	孔子课堂研究现状及发展趋势	新疆师范大学学报（哲学社会科学版），37（03）：148—153	●现有研究聚焦国别化的孔子课堂汉语教学 ●发现孔子课堂研究较为缺乏
7	马春雨（2017）	基于文献计量的孔子学院研究	云南师范大学学报（对外汉语教学与研究版），15（02）：41—47	●发现孔子学院研究增长稳定 ●存在一些问题，如未形成"核心作者群"，内涵建设有待完善等
8	曾征、杨红娟（2017）	基于文献计量学的孔子学院发展现状分析	昆明理工大学学报（社会科学版），17（02）：102—108	●研究热点为文化输出作用、汉语教学和可持续发展 ●存在师资力量不足等发展问题

续表

序号	作者（年份）	标题	期刊	内容概括
9	陈风华、赖小春（2019）	孔子学院研究的进展、热点与前沿——基于国内外核心期刊的可视化计量考察	高教探索，06：112—120	●汉语教学、文化传播、功能影响一直都是孔子学院研究最为关注的问题 ●未来研究需围绕理论建构、问题意识提高、研究范式改进和国际视阈强化进行突破
10	郭斌、蔡静雯（2019）	我国孔子学院研究综述及其展望	黑龙江高教研究，37（07）：45—50	●国内学者主要关注功能和影响、文化传播、教育教学、可持续发展、运营管理和评价体系研究 ●未来研究需关注研究内容的深化和更多方法和视角的应用

1. 第一阶段（2005—2010）：国内学者介入为主的孔子学院粗描和经验总结

孔子学院研究的第一篇国内相关文献于2005年发表在《中国高教研究》（王学松，2005），通过总结中外合作汉语教学项目模式的研究现状和对未来方向提出建议，为孔子学院建设提供了有益参考。国外第一篇论及孔子学院的论文于2006年发表在 *East Asia*（Ding & Saunders，2006），主要从文化软实力视角解读孔子学院的建立。可见，国内外孔子学院研究的视角从一开始就处在两个轨道，国内关注孔子学院的汉语教学，国外则关注其软实力影响。

黄联英（2011）回顾了孔子学院研究的第一个五年发展，发现国内学者主要从文化传播、机构管理发展和汉语教学等视角切入，对孔子学院的核心活动及基本功能进行了概述性阐释。总体来说，这类研究以宏观层面的问题总结为主，研究视角较为单一，缺乏个案探析和对具体问题的探讨。刘程（2012）对孔子学院的综述研究也得出了类似结论：历时总结描述多，专门问题探讨少。此外，他还发现这一阶段孔子学院研究的理论提升不够，缺乏比较视角和定量研究方法的使用。跨文化传播是早期孔子学院研究除汉语教学之外关注较多的主题，也有学者专门针对该主题做了文献综述（黄哲、付巧玉，2012），指出汉语教学中的语言传播和中国文化传播现状及策略是该主题下的两个主要研究方向，同时也揭露存在的问题：理论提升不够，模式研究缺乏，知名学者不多。

这一阶段是孔子学院开始布局的阶段，国内外研究还未跟上，孔子学院发展与研究的跟进整体上都还处于摸索打基础的阶段。国内学者较早关注到了孔子学院，并且在前五年发文量逐年增加，到2010年达到38篇。国外学者相对国内学者关注孔子学院研究较晚，且发文量整体较少，2009年最多，也仅为4篇。因此，孔子学院研究的起始阶段介入者主要是国内学者，且多为宏观经验总结，较少理论提升，这也表明后续孔子学院研究发展潜力巨大。

2. 第二阶段（2011—2015）：国内外学者共同介入的孔子学院多视角探析

孔子学院研究进入第二阶段，无论是从发文量还是研究内容上来看，都出现了不同程度的提升。从发文量来看，国内外都处于一个持续上升的阶段。国内发文在2014年达到顶峰，国外发文也在2015年出现小高潮，此后二者均有所回落。从研究内容看，国内外学者都从多视角进行了研究。

在孔子学院发展10周年之际，安然（2014）全面回顾了国内外的孔子学院研究，发现国内外孔子学院研究处在一个双轨行驶、互不交融的状态。国内研究更加重视孔子学院的自身发展和建设，如教学研究、可持续发展研究、传播研究、比较研究等，而国外研究则更加关注孔子学院的功能和影响，如政治、经济和文化影响。二者由于意识形态和立场的不同，对孔子学院的关注点也有较大差异。陈曦（2015）对孔子学院研究的回顾与安然等人的回顾有异曲同工之妙，同样从国内外的反差视角切入，国内文献多关注孔子学院的实际操作层面，如汉语教学相关问题、与其他类似机构的比较等，而国外文献更多关注孔子学院的影响，如软实力、经济影响等。两篇文献回顾都说明：孔子学院研究视角较为多样，且国内外研究视角存在较大差异。西方媒体涉及孔子学院的报道多倾向于采取负面的情感基调（Yang，2010；刘程、曾丽华，2017；刘程，2017），中国在国外被构建为"异化的共在"（刘涛，2016），在这种形势下，孔子学院在报道中所呈现的媒介形象影响着海外受众对孔子学院的认知，同时也形塑他们对中国国家形象的认知（张昆，2015）。

这一时段是孔子学院研究快速发展的阶段，研究视角逐渐拓宽，但还存在一些内涵建设问题，如"'三教'的高质量与本土化问题、考评体系问题、'文化休克'的水土不服问题等"，而且大多数研究仍缺乏更为深入、系统的研究框架。这也意味着下一阶段的研究需要更加重视理论视角和框架的选择和运用，从理论方面进行突破，促进孔子学院研究走向系统化和科学化。此外，当前孔子学院研究还忽视了一项重要内容，即孔子课堂相关研究。因此，未来孔子学院研究应更加注重视角拓展、理论提升以及国内外视角的融合与接轨，真正促进孔子学院研究的整体发展。

3. 第三阶段（2016—2020）：科学化与系统化特征逐步显现的孔子学院研究

孔子学院研究的第二个阶段，随着国外学者视角的介入，孔子学院研究呈现出多样化发展的形态。进入第三阶段，孔子学院研究国内发文量呈波动下降趋势，2018年仅为21篇，出现谷底，2020年为40篇，其余三年在60篇之上浮动，相较上一阶段整体发文量降低。国外发文量在第三阶段先下降，再回升，到2020年达到顶峰19篇。整体来看，孔子学院研究发文量虽有所降低，但视角进一步扩展，方法使用更加科学规范，国内外视角逐渐融合接轨，也出现了一批重要理论成果，说明孔子学院研究更加重视质量而非数量，整体朝着科学化和系统化发展。

郭斌、蔡静雯（2019）对中国孔子学院研究的综述是反映孔子学院最新发展动向的风向标，他们总结了孔子学院研究的主要内容，除常见的功能和影响、文化传播、教育教学、可持续发展之外，还有运营管理和评价体系研究。由此可见，孔子学院研究从内部到外部，从局部到整体，关注的点和面越来越多，正在转向以孔子学院主要目标为核心的系统化研究，尤其是对"一带一路"共建国家孔子学院的关注在不断提升（曾征、杨红娟，2017），从地域上平衡了以往孔子学院研究关注度主要集中在发达国家的局面。陈风华、赖小春（2019）以文献计量方式对孔子学院国内外文献进行了统计和分析，从关键词可以看出：汉语教学、文化传播、功能影响一直都是孔子学院研究最为关注的问题。另外，学界对这些热点问题的讨论越来越深入，实证研究方法的使用和理论模式的总结也越来越多，这是一个可喜的发展趋势，比如，以问卷调查考察 MOOC 教学方式如何实施（孟乐等，2020），对孔子学院跨文化传播影响力评估维度的理论总结（安然、何国华，2017；安然、何国华，2017），基于实证研究的孔子学院经济影响研究（顾江、任文龙，2019）等。由此可见，借鉴不同理论并采用多样方法开展研究，一定程度上提升了孔子学院研究的科学性。另外，国内外视角在逐渐接轨，出现融合的态势，国外近年来也逐渐有研究关注孔子学院的汉语教学（Wang & Caceres-Lorenzo, 2019），国内也有越来越多的研究关注经济影响（康继军等，2019）。

孔子学院研究，从最初的经验总结式研究逐渐发展到现在的多视角、定量定性方法结合的科学性和系统性研究。第一阶段（2005—2010），孔子学院研究主要关注汉语教学和文化传播研究，以经验总结式研究为主。第二阶段（2011—2015），孔子学院研究视角逐渐打开，比较研究大量出现，教学研究、传播研究、影响研究和可持续发展研究等主题逐渐细化、深化，专著大量出现，孔子学院研究走上国内外学者参与的多视角的发展轨道。第三阶段（2016—2020），孔子学院研究视角进一步扩展，管理研究和评价体系研究进一步发展，实证研究增多，从系统性和科学性两个方面促进了孔子学院研究的整体发展（见表 0 - 4）。基于孔子学院研究三个阶段的发展趋势，有理由相信未来孔子学院整体布局会更为优化，助力讲好"一带一路"中国故事，也是目前段中国对外传播的努力方向。另外，中国的国际传播需要在人类命运共同体视角下进行（姜飞，2021），孔子学院作为中国语言和文化走出去的典范，是中国国际传播能力建设的重要主体，传播活动也应在人类命运共同体框架和指导下进行，将这个概念的丰富内涵和中国价值观向世界传播（唐润华、曹波，2018）。随着孔子学院的优化布局和国际传播能力提升，其研究也会走向深入、系统的科学化发展道路，为学术界贡献理论智慧，为孔子学院实际发展贡献可行建议。

表 0-4　　　　　　　孔子学院研究三个发展阶段

发展阶段	主要贡献	不足
第一阶段 （2005—2010）	● 汉语教学和传播研究发展起步 ● 国内外研究均开始发展	● 视角单一，国外学者介入少 ● 经验总结多，理论提升不够
第二阶段 （2011—2015）	● 研究视角扩展：比较；影响 ● 国外学者介入增加	● 理论提升不够 ● 国内外视角互不交融
第三阶段 （2016—2020）	● 研究视角进一步扩展：管理 ● 研究方法多样化：问卷；二手数据 ● 研究视角逐渐接轨：国内关注影响；国外关注教学	● 实证研究整体偏少 ● 理论模式总结不够

（二）孔子学院跨文化研究主题

以时间为线索进行梳理后发现，虽然孔子学院研究的主题在不断扩展，但孔子学院研究集中在以汉语教学和文化传播为主的内部核心业务研究，和以软实力、经济效应等为具体体现的外在影响力研究，涉及跨文化视角的主题较少，也未体系化。目前来看，孔子学院跨文化研究主要涉及三大人群的跨文化适应研究、孔子学院跨文化管理研究以及孔子学院可持续发展研究三个方面。

1. 孔子学院跨文化适应研究

（1）主要内容

孔子学院作为设立在海外的跨文化教育机构，每年都会派出大量的志愿者、汉语教师和院长。这些人群身处异文化，会遇到不同程度的跨文化适应问题，因此，孔子学院跨文化适应研究自然而然会成为孔子学院研究的一个重要议题。目前孔子学院跨文化适应研究总体还较为缺乏，国内主要有华南理工大学安然教授的研究团队在从事相关研究，较早关注孔子学院中方人员的跨文化适应，尤以对赴泰汉语教师志愿者的跨文化适应研究最为系统和详尽。该团队对赴泰汉语教师志愿者的社心理适应和社会文化适应与赴任时间长短之间的关系做了实证研究（林德成、安然，2011），并且对其心理濡化的表现和影响因素做了详细描述（安然、魏先鹏，2012）。2015年，该团队出版系统性探索孔子学院中方人员跨文化适应的专著，以赴泰汉语教师志愿者、赴美汉语教师和赴英孔子学院中方院长三大群体为研究对象，描述了其跨文化适应经历，构建了孔子学院中方人员跨文化适应理论模式（安然等，2015）。另外，国外也有学者关注孔子学院教师的跨文化适应，从赴英孔子学院的汉语教师的跨文化经历入手，探究其动机、遇到的问题以及观念的改变等（Ye & Edwards，2018）。

（2）研究评价

总体来讲，跨文化适应作为孔子学院中方人员赴任的必经之路和重要现实，对其能否高质量完成外派工作有着至关重要的作用。但显然学界的研究并未跟上，尤其是对三大人群跨文化经历的系统研究还非常缺乏，目前《孔子学院中方人员的跨文化适应能力研究》是较为系统的一部著作。随着孔子学院规模的不断扩大和外派人员的不断增加，需要有更多的研究关注孔子学院的跨文化适应，不仅是人的适应，还有孔子学院作为一个组织的适应。

2. 孔子学院跨文化管理研究

（1）主要内容

孔子学院本质上是一个组织，其管理问题对于日常运行至关重要，理应得到学界重视，这是一种从人到组织研究的视角转变。当前对于孔子学院跨文化管理的研究主要从两方面展开：对人的研究和对组织关系的研究。对人的研究主要关注孔子学院跨文化领导力研究（e. g. Penger et al.，2015；Peterlin et al.，2015；He et al.，2019），孔子学院中方院长的跨文化传播管理能力的研究（陈曦，2016），孔子学院教师的培训研究（Wang & Bale，2019；Wang & Yao，2019）等。对组织关系的研究主要指从组织层面对孔子学院的发展模式和管理模式进行梳理，如对孔子学院合作办学模式的总结分析（周志刚、乔章凤，2008），对孔子学院管理创新措施和建议的研究（郭宇路，2009；逄增玉、乐琦，2017）。为了解释孔子学院与汉办的关系，安然、刘国力（2019）提供了一个孔子学院与汉办关系的阴阳模型，说明二者之间的互动关系。阴阳视角源自中国传统哲学，已被很多学者纳入管理研究框架。

作为一个组织，孔子学院应明确其作为语言推广中心的功能定位，并做出相应的组织行为（袁礼、郑晓齐，2010）。孔子学院发展以语言教学为中心，适当的语言管理和语言政策的运用对其组织的全面发展至关重要（Li, 2019；Zhu & Li, 2014）。

（2）研究评价

综观相关研究，可以发现两条发展路径：国内关注孔子学院作为一个组织的整体发展模式和管理措施，如办学模式、组织功能、管理措施创新等；国外关注孔子学院中人的作用，如领导力研究、教师培训研究等。对于孔子学院的管理问题，国内学者的关注点较宏观，多为经验总结和建议，缺乏从数据和细节生发出来的对组织发展和管理建议的归纳式研究，而国外学者虽从更为聚焦的视角关注孔子学院中的人及其与管理的联系，但缺乏上升到模式和理论维度的研究，对某些研究如领导力研究也缺乏一个更为综合的、更具情境性的视角。因此，未来的孔子学院管理研究还需从实证出发，收集一手数据，从具体细节点入手，抽离整合出孔子学院作为一个组织整体的发展与管理模式。

3. 孔子学院可持续发展研究

（1）主要内容

前述对孔子学院所有的研究，无论是教学、传播还是管理，最终都是为了明晰孔子学院的有效发展方式，找出存在的问题，并寻找解决对策，从而落脚到孔子学院的可持续发展。学界主要从以下两个方面展开讨论：一是对孔子学院可持续发展模式的宏观构想，二是提出具体的对策和建议。

先看宏观构想。孔子学院要想实现长期发展，必须思考何种发展模式才是长久之计。因此，许多学者都对孔子学院的可持续发展进行了自己的宏观构思。吴应辉（2009）认为可以建立孔子学院总院，并以其为龙头建立孔子学院全球教育产业集团。他还认为孔子学院的最佳发展模式应该是"产业经营+基金捐助+汉办项目"型（吴应辉，2010）。黄艳平（2012）从加强理论研究、构建质量评估体系、提升教学质量、整合各方资源等视角提出孔子学院可持续发展的战略。此外，还有很多学者对孔子学院的可持续发展进行了整体思考。孔子学院在新时期需要转型发展，重点在发展理念、办学功能、管理模式和文化传播方式几个方向进行突破（李宝贵，2018）。总体来说，对孔子学院可持续发展的战略构思已有不少学者做出推进，但多为宏观层面的经验总结，缺乏可行性和实施路径。

再看对策建议。鉴于很多战略性思考都相对较为宏观，很多学者基于自己的经历或研究，为孔子学院的可持续发展提出了更为细致的建议，是国内学者视角居多。首先，品牌化发展是较多学者提及的孔子学院可持续发展路径（央青，2011；张云、宁继鸣，2017）；其次，市场化发展也是孔子学院可以参考的一个重要发展方向（褚鑫、岳辉，2015a、2015b）；再次，完善立法对孔子学院的发展保障有重要意义（赵跃、唐艳秋，2014；程雁雷、廖伟伟，2015）。此外，评价体系和指标对孔子学院的科学化发展有着非常重要的意义（吴应辉，2011）。当然，还有从其他特定角度出发提出的孔子学院可持续发展建议，这些建议看到了孔子学院发展过程中的种种问题，并为这些问题的解决提供了解决思路，为孔子学院后续的发展保驾护航。

（2）研究评价

当前孔子学院可持续发展的研究主要有两大方向：宏观的经验讨论和聚焦的措施建议，且主要是国内学者的视角，缺乏国外学者的参与。目前来看，孔子学院可持续发展的理论内涵界定还不清楚，缺乏可行的理论模式和实现路径。因此，关于孔子学院的可持续发展研究，首先需要界定内涵，寻找理论支撑，再结合调研数据进行模式总结，以此探讨可行的可持续发展路径。尤其是，孔子学院是生发于中国的跨文化组织，未来相关研究可以考虑结合中国传统哲学思想进行理论分析。

综上所述在现有研究中，孔子学院的跨文化研究视角介入明显不足，仅有少部分学者对志愿者、教师和院长的跨文化适应做了探析，得出了一些适应维度（见表0-5）。但整体来看，还未出现从不同跨文化理论视角、从不同层级来系统探究孔子学院跨文化情境的研究。

表 0-5　　　　　孔子学院跨文化研究主题总结

序号	主题	发展现状与未来展望	联系
1	孔子学院跨文化适应研究	●现状：聚焦三大人群的适应，研究成果较少 ●展望：系统化呈现三大人群的跨文化适应	●层级不断提升 ●讨论抽象度增加
2	孔子学院跨文化管理研究	●现状：国内关注组织管理，国外关注领导力 ●展望：缺乏系统的管理模式，跨文化理论视角介入不足	
3	孔子学院可持续发展研究	●现状：讨论较为宏观，可行性不强 ●展望：细化理论内涵，提出可行路径和模式	

（三）孔子学院研究理论视角

1. 孔子学院研究理论视角

（1）地缘政治视角

地缘政治视角下的研究，涉及孔子学院的形态研究，关注孔子学院在全球各地的分布情况，以及此种分布格局的影响因素。比如，有学者认为孔子学院的数量及分布与所在地经济实力、人口数量、与中国的地理距离、使用的语言以及中国留学生数量等因素紧密相关，凸显了孔子学院布局背后的地缘政治要素。这些要素导致孔子学院当前的分布集中在欧美和中国周边地区，其他地区相对稀少。随着"一带一路"的发展，未来共建国家将会是孔子学院发展的重点地区。

（2）意识形态视角

意识形态视角下的研究，主要涉及孔子学院的报道分析研究，关注国内外新闻媒体有关报道所折射出的孔子学院媒介形象及其背后蕴含的意识形态。总的来说，国外有关孔子学院的报道呈现出负面基调，将其与政治宣传挂钩，体现出西方国家对中国所持的冷战意识形态和一贯的零和博弈思维。

（3）跨文化适应视角

跨文化适应视角下的研究，主要涉及孔子学院院长、教师和志愿者在外派期间的心理适应和社会文化适应等方面的问题。目前，相关研究还比较少，安然的研究团队对这一领域做了系统性的探索且已有相关专著出版。

(4) 软实力视角

软实力视角下的孔子学院是国内外学者都非常关注的话题,尤其是国外学者。这一视角主要探究孔子学院所发挥的影响,核心在于讨论孔子学院对中国国家形象的提升作用。国内外学者对于孔子学院的软实力作用存在不同的理解,国内学者大都视孔子学院为提升中国国家软实力的重要平台,认为其可以提升中国文化的吸引力,赋予软实力积极的内涵;而国外学者大多认为其主要功能是宣传中国政体、进行意识形态渗透,从而赋予了孔子学院软实力负面内涵。

(5) 其他视角

以上所提及的几个理论视角下都有相对系统的研究成果,在一定程度上提升了孔子学院研究的理论性水平。但这部分具有相对明确理论视角的研究占孔子学院研究整体的少数,大部分研究无明确的理论视角,还处于经验总结、现象描述或者是宏观建议的阶段,比如占比较多的教学研究、传播研究、可持续发展研究等。

2. 孔子学院跨文化理论视角参与不足

孔子学院研究要想迈向专业化和精细化,提升其研究的理论水平是一个必经的过程。目前来看,相关研究的理论丰富性还不够,尤其是跨文化相关理论的参与过少。孔子学院是一个跨文化非营利性教育机构,由于其所携带的跨文化属性,必须将其置于跨文化理论视角下进行研究。目前,仅有少数学者从跨文化适应的视角初步探索,而这对于孔子学院跨文化研究来说远远不够。

具体来说,首先,孔子学院三大人群大多是外派人群,他们的跨文化适应状况值得进一步探索,尤其涉及教学和文化传播的部分,必定与传统的跨文化适应研究有所不同。其次,孔子学院是中外合办的跨文化机构,中外人员都会参与孔子学院的具体运营,这就导致跨文化沟通问题的产生,因此中外人员,尤其是中外院长的跨文化沟通成为一个关键研究视角。再次,院长作为孔子学院的领头羊,需要带领和管理一个跨文化团队,这又衍生出院长跨文化领导力的研究视角。最后,孔子学院作为跨文化教育机构,还具有非常重要的组织属性,如何扎根当地、满足当地社会的需要,是其实现本土化发展必须考虑的问题，故孔子学院本土化也成为一个重要的研究视角。另外，孔子学院作为源自中国的跨文化组织，很多理论深厚的中国传统思想也可以作为重要的分析视角，比如阴阳视角可以成为分析其适应和本土化过程的重要理论资源，其所蕴含的对立、互动和转化思维非常契合孔子学院的跨文化属性。

（四）孔子学院跨文化研究发展空间

孔子学院研究主题不断拓展，方法和视角不断完善，逐渐显现出系统性和科学性。但是，基于文献梳理，孔子学院作为跨文化特性鲜明的组织，跨文化理论视角介入明显不足，因此，孔子学院跨文化研究还具有较大的发展空间。

1. 孔子学院跨文化适应研究

孔子学院的跨文化适应研究是孔子学院研究的重要突破点，具有极强的实践指导意义，对理解孔子学院中方人员的经历和指导外派实践具有重要意义。但是，仅部分学者关注到这一领域的研究内容，目前对于三大人群的研究系统性不强，同时也应关注孔子学院作为一个组织整体的跨文化适应研究。

（1）开展更深入的三大人群跨文化研究

孔子学院三大人群研究是指聚焦以教师、志愿者为主要研究对象的跨文化适应研究，以院长为主要研究对象的跨文化领导力研究。在后续研究中，需要基于更庞大的一手数据和更具地域代表性的数据调研样本，深入、细微探析教师和志愿者的跨文化适应状况和鲜明的特点，细致全面地构建院长的跨文化领导力模式。通过丰富孔子学院的跨文化适应研究和跨文化管理研究，帮助孔子学院更好地进行人员管理和跨文化适应指导，更有针对性地选派和培训院长，从而促进孔子学院的整体发展。

（2）关注孔子学院作为组织的跨文化适应研究

在后续研究中，不仅要关注人的适应，还可以关注孔子学院作为组织的跨文化适应研究。尤其是孔子学院作为中外合作办学的非营利性教育机构，其本身的跨文化适应研究对于非营利性组织跨文化研究领域具有重要的参考价值。

2. 孔子学院跨文化管理研究

孔子学院的跨文化管理研究是孔子学院跨文化研究的另一个突破点，对孔子学院的日常管理和发展至关重要。目前，国内学者的研究集中在组织发展与管理模式研究，国外学者主要关注孔子学院的跨文化领导力研究，但总体研究数量较少，尤其缺乏实证研究，导致理论提升不足。因此，需要进一步拓展实证探索，总结可行的管理理论与模式，探析中外人员之间跨文化沟通的特点，总结更为情境性的和综合性的跨文化领导力理论模式，从理论层面提升孔子学院跨文化管理研究深度，搭建理论研究框架。

3. 孔子学院可持续发展研究

孔子学院的可持续发展研究，能够指导孔子学院的整体规划布局和转型升级，实现长久发展。目前，现有关于孔子学院可持续发展的研究主要表现为宏观的经验总结和具体的措施建议，以国内学者为主，国外学者为辅，缺乏关于孔子学院可持续发展理论内涵的清晰界定，缺乏可行的模式和路径。孔子学院的可持续发展研究应当进一步关注理论内涵的界定，细化孔子学院可持续发展内涵，形成评估维度和指标，以便衡量具体孔子学院的发展状况，同时，结合实践调研提出孔子学院可持续发展的可行性路径和理论模式，以期更好地推动孔子学院的可持续发展研究。另外，孔子学院作为生根于中国的跨文化组织，其可持续发展必然同时受限于中国文化特点以及当地文化特点，在探析其可持续发展模式时，有必要从中国传统哲学思想中汲取营养，比如阴阳思维。

四 孔子学院跨文化研究方法与路径

通过前文对孔子学院当前相关文献的综述以及研究发展脉络的梳理，本书指出现有文献中的理论缺口，通过深度观察，明确核心研究问题。面对探索性的研究现象与问题，该秉持什么探究范式、使用什么探析方法、采用什么研究路径，本书首先探讨研究的哲学基础，然后介绍核心研究方法与研究对象概况，并详细梳理和展示完整的研究过程，最后说明本书严格遵守研究伦理与效度，以期完整、客观、详细地展示孔子学院跨文化研究的方法与路径。

（一）研究的哲学基础

1. 基于本体论的哲学基础，采取诠释主义范式的孔子学院研究

本体论（ontology）作为探究世界的本原或基质的哲学理论，是关于现实世界各个领域的事物、属性、事件、过程和关系的种类和结构的科学。本书通过实地走访、深度访谈的田野调查方式，诠释性地描绘记录了孔子学院工作人员的群体特征，以还原并构筑当下真实的孔子学院发展情境，实现对孔子学院及其构成群体本质的有效探索。由于诠释主义范式重视对研究对象进行诠释性理解，情境不同则其所呈现的表现特征也不同，这要求研究者通过亲身体验，获得对被研究者的生活故事与意义的主观理解。只有研究者与被研究者互为主体，在互动的研究过程中才能形成研究意义。本书的研究对象基本涵盖了孔子学院全部人员的构成与分布，因此，作者通过对三大人群进行诠释性的描述与刻画，精准地反映孔子学院组成人员各自的群体性特征，获得对该群体的深入解释性理解，再通过深入观察具体事件与跨文化情境中的群体心理与行为，总结孔子学院的根本性特征与整体性发展规律。

2. 基于认识论的建构，从局外人到局内人视域融合下的孔子学院研究

认识论（epistemology）是关于如何认识事物的本质及其发展规律的哲学理论，主要探讨人类如何认识事物的本质与结构，包括认识与客观实在的关系、认识的前提和基础、认识发展的过程及其规律、认识的真理标准等（Piaget，1970）。阐述"如何认识事物的本质"以及"研究者与被研究者之间的关系是什么"构成了本书的哲学基础之一。作者采用诠释者（interpreters）视角，从局外人（outsiders）向局内人（insiders）进行身份转变，努力达成"视域融合"（fusion of horizons），即从当下情景出发去和文本的"视域"相接触，持续对被研究者的意向、信念、情感与观点进行研究，进而展示具体情境下研究对象的多层次性，理解文本所揭示的意义。

具体而言，本书通过实地调研、深度访谈获得对三大人群根本特征的认知与理解。由于研究者所展现的内容可能会偏离被研究者的"原意"（潘德荣，1994），即关于志愿者与公派教师的跨文化适应情况以及院长跨文化领导力的他者建构的理解，是以研究者自身为"中介"的意义建构，被称为"被建构的真实"。与此同时，由于访谈文本及相关材料的客观性，研究者所建构的真实又具有"相对的确定性"。真理是关于对象的客观知识（认识论）与存在意义（本体论）的双重统一，获得真理则需要在认知与诠释上达成统一。因此，在认识论的哲学基础上，要获得对研究对象的多层次性理解，必须经由一种阐释的方式，通过研究者与研究对象的互动性对话产生确定性的文本材料，即访谈文本，经由研究者的解读和建构，研究客体的多层次意义得以剖析和展示。另外，通过案例分析努力细致刻画孔子学院的相对真实面貌与在跨文化实际情景中的真实情况，运用阴阳视角，即强调双方对立、互化与和谐统一的共生发展，洞察并解释孔子学院发展中显现的对立统一、互相争胜、和谐整体的动态变化，以获得对孔子学院完整形态深刻、全面、立体的认知。

综上所述，基于对孔子学院及其构成群体本质的探索，采用诠释方式的认识论为进一步形成对孔子学院三大人群的根本特征、孔子学院自身发展根本规律的完整认知与深度解读提供了哲学基础。

3. 基于方法论的研究范式，孔子学院研究的具体路径与特点

方法论（methodology）是指人类认识世界、改造世界的一般方法。作为人类实现特定目的的手段与途径，方法论通过阐释"用什么方式、方法观察事物和处理问题"，成为主体接近、达到或改变客体的工具或桥梁。我们以调研与访谈得来的一手数据为主，辅以孔子学院相关的二手数据验证，运用扎根理论对孔子学院的三大人群以及其本身作为一个机构整体进行了深刻的诠释主义刻画与描写，并主动沉浸于研究情景与丰富数据之中，从而获得诠释性理解并生成理论，最后采用质性研究方法对具体研究问题进行深入探析。具体操作如下：

第一，运用扎根理论深入探索不同情境下的同一对象。对于三大人群的根本特征中无法观察的部分，如志愿者与公派教师的跨文化适

应、院长的跨文化领导力，扎根理论是一种很适合的方法。扎根理论倡导多渠道收集数据、多层级数据编码过程恰好是对研究对象的过程性理解，促使研究方法与研究目的达成契合。

第二，深度访谈与案例分析相结合，小群体共性与大群体个性探索同步行进。针对三大人群的根本性特征，采用深度访谈的方式对该相对"小群体"的共有特征进行刻画与建构，以期发掘群体共性的特点；对于孔子学院的整体性发展，则采用案例分析方式对相对"大群体"的孔子学院进行单个个案特征的深描与还原，从单个切片透视独立个案的特点。

第三，客观性观察与参与性观察辩证统一。一方面，在实地调研过程中，本团队对当地孔子学院的孔子课堂进行了沉浸式旁听观察，所记录的客观材料决定了研究团队具有客观性观察的研究身份介入；另一方面，本研究团队中有一大部分成员曾是孔子学院的工作人员，他们亲自深入其中、融入当地并成为被研究者群体的一员，拥有最真实、最直观的体验和感受，由此展示该群体的本质特征具有信度与效度，说明研究团队也具有参与性观察的研究身份介入。

第四，本书融合了两种扎根理论程序的范式，即程序化扎根理论（Strauss，1987）与建构型扎根理论，在数据编码程序和意义分析取向方面严格遵循多层次的概念抽象和选择过程，保证研究结论的可靠性以及理论模式生发的相对客观合理性。

综上所述，基于对三大人群根本特征以及孔子学院整体性发展的本体论与认识论探索，本书形成了对三大人群及孔子学院的本质为何、如何认识这种本质的初步理解，方法论则进一步阐明了通达研究对象的本质与认知的具体路径，并深化了贯通研究始终的辩证统一思维，最终形成本书的特点，适合采用质性研究方法深入探析。

（二）研究方法

质性研究是社会科学研究的重要方法，是对社会现象的特殊情况寻求解释性理解与事件的整体性过程描述（Polgar & Thomas，1991；朱迪，2012），主要通过研究者与被研究者之间的互动对事物进行深入、细致、长期的感知、理解与体验（Maxwell，1996），从而获得对事物的"质"较为全面的解释性理解（陈向明，2000）。质性研究的数据是文字数据，可以处理不能量化的软问题，寻找行动背后的意义、获得新颖认知，并不断发展经验知识，而是否实施质性研究方法需要视研究问题而决定。因此，作者首先须确定研究问题，作为纲领性的研究指导，再基于研究问题发散式衍生出以三大人群为研究对象的具体的、多方面的、深入实际情况的访谈问题，通过田野调查，多层次、多角度的观察与访谈，来勾勒描写一个个孔子学院的真实面貌，通过对孔子学院的主要构成群体及其本身作为整体的深入挖掘，进而探索三大人群的根本特征与孔子学院的整体性发展规律。

本书以质性研究为主，自传民族志为辅，通过强调原创性、研究者本身的价值观以及互动者的描述视角，在社交重构过程中形成多重实体，既有感性也有理性，并从感性走向理性，从真实的世界走向逻辑思维的抽象世界，从而形成鲜明的研究特点。

1. 基本研究方法选择——基于扎根理论的质性研究

在社会科学领域中，对新的研究对象的探索往往始于质性研究。本书采用质性研究方法，通过实地调研分布于不同国家的孔子学院，亲身体验并了解孔子学院在当地的基本发展历程，通过对孔子学院的三大人群，即孔子学院中外方院长、公派教师、汉语教师志愿者进行深度访谈与观察记录，进而呈现并规整研究的一手数据内容，经由三角验证，以揭示采用质性研究方式所得到研究结果的客观性、过程性和真实性。基于访谈文本材料以及相关重要记录材料，在文本的基础上深化并构建出理论模式，从而"透过被访者的眼睛看世界"，并揭示事物存在的独特价值。

本研究团队成员大部分有与孔子学院相关的工作经历，有些就是孔子学院的院长、教师、志愿者，高校孔子学院办公室工作人员。凭借研究者亲身体验的"被研究者视角"，与第三者中立、理性、审视的"研究者视角"互构了孔子学院的真实，彰显了质性研究的本质特征与研究特色。一方面，既作为"研究者"身份客观记录所观察到的事实与实际情况，如深入当地孔子课堂，旁听并记录课堂中的真实材料与体验，以形成作为"旁观者"所收集的一手客观材料；另一方面，又通过多层次、多角度的一对一深度访谈与深入观察，代入并融入"被研究者"身份特征之中。基于实地调研获得的资料，通过扎根理论方法对研究数据进行细致、演进、精准的理论构建，从经验资料中生成理论，对孔子学院及其三大人群进行探索性研究与深层次挖掘。

具体而言，本书采用开放式编码，将访谈文本打散、分解、赋予概念，再通过持续比较进行归类，使蕴含在访谈文本中的多视角、多层次、情景化观点和意义涌现出来，将其概念化和范畴化，从而揭示隐藏在现象背后的关系机理，以更好地理解研究问题的本质（贾旭东、衡量，2020）。最后，基于实地调研所收集的数据及孔子学院相关其他材料，对所调研的孔子学院一一进行形态描写，以此形成孔子学院在当地的整体面貌与完整模样。由此，形态描写由一手数据向二手数据转化，实现了多渠道数据收集的材料组成与研究观点的文献支撑，并构成研究团队的鲜明特色。

2. 辅助研究方法选择——拓展研究层次与研究深度

本书除了采用质性研究方法对实地调研的一手数据进行扎根分析，还运用了自传民族志（autoethnography）的相关经验对研究数据进行佐证和验证，以进一步完善研究方法的完整性、多样性与准确性。民族志（ethnography）是传统的质性研究方法，研究者通过长时间切身体验研究对象的日常生活，深入观察、访谈并收集多种数据形态（实物、文本资料等），再用文字记载特定社会文化情境下的文化经验（Hammersley & Atkinson，2007）。当研究对象转向研究者自身，即为自传民族志。本书通过附录内容，对研究主体的一手数据进行补充说明，从而支撑和铺垫整个研究的立体感与真实感。在完成所有数据收集、分析后，再对整体内容进行自我剖析、检查与补充，这不仅是对研究全过程更加细致的还原，而且也是对研究方法的进一步补充和完善，使得整个研究更加完整而立体。

综上所述，结合质性研究与自传民族志两种方式，充分利用一手数据材料、二手数据材料与附录补充材料，共同构成了研究过程的整体，彰显了研究团队的专业性，呈现了研究内容的立体性，再现了研究情景的真实性。

(三) 研究对象

研究对象为孔子学院"三大人群"——院长、公派教师及汉语志愿者教师。从2017年初到2019年底,研究团队对五大洲的71个孔子学院及相关机构进行了实地调研,涵盖孔子学院、孔子课堂和教学点,并对2所英国孔子学院进行了二次实地追踪调研。同时,也走访了孔子学院总部、驻外领事馆和多所国内高校孔院办等机构。基于实地走访概况,对所收集的数据进行抽样。定量研究通常采用概率抽样,以便通过应用统计方法得到客观的结果,而质性研究普遍使用非概率抽样中的"目的性抽样"(purposive sampling),即按照研究目的和研究设计的理论指导,抽取能够为研究问题提供最大信息量的研究对象(Gentles et al.,2015;Etikan et al.,2016)。质性研究注重对研究对象获得较为深入、细致的解释性理解,因此,研究对象的数量一般比较小。质性研究选择一定数量的样本进行研究不是为了回答"有多少"或"有多频繁"的问题,而是为了更加有力地说明"发生了什么事情""事情是如何发生的"(陈向明,2000)。因此,基于目的性抽样所选取的研究对象即为探索具体研究问题的最佳目标。本书的访谈对象共307人,属于三大人群的院长共73人(包括中方院长与外方院长),公派教师共90人(包括汉语教师与本土教师),汉语教师志愿者共99人。另外,对部分人员进行了多次追踪访谈。访谈对象概况信息见表0-6,后续每一个具体研究的访谈对象都是从中抽取。

表0-6　　　　　　　　　访谈对象概况

访谈对象类别	访谈人数(人)
孔子学院总部人员	10
外方院长/经理	35
中方院长	38
汉语教师	60
本土教师	30
志愿者	99
孔子学院在读学生	12

续表

访谈对象类别	访谈人数（人）
驻外大使教育公参领事	9
国内高校孔院办人员	14
总计	307

（四）研究过程

本书以质性研究的诠释取向为总体指导，基于明确的哲学基础，从本体论、认识论、方法论层面达成研究对象、研究目的、研究意义等多方的契合。研究过程始终坚持"融通"取向，真实地反映孔子学院和三大群体在社会现实中的存在方式和角色。在数据收集阶段，本书采取多种获取方式，例如将一手、二手数据相结合，以最大化扩大研究内容的证据来源；在数据处理阶段，融通不同的扎根理论范式，对数据中蕴含的意义进行充分挖掘并以编码的形式进行最精确的呈现；在结果分析阶段，坚持对编码结果进行多样化、细致解读，将研究者的主观理解、研究数据的辅助验证以及文献材料的客观支持进行融通。总之，本书认为孔子学院及其三大人群所嵌入的社会现实是多元的，所涉及的跨文化情境是复杂的，"融通"了中外人员、中外社会等多种要素，而当研究者进入该情境收集数据时，研究者本身也成为该情境的一部分，共同构成了孔子学院整体发展过程中某一时点的一部分。因此，本书将"融通"视角贯穿数据收集、数据处理和数据分析等全过程，将研究者的声音、被访者的声音以及二手数据中包含的其他更多人员的声音，都融进研究结果的解读和展示中，这样的研究过程才是最贴近于真实的社会现实。

1. 数据收集：多渠道、多类型研究资料收集

本书通过多层级渠道收集资料，从2017年初到2019年底，共实地考察了五大洲的71个孔子学院及相关机构（表0-7）。对中外方院长、经理、汉语教师、志愿者、学生等进行深度访谈，积极参加孔子学院组织的文化活动等，深入当地且亲身参与，以获得原始文字数据资料。

（1）一手数据的收集

在数据收集过程中，深度访谈是其中的重要一环。深度访谈主要

遵循"关系唤醒—引入话题—延展话题—话题深入—总结话题—预约回访"的过程。访谈开始前,首先要根据研究问题、文献回顾、二手资料等相关素材,围绕孔子学院的三大人群以及孔子学院整体的发展情况等,初步拟定访谈提纲。访谈过程中,访谈者通过"闲聊"的方式唤醒研究者、被访者以及其他角色之间的关系,自然过渡到正式访谈,再视与受访者关系的情况、受访者的健谈程度、访谈问题的深度广度等,灵活调整回应方式。继而跟随访谈对象的讲述,不断延展其故事的内涵与外延。深度访谈其实质并非简单的"一问一答",而是要融入对话本身和会话情境,通过与访谈对象互动、融入甚至"推波助澜",慢慢挖掘其中的内容与含义,从而构建完整的故事和情境,在故事中呈现研究问题的答案。而这就对访谈者提出极高的要求,要求具有深刻的理论洞察能力与实践经验,故访谈者主要由研究团队中富有访谈经验的教授担任,作为团队带头人把控整个访谈过程。

访谈提纲列出了主要访谈问题及走向,但并不对每一个问题进行具体描述,而是访谈者在与访谈对象的对话中"不着痕迹"地进行灵活变通与深入挖掘,这也是本书纵深性、真实性、情境性、交互性等特点的生动体现。通过"不留痕迹"地引导被访者回答相应问题,在对话中融入访谈问题,深入挖掘相关的对话内容。因此,本书的重要特色——深入孔子学院内部,取得访谈对象的高度信任,与访谈者反复交流,重塑孔子学院工作场景,构建其交流模式——得到充分体现。

在访谈结束之际,研究者就后期回访、补充资料等事项与受访者进行沟通并表示感谢,在调研结束后与对方保持持续、密切的联系。访谈时经被访者允许,进行了录音录像,访谈结束后,访谈人员以日记与备忘录的形式记录下当天访谈的内容以及感想。第二天早上及时召开总结会,团队带头人会一一点评每一位参与访谈工作的团队成员的日记及材料,总结访谈过程以及出现的问题,对记录材料的真实性和准确性进行甄别与确定。通过及时的总结、反馈与核查,确保访谈资料与日记的真实可靠,同时促进研究团队成员的质性研究水平与深度访谈能力的提升。

绪 论

除了访谈数据作为最重要的基础数据，本书的一手数据还包括现场观察记录、调研日志、对孔子学院的形态描绘、团队总结会的工作日志、照片等。其间，观摩孔子学院课堂教学20次，深度访谈孔子学院在读学生12位。采取记录研究日记的方式观察汉语教师与学生的互动情况。访问过程中，团队成员按照调研计划书分工协作，做好现场的照片、录音、视频和文字记录。出访团队成员每天一次会议，对当天的调研情况进行总结，交换意见，形成团队的调研日记（共约34万字）。由于个别场次的访谈人数较多，在访谈结束当晚，团队成员会熟悉访谈笔记和录音，确保人物和发言的对应关系，做好记录。调研结束回国之后，及时记录并整理文本、访谈录音、观察日记、相片、视频等调研资料，汇总出访材料并存档，撰写日志记录整理过程。调研日记充分展现了研究团队在调研过程中的思考、问题及访谈情况，并成为深度访谈材料的重要支撑。

表0-7　　　　　　　　　　实地走访单位概况

走访单位类别	数量
孔子学院（课堂或教学点）	52个
驻外使领馆	7个
孔子学院总部	1个
孔子学院国内合作院校孔院办	6个
其他机构（国外高中、汉办驻国外办事处等）	5个
总计	71个

（2）二手数据的收集

本研究的二手数据收集主要包括文献资料、新闻报道材料、孔子学院官网的公开数据、孔子学院宣传手册、孔子学院院长相关书籍等。研究团队走访的孔子学院也主动提供了很多内部教学管理材料，对外宣传材料等。如部分孔子学院提供了其历年工作总结、内部管理制度材料等内容，极大丰富了研究材料来源。调研后再将这些材料整理成册，标明所有资料的来源和出处，并以孔子学院为单位统一编码整理，作为二手补充材料使用，以验证研究的准确性。通过形成多种资料展开交叉验证,形成稳定的资料三角验证。

总体而言,调研团队收集的数据共有七类,分别为深度访谈(包括对三大人群的面对面访谈、电话/线上访谈)、调研日志(实地调研日记)、工作日志(学习日记)、新闻材料(包括孔子学院的相关新闻报道、官网数据)、照片记录(实地调研过程中的照片记录)、当地孔子学院授权的内部资料(当地孔子学院的宣传册等)以及孔子学院文献材料(包括孔子学院的形态描写、孔子学院教师故事、孔子学院院长故事等相关书籍文献材料),具体的对应数据详见各个章节。数据收集完成后,调研团队与被访孔子学院院长、公派教师代表、志愿者群体代表、团队成员以及孔子学院相关负责人员对相关数据、材料、访谈文本的细节理解进行了反复确认与核对,以确保材料的准确性。具体情况见表0-8。

表0-8　　　　　　　　　相关数据统计

数据类型	资料数量	录音时长	整理字数
深度访谈 (面对面访谈)	/	176小时	217万字
调研日志	若干	/	34万字
工作日志*	若干	/	77万字
新闻资料 (网站数据、报道)	336篇	/	/
照片记录	850张	/	/
当地孔子学院授权内部材料 (宣传册等)	若干	/	/
孔子学院文献材料 (相关书籍、文献等)	1252篇	/	/

＊调研日志与工作日志的区别在于,调研日志是在各地孔子学院实地调研期间的每日思考记录,是数据收集过程中的感受记录;工作日志是访谈数据处理阶段撰写的日志备忘录,是数据分析过程的感受记录。

2. 访谈文本转写

通过多渠道、多层级收集,本研究团队获得了大量一手与二手数据,然后对收集的数据材料进行整理与梳理,即录音转写。录音转写不仅是质性研究过程的一部分，也是后续进行数据编码、得出研究发现的重要前提。转写工作须本着"忠于录音""完全转录"的原则，首先通过录音逐字转录，再经人工比对录音进行核对确认，且所有访谈录音材料均需经过被访者同意后使用，由此形成转写文本材料。同时，在整个过程中，研究团队坚持撰写工作日志，用以回忆研究过程、评估访谈质量。据统计，实地调研的访谈总时长约 176 小时，转写总字数约 217 万字。

录音转写过程具体按照以下步骤进行：第一，对访谈者基本信息进行整理，形成对录音和具体研究对象的关联性印象。由于访谈者众多，转写内容庞杂，通过梳理被访者信息如"姓名""性别""派出单位""专业"等了解被访者概况，对于非一对一访谈的录音材料，这些基本信息有助于梳理录音中人物及其话语，并做到一一对应。为保护隐私，受访者基本信息仅作为研究过程中的辅助信息，不对外展示，当涉及被访者话语展示的时候，一律做匿名处理。

第二，软件与手动相结合进行录音转写。对录音的转写采取软件转写和手动对比相结合的方式进行。研究团队通过转录软件"i 笛云"进行第一次转录，再结合原始录音进行逐字核对与修改。转写记录不仅包括被访者的言语行为，而且包括非言语行为，这些非语言行为的记录与语言行为同样重要（Poland & Pederson，1998），以完整记录访谈和调研的全貌，为后续深入研究打好基础。录音来源主要有以下几类：录音笔现场采集的音频、电话录音、微信语音访谈等。由于现场收音因素难以控制，故音质会受到不同程度的影响，在部分难以辨别的地方予以标注，通过寻找相关资料查证或与在场人员核对的方式进行确认，对于与访谈话题无关的部分，用括号标注并予以说明。

第三，团队成员互查。完成转写后，由团队成员相互检查，所有转写内容至少经过两位研究人员的重复核对，纠正错别字以及不通顺之处，同时明确语句的表意。在这个过程中，如果不同编码者在某些编码上的共识度较低，研究者则需重新回归数据，通过相互辩论和讨论来达成共识，以确保录音转写内容的准确性。

3. 数据处理过程及编码展示

（1）编码原则

本书对孔子学院三大人群制定了统一的数据编码原则，采用四级编码的方式进行。第一层编码涉及分析数据的调研单位，本研究涉及71个单位，包括孔子学院、孔子课堂、教学点、代表处等单位，因此第一层以数字01到71对调研单位进行编码。第二层编码为人员编码，在本书中主要为汉语教师志愿者、公派教师、院长，使用了三大人群英文的首字母作为代表进行编码，汉语教师志愿者为V、公派汉语教师为T、院长为D。第三层编码为具体的被访者，用字母对每个被访人进行编码，编码为A—Z。第四层编码为话语标注，编码为01—99，按照被访者所说话语在文本标注中的顺序进行标注。最后，为了展示地域差异与研究结果之间的关联，我们对所用到的访谈文本进行了地域标注，即对被访者所在孔子学院的地域进行标注。实地调研涉及亚洲、欧洲、非洲、大洋洲、北美洲和南美洲，由此构成便了编码的"标签"。按照该四级编码原则，最终共获得初始编码2729条，其中志愿者相关498条，教师相关427条，院长相关1804条。

总体而言，按照四级编码原则获取的"标签"共由两部分构成，第一部分的编码由数字和字母构成，是对原始材料的编码，其规则构成如下：

编码示例：51D–A08 北美

第一层数字编码：调研团队前往调研过的单位，共71个，编码为01—71。此处为51，代表第51个调研单位。

第二层字母编码：三大人群英文的首字母（汉语教师志愿者为V、公派汉语教师为T、院长为D）。此处为D，代表被访者为院长。

第三层字母编码：具体的被访者，用字母对每个单位的被访者进行编码，编码为A—Z。此处为A，代表被访者代码为A的院长。

第四层数字编码：话语标注，编码为01—99，按照被访者在访谈中所说话语在文本标注中的顺序进行标注。此处为08，代表访谈文本中该院长的第8处标注。

此外，对研究发现展示涉及的访谈文本还进行了地域标注（此标注用于说明研究发现与地域的关联,仅在研究发现中出现,对于未用到的访谈文本,不做此标注),北美则说明该院长所在的孔子学院位处北美洲。

同时,作为重要研究资料的研究日记及观摩课堂笔记,团队同样进行编码处理。第一层编码以数字 01 到 71 对调研单位进行编码,第二层编码使用大写字母 M 作为代表进行编码。第三层编码为话语标注,编码为 01—99,按照日记中提及顺序进行标注。如编码为 51 的孔院调研日记的第一编码为 51M-01。地域标注情况如上所示,与访谈资料标注方式一致。

编码的第二部分是研究者经由访谈文本阅读和意义解构后,赋予重要信息的一个概括式表述,是对文章引用 quote(即访谈文本)的编码。可以是被访者话语中的原始字词,也可以是研究者自己的提炼和概括;可以简短至两字词语,也可以具体到有完整结构的句子。初始编码的标签没有固定的格式和准则,而应以体现重要信息的完整性和准确性为要义,正所谓没有"绝对",只有"合适"。通过强调概念的编码过程,以此反映理论归纳过程。值得注意的是,当研究者首次提出相关编码概念时,往往是源于自身的文化认知而非研究问题本身,研究者要防止自己掉入这种"先入为主"的概念化陷阱。

(2)初始编码过程

在完成访谈文本的转写与校对后,研究团队继续对访谈资料进行编码,并采用 Nvivo 12.0 软件辅助整个编码过程。对访谈资料的编码是对原始资料进行系统整理的第一步,也是最终形成理论的关键(孙晓娥,2011、2012)。编码不仅要展示原始资料的真实面貌,还要为后期研究服务,是数据收集与意义解释之间的"关键环节"(Charmaz,2006)。

本书的初始编码过程主要遵循以下三个步骤:首先,在进行初始编码之前,本研究团队先对访谈文本进行完整的阅读,以访谈者的主要问题和访谈过程中的追问为线索,在头脑中勾勒出关于此份访谈材料的整体图景,形成对潜在重要信息的初始印象。其次,对访谈材料的初始印象形成后,便进行逐字逐句的仔细研读,对字词中包含的意义抽丝剥茧,体会其隐含之意,以发现值得标注的信息。最后,以一个个贴切的"标签"（标签的形成遵循前述编码规则）对这些重要信息进行描述，以形成"初始编码"。关于编码工作，研究团队综合传统质性研究方式与高效质性研究工具。同时，所有团队成员经过专业的编码及质性研究训练，以确保团队成员均具备对编码工作充分的理解力、实践经验和理论敏感性，这也是编码工作顺利开展的重要基础之一。本研究团队的公派教师组与志愿者组的研究成员均有孔子学院相关工作经历，具备对于编码工作充分的理解力、实践经验和理论敏感性，这两组采用传统手动编码的方式完成编码工作。为进一步提高工作效率，在后续研究中，研究团队借助质性研究工具来提升研究工作的完整性、科学性与客观性，院长组采用了 Nvivo 12.0 软件完成编码工作。手动编码方式确保了编码的准确性、精确性，通过结合一线孔子学院调研经历和工作经历，体现质性研究的"情感融入"和"在场"特色；采用质性研究工具 Nvivo 12.0 软件进行辅助编码工作，则提升了工作效率，确保了研究工作的完整性、科学性与客观性。同样，每一份访谈文本的标注都经过两位团队成员的标注与核对，确认编码的科学性、精准性与有效性，从而最终形成完整的初始编码集合。

（3）归类过程

研究团队在完成对所有访谈文本的转写与标注后，开始对初始编码进行归类工作，建立初始编码的类属（category）。对初始编码内容的归类采取合并相同表意类别的方式建立类属，以提高初始编码归类及最终对编码频次统计的准确率。对于有疑问的归类项，通过内部讨论并结合文献查询的方式来确认最后的归类。归类是一个多层级过程，主要有一次归类次范畴、抽象化次范畴、主范畴三个基本步骤。先通过扎根理论的开放编码、主轴编码、选择性编码程序，对访谈数据"抽丝剥茧"，再将开放编码得到的初始概念层层归类抽象，得到数量精简、具有概括性的主要范畴，最后基于建构型扎根理论的频次对比取向，对每次归类得到的范畴依据初始编码的数量进行频数统计，发现高频、重要的范畴，这些重要范畴将是后续描述分析和理论建构的主要概念对象。具体归类步骤会在后续具体对象研究中体现。

（4）统计频次

频次统计虽作为数据编码整理过程的最后一步，但也贯穿了编码过程的始终。研究团队在完成初始编码的归类后，对所有归类类别出现的频次进行了统计，即分别对经过一次归类次范畴、抽象化次范畴所对应的"小类频次"与经过高度抽象化所形成的主范畴所对应的"大类范畴"进行频次统计，以求找到访谈文本中最突出的问题（即频次最高的归类），为下一步的聚焦研究寻找数据依据与支撑。本书对次范畴的频次排序仅代表访谈中相关问题呈现的次数，但并不代表其问题重要程度，即数字代表频次而与量化中对于数字数量重视不同。

（五）研究伦理与效度

1. 研究伦理：道德原则和伦理规范

质性研究中的伦理道德问题不仅涉及所有与研究有关的人和社会机构，也贯穿研究的全过程。本书严格遵循质性研究调查所必须遵守的道德原则和伦理规范。第一，遵循自愿公开原则。研究团队在联系被访者之初，仔细向每一位被访者解释访谈主旨、要求、时长等，以确保每位被访者都是完全自愿参与研究项目，在与访谈目标群体三大人群初步交涉后，确定自愿参与访谈的被访者名单。此外，尊重被访者"拒绝"的权利，在研究的过程中，每位被研究者随时可以提出中断或者退出研究。

第二，遵循隐私保密原则。在访谈开始前，向被访者表明学术背景及访谈资料的学术用途。在深度访谈过程中，在征得被访者同意的前提下使用录音设备。访谈结束后，再次向被访者承诺访谈中涉及的敏感信息不会公开，研究团队承诺对每一位被访者的个人信息都高度保密，收集的数据信息仅做学术研究用途。

第三，灵活处理敏感信息原则。研究者对访谈中可能出现的各种道德问题保持高度敏感，并及时敏锐处理，如对被访者提到且担忧的部分敏感问题，确保不予公开和传播。此外，文中所有涉及人名、单位名称等个人隐私的信息，均进行了技术处理，并在每次访谈结束后，将内容反馈给被访者，反复确认文本材料的准确性，做到对原始情境的还原与复刻。在这一过程中，被访者和研究者融为一体，一些被访者会反复修正其表达，确保被访者眼里的准确性以及与研究者之间的意义互构。

2. 研究效度：研究稳定性与准确性确认

效度（validity）是通过客观测量与量化推论寻求一种普适性法则（Maxwell，1996）。质性研究关注社会事实的建构过程和人们在特定社会文化情境中的经验和解释，其研究效度判定标准主要包括成员核查、三角验证、同行评论、核查追踪等。为确保研究过程及结论的效度以及所收集资料的稳定性，即是否如实反映了研究对象的真实情况，本书主要遵循了被访者检验、同行评论和三角验证三项标准。

首先，被访者检验是指研究者将研究结果反馈给被访者，以发现其中的问题。本书在转写整理访谈材料时就采用了被访者检验的方法提升研究效度，通过与三大人群的被访人员进行材料内容的反复确认，对访谈涉及的重要信息进行多次核对，由此形成最客观、真实、完整的访谈材料。在此过程中，研究团队需要在访谈结束后与三大人群被访者的代表确认后续材料涉及的流程与安排，确保后续研究的正常推进，保持沟通，以便及时与被访者共同确认、检验、复刻文本材料所描绘的关键情境。

其次，同行评论是指在研究得出初步结论时，研究者通过与同行、同事或其他人交换看法，听取意见，从而检验研究效度。初步写作形成后，研究团队通过线上会议、电话会议、同行点评等多种方式对研究内容进行了多轮检验与修改，并邀请多名领域内专家以线上会议的方式，对写作内容提出修改建议与意见。通过不同人提出的意见与观点，获得对研究内容新的理解与感受，再经过多轮思考与自我反省，对写作内容作进一步修改与完善，让整个研究设计、研究过程、研究结果得到全方位提升，从而提高研究的整体效度。

最后，三角验证是指将同一结论用不同方法在不同时间和情境里进行检验，通过尽可能多的渠道对目前已建立的结论进行检验，以获得研究结论的最大真实度。本书中三角验证主要体现在两个方面：第一，研究数据的三角验证。在收集资料过程中，研究团队采用多渠道

绪 论

收集数据，让不同来源的数据之间进行多角互证，包括实地调研被访者所在孔子学院而获取的一手数据（主要有访谈录音、现场记录、出访日志与研究日志），大量网上搜集和获取的与孔子学院相关的二手数据（主要有孔子学院官方信息、权威新闻报道、照片、被访者提供的孔子学院宣传手册、出版物等），以及在收集了一手、二手数据之后，研究团队撰写的具备二者共同属性的形态描写文本材料。由此构成的研究数据三大来源渠道，能够对研究结果进行数据验证，提供重要材料支撑。

第二，针对研究对象的结果进行多角互证。通过对三大人群深度访谈，各自关于其他人群的观点也可形成不同研究对象之间的三角验证。例如，通过对志愿者群体访谈，发现该群体的跨文化适应性是核心内容，另一群体公派教师的深度访谈也体现了这一点，公派教师的跨文化适应也是该群体的重要特征，二者在研究结果上呈现内部一致性与关联性。本书通过筛选公派教师和院长访谈中有关志愿者的访谈信息，对志愿者的访谈内容进行佐证和支撑，再运用同样的方法对下一群体进行访谈内容的验证，以此形成不同群体访谈内容之间的交叉分析和支撑验证，从多群体视角出发，实现三大人群之间的多角互证。

作为质性研究之自我民族志的一种特征，研究者以其自身工作经历来检验获取数据的真伪及有效性。比如，团队带头人曾是某高校孔子学院办公室主任，曾主要参与策划并创办了三所孔子学院，长期深入孔子学院一线，与众多孔子学院的院长教师关系密切。团队子课题负责人中不乏曾任或现任孔子学院院长，例如公派教师群体研究的写作参与者，本身就曾是孔子学院的公派教师，分别在两个孔子学院工作过，目前也还在某高校孔子学院办公室工作；志愿者群体研究的写作参与者，曾是孔子学院的志愿者，在两个孔子学院工作过。他们的参与，彰显了"局内人"与"局外人"的视域融合。

本书充分彰显了质性研究的纵深性、真实性、情境性、交互性和相对主观性，研究者敢于公开自己的立场，通过融入去感受和体会研究对象的工作情境、困惑矛盾与职业追求，最终揭示孔子学院工作实境，为孔子学院群体发声。

第一部分

孔子学院跨文化适应(社会与心理)研究:基于汉语教师志愿者

汉语教师志愿者项目随着孔子学院的开办一直保留并运行至今，且每年都派出大量人员前往世界各地从事汉语教学的一线工作。相较于孔子学院中方人员三大群体中的另外两个群体——公派汉语教师和中方院长而言，学界对汉语教师志愿者群体的研究较多，主要集中于跨文化与语言教学。汉语教师志愿者作为海外的一线汉语教学和文化传播人员，是典型的跨文化传播和适应群体，但对其群体的特性和跨文化适应情况的研究仍没有得到应有的重视。

汉语教师志愿者（简称"志愿者"）的主体为国内各大高校的毕业生或参与专业实习的在校学生，相较于公派教师、中方院长和经过专业培训后持证上岗的传统教师，该群体具有缺少教学实践经验，绝大多数没有过海外工作生活的经历，流动性大，任期短，有活力且使命感强等特征。作为首次离开母文化环境的短期旅居者，到异文化环境中从事1—3年的汉语教学和文化传播工作，该群体不仅要适应陌生的异文化环境，与有着不同文化背景的人接触，学习语言教学及课堂管理技巧，还面临着自身从"学生"到"教师"的身份转变以及所处环境从"学校"到"职场"的转变。因此，志愿者群体与孔子学院中方人员中的另两大群体有着明显区别，作为对外汉语教学的主要执行者，该群体的跨文化适应情况与组织支持和身份等概念存在着潜在关系。

本书以志愿者群体的跨文化适应情况为核心研究问题，通过参与式观察和深度访谈收集资料，并提出以下研究问题：该群体在适应过程中有哪些显著的群体情感与行为？志愿者在海外的社会生活、教学工作、人际关系、心理状况呈现出了怎样的状态？他们是如何适应的？孔子学院这一"组织"角色又是如何影响志愿者跨文化适应的？

基于上述研究问题，本部分的章节内容安排如下：

第一章对本书涉及的跨文化适应理论进行简要介绍，重点回顾针对外派人员和志愿者群体的跨文化适应的相关文献。

第二章介绍志愿者的跨文化适应情况，主要分析志愿者心理适应、社会文化适应以及跨文化教学适应之间的关系，并探讨孔子学院带来的组织支持对志愿者跨文化适应的影响，最后提出志愿者群体具有的独特职业情感——使命感，描述了其形成过程，以及与跨文化适应、组织支持和职业发展规划之间的关系。

　　第三章为总结部分，提出了志愿者跨文化适应理论模型，探讨了各个维度的关联与运作机制，并对志愿者项目未来发展从管理、口碑以及志愿者素质培养等方面提出了实际对策。

第一章 孔子学院汉语教师志愿者跨文化适应研究理论基础

本章主要研究志愿者的跨文化适应特点和路径。对跨文化适应相关理论，包括跨文化适应理论、跨文化适应维度等方面进行梳理，旨在明确相关概念的定义、内涵以及在本章分析中讨论范围的界定，以帮助读者更好地理解后续分析的内容。在对志愿者群体跨文化适应的考察中发现"使命感"这一与跨文化教学适应紧密相关的维度，本书也将其作为关键概念进行梳理分析。

第一节 跨文化适应理论维度

跨文化适应（intercultural adaptation）属于跨文化研究领域中的一个分类，它指代不同文化背景的个体迁移到陌生文化环境后，与环境建立（或重建）并保持相对稳定、互惠和功能关系的动态过程（Powell，1880）。这一概念意在表达人们到达新文化环境之后，自我与当地文化之间相互的改变和调整。与此概念相似的是"acculturation"，中文翻译为"濡化"（陈国明、安然，2010；安然，2013）。尽管在英文概念上存在表达差异，但是两词的内在意涵却很相近，都在表达两个或两个以上的文化群体或个人之间的接触所引发的心理、文化的双向变化过程。贝瑞（Berry，2005）指出，濡化是一个文化接触和个体心理变化的双向过程：一是对原有文化身份的保持，二是维护与其他群体的关系。

塞尔和沃德（Searle & Ward，1990）区分了个体层面跨文化适应的两种形式："心理适应"（psychological adaptation）和"社会文化适应"（sociocultural adaptation）。"心理适应"指个体在跨文化接触时的幸福感和满足感，此过程以情感反应为基础，指在跨文化接触中的心理健康和生活满意度，而"社会文化适应"指个体在异文化中习得恰当的文化知识和技能，以便能够与异文化中的社会成员进行有效交流的过程。同时，他们强调二者相关联，但在概念上应视为不同的维度。

沃德和肯尼迪（Ward & Kennedy，1993a）在后续研究中进一步测量了心理适应和社会文化适应的影响因子，指出控制观（locus of control）、外向性（extraversion）、社会支持（social support）和生活改变（life changes）等因素影响了心理适应，文化距离、语言能力等因素影响了社会文化适应。其中，控制观以及外向性与旅居者的幸福感有关，但需要注意的是，这两个因素是否对心理适应产生促进作用，需要结合特定的文化情境，生活环境变化程度小有助于心理调整，而充分的社会支持对心理健康至关重要。贝瑞（Berry，2006）以跨文化适应过程中经历的"濡化压力"来评估心理适应的过程，提出将自尊心、生活满意度、心理健康等作为跨文化心理适应的评估因素。

基于社会学习的理论视角，跨文化社会文化适应是指个体在异文化中习得恰当的文化知识和技能，以便能够与异文化中的社会成员进行有效交流，有效应对日常生活和工作中出现的各种状况（Furnham & Bochner，1986）。同样，沃德和肯尼迪（Ward & Kennedy，1994）也定义了社会文化适应：适应当地社会文化环境的能力，能与当地文化群体成员进行有效接触。可见，社会文化适应是基于社会学习的视角，指个体适应当地社会文化环境的能力，考察旅居者是否能与具有当地文化的人有效接触和交流，是否能够处理在异质文化背景下所遇到的困难。在探究影响跨文化社会文化适应的因素上，研究成果集中于探究语言和社会交流方面的因素，包括语言交际、非语言交际以及跨文化社会交往和文化距离等与社会文化适应的关系（Ward & Kennedy，1993b）。

费希尔（Fisher，1986）认为，工作适应是新员工学习和适应新的工作环境、新的工作角色以及新的组织文化，使其自身的行为和工作要求与组织期望达到一致的过程。在跨文化适应研究领域，也有相关学者关注到异文化情境下个体的工作适应。如布莱克等（Black et al.，1991）在研究美国外派公司职员及其家属的适应问题时，将跨国产生的适应（international adjustment）分为：工作适应、整体（一般）适应以及与当地人交流的适应。其中，跨文化工作适应是指外派人员履行特定工作职责、完成绩效定额和预期、完成监管职责的能力（Black，1988b；Black & Stephens，1989）。沃德和肯尼迪（Ward & Kennedy，1993a）认为，跨文化工作适应考察个体在新文化环境下，能否熟悉新的工作环境、承担工作角色、完成任务和履行职责。可见，跨文化工作适应强调个体在异质文化环境下与工作环境、工作角色、工作职责等方面的互动过程。在实际情形下，针对不同研究群体的工作内容，具体研究内涵也会发生变化，如：对于志愿者群体的工作适应，由于其工作以教学任务为主，故体现为"跨文化教学适应"；在公派教师群体的工作中，除教学工作外还有行政、外联等工作事务，故最终体现为"跨文化工作适应"。

安然等（2015）基于跨文化适应 ABC 理论的三个视角，即情感、行为和认知，对孔子学院中方人员跨文化适应能力进行了探究，并提出了个人生活适应能力、组织内沟通协调能力以及跨文化语言教学能力三个维度构成的模型。本研究将基于既有文献，对志愿者这一群体的跨文化适应从压力与应对、文化学习和社会身份三种视角出发，分析其心理适应、社会文化适应以及跨文化工作适应。

第二节　组织支持

组织支持（organization support）是组织行为学中重要的概念，最早提出的组织支持感知（perceived organization support）是指组织对员工贡献的重视，并提供各类福利待遇的支持和关心，强调组织对员工的关心和重视是员工留在组织内部工作并做出贡献的重要原因，并提出组织支持主要分为尊重支持和亲密支持两种情感性体验（Eisenberger et al.，1986）。有学者对此概念进行了完善，他们认为只包含尊重支持和亲密支持两种情感性体验，不包含员工工作所需的其他支持（Shore & Wayne，1993）。组织支持的理论框架通常基于社会交换的理论视角，即员工对组织付出努力、作出贡献，和组织给予员工的报酬与奖赏。因此，组织支持包含两方面内容：一是员工对于组织对他们贡献的重视程度的感受，二是组织对于员工幸福感的关注，前者关系到员工对组织的工作投入，后者关系到员工的情感需求，而这样的影响机制是通过员工的心理感知来实现的，即通过员工感知组织对其行为的态度来分析组织意图（Eisenberger et al.，1986）。组织支持实质上强调了一种"努力—结果"的相互关系，在这种相互关系的实践中，组织和员工双方都能够最大程度地达成共同利益。

在组织支持感的内涵和维度方面，虽然国内外学者的具体观点不同，但均认可组织支持感具有物质及情感等多维度内涵。但也有学者认为组织支持包括生活或情感支持，以及与职业相关的工作支持（Tansky & Cohen，2001）。凌文辁等（2006）通过实证研究对国内企业员工的组织支持感进行了测量和分析，认为国内企业员工的组织支持感可分为工作支持、价值认同和关心利益三个维度。在组织支持感对员工的影响方面，诸多学者运用实证研究对组织支持与工作投入、职业使命感以及组织归属感等关系进行探究，并证实组织支持感作为员工和组织的一种相互关系的概念，会影响双方的关系和共同利益（Eisenberger et al.，1997；孙健敏等，2015）。

在访谈及观察记录等一手经验资料中，孔子学院与志愿者这一"组织—员工"关系内存在着支持与回报的组织支持关系，因此本书将组织支持作为志愿者跨文化适应的一项维度进行探究。本书后续分析部分将基于以上对组织支持定义及内涵的界定，对志愿者与孔子学院之间的组织支持以及其与跨文化适应之间的关系进行分析和阐释。

第三节 使命感的内涵

"使命感"（calling）概念的提出可追溯至 16 世纪欧洲宗教改革时期，强调人的使命感是由上帝来传达的。随着经济和社会的发展，使命感概念的演进呈现出从"神圣化"走向"世俗化"的趋势。贝拉等（Bellah et al., 1996）提出将使命感引入工作领域，并通过指出三种不同的工作取向来探究不同价值取向下对工作的追求。持"使命感取向"的人，将工作视为生命密不可分的一部分，以实现自我价值并重视工作对社会的贡献。其他学者认为，职业使命是在自我之上的超然召唤，将个人价值追求与工作意义联系在一起（Dik & Duffy, 2009）。它也是对某职业的强烈热情，且体验到强烈的意义感（Dobrow & Tosti-Kharas, 2011）。也有学者认为，职业使命感是基于个人认为自己想要做什么，应该做什么以及实际在做什么等的认知，而进行的一系列具有亲社会意图的行为（Elangovan et al., 2010）。可见，对职业使命感的不同定义体现了不同动力来源，如职业使命感的动力是内在驱力（Dobrow & Tosti-Kharas, 2011），是来源于外在召唤（Dik & Duffy, 2009），或既可以来源于外部，也可能来源于个体内心。这些主流的定义都强调了工作的目的感和意义所在。

职业使命感或称工作使命感（career calling）可以看作使命感世俗化后在工作场景的体现，在现有文献中呈现出多维度的内涵。如：超然的召唤（transcendent summons）、工作的意义（purposeful work）、亲社会倾向（prosocial orientation）三个方面的维度（Dik & Duffy, 2009）；行动取向（action orientation）、对人生目标和个人任务的明晰感、亲社会性意图（prosocial intention）的使命感三要素维度（Elangovan et al., 2010）；工作认同（identification with one's work）、意义感（sense and meaning）、人与环境匹配（person-environment fit）、价值驱动行为（value-driven behavior）、超然的导向力（transcendent guiding force）的五维度内涵（Hagmaier & Abele, 2012）。可见，虽然学者对于职业使命感的构成要素有不同看法，但也存在一些共性认识，比如都强调使命感能够提供给个体工作的目的感和意义感。因此，在工作领域，职业使命感与工作意义密切相关。

基于对志愿者的访谈及观察日志等一手资料的整理分析，本研究发现职业使命感是志愿者群体在外派过程中的一种典型的情感特征，与志愿者国内培训和国外工作内容密切相关。因此，本研究基于以上对职业使命感的界定以及内涵分析，探寻志愿者职业使命感的来源、形成以及其对跨文化适应的影响。

第四节　志愿者跨文化适应研究与分析路径

一　研究问题：志愿者的跨文化社会与心理适应

本部分的核心问题在于对志愿者的跨文化适应的考察，根据团队前期的参与式观察以及访谈内容，发现志愿者群体在跨文化适应过程中有不同于孔子学院其他中方人员的特殊性，比如他们除了对异文化环境的适应，还面临着自身从"学生"到"教师"的身份转变等问题。因此，本部分最终将研究问题聚焦于跨文化适应、组织支持以及使命感三个理论概念，提出了以下研究问题：

志愿者的跨文化适应分为哪几个维度？不同维度的适应有哪些特点？受哪些因素影响？志愿者通过哪些方式或策略来进行不同维度的跨文化适应？其适应结果如何？

志愿者得到的组织支持方式有哪些？组织支持对志愿者的跨文化适应产生了怎样的影响？志愿者与组织之间的相互关系如何？跨文化培训在组织支持中发挥的作用和对志愿者的影响如何？

志愿者职业使命感的内涵包括哪几个方面？志愿者是如何产生和培养职业使命感的？职业使命感与志愿者的跨文化适应关系如何？

在对上述研究问题的思考下，我们设计了访谈提纲并通过深度访谈的方式对以上问题进行了探究。访谈问题设计基本如下：

跨文化适应：志愿者赴任过程中的心情和情绪状态如何？志愿者的日常生活和交往状况如何？志愿者在跨文化环境下的工作情况如何？

面临跨文化适应困难的志愿者们如何应对和处理？外派过程中志愿者的变化有哪些？

组织支持：志愿者得到了哪些组织支持？组织支持对志愿者有怎样的帮助和影响？志愿者与组织之间的相互关系如何？跨文化培训对志愿者的跨文化适应有什么帮助，存在哪些不足？

职业使命感：如何理解志愿者这份工作的意义和价值？志愿者具有成就感和幸福感的事情是什么？志愿者在工作中有何收获？未来的职业规划如何？

二 研究对象：志愿者

本书的研究对象为通过国家汉办/孔子学院总部（现"语合中心"）汉语教师志愿者项目招募、选拔、培训并由国内成功派出的，在海外孔子学院、孔子课堂教学点任教的中国籍志愿者教师。从国内派出的汉语教师志愿者事先并没有所在国的合法居留身份，因此需办理赴任国的签证，并完成培训，合格后派出。本书基于目的性抽样原则，抽取出14所（个）孔子学院（课堂）中的56名志愿者的访谈材料进行分析。访谈对象信息见表1-1。

表1-1　　　汉语教师志愿者访谈对象基本信息

序号	访谈对象编码	外派地区	性别	专业背景	派出单位
1	04V-A	东亚	男	中国古代文学	海外志愿者
2	06V-A	东亚	女	对外汉语教学+课程与教学论	北京语言大学
3	06V-B	东亚	女	汉语国际教育	北京语言大学
4	10V-A	西亚	女	阿拉伯语	海外志愿者
5	11V-A	南亚	女	对外汉语	红河学院
6	11V-B	南亚	女	对外汉语	红河学院
7	12V-A	东南亚	女	汉语国际教育	北京语言大学
8	12V-B	东南亚	女	汉语国际教育	云南师范大学
9	12V-C	东南亚	女	音乐表演	哈尔滨学院
10	12V-D	东南亚	女	中国语言文学+汉语国际教育	燕山大学

续表

序号	访谈对象编码	外派地区	性别	专业背景	派出单位
11	12V-E	东南亚	女	汉语国际教育	华侨大学
12	13V-A	东南亚	女	汉语国际教育	河南理工大学
13	13V-B	东南亚	女	马克思主义	湖北大学
14	13V-C	东南亚	女	英语	怀化学院
15	13V-D	东南亚	女	英语+汉语国际教育	西北大学
16	13V-E	东南亚	女	英语+汉语国际教育	吉林大学
17	13V-F	东南亚	女	人文教育	怀化学院
18	13V-G	东南亚	男	英语教育	安阳师范学院
19	23V-A	欧洲	女	汉语国际教育	华南理工大学
20	23V-B	欧洲	女	汉语国际教育	华南理工大学
21	29V-A	欧洲	女	俄语	黑龙江大学
22	29V-B	欧洲	女	俄语	湖南师范大学
23	29V-C	欧洲	女	俄语	四川师范大学
24	29V-D	欧洲	女	俄语	黑龙江大学
25	29V-E	欧洲	女	俄语+汉语国际教育	黑龙江大学
26	29V-F	欧洲	女	俄语	黑龙江大学
27	29V-G	欧洲	女	俄语	黑龙江大学
28	29V-H	欧洲	女	俄语	黑龙江大学
29	29V-I	欧洲	女	俄语	黑龙江大学
30	29V-J	欧洲	女	俄语	黑龙江大学
31	29V-K	欧洲	女	俄语	黑龙江大学
32	29V-L	欧洲	女	俄语	黑龙江大学
33	29V-M	欧洲	女	俄语+汉语国际教育	黑龙江大学
34	29V-N	欧洲	女	俄语	黑龙江大学
35	33V-A	欧洲	女	教育经济管理	上海师范大学
36	33V-B	欧洲	女	汉语国际教育	北京语言大学
37	33V-C	欧洲	女	汉语国际教育	复旦大学
38	33V-D	欧洲	女	汉语国际教育	华中科技大学
39	33V-E	欧洲	女	汉语国际教育	复旦大学
40	36V-A	欧洲	女	英语	华南理工大学
41	36V-B	欧洲	女	汉语国际教育	华南理工大学

续表

序号	访谈对象编码	外派地区	性别	专业背景	派出单位
42	36V-C	欧洲	男	英语	华南理工大学
43	36V-D	欧洲	女	对外汉语+汉语国际教育	南开大学
44	36V-E	欧洲	女	汉语国际教育	华南理工大学
45	39V-A	欧洲	男	汉语国际教育	北京师范大学
46	39V-B	欧洲	女	汉语国际教育	北京师范大学
47	39V-C	欧洲	女	汉语国际教育	北京师范大学
48	39V-D	欧洲	女	汉语国际教育	北京师范大学
49	39V-E	欧洲	男	武术与民族传统体育	北京体育大学
50	39V-F	欧洲	女	体育	北京体育大学
51	48V-A	北美	女	社会保障学	浙江大学
52	48V-B	北美	女	国际关系学	浙江大学
53	48V-C	北美	女	汉语国际教育	中山大学
54	51V-A	北美	女	汉语国际教育	武汉大学
55	51V-B	北美	女	汉语言文字学	江苏师范大学
56	53V-A	北美	女	汉语国际教育	厦门大学

三 研究过程及编码结果

（一）研究数据收集

本团队选取了54名志愿者展开深入研究，选择原则如下：一是该受访单位同时存在院长群体、汉语教师志愿者群体、公派教师群体；二是志愿者群体来源涵盖地域范围广且具有普遍性；三是满足孔子学院三大群体后续横向交叉分析与纵向深入分析的要求。

志愿者研究部分所使用的一手数据包括涉及志愿者的访谈材料、出访调研日志以及孔子学院形态描绘，共计约720万字。二手数据包括孔子学院官方网站以及媒体的相关新闻报道、当地孔子学院的内部材料（宣传册等），共计约7万字。

（二）访谈文本转写

研究团队在访谈后对访谈资料进行整理，访谈的转写采取软件和手动转写相结合的方式,软件转写为"逐段"进行,手动转写为"逐字逐句"展开,所有转写内容都经过至少两位研究人员的重复核对。为了精确反映访谈志愿者时最准确的情形,研究团队对录音进行了一字不落的转写。对12所(个)孔子学院(课堂)志愿者访谈录音文本进行统计:访谈文本数量共21个,访谈时长总计达965分钟,总计访谈转写字数约22万字。

(三)标注与编码

研究团队中的部分成员具有海外多所孔子学院从事志愿者工作的经历,作为志愿者群体中的一员,对孔子学院及跨文化适应过程有着亲身的经历,能够在资料处理时结合自身的经验和案例进行分析。在文本标注过程中,团队成员同时阅读文献资料,以增强"理论敏感性",标注过程中力图重现访谈场景,对语句中的隐含意义进行挖掘,依此类推对访谈文本进行标注形成"初始编码"。

本章的研究对象为志愿者群体,研究主题为跨文化适应,因此在标注过程中,重点关注志愿者群体赴任过程中的情感、行为以及态度等方面的调整转变,因为这些转变背后能够体现志愿者的跨文化适应情况。其次,在志愿者与孔子学院的关系和互动上能够体现"个人与组织"的关系,因此也在标注时重点关注。另外,根据访谈提纲,我们也能从访谈问题的脉络中看出值得标注的方面,并深入材料之中对受访者的回答进行意义挖掘,提炼概括语句中的意义,最终得到初始编码473条。表1-2展示了本章部分初始编码。

表1-2　　　　　　　　　　初始编码展示

访谈原文	初始编码
48V-C27:在第二年的时候,就不太清楚自己留在这里的意义在哪里了,所以对身份定义比较模糊。	48V-C27:身份角色认识模糊
51V-A03:现在,我觉得语言问题比之前刚来时候好多了……我的英语其实也还不错,但是因为国内没有语言环境,所以刚刚来到这里的时候说话都是磕磕巴巴那种,而且加上这边西班牙裔比较多,他们说话也有口音,一个是听不懂,一个是我自己说不流利。但是经过半年以后,差不多一个学期之后就已经好很多了。	51V-A03:语言适应经历了一段时间的磨砺,有基础

续表

访谈原文	初始编码
51V-B08：确实前段时间一直到……我2月份过来，大概到四五月份还是心理压力挺大的。一个是想着在这边让我去上课，给我很大的信任。但是，我万一上不好怎么办？我好害怕。	51V-B08：工作压力，心理压力大
13V-E10：孤独的话我一般要么自己找事做，要么就是找朋友。我一般都会找自己喜欢的事做，比如去市中心逛一逛，出去走一走、看一看，或者跟其他聊得来的老师一起吃饭逛逛街，看一看喜欢的书。	13V-E10：通过交朋友、逛街、看书等来缓解孤独
29V-F01：我想补充一下，就是刚才您说到院长还有其他几位公派教师跟我们这边的关系。……之前我毕业于黑大，李院长教过我们的课，是我们的课任老师，所以她跟我们之间还是有一些深厚的感情。在我们看来她对我们就像母亲一样。因为我们在异国他乡，可能她对我们的关心也更多一些，尤其在生活方面。然后我就觉得她有的时候像我们的母亲，有的时候也像我们的知心大姐吧。	29V-F01：生活上，院长像长辈一样给了了很多关爱，教学上公派教师给予了很多指导

注：数据的初始编码和次范畴涉及大量表格，由于篇幅所限，只截取部分作为例证。

（四）归类

研究团队将所有21个访谈文本中的473个初始编码进行类别合并，再按照访谈提纲中的不同主题，合并相同表意类别的方式建立其类属。如访谈中有关志愿者在教学工作中遇到的困难、付出的努力以及得到的帮助等编码都汇总为一类，并以"跨文化工作适应"来命名该类别下的所有初始编码。依此类推，将473个初始编码共归类为21个类别。在完成初次归类后，再回归到原文材料和初始编码寻找类别之间的逻辑与联系，如此反复确认后得出。最后联系理论对归类结果的各个维度进行解释与论证。

在完成初始编码后，研究团队对初始编码进行进一步归类，团队按照其学术概念归属，将21个类别归为跨文化适应、组织支持、跨文化培训、使命感和未来职业规划五个大类。

（五）频次统计

在完成对初始编码的归类后，研究小组以12所（个）孔子学院（课堂）以及各大洲为样本，通过Excel筛选统计功能对21个次范畴出现的频次及5个主范畴出现的频次进行统计,以求找到访谈文本中最突出的问题,为下一步找寻研究点的数据提供依据和支撑。其中,频次最高的为跨文化适应,总频次为267,其次为使命感、未来规划、组织支持和跨文化培训。在小类中,频次最高的为社会文化适应和跨文化教学适应。具体情况见表1-3。频次最高的大类和小类,即为志愿者中最为突出的问题,接下来不同章节将重点分析。

表1-3　　　　　　　　归类范畴及频次

次范畴	频次	主范畴	频次
跨文化冲突	24	跨文化适应	267
跨文化心理适应	40		
社会文化适应	88		
跨文化认知	15		
跨文化教学适应	93		
从学生到教师的身份转变	7	使命感	131
幸福感和成就感	35		
做志愿者的收获	36		
国家意识及民族自豪感	32		
对志愿者这份职业的理解	28		
中外方院长的帮助和支持	16	组织支持	40
中外方同事的帮助支持	12		
在当地所获得的其他支持	12		
留任原因	15	未来规划	39
离任回国计划	24		
赴任前培训	4	跨文化培训	13
任职中期的培训	9		

第二章　孔子学院汉语教师志愿者的跨文化适应

研究团队以 21 个小类在学术概念上的归属为原则，根据上文所述有关跨文化适应内涵，将所涉不同文化主体的交往、调整和改变的类别概括归纳，由此将跨文化认知、社会文化适应、跨文化教学适应、跨文化心理适应、跨文化冲突和身份转换六个小类归属为跨文化适应的大类。从对各个类别的频次统计可知，志愿者跨文化适应出现的频次最高，在跨文化适应大类之下的 6 个小类中，选取出现频率最高的跨文化教学适应、社会文化适应和跨文化心理适应三部分展开分析。后续依次对"使命感"和"组织支持"等剩余类别进行分析。

根据上述统计来看，志愿者的跨文化适应主要体现在社会文化适应、心理适应以及跨文化教学适应上。在社会文化适应方面，本章拟从志愿者社会文化适应情况、文化距离、志愿者的行为习得和交流能力提高几个方面分析。心理适应方面，本章拟从压力角度首先探究志愿者心理适应状况，然后分析志愿者的个人特质，并对心理适应中社会支持和心理预期建立这两个重要因素进行分析，最后提出志愿者心理适应结果。在志愿者的跨文化教学适应方面，首先对志愿者跨文化教学适应情况作出介绍，随后研究文化环境、教育理念差异以及志愿者自身的语言能力和教学经验这些影响因素，最后归纳志愿者教学适应的过程和结果。

第一节 社会文化及心理适应

一 社会文化适应及其表现

志愿者的社会文化适应主要体现在对当地文化习俗的适应以及语言交流等问题上。本节首先介绍志愿者跨文化适应的情况;其次归纳出志愿者所体验的三种典型异文化:"慢"文化、"赞美"文化和"宗教"文化,三种典型的异文化与中国文化之间存在"文化距离",宏观上展示了志愿者经历的文化差异,以及面临的社会文化适应困难;最后分析志愿者如何进行语言和行为习得以及有效的跨文化交际,进而达到社会文化适应。

(一)"慢"文化适应

在访谈中发现,东南亚、南亚等地区孔子学院的志愿者普遍反映当地人"做事慢"。对于时间的安排同样能体现文化之间的价值取向不同,如在高—低文化语境中,对时间的安排是区分高语境和低语境文化的标准之一(Hall & Chandler,2005)。由于中国近些年在经济上不断发展,社会节奏也不断加快,志愿者在前往社会节奏偏慢地区工作时,难免会产生冲突,这也是"文化距离"对适应过程的影响。

> 11V-B03 南亚:对我来说最大的挑战是这里的办事方式,做所有事情都是慢慢的,哪里都慢,大学也慢。有时候我做事很着急,希望事情能在我这里快点解决,但是不行,必须得慢慢来。

在生活节奏"慢"的地区,志愿者会在工作中逐步调整自己的节奏,以适应当地工作环境。虽然11V-B认为当地的"慢"节奏对她来说是最大的挑战,但还是需要调整自己的节奏"慢慢来",彼此接受和适应都需要一定的时间。

(二)"赞美"文化适应

研究团队在北美和欧洲地区调研时,多次听到志愿者提到"爱的教育""鼓励教育""赞美教育"等观念。这些教育观念不但需要志愿者在日常教学中对学生进行鼓励，当地人也特别擅长鼓励和赞美。与中国传统教育强调"谦虚"和"克己内省"的观念不同，欧美的"赞美"教育对学生在言语和行为上给予大量赞美与认可。爱、赞美等正向的语言对志愿者自信心的提高、工作内动力的激发都有着正向的影响。

51V-A09 北美：这里的人喜欢赞美别人，他们每次都会说 you are so great，这会让我觉得很受鼓舞。二胡这种中国传统乐器在这里没有，大家会觉得它好厉害，只用两根弦就可以拉出这么复杂的音乐。以前在国内我是比较自卑的，来了这里以后，这些赞美让我变得自信了。

51D-A16 北美：我们的志愿者老师们在国内的情景下，考试方面的能力得到了发挥，其他方面的能力可能还没机会发展。到这儿来了以后，他们的能力全都有机会展现，所有的特长都能发挥出来。这位志愿者（51V-A）发挥了自己二胡演奏的特长，这对她性格的培养起了很大的作用，变得越来越自信。

志愿者51V-A是音乐表演专业二胡专项的学生，在国内比较自卑，赴任后她克服了自身性格上的束缚，按照孔子学院的工作要求经常参加各类公开表演。二胡，这个独特的中国传统乐器，让当地人体会到了中国传统音乐的魅力。当地人在欣赏音乐的同时，对志愿者51V-A也是赞赏有加，这些鼓励和赞美都使其不再自卑，变得越来越自信，连中方院长51D-A也看到了志愿者在性格上的改变。当地的赞美文化，使志愿者的才能得到发挥，收获了自信。志愿者在受到鼓舞后，更多地出现在各类活动中展现二胡的魅力，也让中国传统文化为更多的当地人所了解。

（三）宗教文化适应

在调研期间，部分国家宗教氛围浓厚。例如，斯里兰卡、泰国是佛教国家，约旦、巴基斯坦为伊斯兰教国家，部分国家也出现多种宗教并存的状况。团队在伊斯兰教国家调研时，任教的志愿者讲述了自己到任后适应当地斋戒、礼拜等宗教习俗，并尊重、遵守宗教戒律的过程。在信仰佛教的国家任教的志愿者也表示自己"非常尊重当地的宗教习惯"。尚无志愿者在访谈中表示自己在当地加入宗教或改变宗教信仰的情况。

> 11V-X04 **南亚**：这里的文化佛教对你有没有影响？因为这是一个佛教国家。
>
> 11V-B13 **南亚**：2018年4月份的时候，时任的外方院长是一位法师，我们所在的大学每年都会组织大四毕业生进行毕业旅行，以半旅行半教学的形式展开。我们有幸跟着毕业生出去了三天，那三天我感觉自己把斯里兰卡的佛像都看完了，就感觉这些佛像跟我在中国看到的很不一样。但没有深入了解，因为我不是很感兴趣。
>
> 11V-X05 **南亚**：这些没有影响你？
>
> 11V-B14 **南亚**：对，我可以看到不一样，但是我觉得就仅限于这样。

在佛教文化盛行的斯里兰卡，该孔子学院的外方院长也是法师，志愿者11V-B虽然会跟随学生一起毕业旅行，参观各地的寺庙佛像，遵守当地的教规，发现当地文化与中国的异同，但并不会加入宗教，更不会深入研究。

东道国的文化与本国文化的差异常常在日常交际中展现，比如上述异型文化中对日常行为规范的不同要求以及与中国文化价值观的冲突。如何调整自身言行举止，在当地日常交流中做到得体是志愿者社会文化适应的关键问题。

二　社会文化适应的过程：行为习得和交流能力的提高

本团队在调研中发现，志愿者的社会交往圈子普遍较窄，志愿者的交际圈子局限于孔子学院内部的志愿者、汉语教师、院长及当地的华侨华人，属于低质量、低频次的社会交往，只有少数志愿者会主动与当地同事交往，并通过当地同事的关系纽带深入接触当地人。这一特征与留学生社交网络情况较为一致，旅居者很少有当地东道国国家的朋友，而相互交流的情况也只是出于功利的原因（Furnham & Bochner, 1986）。

  53V–A05 北美：我跟当地人交流更多的是一些表面性的东西，太深入的聊不下去，一来我自己不知道，二来语言能力有限。所以，在当地基本是表面上的社交，交心的很少，我跟外国人谈不上什么交心，就是泛泛之交。

  受限于对彼此文化了解不深入和语言能力不够，志愿者普遍表示很难融入当地人，与当地人交流的质量与频次都相对较少。如同志愿者53V–A描述的，与当地人交往只是"泛泛之交"，无法深入交流某个话题。而少数与本地人有深入交往的志愿者存在明显的性格特征，即性格外向、开朗、自信、独立，有强烈的好奇心、交流欲等。社会交往是影响旅居者适应的一种重要因素和指标，通过社会交往而形成自己的社会网络，旅居者能从其中获得各种支持和资源。

  对当地文化常识的学习和了解有助于促进社会文化适应，而志愿者在前期的跨文化培训中恰好能够学习当地的文化和常识以及一些教学工作技能。在培训中获得对东道国的文化常识以及工作技巧，能够将其作为先行经验以减少志愿者赴任后的不适应。比如志愿者所接受的语言课程，在学习语言之后，志愿者能够主动使用当地语言来进行沟通，拉近与当地人的距离。在了解当地历史文化知识如宗教常识后，能够在生活中避开当地宗教所避讳之处等（详见"跨文化培训"部分）。

  在沃德等学者提出的文化学习的理论视角下，掌握当地语言是达到有效跨文化交际的基本条件。志愿者在国内接受的第二语言主要为英文，因此在英语语言国家中，志愿者更容易与当地人进行交流，如在美国赴任的志愿者都提到日常交际较为顺利。

51V-A03 北美：我觉得自己的语言比刚来时候好多了,刚来的时候说话有些磕磕巴巴,不流利。另外,这边的西班牙裔比较多,我听不懂他们的口音。但是,差不多一个学期之后,就好很多了。

在非英语国家,语言则很可能成为其有效跨文化沟通的障碍。通过志愿者的反映看,仅凭借跨文化培训的语言教学是不足以在赴任国进行日常交流的。因此,跨文化意识和敏感度较强的志愿者会通过自学和模仿进行语言上的学习,这正与班杜拉(Bandura,1977)所提到的"社会学习"暗合。

沃德等(Ward et al.,2001)指出,文化学习的过程是个体在新的社会环境中获得文化社会相关的技能和知识的过程,目的是能够在新环境下适应和生存。社会文化适应反映的是旅居者的日常交往和行为改变,故在以往常被置于社会学习以及文化学习的视角下进行研究。因此,志愿者在异文化下行为的学习和转变,以及交际能力的提高是其社会文化适应的重要表现。

上文提到,从整体特征上看,志愿者在东道国的社会交往普遍缺乏深度且频次较少。然而,即便在这样的现实下,不少志愿者仍采取了整合倾向的濡化策略,在态度上"尝试融入",行为上提升自己当地语言水平,并有意去了解和模仿当地风俗。

13V-C63 东南亚：我觉得我一直比较独立、自信,遇到事情能够积极面对,主动解决。我的性格不会去跟别人起冲突,所以跟身边的人都处得比较好。另外,我也比较懂得感恩,能够体会到别人对自己的好,同时也会积极主动回报。

13V-E11 东南亚：刚开始,我融入当地人的欲望不强,后面慢慢地还是挺强的。基本每周都会跟本地老师一起去市中心找不同的地方吃饭,然后去酒吧聊天。我有强烈的融入他们的意愿,因为一个人会很孤单,而且大家又都在一个办公室工作。

在团队的走访调研中，志愿者管理教师13V－C在访谈中介绍了相似的情况，即当地教师对志愿者的普遍评价是"不愿意融入"，与当地人、本土教师交往少。其中语言障碍、文化距离等因素导致"找不到话题"以及"难以融入"。但是，以志愿者13V－E为代表，这位志愿者提到有意识地学习当地语言（泰语），并尝试在日常生活中去使用。

> 13V－E11 东南亚：待的时间长了后，大部分时间能用泰语就用泰语，比如说买东西，因为用泰语会给人亲切感。

语言的习得作为交流能力重要的一环，也能使志愿者的日常交往频次和质量有所提高。同时，志愿者并没有坚持自己独特的文化身份，为了避免社交困境，志愿者会选择融入当地群体，这一过程也体现出志愿者的适应态度和行为。从濡化策略的角度来看，大部分志愿者选择了"整合"策略以便融入工作环境和社会环境。在沃德和肯尼迪（Ward & Kennedy, 1994）对社会文化适应的影响因素检验的研究中，提到强烈认同宿主文化成员的人所经历的社会困难较少，在濡化策略的选择上，"整合"与"同化"策略会带来更少的适应困难。从以上分析可知，志愿者的社会文化适应在个人方面具有积极融入的态度。

与当地人交往密切的志愿者，如同志愿者13V－C评价自身性格的特点——自信、积极、主动、擅长社交等，外向型性格和内控型人格在适应过程中会遇到较少的困难。

> 13V－G14 东南亚：最常见的问题是志愿者们和当地老师交流很少，这会让当地老师认为志愿者不想融入他们。部分性格外向的，或者是那种性格到哪儿都能跟当地人打成一片的志愿者就没事。

无论是从志愿者自身的陈述，还是从志愿者管理教师的角度，都能看到志愿者自身的性格对开展社会交往有很大的影响。管理教师

13V－G 所形容的到哪儿都能融入的志愿者，大多拥有外向、开朗、独立、好奇心强、交流欲望强等特征，这些志愿者能在工作地更好地与当地人交往，并融入当地的社交圈。

班杜拉（Bandura，1977）提出社会学习的四个步骤：感知环境的变化—对环境变化进行记忆和理解—转变自己的行为—再次感受环境的反馈。这一社会学习的模式同样体现在志愿者行为学习过程中。志愿者在与当地社会进行深入接触后，能够有意识对自己的行为进行选择和调整，以适应和融入当地文化（王丽娟，2011）。虽然并非所有的志愿者都能够达到很高的融入水平，与当地人建立亲密的友谊，产生包容心态，但是在调研中仍然能看到有很多的志愿者较好地融入了当地社会。

10V－A1 西亚：因为这里是伊斯兰国家，我会非常注意自己的衣着，虽然这里很热，但是上课的时候我一般会穿衣领高的上衣和长裤，偶尔穿裙子也会选择长款的。跟着学生去清真寺的时候，我会用头巾把自己的头发盖一下。跟学生一起吃饭的时候，我会跟他们一样，坐在地上用手吃，但是自己一个人或者跟中国同事在一起的时候不会。用手吃饭，我以前是接受不了，也觉得不可理喻的，但是现在就觉得这就是当地人的生活习惯，是很平常的一件事，自己入乡随俗就可以了。

志愿者 10V－A 不仅按照当地的社会和宗教习俗来规范自己的日常行为和穿着，与学生及当地人在一起时，也会入乡随俗，按照当地人吃饭的习惯坐在地上用手抓饭吃，她的这些行为和表现，都展现出了较高的融入水平。在东道国社会中，文化传统以及社会规范等宏观层面的规训使得志愿者有必要去进行社会技能和交往协商技巧的学习。因此，志愿者行为调整的情形更接近于"即使不习惯也有必要学习的技巧"（Furnham & Bochner，1986），通过在必要的领域进行行为转变和技能学习，从而达到社会文化方面的适应。

三 社会文化适应的结果：整合策略下的社会文化习得

志愿者在面对较大文化距离以及自身语言能力不足的障碍时，虽然能够通过组织层面的跨文化培训预先获得一些知识和技能，但从实际情况看，志愿者的社会交往还是呈低质量的状态。随着在东道国的时间渐长，志愿者通过观察和模仿学习以及整合的濡化策略，能够在语言、行为的习得上有所成就。在此过程中，交际能力的提升也带来了更有效的跨文化交际，从而达到良好的社会文化适应。根据以上分析结果，得出志愿者社会文化适应过程（图2-1）。

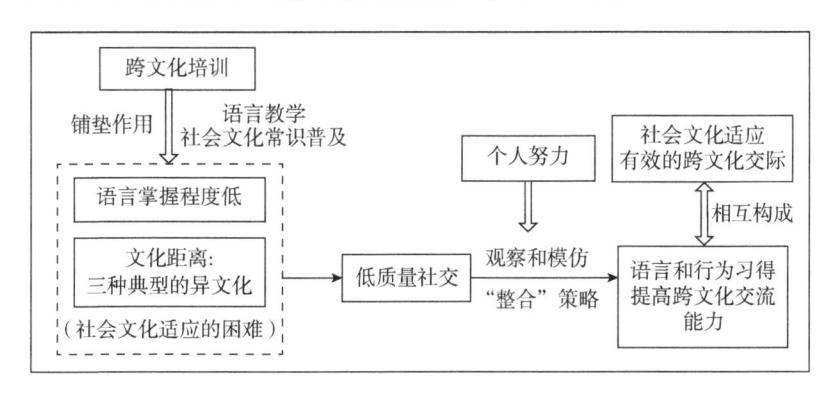

图2-1 志愿者社会文化适应过程

四 心理适应及其表现

基于濡化模型中对心理适应的阐述，志愿者的心理适应侧重于在跨文化接触中面对文化变化时心理状况的调整以及压力的应对（Berry，2005）。志愿者在外派过程中都会产生不同程度的心理压力，大致分为以下几类。

（一）情绪压力：孤独感

志愿者对赴任后心理感受的描述，出现频率最高的词就是"孤独"，他们大多希望在自己赴任之初就能够有人交流，尤其是部分被分到了偏远教学点的志愿者，甚至有些教学点只有志愿者一个中国人。志愿者大多表示自己在当地是孤立无援的一个人，没有任何人可以依靠或寻求帮助。

> 33V-C01 欧洲：有的时候走在路上，会觉得自己在这里没有一个可以依靠的人。因为在这个陌生的文化环境里，自己就是外国人，没有什么人可以寻求帮助，这种孤立无援的感觉让人很难受。

志愿者33V-C表达了自己在陌生文化环境中"孤立无援"的感受，这种感受是初到异文化环境中常见的情绪，其原因是脱离了原有的社会关系，而新环境中的陌生感使得情感诉求难以满足，因而形成了孤独、无助之感。大量的研究表明，很好地参与东道国文化对移居者更好地适应东道国文化有着积极的影响（安然，2011），而人际交流是社会交往的一种形式，文化圈内和圈外人际交往的情况影响着志愿者的跨文化适应。志愿者的人际交流是编制或巩固传播网络的过程，是从中获取支持的过程，在物质支持因子获取一定的情况下，其他支持因子的获取便成为心理适应过程中的关键影响因素。

（二）沟通的障碍：语言压力

语言的压力通常也是志愿者面临的适应问题之一。沃德和肯尼迪（Ward & Kennedy，1994）将语言能力视为评判适应状况的指标。基于志愿者有关语言困难的描述，语言的困难体现在教学语言使用以及日常生活语言使用两方面。

> 51V-B04 北美：我确实克服了很多的心理障碍，慢慢愿意表达自己。另外，我的专业是古文字，所以来这边也克服了很大的语言障碍。

当志愿者51V-B在讲述自己克服心理障碍时，提及自己的专业与工作要求的差距导致自己在教学过程中语言的障碍。语言障碍会降低工作效率，在非英语国家赴任的志愿者在这一问题上存在较为明显的问题。就外语而言,国内的学习和培训依然以英语为主,因此,在非英语国家,语言问题只有通过岗前培训,以及志愿者的自学来解决。

在日常生活方面,语言作为沟通的媒介也关系着社会交往的质量与数量。

29V-C03 欧洲: 在语言方面,我可能还是融入不了房东一家人。

在志愿者的日常生活片段中,与当地人交流的质量是其社会文化适应好坏的重要表现。志愿者29V-C提及自己与房东一家交流中的语言障碍形成了交流的距离感,难以融入当地的交际圈。

(三)工作的焦虑:身份转换压力

志愿者身份转换的压力指他们从学生身份向教师身份转换时感到的压力,通常发生在工作场景之中。如前所述,志愿者的身份转换与其教学适应结果好坏有密切关系。此处主要分析这一过程中志愿者感受到的心理压力状况。志愿者在身份转换时感到的压力与其在教学工作中的不适应情况相关,大致可以分为对自己教学能力不足的焦虑和教学环境变化带来的压力。

51V-B15 北美: 因为我不是专业的,去上课的时候我心里会担心,我怕自己说错,怕我说的学生听不懂,怕冷场,怕我把握不好教学步骤,我什么都不敢动。

从志愿者51V-B对自己初步尝试教学时的想法可以看出,在自己没有专业基础以及教学经验的情况下,对于如何处理工作中的问题仍是茫然的,并且工作角色的转换要求每一位志愿者对课堂教学有一定的把控,而这对于大多数为高校毕业生的志愿者来说,还是缺乏经验与专门训练的。

除了专业能力以及教学经验的压力,宏观层面的则是国内外教学环境差异带来的不适应。中国、韩国、日本及部分东南亚国家属于"儒家文化圈",在教育文化上整体更尊师重道,与中国相似度高。相比之下，在非儒家文化圈的国家，教育环境和具体的教育文化则与中国有区别，如北美洲的孔子学院追求师生之间的平等。志愿者48V－A描述"师生关系更像是朋友关系"，因此，在与学生交往的过程中，教师应该放下姿态，以朋友的方式与学生交往。

综上，志愿者面临的压力源大致为：情绪的压力、语言压力以及工作中的身份转换压力。这些方面分别与志愿者心理适应、社会文化适应和教学适应密切相关。贝瑞（Berry，2006）提及濡化压力是对根植于濡化过程中生活事件的压力反应，通过对志愿者濡化压力的明确和梳理，我们能够看到志愿者经历的主要困难也是其后续适应和调整的动力性因素。

五　心理适应与自身因素关联：志愿者个人特质的探究

（一）心理控制观

1966年，美国心理学家罗特（Julian Rotter）提出心理控制观（locus of control）概念，指个体对事件后果是由自己所控制还是外部力量所控制的一种泛化预期，用来描述个体如何归结自己遭遇的原因。根据内外控制的基本观点，人们被分为两种类型：将自己的行为后果归结到命运、运气或其他的"外控者"以及认为自己的性格特征、能力等影响到自己行为后果的"内控者"。研究团队尝试从访谈内容中挖掘能够代表其态度的话语，在宏观层面上着眼于志愿者对于自己在整个汉语推广项目中的看法，微观上则着眼于在日常工作和社会交往的过程中体现的态度，由此发掘其心理控制观。

在志愿者关于自身"志愿者身份"以及对汉语推广事业的看法中，可以明显地看出志愿者在异乡所保有的"中国人"身份。志愿者通常将自己视为外国人了解真正中国的"一扇窗户"，除了通过教学工作进行文化传播，志愿者也会通过重视自己的言行，努力呈现当代中国年轻人的状态。

36V－B05 欧洲：关于中国形象的问题，我在出来的时候也想过了，觉得自己不能给中国丢人，想通过自己的努力改变身边人对中国的偏见。

从志愿者 36V-B 关于自身与国家形象问题的回答中可知，志愿者重视自己在赴任过程中的影响，将其与本国、本民族形象关联，通过言行举止来影响事情后果，这也反映出志愿者在控制观上的"内控"倾向。

51V-B13 北美：我以前是一个很自卑的人，来这边以后慢慢克服心理障碍，逐渐愿意在众人面前发言了。我觉得离任之后再回想起这段生活，会给我自己更大的力量。

相似地，志愿者 51V-B 在谈自己性格的转变时，提到了自己努力克服心理障碍的过程。从个体层面看，这也是志愿者群体主动调整自我的一种方式，其中的积极性与主动性能够看出志愿者群体的"内控"倾向。

综上，"内控"倾向体现了个体在适应过程中自身的主动性和积极性，其主要关注在异文化环境中"自身行为与结果"的关系。志愿者无论是在对宏观汉语推广事业的结果预期还是在自我适应过程的预期中，都有其主动应对和调整，由此也能够更加顺利地克服心理压力并获得更好的适应结果。

(二) 性格特征

人格特征作为稳定的个体特征，对跨文化交际具有显著影响。个体的人格特质，如外向型、开放型、尽责型等对个体适应新文化及工作有着正向影响，而内向型、敏感型、神经质型则呈现消极影响（Peterson et al., 2010；杨军平，2013；朱勇，2018）。

虽然志愿者在跨文化环境中的心理适应情况和其性格之间具有很强的相关性，但"外向性"（extraversion）对情绪的影响会因文化情境的差异而不同（Ward & Kennedy, 1993b）。调研和访谈发现，在跨文化情境下，具有外向、开放等人格的志愿者，在跨文化心理适应上所花的时间更短,适应情况也更好。

> **13V-B04 东南亚**:我的性格比较独立,以前本科是在外省读的,所以环境的改变对我来说没有太大的影响。我所在的学校只有我一个中国人,然后我周边的小伙伴也很少,所以经常是独来独往,会感到孤单。

> **33V-D02 欧洲**:我们俩都不是健谈的人,平时我们的社交范围也就是孔子学院的六个志愿者这个小团体。除了跟学生有来往,基本很少和本地人打交道。

志愿者13V-B性格独立,习惯了在不同环境中生活,赴任后,环境的改变对其没有太大影响,也能更快适应当地的生活。相反,性格内向的志愿者大多不太与孔子学院之外的当地人交往,交际圈非常有限,与外部的接触很少,如同志愿者33V-D的描述:除了学生,很少和本地人打交道。这类志愿者在心理适应上所需时间更长。

然而,志愿者即使具有外向的性格能够在心理上调整负面情绪,但孤立无援的"孤独感"始终伴随着他们在海外的整个任期。因此,"孤独感"在内向和外向两类性格特质的志愿者身上都是一种难以避免的心理压力。

六 心理适应的过程:社会支持的介入

(一)情感支持:亲人、同事、朋友和学生

情绪和情感是人对客观事物的态度体验及相应的行为反应,志愿者赴任之初的心理适应中正存在一个主观体验逐渐稳定的过程,前文所提及的志愿者"孤独""无助"等跨文化心理适应压力通过社会支持的接受能够有效解决。

> **13V-C45 东南亚**:在第一年任期的时候,我会感到很迷茫、忐忑,也会有一点焦虑,担心自己会做不好。到第二年的时候,

就明显感觉自己比较放得开。

志愿者在赴任之初往往经历过一段情绪由高涨到低落最终再次高涨的过程，利兹格德（Lysgaard，1955）将这一心理变化的过程总结为 U 形曲线理论，即从刚开始的新鲜感、幸福感下滑到压抑感，再上升到复原感觉。志愿者 13V－C 在刚赴任后，对新环境充满新鲜感，情绪会高涨。在熟悉了环境后开始迷茫、忐忑和焦虑，情绪低落。但是在第二年赴任后，情绪又开始恢复。志愿者情绪的 U 形曲线，能为总部和孔子学院展开志愿者任期内心理干预和引导提供参考。

12V－E04 东南亚：我在和家人、朋友分享这边的工作情况时，是报喜不报忧的，我身边一起赴任的志愿者们也都是这样。

很多志愿者提到了自己从亲人处获得了诸多的支持，但受中国传统孝道文化的影响，如同志愿者 12V－E"报喜不报忧"的做法在志愿者中尤为常见，志愿者在与家人的沟通中会有所保留，主要是不想家人为自己担心。在实际问题处理中，从亲人处获取的对实际问题解决大有帮助的信息有限，多为情感支持。

志愿者从学生处获得的支持也多为情感支持和社会陪伴支持。志愿者与学生建立的情感及学生的进步给志愿者带来的成就感和满足感，有利于志愿者的心理适应。巴基斯坦伊斯兰堡孔子学院的形态描绘中对师生关系有一段描述："有一次伊斯兰堡孔子学院筹备文化日体验活动，急需中国特色的服饰。但由于时间紧任务重，难以从国内寄送，老师们都陷入了深深的苦恼之中。有一名巴基斯坦学生得知这一情形，自告奋勇地引导老师前往拉瓦尔品第寻找布料及裁缝。她专程请了假，顶着炎炎烈日，穿越大街小巷，一间又一间逐家沟通询问，从清晨到晌午，费了九牛二虎之力，终于解了燃眉之急。"从这段话可以看到学生与教师之间相互帮助、热忱奉献的情感连结，这样的师生关系也使得志愿者感受到作为教师的成就感和责任感。

访谈中，志愿者表现出了对于学生进步的欣慰和因此带来的成就感、荣誉感和责任感，这样的感觉支撑着志愿者走过这段艰难的心理适应之路，反过来，也让志愿者自愿投入更多的时间和精力到教学工作中去，为教学和师生关系的发展提供了契机。

（二）工作和生活支持：同事、朋友和组织培训

从同事处获取支持是志愿者经常接收到的支持来源。志愿者在孔子学院的同事不仅是其主要的社交圈，也是在当地工作和生活所获支持的主要来源。孔子学院的同事，包括院长、教师和行政人员，不仅能在工作和生活中给予志愿者帮助，更是志愿者日常交流的主要对象。院长会从整体上保障志愿者的工作和生活顺利开展，包括课程安排、住宿等问题；公派教师在教学上给予志愿者更多指导，解决其教学难点、课堂管理等问题；当地行政人员不仅是志愿者工作上的辅助者，更是生活上的好帮手，解决志愿者在当地遇到的各类问题，充当志愿者与当地学生、同事之间的润滑剂。

29V-F01 **欧洲**：院长和我们志愿者之间是一种相互关爱的感情。董老师和刘老师是公派教师，他们在教学方面给了我们很多指导，当我们在课堂管理、专业知识、教学等方面遇到问题时，只要向他们请教，他们就会指导我们。

29V-F 所在的孔子学院是一个充满温情的集体，院长、公派教师、当地职员、志愿者之间相互关爱，团队在实地调研中看到该孔子学院志愿者的留任率非常高。在孔子学院内部，对不同群体的熟悉和理解是相互建立情感和工作支持的基础，部分有过志愿者经历的教师表示，与志愿者共事能够激发其理解和同情，比如教师06T-A说："我特别理解他们（指志愿者群体）和他们说的心理感受，因为我也是那个时候过来的。"（06T-A15 东亚）孔子学院团体内部的支持是该孔子学院志愿者在任期间社会支持的主要来源。

11V-B22 **南亚**：我觉得她的工作条件是我们同一批赴任的志愿者里最艰苦的，汉班托塔教学点的条件很艰苦。每次我们有活动，大家都希望她过来，她每次来都要5个小时车程，需要很早起床坐车，而且她又晕车，我每次看到她我都要抱抱她，觉得她太辛苦了。但是，她过来的时间就挺开心的，大家聚在一块特别开心，虽然路上辛苦一点，但是大家都挺愿意聚在一块的。

志愿者11V-B提到此孔子学院中部分志愿者的工作条件非常艰苦，该孔子学院的教师11T-A也对志愿者在国外工资待遇与在国外的生活消费水平不匹配的问题，从中可看出教师群体对志愿者群体工作艰辛的理解与同情。

> 11T-A24 **南亚**：刚才说到待遇问题，虽然我不是志愿者，但是我觉得我们所有志愿者老师对国家的汉推工作做了很大的贡献，他们的工资如果说放在国内比，还行，但是对于国外的生活，我觉得太低了，真的太低。

此外，独自被派往教学点工作任教的志愿者也更期待与中国志愿者相聚，志愿者11V-B提到独自在汉班托塔教学点任教的志愿者，虽然晕车，但也宁愿坐五个小时的车到孔子学院与其他志愿者相聚，由此可见她非常喜欢跟其他中国志愿者聚在一起。在调研中发现，志愿者如果不能按计划聚会，则会有情绪低落等问题，可见志愿者彼此之间情感支持上的重要地位。中国志愿者聚会，常讨论生活工作中的问题，这种讨论能够给予实际问题的解决方式及精神支持，这种功效是本地社交无法给志愿者带来的。从朋友处获得的支持类型有情感支持、实际支持、信息支持和社会陪伴支持四种。

> 29V-E03 **欧洲**：我之前在国教院认识了黑龙江大学国际文化教育学院的两个留学生朋友，他们一个是莫斯科的，一个是彼得堡的，我们在微信上有经常联系。他们会提前帮我适应这里的生活，比如我出国之前他们会提醒我要带的东西，也会尽量帮我联系这边的朋友帮忙解决问题，比如生病了去医院。

朋友是另一个获取支持的重要来源，一起赴任的志愿者是其主要的社交人员和情感支持来源，志愿者29V－E认识的两个俄罗斯朋友在赴任前的准备和赴任后的生活上都提供了很多的帮助，对志愿者的跨文化心理适应有正向影响。

此外，赴任前的跨文化培训可以为志愿者提供赴任国的基本情况和相关信息，让他们对自己即将工作和生活的国家形成初步了解，如气候、历史、文化、习俗等。跨文化培训在心理适应方面的帮助，最主要体现在"降低心理预期"，从而使得志愿者赴任后不会因心理落差过大而产生情感上的不适。

> 13V－B09 东南亚：国内培训的老师告诉我们："你们不要把这个志愿者身份想得过于美好，你们可能会在这边遭受到这种不太公平的待遇，或者说和你理想中会有一定差别……"他会先让我们建立较低的期望值，现实中可能就不会感觉太糟糕。

志愿者的跨文化培训通常由国内派出单位组织，内容涉及外派国家的文化、教学技能以及语言等。其中，"降低期望值"也是培训中常传递的观念，实质作用在于培养恰当的心理预期。志愿者13V－B在回忆自己赴任前的培训时感到，主动降低期望值能够缓解一定的心理压力。可见，跨文化培训在培养志愿者先行的观念和态度时起到重要的作用。

随着汉语教师志愿者项目的扩大，作为志愿者的主要来源地，许多高校的志愿者人数已经很多，有的高校则顺势建立了志愿者中心，为志愿者的选拔和后续工作提供服务，而在此中心新老志愿者的交流则成为志愿者了解所赴国孔子学院基本情况的重要方式。老志愿者汉语教师的经历具有更强的可信度与说服力。

> 39V－A01 欧洲：我来到挪威是因为同学叫我来的，我同学的学长在离任回国后告诉他这里各方面的条件都很好。当然，在来之前就已经很明确要来欧洲，但是具体哪个国家无所谓。

这些"学长"们回国后对志愿者的描述，会形成他们对即将前往工作的国家的第一印象。旅居者在出国之前会在脑海中对所去往的目标国家有所想象，这种想象包括东道国的生活状况、东道国人们的行为、东道国文化的核心精神等。而这种想象会形成旅居者对目标文化的预期（安然，2011）。心理预期影响志愿者的心理适应，过高的心理预期与现实环境之间的巨大差异，往往会造成心理上的不适与情绪的低落，影响整个工作、生活、学习的状态。有一个符合实际或低于实际的低心理预期会使志愿者视困难为常事，反而促成志愿者以良好心态去应对困难。

七 心理适应的结果：自我效能与全球化心态的培养

（一）自我效能感知

班杜拉（Bandura，1977）提出了"自我效能"概念，指个体在进行某一行为操作之前，对自己能够在什么水平上完成该行为活动所具有的信念、判断或主体自我感受。随后，自我效能感作为个体对自己的行为能否成功的信念在心理学界等领域被广泛接受。

> 51V-B10 北美：我以前可能会因为外形等各种问题，感到比较自卑。但是在这里，我的特长是别人没有的，拉二胡的特长带给了我很多的自信，我觉得这个自信对我来说是非常重要。

志愿者51V-B的专业为音乐表演，二胡是她的特长。到美国任教前，她是一位自卑的女生，在美国工作期间因为其二胡表演的特长得到了孔子学院领导、同事、学生和当地人的普遍认可和称赞，逐渐变得自信，这种自信能够消减焦虑心理。志愿者在工作中得到认可后，逐步建立自信，对自己的认可度也会越来越高。当志愿者对自己的认可度越高时，面对工作中的困难时，会更加积极应对，同时也相信能够通过自己的努力来达到目标。在这个不断建立自信的过程中，她面对教学的自我效能感也在不断提高。研究证明，自我效能感高的人倾向于选择富有挑战性的任务,相信通过自己的努力一定能克服困难,不会在做事之前具有强烈的焦虑心理,而是会选择积极应对(林新奇、丁贺,2017)。

志愿者从自卑到自信的转变,并意识到自己变化,逐渐在工作中积极面对更多的困难和挑战,是志愿者的自我效能感知。在志愿者感知到自我效能后,自我效能感会逐渐提高,认为自己有能力完成更具挑战的工作,并积极应对挑战。志愿者在进行汉语教学或其他文化推广活动之前认为自己是否能够很好完成这一工作直接关乎工作完成的实际,这种感觉的形成和稳定意味着内心的满足,是心理适应结果的初级表现。当然,这种感觉可能会在任务和目标完成不理想之后遭到破坏,但这正是心理适应的初级表现,具有不稳定性。

(二) 包容的全球化心态

全球化心态是指我们能够透过不同背景,看到人们对不同的事物和观念的理解,通过包容和移情产生的具有多元特征的概念及其适应性(陈国明、安然,2010)。心理适应的根本在于心态的自我良性调整,良好的心态会促进心理适应。许多志愿者在面对当地学生和民众在缺乏实际了解情况下做出的结论时,持包容态度,不计较学生在未看到中国实际的情况下产生的偏见,耐心解释;在身处恶劣的工作生活环境时,能够以乐观、豁达的全球化心态面对,此种包容心态是全球化心态的题中之义,是心理适应的重要表现。

全球化心态意味着志愿者跨文化心理适应到达了一定层次,需要说明的是,这一层次是初级层次的延伸,并非体现适应结果的优劣。与自我效能感知的不稳定性相比,这一心态不容易受外界因素影响,呈现出稳定和持久的特点,体现出心理适应的更高层次。全球化心态得以形成需要经历一定的过程,志愿者到任后,经历培训后自信心得以激发,想要有所成就的效能感变得十分强烈,但在实际工作和生活中,志愿者发现诸多方面的不适应和应对上的局促,如志愿者在与当地教师的相处上存在困难,许多志愿者在课堂管理上出现了疲于应对问题等。面对重重困难,志愿者通过自身努力,或克服了困难,重拾自信心,自我效能感加强;或应对失败,处于挫败感的煎熬中。从挫折到克服，再遇挫折再克服的来回交织中，志愿者的自信心逐渐提高，从感知自我效能到自我效能逐渐提高，心理和情感趋于稳定。此外，志愿者在感受到当地同事、朋友和学生的满满温情和异文化接受程度的不断增加后，逐渐形成了包容的心态，这种稳定的"包容的全球化心态"的形成是志愿者心理适应的高级表现。

（三）跨文化心理适应过程

我们从志愿者跨文化心理适应过程中的压力来源、应对压力的方式及其跨文化心理适应的表现三个部分来解析志愿者跨文化心理适应的过程。

志愿者跨文化心理适应过程中的情绪压力有：孤独感、语言压力和身份转换压力，这正好对应跨文化适应的情感、行为和认知的三个维度。志愿者普遍表示存在情绪压力，孤独感伴随外派过程的始终。其次，无论是派往通用语国家还是非通用语国家的志愿者，都存在一定的语言压力和沟通障碍，特别是被派往非英语国家工作的志愿者甚至在教学和生活上都存在困难。最后，由于志愿者在赴任前大多为学生，赴任后走上教学和工作岗位，需要重新构建对教师身份的认知，因此面临着身份转换的压力。

在应对压力过程中，有组织层面和个人层面两类应对方法。在组织层面，志愿者主要从孔子学院总部、所在孔子学院、同事、家人、朋友和学生处获得情感、工作和生活上的支持。在个人层面，志愿者个人性格以及人格对其心理状态有较大影响，我们发现志愿者的内控型人格及其自信、独立、外向的性格特质，有利于其跨文化心理适应。

在跨文化心理适应的表现上，志愿者的自我效能感知是适应的初级表现，而跨文化意识上的转变，并产生包容的全球化心态，是跨文化心理适应的高级表现。根据以上分析，我们总结了志愿者跨文化心理适应过程的模式（图2-2）。

第二节 跨文化教学适应

"教学"是志愿者最主要、最有代表性的工作。根据访谈材料可

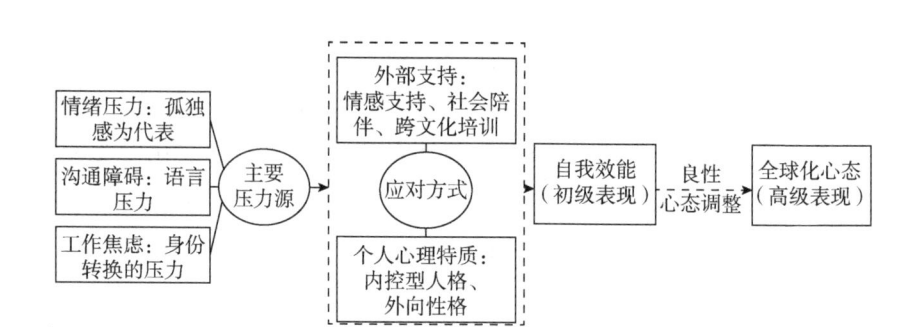

图 2-2　志愿者跨文化心理适应过程

知，志愿者所面临的教学问题通常都与异文化中工作环境、内容等变化有关，因此本节的"跨文化教学适应"应当属于"跨文化工作适应"范畴，而志愿者群体的工作内容大多为教学，故本书使用"跨文化教学适应"来指代。柯利和马丁（Collie & Martin, 2016）将教师根据新的或不确定的教学情况调整自己的思维、情绪和行动的能力称为教学适应，且认为这是一项非常重要的能力。在本团队早期成果中，安然等（2015）认为孔子学院中方人员的跨文化语言教学能力是其跨文化适应的最后落脚点和关键所在。志愿者的跨文化语言教学能力是指志愿者在跨文化环境中开展汉语语言教学工作的能力。志愿者赴任后，在跨文化环境中工作，面临工作环境、教学对象、教学内容等方面的调整和变化。本节拟从志愿者跨文化教学适应的情况、影响因素以及适应的过程和结果几个方面展开分析，最终归纳出志愿者教学适应的模型。

一　志愿者跨文化教学适应情况

（一）课堂教学场景中的适应

在调研中发现，外方负责人对志愿者的期望值较高，希望教师到任后能够立即胜任工作，按照学校的要求和学生的思维开展语言教学工作。但绝大多数志愿者在赴任后，需要一定的时间来适应异文化环境中的诸多变化，并通过在工作中不断调整来达到适应。

30D‐A12 欧洲：外方院长说的是比较理想化的，她希望老师来了以后就立刻能够跟学生的要求、思维、课堂表现形式直接对接上。但是，这个理想化的状态我们达不到，真的达不到。我们邀请来的志愿者或者汉语教师，只能是根据学生的情况、教学的要求不断地去适应，并逐渐适合它。

从中方院长 30D‐A 的描述能够看到，志愿者适应新工作环境需要一个过程，无论是对新工作环境的熟悉，学校要求的学习，还是对学生思维方式的了解，都需要志愿者在工作过程中不断去学习、调整和适应。这个过程可能会遇到波折，部分志愿者会表现出对教学工作的不适应。

在访谈中，志愿者提到自己不适应以及遇到的困难大多是与课堂教学相关，比如提到"学生不认可""教学方式不适合""在学校不被接纳"等。

29V‐H01 欧洲：我的第一节课很痛苦，因为学生不认可我，他们上课瞪我，或者自己玩自己的，扔书的，扔笔的都有。（调研日记和访谈日记记录：志愿者在访谈现场回忆第一节课的场景时，突然涌出了眼泪，现场一起参与访谈的志愿者们也非常动容。在随后的访谈中，该志愿者谈到自己如何通过努力得到了学生的认可时，志愿者们自发为其鼓掌。）（29M‐01）

志愿者的不适应，一定程度上是文化冲击的体现（Oberg，1960），在面对异文化时，志愿者生理和心理上产生了诸多不适应。从适应阶段的角度来看，志愿者在遇到困难后会逐渐熟悉和掌握应对的办法，从而适应当地的工作和生活。奥伯格（Oberg，1960）将旅居者接触异文化的过程描述为：蜜月期—危机期—恢复期—适应期，描摹了从对异文化的热情与期待，经遇到问题和困难时的焦虑、孤独，最后对新文化逐渐理解接受，达到重新适应。这与志愿者将自己经历描述为"第一年比较困难"相符，大多数志愿者在褪去新奇感后会遭遇困难，但如志愿者51V-A所说，工作上都能随着实践操练而达到较好的适应。

51V-A05 北美：我觉得在这边工作还好，不太难。刚来的时候觉得有点突然，因为做的事情跟在国内的时候不太一样，在国内是学生，只需要上课。来了这边后就有各种任务，但是做几次后熟悉了就没有问题了。

此外，也有志愿者感受到同事之间相处的不适应，常表现为"与同事之间的矛盾"。

13V-A03 东南亚：我刚来第一个月的时候，我的教学搭档当着全办公室同事的面大吼了我一次，当时全办公室的人都盯着我，整个办公室就我一个中国人。

在外工作的志愿者面对拥有不同文化背景的工作团队和同事时，首先需要面对的是跨文化交际问题，不同文化背景难免在工作方式上存在差异，这些差异也会成为激发冲突和矛盾的隐患。"跨文化有效性"即表明了在沟通合作方面能够适时调整沟通技能，产生有效互动，这样沟通的目的就能实现（Portalla & Chen, 2010）。在职场上沟通技巧的学习和调整也是志愿者教学适应的一种体现。

（二）文化活动中的适应

在志愿者外派工作中，除教学之外就是协助开展各种文化活动，文化活动的开展取决于不同孔子学院的自行规定，比如在东南亚国家较重视中文，开展的中华文化活动较多。

在文化活动中，志愿者常会感到一种国人身份的凸显，或是感受到自己参加大型活动而得到了能力上的提高。比如，国人身份的凸显常表现为身为中国人的骄傲感和自豪感。志愿者29V-G提到在举办文化过程中，自己对中国人这一身份感到骄傲。

29V‑G01 欧洲：外国人去举办这些活动的时候，自己的那种爱国情怀可能就更深，对自己是中国人（感到）挺骄傲的。

文化活动的开展伴随着大量与外方人员的交流沟通，志愿者在文化活动中最常遇到的是文化时间观念的不同，举办活动或者出席活动时迟到或推迟现象在以时间为贵的人眼里是难以接受的。志愿者11V‑B在当地就遇到多次迟到或推迟文化活动的现象，但她表示已经对此接受。

11V‑B05 南亚：各种活动也是经常推迟，当地人也很习惯迟到，永远都是 on the way。

由此可见，志愿者在处理文化活动的事宜时，伴随着作为国人的自豪和骄傲，在活动中尽力展现中华文化的魅力，但是面临现实的合作关系，又不得不去适应当地的办公和处事观念。

二 志愿者跨文化教学适应的影响因素

（一）文化环境与教育理念的差别

志愿者到工作岗位后，需要面对跨文化教学环境，学生和本地同事均有与其不同的成长和文化背景，在跨文化教学过程中，对于语言背后文化的理解彼此存在偏差。跨文化交际指拥有不同文化背景的人之间的交往。这种缺乏共同文化背景的沟通，不可避免地面临误解、障碍，甚至冲突。志愿者在跨文化环境中工作，其教学过程也是跨文化交际的过程，同样面临一般跨文化交际过程中可能遇到的障碍，具体表现在志愿者与学生及本地人之间彼此在沟通中的理解困难。

33V‑E01 欧洲：我们都是有不同文化背景的人，当地人有时候提到一个问题，可能我们不是特别有共鸣，当地人站在自己的文化角度给我抛出来一个他们觉得很好笑的梗，可能我觉得并不是很好笑。我在给学生上课的时候也会埋很多我自己觉得很好笑的梗，我也预期学生能够明白梗的意思，但他们没有。

33V – D01 欧洲：在英语方面，教学语言我已经是很熟悉了，生活方面的，比如说买东西之类的，也基本没有问题。但是，跟当地人交流还是会有障碍，如果我跟当地的朋友一起出去，他们说的话，我其实还是有点听不懂。

无论是志愿者33V – E提到的学生无法理解自己课堂中的"梗"，遇到问题没有共鸣，还是志愿者33V – D提到的与当地朋友在一起无法深入交流，主要因为各自文化环境不同，在沟通中缺乏共同的文化认知，因此，双方在理解和沟通上存在困难。

不同地区的学生有着不同的特点，当地的教育文化与环境也各不相同，部分国家的教育环境与中国的相差甚大。从前文可知，教育文化与"文化距离"存在着一定的相似性，即与中国的"文化距离"越近，在教育文化上与中国越相似。"儒家文化圈"国家包括中国、韩国、日本及部分东南亚国家，这些国家的文化相似性较明显，教育文化上整体更尊师重道，不仅与中国社会文化距离近，教育文化上也很相似。

39V – D04 欧洲：这里实行爱的教育，对特殊学生非常的包容。我的班上有个学生比较特殊，身体有问题，所以得到了学校的许可，当地老师对他管得不是特别严，他可以随意在课堂里走动，这给整个课堂带来了一定的困扰。

48V – A10 北美：给我最大的感受是中美师生关系的差异非常大。我在中国文化环境中长大，儒家思想讲究尊师重道，一个人即使觉得老师说的不对，也不会站出来跟老师对着干。但是，这里的师生关系很平等，老师不能强硬地要求学生做任何事情，所以在这里教学我们只能降低预期，不能期待学生有很正面的反馈。

与中国文化距离较远的欧美国家，在教育文化上与中国相差较大。

团队在北欧孔子学院的调研中发现，该地区实行"爱的教育，关爱所有学生"，即对每一位学生都要给予关心和关爱，尤其对"特殊"学生要给予特殊的照顾和管理。这给志愿者的课堂管理带来了一定的压力，如在挪威的志愿者39V-D所描述的，课堂中的"特殊学生"对教学和课堂管理造成了一定的困扰。在北美孔子学院的调研中发现，不同于中国传统的儒家尊师传统，该地区师生关系非常平等，志愿者48V-A描述"师生关系更像是朋友关系"，因此，在与学生交往过程中教师应该放下姿态，以朋友的方式与学生交往。此外，不同地区教师与学生的沟通方式各不相同，部分地区实行鼓励教育，对于学生的问题采取委婉批评加正面鼓励的方式，部分地区则直接指出问题。志愿者到达工作岗位后，需要快速熟悉当地的教育文化，并在日常教学中克服困难，不断调整自己的工作方式，适应并使用当地的教育方法展开教学。

> **13V-A07 东南亚**：泰国学生跟中国学生不一样，他是上课时候可能一会儿站、一会儿坐、一会儿躺，很难管理。
>
> **48V-C03 北美**：学生有各种各样的学习障碍，例如，认知上的问题，或者接受信息的能力比较弱等。在国内，这些情况会在普通公立学校比较少见，一般会去特殊学校，但是在这里很多。

同时，团队在调研中也发现，各地学生的特点各不相同，但存在一定的地域特性。部分地区学生非常活泼，课堂管理难度很大，如志愿者13V-A描述的，泰国学生在课堂上"一会儿站、一会儿坐、一会儿躺"。部分地区学生较懒散，学习意识差，教师需要不断强调并催促复习，因此，在教学和管理中，这些地区的教师要付出更多的精力。对时间的观念也体现出文化差异，比如部分地区学生迟到是非常普遍的事情，且学校对学生的迟到行为没有明确的惩戒规定，这对教师教学内容的安排和课堂管理带来干扰，故教师需要兼顾特殊学生的不同特性。志愿者48V-C所在国家，部分学生存在一定的学习障碍，这就给志愿者的跨文化教学和课堂组织带来一定的困难。

（二）志愿者的语言水平和教学经验

移居者的语言水平与他在当地社会的互动频率及从所在地获得的支持密切相关，较低的语言水平可能预示着较高的文化适应挑战（Barrant & Huba，1994），语言对移居者在当地的跨文化适应非常关键。2020年，中国已在162个国家（地区）建立了550所孔子学院和1172个孔子课堂。孔子学院总部每年都招募大批志愿者前往全球各地的孔子学院、孔子课堂及教学点工作，孔子学院所在地的每个国家和地区都有自己的语言，并非所有志愿者在派出前都能熟练使用当地的语言，特别是被派往非通用语国家的志愿者。因此，志愿者在当地工作的过程中就会感受到语言阻碍，特别是教学对象为中小学生的志愿者。语言在教学中造成的阻碍主要体现在课堂教学组织以及与学生的沟通上。

> 39V – D03 **欧洲**：我俩唯一的问题就是不会挪威语，在管理课堂的时候想，如果我们询问学生说了什么，他们不会告诉我们，更不用说跟学生聊天或者活跃课堂气氛。

此外，志愿者原本是"学生"，除了少量岗前培训，实际上缺乏教学经验，这就导致她们在新的工作中常常受阻，对于管理课堂和教授知识感受到压力。在语言能力和教学经验都不足的情况下，志愿者的表达能力受到限制，故教学效果不尽如人意。

三 跨文化教学适应的过程与结果

研究团队的前期成果将志愿者教学能力看作跨文化适应成功与否的重要表现（安然等，2015）。我们同样发现，志愿者教学适应的过程是以跨文化适应结果为基础，同时也是以志愿者使命感作为内在情感基础的适应过程，主要过程可以概括为身份转换的过程以及自我效能与工作能力不断提高的过程。身份转换的过程涉及志愿者使命感与身份的重新认识，自我效能和工作能力的提高则与社会文化适应和心理适应结果相关。基于此,志愿者的跨文化教学适应结果表现为身份的转换以及对职业选择的决策。

(一) 志愿者的身份转换

在跨文化传播研究领域,"身份"在传播与互动中成为一种"自我形象",通过社会互动形成身份,身份是通过自身维度、他人的传播、同他人的关系和群体互动四种传播情境而产生的,因此考察不同传播互动来讨论身份的形成尤为重要。汉语志愿者多为国内高校学生,在赴海外做志愿者的过程中,面临着从学生身份向教师身份的转变。通过调研归纳出:志愿者身份转换的根本原因在于工作和生活的转变,就其结果而言,身份转换后构建的既是一种新的社会身份,也是一种新的文化身份。以下结合访谈以及调研资料,展示志愿者身份转换的过程,并分析身份转换对跨文化适应的意义。

当志愿者脱离了原有环境,进入新环境开始工作时,身份转换也正在发生。从访谈材料看,志愿者尚无太多社会及职场经验,故在身份转换初期大多有"不适应"的情况。就工作内容来说,教师群体访谈中提到"我们在高级班的教学中,有志愿者老师可以帮助我们翻译(29T－A03 欧洲)""如果有些志愿者正好有空,也可以让志愿者帮忙一下(53T－A23 北美)"。可以看到,志愿者在与教师共事的过程中常作为教学工作中的"协助者"角色,这也意味着志愿者本身的工作内容会将自己置于一个"协助"和"辅助"的位置,一定程度也会影响志愿者对自己身份的看法。

> 06V－B01 东亚:我是第一次加入职场的感觉,虽然我在语言大学的时候会带一些课,但也是课后辅助学生做练习做听写之类的工作,没有固定的办公室,所以刚来的时候很茫然。

由此可见,志愿者在面对没有过往经验的工作和职责,其身份仍然处于被动接受的"学生"的状态,而来自外部的身份转换压力也推动了志愿者慢慢适应新的工作和环境。志愿者 06V－B 表示自己在刚接触孔子学院工作时会感到茫然,同时也坦承自己在国内没有正式的办公室，更没有正式负责过教学工作，在缺乏经验的情况下开展工作会感到茫然。

讨论志愿者身份转换问题，不得不与其使命感相联系。体现志愿者使命感的国家与民族情感以及国人身份的建立，使得汉语传播事业与国家形象相联系，在工作过程中，志愿者的集体主义价值观也会驱使他们将自身与集体利益相融，从而达到对工作价值的重新认识，即从个人利益的"小我"转为组织与国家利益的"大我"。在实践层面，它促使志愿者的身份认知从"学生式"的被动接受转换为具有主动意识的传播。

从濡化策略角度看，汉语教师志愿者在濡化策略的选择上具有明显的"整合"倾向。在身份上保有其独特之处，即始终保有作为中国人以及代表中国文化的一面，因为在语言文化传播者的职业中隐含了强烈的文化身份，志愿者通过自身文化属性的凸显和教学能力的提升来完成教学内容。当志愿者能够主动且自如地对自己新的身份进行探索和认知时，其身份转换过程便可以顺利完成。

（二）自我效能的建立和工作能力的提高

作为志愿者跨文化适应的一部分，教学适应的发生与志愿者的心理适应和社会文化适应密切相关，社会文化方面语言能力的提升有助于达到有效社交，而语言能力和有效社交对于志愿者教学工作的展开和教学能力的提升颇有帮助。这是能力的提高促进教学适应的体现，心理适应带来的自我效能和积极的自我评价也能对教学适应产生积极作用。志愿者身份转换后的变化大致体现在责任心与使命感的提升以及建立新的社交关系两个方面。其中，志愿者的责任心与使命感增强，既是身份转换后的结果，也可促进志愿者适应新的身份。如前所述，志愿者能够在身份转换过程中体会到教师的责任感与使命感，并完成身份转换。另外，在社交互动和社会关系中，志愿者也加深了对新身份的理解。

33V-C03 欧洲：因为之前是学生，来到这里工作以后就发现自己除了要处理学习和教学以外，还要学习怎么跟同事们相处。

这种从学生到职场的角色转变，除了要学习如何跟自己相处，还要学习怎么跟同事相处。

志愿者在教学过程中将自己从原本的学生身份转换到一个"传授知识与文化""帮助学生学习汉语"的汉语教师身份，这不仅是工作内容的变化，也是社交关系的变化。在处理日常教学活动与任务时，志愿者实则是嵌入与学生以及同事的社会关系中，在不断的交流与互动中，志愿者逐渐理解"教师"身份的意义。

人的身份认知通过"关系架构"形成。人们会根据周围的人与交往环境来调整自身的社会行为，同时也会在新的社交关系中重新定义"自我的感觉"。志愿者33V-C提到自己除学习和教学之外，需要学会处理"与同事之间的关系"，这表明在新环境中，志愿者尝试建立新的社交关系，调整自己的社会行为，从而重新定义自身身份。可见，志愿者在不断建立新的社交关系中，如与学生的关系以及同事的关系，对新身份的理解也随之加深；身份转换的完成巩固了志愿者在当地的社交关系。

在实践意义上，志愿者在教学技能和经验积累的基础上获得了教学成就，如学生的肯定以及与学生的情感联系等，这一过程培养了志愿者的自我效能。对于赴任前的职业预期，如"自身兴趣与价值实现""希望体验国外环境和教学实践""锻炼自身能力、挑战自我"等，也能在感受到自己不断熟练的情况下加以实现（详细论述见本篇"使命感"部分）。

在志愿者教学适应过程中，适应状况普遍较差，出现不被学生认可而怀疑自己文化身份以及教学方式不当等不适应现象。跨文化教学适应基本影响因素分为：文化环境改变后导致的文化距离和适应压力、当地的教育理念与国内的差别，以及志愿者自身语言能力和教学经验的欠缺导致教学能力不足与表达上的障碍。因此，志愿者需要时间去适应新的教育环境和教学对象。在面对跨文化教学适应压力时，志愿者总体上选择了"整合倾向"的适应策略，即在保留自己文化身份的同时，积极向前辈学习适合当地教学的经验和方法，主动调整自身认知和行为。一方面，在社会文化适应以及心理适应的过程中，工作能力和跨文化教学适应水平会得到提升，有利于加强志愿者在工作中的自我效能感知。另一方面，在使命感驱使下，志愿者的工作价值的评估也从个人利益转换到集体利益。志愿者从"学生式"被动接受的身份转换为主动传播的"教师"身份，并达到工作结果预期，对职业选择和规划做出决策。图2-3展示了志愿者跨文化教学适应的过程。

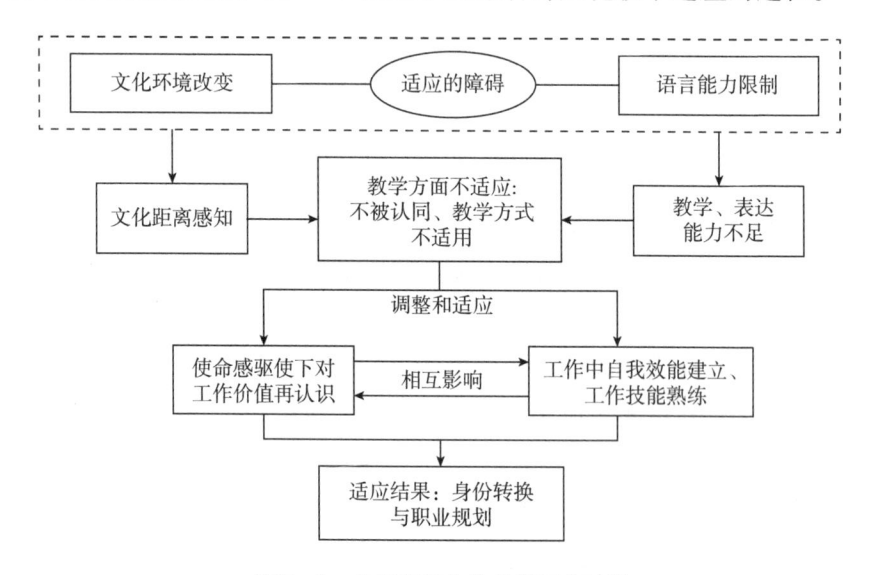

图2-3 志愿者跨文化教学适应过程

第三节 职业使命感的内涵与呈现

志愿者在外派工作中有典型且独特的情感——使命感。这一情感常体现在志愿者对工作意义以及个人价值的追问上。本节对访谈材料进行挖掘，结合文献对于使命感在工作领域的界定，首先从四个维度上探讨志愿者使命感的内涵（身份认同、个人与环境匹配、引导力量以及价值观驱动），并归纳出志愿者增强使命感的途径是通过工作场景中对工作意义和个人价值的追求实现的，最后总结在外派工作中志愿者使命感的形成路径。

一 志愿者使命感的内涵

(一) 身份认同:国人身份和志愿者身份

身份认同理论提出者斯特赖克和伯克(Stryker & Burke, 2000),认为"身份"与社会结构之间存在密切关联,强调在个体与群体的互动中认识"自我",人们对"自我"身份的阐述是根据不同情形变化而变化的。志愿者的身份认同由其自身所处的不同社会环境所决定,我们在访谈中发掘了志愿者的两种不同身份:国人身份,认同自己是中国人的身份,同时尊重国家、政府,主动解释文化之间的差异;志愿者身份,主要体现在志愿者传播中国文化的责任与使命上,通过服饰、课堂等方式来传播中国文化,为中华文化传播而尽职尽责。

> **13V – F11 东南亚:**春节活动的时候,孔子学院总部的大礼包寄到了,我把礼包中的中国国旗挂在了活动的现场,但是泰方的工作人员把国旗给放反了,我就要求他们重新把国旗转了一遍,挂正。
>
> **12V – A10 东南亚:**我觉得志愿者还是首先要有奉献精神,因为选择了做志愿者,就必须要对得起这三个字,不能是打着志愿者的幌子来捞钱的,要阳光积极、正能量,有责任感和使命感。

志愿者身份认同与其跨文化适应有联系,身份认同对志愿者的跨文化适应起到重要作用。贝瑞等(Berry et al., 2006)在对 13 个国家定居的 5000 多名移民青年文化适应的态度与行为分析后得出四种不同的文化适应概况,分别是"整合群体"(积极的种族和国家认同、使用两种语言,以及与两种文化的年轻人都建立了友好关系)、"种族群体"(高民族认同和低国家认同,主要使用民族语言,朋友主要来自自己的民族)、"国家群体"(与种族群体相反的态度和行为模式)以及"边缘性群体"(表现出一个未成形的或分散的文化适应态度)。从身份认同角度出发,志愿者有较强的民族性和国家性,总体上采用

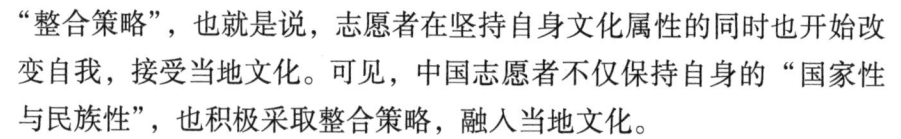

"整合策略",也就是说,志愿者在坚持自身文化属性的同时也开始改变自我,接受当地文化。可见,中国志愿者不仅保持自身的"国家性与民族性",也积极采取整合策略,融入当地文化。

(二)个人与环境匹配:提高自我评价和自我效能

从访谈中可以看出,跨文化环境下使命感与个体所在的新社会文化环境以及工作环境有密切联系。在多维测量表(Multidimensional Calling Measure)里,"个人与环境的匹配"是使命感测量的一个重要维度,在其研究中此项因素的测量概括为个体的天赋和意愿与职业的关系(Hagmaier & Abele, 2012)。也就是说,当个体感到自己在新环境下能够发挥自己的能力,实现自己的价值,那么其主观上认为自己与环境的匹配度高。定量研究结果中也指出,"个人与环境的匹配"作为一个"先决条件"与个人的工作认同感有密切关系。通过筛选访谈中志愿者关于"留任原因""社会文化适应"中提到的个人与环境的匹配话题,代表性话语如下:

> 13V – F47 **东南亚**:我觉得泰国人特别好,本土居民和老师都很亲切、随和,我还蛮喜欢这个环境的,而且他们的生活节奏特别好。

在跨文化环境中,志愿者面临的不仅是自己与职业环境的匹配,同时也是与海外生活环境的匹配。"向往国外生活""对自己能力的展示"等话语都表明志愿者工作与个人的期待相符合,也就是职业使命感(Hall & Chandler, 2005)。志愿者在工作过程中激发了积极的工作信念,产生了较高的自我评价和自我效能,同时工作满意度也不断提升。

(三)引导力量:国家意识和民族情感

一种由外在力量(如宗教教义)支持下给予个体内在的、精神上的动力,作为使命感的重要组成部分之一,被定义为"超然的引导力"(Hagmaier & Abele, 2012)。这样的引导力量在孔子学院志愿者中体现为根植内心的家国情怀与民族情感,而置身国外更激发了这种情感。这样的情感作为一种"超然的引导力"融入"志愿者"的日常工作，产生认同感，这正是孔子学院志愿者"推广中华文化""传播汉语"的职业使命在个体中强化的结果。

48V－C39 北美：我们汉语教师志愿者的形象是非常重要的，如果你是一个很正面的形象，孔子学院就是很正面的形象。如果你是一个遭受非议的形象，孔子学院可能会因为你这个志愿者而让人存疑。因此，我们维护自己的形象，就是维护志愿者的形象，也是维护孔子学院的形象，更是维护中国的形象。

从访谈中发现，志愿者将自身工作与传播中国文化、维护志愿者群体和孔子学院的形象与国家的发展、维护国家形象相关联，使得国家民族意识与自身职业相结合并逐渐内化为使命感和责任感，在工作过程中不断提升自己的专业水平和跨文化适应能力，以提高当地人对志愿者群体对中国的认可度。集体和国家的利益是志愿者适应过程的"超然的引导力"，引导着志愿者不断地提升对自身专业水平的要求，规范自己的行为。

（四）价值观的驱动：集体主义价值观下工作幸福感和成就感的获得

职业使命感的界定中提到的"亲社会取向"（Dik & Duffy, 2009），是一种由志愿者原始的文化背景塑造的"利他主义"的价值取向。来自中国的志愿者大多受集体主义价值观影响（刘波，2013），来自集体主义文化的人，更容易将职业使命感与国家利益相契合。与来自个人主义文化的个人相比，他们可能更倾向于构建亲社会要素（Dik & Duffy, 2009）。以志愿者"幸福感和成就感""对志愿者的认识"为关键词进行搜索，结果显示：志愿者提到的"自我价值的实现""教学带来的成就感"都是他们作为志愿者这一群体所感受到的情感与价值，从而激发了志愿者的使命感。

36V－B16 欧洲：我觉得在人生价值上面的实现很多，因为回来之后再回想起（志愿者经历）来真的特别怀念，然后也觉得挺骄傲的。

12V‑A01 东南亚：我觉得志愿者就是文化传播的小使者，这是挺光荣的一件事情，不仅能够实现自身的价值，也是我自己喜欢的事情，所以愿意去做。

从访谈内容可以看到，集体主义价值观，即志愿者将自身的工作与国家和民族利益相结合，认为"传播中国文化"是工作中极为重要的一个要素，不仅能激发其职业使命感，也能促进志愿者在工作中获得幸福感和成就感。

综合上文分析，在志愿者使命感的四个维度中，有三个方面都或多或少地存在着国家和民族情感。从国人和志愿者身份认同角度来看，志愿者不仅会主动维护自己的国家，解释文化之间的差异，还将传播中国文化作为己任；从国家民族情感与志愿者个人发展相互促进来看，志愿者将自己的工作与传播中国文化、国家发展和志愿者群体荣誉相关联，并内化为使命感和责任感，不断提升专业水平，进而出色完成工作；从意义与价值观驱动行为的角度来看，集体主义价值观促进志愿者工作幸福感和成就感的获得，志愿者的集体主义文化背景促使其将自身的职业与国家利益相契合，并在工作中获得幸福感，实现自身的价值。

二 志愿者增强使命感的途径

（一）工作意义的探求

工作意义是使命感的重要组成部分，使命感指个人在工作过程中感知到事情重要性的程度（Pratt & Ashforth，2003），使命感能够带来个体工作的目的感和意义感（Rosso et al.，2010；Wrzesniewski，2003），从而提升个体的工作意义。志愿者工作涉及中华语言文化的传播，因此在访谈中志愿者对工作意义的阐述主要为传播中国语言和文化，让当地人对中国及其语言、文化有所了解。

12V‑A12 东南亚：工作能给我带来幸福感和成就感，在教学中看到学生的中文慢慢变好，还从我这里学到了很多他以前不知道的知识和文化，汉字写得越来越好，口语越来越好，让我看到了自己工作的价值。

志愿者的使命感促使其认识到工作的意义，并产生积极认同。当志愿者对其职业内容产生强烈认同感，那么这种认同对幸福感的产生也有正向作用（关荐等，2019）。志愿者12V-A对其工作价值的感知来自学生在汉语学习上取得的成绩和进步，这是其作为汉语教师的工作价值的直观体现，同时对自己工作的意义也更加认可。

（二）个人价值追求

使命感包含个人价值的实现，即个体在工作的过程中能够感受到自身的价值和提升。在访谈中，志愿者个人价值追求主要表现为能力提升、开阔眼界、广交朋友、自我价值实现等。

> **36V-B16 欧洲**：我觉得人生价值得到了实现，回国之后回想起来真的特别怀念，也觉得很骄傲，这是一个很有价值的经历。
>
> **33V-B01 欧洲**：做志愿者我的收获有三点：第一是教学经验的积累，第二是生活自理能力、独立能力提升，第三是收获了一些当地的朋友，然后他们的眼界和世界观也会影响我看世界的方式。以前自己就像一个井底之蛙，现在出来了，发现原来可以有多种多样的生活方式。

志愿者36V-B的表述较33V-A更为笼统，他认为志愿者经历是一段有价值的经历，让自己实现了人生价值。志愿者33V-B所在的孔子学院是在欧洲具有独特文化氛围的孔子学院之一，在其网站展示的日常文化活动中，涉及了孔子学院与一系列文化机构的合作。该孔子学院旨在把中国当代文化的各个方面介绍给当地民众，如全国范围的中国电影展播、招贴画展、纪实照片展、中欧雕塑展、当代舞蹈演出、新中国书写项目，以及引人注目的兵马俑灯展等。在教学和文化活动中，她为自己曾是一名志愿者而感到骄傲。志愿者36V-B对个人价值的实现描述更加具体，她认为，这份工作不仅让她积累了教学经验，提升了生活自理能力和独立能力，而且还交到了很多朋友，这些朋友的眼界和世界观不断影响着她，让她感受到生活方式是多种多样的。

三 志愿者使命感的形成过程

（一）赴任前的教育与培训

2011年，孔子学院总部颁布了《汉语教师志愿者培训大纲》，该大纲对志愿者岗前培训的内容进行了详细规定：培训总时长为300课时。其中，"志愿者服务与汉语教师志愿者精神"共8课时，主要内容包括志愿者文化与志愿精神、汉语教师志愿者概述、汉语教师志愿者案例和汉语国际推广项目简介四个部分。社会影响感知和社会价值感知是影响使命感形成的两个重要维度（Grant，2008），对志愿者服务与汉语教师志愿者精神的介绍，能让志愿者对自身所从事的职业形成初步认识，感知自身工作的社会影响和价值。另外，志愿者在国内意识形态的建设和教育下，家国情怀和民族意识已深入内心，对国家和民族的自豪感和荣誉感维护在外派工作中更容易被激发。

（二）工作和生活中的身份认同

"客观成功"和"主观成功"是使命感形成研究中的两个概念，前者指在工作中实际的、可见的成就，后者指完成"挑战性的、有个人意义的目标，然后继续成功地实现这个目标时"获得的一种心理上的成功（Lewin，1936；Hall & Chandler，2005）。在孔子学院工作，志愿者普遍反映出强烈的身份意识，这种身份认同分为国人身份和志愿者身份两个方面。该身份意识主要受两个方面的影响：一是受孔子学院的组织目标和使命的影响，志愿者将其身份与国家形象联系在一起，可视为"内化身份意识"；二是外部环境的压力，比如国外对志愿者教师的特殊称谓（如"Chinese teacher"），会强化志愿者的身份意识，可视为"外化身份意识"。志愿者对自己的社会身份产生强烈的认同之后，会在工作中形成一种良性的自我约束，比如，更加热情地投入教学工作，主动关心学生，与学生深入互动，全面立体地介绍真实的中国等。这既是对教师职业的认同，也是对志愿者身份的认同。

（三）工作过程中的价值感知

志愿者在工作过程中，会逐步感知到自身的工作价值和个人价值，但这一过程需要以"客观成功"为前提来促进。研究表明，个体进入新工作环境，个体倾向于关注未来职业中自己需要提升的职业能力，"客观成功"会激励其继续探索职业的"主观成功"（Hall & Chandler，2005）。这一过程也是志愿者探索自身价值和培养使命感的过程。工作价值是指个体相信他们的工作受到他人重视或感激的程度，也可以描述为个体认为他们的工作提高他人福利的程度。志愿者在教学和从事中华文化传播的过程中，能够加深当地学生和普通民众对汉语和中国文化的了解，特别是在教学中感知到学生的认可时，体会到"被需要""有价值"的感觉，会有一种强烈的工作成就感和自豪感。

此外，志愿者在工作程中能够逐渐感受到自身价值和个人的提升进步。在访谈中，大部分志愿者表示志愿工作是一份对其人生产生较大影响的有价值的经历，不仅能传播自己的"母国语言文化""开阔眼界""实现自我价值"，还能"广交朋友"。志愿者在海外孔子学院工作，工作环境为多元文化环境，工作过程也是跨文化适应的过程，在这个过程中跨文化适应能力会得到提升，而这也是志愿者自身能力的提升。在个人能力提升的过程中，志愿者对自身价值的感知也会逐渐增强。

（四）使命感的形成及其影响

志愿者使命感的形成场景是在工作环境下，因此，使命感对志愿者未来的职业规划和选择留任问题的影响是最直接的。

部分志愿者会选择继续在孔子学院留任，而部分志愿者会选择在一年期满后回国，回国后都会面临再择业的问题。整体而言，"留任志愿者的使命感较离任志愿者更强"（23M-01）；少数志愿者会走上对外汉语的职业发展道路，转为公派汉语教师或在国内外相关单位继续从事汉语教学工作，这部分志愿者在工作过程中其使命感会随着汉语教学的职业感的变强而有所减弱。

个体的主观成功与其身份转换密切相关。在志愿者不断认识到职业身份意义以及责任感的时候，主观成功也在心理层面激发了个体自我效能感，而自我效能与使命感之间是能够相互促进的。这一点通常体现为能够自如进行教学活动或是在协助办理文化活动时能够意识到自身价值，并从中改变对于职业成功的定义和评价，从个体的成功延展到一个新的维度。对于自我这样的新定位，可以理解为"爱好"与"工作"的制度性协调，即个体对于组织的运作本身不再是一个目的，人们将兴趣转移到成为一个新的自我上，这对于志愿者而言是适应了其"教学"的身份。

在这个意义上，志愿者基于自身价值的感知和身份转变增强了职业使命感，同时职业使命感也对其职业身份的认知起到了重要作用。身份的转换恰好是志愿者跨文化教学适应的结果表现，因此，二者之间呈现出一种"相生相伴"的关系。志愿者能够对汉语传播事业的认识有诸如"传播我们自己的语言和文化，我很自豪"这样的认识，背后是将自身的爱好和目标追求融入工作、事业中的认知过程。使命感的形成和递进也使自己原有的职业期待和目标得以实现，从而形成关于使命感与职业成功正向反馈的"成功循环"。

四 志愿者使命感与跨文化教学适应的关系

图 2-4 展示了志愿者使命感在工作场景下的生成和变化，最终体现为职业使命感和跨文化教学适应的关系。首先，关于志愿者"使命感"内涵的讨论，本节从引导力量、价值观驱动行为、个人与环境匹配以及身份认同四个方面进行分析，其中国家意识与民族情感以及集体主义价值观等是志愿者在国内教育以及意识形态影响下形成的，故我们应当认识到使命感在志愿者赴任之前已存在。

其次，当志愿者开始实际外派工作和实践，使命感在这一过程中也会发生变化。随着工作实践的熟稔和深入，志愿者能够在工作中感受到自我价值和工作意义，将家国情怀、民族意识为基础的使命感代入工作角色中，逐渐感知到汉语国际教育这份工作的意义和价值，对其新的工作身份也开始逐渐认同，从而形成职业使命感。

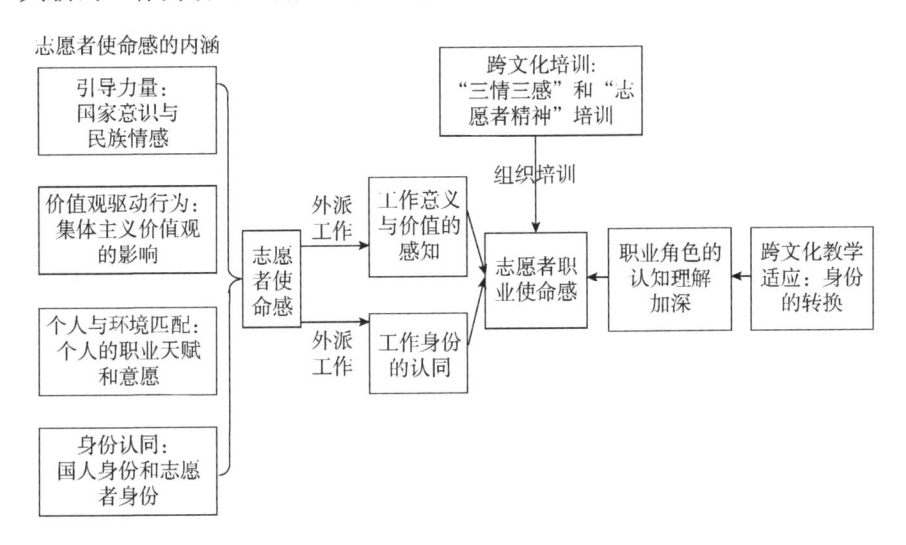

图 2-4　志愿者使命感与跨文化教学适应的关系

最后，职业使命感的生发使得志愿者对其职业的理解与认识更加深入。在此过程中，志愿者将工作的价值和意义从个人利益的"小我"转变为组织与国家利益的"大我"，身份的认知也从"学生式"的被动接受转换为具有主动意识的传播，进而形成从原有"学生"角色转换到"教师"角色的适应结果，而这恰是志愿者跨文化教学适应的结果表现，因此，呈现出职业使命感与跨文化教学适应相互影响、相互生成的关系。

第四节　志愿者获得的组织支持

团队在实地走访和调研过程中，听到了很多中外方院长关爱志愿者和教师的感人故事，真切地感受到孔子学院团队是一个充满爱的温情团队。这些案例也说明，志愿者的跨文化适应是在组织层面上的。本节基于对访谈材料的归纳以及组织支持概念内涵的界定，从生活支持和工作支持两个方面对志愿者在孔子学院工作期间所获得的支持展开论述，并探讨志愿者受到的支持和志愿者的反馈之间的关系，即孔子学院的领导（院长）—员工（志愿者和教师）交换形式，从而引导出组织支持、领导—员工交换与志愿者留任之间的关系。本节也将跨文化培训作为孔子学院提供的一种特殊的组织支持进行分析，最终归纳出组织支持在生活、工作、情感维度下对志愿者的影响。

一 志愿者的组织支持维度

（一）生活支持

中外方院长是孔子学院的领导者，对孔子学院的发展起关键作用。虽然中方外院长对志愿者的管理是其众多工作中的一部分，但实地调研发现，几乎所有的院长都倾注了很多时间、精力和爱心，在生活上给予志愿者和教师力所能及的关心和帮助。在院长对志愿者生活的照顾上，团队从编号39孔子学院的形态描绘中发现："公派教师和志愿者教师们刚来时，大多数都是由外方院长亲自开车从机场接到宾馆的；曾经有段时间六位志愿者老师居住的地方洗衣机坏了，院长、老师们就轮流邀请志愿者老师到自己家洗衣服、吃饭；有老师搬家，外方院长也开车来帮忙搬东西，等等。"外方院长给予了所有中国志愿者家人般的关心和照顾，生活细节上的关心和关照让志愿者们在寒冷的北欧感受到了暖暖温情。

> 53D-A50北美：在生活方面，我基本上就是志愿者和公派老师们的车夫，因为目前就我一个人有车。他们要去超市采购，我会把他们送到超市，等他们买完东西，我再接他们回去。他们到之前我会帮他们把房子提前租好，填好文本材料。志愿者的被子、锅碗瓢勺一切都不用买。

中方院长53D-A在生活上给予了志愿者们所有力所能及的帮助，为志愿者们赴任后的生活适应提供了极大的帮助和便利。

（二）工作支持

  48V-C33 北美：中方院长大力支持我们出去学习，我们孔院的老师都可以去参加各类培训和会议，也是可以报销的。我一共参加了五次，其中有两次是作为发言人。

  39V-E03 欧洲：我们学校有一个外教教学主管，专门负责管理学校所有的外教，我们在学校遇到的任何问题，他都会帮我们。

  从志愿者48V-C的描述中可以看出，该孔子学院的院长使用孔子学院经费，支持志愿者参加各类学术会议，提升自身的学术素养和教学水平。志愿者39V-E所在学校安排专门的外教教学主管，帮助教师处理其在工作中出现的各类问题。此外，志愿者们在教学过程中遇到的问题，也能得到公派教师的专业指导。在孔子学院工作期间，志愿者能得到各类帮助和支持，无论是教学上的、专业上的，还是行政上的问题，这对于教师教学专业水平的提升和跨文化工作适应都有正向的积极影响。

（三）情感支持

  志愿者在孔子学院中获得的情感支持常体现为同事或上级的陪伴与鼓励：

  13V-C52 东南亚：如果你的负责老师好的话，他可能会在各方面都能对你有所帮助。像我的话，我的那个负责老师就对我特别好，感觉就像是妈妈一样的存在，就是能够特别的懂我。

  情感支持在心理层面上能够一定程度消解志愿者在异乡赴任的孤独感和无助感。志愿者13V-C将对其负责的教师形容为"妈妈一样的存在"，足以看出在异乡本是陌生人关系的同事两人，能够在相互关心和帮助下形成亲人般的关系。在孤独和迷茫的时候，情感支持则成为一种同事间的相互理解和抱团取暖，给予个体在心理上的归属感和安全感。除了同事，孔子学院内院长和志愿者之间的情感联系不仅能够帮助志愿者更好适应,同时志愿者也更愿意留任。

  29V–F01 欧洲:李院长对我们,在我们看来就像母亲一样。我们在异国他乡,可能她对我们在生活方面的关心也更多一些,我觉得她有时候像母亲,有时候像知心大姐。……我观察到这几天李院长很忙,我们的老师中细心的发现有的院长中午没吃饭,就会给院长带一些吃的。院长和我们志愿者教师之间是一种相互关爱的感情。

从志愿者29V–F的描述中可以看到,她形容院长像母亲一样关爱所有的志愿者,并列举生活中的温情事件。在感到院长关爱自己的同时,志愿者也力所能及地关心院长。研究团队在该孔子学院调研期间发现其整体的氛围阳光、温暖,院长和教师之间相互关爱,志愿者们的留任比例非常高。

二 跨文化培训:孔子学院中组织支持的特殊表现

前文提到,志愿者跨文化培训对其工作技能以及适应有帮助和支持作用,本节将跨文化培训视为由孔子学院所提供的一种组织支持进行分析。志愿者多为年轻的高校学生,跨文化经验较少,外派工作期间势必会遭遇文化冲击以及工作上不适应,跨文化培训伴随着孔子学院项目的逐步开展,已成为孔子学院总部培训与帮助外派工作人员的一种程序性项目。本节将探讨跨文化培训在志愿者生活、情感以及工作三个方面的影响作用。

(一)志愿者跨文化培训:岗前和岗中培训

志愿者培训主要分为岗前培训和岗中培训两种。为了规范师资培养工作,孔子学院总部颁布的《国际汉语教师标准》,从语言知识与技能、文化与交际、第二语言习得理论与学习策略、教学方法和综合素质五个方面描述了从事汉语国际教育所应该具备的素质,为国际汉语教师的培养和培训工作提供了依据。

孔子学院总部根据志愿者赴任国情况组织国别或区域岗前集中培训，培训大多在国内各高校的汉语推广基地进行，时长为6—7周，培训课程由专家讲座、汉语教学、赴任国语言、中华才艺、对话课程和集体活动等部分组成。

岗中培训指的是对到达赴任国的在岗教师组织培训。岗中培训主要分为自主培训和联合培训两种：前者由单个孔子学院自发组织，主要针对本孔子学院教师开展培训；后者以解决问题为向导，培训范围更广，针对地区或者国家范围内的教师。岗中培训的内容大致可以分为专家讲座、赴任国语言、汉语教学和集体活动等。

（二）志愿者对跨文化培训的反馈

1. 岗前培训：难以满足实际需要

> 13V-E02 **东南亚**：我是吉林大学派出的，赴任前基地的培训提供了泰语课程。我现在虽然能用泰语上课了，但还是不够，需要用英语辅助。在泰国待的时间长了后，大部分时间能用泰语就用泰语，比如说买东西，因为你如果用泰语的话会给人亲切感。
>
> 39V-D08 **欧洲**：我们进入课堂之后发现，赴任前培训的东西跟我们在课堂上遇到的完全不一样，就是培训跟实际情况完全合不上，所以我们得重新研究方法。

本研究从认知、情感和行为三个层面考察并分析了访谈材料，结果发现：认知方面，赴任前开展的培训涉及对赴任国文化、习俗、语言等课程，有助于志愿者认识到母文化与赴任国文化之间的差异，对志愿者赴任后的跨文化认知和适应有积极帮助。在情感方面，跨文化培训能够让志愿者产生与他人建立良好关系的期望，并能够享受这样的交流，比如在志愿者13V-E与泰国本地人交流时，会主动使用在跨文化培训中学习到的泰语来增进亲切感，拉近与当地人的距离，这既是一种积极的情感，也是一种跨文化意识的体现。在行为层面，行为的不足体现在实际工作或者互动中表现出的压力和吃力。志愿者39V-D也提到培训的内容和课堂上遇到的情况很不一样，即在教学方法的实际运用上未达到培训的目标。可见，赴任前的跨文化培训在实用性上依然不强。除了上述两位志愿者外，也有不少志愿者反映赴任前的培训与实际环境需求不匹配，常体现为"互动沟通依然有困难""教学方法上不适应当地情况"等。

2. 岗中培训：兼具实用性与实践性

> 29V-U01 欧洲：昨天我们听了一堂你们的培训课，你们感觉这样的培训效果怎么样？因为我有一点比较有疑惑，昨天给你们培训的老师，在培训的时候是把你们当作学生来开展教学，那你们在下面听的时候觉得自己收获到技巧了吗？
>
> 29V-B03 欧洲：有的，比如语法点，课程导入，以及讲解方式方法。我觉得岗中培训还是挺有用的，时间可以再长一点，其他的我觉得都还好吧。培训的时候偏中小学的教学方法多，高中的相对比较少，文化活动方面培训的内容也比较少。

从志愿者反馈来看，任职中期培训对志愿者行为层面的提升相比赴任前的培训更具有实用性。如志愿者 29V-B 提到中期培训会涉及课程的具体教学方法，志愿者对在多元文化环境中进行教学感到迷茫时，这样的岗中培训给予了实用性的建议和指导，同时也补充岗前培训未涉及的方面。该志愿者提到了岗中培训对实际工作有很大的帮助，有助于更好地适应当地的教学环境，因此可认为培训的结果达到了目标。

综上所述，志愿者的跨文化适应情况与其赴任前期及赴任中期的跨文化培训有较大关联。对于志愿者的跨文化培训，除培训内容本身有帮助外，亲身的经历以及教师与志愿者的沟通也会作为经验来加深对工作的理解和适应。因此，志愿者的跨文化培训不只是培训者单方面的教导与传授，也包括志愿者自身的经验学习。

（三）志愿者跨文化培训的特点

1. 培训内容以"汉语教学"为主体

近年来，随着志愿者项目的发展，部分学者将跨文化培训的研究指向了志愿者的跨文化培训。陶冶、沈毅（2020）对志愿者岗前培训需求展开了调查，研究发现志愿者对于提升"汉语教学能力"的需求最高，其次为中华文化传播能力、赴任指导和志愿者精神，而且授课教师也认为"汉语教学能力"最为重要。秦涛（2019）针对96名参与巴塞罗那孔子学院举办的西班牙岗中培训的志愿者展开了满意度调查，研究发现，教师普遍对岗中培训的满意度较高，且认为以问题为中心，以案例为载体，以教学技能的提高和教学策略的选择为主要内容的培训方式对其适应本土教学环境帮助很大。

从培训内容来看，志愿者的培训具有非常强的特殊性，与针对企业员工的跨文化培训相比有较大的不同，原因在于志愿者的工作内容和身份与企业职员有着较大不同。首先，志愿者的工作内容主要为汉语教学。其次，大部分志愿者为高校学生或汉语国际教育专业的毕业生，绝大多数都没有教学经验，其前往海外任教的身份与公派教师那样的专业汉语教师不同，且在部分国家没有任教资格。

因此，针对志愿者的培训，不论是岗前还是岗中，其内容均以"汉语教学能力"为主体来展开，且"汉语教学能力"方面的培训和补充也是志愿者需求最高的。我们的调研结果与陶冶、沈毅（2020）和秦涛（2019）的调查基本吻合，即培训内容以"汉语教学"为主体。

2. 培训目标为情感、认知、行为的综合提升

虽然从内容上来看，志愿者培训具有较强的特殊性，但是，从培训的目标来看，培训具有较强的普适性，即围绕情感、认知和行为三个方面展开。

岗前培训注重情感、认知和行为层面的综合培训，孔子学院总部颁布的《汉语教师志愿者培训大纲》（2009年版）上写道：通过培训，使学员了解汉语教师志愿者项目，增强作为志愿者的光荣感、责任感和使命感，具备较好的汉语作为第二语言教学的教学技能、课堂管理技能、中华文化传播技能和跨文化交际能力，能迅速适应赴任国生活，胜任志愿者服务工作，成为合格的中外友好交流的民间使者。从培训目标来看，是希望从认知上使志愿者了解汉语教师志愿者项目，从情感上增强光荣感、责任感和使命感，从行为上提高教学技能、课堂管

理技能、中华文化传播技能和跨文化交际能力，从而成为合格的民间交流使者。

与岗前培训不同的是，岗中培训以问题为主题，解决志愿者在赴任国任教所遇到的某个特定的问题，且多与教学相关。因此，岗中培训的目标更注重志愿者实际工作中的技能培训，即行为上的改变，而不是认知、情感和行为三者的平衡。

（四）对志愿者培训的改进建议

跨文化培训旨在使参与者在参加培训计划后的跨文化交流环境中培养文化意识、文化敏感性和文化能力，同样从认知、情感、行为三个层面来提出相关建议。基于赴任前的培训，从认知和情感上认识到文化差异并主动尝试进行积极的交往，但在实际情形下，志愿者在行为层面仍会"感到迷茫"。因此，赴任前培训的实用性与实操性需要进一步提升，让志愿者更多体会到实际情形。在诸多具有相似性的跨文化培训模式中，模仿模式以及交互模式（Chen & Starosta, 2005）值得借鉴。具体来说，模仿模式通过让参与者参与一个与特定文化非常相似的环境来关注他们的情感和体验过程（Bennett, 1986），也就是可以通过个案学习以及情景的导入让志愿者身临其境。交互模式强调直接与当地文化进行交流。具体而言，可以依托于网络技术通过视频通话等互动方式邀请国际学生参与交流研讨，在赴任前实现当地教职人员与学生进行沟通互动，事先建立经验性的认识。

32D–A93 欧洲：我觉得要有一批职业的院长、职业的教师、职业的志愿者。就是说，汉语推广这事最后你要真正做好，最重要的还是要有一批职业的合格的培训师。现在的培训是到处抓人，说的那些内容一点用都没有。教师、志愿者培训的文化内容，很难遇到……孔子学院根本接触不到这些资料。我认为与其这样，莫不如培训一些接地气的内容，但是接地气，得有职业培训师。

从中方院长 32D–A 的描述可知，培训质量的高低最关键在于培训师的水平。目前，业界缺乏职业的汉推培训师为志愿者提供有针对性的、实用性和实操性均较强的培训内容。另外,应减少或去除部分与志愿者实际工作关联不大的培训内容。

三 组织和培养与志愿者跨文化适应的关系

志愿者在赴任过程中与孔子学院的关系体现为"个人与组织"的关系,而在访谈资料中"组织"的角色主要体现在以下两方面:一是在志愿者跨文化交际里起到支持和帮助作用;二是在志愿者未来发展上提供支持和培养,如提供学术资源和实践机会等。一般来说,组织为员工提供的不同类型帮助可分为:工作支持、生活支持以及情感支持。就孔子学院(组织)与志愿者(个人)而言,工作支持是组织对个人工作实践提供的建议和指导,影响了志愿者的教学适应;生活支持体现在对志愿者在异文化环境中的衣食住行关照;情感支持体现在同事的相互关心和鼓励等,与志愿者的心理适应效果相关。

如图2-5所示,组织支持和跨文化适应密切相关,跨文化培训应看作具有跨文化属性的组织提供的一种特殊的组织支持,可视为组织支持三个类别的具体表现。将跨文化培训作为独立的部分来展示主要

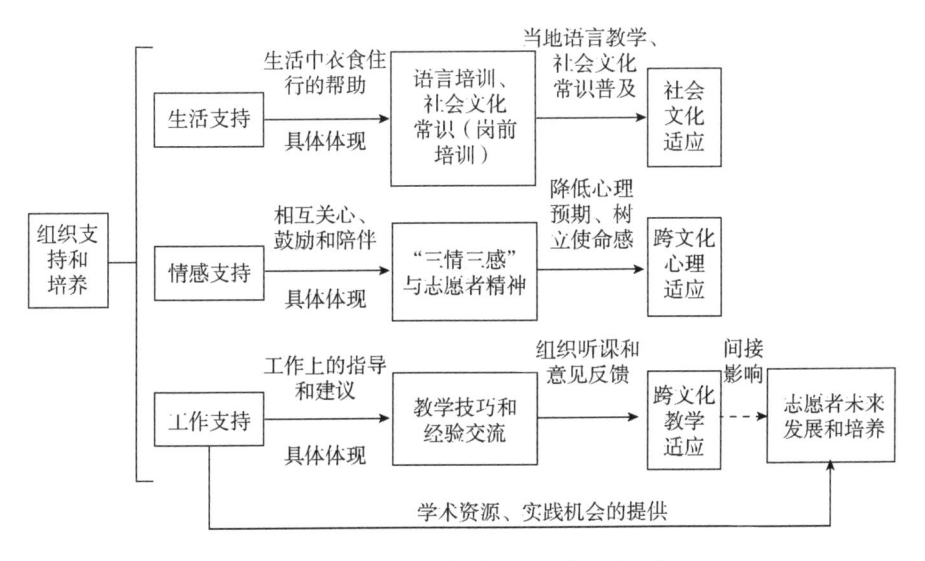

图2-5 组织支持与志愿者跨文化适应的关系

有以下考虑：第一，跨文化培训是具有跨文化属性的组织所特有的，在孔子学院的研究中同样值得深入分析；第二，跨文化培训作为跨文化研究中的重要学术概念，具有很重要的影响。志愿者的跨文化培训分为岗前培训（赴任前的培训）以及岗中培训（赴任期间的培训）。具体而言，岗前培训通常涉及当地语言、社会文化常识以及志愿者精神与情感的培训，这对志愿者的心理适应和社会文化适应起到了铺垫作用。岗中培训通常是教学技巧以及教学经验的传授，对志愿者教学适应能够提供帮助。需要注意的是，组织为志愿者未来发展的培养过程提供学术资源和实践机会，如提供参与会议活动的机会以及毕业论文数据，对志愿者未来的学业和职业发展的帮助可以视为组织对志愿者的培养。跨文化教学适应与志愿者未来发展和培养的关系，体现为一种间接的影响，即教学工作上达到适应后可能影响志愿者对未来职业的看法和选择。

第三章　孔子学院汉语教师志愿者跨文化适应理论模型建构

第一节　志愿者跨文化适应理论模型的提出

本书所涉"跨文化",主要探讨不同文化间相互交流影响过程中文化以及个体发生的转变。在孔子学院这个特殊场域和情境下,本部分旨在探究个体层面志愿者与外方工作人员、孔子学院学员之间的彼此适应。具体来看,志愿者群体的跨文化适应有特殊性,志愿者作为孔子学院人员重要的组成部分,其跨文化适应大多时候在孔子学院开展,故孔子学院的"组织"角色不容忽略。一方面,组织在志愿者跨文化适应中提供了支持和帮助。另一方面,正是因为归属于孔子学院这一组织,所以志愿者并非将自己完全"曝光"于异文化环境中,而是在组织之下有限地进行跨文化接触(如课堂教学、文化活动等)。基于这一背景,我们尝试构建了孔子学院志愿者跨文化适应理论模式:工作、生活与情感交织。

志愿者在组织的支持和培养下展开了跨文化适应,跨文化心理适应和社会文化适应相互影响,分别构成了情感层面和行为层面的适应。心理适应以及社会文化适应的结果与志愿者群体独有的使命感促成了教学方面的适应,达到工作层面的适应。其中,组织支持意味着志愿者的跨文化适应是在组织内部进行的,同时为志愿者跨文化适应提供了重要支持和帮助。使命感这一独特情感的产生,既是心理适应带来自我效能的结果，也缘于志愿者群体自身集体主义价值观和家国情怀的教育培训背景，使命感带动志愿者工作价值取向往"集体"转变，促使其身份转换。综合上述情况，我们构建了志愿者跨文化适应理论模式（见图3-1）。

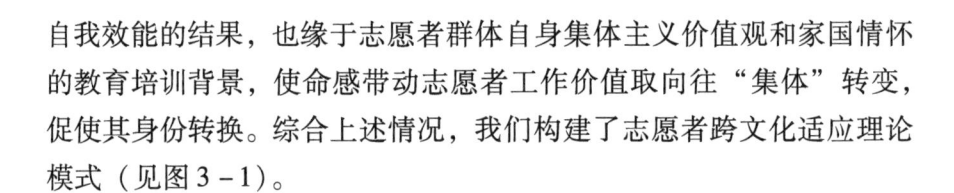

第二节 志愿者跨文化适应模型机制阐释

孔子学院志愿者的跨文化适应主要包括：社会文化适应、心理适应以及教学文化适应。从社会学习理论视角看，志愿者的社会文化适应在语言掌握程度低及与异文化存在文化距离感知的情形下，志愿者通常采取"整合"的濡化策略进行语言、行为的模仿学习，其间组织给予的帮助是跨文化培训中语言教学知识和技能、社会文化常识，组织层面的生活支持。社会文化适应表现为语言行为技能的习得以及跨文化交往能力的提高。通过语言与交际能力的提升以及对当地文化习俗的学习和模仿来达到有效的跨文化交际，进而形成社会文化层面的适应。

在心理适应方面，从"压力—应对"的理论视角来看，志愿者在异文化环境中面临的心理压力源有：情感压力、语言压力以及身份转换压力，在压力应对的过程中除了志愿者个人性格与人格特质的作用外，也有组织层面的帮助，体现在培训降低心理预期以及关心、鼓励等情感支持。心理适应的表现分为初级与高级两个层次，分别是自我效能与全球化心态的形成。

志愿者教学适应的过程与使命感、心理适应和社会文化适应的结果密切相关，社会文化适应的困难和心理压力同样导致了在教学方面的不适应。教学能力和语言能力不足带来了教学方式不适用以及身份的迷茫感、不被学生认同等。本书从社会身份视角分析了志愿者在教学过程中的身份转变。心理适应的结果为教学适应提供了自我效能，社会文化适应的结果提供了语言和教学能力上的保障，而工作过程中产生的使命感为志愿者理解自身价值以及身份转变提供了契机。在三方面综合作用下，志愿者的教学适应得以推进，体现为从被动接受任

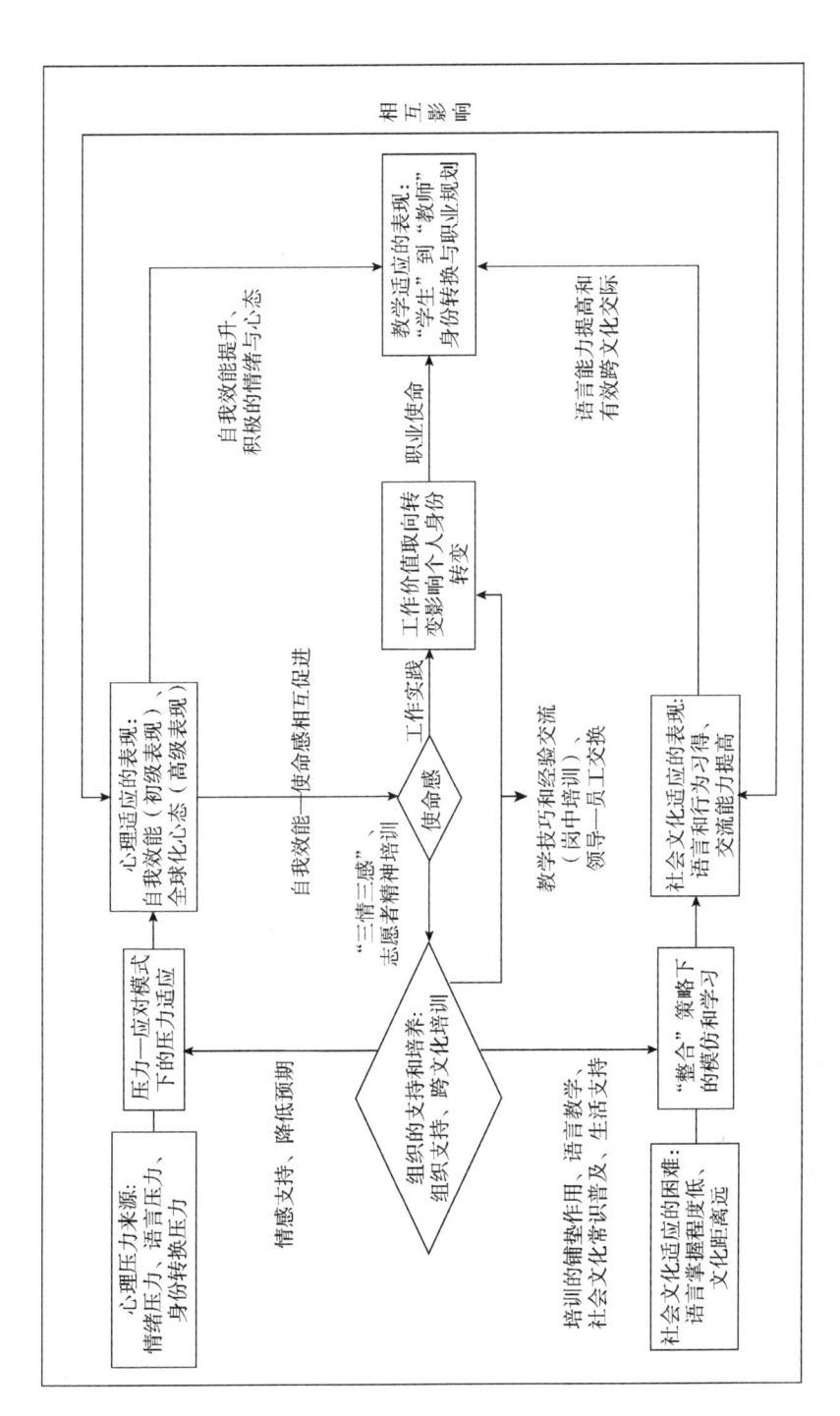

图3-1 志愿者跨文化适应理论模式

务的"学生"身份转变为主动传播的"教师"身份，同时使命感的增强也对其职业选择产生了影响。

在志愿者跨文化适应中，孔子学院作为对应志愿者的"组织"角色，主要提供了支持以及对志愿者未来发展的培养。具体由组织支持（包括工作、生活和情感支持）和跨文化培训两个部分组成。跨文化培训是具有跨文化属性的组织提供的一种特殊的支持，跨文化培训可看作组织支持三个类别的具体体现，对心理适应和社会文化适应都有直接的影响。同时，组织的支持和培养也对志愿者使命感形成有助推作用，通过志愿者精神培训以及"领导—员工交换"机制，形成了志愿者对工作价值认知的转变，从而影响使命感的形成。

志愿者使命感的产生场景是跨文化教学及相关活动，是志愿者在跨文化适应中产生的标志性情感，关系到组织与个人的互动以及职业与工作的情况。跨文化培训中"三情三感"以及志愿者精神的培训，使志愿者对汉语国际教育工作的使命感形成主观的感受。在工作实践中，组织提供的岗中培训以及"领导—员工交换"也能激发志愿者的使命感和责任感，自我效能与自身价值的感知使得工作价值取向由个人转向组织，进而促成其从被动接受到主动传播的身份转换。同时，使命感的增强也会影响志愿者的职业选择，使命感较强的志愿者通常也会选择留任。

由此可见，志愿者的跨文化适应是在组织情境下开展的，组织支持为志愿者的跨文化适应提供了帮助。其中，社会文化适应和心理适应构成了生活和情感两个层面的适应基础，在二者相互作用下，志愿者逐渐在工作领域适应，最终体现为志愿者的跨文化教学适应。另外，志愿者的使命感促使其转向"集体"的工作价值取向，进而完成在教学领域的身份转换，完成跨文化教学适应。

第三节　本部分小结

汉语教师志愿者群体是孔子学院中方人员的重要组成部分，作为首次离开母文化环境的短期旅居者，外派工作意味着适应陌生的异文化环境，同时还面临着自身从"学生"到"教师"的身份转变，以及所处环境从"学校"到"职场"的转变。目前，对志愿者跨文化适应的研究较多，但大多以单一国家孔子学院志愿者为对象进行探讨，结论大多围绕志愿者的社会文化、心理以及工作三方面的适应展开。本书对志愿者群体的分析是基于对全球71个单位的调研走访而展开的，极大丰富了志愿者群体来源和数量。本部分试图通过更加全面、细致地描摹出志愿者群体在外派工作中的生活、心理和工作状况，进而丰富跨文化适应相关理论。

本部分对志愿者的跨文化适应情况进行了深入探讨和分析，在以往从社会文化、心理以及教学三个方面探讨跨文化适应的基础上，挖掘并阐释了"组织支持"以及"使命感"作为孔子学院志愿者跨文化适应的两个重要维度对适应过程产生的影响和作用，并对志愿者的跨文化适应模型进行了细化。

从志愿者跨文化适应的总体而言，跨文化心理适应和社会文化适应之间是相互影响和促进的，具体表现在语言和行为上的熟稔能够促进心理情感上的积极评价，而心理上的自我效能又能够促使对语言交际以及日常行为的更深入学习。另外，心理适应、社会文化适应对跨文化教学适应都有着促进的作用，心理适应的结果提供了教学中的自我效能和积极心态，社会文化方面的语言习得以及日常行为与习俗的学习能够实现有效的跨文化交际，进而提升教学能力。值得注意的是，跨文化教学适应虽然对心理适应以及社会文化适应有影响，但在时间上属于滞后影响，具体体现为跨文化经验需要时间的积累，并对之后的社会文化适应和心理适应产生影响。

另外，"使命感"和"组织支持"这两个维度能够补充和丰富志愿者跨文化适应的过程和机制的阐释。志愿者的使命感是在跨文化适应中体现出的典型情感，志愿者使命感的内涵体现在四个方面：对国人身份及志愿者身份的认同、个人与环境匹配带来的自我效能和积极自我评价、国家与民族情感所代表的引导力量、集体主义价值观驱动下的行为。可见，志愿者的使命感与志愿者派出国的文化、赴任前的培训等息息相关，并在志愿者的工作实践中影响其工作价值取向（由个人取向转换为集体取向)、增进其自我价值的感知,进而促进其身份转换,丰富了志愿者使命感与跨文化适应内在动因方面的探究。另外,孔子学院与志愿者的关系可以视为"组织与个人"的关系。跨文化适应的维度不仅有个体适应和人际交往向度,还存在个体与组织间(人与集体)互动适应的向度。组织在志愿者适应过程中起到了"支持"与"培养"的作用。其中,组织支持对志愿者的心理适应、社会文化适应以及教学适应都有着重要作用。跨文化培训作为一种特殊的组织支持,不仅在志愿者跨文化适应中起支持和帮助作用,也对志愿者未来发展起培养作用。

综上所述,通过对孔子学院志愿者群体跨文化适应的研究,本书对个体在组织中的跨文化适应相关理论进行了延展,在已有文献探讨社会文化和心理适应基础上,关注到跨文化适应在个体职业提升和精神满足层面的表现。另外,在孔子学院的组织框架下,外派群体跨文化适应不仅仅考虑个体人际交往的向度,也应考虑个体和组织互动适应的向度。

第二部分

孔子学院跨文化适应(职业与身份)研究:基于公派教师群体

孔子学院公派教师，虽有国家公派教师、国际中文教师等不同名称，但其职业属性与职业使命是一致的。孔子学院公派教师作为奋斗在国际汉语教育事业一线的教学人员以及跨文化传播与适应的主体，其队伍建设应是国家和学界关注的重点。然而，目前，多数研究聚焦汉语教师志愿者群体，而较少关注孔子学院公派教师。在中国知网以"公派教师""国家/孔子学院公派教师"字样搜索文献，结果数量不多。由此来看，同样作为孔子学院一线教学人员，学界对公派教师群体在国际中文教育事业以及海外跨文化适应情况中的重要性，似乎没有给予高度关注。

孔子学院公派教师群体与其他两类群体（院长、汉语教师志愿者）有明显区别。他们在海外的工作与教学情况、社会生活、人际关系呈现出什么状态？作为跨文化传播与适应主体，公派教师与其他外派人员（公司外派人员、留学生等）的跨文化适应情况有何共性与特性？本部分针对上述问题展开研究。

第四章　孔子学院公派教师跨文化职业适应研究理论基础

与传统教师相比，孔子学院公派教师具有流动性大、任期短、工作环境跨文化特征突出等特点。公派教师离开熟悉的母文化环境，在异文化环境中，作为短期"学术旅居者"（academic sojourner）在海外从事2—4年的国际中文教育工作，面临在不同"文化接触地带"（contact zone）与有着不同文化身份和文化背景的人员相互适应的问题，包括个人日常生活层面的适应、个人与组织集体层面的适应等。此外，公派教师职业情感问题尚需明确，职业情感既是工作的动力，也是职业熏陶的结果（张意忠，2010）。公派教师作为一种职业，与从事相同职业的人群相互作用，而且工作过程中会产生态度反应与体验，此类积极的职业情感对公派教师的身份和跨文化适应存在影响，尚需不断研究。因此，我们将从跨文化职业适应、工作适应、组织适应、教师身份的再确认，以及教师职业情感等方面来分析孔子学院公派教师这个群体。

第一节　跨文化职业适应

在跨文化适应研究中，布莱克等（Black et al., 1991）及其同事在研究美国外派公司职员及其家属的适应问题时，将跨国产生的适应（international adjustment）分为：工作适应、整体（一般）适应以及与当地人交流的适应,其中跨文化工作适应是指外派人员履行特定工作职责、完成绩效定额和预期、完成监管职责的能力(Black,1988b;Black & Stephens,1989)。与工作适应密切关联的概念是"职业适应"。职业适应通常指职业价值观形成和维持的职业心态、职业能力、职业关系等与职业劳动及其环境之间达到和谐状态的过程(金明珠、樊富珉,2017)。在面对新的工作环境、人际关系、工作内容及工作性质等一系列问题时,人们可能不适应。可见,职业适应是一个动态、交互的概念,涵盖的内容较广泛,一般包括环境适应、人际关系适应、职业技能适应、工作适应等。

从以上定义看,对孔子学院公派教师来说是以教学为主的职业适应,也可称之为教学适应。李方(1996)将教学适应定义为教师、学生与环境互动,根据教育环境的变化与要求调整教学、学习的心理和行为。柯利和马丁(Collie & Martin,2016)提出,教师在健全的工作场所中能有效应对诸多变化是一种非常重要的能力,即教学适应,指个体根据变化的、新的或不确定的教学情况调整自己的思维、行动和情绪的能力,受多方因素影响。因此,教师的职业适应可概括为教师个人与某一特定的职业环境进行互动,做出调整以达到和谐的过程。

本团队早期在对孔子学院中方外派人员的跨文化适应能力的考察中发现,中方外派人员的跨文化教学能力是其跨文化适应的落脚点和关键所在(安然等,2015)。公派教师群体在孔子学院中的特殊性表现在除了日常的教学工作,还兼顾行政以及管理类工作。因此,公派教师的职业适应需要进一步探索。

第二节 教师情感

教学是承载着情感的实践,情感是教学的核心。早期对教师情感的探索主要关注教师情感对教学水平和教学质量的影响,落脚点是学生教育效果的问题,而较少关注教师本身。扎莫拉斯(Zembylas,2005b)将教师情感研究的发展分为三个阶段。20世纪80年代到90年代初是教师情感研究的起步阶段。该阶段以心理学理论为基础,关注教师内部心理机制的发展变化，分析教师的压力、倦怠等情感片段。教师情感研究的第二波发展浪潮出现在20世纪90年代中期至21世纪初。该时期将教师情感置于更宏观的社会文化背景中进行研究，聚焦教师情感与外部环境的互动，即把教师置于社会互动中理解其情绪表现。目前，教师情感研究处于第三阶段，即利用女性主义和后结构主义的观点（Zembylas，2005a）来审视教师情感。上述研究视角不再将情感局限于单一的个体心理现象或社会文化产物取向，尝试超越二者之间的界限，强调教师情感在个人层面、人际层面以及其他元素之间的互动关系（胡亚琳、王蕾，2014）。

法鲁克（Farouk，2021）认为，教师情感包括教师个体的动态心理水平、情绪的自我调节能力和对外部刺激的反应能力以及一种综合方法。教师的情感不是"内在感觉在他们的身体范围内保持惰性，而是以不可或缺的方式与学生、同事和父母联系和互动"。因此，教师情感与社会互动紧密联系，具有社会建构性，可以从师生互动、教学过程、职业态度等多方面探究教师情感的产生和表现。然而，现有相关文献大多关注教师与学生之间的互动，没有考虑教师工作中的其他广泛的关系网络，包括同事、校长、教育行政部门、学生父母等。公派教师是外派人员的一部分，研究该群体在教师情感理论下的跨文化职业适应，对教师职业情感的界定能够提供一定的启示。

教师职业情感指教师对教育职业是否满足自己的需要具有稳定的态度体验，是教师对教育职业这一客观事物的独特感受。不同学者对教师职业情感的构成要素有不同的看法。张意忠（2010）提出，事业感、师爱感、责任感和成就感是教师职业情感的主要内容。王凤英（2012）指出，教师职业情感是以社会责任和使命为基础。胡鹏艳（2020）认为，教师职业情感由职业认同感、职业责任感、职业幸福感构成。

从概念上看，与教师职业情感相比，教师情感是一个更宽泛的概念，既包括教师的一般个人情感和社会情感，也包括教师在教育教学活动中，特别是课堂教学中所具有的情感。教师职业情感专指在教育教学活动中的情感，是情感在教师职业领域的特殊表现，具有职业特性和共性。目前，学界研究主要集中在教师情感这一更宽泛的领域，

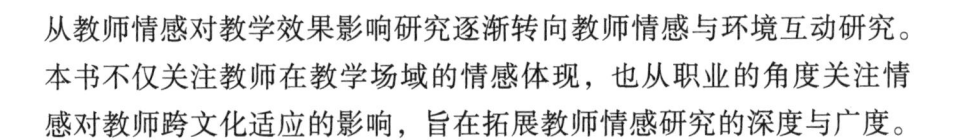

从教师情感对教学效果影响研究逐渐转向教师情感与环境互动研究。本书不仅关注教师在教学场域的情感体现，也从职业的角度关注情感对教师跨文化适应的影响，旨在拓展教师情感研究的深度与广度。

第三节 身份认同

"身份认同"这一术语源于社会学，用来研究人们身份的结构和功能，与他们在社会中扮演的行为角色有关。而社会认同理论既强调个体归属于特定群体，也提到群体归属带来的情感与价值（Moscovici et al., 1972）。此后，学界进一步提出身份塑造是在社会结构之下形成的。霍尔（Hall, 1997a）将身份认同形容为话语实践（discursive practices）对我们主体性的构建，即身份的构建是在特定的话语情境下构建的。广义上说，"身份"能够体现个体在特定情境下的主体性。身份认同由个人所拥有的不同社会角色所定义，而且每个身份都与特定的社会期望相关，这些身份为人类行为提供了结构和意义（Stryker & Burke, 2000）。

身份认同（identity）的基本含义是指人与特定社会文化的认同（陶家俊，2004），其本质是对我（们）是谁以及他（们）是谁的理解（孙来勤，2012）。身份认同是个体与群体发生关系的概念。从社会角色和社会群体的角度来看，"身份"常用来指代特定的社会集体，也称"社会身份认同"（Stryker & Burke, 2000）。在身份认同理论中，社会关系网络会对个人角色塑造产生影响，强调个体与群体在互动中认识自我，人们对自我身份的阐述是根据不同情形而变化的。

跨文化研究领域的身份认同研究最早以语言与文化为导向，而非传统意义上的社会心理与社会文化领域（Kulich, 2010）。另有研究聚焦跨文化交际双方的观念（perception）带来的认知差异对身份关系进行探讨，形成了跨文化领域身份认同理论的基础（Singer, 1987）。基于此，对跨文化情境下认知差异的形成，也逐渐从传统的族群差异、社会差异研究视角转换到文化、观念的差异上来。因此，后续跨文化领域对身份认同的研究开始聚焦于文化间的差异与交际来考察个体跨文化身份的构建。彼得·阿德勒在社会认同理论基础上率先提出跨文化认同，发展了多元文化人（multicultural man）理论，指出多元文化人的身份具有高度流动性和变化性，是介于不同文化之间的人（man of inbetweenness）。身份协商理论（identity negotiation theory）认为，跨文化交际过程中的跨文化身份是非固定、流线型的，需要通过协商（negotiation）来解释（Ting-Toomey，2005）。而身份传播理论（communication theory of identity）则强调身份的多元性和流动性，人们通过传播在交错的身份中游移。此后，也有学者进一步解读跨文化身份认同，认为它是交际者以自己的文化传统为根基，全方位地开发自我，不断吸收与整合其他文化元素，扩展文化认同，逐步商讨协议和积累共识，进而建构和谐的跨文化关系的过程。以上理论的相继提出和持续完善意味着在跨文化领域对身份认同的探讨日趋成熟。

身份认同向来是学术界探讨的热点主题，不同学科研究角度也各异。身份认同在社会科学研究中与个人的"角色""地位"等密切相关，社会身份认同的研究也表明社会身份通常与群体和群体归属密切相关（Moscovici et al.，1972；Stryker & Burke，2000）。在跨文化交流研究中，身份认同和转换是学界普遍关注的问题，通常研究跨文化身份构建、协商与交流等话题（Ting-Toomey；2005；Gudykunst，2005）。近年来，学界渐渐关注异文化背景下第二语言教师的身份构建问题，主要从跨文化角度研究教师和学生身份的发展和转变。但是，探究外派教师在跨文化环境下的身份认同与转化的成果依旧不多。专著《孔子学院中方人员跨文化适应能力研究》（安然等，2015）专门提到公派教师的身份认同问题。在此基础上，本书将深入全面地探讨孔子学院公派教师在跨文化工作环境下如何与外部环境进行意义协商和身份构建。

第四节　公派教师跨文化职业适应研究与分析路径

通过目的性抽样，选取了16所（个）孔子学院（课堂）的33位公派教师作为访谈研究对象，通过一手数据为主、二手数据为辅的三角验证方式，以诠释主义的质性研究和理论归纳来深度挖掘与描绘访谈文本信息，揭示隐藏在现象背后的关系机制，以便更好地理解孔子学院公派教师的跨文化适应及群体特点。

一 研究问题：公派教师跨文化职业与身份适应

目前，关于孔子学院公派教师的跨文化职业适应研究仍旧处于薄弱环节。在跨文化情境下，有必要探索公派教师职业适应的特征表现及影响因素，挖掘公派教师身份构建及其对该职业的情感态度等。另外，也应从公派教师职业适应角度讨论师资队伍建设以及孔子学院的发展。本书主要采用质性研究法，深描孔子学院公派教师在跨文化情境下的职业状态，讲述背后的逻辑关联并进行理论建构。主要研究问题如下：

（1）孔子学院公派教师的构成及人员背景情况如何？

（2）跨文化情境下，孔子学院公派教师的跨文化社会文化适应/不适应、工作适应/不适应、组织适应/不适应的表现形式和影响因素有哪些？尤其是公派教师在组织适应中的人际关系现状及特征如何？组织适应对外派工作—家庭有什么影响？

（3）孔子学院公派教师在跨文化情境下如何认识和建构教师身份？

（4）对于公派教师群体来说，教师职业情感类型有哪些？

（5）从公派教师角度看，对师资队伍建设以及孔子学院建设与发展的启示有哪些？

本研究采用深度访谈法，采用半结构半开放式的问题进行提问。在此类访谈中，事先须拟定一个粗线条访谈提纲，访谈者根据具体情况灵活调整。访谈提纲起提示作用。本访谈主要围绕公派教师在海外孔子学院外派期间的工作、生活、情感等话题展开，并就访谈过程中涌现的新概念、新主题进行深度追踪与提问，具体围绕以下五类访谈问题展开：

（1）您能否简单介绍一下自己的背景情况？比如，派出途径和您在国内的任职情况。您的外派动机是什么呢？

（2）您能否分享一下在孔子学院工作和生活的适应情况？比如，

生活中，您跟当地人打交道多吗？是否存在语言沟通困难？工作中，您在孔子学院主要负责哪些工作？工作压力来自哪些方面？在孔子学院这一组织中，您认为组织内部成员间的关系怎么样？您如何处理工作—家庭冲突的问题？

（3）公派教师存在一个角色转变的过程，或是从志愿者转公派教师，或是从行政人员转公派教师。在这种角色转变过程中，您是否对自己的教师身份有重新认识？

（4）您对孔子学院公派教师这一职业的情感态度如何？是否考虑长期从事这一职业呢？

（5）从一个公派教师角度看，您认为应如何加强孔子学院师资队伍建设？您觉得汉办（现"语合中心"）哪些方面仍需要改进？

上述问题紧扣研究主题，以简单易懂的语言进行提问，尽可能使被访者准确理解研究者的言语行为。比如，在探究访谈问题2"公派教师的工作—家庭"层面，研究者问道："（你）带小孩子过来，小孩子的学校是3：00放学，你是如何处理孩子和工作之间的关系呢？"此问题直击研究问题中心，即工作和家庭的冲突与平衡，同时，访谈者也巧妙地将研究问题具化为可能存在于被访者现实生活中的实际问题，更容易获得被访者最真实、最细致的反馈。

二 研究对象：公派教师

（一）研究对象名称的界定

本部分研究对象为通过国家汉办/孔子学院总部（现"语合中心"）中文教师项目招募、选拔、培训并由国内成功派出的，在海外孔子学院、孔子课堂及当地中文教学点任教的中国籍中文教师。根据国外教育机构岗位需求，按照《国际汉语教师标准》，组织专家团队遴选优秀中文教师赴国外从事国际中文教育工作。孔子学院不断发展，一些概念或者名称发生了变化，如"国家汉办"已改为"语合中心"。为了不影响读者理解，本书继续使用"国家汉办"这一称法。针对公派教师群体的称呼，作者共检索到"国际中文教师""公派（出国）教

师""中方教师"几种,且都被这一群体承认并使用。从受访者的访谈话语中可以得到印证,如:

> 04T-B11 **东亚**:我跟 A 老师身上还是不同的,我是志愿者转到公派老师。
>
> 29T-C01 **欧洲**:中方老师的表现在这里(孔子学院)也是一个榜样。

基于调研数据,6人中,有4人在描述身份名称时使用了"公派教师",占比较高,故本书采用"公派教师"作为指称。

(二)研究对象的分类

本书最重要、最原始的数据来源于深度访谈。通过访谈者与被访者互动,了解受访者的鲜活经历,建构特定情境下的解释意义。调研团队走访了五大洲71个单位,对有公派教师任教的29所(个)孔子学院(课堂)的60位公派汉语教师进行访谈;根据理论饱和原则,采用目的性抽样分析法,在调研团队实地走访的52个调查点中,基于洲别、孔子学院三大人群齐全要求抽取出16所孔子学院的33名教师(表4-1),对其访谈内容进行分析。

表4-1　　　　　　　公派教师访谈人员基本信息

序号	访谈对象编码	性别	国内工作背景或专业背景	派出来源
1	04T-A	女	汉语国际教育	合作院校
2	04T-B	女	原志愿者	志愿者转公派
3	06T-A	女	原志愿者+汉语国际教育	合作院校专职教师
4	10T-A	女	汉语国际教育	国内某大学
5	10T-B	男	留学生办公室(行政)	合作院校
6	10T-C	男	原志愿者	志愿者转公派
7	10T-D	女	原志愿者	志愿者转公派
8	11T-A	女	英语+汉语国际教育	合作院校
9	11T-B	女	原志愿者	志愿者转公派、合作院校
10	12T-A	男	原志愿者+汉语国际教育	合作院校专职教师

续表

序号	访谈对象编码	性别	国内工作背景或专业背景	派出来源
11	12T–B	男	原志愿者	志愿者转公派
12	23T–A	女	汉语国际教育	合作院校
13	23T–B	女	英语	合作院校
14	23T–C	女	英语	合作院校
15	23T–D	男	武术	合作院校
16	28T–A	女	英语	合作院校
17	29T–A	女	行政＋留学生汉语教学	合作院校
18	29T–B	女	汉语国际教育	合作院校
19	29T–C	女	音乐	合作院校
20	29T–D	女	汉语国际教育	合作院校
21	30T–A	女	汉语国际教育	志愿者转公派转本土
22	33T–A	男	英语＋汉语国际教育	合作院校专职教师
23	33T–B	男	汉语国际教育	合作院校专职教师
24	36T–A	女	英语	国内某大学
25	36T–B	女	英语	合作院校
26	36T–C	女	汉语国际教育	合作院校
27	39T–A	女	汉语国际教育	合作院校
28	39T–B	女	汉语国际教育	国内某大学
29	39T–C	女	汉语国际教育	国内某教育厅
30	48T–A	女	汉语国际教育	国内某大学
31	50T–A	女	俄语＋汉语国际教育	合作院校
32	51T–A	女	英语	合作院校
33	53T–A	女	英语＋留学生招生	合作院校

注：受访者派出来源信息已做匿名处理。

通过搜索新闻、网站等关于公派教师招募的信息可发现，孔子学院公派教师项目（今包含在中文教师项目中）的招聘简章中，申请该岗位的条件之一是"具有2年及以上教龄的国内高等院校、中小学在职教师"，这一条件限定了申请者的背景与来源。同时，申请公派教师的途径还包括"志愿者转公派教师项目"，扩大了教师队伍的来源。根据受访者的专业背景、外派来源等信息，孔子学院公派教师的来源分为以下几类（图4–1）：

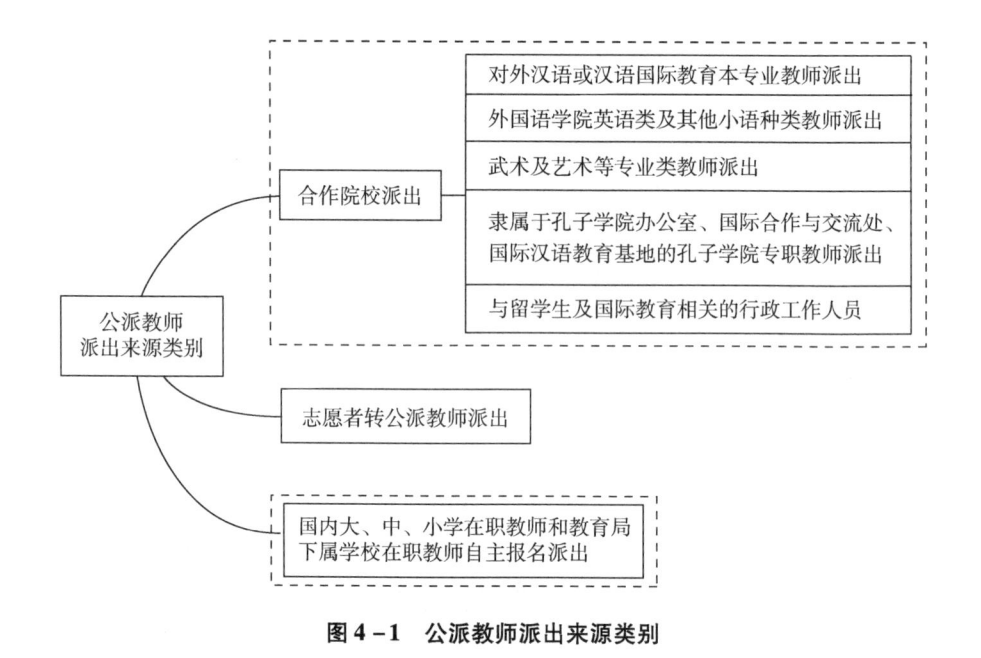

```
公派教师派出来源类别
├── 合作院校派出
│   ├── 对外汉语或汉语国际教育本专业教师派出
│   ├── 外国语学院英语类及其他小语种类教师派出
│   ├── 武术及艺术等专业类教师派出
│   ├── 隶属于孔子学院办公室、国际合作与交流处、国际汉语教育基地的孔子学院专职教师派出
│   └── 与留学生及国际教育相关的行政工作人员
├── 志愿者转公派教师派出
└── 国内大、中、小学在职教师和教育局下属学校在职教师自主报名派出
```

图 4-1　公派教师派出来源类别

1. 合作院校派出

此处的合作院校是指与国外高校或研究机构合作设立孔子学院的国内高校。自 2004 年第一所孔子学院设立开始，国内高校在孔子学院的发展中发挥了积极的作用。据《孔子学院章程》所述，孔子学院设立的模式主要为国家汉办/孔子学院总部、国内高校及目的国院校三方合作共建。国内院校会通过不同渠道选派自己的教师赴海外任教。在本部分的 33 名研究对象中，有 21 人通过合作院校派出赴海外工作。由此可见，这一类人群在公派教师队伍中的占比较高，可细分为更具体的派出来源：

（1）对外汉语或汉语国际教育本专业教师派出

国内院校的国际教育学院（因高校对于留学生教育、汉语国际教育、对外汉语等与国际中文教育相关的专业和院系设置与命名不同，如国际语言学院、国际文化学院、国际教育学院等，本书以国际教育学院为代表）的本专业教师是首选外派教师。这一类教师在国内高校的汉语国际教育领域有丰富的教学经验，深谙针对不同教学对象的教学理念与方法，或许他们学习期间的专业不是对外汉语或汉语国际教育，但在国内高校多年从事留学生汉语教学工作，经验非常丰富。

39T - A02 欧洲： 我在国内的时候，负责汉语国际教育的本科专业的教学，同时也教研究生。

（2）外国语学院英语类及其他小语种类教师派出

国际中文教育实质上是语言类教育，同属语言类教育的其他语种教育也会成为合作院校派出的参考方向，即其他语种的语言类教师会考虑赴海外共建孔子学院。通过考察受访者的专业背景发现，合作院校派出的教师中，来自外国语学院的英语类和其他语种类教师同样存在。如：

51T - A01 北美： 我是外国语学院的……我们学校是和达德学院共办的孔子学院。

（3）武术及艺术等专业类教师派出（针对海外特定课程）

这类教师是合作院校共建孔子学院的特色课程而招募的专业教师，如：

29T - C02 欧洲： 因为我的专业就是中国音乐史……所以在这个孔子课堂就开设了学唱中国歌的（课）。

（4）孔子学院专职教师派出

2012年11月，国家汉办/孔子学院总部发布的《孔子学院专职教师队伍建设暂行办法》中指出，专职教师系指长期从事国际汉语教育事业的专门人员，实行储备制管理，储备于孔子学院总部/国家汉办选定的教育机构。这类教师人群由孔子学院总部/国家汉办统一调配，实行外派工作和回国储备相结合的循环使用机制。从历年的名单中可以发现，储备的教育机构基本为有共建孔子学院的国内高校。这类教师原则上会优先派往本校合作孔院，但也会因为某些客观原因或具体情况而自选赴任国。

33T－A01 欧洲：我是国家汉办和复旦大学联合招聘的孔子学院专职教师。

（5）与留学生及国际教育相关的行政工作人员派出

由于某些原因，国内合作院校也会出现对口专业教师和语言类教师派出困难等情况。这种情况下，与留学生管理、国际交流合作相关的行政教辅类人员也会加入外派教师队伍，如：

10T－B01 西亚：我是大学外事处的，负责留学生招生和管理工作……我以前没有过任何的汉语教学相关经验。

这类教师人群虽没有语言教学相关经验，但多从事与国际中文教育相关的工作，由于合作孔院的特定需求而被派出。

10T－B03 西亚：因为我是我们基层办公室唯一一个男性，领导说那边想要个男性（教师），就把我派过去了。

2. 国内大、中、小学在职教师和教育局下属学校在职教师自主报名派出

除合作院校的公派教师外，国内大中小学及教育局下属学校符合汉办派出条件的在职教师，由汉办统一招募，自主选择海外孔院进行报名，通过选拔、培训等基本流程后派出。

3. 志愿者转公派教师派出

在 33 名研究对象中，有受访教师（04T－B11 东亚）在介绍自己的背景时提到："我跟 A 老师身份还是不同的，我是志愿者转到公派老师。"这类由志愿者转成公派教师的有 5 人，虽然相较于合作院校派出的教师人数低，但他们的加入使公派教师人群具有了多样性，而其特征也不容忽视。

三 研究过程及编码结果

从 52 所（个）受访孔子学院及孔子课堂中，提取出配有公派教师的孔子学院及孔子课堂 29 所（个），然后根据受访公派教师的录音清晰、信息量足、信息有效性等原则对这 29 所（个）孔子学院及孔子课堂进一步筛选。基于三个原则：一是受访单位同时存在院长群体、汉语教师志愿者群体、公派教师群体；二是公派教师群体来源涵盖范围广普遍性；三是满足孔子学院三大群体后续横向交叉分析与纵向深入分析的要求。最终选取出 16 所（个）孔子学院（课堂）的 33 名公派教师作为研究对象。

（一）访谈录音转写

本部分包含约 28 小时 41 分钟的访谈录音，本团队对内容逐字逐句地记录，共转写出约 42 万字的访谈文本。转写记录不仅包括被访者的言语行为，而且包括非言语行为（叹气、哭、笑、沉默、迟疑等），力求完整记录访谈和调研全貌，为后期研究打好基础。

（二）初始编码

初始编码是由工作经验丰富的公派汉语教师研究人员编出的。研究人员曾在海外不同孔子学院从事多年的公派汉语教师工作，熟悉研究对象的群体特点，对访谈内容敏感度高，可精准把握标注方向。研究人员采取"逐句""逐段"方式进行初始编码（表 4-2），最终得到 427 个初始编码。

表 4-2　　　　　　　　　初始编码展示

原始语句（quote）	初始编码标签	次范畴
氛围比较好，没有事情也不会轻易麻烦大家。如果需要的话，大家就一起过来做，还挺和谐的	04T-A07：氛围好，不轻易麻烦别人，和谐	组织内人际关系
我觉得在这个地方，我们中方教师因为人多，就自己成了一个封闭式的团体……这个团体倒是很团结，但是可能在这工作了两年之后大家的俄语也没有什么进步，还是中国的生活方式，中国的人际关系，中国的饮食	29T-A14：封闭的团体	

续表

原始语句（quote）	初始编码标签	次范畴
因为院长经常组织我们去春游，还要组织我们去爬山，大家没事一起吃饭，一起组织活动，经常一起开会，可能这样会让你归属感更强	04T-A11：孔子学院会让人归属感更强	组织适应的表现
如果我的领导对我非常关心，我就会感受到家的温暖。在这点上我们的院长就做得非常好，我觉得他像我的长辈一样，即使我一个人在外面，也不会觉得很难受	10T-D05：领导的作用重要，领导关心，感受到家的温暖（组织归属感）	
其实我们这边的孔子学院，比如现在的院长，包括以前其他的院长也都是非常好的，所以他会帮助你很快融入这种团队	33T-A07：孔院院长非常好，帮助融入团队	组织适应对外派工作—家庭冲突的调节作用
比如说，我们汉办安排了探亲嘛，加上我们也有假期。整体来讲，其实也没多少影响	11T-B05：探亲—休假缓解分居	

注：数据的初始编码和次范畴涉及大量表格，由于篇幅所限，只截取部分作为例证。

（三）归类分析

在初始编码基础上，归纳出23个次范畴，然后对其进行概念化，提炼出8个主范畴维度。其中，社会文化适应的频数共45个；工作适应的频数共164个；组织适应的频数共88个；教师身份的频数有23个；教师职业情感的频数共60个；外派专业背景、外派原因及孔院发展的频数分别为24个、18个和5个。表4-3展示了孔子学院公派教师跨文化职业适应的主次范畴及频次。

表4-3　　　　　　　　主次范畴及频次

次范畴	频次	主范畴	频次
语言障碍	9	社会文化适应	45
规避	18		
跨文化交际意识强	5		
社会文化制度不适应	13		
过往经验优势	12	工作适应	164
教学适应的应对策略	56		
职业能力提升方式	48		
教师主导权小	26		
公派教师工作内容和任务	22		

续表

次范畴	频次	主范畴	频次
组织内人际关系	36	组织适应	88
组织适应的表现	22		
组织适应对外派工作—家庭冲突的调节作用	30		
教师身份再确认	20	教师身份	23
教师口碑	3		
教师责任感	14	教师职业情感	60
职业使命感	12		
工作满意度	11		
工作满意度对公派教师职业规划的影响	23		
教师外派背景和来源	18	外派背景和来源	24
（语言类）专业教师优势	3		
合作院校师资派出困难	3		
教师外派动机	18	外派原因	18
孔院发展	5	孔院发展	5

基于表 4-3 中的数据，我们将从社会文化适应、工作适应、组织适应、教师身份认同、教师职业情感五个维度对公派教师群体进行分析。

第五章 孔子学院公派教师跨文化职业适应特征

第一节 跨文化社会文化适应

社会文化适应（sociocultural adaptation）指适应当地社会文化环境的能力，能否与当地文化群体成员进行有效接触，分为社会适应和心理适应。安然等（2015）从认知适应、情感适应、行为适应（社会文化适应）等角度分析了赴泰汉语教师志愿者跨文化适应情况。公派教师作为"短期旅居者"在不同于中国社会文化背景的海外生活、工作，每一个个体置身于从母文化到异文化的环境改变中，个体会受到所在环境的影响而做出反应。

通过访谈文本发现，受访的公派教师会主动了解当地社会文化活动："我觉得我还是应该主动地去了解俄罗斯的文化"（29T-D01欧洲），寻找途径参与到当地的社会文化活动中："我加入了当地的一个音乐俱乐部"（23T-A22欧洲）。符合"文化同化模型"（assimilation model）中的结构性同化（structural assimilation）表现，即文化适应者和主流社会成员与组织建立起正式的联系，比如加入了他们的团体、俱乐部等（Gordon，1971）。凡此种种，均表明公派教师在不断地寻求适应赴任国当地社会文化环境的突破口，以及他们在跨文化社会文化适应过程中，具有积极融入当地社会与接纳异文化的倾向。

同时，我们也发现，部分公派教师在适应当地社会文化过程中存在困难，比如语言障碍（初始编码及次范畴示例见表 5-1）。个体在异文化中习得恰当的文化知识和技能，便于与异文化中的社会成员进行有效交流，以应对日常生活和工作中出现的各种状况（Furnham & Bochner, 1986）。有效交流和应对状况是个体在跨文化社会适应中的目标和表现，当公派教师因语言障碍而在人与人交流的有效性方面存在困难或需要时间适应工作制度时，会表现出跨文化社会文化不适应，具体表现从以下两方面阐述。

表 5-1　　公派教师社会文化适应类初始编码及次范畴

初始编码	次范畴
29T-A05：语言障碍，跟当地工作人员沟通不畅，需志愿者帮忙	语言障碍
29T-A08：语言障碍，无法融入与交际，影响个人留任孔院的选择	
29T-A02：语言障碍影响交际，避免沟通	规避
28T-A12：语言障碍影响生活，规避麻烦	
48T-A16：选择不提意见减少麻烦	
29T-D01：主动了解接受当地文化	跨文化交际意识强
29T-A20：认同当地文化、积极参与	
10T-A05：对公司运作模式不适应（坐班）	社会文化制度不适应（接受）
50T-A14：需要坐班，工作自由支配度低，办公环境与国内不同	

注：数据的初始编码和次范畴涉及大量表格，由于篇幅所限，只截取部分作为例证。

一　规避特征

语言障碍是影响个体跨文化适应的主要因素。吕俞辉、汝淑媛（2012）对汉语教师海外工作跨文化适应状况的调查显示，超过一半的教师存在跨文化适应问题，主要困难体现在"语言障碍""工作任务繁重""对教学对象缺乏了解"三方面。在我们的受访公派教师中，在以英语为主要语言的国家，公派教师不存在严重的语言交际障碍问题，但在一些英语不是当地主要语言、无法作为中介语且当地对自己母语极为保护的国家（如俄罗斯、德国），公派教师在跨文化适应与跨文化交际方面遇到了层层困难。

（一）"非必要，不沟通；有必要，简短沟通"

29T－A11 欧洲：因为有语言的障碍，所以跟同事沟通不畅。比如，和当地同事一起约着出去玩，或者午休的时候聊聊天，了解一下俄罗斯人有什么样的习惯，但是，因为语言不通，这些事情对于我们来说都是不能进行的。

该受访公派教师仅有汉语和英语语言背景，没有掌握当地语言，而当地工作人员无法使用汉语和英语进行沟通，这样的语言困境减弱了公派教师融入当地社会文化生活的主动性与积极性，也降低了公派教师与孔子学院当地工作团队在工作中交流与沟通的有效性。正如团队在调研日志中总结的一样，"这使得同事关系走向了'非必要，不沟通；有必要，简短沟通'的局面"，甚至在绝大多数时候需要借助懂当地语言的汉语教师志愿者作为翻译从中调解，这种局面对于公派教师来说非常被动且尴尬。

低频沟通不利于公派教师了解当地社会文化、了解当地人群的生活方式，缩小了跨文化认知的范围。跨文化认知是跨文化沟通能力的重要方面，其主要是通过理解母文化与其他文化的异同来改变个体对环境的认知（Triandis，1997）。

（二）"能不做，就不做"

29T－A10 欧洲：因为语言障碍，生活上面也有困难……但是有些不影响我们生活的，我们索性就不去做了，可能这件事情就算了。

从上面公派教师的访谈话语可以看出，存在语言困境的公派教师选择了"索性不去做"来规避因语言障碍而可能产生的冲突，规避跨文化交际障碍带来的风险。虽然这种"自我保护意识"可以帮助公派教师避免或平衡跨文化不适应或语言障碍在心理上带来的压力或其他消极情绪，但采用这种方式本身就是一种逃避行为，影响跨文化认知。

同时，我们也注意到公派教师的矛盾心理，一方面想提高个人跨文化认知，另一方面又因语言困难而产生畏难情绪，两种情绪纠缠在一起影响公派教师心理，甚至会让部分公派教师产生"一朝被蛇咬，十年怕井绳"的规避行为。当然，我们不能片面地认为公派教师跨文化交际仅面临语言困境，也应思考交际另一方的"文化宽容度"（cultural tolerance）。如果交际另一方是消极的反馈，必然会打消公派教师不断尝试、实现成功跨文化交际的积极性，会让公派教师丧失融入当地社会文化的兴趣。

有研究表明，语言与跨文化适应息息相关，尤其与认知、情感调节、社会文化适应、教学工作适应等存在着显著相关。掌握当地语言水平的高低影响着个体在当地的融入程度、工作顺利等方面。在认知方面，语言障碍让公派教师无法通过语言获取更多的信息，阻碍了他们对当地的认知；在情感调节方面，在陌生环境中产生的消极情绪，可以通过语言能力的提高而得到缓解，帮助公派教师与当地民众进行有效交流；在教学工作方面，掌握当地语言可以拉近与学生的距离，了解目的语与母语之间的差异可以更好地完成教学。

> **39T－A05 欧洲：**还是懂挪威语会更好一些，学好挪威语更能帮助我们了解当地的文化，很多东西不是用英语能了解到的。学挪威语的过程中，也能够了解挪威的历史和背景情况，跟挪威的同事交流也能更顺畅一些，而且，肯定对我们的教学有帮助。

公派教师具有多元文化与跨文化交际意识，从公派教师的职业能力提升与孔子学院的可持续发展看，在赴任前与任期中应加强当地语言能力的培训，提供更多直接有效的应对资源。

二 接受特征

国内的很多教师，特别是高校的在职教师工作时间支配相对自由，除完成教学及科研任务外，基本不会像高校行政职能岗位或公司员工一样坐班，无须上下班打卡。这些公派教师在推崇公司化管理制度的国家的孔子学院工作时，难免遇到需要"坐班""打卡"的情况。这样的工作制度不仅需要公派教师在生活习惯上做出改变，同样也要在思想或心理上做出适应。

  10T－A05 **西亚**：像我们在国内高校的，一般有课就来上课，没课在家备好课什么的，这边（孔院）不一样，就是非得要求你几点钟到这儿刷卡。
  50T－A14 **北美**：还是有一个（适应）过程，比如说，我们在国内是不坐班的，但是在我们这个孔院是要求坐班的。除了上课的时间你可以走，下课了就要回来（坐班）。

公派教师语言表现能力强，10T－A 在描述打卡工作制度时用到"非得"一词，语义情感色彩较强，可以看出公派教师受"情势之必需"而不得已接受这种工作方式，其不习惯需要一个适应的过程。但公派教师的集体主义精神以及对孔院的责任感，促使他们接受并遵守孔院的制度。

第二节　跨文化工作适应

  公派教师被派往海外，主要从事汉语教学，但根据孔子学院实际的业务内容和范围，还会负责文化活动组织宣传、行政、培训、招生、团组接待、国际合作与交流等方面的工作。布莱克等人认为跨文化工作适应是指外派人员履行特定工作职责、完成绩效定额和预期、完成监管职责的能力（Black，1988b；Black & Stephens，1989）。另有学者认为，工作适应考察个体在新文化环境下，能否熟悉新的工作环境、承担工作角色、完成任务和履行职责（Ward & Kennedy，1993a）。对于公派教师而言，孔子学院的工作环境是陌生的，工作角色是不同的，工作任务是多样的，工作职责是艰巨的。从这些"形容词"可以看出，公派教师在跨文化情境下所面临的工作是需要一段适应过程的。

结合公派教师工作实际,他们在跨文化情境下的工作适应是指在外派期间完成工作(教学与行政工作等)方面的适应,可分为教学适应以及除教学外其他工作适应。在访谈中,公派教师也积极谈论了关于孔院教学与其他工作任务。可见,公派教师的关注点主要围绕孔院的工作任务,侧面反映其职业责任感。

一 教学适应

国家汉办/孔子学院总部选派孔子学院公派教师的条件和要求之一,即具有两年以上国内大中小学的教学经历。从调研团队对公派教师的访谈中可以发现,一部分具有对外汉语及汉语国际教育相关专业的教学经验,一部分具有语言类(英语)的教学经验,一部分为具有多年海外汉语教师志愿者经历,可以说,不管是何种专业背景的公派教师群体,他们经过多年的教学工作,积累了丰富的教学经验,势必形成属于自己或符合实际的教学理念、教学模式与教学方法。不只是志愿者教师群体在由学生到教师的身份转变过程中会存在教学适应问题,也不仅仅是国内高校及中小学的新任或初任教师会存在教学适应问题,对于具有多年教学经验的"老教师"来说,他们进入完全陌生的社会、文化、教育背景的环境时,也会产生诸多不适应。面对不适应,哪些因素可以促使公派教师更快更好地适应当地教学?公派教师会采取哪些途径提高自己的职业能力,为适应当地教学采取了哪些策略?这些问题值得探讨。

个人对新的工作任务、工作角色、工作责任、工作环境的适应,对特定文化的工作价值观和标准等的心理满意度属于布莱克提出的跨文化适应"三维说"中的工作适应。公派教师的工作任务、工作角色、工作责任以及工作环境等主要是教学方面的,故教学方面的访谈内容占比较高,教学适应需要着重分析。

通过对16个调研单位33名公派教师的访谈发现,他们提及"经验对比""学生差异""教学方法""教学理念""教材""听课"等与教学相关的话题较多，出现频次共计 116 次，在访谈文本各类话题中占比较高。初始编码及次范畴示例见表 5-2。

表 5-2　公派教师工作适应类（教学适应）初始编码及次范畴

初始编码	次范畴
11T-A09：国内汉语教学经验丰富	过往经验优势
28T-A01：过往经历对比	
23T-A07：国内外学生水平差异	教学适应的应对策略
50T-A07：学生水平、背景与国内不同	
48T-A07：国内外教学方法、模式、理念等不一样	
23T-A13：国内外汉字教学方法不一样	
36T-B05：国内外（语言）核心理念一样，以学生为中心	
36T-C07：认同当地教学理念	
29T-B10：听其他老师课	职业能力提升方式
36T-B04：本土教师的经验分享，包括学生特点、教学方式等	

注：数据初始编码和次范畴涉及大量表格，由于篇幅所限，截取部分表格作为例证。

（一）过往经验正向促进教学适应

公派教师初到异国他乡，在完全陌生的教育环境中，首先调动出来的就是相关教学经验等实践性知识：或国内留学生教学经验，或海外汉语教学经验，或国内英语教学经验。这些实践性知识是教师在教育教学实践中形成的一种在特殊情境中知道应当做什么和如何做的知识，它是教师真正信奉和运用并能解决实际问题的知识。经验性实践知识往往会帮助公派教师对陌生的教育环境进行对比判断。

11T-A08 南亚： 在国内我上的也是留学生的课，斯里兰卡学生的也教了两三年，所以对我来说也就没有（不适应），我觉得没有遇到什么教学不适应的问题。

当访谈者问及在海外孔子学院的汉语教学中是否存在挑战或者不适应时，公派教师首先会提到过往的经验或经历。汉语教学相关的公派教师会提到他们教过留学生或其他外国学生的经历，其他语言类背景的公派教师也会强调他们所教授的是英语，与汉语同属语言类，这些提及过往教学经验的状态似乎是在暗示他们是专业的、是自信的、是有教学能力的教师，也隐含了他们对公派教师身份的认知，即公派教师是具有职业能力的、符合"合格汉语教师"（Qualified Mandarin Teacher）这一名称的，同时从自我心理暗示视角提高教师职业的自我效能感。自我效能感（self-efficacy）最早是由美国行为主义心理学家班杜拉（Albert Bandura）于 1977 年提出的。所谓自我效能感，是指"人们对自身完成某项任务或工作行为的信念，它涉及的不是技能本身，而是自己能否利用所拥有的技能去完成工作行为的自信程度"。公派教师对自己是否具备完成海外汉语教学工作的能力，是通过以往教学经验来判断、预测的。这些与个体相关的因素（如工作经历、准确的预期、自我效能感），是布莱克团队提出的外派人员国际适应综合模型中影响外派适应的主要因素（Black et al., 1991）。

（二）教学适应的应对策略

教师根据教学内容和学生实际情况，灵活选择教学方法，采用普遍认可并适合汉语的教学理念。教学适应并非一蹴而就，因为学情具有多样性，教师在探索不同学情的过程中，通过变换教学内容的呈现方式，调节教学过程，反思与提升自己的专业能力来适应教学。从受访教师的访谈内容可知，公派教师在应对教学适应问题上，大多围绕"学生背景差异""改变教学方法和理念""努力提高职业能力"等方式与策略积极适应跨文化教学和课堂环境。

1. 认识学生差异

教学主要围绕教学对象展开，教师在陌生环境中不断摸索，与教师最直接接触的是学生，学生背景以及学习需求的差异直接影响着教师教学的适应性问题。经验丰富的"熟手"教师通过观察，对学生情况、特点与以往的教学对象进行比较、判断，从教学对象的差异中总结经验，以此加深对学生的了解与认知，从而指导教学实践。分析学生特点也是教师在课堂教学中考虑和使用的教学思想类别，或称为教学知识领域（Gatbonton, 2000）。公派教师在对学生认识加深的过程中，不断地适应教学对象从而适应教学。

12T‐A15 东南亚：我们教学群体不一样，我之前在国内也教过留学生，但是各个国家的都有，然后在这边虽然也教大学生，但主要是泰国的学生。而且因为我在国内教的时候，大部分学生水平都是初级的，这边是中文系的，他们的口语水平完全没什么问题。

公派教师通过对教学对象的比较与了解，因地制宜、因材施教，转变以往的教学方式，实现有效教学。

2. 改变教学理念并加深认知

鲁健骥（2019）认为，理念即信念，即我们相信，针对某种教学目的或学习目标，如何能使学生掌握和运用所学的外语。从宏观教学理念出发，教学理念指导教学方法和教学实践，一种教学法体系，总以某种教学理念为基础；从微观角度看，小到某个语言点的教学方法、某个教学环节的设计等均会受到教学理念的影响。公派教师受国内对外汉语教学理念影响，有属于自己的教学理念，当进入不同教育背景、不同社会文化的环境时，势必将自己的教学理念与当地的教学理念进行比较。

06T‐A07 东亚：我觉得教育的很多方面差异很大。首先我觉得教育特色不太一样。在这边，学生好像对于知识或者说汉语的能力，以及在课堂上学到实实在在的东西，追求得比较多；在土耳其的话，可能学生重视的是上课跟老师玩的过程，所以跟他们国家教育的特点有关系。韩国这边是比较注重实际的、快速的、有时效性的学习。

面对不同的教学理念，公派教师群体会逐步接受并慢慢融合，甚至将国外的教学理念"带回国"，希望国内的第二语言教学可以借鉴："主要我觉得'以学生为中心'的理念是对的，在国内其实也是要往这个理念上靠的。"（36T‐B06 欧洲）公派教师作为"熟手"教师，在教学中，能够分辨出哪种教学理念更有助于指导汉语教学，"取其精华"而用,将国内优秀的教学理念沿用到国外的汉语教学课堂中,使中国传统的、精华的教学理念在跨文化课堂教学中实现融合发展。

3. 改变教学方法

鲍文(2011)提到教学理念是教学活动的指导思想和行动指南,它关系到课程设计、教材编写、教学方法和教师队伍建设等一切与学科相关的教学活动。公派教师在海外教学过程中,他们实际接收到的当地教学理念以及教学模式,与已有的教学理念与模式相互交织相互作用,发生了某些改变,这些改变也会相应体现在教学方法上。公派教师会"审时度势",根据学生实际情况以及当地的教育背景对教学方法进行调整,因地制宜,选择适合当地学生和课程的教学方法。如:

> 48T-A07 北美:这边用的教学方法、教学模式、教学思路,包括指导大纲都跟国内很不一样,所以刚开始确实需要适应,然后去调整、摸索。教学的时候,比如课前课后要做的事情,国内跟国外也是很不一样,因为我们任教的地方是大学,不是中小学,所以必须要跟整个学校的教学制度接轨。

就教学方法而言,公派教师主要采用"预设语境""重操练""公式化讲解"等方法完成汉语教学。上述教学方法符合国外教学理念与模式,被认可并广泛应用于汉语教学。此外,公派教师明确表示针对国内留学生与国外学生汉字教学采用的方法不一样,如:

> 23T-A13 欧洲:(在当地,编故事教汉字。)国内不这么教……在国内最开始的时候就是教形声字和那些有意思的字,没有意思的字就干写、干记了,像小孩一样直接记、写了。

在国内,遇到无法解释的汉字时,教师一般会让留学生"干记干写",但在国外(如欧洲),则会采用"讲故事"的方法帮助学生识记汉字。如:

23T‑A14 欧洲：他们当地人很喜欢这种有逻辑的（讲解方式），就是一步一步给他全都解释清楚。60%的汉字可以解释清楚，40%解释不清楚的，就自己编逻辑解释，或者编一些有意思的故事解释。

虽然"故事"可能与汉字的演变或实际意义没有任何联系，但这种"有意思的故事"或多或少会帮助学生识记汉字。可见，国内外教学理念和模式的差异促使教师采用不同的教学方法。

4. 提升职业能力

在初任阶段，就算经验丰富的公派教师，依然需要经历跨文化教学适应过程。

23T‑B09 欧洲：我觉得起码要教过一遍，第二遍才能相对自由一些。

在跨文化教学适应过程中，公派教师为满足教学的需要并凸显教师责任感，投入个体主观能动性并依靠外界资源，在教学实践中不断尝试、不断思考、不断总结以提高自己的职业能力和教师专业素养。其中，提高教学能力是初次接触跨文化教学的公派教师增强教学适应性的内在诉求，也是公派教师专业发展的客观要求。

（1）"转行"型公派教师

"转行"型汉语教师指在国内的本职工作是英语等语言类教师，作为公派汉语教师在海外任教。这部分教师虽然在国内从事第二语言教学工作，但不同语言之间的差异较大，因此，他们对汉语作为第二语言的教学较为陌生。人们会习惯性地认为，"只要是中国人就会教汉语"，这种看法非常片面。公派教师是否掌握严谨准确的汉语知识，直接影响语言点的讲授、教学活动的设计等教学实践是否能顺利完成。这类"转行"型教师认识到自身汉语知识的欠缺，一般会通过汉办培训、听课（本专业教师的课）、同事间经验分享与积极的"个人投入"进行自主学习，提升汉语教学能力。如：

51T‑A03 北美：我们在派出之前，汉办是有培训的，如何上课也是有培训的，在这边上课，我们院长也会去听我们的课，我们也去听其他老师的课，有问题大家也会互相探讨。

(2) "续航"型公派教师

"续航"型公派教师指在国内的本职工作就是汉语教师。这类教师掌握了汉语知识及其教学技能，但在不熟悉的跨文化教学环境下，这类教师会采用"听课"（外方教师的课）、"经验交流"（与外方）和"边教边学"等方式反思过往的经验，提升自己针对不同教学环境的职业能力。如：

53T‑A09 北美：孔院会有一些教研活动，我也经常去听他们（当地语言教师）的语言课，吸取他们的一些教学方法，再结合我们的中文的教学模式。

以上两类公派教师提升职业能力的策略或首选途径是不同的。英语等其他语言类教师首选从中国同事（本专业公派教师）那里得到经验，提高汉语知识与教学能力；而本专业公派教师由于已经掌握了丰富的汉语知识与教学方法，他们的首选是学习当地的汉语教学模式或方法。公派教师职业能力的提升不仅是个人成长意识的"觉醒"，同样离不开孔子学院和孔子学院管理者提供的机会与平台。很多位孔子学院的院长意识到"教学是我们的生命线"（11D‑A52 南亚），因此无论从学院正常运营的目标，还是教学口碑，抑或是支持公派教师职业能力提升或个人成长角度，孔院院长都会采取各种各样的形式支持公派教师提升职业能力，如"我们（孔院）有教师培训和集体备课"（29D‑A171 欧洲）、"我们（孔院）建立了教师培训中心等，做成了一个网络平台，叫远东中小学大学教师网络协会"（29D‑B58 欧洲）、"我们（孔院）就特意请了一个（资深教师），他是必须要认证的才可以来培训。做了两天培训，孔院老师都觉得学到很多东西"（48D‑A43 北美）。

公派教师对于自己亟须解决的问题与需要提高哪方面的职业能力的认识是清楚且明确的，对自身职业核心能力的认识较为充分。孔院院长对教师的职业定位和需要提高的能力也非常清晰。这也为公派教师的师资培训与建设提供了指导方向，即针对不同专业或职业背景的公派教师，培训侧重点与职业核心能力的提升方向不尽相同，必须有针对性地提高他们的职业核心能力，帮助他们适应海外工作环境和工作任务。

（三）教学适应的结果——职业能力提升

公派教师投入个体主观能动性积极提升自己的专业能力和其他跨文化教学能力，通过反思与实践，采用多种途径和方法提升个人职业能力。这里的职业能力，不仅包含汉语知识与教学的专业能力，同时也包含在跨文化环境下的跨文化教学能力、跨文化交际能力以及跨文化适应能力。

> 10T-B09 西亚：我觉得在这边还是像 A 老师说的很有成就感。这一年多我觉得我自己的成长和进步很大，无论是从英语上，还是从我的教学上。以前我的教学经验是零的，现在我已经有一定的教学经验了。我觉得还是很好、收获很大的。

在孔子学院工作，为在国内主要围绕教学和科研的教师提供了尝试与学习其他技能的机会与平台，如公派教师在孔院的工作内容除常规教学外，同时兼顾组织活动、团组接待、志愿者管理等行政管理事务。

> 50T-A21 北美：工作上我觉得也确实很锻炼人。像我们在国内就是上课，又不坐班，也不做行政，很多事情都不太懂，然后来这（孔院）坐班，出去待人接物、搞活动完全不一样了。

这种全方位的能力提升是那些单纯教学、远离跨文化环境的在职教师所无法感受到的，这些公派教师不仅"经验提升了很多"，个人综合素质和竞争力也相应提升（48T-A20 北美）。

二 教学不适应

当然,事物具有两面性,当我们提到"适应"时,自然会有"不适应",相辅相成才彼此成立。杨宏丽等(2012)认为在跨文化教学中,由于教学世界下的多元主体来自不同的国家(地区),他们拥有不同的信仰、不同文化环境下的成长经历,对人、事、物及其关系具有不同认知,而且价值取向、思维方式和行为模式不同,这些差异必然会引发课堂教学中的文化冲突。在不同教育体制下,跨文化课堂教学会产生怎样的不适应或冲突呢?我们从公派教师访谈话语中总结出两点。

(一) 对当地教育制度的不适应

从受访的33名公派教师访谈文本看,教师在描述跨文化教学情况时,集中谈论了针对国内外学生进行教学时的教学理念、教学方法等方面,但对教学中出现的不适应甚至冲突的描述较少。另外,访谈内容中还出现了"教师主导权小"的话语,共26次,值得关注。初始编码及次范畴示例见表5-3。

表5-3 公派教师工作适应类(教学不适应)初始编码及次范畴

初始编码	次范畴
04T-A02:本土教师负责排课	
10T-A03:教师在外(孔院)没有发言权、话语权	
11T-A07:课程中外方商量确定,具体细节由外方决定	
11T-A25:我们(教师)是客,外方是主,听从当地教学安排,主客关系	
23T-C01:效果不好,但安排好了	教学主导权小
36T-C05:不能决定教材的选择,跟着严格的进度,无法自己安排调整	
36T-A11:教学模式做不了主,听安排	
36T-B10:课程计划(外方)安排好了	
48T-A11:孔院教师配合外方教学工作,发挥余地很小,要适应当地教学方式	

注:数据的初始编码和次范畴涉及大量表格,由于篇幅所限,截取部分作为例证。

"教师主导权"指公派教师在制定教学大纲与教学计划、选择教学模式与教材等事务中的参与度低、可主导的权利相对受限。然而，不同公派教师的"主导权""话语权"程度因人而异，故无法找到一个平均值来衡量具体受限程度大小。其中，在教学大纲和教学计划制定过程中的参与度低，可理解为公派教师对当地教育体系或教育制度的不适应。

受岗位性质影响，公派教师在海外任教的周期多为一个任期两年，部分延长至两个任期四年。无论两年还是四年，公派教师对当地教育体系来说，就是"客人"："更多只能去适应（当地的教学体制），在这里我们是客……他们是主，我们必须适应，不能说什么改变"（11T - A25 南亚），这样尴尬的身份也导致公派教师无法真正意义上参与当地教学大纲和教学模式的制定，特别是那些在当地中文系任教或者承担中文选修课的公派教师，更难参与课程制定，话语权微乎其微。此外，教师的专业主导权也受当地大学教学模式和教育理念限制：

48T - A14 北美：（教学）设计的工作是他们在做，所以我们要配合他们。这个配合就是非常被动的，说实话，主动性比较小。

这种限制也体现在汉语教材的选用上。虽然教师在教学过程中发现"教材不适配"等问题，会提出建议或向相关人员反映，但只因公派教师的"客人"身份，无法推动改变。如：

36T - C05 欧洲：我来这边也有一个很大的感受，其实他们是有自己的（教学）计划的。比如说，我们不能决定教材，他们（当地教学团队）会把教材先选好。然后他们有一个整体的教学计划，比如说你这个星期一定要把这课上完，一定要跟着严格的进度，没有办法自己去安排或者是调整。

公派教师对教学进度的掌控性非常有限。教学进度须按当地大学已经制定好的课程安排严格执行，这也是部分公派教师需要适应的地方。如：

36T–C06 欧洲：在国内的时候，我这个星期可能这一部分没有上完，我下个星期再继续上，但是他们这边的教学要求就不行，你必须得（按照要求的进度）。

从访谈话语可以发现，公派教师对当地教育体制的认识存在不足之处。部分公派教师经验丰富，主要负责当地大学课程体系的中文选修课或者专业课。对于大学来说，基本存在一套完整且沿用多年的语言类教学体系与规则，特别是在"规则意识"较强的国家，教师必须严格遵守教育体制及规则、学校的教学要求和规矩。然而，公派教师面对严格的教育规矩和规则，常表现出不适应，如"觉得非常被动""主动性小"。他们会参照国内的教育规则，想"自己安排或者调整"，而这正显露出公派教师对当地教育教学规矩与规则认识的不足以及身份定位的偏差。但是，我们也能看到公派教师的思辨思维。因其特殊性与在海外第二语言教学中的"新人"身份，汉语教学必须因地制宜，注意区别于其他外语教学（如法语、德语）以制定完善的语言类要求和规矩。

（二）跨文化课堂教学冲突

公派教师的专业知识与教学能力是有差异的，跨文化教学适应过程也是各不相同。部分公派教师虽有丰富的国内教学经验，但在海外的跨文化教学中可能无法适时适地转变思维与理念，而产生教学冲突。正如某位孔子学院院长描述的那样：

29D–A46 欧洲：国内中小学老师在这里任教有几个问题。比如，语言交流是问题。这儿的中小学因为跟国内的不一样，他们就会出现不适应、不习惯，或者觉得不对等情况，可能就会出现文化冲突。

有部分公派教师会由于语言障碍、年龄因素、经验缺乏、课堂管理不当等原因导致跨文化课堂出现冲突。一般来说，赴任初期，公派教师的跨文化教学系统尚未确定，还在为适应跨文化教学而苦苦摸索，如果此时课堂教学出现干扰、问题、混乱等现象,那么很大程度上会产生跨文化课堂教学冲突。

公派教师在应对跨文化课堂教学冲突中所采取的策略不尽相同。有些公派教师迅速采取不同的跨文化教学应对策略,如分析学生情况,改变教学理念与方法,提高自身专业能力等,积极应对冲突。

> 39T-C09 欧洲:就比如一个小学生觉得中国是喜欢战争的,但是我会给她一些例子告诉她真实的情况,会鼓励她努力学习汉语,以后有机会到中国去体验,体验我们中国人是多么热爱和平友好。后来她汉语还学得特别好,有时候给我写个小纸条说:"这是我最喜欢的课啊!"从这也能看出,我们汉语教学的道路其实还是蛮艰辛的。

然而,有些公派教师消极应对跨文化课堂教学冲突,甚至会中断外派工作。如:

> 39T-B06 欧洲:去年,我们这儿的一个汉语老师被"吓"回去了。她没太多经验而且英语也不太好,去我们其他教学点听了几次课,她感觉hold不住,而且因为她家里有两个孩子本来打算带过来的,看到这样的情况,就跟院长申请回国了。

三 教学之外的工作适应

除组织汉语教学外,孔子学院活动也是运营中的一大特点。从现有研究对孔子学院形态的描绘可看出,除语言教学及文化活动外,孔子学院的业务范围还包括维持孔院正常运营的行政、财务等工作,以及对外联络,如承接国内高校团来访,汉语教师志愿者、公派教师及本土教师的培训,承办各种与汉语相关的比赛及考试等。在孔院工作的公派教师必须承担汉语教学以外的其他文化交流、宣传活动等组织工作，包括但不限于行政工作（翻译、接待）、管理工作（代理中方院长职能、管理督导志愿者）、对外联络（招生、宣传），甚至财务工作。此类附加的任务无疑增加了公派教师的工作量。初始编码及次范畴示例见表5-4。

表5-4 公派教师工作适应类（其他工作适应）初始编码及次范畴

初始编码	次范畴
04T-A04：额外行政任务：团组接待、行政来访	
11T-A18：教学、理事会材料转写、行政、教学点事务	
12T-A11：教师需要引导、管理志愿者	
23T-D02：听安排，教学和行政工作	
29T-A01：代中方院长的管理工作	
29T-C06：教师工作任务：汉语桥培训	公派教师工作内容和任务
29T-B05：教师培训	
33T-A03：学分课教学、行政、翻译、孔院课程	
36T-C08：教师工作：教学+活动	
39T-A15：教师负责志愿者管理	
39T-B05：教师代中方院长工作	
51T-A09：招生，活动，宣传，推广中国文化	
53T-A12：教学+行政管理	

注：数据的初始编码和次范畴涉及大量表格，由于篇幅所限，只截取部分作为例证。

39T-A14 欧洲：（除教学外）有一些行政方面的工作，比如说汉办那边的财务预算，一些翻译的工作院长就会交给B老师去做。虽然她上课的时间只有6节，但是其他时间做了很多行政工作。

陌生、繁杂且繁重的工作内容和任务给公派教师在跨文化工作适应上设置了重重关卡与挑战："我觉得最大的一个挑战，也是和国内不一样的地方就是我们在国内只上课，不负责招生，在孔院的话要负责招生，其实是一个非常大的挑战。"（51T-A05 北美）对于在孔子课堂等其他教学点的公派教师来说，他们承担的任务更为复杂多样，需要与当地教师协作或者独立支撑起整个孔子课堂或教学点的汉语教学与推广工作，从课程设置到教学计划、从教室布置到课堂管理、从汉语教学到文化活动组织、从与当地教师合作到管理指导汉语志愿者教师，可以说，公派教师在各孔子课堂和教学点独当一面。

一位汉语教师志愿者对公派教师的描述："我们孔院的工作安排是这样，整体分了几大块业务：一是教学，二是活动，赵老师扛起了活动组所有工作；还有编辑部、中文图书馆，每一块都由一个公派老师撑起来。"（12V-A03东南亚）可见，公派教师在孔子学院里面"撑起"或"扛起"了大小工作，真正地起到了中流砥柱的作用。孔子学院所处的外部环境动态变化，公派教师在这样一种不稳定且陌生的工作环境中身兼数职，"上"可代组织管理者的工作任务，"下"可作为经验者管理志愿者群体，这种"承上启下"的支柱作用让公派教师成为孔子学院的中坚力量。丰富的工作经验与社会阅历是他们可以代管理工作的资本，多年的教学经验是他们可以成为汉语教师志愿者学习对象的底气，这些"资本"与"底气"为孔子学院更好地建设与发展提供了可能性。同时，孔子学院也为提升公派教师职业能力提供了平台。双向奔赴并积极影响，为孔子学院与公派教师提供了双赢的机会。

第三节　跨文化组织适应

"组织"，从狭义上说，是指人们为实现一定的目标，互相协作结合而成的集体或团体。美国著名管理学家巴纳德认为正式组织是经过自觉协调的两个或两个以上的人的活动和力量所构成的系统，沟通交流、做出贡献的意愿、共同的目标是组织的三要素。孔子学院是一个非营利性教育机构组织，机构中的人们彼此沟通交流、致力于适应世界各国（地区）人民对汉语学习的需求的共同目标。组织环境是组织的必要要素，任何组织都处于一定的环境中，并与环境发生着物质、能量或信息交换关系。孔子学院所处的外部环境区别于母文化环境，因此，孔子学院可视为存在于异文化环境中的跨文化组织。在这一组织中，由中方选派的院长、公派教师、汉语教师志愿者，以及由外方招聘的外方院长、工作人员、本土教师等群体彼此交往、协作，无时无刻不产生人际关系。很多学者认为跨文化适应即人际关系适应。就公派教师而言，他们是由国家派出并资助的。从大的层面来看，公派教师受国家汉办/孔子学院总部统一管理；从小的层面来看，孔子学院是公派教师最直接参与的组织与集体。他们在跨文化情境下，不仅经历着人际关系适应，同时由于在组织内，也存在适应组织本身的过程。因此，结合理论与实际，组织适应更适合身处组织内部的公派教师群体。

安然等（2015）认为，组织内沟通协调能力成为中方人员跨文化适应与传播能力的一个重要方面，组织内的和谐与否影响整体的跨文化适应结果。内部与外部的关系和谐是孔子学院可持续经营与发展的重要条件。对于奔赴在孔子学院教学发展与文化推广一线的公派教师来说，他们在组织内与多方人员的人际关系直接影响着孔院的内部稳定及其外部形象。基于组织适应的重要性并结合受访公派教师的访谈内容，可以发现孔子学院公派教师在组织内的人际关系适应方面的表现特征。

一 人际关系适应

公派教师在海外的实际工作环境大部分为孔子学院及孔子课堂。在工作中，除教学外，人际关系会占据教师大部分的时间和精力。布莱克等人将人际关系适应列为三大跨文化适应之一（其他两项为总体适应和工作适应）（Black et al.，1991）。可见，跨文化情境下的人际关系是需要考虑的一大变量。在跨文化情境下，孔子学院作为连接中国与所在国的桥梁，公派教师与相同文化背景的中国同事间的人际关系、与管理层之间的人际关系以及与异文化背景的同事间的人际关系在孔院内部相互交织，彼此影响。

（一）与中国同事的人际关系

对23个次范畴出现的频次进行统计发现，公派教师提及"人际关系和谐"次范畴频次为12次，按频次由高到低降序排列，"组织内人际关系"次范畴排第 3 位，33 位受访教师中有 10 位教师提及内部与同事、院长的人际关系。由此可见，"人际关系"属于高频出现的次范畴，值得我们关注。初始编码及次范畴示例见表 5-5。

表 5-5　公派教师组织适应类（人际关系适应）初始编码及次范畴

初始编码	次范畴
04T-A07：氛围好，不轻易麻烦别人，和谐	组织内人际关系（人际关系和谐）
04T-B03：相处好，氛围好	
06T-A03：幸福感，同事对待亲切	
06T-A10：曾经外派地点，同事像亲人，有动力返任	
23T-A05：集体温暖	
29T-A13：孔院内部团结	
33T-A07：孔院院长非常好，帮助融入团队	
36T-A02：同事对我好，不是外人	
39T-C06：同事间关系好	
48T-A21：同事间无冲突	
48T-A29：孔院人际关系和谐，领导热情友善	
51T-A13：人际关系和谐	

注：数据的初始编码和次范畴涉及大量表格，由于篇幅所限，只截取部分作为例证。

这些初始编码描述了公派教师与孔院同事、中方院长的人际关系，体现了人际关系和谐。除人际关系和谐外，公派教师也多次提及团队支持。组织文化是建立在管理和沟通基础上的，由六个方面组成，分别是团队冲突、组织气氛、信息流动、参与性、监督、会议（Glaser et al.，1987）。公派教师在孔子学院内部进行工作交际，组织内的和谐与否必将影响公派教师的跨文化适应结果，即组织气氛的和谐与否影响着群体的组织适应。从初始编码结果可知，组织氛围、人际关系和谐以及团队支持可以帮助公派教师在跨文化情境下更快地适应工作环境，提升职业能力，尤其和谐的人际关系成为公派教师选择留任的重要因素之一。

39T-A04 欧洲：总的来说，我比较适应这边的环境。关于工作环境，在孔院的工作氛围还是很好的。在我们任教的高中也蛮好，原来那个学校同事们都很好。

10T-B05 西亚：之前像 10T-A 老师对我有很多教学上的指导，也让我很快地进入教学中。

06T-A10 东亚：我以前在这边（孔院）工作的时候，我的领导就是 W 老师，然后以前同事是 F 老师，所以就是亲人们都在这，很有动力想再回来（任教）。

和谐的人际关系在构建公派教师职业身份中起到了积极作用。基于相同的职责与使命，公派教师之间彼此依靠、互相帮助，在同一个跨文化环境中成为彼此的工具性和情感性支持，从而在跨文化教学中采用更直接更一手的职业能力提升途径。另外，这种营造出来的和谐友善的人际关系，"亲人""不是外人"等形成的移情式交流的情感性关系让公派教师在异国他乡产生了对母国族群归属的认同感。中国同事成为彼此在异域空间中相对熟悉的社会关系资源，有助于他们消除陌生感，找到情感归属。

（二）与组织管理者的人际关系

在孔院组织内部，院长作为孔院的管理者，他们的支持同样也会对公派教师在异国他乡的适应产生影响。如：

33T-A07 欧洲：其实我们这边的孔子学院，也看到了这个 D 老师（中方院长——访谈者注），包括以前的其他的院长也都是非常好的，他会帮助你很快地融入团队。

那么，院长在孔子学院的职责和作用体现在哪些方面？院长的职责是单纯的孔院运营等基础工作职责，还是需要增加对"下属员工"（公派教师和志愿者）人文关怀？国外学者巴克等（Bakker et al., 2007）强调管理者的支持、赞赏以及组织氛围都是重要的工作资源，可以帮助教师应对与学生的互动，改善适应情况。一位孔子学院的院长曾提到："说实在的，这几个老师都是我从头一点一点带的。"（48D-A40 北美）公派教师作为孔院的一部分，进入陌生的国家或地区工作，很难从海外社区获得实质性支持，但作为他们的直属管理者——孔院管理者的支持与赞赏、行为与话语可以成为这些公派教师在陌生环境中的工具性和情感性支持。在孔子学院，公派教师进行跨文化教学，管理者提供如听课、经验交流、专业培训等工具性支持，为公派教师提供职业能力提升的途径以及跨文化适应经验，帮助他们加快跨文化适应过程。情感性支持，是公派教师希望从组织管理者中获得的："如果说我的领导对我非常关心，我可能会感受到家的温暖……在外面的话，你不会觉得很难受。"（10T – D05 西亚）院长作为管理者，既需要关注孔子学院的运营与可持续发展，也应该给予同在异域空间的公派教师和汉语教师志愿者工具性和情感性的支持，营造出和谐友爱的人际关系，避免产生管理者—员工的人际关系冲突。何蓓婷、安然（2019）研究了中方外派管理者的跨文化适应，发现组织和中方外派同事提供的工具性和情感性兼备的混合型支持有助于缓解各方面的适应压力。公派教师作为孔子学院的中坚力量，汉语教师志愿者作为孔子学院的主力军，他们在跨文化教学中的适应强弱、好坏直接影响了教学效果，甚至影响孔院的口碑、发展和国家形象。这是一种因果循环的关系。从组织内管理者的角度看，他们需要关注和指导公派教师群体在跨文化适应上的需求。

公派教师与中国同事和领导的人际关系，并不算真正意义上的跨文化人际关系，因为与之接触和交往的对象均具有同样的文化背景，是自己的同胞。抛开孔院外部的跨文化环境，孔院内部中国同事之间的人际关系实质上更趋向于国内的某些工作场景和环境，他们团结、互相帮助，努力营造和谐、充满关怀的组织氛围，为身处跨文化情境中的公派教师提供了可以依靠、有归属感、获得心理慰藉的工作环境。

（三）与当地同事的人际关系

根据贝瑞（Berry，2003）的文化适应框架，跨文化适应中的变量包括个体与当地环境互动状况以及个体与当地居民的接触程度。公派教师群体在不同社会文化背景中，势必与当地同事、民众、社区进行沟通交流并产生人际关系。在孔院内部，公派教师所授课程一般分为依托于大学教学体系的中文专业课和选修学分课，当地中小学的孔子课堂课程，孔院内部针对社会人士的晚课、一对一课程以及其他特色课程。对于教授中文专业课、选修学分课以及在孔子课堂或教学点任教的公派教师来说，不可避免地与当地大学或中小学的管理者、教师或工作人员进行互动。从访谈内容可知，公派教师与当地工作人员在工作中有交集，如商量教学安排、搭配教授不同课程类型、行政支持等，因此，"需要默契"与"慢慢磨合"成为公派教师与当地同事人际关系的关键词。然而，在孔院内部任教的中国同事，与当地同事的接触不多，接触范围也较窄。

> **50T-A13 北美**：在这边接触面比较窄，也很少有机会跟其他院系来往，沟通交流真的不太多。

从访谈内容也可以发现，有多名公派教师提到了相关内容（表5-6）。

表5-6　公派教师组织适应类（人际关系不适应）初始编码及次范畴

初始编码	次范畴
23T-A21：交友不多，生活圈子小	组织内人际关系（交际圈窄）
23T-B11：通过孩子扩大交际圈	
23T-B12：交际圈主要在孔院	
29T-A14：封闭的团体	
48T-A27：交际圈窄	
48T-A40：融入当地困难	
48T-A41：交际圈窄，与生活圈外接触少	
50T-A13：教师在工作中接触面窄，与所在学校其他机构来往不多	

注：数据初始编码和次范畴涉及大量表格，由于篇幅所限，只截取部分作为例证。

"交际圈窄"可延伸到与社区关系以及与当地民众的接触中，公派教师同样经历着交际圈窄、游离于当地社交圈之外的"边缘人"的情况，甚至因为环境陌生而产生"焦虑、孤独感"。如：

> **29T-A14 欧洲**：而且我觉得我们中方教师因为人多，就自己

形成了一个封闭式的团体。（Q-29T-X05：相当于边缘人？）对，我们自己一个很封闭的小团体……

23T-D04 欧洲： 从外派教师这个角度来讲，心理变化肯定是有的。因为你在国内的话，所有情况都熟悉……但是到这里来就是完全陌生的，然后可能突然变成一个人生活了，就好像心里没着没落，那么这种情绪或者焦虑会影响工作……

社会学意义上的"圈子"就是社群、部落或团体。在跨文化环境中，跨文化交际追根溯源是人与人之间的交际，人们在交际中必然形成一定的社会圈子（social group）。传统中国是以地缘、亲缘、职缘为基础的"熟人社会"。这里的"熟人"不同于费孝通先生在《乡土中国》中提出的概念（人与人多多少少会有蛛丝马迹的关联，非亲即故，因彼此熟悉，就彼此关照，大家可以通过熟人织就的网络）。这里的"熟人社会"指的是具有同样母国文化的群体间因交往而产生的社会圈子。中国人在海外经常出现"聚堆儿"、停留在我文化群体"舒适圈"内的问题，因为这样的"舒适圈"为个体提供了熟悉与舒适的环境，避免了与外界接触可能带来的焦虑感和不确定性。然而，停留在"舒适圈"不利于孔子学院中的个体成员进行跨文化传播活动，也不利于提升自身跨文化交际能力。过于简单的社会交往关系限制了发展跨文化交际能力的客观环境与条件；较少与当地社区民众交往，限制了公派教师对当地社会文化、人际交往的认知。"不认识周围的人……根本没有机会跟外界接触""因为孩子可以接触一些当地家庭（华裔家庭和同学的家）""每天工作、交友就在（孔院）""中方教师人多形成了封闭的团体，还是保持中国的生活方式、中国的人际关系、中国的饮食""在那边（海外）的生活也比较简单，也没有什么应酬，也没有什么娱乐活动"，正是此类层次浅、方式单一、范围窄、闲暇娱乐活动贫乏的社会交往活动降低了公派教师尝试扩大社交圈子来提升跨文化交际能力的可能性。

跨文化交际要求公派教师以及孔院其他中方外派人员积极构建跨文化交际关系，走出封闭"舒适圈"，在海外的工作与生活中创造跨文化接触的机会,扩大社交圈子,建立稳固的跨文化交际渠道,提高跨文化交际能力,从而帮助公派教师提高社会文化适应能力。

二 组织适应的表现

在孔子学院这一组织中,公派教师与其他群体的有效交流是目标也是基础。因此,有效交流是公派教师在组织内部实现人际交往与人际关系适应的前提,是组织适应结果的初级表现。公派教师在人际关系适应以及与组织本身的适应过程中,对同事行为或人际关系的认知评价决定了其对组织的归属感。由认知出发,到对行为的评价,再到情感的升华,公派教师对组织产生的归属感则是组织适应的高级表现,更稳定、更持久,可以视为初级层次的组织适应的延伸,而并非适应结果的优劣。积极情感的产生往往是行为的内在升华。通过分析访谈内容发现:公派教师与中国同事及中国管理者之间的人际交往占据了主要部分,公派教师在组织中获得了来自中国同事以及中方管理者的工具性和情感性支持,支持与帮助让他们感受到"家的温暖"。公派教师对个体产生的"幸福感"逐渐升华为对组织的"归属感"。

> **04T-A11 东亚**:院长经常组织我们去春游,还组织我们去爬山。大家没事会一起吃饭、一起组织活动,经常一起开会,这样会让你归属感更强。

如果在公派教师内部细化组织归属感,则派出来源不同组织归属感的受事客体也不完全相同。对于由合作院校派出的公派教师来说,他们以"建设者"的身份支援孔院建设,自然存在对组织的认同感和归属感,如某公派教师所说"这是我们自己大学的孔院"。对派出单位的认同与归属感"移情"到孔院中,在有"归属感"的情感基础上,再通过组织的支持、同事间的和谐互助以及因个人成长带来的满足感,组织归属感不断强化。对非合作院校派出的公派教师而言,他们没有预设的"组织归属感"转移到孔院,如一位志愿者转公派的教师感慨"终于找到组织了",他们对孔院的归属感源自孔院本身。

"归属感"这一概念是美国著名心理学家亚伯拉罕·马斯洛（Abraham Maslow）在需要层次理论中提出的。此后,学者们将"归属感"引申为个体与人或事物接触过程中所产生的积极情感、心理倾向和常引发友好、向往、依从的高层次精神现象。组织归属感（organizational commitment）作为员工对自身与组织之间归属关系的一种认知,也是个体对所在群体在思想上、情感上和心理上的认同和投入,愿意承担作为群体一员所涉及的各项责任和义务,并以主人翁的责任感和事业心努力工作（刘小平,2002）。公派教师对孔子学院产生的组织归属感是积极且正面的情感,是思想、情感与心理上对孔院及其他群体的认同,同时孔院也会对公派教师产生积极的影响,促进其组织适应。

目前,学界对公派教师的研究多集中在外派教师的素质培养与专业发展方面,从组织角度来研究公派教师的成果非常少。孔子学院作为组织,除了关注外派教师专业素养及跨文化交际能力提升以外,也应关心教师在工作以外遇到的问题并提供情感上的关怀与支持。赵春鱼（2013）认为,教师对组织的情感归属在一定程度上影响教师主动的工作投入。也就是说,当教师对组织的情感归属程度较高时,教师对组织的主动适应能够更好地预测其工作投入结果。孔子学院作为在跨文化环境下仍保留母文化的组织,应努力为公派汉语教师营造有归属感的集体和组织,充分发挥组织管理者对公派教师的工具性及情感性支持的作用,提高教师对孔子学院的情感归属,更好地实现跨文化工作适应与社会文化适应。

三 组织适应与外派工作—家庭冲突的关系

工作—家庭冲突指来自工作和家庭的压力在某些方面无法兼容而产生的一种角色间冲突,作为个体压力源的特殊形式,它是角色冲突的体现,对个体的生理状况和社会行为都有着影响（Greenhaus & Beutell,1985）。相关研究调查了美国、加拿大、俄罗斯三个国家的45所孔子学院的 206 名中国外派汉语教师，发现工作投入度越高，外派汉语教师所面临的工作—家庭冲突问题也会越多。领导—成员交换对工作投入与工作—家庭冲突的正向关系起调节作用，领导—成员交换关系质量越高，文化智力通过工作投入影响工作—家庭冲突的间接效应也越弱，存在有调节作用的中介效应（He et al., 2019）。

我们在对 33 名公派教师进行质化研究过程中，也察觉到工作投入、外派工作—家庭冲突、领导—成员交换关系，以及领导支持相关的一些迹象。抱着"求知、求证、深入探究"的心态，我们对这一现象进行了"抽丝剥茧""滚雪球"式的分析，发现公派教师的跨文化组织适应对外派工作—家庭冲突具有调节效应。这一结论既是基于实际情况得出的，同时也是采用质化方法研究的结果。本次综合运用量化与质化方法进行跟踪研究，弥补了单一研究方法的局限，而且研究对象遍布多个洲别的孔院，突破了以往只包含美国、加拿大、俄罗斯三国孔院的数据在外部效度方面存在的局限性。因此，本次研究既是印证与突破，也是对以往研究的延续和发展。

公派教师有随任子女或配偶，这是公派教师群体现实存在的一大特点。生活中经常听到这样一个问题——"如何平衡工作与家庭"。这种情况对外派到海外工作的群体来说更为明显，特别是对于那些有随任子女或配偶的孔子学院公派教师来说，他们面临的这个问题尤为典型，也往往经历着外派工作—家庭无法平衡甚至是冲突的情况。

公派教师在赴任初期经历跨文化情境下的社会文化差异、工作转变、人际关系结构变化等跨文化适应问题。工作占据了公派教师大部分的时间与精力。如前所述，公派教师在外派工作的初期阶段，由于陌生的工作环境与工作任务，需要在跨文化情境下适应新工作。公派教师在适应过程中，会投入较多的时间、精力去应对陌生的异文化工作环境和工作任务，比如投入更多的精力和时间去思考学生的差异、去转变教学方法和理念、去努力提升职业能力等。针对工作适应而采取相应策略会让公派教师投入大量的时间和精力，但在教师角色中投入的资源过多，意味着他们在家庭中角色投入的资源会相对减少，对家庭的关注也会减少，更容易导致工作—家庭冲突（图 5-1）。此类冲突尤其体现在对随任子女的关注与照顾方面，如：

39T-B03 欧洲：……他们这边学校 8：30 上课，我到中学有时候要 8 点一刻上课……没有办法去接送孩子，我就让孩子去参加这个（SFO，类似于托管班兴趣班）。

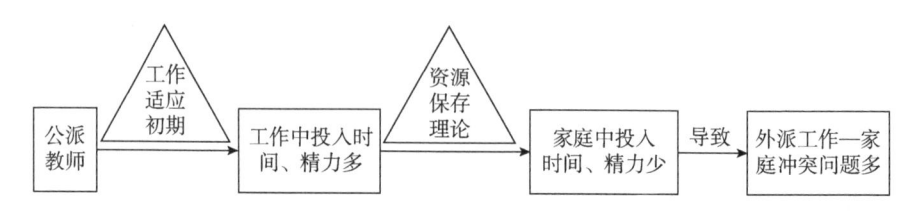

```
公派      工作        工作中投入时    资源        家庭中投入      外派工作—家
教师  →  适应    →  间、精力多  →  保存   →  时间、精力少 → 导致 → 庭冲突问题多
         初期                     理论
```

图 5-1　公派教师外派工作—家庭冲突形成过程（路径 1）

公派教师作为孔子学院这一跨文化组织中的一员，他们与组织内的同事、管理者以及组织本身存在互动与联系。前文提到，公派教师得到来自组织管理者的工具性和情感性的支持。这里的组织管理者就是孔子学院院长，与公派教师是领导—成员的关系。孔子学院院长为了促进公派教师更好地适应跨文化环境，在工作中提供多种职业能力提升的途径，如提供教师培训和听课督导的工具性支持、关心等情感性支持、帮忙照看随任子女的行动上的支持。

28T-A14 欧洲：外派初期适应过程比较煎熬，最后结果还不错，而且我住的离这里（孔院）也很近，我们俩（和中方院长）也方便有的时候互相照顾一下孩子什么的。

50T-A16 北美：他（外方院长）也是属于很友好的人，他不光是在工作上，在生活上对我们都想得非常细致，人特别细心，所以在孔院我觉得有这样的一个人真的很重要。

29D-C16 欧洲：我知道中方老师刚来这边的时候会遇到 cultural shock，住宿条件，食品问题，等等，我理解这个。作为一个副院长，我很关心她们的宿舍问题。这边的环境很友好，我们在这边也安排中国教师节活动,每一年都过中国教师节来温暖她们的心。

组织领导的支持在公派教师工作适应中介入,导致了路径1的发展方向发生改变,形成路径2(图5-2)。

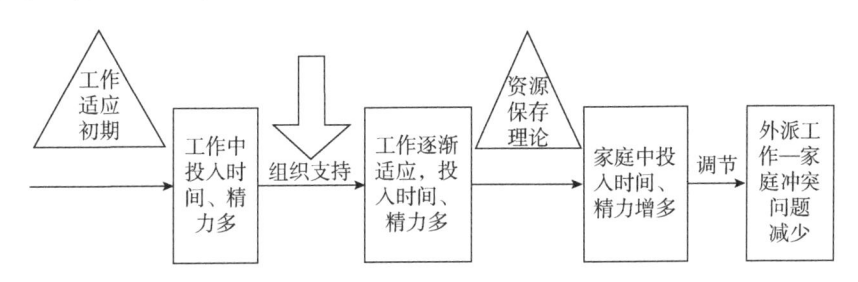

图5-2 组织支持对公派教师外派工作—家庭冲突问题的影响(路径2)

我们前期研究发现,具有高质量的领导—成员交换关系的员工,面临较少的因工作投入而导致的工作—家庭冲突问题。高质量的领导—成员交换关系建立在领导和下属相互信任、有共同义务和相互尊重的基础上,它能帮助员工获得更多的资源(如社会支持),在员工面临威胁或工作压力时起保护作用,对缓解员工的工作—家庭冲突具有重要意义。结合本研究分析,公派教师面对工作适应、组织适应或是社会文化适应时,在此过程中,领导的工具性和情感性支持从外部介入,公派教师获得孔院领导——院长的关心与支持,更快地融入集体、更好地完成工作教学任务,职业能力得以提升。各方面的适应促使公派教师在工作中变得"游刃有余",减少因不熟悉与陌生而投入大量的时间和精力,将更多的时间和精力投入家庭中。公派教师与孔院领导之间的这种关系可以看作高质量的领导—成员交换关系,相对于公派教师与领导只局限于各自的工作职责范围内而缺少情感和工具性的支持这种低质量的领导—成员交换关系,具有高质量的交换关系的公派教师面临较少的因工作投入而导致的工作—家庭冲突问题。

此外,高质量的领导—成员交换关系可以提高员工自我效能、归属感、责任感。员工可以在这样的领导—成员关系中明确自身被组织和领导接纳，与组织建立起牢固的心理契约，突破情感边界，组织归属感也逐渐深化。高质量的领导—成员交换关系营造出来的相互信任、依赖的氛围会让员工产生强烈的归属感。已有研究表明成员的组织归属感受到了领导—成员交换质量的正相关影响。因此，高质量的领导—成员交换关系影响着员工的组织归属感。

组织归属感是公派教师组织适应的高级表现，据此逐步推演出路径3（图5-3）。

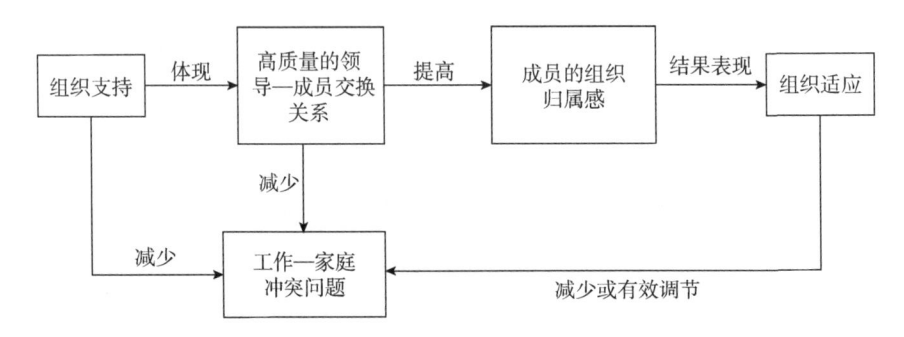

图5-3 组织支持—组织归属感—组织适应对公派教师外派工作—家庭冲突问题的调节（路径3）

经过推演，我们认为公派教师在跨文化情境下的组织适应对外派工作—家庭冲突问题具有调节效应。公派教师得到领导的支持，在相互信任和相互尊重的基础上建立起高质量的领导—成员交换关系，有利于减少外派工作—家庭冲突问题，而公派教师在高质量的领导—成员交换关系中获得了更多的支持和关注，有助于提高公派教师的归属感和责任感。组织归属感是跨文化组织适应结果的高级表现，公派教师的跨文化组织适应可以减少外派工作—家庭冲突问题。这一结论既是公派教师群体的特征表现，也是对我们以往研究的补充与发展。

第四节 身份的再确认

"身份认同"具有社会建构性，是行为者在社会环境中不断参与社会活动而形成的个体特征。因此，身份认同是一种建构的过程，是在变化中持续、在持续中变化的动态过程（Hall，1997a、1997b；Reed，2001）。在汉语国际推广背景下，公派教师是海外孔子学院中重要的社会文化身份，同样具有多样性和动态性特征。研究过程中发现，孔子学院公派教师身份具有多元性，如"知识技能传授者""学习者""助推器""建设者""文化传播者"等，体现了教师社会身份的多样性和复杂性。同时，"跨界的经历（border‑crossing）对身份的改变有直接的影响，因为在这样的跨界过程中总是有一种新生的感觉"。公派教师经历了"国内教师"到"海外教师"的跨界过程，角色发生转变。社会文化大环境和职场小环境的转变使得教师的社会身份处于动态变化之中，也促使公派教师对于自身多重社会角色认知和感悟的重新认识，并且在跨文化环境中，角色不断地构建和互动。初始编码及次范畴示例见表5–7。

表5–7　　　　　公派教师身份类初始编码及次范畴

初始编码	次范畴
10T–C04：知识传播者	教师身份再确认
48T–A36：教语言	
23T–B06：边教边学（教师自身的主观能动性与个人投入——职业身份建构）	
23T–D07：通过教师了解中国，改变认知	
33T–A04：当地教学理念，以学生为主，教师为辅	
48T–A06：国内教学主导与自主，国外团队协作、以辅助为主	
29T–A01：支援建设	
28T–A01：开设课程，建设孔院	
53T–A04：语言教学、文化传播	
10T–B11：教师的任务就是教好学生，做好文化推广	

注：数据的初始编码和次范畴涉及大量表格，由于篇幅所限，只截取部分作为例证。

一　知识技能传授者

教师所扮演的基本角色是知识技能的传授者，在课堂上传递实质性知识，承担目标技能的教学。基于目的性抽样（purposeful sampling）的33名公派教师，93.9%（31人）负责汉语教学工作，极少部分负责艺术教学，如中华武术教学和音乐教学，占总研究对象的6.1%（2人）。不管是语言文化知识，还是某些技能的教学，公派教师最基本的身份即教师，"传道授业"是本职工作与任务。总体而言，公派教师虽然在不同科目的课堂教学角色不同，但都是知识技能的传授者。

孔子学院公派教师作为知识技能的传授者，面临文化环境和教学对象等多重因素的转变，因此，知识传授的过程也具有特殊性。跨文化环境下的多元教学理念正经历不同程度的碰撞与融合。

> 06T-A05 东亚：在这边上课的时候不像在国内，比如说在从事汉语教学过程中，在国内的话，当然学生是按照我们国内的那套规矩来；在当地本土教学（模式）的话，我觉得除了用自己的教学方法以外，可能还要跟当地的教学情况、学生特色相结合。

时代的变革和环境的变迁首先催生新思想及人类的反思，然后才是行为的改变（王文丽，2020）。教学理念的转变是教师教学实践转化的新途径。

（一）教学语言调整

> 12T-A16 东南亚：在泰国这边上课就是用纯中文来讲的。然后会依据泰方的要求再做一些（调整）。
>
> 33T-A08 欧洲：我们这边上课其实也不能说完全用中文教学。如果在中国的话，我们是用汉语教学，但是在这边的话，孔子学院的课还是以英语为中介语教学，所以学生听不懂是不太可能的。

两位被访者提到，汉语教师面对不同的学生群体会采用差异化的教学手段和方法。两位汉语教师任教于不同的孔院，虽然在教学语言选择上有所侧重，但均提及"语言调整"。教师所采用的教学语言需要根据学生群体的实际水平以及当地孔院的要求做出调整。此外，一位孔院的中华武术教师也提到"从作业角度讲几乎没区别。区别就是需要我用英语教，在国内我是用汉语教，这个是区别"（23T-D01 欧洲）。

总的来说，教学语言的调整用以削弱传受双方的传播隔阂（communication barriers），使学生听得懂教师的话语，汉语和中国传统技能才能够教得好，传得开。

（二）教学侧重点差异

除了教学语言调整外，受访者提到不同国家孔子学院学生特点不同，汉语课堂的教学设计和侧重点也会根据情况做出改变。

> 06T-A07 **东亚**：我觉得教育的很多方面差异很大。首先我觉得教育特色不太一样。在这边，学生好像对于知识或者说汉语的能力，以及在课堂上学到实实在在的东西，追求得比较多；在土耳其的话，可能学生重视的是上课跟老师玩的过程，跟他们国家教育的特点有关系；韩国这边是比较注重实际的、快速的、有时效性的学习。

被访者06T-A曾在土耳其的孔子学院工作过，后来在韩国的孔子学院继续进行汉语教学。她提到土耳其的学生重视与教师一起"快乐学习"，而韩国学生重视知识的汲取。背后的原因涉及国家对汉语教学的重视程度和国家文化的差异等，在此不赘述。这种教学对象的差异会促使教师不断调整教学方法以及教学内容的侧重点。

> 28T-A09 **欧洲**：兰卡那边的教学涉及文化的知识会稍微多一点，虽然是以语言教学为主，但是因为他们对中国的了解非常有限，所以还是会涉及一些文化。而这些奥迪员工或者是商务人士，他们对中国非常了解，或者他们自己觉得自己对中国非常了解，他们在中国生活过、工作过，所以在文化上，有的时候跟他们是一些平等的交流而已。然后，那种很基本的、介绍性的知识就非常少了，因为没有必要，他们已经很了解中国了。

正如被访者（编码36）提及的孔子学院（编码28）教学重点的差异：对于中国文化了解甚少的学生，主要重视语言文化教学，而对

(编码28)中国文化已经了解较多的学生,则弱化介绍性内容。

二 学习者

《礼记·学记》中有言:学然后知不足,教然后知困。知不足,然后能自反也;知困,然后能自强也。故曰教学相长也。自古以来,中国就强调"教学相长",教师不仅是授业解惑、传授知识技能的教学者,同样也是自省不足、查漏补缺的学习者。对于公派教师而言,面临异文化教学场景与跨学科跨专业状态下的教学挑战,更加需要保持谦虚的"求学"态度,以"学习者"的身份去思索和发现,优化课堂教学效果。如:"这个(教学方法)在这里就不能那么花哨,完全要遵循着课本里的内容,中规中矩的一条路来走。所以刚开始就是边学边听边教。"(23T-B06 欧洲)可见,公派教师的学习意识较强,将自己视为"学习者",在实际教学过程中不断提高和完善。此外,一些身处异国的公派教师还主动提出学习目的国语言和文化,如:

> 39T-A05 欧洲:还是懂挪威语会更好一些。学好挪威语更能帮助我们了解当地的文化,很多东西不是用英语能了解到的。学挪威语的过程中,也能够了解挪威的历史和背景情况,跟挪威的同事交流也能更顺畅一些,而且,肯定对我们的教学有帮助。

基础语言知识的学习是对异国文化探索的基础,被访者 39T-A 也指出,学习挪威语能更好地了解当地文化,既有助于完善教师的教学工作,同时也能与当地同事密切地沟通。

> 28T-A03 欧洲:在兰卡的时候经验也比较丰富,因为我是英语老师出身。我觉得在这边教汉语相当于是转行了,所以我对自己要求也比较严,就是看很多书,然后认真备课。当时的领导也经常去听课,给了很多建设性的意见。
>
> 53T-A09 北美:孔院会有一些教研活动,我也经常去听他们

（当地语言教师）的语言课，吸取他们的一些教学方法，再结合我们的中文的教学模式。

从学习方法看，公派教师主要采用"自学"和"借鉴"两大方式。"自学"，即通过阅读相关教学策略、专业学科知识等书籍或者在自我教学实践中反思学习；"借鉴"即通过参与教研活动，与同辈或前辈教师互相交流学习，取长补短，学习目的国教学方式并与中国式教学优势互补，旨在提高孔子学院教学质量。

公派教师不仅要在教学方法上做一名学习者，还要在东道国语言文化上做一名学习者。教师身份中，学习者的身份或影响相较于在国内时，不断地放大而占据了重要地位。可见，学习教学的过程本身也是教师身份构建的过程。在教师身份构建过程中，学习者的身份被重新定义与确认。

三 助推器

《孔子学院中方人员跨文化适应能力研究》（安然等，2015）指出，汉语国际教师在学生的学习中扮演一个辅助者（facilitator）的角色。这是从师生关系的层面对教师角色的审视，给予学生协商空间和一定选择的自由。调查发现，公派教师在教学中同样也是扮演助推器的角色，即被访者33T–A所提及的"更多的是以学生为主"，是课堂教学的助推者，是学生学习过程中的助推器。由此可见，公派教师自身对"助推器"角色的认知主要体现于师生关系中。

> **33T–A04 欧洲：**（教师角色）那肯定是不同的。每一个大学可能有不同的课程设置，包括用的教材，包括这个系里面的领导的教学风格，其实是不一样的……（孔院）这个老师本身就是英国人……是从英式的教学理念出发，更多的是以学生为主，然后由他来发挥，我只是作为一个辅助者。

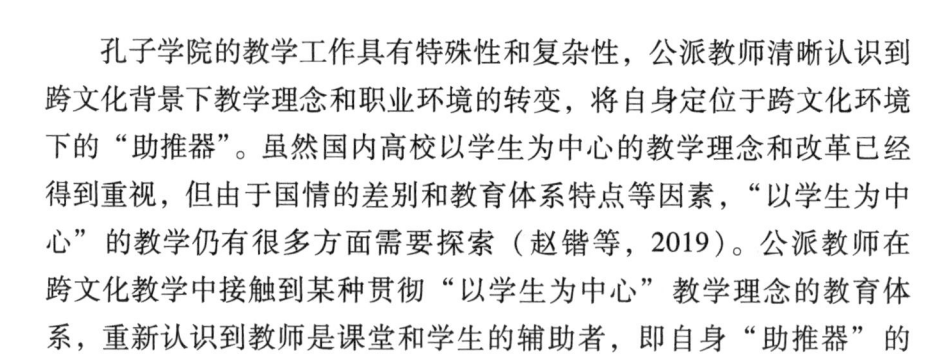

孔子学院的教学工作具有特殊性和复杂性，公派教师清晰认识到跨文化背景下教学理念和职业环境的转变，将自身定位于跨文化环境下的"助推器"。虽然国内高校以学生为中心的教学理念和改革已经得到重视，但由于国情的差别和教育体系特点等因素，"以学生为中心"的教学仍有很多方面需要探索（赵锴等，2019）。公派教师在跨文化教学中接触到某种贯彻"以学生为中心"教学理念的教育体系，重新认识到教师是课堂和学生的辅助者，即自身"助推器"的真正作用。

四 建设者

我们也从公派教师的访谈中发现了另一种角色认识，这种角色的认识是作为组织的成员，并且在与组织不断地互动中建构的，即孔子学院组织中特有的一种角色认知类型——共建者。如果说知识传授者、文化传播者是公派教师作为教师的本职工作，那么"共建者"则是教师的一种特殊角色。

自2004年第一所孔子学院建立以来，孔子学院不断变化与发展，新孔院的建立、已建孔院的建设发展，都关系到孔院中的每一个成员。公派教师因其专业性在孔子学院中发挥中流砥柱作用。在孔院建立初期，他们作为具有汉语教学经验者参与到孔院的汉语课程建设中："从大学的学分课到高中的课程，汉语课程都是从我这边开启的，也就是说，应该还是有一定的压力"（53T-A07北美），让孔院的汉语课程从无到有。汉语课程是孔子学院的重要部分，一些公派教师作为共建者为孔院注入了力量。如：

> 28T-A01 **欧洲**：那边的汉语课程完全是一点点建立起来的，他们大学那个时候是完全没有学分课的，而且当时他们学校是为了建学分课才把 B 老师从另外一个学校引进过去的。

根据孔院的实际运营情况可知，生源对于一些孔院来说是非常重要的，是维持孔院正常开展的支撑与源泉。公派教师会关注教学效果，努力提升业务能力，较好地完成教学，不希望因为教学效果不理想影响孔院的正常开展与运营。可见，从思想与行动两方面，公派教师均参与到孔院的建设中。

30T-A05 欧洲： 因为影响我们的生源，你教得不好，学生不来的话，对我们孔院影响不好。

公派教师不仅会通过各种途径提高自己作为教师的业务能力，实现小我的成长，同时也因为对组织的认同与参与，从思想与行动上去支撑孔子学院这一"大我"的成长。公派教师与孔院的最终目标在某种程度上达成了高度的一致，如"我觉得孔院的工作能够正常开展，可能才是我们最终的目标"（11T-A21 南亚），"这是我们自己的孔院，我们来这里算支援建设"（29T-A01 欧洲），这些足以体现公派教师将自己作为真正的一分子参与到孔院的建设发展中，共同为孔院的建设与发展注入自己的情感与力量。

五 文化传播者

孔子学院公派教师的重要任务之一是弘扬中华民族的优秀传统文化，让更多的学习者认识中国文化，培养学生积极的学习意识，使其真实、全面地了解中国。公派教师对自身的角色定位是："只要是传播了中国文化、教了中国语言出去，对我们的文化事业是有帮助的，都属于我们的工作范围之内。"（48T-A30 北美）

结合孔子学院公派教师语言文化教学的特点，我们认为，公派教师作为中华文化传播者，主要以两大形式进行文化传播：一是直接传播，即教师通过课堂文化教学和举办相关的文化活动进行输出式显性文化传播；二是间接传播，即教师刻有文化烙印的个人形象和行为举止在无形中也传递出中国文化价值观，展现中国形象，即隐性文化传播。

（一）显性文化传播

孔子学院公派教师肩负的显性文化传播职责主要包括两大方面：一是文化教学，即语言课和文化课；二是文化活动，包括讲座式、展览式、表演式、比赛式和游戏式等（张会，2014）。

> **29T‐C04 欧洲**：我们选择的歌曲里面好多都是有一些中国文化的常识，或者是有一些成语，比如开天辟地，我可能会讲到盘古，延伸出很多东西。他们会很喜欢听……所以选一些文化内容稍微多一些（的歌曲来教）。
>
> **29T‐A22 欧洲**：留学生有特别多的文化活动，比如说演讲比赛、汉字听写大赛，还有一些摄影比赛……

张英（2006）将文化教学分为"文化因素"教学和"文化知识"教学两种。其中，"文化因素"指的是存在于语音、语法、语义、语用等层面的文化内容，即对外汉语教学中涉及的中华文化要素，"文化知识"是存在于社会交际规约中的文化内容，即包含具有一切社会价值的中国特色文化。"文化因素"教学属于语言学的范畴，在此不做过多讨论。由访谈者29T‐C的话语可知，教师课堂教学除了传授专业知识外，也融入中国神话等文化内容，实现中华文化有效传播。

同样，举办文化活动，也是实现文化传播的有效途径。此类文化活动不仅可以提高学生对中华文化的兴趣，还更能开发不同类型的活动受众，扩大活动辐射范围，优化文化传播效果。

（二）隐性文化传播

国家形象（national image）是一个综合体，它是国家的外部公众和内部公众对国家本身、国家行为、国家各项活动及其成果所给予的总的评价和认定（管文虎，2000）。国家形象的有效载体之一就是个人形象，公民个人形象的良好展现是提升国家形象的助推器。

> **12T‐A14 东南亚**：可能在国内和出国确实是不一样，自己除了做好工作以外，对自己的要求也会更高。……我一直都要求自

己，不管什么样的课都不能迟到。然后，就是好好备课、好好上课。会具体到一些很小的细节里边，比如接待一些泰国的人士，要很有礼貌地去做……出去玩要顾及形象，不能很洒脱的那种，从一些细节要求自己。

被访者谈到，作为海外公派教师，除了恪尽职守，做好本职工作以外，还要"顾及形象"，在各个细节方面要求自己。此处谈及的"形象"包含个人形象和国家形象两层含义："这个时候我们代表的都是我们中国人的形象。不管怎么样，你都要把自己最好的一面展现出来。"（10T－D08 西亚）公民个人形象与国家形象是一个双向互动的关系，公派教师所展现的"以礼待人""爱岗敬业"等中华民族传统美德，展现了中国作为"文明古国，礼仪之邦"的国家形象。

影响交际的因素包括三个层面：观察事物的过程，其中包括信念、价值观、态度、世界观及社会组织；语言过程，其中包括语言与思维模式；非语言过程，其中包括非语言行为，时间观念和空间的利用等。孔子学院公派教师无论是在教学中与学生交流时，还是在工作中与同事共处时，都属于跨文化交际。因此，公派教师的语言和非语言行为都会影响他者对个体的认知，甚至对其国家形象的判断："她（学生）说现在通过跟我们学习，然后她才接触到真正的中国人……你真正的经历了之后才知道：噢！原来不是想象的那样。所以就更需要交流了。"（23T－D07 欧洲）

第五节　教师职业情感

公派教师职业情感既有一般意义上的教师职业情感的共性，同时，也具有公派教师职业的特殊性，如短期性、不稳定性以及所处的跨文化环境，故公派教师职业情感又具有不同于一般教师职业情感的特征。鉴于此，下文将详细阐述公派教师职业情感的三大内容，即教师责任感、职业使命感和工作满意度。

一 教师责任感

责任感源于心理学领域,也称责任心、责任意识或尽责性等,是指个人对自己、他人和社会所负责任的认识、情感和信念,以及与之相适应的遵守规范、承担责任和履行义务的自觉态度(马星、刘贤伟,2015)。教师责任是社会及群体对教师个人职业角色的期望,教师对这种期望的认同与承担就是教师责任感(叶澜等,2001)。教师责任感属于职业情感,并不是自然生成的,而是由一定的环境、事件所引发的(Fischer & Ravizza,1998)。初始编码及次范畴示例见表5-8。

表5-8 公派教师职业情感类(教师责任感)初始编码及次范畴

初始编码	次范畴
04T-A13:志愿者与教师心境的不同:责任感增强	教师责任感
06T-A13:志愿者到教师身份的转变:责任感、职责、稳定、沉淀	
06T-A16:教师身份的责任感增加,自我成熟	
10T-C12:条件越艰苦,教师的使命感、责任感越强,传播者意识更强	
12T-A13:不敢出错,对自己要求高	
48T-A13:责任感	
48T-A34:工作中的责任感、学习能力要强	
48T-A35:工作主动性与责任感	
51T-A21:教师职业责任感	
53T-A26:孩子生病影响教师上课的情况很少发生	
53T-A27:孩子生病了可以让别人帮忙照顾,不影响上课	

注:数据的初始编码和次范畴涉及大量表格,由于篇幅所限,只截取部分作为例证。

(一)公派教师责任感的总体现状

公派教师责任感是一种积极的心理体验,须借助外部行为表现才能获得具体感知。通过查阅相关文献,并结合本调研团队的一手材料,我们发现公派教师职业责任感的表现形式主要是公派教师针对不同主体表现出的行为和态度,体现在学生、同事、孔子学院三个方面。三个方面不是各自独立的,而是相互联系共同作用。

第一，针对同事群体，公派教师责任感主要体现于教师间的分工合作。

  48T－X04 北美：一个年级没有什么别的课型，对吧？
  48T－A13 北美：因为我们的课一般是有平行班，要求进度是一模一样的，要按照 syllabus，你必须要完成你今天的工作，不完成的话，明天别人要去处理你这个烂摊子。

一方面，按时按量完成教学任务是教师的基本责任，可以看出，公派教师对基本职责的认知十分清晰；另一方面，被访者也谈到未完成的后果，即其他教师需要帮忙收拾前一位教师的"烂摊子"。因此，被访者指出"必须完成今天的工作"，不仅是对本职工作的负责，同时也是对其他教师负责任的表现。

第二，针对学生群体，公派教师责任感主要体现于教学责任。

刘智成（2013）将教学责任定义为：教师在教育教学活动过程中，依教师角色准则、规范和要求而顺利完成其教学使命。学生是教师的主要教育对象，恪尽职守是外派教师应承担的基本职责。

  53T－U10 北美：生活和孩子的照顾跟工作之间有没有什么冲突？特别是自己在那边边带孩子边工作，遇到孩子生病是不是很头疼？
  53T－A26 北美：会有，但是也没有说孩子生病了，不上课或者怎么样，那种情况是比较少的。
  53T－A27 北美：即使说生病了，也坚持去上一下课，然后孩子让别人稍微看一下，也都是没有什么太大问题。

周济（2005）在《爱与责任——师德之魂》一文中强调："当代教师至少面临三项主要责任：一是岗位责任，二是社会责任，三是国家责任。"岗位责任是前提和基础。正如该被访者提到的，在一般性面对家庭和工作冲突时，可以通过其他策略解决家庭问题，但持续保证在岗教学,是教师承担教学责任、完成教学使命的生动体现。

第三,就孔子学院而言,公派教师责任感主要体现于对孔子学院的态度和参与学院的相关建设。

> 10T-B14 西亚:我来这边之后,觉得第一次这么长时间从事一线教学。我觉得我还是很有责任感和使命感的,因为所在孔院也是我们学校共建的,我也想努力把这个孔院做得越来越好。

该被访者直言"我也想努力把这个孔院做得越来越好"。可见,公派教师对孔子学院是持积极态度的,并且也愿意恪尽职守,完成一线教学工作,通过自身的努力,推进孔子学院良性发展。"在这里有活动的话,大家会一起合作,配合得非常好,比如晚上的时候我们的老师们还会坚持练节目"(29T-B07 欧洲),正体现了教师积极参与学院活动的状态。综上,不论是教师个人对孔子学院建设的积极态度,还是教师群体参与孔子学院活动的积极状态,都是公派教师职业责任感在组织机构层面的真切流露。

公派教师责任感的三大表现,各有侧重,互相联系,彼此影响,缺一不可。教师对学生的责任,是教师责任感的基石;教师对同事的责任,是教师责任感的外延;教师对孔子学院的责任,是教师责任感的最高体现。教师责任感这三个方面的内容,是公派教师应该具备的基本素质。

(二)志愿者转教师群体责任感的独特性

根据派出来源,本部分的研究对象——33名公派教师可分为两类:一是国内在职教师派出群体,二是志愿者转公派教师群体。后者的责任感处于动态变化的过程,呈逐步加深状态。

从身份认知的变化看,现代建构主义认为"身份"是由社会所建构的,是行为者在社会环境中不断和他身外的或者未曾预料到的经验相遇,并把某些经验选择为属于自身的东西。因此,身份是一种建构的过程,是在演变中持续和在持续中演变的过程(钱超英,2000)。"志愿者"和"教师"是两种身份,个体经历从志愿者到教师的角色流动，自然而然对两种身份产生不同的解读和认知。某孔院的一名志愿者转公派教师说："对自己的要求高了，自然而然认识就高了。"教师通过"身份"赋予，一方面得到价值上的肯定，另一方面转化为现实趋势与取向，即功能上的肯定（曲正伟，2007）。志愿者被赋予了"教师"的头衔，象征着社会对其价值的肯定和认同，为了维持和稳定这种身份地位，个体会不断约束自己，实现他者对其身份的期待。如："可能心里的认知都不一样了，志愿者可以那样做，但是我们（公派教师）不可以，就会这样告诉自己。"个体在对两种身份的解读中不断比较，较于"志愿者"，"教师"一职本就应该承担更多的责任，所以在实现身份跨越的过程中，会不自觉地拔高对自身的要求。

从工作内容的变化看，教师不仅需要做好自身的教学工作，同时也须承担一份管理志愿者的责任。刘丽红（2004）指出："教师责任感的产生基于教师对其教育责任的认知……教师只有正确地认识到自己在不同的教育情境中所承担的不同的责任，才能对不同学生的变化做出不同的反应。"对自我责任的认知是产生责任感的前提。公派教师被问及做志愿者和教师的区别时指出，两者工作的内容、承担的责任存在区别。如：

12T-X11 **东南亚**：比如说，你们承担的跟志愿者有什么不一样？
12T-A11 **东南亚**：公派老师的话就是起一个（衔接作用）……我们有院长嘛，院长在上面，给我们分配工作，然后我们（作为项目负责人）可能就是要去引导那些志愿者。比方说，我负责教学的，我就需要制订（孔院课程）教学计划，都要自己做好。

当志愿者转成教师后，面对的是不一样的教育情景，从前是对单一的学生群体负责，而作为教师还需要对志愿者负责，多了一份管理的职责，这就需要教师对角色重新定位。这种对教育责任的清晰认知，会使志愿者转公派教师的责任感逐步加深。

从教学心态变化看，志愿者到教师的身份转变过程中心态也在发生变化，不同心态会影响教师责任感的承担。教师心态按照层次不同可以划分为社会心态、教育心态和教学心态。社会心态处于上位，起着统摄作用；教育心态是中位的事业心态；教学心态处于下位，直接作用于教师日常教学（赵千秋，2011）。在此，我们主要关注日常教学的情况。比如当某孔院的公派教师被问及"你现在当老师和当年做志愿者有什么不一样"时，她回答道："我觉得是责任……当然都是为了教好汉语、传播中国文化。但我觉得可能和第一次从事汉语教学时候的心态也有点不一样，那个时候主要是探索，一种探索的心态，现在是在探索中找到自己觉得比较对的方式，然后稳定下来、沉淀下来……"

由此可见，志愿者阶段更多以"探索心态"来进行教学，是允许犯错，不断试错、不断摸索的过程；在转入了公派教师阶段后，需要以"沉淀心态"来确定合适的教学方式，以便因材施教。

总体来说，在33名公派教师中，志愿者转教师群体有较高的工作满意度，并且明确表达了对工作的热爱。

（三）教师责任感的体现

责任感是主体对于责任所产生的主观意识，是责任在人的头脑中的主观反映形式。既然是主观意识，不同的个体对责任的界定也就不尽相同。公派教师作为有主观意识的个体，在对待工作教学、他人关系、工作组织时所体现出的"责任感"是有差异的。基于此，我们参照孔子学院的其他两类群体，即汉语教师志愿者以及院长群体，通过交叉分析与三角互证的方式来进一步讨论并验证公派教师责任感的体现。

三角互证（triangulation）研究方法指在人种学研究中，运用多种资料来源或多种资料收集方法，对资料所做的定性的交互证实。我们试图通过交叉分析不同来源、角度的调研资料，避免单一的资料所带来的局限性，增强教师责任感的可信度和有效性。对院长群体的访谈中，我们发现公派教师责任感体现在院长对这一群体的正面评价中："我对老师们非常放心，而且我知道任务布置给中国老师我可以放一百个心。真是这样的，他们非常积极认真去完成，他们的这种工作作风当然可以影响（当地员工），他们也会看到中国老师积极肯干，肯吃苦耐劳。"（29D-B 欧洲）公派教师的责任感得到了组织管理者的认证与肯定，公派教师的认真敬业不仅赢得了群体自身具有责任感的口碑，更用实际的行动和态度影响了在孔院工作的当地员工。

二 职业使命感

目前学界对职业使命感的定义多样，如对某职业的强烈热情，且体验到强烈的意义感（Dobrow & Tosti-Kharas，2011），虽还没有统一的结论，但都强调了对工作的目的和意义的感知，也有学者认为，职业使命感既可以来源于外部，也可能来源于个体内心（Elangovan et al.，2010）。初始编码及次范畴示例见表5-9。

表5-9 公派教师职业情感（职业使命感）初始编码及次范畴

初始编码	次范畴
10T-C12：条件越艰苦，教师的使命感、责任感越强，传播者意识更强	
10T-B14：从行政到教师，教师的责任感，建设好合作孔院的使命感	
10T-B15：从学生反馈收获使命感	
11T-B09：教学中投入自己的真心，使命感	职业使命感
12T-A14：做好自己的工作，不迟到，认真备课上课，礼貌待人，顾忌形象	
29T-B07：卖力排练节目，代表中国形象	
48T-A37：使命感	

注：数据的初始编码和次范畴涉及大量表格，由于篇幅所限，只截取部分作为例证。

11T-X23 南亚： 在教学生的过程中，你也得到一种满足……你也会慢慢有一种使命感？

11T-B09 南亚： 对，可以这样说。教学嘛，肯定要投入自己的真心。教学就是这样，不是单纯的一个工作。

公派教师作为知识技能的传授者，日常教学是其最基本的工作职责。从该被访者的回答可以看出,她不仅把教学看作一种制度化的教学任务,同时也将自己的"真心"融入教学事业,是教师在工作过程中逐渐体验到强烈的意义感的真实表现,是教师个体内在动机的驱使形成的职业使命感。

职业使命感涉及个体对自身工作的目的和意义持续评估的动态过程,并不是立即就能发现的一次性事件(Duffy & Sadlacek, 2010)。访谈者11T-B谈到两年的工作历程以及学生的正向反馈使该教师产生了职业使命感。可见,时间的积淀和他者的激励也是激发职业使命感的源泉,使命感在外在诱因的影响下实现动态构建。

此外,孔子学院的公派教师在跨文化环境下工作还须注重个体形象和国家形象的紧密联系。因此,海外公派教师的职业使命感进一步体现在对国家形象的建设和维护上。"比如你到这里来,你做了什么不好的事情,人家不会说A老师怎么样,而是说那个中国人怎么样。所以,我觉得这是一种使命感吧。"(48T-A37 北美)

三 工作满意度

我们研究工作满意度(job satisfaction)时,因研究对象的差异,而采取不同的理论架构,其定义也就不尽相同。本部分重点关注研究对象对工作本身及有关环境所持的一种态度或看法,也就是对工作角色的整体情感反应。罗宾斯等(Robbins et al., 2016)指出,工作满意度指对工作的一种积极的感觉,这种感觉是由对工作特性的评估而产生的。工作满意度高的人对工作的感觉是积极的,而工作满意度低的人对工作的感觉是消极的。公派教师工作满意度是指教师个体对海外孔子学院教学工作的积极情感。如前所述,教师情感具有动态性和复杂性,教师工作满意度作为教师情感的表达形式之一,同样具备教师情感的一般特点。

某大学孔子学院志愿者转公派教师被问及延任的原因时,答道:"因为我做志愿者的时候,我研究生已经毕业了。本来我是学英语翻译的,也是机缘巧合,申请项目之后就成功了。结果做的过程中,我觉得很热爱。"（10T - C16 西亚）由于机缘巧合走到汉语教师的行列中，在接触的过程中产生对工作的热爱之情，这种情感是从无到有的，是动态变化的情感体验。被访者直接表达了从事公派教师这一职业所获得的积极的情感体验，体现了对该工作的高满意度。

此外，有被访者谈及两年任期结束后，"我不知道我要怎么办的时候，我需要缓一下。这边（外派）的工作，我还很喜欢，觉得也可以留下来，孔院这边也算是需要吧，自己做这边工作也熟了，所以想继续再做一年"（12T - A09 东南亚）。可见这类教师对于当下职业充满困惑，她谈到"我不知道我要怎么办"。与此同时，她也表达了对当下工作的喜爱之情。对未来的迷茫和对当下职业的热爱相互交织，彼此影响，这体现了教师工作满意度的复杂性。

调查显示，不同来源的公派教师群体对未来职业生涯规划存在差异性。

（一）公派教师职业规划现状

1. 国内在职教师派出

国内在职教师派出群体大体分为三大来源，即自主报名派出、合作院校派出和专职教师。其中，前两类教师群体属于体制内教师，在国内有稳定的工作保证，而专职教师属于校聘合同制，工作具有不稳定性。因此，不同群体间存在职业稳定性差异。

先看自主报名与合作院校派出式教师。

所谓自主报名派出，即具有两年及以上教龄（国内或国外）的国内高等院校、中小学校在职教师通过自主报名参加国家公派教师项目，并经汉办遴选而成为海外孔子学院的教师。其次是合作院校派出。合作院校是指与国外高校或研究机构合作设立孔子学院的国内高校，这些国内高校会选派一部分教师到其对应的海外孔子学院进行教学。这两类教师的来源虽然有一定差异，但共性在于他们在国内都有一份稳定的体制内工作，选择孔子学院海外教学的工作多是出于自身的兴趣爱好或者增添一段海外教学经历。正如被访者所说："如果没有这个机会的话，我可能就接触不到像这样合作的新的模式，这个对我个人的经验来说肯定是一个非常好的机会。"（48T - A17 北美）被访谈者48T-A是自主报名参加公派教师项目的国内在职大学教师，她认为海外教学经历对其未来的职业发展的影响更多的是经验的积累和提升。

> **11T-X13 南亚**：这个（国际中文教师）职业，你可以永远做下去，能不能这样讲？
>
> **11T-A13 南亚**：因人而异的，因为对我来说一点影响都没有。就天天这样干，干到退休好了（哈哈哈）。对我来说没问题，我觉得挺享受这种在外面工作的状态，家里人挺享受。
>
> **51T-Z01 北美**：您回国以后有没有考虑也继续从事这一行，比如去国教学院工作？
>
> **51T-A26 北美**：我们前面有一个同事原先是我们院的，回来后去国际关系学院了，也有的同事还留在外院。我觉得都行，而且好像也不是我说了算，这个要看看怎么安排。

总的来说，自主报名派出和合作院校派出的教师无须担忧未来的职业规划，视国内学校和机构的安排而定，对于"坚守"还是"转出"海外孔子学院任教没有定论。

再看专职教师。

孔子学院专职教师，是指通过总部选拔储备到指定教学机构（一般是孔子学院合作的中方大学），待需要时派出到海外任教的汉语教师。截止到2017年12月，全国有25所高校成为"孔子学院专职教师储备单位"。

从职业性质来看，专职教师流动性较强，具有不稳定性强和上升渠道受限两大特点。有被访者用"漂"和"流水"来形容本群体的职业发展状态，即属于该职业身份的从业者长期处于"居无定所"的漂泊状态。同样，从职业上升空间角度看，被访者直言专职教师缺乏晋升渠道。

> **33T-A16 欧洲**：现在相当于我们专职教师的上位职位没有，

做几年还是专职教师,没有上升渠道,看不到我们职业的规划。

职业发展前景是就业者进行职业选择和未来职业规划的重要衡量因素之一。专职教师目前缺乏上位职业,不论工作年限长短,都只能平级游走,未来的职业发展可能处于断裂状态。就专职教师个人情况而言,有部分专职教师在采访过程中表达了对外派教师行业的喜爱,也有部分谈及职业生涯规划的冲突和矛盾情况。

33T–B04 欧洲:恰好是在一个年龄节点上,30岁左右,要考虑工作的兴趣和你将来是否要走下去。我们这批专职老师大部分都是在这个年龄的节点,如果你自己没有经过很好的思考,你就不知道下一步该怎么做事了。

33T–B05 欧洲:对外汉语老师这个行业,它像流水一样的性质,水流越来越急,就是说每年都在换不同的人,如果想坚持,那么就要放弃很多东西,也要长期在国外。但是,如果你放弃了这个职业,你自己本身就是学这个专业的,就会有冲突和矛盾。我觉得,任何想要长期做这个行业的人都会有这样一个矛盾的决定,我觉得我现在面对的恰恰就是这个。

总之,专职教师对其未来的职业生涯规划是处于矛盾和迷茫状态,他们的职业生涯规划并不清晰,没有人能够明确表达其未来的职业定向,"坚守""转出"或"不知道""不确定"是这部分教师群体对未来职业生涯规划最多的回答。

2. 志愿者转公派教师

志愿者转公派教师指曾经完成两年及以上国外汉语教学任务的国际中文教师志愿者,愿意留任或者再申请成为正式公派出国教师的教师群体。经过调查分析发现,对于志愿者转公派教师群体而言,大部分教师都表达了对其当前职业的热爱,将对工作的满意程度转化为其职业选择的动力支持。教师的"择业""守业""弃业"普遍受自身情感的影响(Meyer & Turner, 2007)。可见,情感对其职业选择与专业发展具有重要意义。初始编码及次范畴示例见表 5-10。

表 5-10 公派教师职业情感类（未来职业规划）初始编码及次范畴

初始编码	次范畴
04T-B14：因为热爱，想继续从事外派工作	工作满意度对公派教师职业规划的影响（守业型）
10T-D09：非常明确的未来职业规划	
11T-B06：如果条件允许，希望一直做汉语教师，当成职业	
12T-A06：对外派满意，如果政策条件允许会一直从事	
10T-C11：未来职业规划不定	工作满意度对公派教师职业规划的影响（观望型）
12T-B02：对行业充满热情，无明确未来职业规划	
33T-A16：专职教师没有上升渠道，看不到职业规划	
51T-A26：曾考虑转学院	

注：数据的初始编码和次范畴涉及大量表格，由于篇幅所限，只截取部分作为例证。

笔者将志愿者转公派教师群体的职业生涯规划路径主要分为两类，即"守业型"和"观望型"。

"守业型"公派教师对海外汉语教育事业充满极高的热情，热爱这份事业并愿意将其作为终身职业。

04T-X14 东亚：比较一下你们做志愿者和做汉语教师感觉有什么不一样？

04T-B08 东亚：我是没有变化，我觉得还是很热爱，对于我来说是一如当初的热爱。

04T-X18 东亚：有一批人是要把它当成职业的，在外面这样不停的派出。你们都有可能要成为这样的一批人吗？准备好了没有？

04T-B13 东亚：对于我是，因为我就是很喜欢。

上述受访者谈及对于汉语教学的热情是持续稳定的，不论是之前作为志愿者，还是如今作为公派教师，对事业的热情是不变的，一如既往地热爱。在谈及未来职业规划时，访谈双方谈到了"汉办政策"和"婚姻家庭"等现实因素，被访者暂时未将这些因素当作障碍纳入职业规划体系中进行权衡，如"这些问题也考虑过，但是我觉得你要一直想那么多就什么都做不了"。

上述案例表明，对工作的满意感是志愿者转公派教师群体进行职业生涯规划的内驱力，也是促使他们坚定成为对外汉语教学事业中的守望者的动力。但是，坚定的"守业型"教师也会面临许多现实阻碍因素。

"观望型"公派教师是指一些志愿者转公派教师虽然表达了对海外汉语教育事业的热爱，但是，受国家政策、人生规划等现实因素的影响，并未明确将公派教师作为其未来职业发展方向，而是"边走边看"。

> 12T-X06 东南亚：如果不考虑将来，就这个工作本身来说，你还是蛮满意的？
>
> 12T-A06 东南亚：非常满意。如果要是有条件的话，比方说汉办或者国内的政策都可以让我做下去，我会一直做下去的，真的很喜欢。
>
> 12T-Y01 东南亚：公派教师工作两年，今年你又延期再申请了一年。除了这边的工作环境，还有哪些原因触动你想继续留下来工作的？
>
> 12T-A09 东南亚：我两年任期结束了，接下来我不知道我要怎么办的时候，我需要缓一下。这边（外派）的工作，我还很喜欢，觉得也可以留下来，孔院这边也算是需要吧，自己做这边工作也熟了，所以想继续再做一年。

从被访者话语可以看出，她对于公派教师的工作十分满意，体现了教师职业热情的正向促进作用，这种情感转化为未来职业行动的动力支持。在被问及留任原因的时候，被访者内心是不确定而充满迷茫的，而留任是充当一个过渡期，并未明确将公派教师当作其未来的长期职业规划。在这种情境下，教师的职业热情与其他社会因素处于此消彼长的动态博弈中，这类教师就是对外汉语教学事业中的观望者。

(二) 公派教师职业规划的影响因素

一些研究人员强调，人们的职业命运不仅取决于他们的特征，还取决于历史、社会、政治、经济、家庭和其他背景（Ramos & Lima, 1996; Soares, 2002; Valle, 2006）。择业者的职业行动是在社会大背景下个体与相关他者共建的过程。具体到孔子学院公派教师，这一群体当前的职业行动和未来的职业规划也是不同心理因素与现实环境间互动、博弈的结果。

1. 政策因素

人无法离开其他外界事物而单独存在，人和外界事物是一种相互依赖、互利互惠的关系。外部社会环境影响行业发展，进而波及个人的职业规划路径。社会环境主要包括经济环境、政治环境和文化环境。任何个体的发展都是与外部环境变化息息相关的。

> 04T-X17 东亚：像你们这样从志愿者走到汉语老师，你的职业生涯、后续发展，尤其你说你对不同的文化感兴趣，这辈子可以这样在不同的国家里面去转了，是不是这么考虑的？
>
> 04T-B12 东亚：如果汉办允许的话。

"如果汉办允许的话"这一回答有两层意思：一是被访者对外派教师这一职业充满了热情和期待，希望能够持续做下去；二是表达了职业规划的不确定性，而不确定的原因主要是政策因素，即针对公派教师出台的相关政策。可见，公派教师的职业发展与国家宏观政策紧密联系。

此外，职务晋升政策也是影响公派教师职业规划的重要因素。比如公派教师33T-A谈到"现在相当于我们专职教师的上位职位没有，做几年还是专职教师，没有上升渠道，看不到我们职业的规划"。国内高校教师的职位晋升是一种"纵向流动"。杨兴林（2015）指出，中国高校教师职务晋升评价，在内容规定上，一般立足于现代高校的基本职能，具体划分为科学研究、教学工作和公益服务三个方面。孔子学院专职教师的职业晋升是一种"横向流动"，即平级游走的状态。

专职教师职称晋升政策的匮乏，造成专职教师没有职业上升渠道，对职业规划的不确定性。

2. 婚姻家庭

从个体成长发展看，一般来说，个体会经历两个家庭，即原生家庭和新生家庭，而这两种家庭形式影响不同生涯发展阶段的职业决策。本书主要关注公派教师通过婚姻形式组成的家庭（Kalmuss & Seltzer, 1989）——新生家庭（family-of-procreation）（Carson et al., 1991; Yoshihara, 2009），即婚姻家庭对其职业发展的影响。

> 10T – C11 **西亚**：我们培训的时候，有七八个是志愿者转教师，和他们聊的时候说道：比如最多可以待四年，一个聘期两年，两次四年，我可能两年就要考虑回国了；比如说找工作、结婚或生小孩之类的事，因为国内没有一个固定的出路、没有固定的单位，只能考虑不在外面待很长时间。

以是否"成家"为条件，孔子学院公派教师大体分为两类，一是暂未组建家庭的教师，二是已经成家甚至有子女的教师。对于前者而言，这类教师大多面临着被访者所谈及的"婚姻"和"生育"问题。中国是典型的"礼治"国家，费孝通在《乡土中国》中谈到"所谓礼治就是对传统规则的服膺"。中国文化强调宗族的概念，所以婚姻不单是两方个体的简单结合，更是家族性和社会性的结合。社会个体对这些传统观念或规则从小就熟习，到了适婚年龄的教师自然会将组建家庭等事宜提上日程，而这些因素直接影响到此类公派教师的职业发展，甚至导致公派教师转行或弃业。比如当访谈者问及教师未来是打算换一个国家还是回国，被访者12T – A说"可能回国吧，考虑到个人问题"。

对于已经成家并有子女的教师而言，工作—家庭冲突（work-family conflict）是影响其职业规划的重要因素。工作—家庭冲突是指来自工作和家庭的压力在某些方面无法兼容而产生的一种角色间冲突（Greenhaus & Beutell, 1985）。

11T-X11 **南亚**：比如说，A老师，你来这边孔院任教，你家人都还在国内没有一起过来，有没有影响？

11T-A12 **南亚**：没有影响，对我们家来说皆大欢喜（哈哈哈），而且小孩在上大学。

可见，由于公派教师11T-A的工作和家庭能够互相兼容，不存在冲突，明确表明了自身的职业发展方向。

3. 工作满意度

除了外部环境的影响，自身对行业的兴趣和满意程度也是影响个人职业规划的重要因素。通过访谈发现，12名公派教师谈到了对未来的职业规划，1/3的教师表达了对目前职业的喜欢和热爱，表示愿意继续从事此行业。

情感具有复杂性。公派教师的职业热情并不是纯粹的。正如有的被访者谈到"其实我很喜欢这个行业了，如果真能做下去，我会做下去的"，明确表达了对当下职业的热爱，直接影响其未来的职业规划。然而，该被访者也谈及自己的职业困惑，"我不知道我要怎么办"。因此，对未来的迷茫和对职业的喜爱并存，共同影响着公派教师的职业方向和职业规划。

第六节 公派教师群体特征

一 职业化的教师团队

公派教师群体具有丰富的教学、工作经验以及社会阅历，能够清晰明确地认识到自身所缺少且亟须提高的职业核心能力，快速有效地把握适应异文化工作环境、工作任务的途径，提升职业能力以实现跨文化工作适应。

51T-A11 **北美**：我觉得对我来讲没什么教学压力，因为我本身自己当了有20年的老师了，适应还好。

36T－C02 欧洲：我是新来的，去听听课，要了解一下这边的教学情况……

二 承上启下的中坚力量

公派教师在孔子学院中，可以身兼数职："上"可代理组织管理者的工作职责，"下"可作为有经验者管理志愿者群体。这种"承上启下"的支柱作用使得公派教师成为孔子学院的中坚力量，为孔子学院更好地建设与发展贡献自己的能量。

39T－A14 欧洲：（除教学外）有一些行政方面的工作，比如说汉办那边的财务预算，一些翻译的工作院长就会交给 B 老师去做。

三 公派教师与孔子学院互相作用

公派教师作为孔子学院的中坚力量，业务能力强、具有较高的职业素养，因此，成为孔子学院的"多面手"，甚至是"全能型"师资人才，为孔子学院的教学、活动、运营等提供了有力的支持。同时，公派教师也需得到孔子学院这一组织内工具性和情感性的支持以减少外派工作—家庭冲突问题，更好地在跨文化情境中适应工作、组织。

28T－A14 欧洲：外派初期适应过程比较煎熬，最后结果还不错。而且我住的离这里（孔院）也很近，我们俩（和中方院长）也方便有的时候互相照顾一下孩子什么的。

29D－C16 欧洲：我知道中方老师刚来这边的时候会遇到 cultural shock，住宿条件，食品问题，等等，我理解这个。作为一个副院长，我很关心她们的宿舍问题。这边的环境很友好，我们在这边也安排中国教师节活动，每一年都过中国教师节来温暖她们的心。

综合前文分析，以逻辑关系图呈现公派教师与孔子学院相互作用的工作机制（图5-4）：

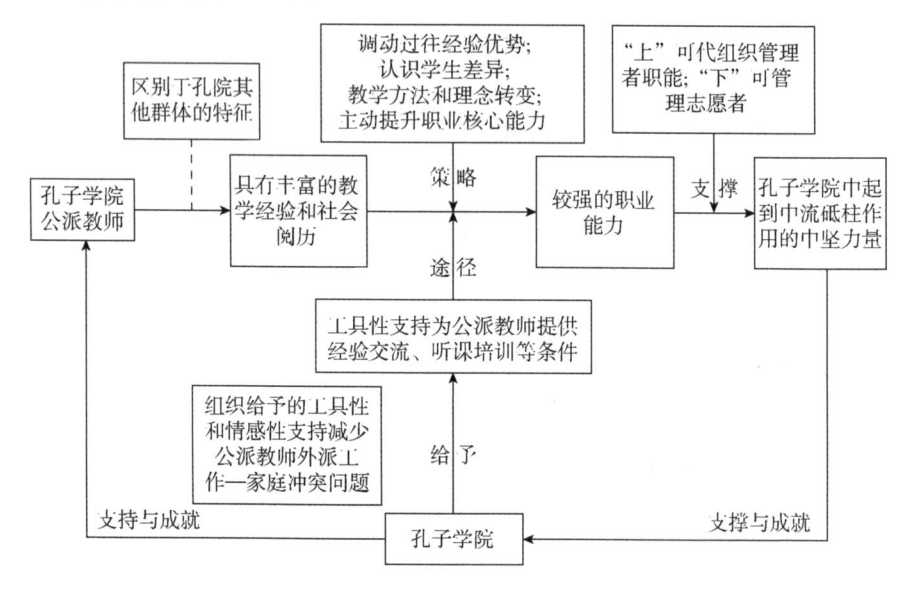

图5-4 公派教师与孔子学院相互作用机制

从招募要求和条件看，孔子学院公派教师群体区别于孔子学院内其他群体（院长、汉语教师志愿者）的一大特征是，均具有多年的教学经验。他们专业的教学经验和丰富的社会阅历，保证其初到海外跨文化工作环境中就有可调动的经验资本或优势，而这些教学经验、工作经验和社会阅历促使他们在不断摸索中认识并采用多种策略提高职业核心能力，从而提升职业能力。较强的职业能力与经验资本支撑着公派教师群体在孔子学院同时开展多项工作，促使其成为孔院的中流砥柱。公派教师为孔院提供了有力的支撑，其教学、责任感、形象保障了孔院的正常运行并塑造其积极形象。同时，孔院也在公派教师群体的跨文化适应、职业能力提高等方面提供了多样的工具性和情感性支持，让公派教师在外派中的工作—家庭冲突问题上得以缓解，为公派教师职业能力的提升提供了多种支持与途径。正是这种双向支持，达到了公派教师群体与孔子学院相互作用、相互成就的效果。

第六章　孔子学院公派教师跨文化职业适应理论模型建构

第一节　公派教师跨文化职业适应模型的提出

基于前文分析，我们提出孔子学院公派教师跨文化职业适应模型（图6-1）。此模型主要基于跨文化适应理论，围绕公派教师在生活、工作、人际交往中表现出的社会文化适应、工作适应及组织适应三大层面及其影响因素进行模型建构。在社会文化适应方面，公派教师表现出了"接受特征"和"规避特征"。接受特征体现在接受当地的文化习俗、工作方式和相关制度等，同时也或多或少与工作适应存在一定的关系。规避特征体现在"能不做就不做""非必要不沟通"等行为上，这不仅与公派教师的社会生活有关，同时也与在孔院组织内部与当地同事之间的沟通交往有关。因此，从模型中，我们可以看出这两个特征与工作适应与组织适应之间的隐性关系。

除外派生活外，占据公派教师大部分时间和精力的是外派工作与海外组织生活，他们采用多种应对资源提高职业核心能力来适应跨文化的工作，而这些应对资源的提供途径离不开组织的支持（培训、听课）和同事间和谐的人际关系与团队的支持，故工作适应与组织适应在某种层面上是相互支撑相互作用的。公派教师在不断适应过程中，不断建构与重新认识自身的教师身份，同时教师的职业情感伴随着身份认知的改变而形成并不断加深，而职业情感的产生也会影响公派教师的跨文化适应，从而形成一种动态的循环。

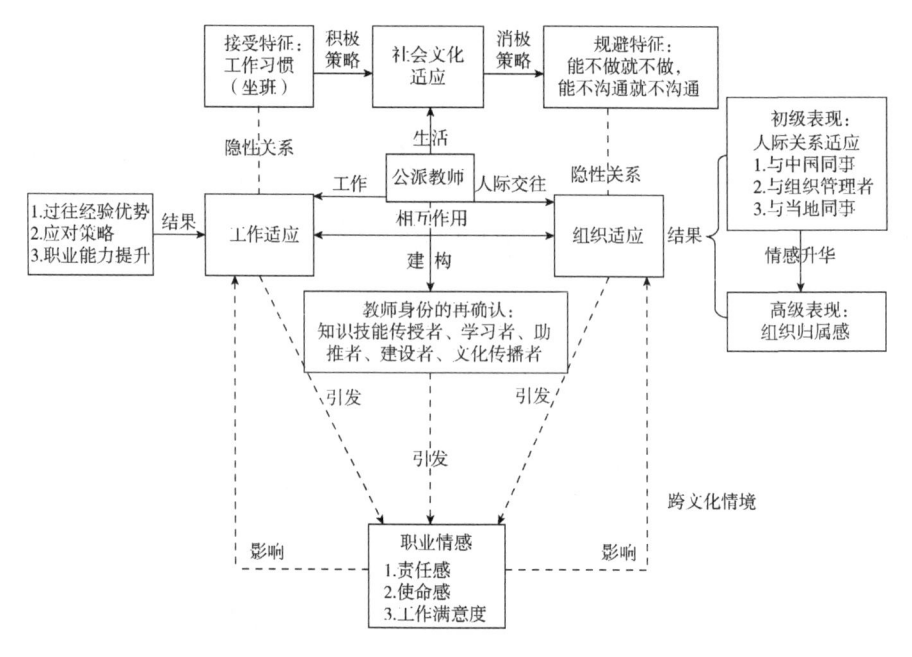

图 6-1 公派教师跨文化职业适应模型

第二节 公派教师跨文化职业适应模型机制阐释

一 跨文化职业适应的三维度：社会文化适应、工作适应和组织适应

公派教师离开了熟悉的母文化环境，在跨文化环境的不适应、努力适应与适应中，不断地寻找与探索。在社会文化适应方面，公派教师群体与其他外派人员一样经历了不适应与适应。当遇到社会文化不适应情况时，"规避"与"接受"是公派教师社会文化不适应的表现，如当公派教师在小语种国家任教时经历的语言困境，"能避就避，能躲就躲，能不做就不做"的状态虽然可以规避由于语言障碍带来的跨文化交际冲突以及由此带来的消极情感体验，但规避行为也阻碍了跨

文化交际。同时，我们也发现，公派教师群体本身具有较强的多元文化与跨文化交际意识，不断寻找适应当地社会文化的途径与突破口。从公派教师采取"接受"的积极策略以及"规避"的消极策略可以看出，公派教师在跨文化社会文化适应以及跨文化交际意识上是矛盾的。

公派教师作为在跨文化工作环境中从事汉语教学与文化推广等工作的群体，存在教学适应与其他工作适应问题。教学是公派教师工作的主要内容，在应对教学适应的过程中，他们首先调动原有的教学经验，通过分析并认识学生差异、改变教学方法及教学理念、主动地提升职业能力等策略实现跨文化工作适应。公派教师清楚地意识到亟须提高职业能力并积极采取提升措施。

除教学工作外，公派教师还要负责孔院其他大大小小的事务，所以公派教师"全能型""多面手"的形象使得他们成为孔子学院的重要群体。但由于岗位性质的客观原因，这些"中流砥柱"在当地教育教学体系中也存在对当地教育教学制度不适应、教师话语权受限、跨文化教学冲突等情况。公派教师在孔院的作用与影响力，在海外教学中的束手束脚都值得关注。

总之，在跨文化情境下公派教师的职业适应是个人与某一特定的职业环境进行互动、调整以达到和谐的过程（金明珠、樊富珉，2017）。因此，我们可以认为，公派教师的跨文化职业适应是自身与国际中文教育以及海外孔子学院进行互动以达到平衡的过程。

公派教师作为一个在跨文化组织中与不同文化背景的人群交际的群体，他们不仅存在组织内跨文化人际关系适应，同时也存在对跨文化组织本身的适应问题。公派教师在海外的社会交往主要在孔院的中国同事之间，虽然交际圈窄，但从中国同事与组织管理者那里获得的工具性和情感性支持中，公派教师感受到组织内部人际关系的和谐，促使其实现跨文化组织适应，并减少外派工作与家庭冲突问题。因此，人际关系适应是公派教师跨文化组织适应的初级表现，而组织归属感则是跨文化组织适应的高级表现，二者是跨文化组织适应不同阶段的结果。

二 跨文化职业适应三维度间的关系：相互作用

孔子学院公派教师在海外工作，其生活、工作和组织等层面的跨文化适应并非相互孤立，而是相互交织、彼此影响。公派教师在社会文化适应层面表现出的接受特征之一是接受当地孔子学院的坐班习惯，而"坐班制度"在某种程度上与工作适应也有关系；公派教师在社会文化适应层面表现出的规避特征之一是非必要不沟通，这与孔子学院组织内人际关系呈现也有重合。可见，公派教师的跨文化社会文化适应与工作适应、组织适应的具体表现相互交织。除了生活，工作与海外组织生活占据公派教师的大部分时间和精力。公派教师在组织的支持与同事的帮助下，积极利用资源提高职业核心能力以适应跨文化工作。当达到较好的跨文化工作适应效果后，公派教师会优化与组织内成员的关系，组织归属感加强。因此，工作适应与组织适应在某种层面上是相互支撑、相互作用的。

三 跨文化职业适应的影响因素：身份认同和职业情感

"身份"是个体在与外界互动作用下，对自身生存意义不断思索、持续主动构建而形成的。公派教师在整个教师队伍中是一个较为特殊的群体，其身份特征随着外部环境的变化而发生改变。如前所述，公派教师身份再确认的过程体现其身份的层次性和动态性。公派教师作为知识技能传授者，面对母语非中文的学生群体需要在教学语言和侧重点上适时调整。作为学习者，公派教师需要完善教学方法和学习目的国语言文化。作为学生学习过程中的"助推器"，师生关系的转变给予学生更多的自由和协商空间。作为孔院的建设者，公派教师参与孔院发展建设，从提高职业能力实现"小我"成长，到支撑孔院实现"大我"成长。作为文化传播者，公派教师积极投身于课堂文化教学和课外文化活动，同时在日常生活中也时刻保持作为中国公民的良好形象，通过显性文化传播和隐性文化传播方式合力将中华民族的优秀传统文化缓缓推向海外。可见，公派教师身份再确认的过程，是其"跨文化中的我"和"职场中的我"交织互动的过程，既是开放的，也是不断被重新定义的。公派教师对其专业标识特征、专业要求的理解，以及作为孔子学院组织内部文化社群成员的同一性的思考与重新确认，使公派教师在跨文化工作适应中重新建构教师身份，形成对其教师身份的再确认。

孔子学院公派教师职业情感既具有一般教师职业情感的共性，也表现出一定的特殊性，主要体现在教师责任感、职业使命感和工作满意度三大层面。第一，针对不同主体，公派教师责任感的具体表现有所差异，教师间主要表现为合作分担，师生间表现为教师对教学责任的主动承担。此外，教师积极参与孔子学院相关建设，也是其教师责任感的生动体现。我们在进一步挖掘中发现，志愿者转公派教师群体作为整个公派教师群体中的特殊人群，其责任感具有独特性，处于动态变化的过程，呈逐步加深状态。第二，公派教师主动将"真心"融入教学事业，加之学生的正向反馈，共同驱使教师在工作中体验到强烈的意义感，最终形成职业使命感，进一步体现为公派教师在海外工作时对国家形象的建设和维护。第三，公派教师对本职工作的积极评价体现其工作满意度，作为教师情感的一种，表现出动态性和复杂性。

综上所述，公派教师在跨文化适应过程中，对自身教师身份不断地建构与重新认识。同时，教师的职业情感伴随着身份认知的改变形成而不断加深，并影响跨文化适应，形成一种动态的循环。

第三节 本部分小结

公派教师，是海外孔子学院中发挥"承上启下"作用的教师群体，本应受到国际中文教育界、语言教育界乃至跨文化适应学界的广泛关注与研究，但遗憾的是，在知网通过搜索关键词以及关键主题的方式，不管是搜索"公派汉语教师""（国际）中文教师"还是与公派教师有关的其他关键词，得到的专门性研究成果数量较少，更多的是与汉语教师志愿者群体混为一谈。可见，对公派教师群体的关注力度是不够的。

调研团队走访了五大洲的 71 个单位，对有公派教师任教的 29 所（个）孔子学院（课堂）的 60 位公派汉语教师进行深度访谈，根据理论饱和原则，采用目的性抽样分析法，抽取出 16 所（个）孔子学院（课堂）的 33 名教师的访谈内容进行分析。根据外派来源，公派教师大致分为三类，即与孔子学院共建的国内合作院校派出、国内在职教师自主报名派出、志愿者转公派教师派出。公派教师因外派来源的不同存在差异，如外派动机的异同、文化智力对跨文化适应影响的异同、职业情感与对公派教师身份认知的异同，以及国际中文教师职业规划的异同。基于公派教师群体内部的细化分析，我们探究、深描这一群体内部的共性与特性，为未来国际中文教育界深入了解公派教师群体的数据与师资建设提供支撑。

本部分系统深入地对公派教师群体的身份再确认、教师职业情感，尤其是跨文化适应等维度进行了分析与描绘，形成了公派教师群体的理论框架与群体特点。公派教师在跨文化情境下对社会文化表现出"接受特征"和"规避特征"。在跨文化工作适应层面，公派教师充分利用自身经验，主动调整教学策略，并通过组织提供的培训支持等逐步适应教学工作，但对当地教育制度不适应、课堂跨文化冲突等教学问题仍然存在。

此外，公派教师身兼数职，是孔子学院的中坚力量。在跨文化组织层面，公派教师在组织内部实现友好、密切的人际交往是组织适应结果的初级表现，对组织产生的归属感则是组织适应的高级表现。公派教师在不断适应中，积极构建并重新认识自身多元、动态的教师身份。同时，公派教师的职业情感也在身份认知的过程中得以形成，并不断影响跨文化适应。

跨文化适应不仅是一个过程，还是一个体系。跨文化适应研究应该从以前关注的社会文化及心理适应（满足个体在新环境下的生存）延伸到个体的职业能力提升与精神满足层面。本书对外派人群的跨文化适应体系进行了延展：一是研究维度的拓展。不仅仅是个体适应和人际交往向度，还存在个体与组织间（人与集体）的互动适应向度。

二是研究层面的拓展。可以从目前的"需求导向""功利导向"层面上升到"职业满足""组织归属"层面。三是研究格局的拓展。不仅仅是工作与家庭这种小我平衡关系,还涉及工作与组织的互动关系,工作与自我职业提升的大我平衡关系。

公派教师群体与孔子学院的组织生活息息相关。不同外派来源类型的公派教师对组织的归属感的异同,以及产生组织归属感的机制与影响因素等是今后公派教师群体研究的重要方向。我们希望本团队对公派教师群体的质性研究能引起各界的关注,在未来的研究中,从多学科、多角度研究公派教师群体,为国际中文教育事业以及孔子学院可持续发展战略提供更多有价值的研究成果。

第三部分

孔子学院跨文化管理沟通研究：基于中外方院长

作为中外合作办学的教育机构，孔子学院的管理工作无疑是复杂的，尤其是作为主要管理者的中外方院长，他们如何相处，如何在沟通中共同开展孔子学院的日常运营与管理工作，如何应对管理沟通冲突，无不深刻影响着孔子学院的可持续发展。目前，学界对这一方面的探讨仍然处于初级阶段，相关理论及问题研究远远滞后于孔子学院高质量发展与管理工作的需要。

为了清晰展示孔子学院面临的管理问题，并探索在跨文化情境下相应组织如何开展管理与传播工作，本书在大量一手数据基础上，从跨文化管理沟通理论入手，深入分析孔子学院中外方院长的管理沟通现状，梳理其管理沟通过程，充分呈现中外方院长在管理沟通中存在的问题、影响管理沟通的因素以及应对方式。本部分采取目的性抽样方式，选取14所孔子学院的28位中外方院长（副院长、经理）作为访谈对象，以一手数据为主，辅以众多来源的二手数据进行三角验证。14所孔子学院组织架构完善、人员配置齐全，就孔子学院管理沟通研究而言具有代表性。

第七章 跨文化管理沟通研究理论基础

第一节 跨文化管理沟通理论基础

跨文化组织中，沟通双方的文化背景、思维方式等诸多差异造成一定的沟通冲突与误会，带来沟通障碍，这就需要管理者具备一定的跨文化管理沟通能力与思维。马佐里尼（Mazzolini，1974）指出在跨文化组织或者企业中，跨文化管理沟通问题普遍存在，而管理者和文化因素是企业内部管理冲突产生的主要诱因。

管理沟通（management communication）是指为了实现组织目标而进行的信息传递与交流活动（张淑华，2003），其重点在于沟通策略和技能的使用，从而促进团队合作与人际交往以及跨文化交流（Argenti，1996）。首先，管理沟通具有明确的目标，即有效实现组织的管理与运行，这使得组织管理与一般的人际交流区分开来。其次，沟通的主要内容是信息的传递与交流，这一类信息包括组织运营情况、情感信息、思想观念等。最后，管理沟通是双向行为，是沟通双方的共同行为，而不是单向的信息传输。

罗宾斯等（Robbins et al.，2016）将沟通分为人际沟通（interpersonal communication）和组织沟通（organization communication）两种类型，对于管理者而言，两种沟通都非常重要。本书中外方院长跨文化管理沟通既包括两者的人际间沟通，也包括组织沟通，所以统称为管理沟通。其中，组织沟通是相较于人际沟通、大众沟通而存在的，强调从组织需要出发（魏永征，1997）。

跨文化管理沟通（intercultural management communication）是指跨文化组织为达成组织目的、促进组织跨文化发展、开展跨文化管理工作并解决跨文化冲突而进行的沟通行为。跨文化沟通是促进跨文化管理、解决跨文化冲突的重要手段，是管理学领域中的重要议题（李彦亮，2006）。在社会建构主义基础上，进一步强调了跨文化管理中的互动过程，将跨文化管理沟通描述为来自不同文化背景的行动者在相互沟通、适应和学习过程中一起工作的过程（Barmeyer & Mayer，2020）。跨文化管理是在跨区域及跨文化背景下开展的管理工作，旨在建立多元文化下合理的组织管理机制，促进不同文化背景的员工形成一致的行为目标，为组织建设提供助力，保证组织管理效率。随着现代社会沟通技术的进一步发展，跨文化管理沟通将在跨文化组织中进一步发挥重要作用。

本书提及的孔子学院中外方院长跨文化管理沟通是指双方在跨文化组织——孔子学院日常管理工作中，为了协调孔院内部管理事务而进行的沟通行为。本书中的管理沟通是从管理者和管理视角出发，既要处理好与组织内其他管理者或者员工的人际关系，也要依据组织管理需要实施沟通行为，旨在进行有效的信息交流，提高组织效率。

第二节 跨文化管理沟通影响因素

在跨文化管理沟通工作中，部分因素会显著影响沟通质量。瓦尔纳（Varner，1999）梳理了跨文化管理沟通面临的问题及挑战，提出应重视组织内结构和业务流程对管理沟通的重要影响。冯毅（2005）指出在跨文化组织中，跨文化沟通产生的障碍主要来自认知层面、价值观层、语言层面和非语言交际层面。秦学京（2005）认为跨文化经营的企业产生文化冲突的主要原因可能包括种族优越感、不恰当运用管理习惯、沟通误会和价值观不同带来的分歧四个方面。可见，管理冲突对于企业的影响是全方位的、具有系统性且贯穿跨文化交流全过程，对企业内部的管理工作非常不利。另外，在外资企业中，沟通障碍、信仰与种族优势、工作效率、教育水平和学习方式，甚至不同的饮食习惯都是导致管理沟通风险产生的原因，而沟通障碍是否引发管理风险，很大程度上取决于管理者与决策者。

第三节 跨文化管理沟通冲突及应对策略

跨文化组织或者企业内部产生管理冲突或问题时，可以通过跨文化管理沟通应对。沃尔顿和达顿（Walton & Dutton，1969）建立了组织内冲突的理论模型，指出组织内部因素、高管的性格因素等都是组织内冲突产生的原因，而管理者对于冲突的反应即管理沟通模式的选择，对冲突结果起重要作用，"控制组织内冲突程度对于管理者的控制能力有很高的要求"。辛格（Singh，1976）界定了冲突管理的概念，指出"冲突是一个动态过程"，冲突的来源较为多样，包含有限资源的争夺、目标的多样性、个人个性、价值观等多种可能性。同时，他也认为，冲突不一定都是负面的，同样能给组织带来活力和凝聚力，当然，长期的冲突会导致组织结构扭曲、交流困难等问题。而管理者要充分意识到管理沟通尤其是非正式的向上沟通的重要性，可以有效减少组织内的冲突与矛盾（Tourish & Robson，2006）。

在跨文化组织中，显性的文化冲突、不同的管理思维策略等是引起冲突的直接原因，这些冲突会给交流沟通、合作共识和人力资源管理带来一系列问题。一般而言，当管理中出现冲突时，可以采用规避、迁就、竞争或权威命令、折中、合作或解决问题等方式来应对。上述五种解决策略同样适用于跨文化冲突管理。不同的管理风格和冲突处理风格会导致不同的处理结果。许晖等（2020）考察了中国企业海外项目团队的跨文化冲突管理，指出在面临多元文化情境下带来的管理冲突时，要充分考虑不同文化嵌入下的跨文化冲突管控策略，注重东道国的文化和沟通方式，既需要通过功能型的管控策略（增强个人际感情、团队认同等）实现身份认同与情感交流，也应该采取结构型的管控方式（强化管理规范等）实现组织内部的资源利用与项目推进。

综上所述，孔子学院通过中外方院长的有效跨文化管理沟通，可以整合组织发展所需资源，提高组织效率，推动孔子学院发展。本书认为，中外方院长间的管理沟通是组织运行的重要手段，管理沟通对组织内冲突和矛盾产生了一定程度的影响。因此，我们将着重考察孔子学院中外方院长在面临管理冲突时采取何种策略来应对冲突，并探讨策略的选取及其产生的不同效果。在此基础上，进一步丰富与完善跨文化管理沟通理论，并就孔子学院中外方院长提高跨文化管理沟通质量提出有针对性的实践建议。

第四节　中外方院长跨文化管理沟通研究与分析路径

基于"质性"视角，本书采用深度访谈方式，融合程序性扎根理论的规范编码程序与经典扎根理论对范畴的编码频次进行统计对比的取向，融合定性归纳和定量选择，坚持从质性访谈文本中层层归纳，确保研究的真实性、可靠性、有效性。

一　研究问题：中外方院长跨文化管理沟通

基于上述分析，结合深度访谈和实地走访，并对访谈资料进行编码和范畴分析，旨在考察中外方院长在孔子学院日常跨文化管理沟通中的表现及其影响因素。主要研究问题如下：

（1）孔子学院中外方院长的管理沟通现状如何？中外方院长在日常管理工作中呈现怎样的管理沟通现状？同时，在日常的跨文化管理沟通情境中，会面临哪些管理沟通问题？

（2）在孔子学院中外方院长间的跨文化管理沟通过程中，哪些因素深层次影响双方的沟通管理过程？文化因素是不是最重要的影响因素？组织架构或者中外方院长的管理分工等因素是否会影响双方的管理沟通质量？

（3）当中外方院长面临管理沟通的问题或者冲突时，采取什么方式能促进双方管理沟通，提高管理沟通效率？哪些方式有利于双方合作，推动跨文化管理顺利进行？

在此基础上，我们设计了对应的访谈问题。在走访调研中，针对从文献中梳理出的研究问题进行访谈,再依据研究群体的回答内容深入挖掘,通过研究对象和研究者的双重视角,构建对于研究对象——孔子学院中外方院长的立体化深度解读。针对孔子学院中外方院长管理沟通情况,我们设计的基本访谈问题如下:

(1)请您谈谈所在孔子学院的组织架构和管理模式。在日常工作中,您和对方院长(中方/外方院长)是如何进行管理分工的,具体职责怎么分配?同时,在管理工作中,双方如何开展沟通?

(2)双方在日常沟通中,是否会遇到一些问题,如何解决?您觉得双方的文化差异是不是您遇到的最主要的沟通问题的来源?

(3)如果遇到管理上或者理念上的冲突,双方一般如何处理,有没有相关案例?您个人觉得怎样的沟通方式是有效的、最好的?

同时,依据不同孔子学院的实际情况和院长的回答情况,我们还将对以上问题进一步阐释与追问。因为研究者本身有孔子学院管理或者工作经验,还会依照具体的管理问题做进一步的深度访谈和提问,同时,也会问及同一孔子学院的其余工作人员,如教师及志愿者等,以期收集到数量充足的、真实可靠的一手数据。

二 研究对象:孔子学院中外方院长

研究对象为14所孔子学院的28位中外方院长(包含外方经理、外方副院长)。这14组中外方院长间的跨文化管理沟通问题具有代表性,能充分体现孔子学院的跨文化管理沟通特征。调研团队对28位院长进行深度访谈,访谈总时长达37.5小时,转写字数达到53.3万字。28位孔子学院中外方院长的具体信息见表7-1。

表7-1　　　　受访孔子学院中外方院长的具体信息

序号	编号	性别	职位	派出前职位	访谈时长（分钟）
1	04D-A	男	外方院长	外方院校国际处副处长,国际教育学院院长	64

续表

序号	编号	性别	职位	派出前职位	访谈时长（分钟）
2	06D-A	男	中方院长	中方院校汉语进修学院副教授	89
3	06D-B	男	外方院长	外方院校中国中心主任、大学教授	
4	10D-A	女	中方院长	中方院校外语学院教授	64
5	10D-B	男	外方院长	合作公司员工（市场和教育背景）	44
6	11D-A	女	中方院长	中方院校国际合作与交流处处长	54
7	11D-B	男	外方院长	外方院校佛学院院长	18
8	12D-A	女	中方院长	中方院校教育学院副教授	69
9	23D-A	女	中方院长	中方院校外语学院副教授	51
10	23D-B	男	外方院长	孔子学院专职院长	50
11	26D-A	男	中方院长	中方院校外语学院副教授	121
12	26D-B	女	中方院长	中方院校中医学院副教授	
13	26D-C	男	外方院长	孔子学院专职院长	15
14	28D-A	女	中方院长	中方院校外语学院副教授	99
15	28D-B	女	外方经理	孔子学院专职经理	40
16	28D-C	男	外方院长	外方院校商学院教授	60
17	29D-A	男	中方院长	中方院校俄语系教授	36
18	29D-B	女	外方院长	孔子学院专职院长	139
19	29D-C	女	外方副院长	孔子学院专职行政人员	54
20	30D-A	男	中方院长	中方院校外语学院教授	169
21	30D-B	女	外方院长	外方大学教研室主任	76
22	30D-C	女	外方副院长	外方大学教研室教师	
23	32D-A	女	中方院长	中方院校外语学院副教授	170
24	32D-B	女	中方院长	中方院校中医学院副教授	
25	33D-A	女	中方院长	中方院校中文系教授	56
26	36D-A	男	中方院长	中方院校外语学院教授	75
27	48D-A	男	外方院长	外方大学语言系教授	83
28	51D-A	男	中方院长	中方大学语言与艺术学院教授	27
29	51D-B	男	外方院长	孔子学院专职院长	302（多次访谈）
30	53D-A	女	中方院长	中方大学外语学院副教授	230（多次访谈）

注：编号 23 和 36 是同一所孔子学院，26 和 32 是同一所孔子学院，且 26D-A 和 32D-A 是同一位中方院长，26D-B 和 32D-B 是同一位中方院长。在不同年份实地调研，因此使用不同数字代码进行区分。

三 研究过程与编码结果

本书的一手数据来源于深度访谈、实地走访日志与研究日志,主要呈现了孔子学院发展与管理所面临的现实情境。

首先,我们梳理了深度访谈的相关内容,全面捕捉资料中的关键信息,再通过逐步抽象来提炼文本中的共性内容并进行适当编码。采用逐句、逐段、混合编码方式对文本内容进行初始编码,经过反复编码及判断,剔除了无关及不适合的编码内容(表7-2)。

表7-2　　　　　　　　　　初始编码展示

访谈转写资料	初始编码
我们的工作,我感觉就是服务于外方发展,也就是说,外方院长是第一位的,我们是第二位的	30D-A73 中外方院长工作分工定位
我(中方院长)的工作就是负责中方所有的联系,比如汉办的通知转达、联系使领馆等。外方院长负责联系当地的组织和机构	33D-A23 中外方院长合作分工情况
我们一起商量我们院准备举办的活动与项目。一起讨论下个月开展什么活动,开设什么讲座,需要请哪几位专家等,这些事情我们都是一起商议确定的	04D-A32 中外方院长工作沟通方式
在陆陆续续一些工作的杂事上面,我与她的观点不一致,她就会不高兴,不愿意配合	28D-A25 中外方院长沟通矛盾
我们就没什么偷懒的,大家都是齐心协力的,那么你在这里会感到我们的氛围非常好,大家都有团队精神	29D-B71 组织内部氛围

注:由于篇幅原因,仅展示部分编码。

其次,对初始编码进行多次抽象及归类,最终得出12个次范畴,3个主范畴(表7-3),并展示了主范畴及次范畴访谈编码出现的频次表。其中,对次范畴的频次排序仅代表孔子学院院长对于管理沟通提及的次数,并不代表其重视程度,即频次描述引导研究者和读者关注孔子学院的中外方院长群体更重视的话题倾向,而非其重视的量化程度。

表7-3 主轴式编码

联系	主范畴	次范畴	频次
中外方院长跨文化管理沟通	沟通现状	中外方院长合作定位（43） 中外方院长工作分工（80） 沟通现状及矛盾（35）	158
	影响因素	组织结构因素（149） 组织运营因素（18） 人际因素（33） 中方院长流动性（18） 文化差异（21）	239
	沟通方式	妥协型（8） 坚持型（3） 沟通合作型（18） 问题解决型（11）	40

第八章 孔子学院中外方院长跨文化管理沟通影响因素及应对策略

第一节 中外方院长跨文化管理沟通现状

2004年，中国借鉴英、法、德等国设立对外语言文化传播机构的经验，在韩国设立第一所孔子学院，开始了探索对外传播中国语言文化的历程。孔子学院发展日益壮大，截至2020年，共计有162个国家（地区）设立了550所孔子学院和1172个孔子课堂。

依据孔子学院的章程，孔子学院的办学致力于适应世界各国（地区）人民对汉语学习的需要，增进世界各国（地区）人民对中国语言文化的了解，加强中国与世界各国教育文化交流合作，发展中国与外国的友好关系，促进世界多元文化发展，构建和谐世界。孔子学院的设立满足了世界人民汉语学习的多样化需求，以文化交流为纽带，搭建了世界了解中国文化的窗口，促进了人类多样文明的交流互鉴与和谐共生。孔子学院不断拓展办学功能，扩大中华文化影响力，目前已成为集语言教学、文化传播、学术研究、社会服务于一体的功能齐全、内涵丰富的综合交流平台。

一 孔子学院组织架构

孔子学院的建立是由外方自愿提出申请，在中外双方充分协商的基础上，依照《孔子学院章程》，由国家汉办与外方签订合作协议，采用中外双方平等合作、共同投入，公开透明、互利共赢的办学模式，创造了中外教育文化领域深度融合的成功范例。

孔子学院实行理事会领导下的院长负责制，由中外双方派遣代表，共同组成理事会，所有的事情由理事会研究决定（图8-1）。整体而言，理事会主要负责研究审定孔子学院的发展规划、年度工作和预决算方案等内容。中外双方共同筹措和管理办学资金，一般投入比例为1：1，真正做到共建、共管、共享、共赢。

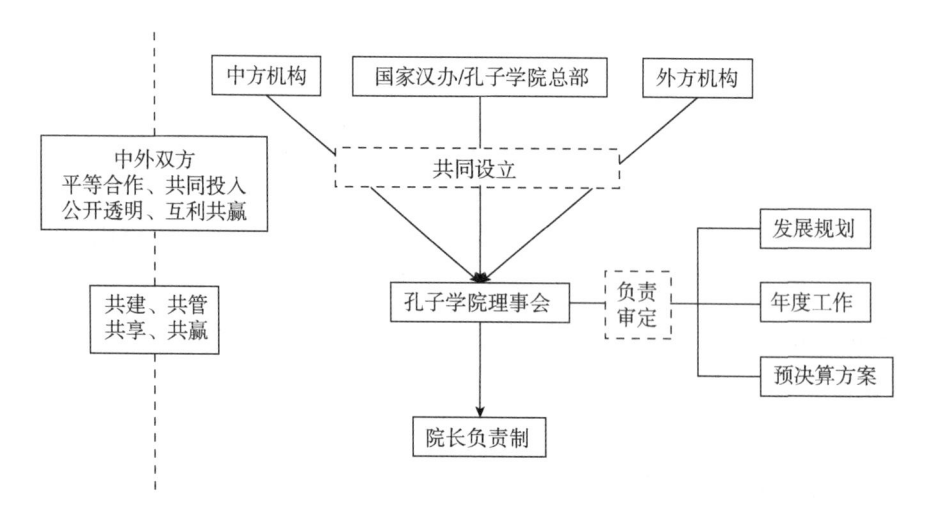

图8-1 孔子学院领导架构

在孔子学院内部，由院长负责孔子学院的日常运营和管理。在管理上，一般设置一名中方院长、一名外方院长。孔子学院的教师通常来自中方院校，如果有实际工作需要，也聘用当地的教师，工作人员是由中外方工作人员共同组成。

图8-2描绘了孔子学院的基本组织架构。一般来说，外方院长主要管理外方经理、本土教师和当地工作人员（项目经理、秘书等），中方院长主管中方的公派教师和志愿者。这一管理模式并不是绝对的，因为孔子学院设立的国情和地域不同，组织架构也较为灵活。有些地区外方高校副校长兼任孔子学院院长，这样中方院长和外方院长相当

于"副院长"或者"执行副院长",负责日常的工作与管理。

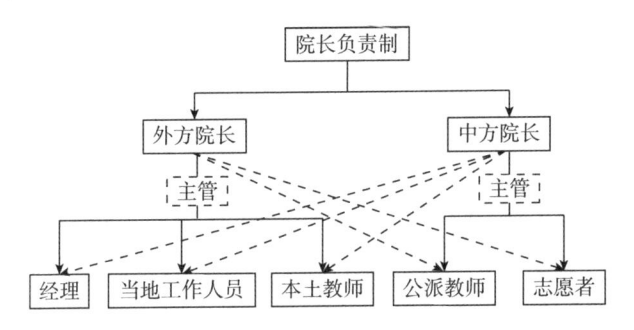

图 8-2 孔子学院基本组织架构

二 中外方院长定位及分工

在"院长负责制"下,孔子学院的中外方院长共同履行管理孔子学院的职责,中外方院长的职责主要体现为在日常管理和教学过程中,实行以外方为主、中方协助,以充分调动外方办学的积极性。孔子学院的章程对于中外方院长的分工并未做清晰描述,只提及院长负责孔子学院的日常运营与管理。孔子学院规模逐渐扩大,数量不断增多,但是,孔子学院的管理和中外方院长的定位与分工仍未明确规定,而是随着所在国国情和具体孔院的发展而定。一位中方院长在回答"中方院长是什么"时,写下"对于外方院长是合作者,也是协调人。中外方院长的配合关系到孔院的成败,中方院长是桥梁,是纽带,是沟通、理解的金钥匙,是文化磨合的润滑油,是有序运行的黏合剂"。她在描述中清晰指出,中外方院长的配合对于孔子学院的发展而言至关重要,而理解和沟通是奠定良好关系最为重要的基石。

孔子学院的中外方院长,承担的管理角色和内容较为多样,既要在宏观上确定孔子学院的发展计划,制定相应的发展目标,又要在执行层面不断建立和完善管理体系,同时兼顾日常的管理运营事务。在这种情况下,中外方院长如何进行明确的分工和协作,对于组织建设发展而言至关重要。在本次走访的孔子学院中,中外方院长的基本定位和分工情况如下。

（一）中外方院长定位

外方为主，中方为辅的定位。有的院长提到，孔院的工作还是"以外方院长为主，我们还是以支持她的工作为主，所以一些主要的活动都是由她来拍板"（33D－A18 欧洲）。这就表明在日常工作中，外方院长为主要管理者，中方院长以协助管理的角色存在。另外，中方院长任期较短，外方院长长期在孔子学院工作，工作连续性更好。"比如说有些活动，如果要延续以前的做法的话，她就会继续这样安排。如果有新的想法，那么她也会征求我的意见，她就会做出判断，由她来决定最后这个事情做不做。"（33D－A18 欧洲）如此一来，孔子学院的许多常规活动能得到持续和长远的发展。若增加新的活动，中外双方院长及时沟通合作，也会顺利开展。也有中方院长指出"汉办一开始就是这样定位的，中方院长去了其实是做副院长，你去了就是协助人家的工作"（06D－A35 东亚）。这样，中方院长可以专注孔子学院内部事务，"我就专心管教学文化活动，还有跟国内的交流了"（06D－A33 东亚）。也有院长提到"孔子学院是铁打的营盘流水的兵，你中方院长就是流水的"（53D－A38 北美）。所以中方院长就将一些演讲、对外等机会主动让渡给外方院长，做幕后的准备工作。"我就觉得要把出头露面的权利给他（外方院长），但是我们幕后工作要做得很好，这是我们的本分工作。"（53D－A39 北美）也有学院直接将中方院长定位为"vice dean，有的叫 Chinese director"（51D－B113 北美），明确外方为主要院长，中方为副院长，进一步确认中外双方院长的工作职责，分工明确，较少工作交叉，进一步提高中外方院长间的沟通效率和工作效率，促进双方合作。

中方院长仍具有重要的管理作用。随着部分孔子学院以外方为主的趋势愈发凸显，加之前期汉办贯彻"外方为主"的理念，很多地方甚至取消了中方院长职位，造成中方院长工作职责和定位划分缺失，带来一定的管理问题。关于这一问题，团队在研究日记中也有所提及："目前所调研的孔子学院（北美地区）都认为应该废除中方院长的角色，由外方完全主导孔院管理。"目前来看，外方都认为这样可以大大减少孔院内部的矛盾，管理更加简单。从管理上而言，精减人员、精简机构，无疑有助于提高组织运营效率，这符合现代化组织变革发展方向。然而，有的孔院院长认为，如果中方院长的重要作用没有被充分发掘，是非常严重的。如："你看有的大学不叫中方院长，直接叫 deputy director，就是副院长。有的学校基本不要中方院长过来，认为没有必要。部分学校对于怎么定位中方院长也感到很困惑。我认为这是一个很大的问题。"（23D-B24 欧洲）也有部分外方院长指出，在工作中，中方院长的定位同样重要。"对我们孔院的建设发展经验而言，中方院长极其重要，是完全不可或缺的！两位院长对于孔子学院发展起到非常重要的作用。"（51D-B111 北美）因为，"在我们的工作中，中方院长是非常关键的。许多具体操作和工作一定要中方院长来做，包括争取中国院校的支持，老师、志愿者的管理，与汉办的联系，等等"（51D-B112 北美）。这位外方院长指出，在孔子学院发展运营中，中方院长承担了非常重要的工作角色，对于孔子学院的日常管理非常重要。

以中方管理为主的定位方式。在一些国家，由于机制体制等原因，形成了以中方为主的管理模式。有一位中方院长指出，"我们的管理是以中方为主的，外方院长基本不参与管理"（12D-A45 东南亚），这位外方院长在日常管理过程中，只负责签字等基本的事务，在管理中以中方为主。

（二）中外方院长分工情况

外方院长主要分管对外联络、孔子学院发展的整体性事务，而中方院长主要分管教学、文化活动等内部事务。在本次访谈提及的孔院中，外方院长负责对外联络、管理孔子学院整体运作等内容，而中方院长负责孔院的中方联络以及内部教学运营等事宜。

在孔子学院的日常运营分工中，一般谈及外方运作，主要工作是全面负责孔子学院的各项工作决策，负责联系当地高校、企业及对社会资源进行协调，以助力孔子学院的发展与建设。在决策层面，包括"外方院长出具工作思路、想法和建议。我们商定好了，就负责往下推动，具体实施"（29D-A13 欧洲）。同时，外方负责所在高校内部事务的协调。如有的外方院长所说,"主要负责学校这边的行政事务,协调行政工作人员的帮助,借活动场地等"(04D – A33 东亚)。

中方院长一般负责学院内部教学管理事务、与国内高校机构联系、与中国相关机构联系等。"我(中方院长)就专心管教学文化活动和跟国内的沟通,这就是我的工作。"(06D – A33 东亚)如一位中方院长所说:

> **33D – A23 欧洲:** 我们这里 general manager 负责英方的各类活动。我作为中方院长,负责中方所有事务,包括与汉办联络,处理一些通知,与当地使领馆联络等,也包括当地的一些中国机构。因为 manager 他看不懂中文,所以我一般是翻译完后再 share 给大家。我们的一些活动呢,就由 manager 去联系当地的组织。然后预决算我们俩共同做,他完成第一份初稿后,我翻译成中文。如果遇见问题,我就提出来,我们大家沟通修改。

该院长描述了他与外方经理的工作范畴,中方院长负责中方事务,外方经理负责协调当地事宜,为相应活动做准备。他们共同商议完成预算制定工作,而外方经理在当地具有良好的人脉关系,可以充分协助孔子学院的发展。相同的分工描述也来自外方院长:"中方的事务都是由他(中方院长)负责,项目的内容及方法由我们一起商量,我们的关系就相处得比较好。"(04D – A34 东亚)

当然,孔子学院中外方院长的分工情况纷繁复杂,并不只有上述几种情况。不同国家(地区)的孔子学院,中外方院长的分工情况也存在一定差异,甚至同一所孔子学院在不同发展阶段,中外方院长所承担的工作和分工方式也不尽相同。另外,本次调研发现"中外方院长的分工"颇受关注,后续我们将详细论述其影响因素。

三 中外方院长跨文化管理沟通现状

管理过程实际是沟通的过程,因此管理沟通贯穿在中外方院长日常管理工作的每一个环节。中外方院长在负责孔子学院的日常管理运营过程中，以实现孔子学院发展目标为导向，依据时间和情境的不同，开展管理沟通工作，解决管理工作中面临的问题。管理沟通过程需要中外双方参与，在互动中选择沟通渠道与沟通方式，在复杂的沟通过程中达到理想的沟通效果。然而，管理过程难免伴随着各种各样的沟通问题。

1. 沟通缺乏，造成某一方院长职责缺失

沟通缺乏指在日常管理过程中，中外方院长沟通较少，或者基本没有相关沟通，导致双方无法及时交换管理信息。沟通缺乏导致一方院长的职责缺失，使得孔子学院的发展受到极大限制。如某中方院长提到某外方院长："他就说所有的事情你就自己处理了，不要找我。"（12D – A39 东南亚）这就造成外方院长的管理角色缺失，但孔子学院举办活动、寻求所在地机构的支持等都需要外方院长来协调，尤其是孔子学院的发展规划与日常管理决策，不是中方院长一人之力能解决的问题。也有中方院长坦率指出："某些办事程序、办事渠道，通过什么地方来联络等工作我是不太清楚的，所以外方院长如果能够提供协助是最为理想的状态。"（11D – A54 南亚）

2. 沟通不到位，导致工作推动困难

沟通不到位指中外方院长在日常工作中，对于相应的管理工作沟通不充分，没有及时交换信息，阻碍了孔子学院管理工作的正常开展。如果中外双方院长沟通不及时、不到位，那么相关工作的开展和孔子学院的发展就会遇到诸多问题，决策效率低下。如："我和他（外方院长）在我来了之后，一般沟通还行，但是其余的方面是不行的，他什么事情都不做，都给你采取拖延的办法。"（11D – A27 南亚）这也会导致外方院长"对孔子学院是做什么的、然后干什么，为什么办学，有什么意义都搞不清楚"（11D – A28 南亚）。在这种情况下，中外方院长的沟通显然不顺畅，不利于孔子学院各项工作的开展。同时，中外方院长如果不能有效沟通，达到协调和统一，两者在关于孔子学院日常管理事务和发展规划产生分歧时，也会降低工作效率。如有的外方院长也曾提及。外方院长与中方院长在工作中产生了矛盾，因为每个人"有自己的问题"（28D – C07 欧洲）。

3. 认知与文化差异带来的沟通不便

作为中外合作办学的教学机构，孔子学院在海外办学，自然面临跨文化沟通交流的挑战，这可能导致一些差异性的存在影响沟通质量。如文化差异，"外方院长和我们的思维不太一致，所以沟通起来很困难"（51D-B110 北美）。还有外方院长提及沟通困难可能是"文化的问题"（28D-C17 欧洲）。外方院长认为差异和问题源于文化的问题（28D-C19 欧洲）。此类沟通过程就要克服跨文化交流问题，双方需要交流意见与思想，减少跨文化冲突带来的对于孔子学院管理的负面影响。

第二节　中外方院长跨文化管理沟通影响因素

本书中的管理沟通指中外方院长在日常组织管理运行中的沟通情况，最终目的是提高组织的功能与效率。作为孔子学院的管理者，中外方院长基于沟通完成孔子学院的基本管理工作，在管理的计划、组织、协调、领导和控制等职能上充分沟通，才能完成孔子学院的管理工作。管理沟通属于人—人沟通，其沟通过程和方式较为多样且复杂，组织内部架构、运营情况等同样会影响中外方院长的沟通质量。同时，孔子学院不可避免地面临跨文化管理要求。伴随跨文化情境而来的跨文化差异，同样是孔子学院经营发展中中外方院长沟通管理所面临的重要挑战之一。

一　组织结构因素

组织结构因素是组织在管理中的分工协作情况，是职务、责任、权利等方面所形成的相应的结构体系。分工问题是影响中外方院长沟通的重要因素，甚至是双方冲突的起因。

（一）定位差异

工作定位指在孔子学院的日常管理运营中，中外方院长对于彼此工作管理角色的认知与界定。孔子学院作为中外双方办学机构，实际运营存在以某一方为主导、另一方协助的博弈过程，这种定位的不确定性会影响中外方院长的合作质量。因此，工作定位对于中外方院长之间的合作而言至关重要，中外方院长在合作中遇到的重要分歧或者影响也来自双方关于定位的分歧。不同的孔子学院，中外方院长对于自身定位不同，会导致不同的管理认知，从而产生管理层面的分歧或者摩擦。如有教师在访谈中提及"学院的中外双方院长的认知、性格、文化背景和处事方式差异较大，而且沟通不够充分。以每月的教研会为例，外方院长不参加研讨会，但是希望中方院长告诉他开会的内容。而中方院长觉得教学研讨会是由自己管理的教学事务，自己不需要事事都向外方院长汇报，认为双方是平级的，不是上下级关系。双方的误会渐深，进而影响到其他的相关工作"。在上述描述中，中方院长将自身定位在与外方院长平级的管理者，而外方院长认为自己是孔院管理者，需要了解教研会的内容，而且认为中方院长应告知会议内容。两位院长的定位不一致，影响了管理沟通。

此外，中外方院长的分工也存在不明确、模糊或重叠交叉的情况，可能导致双方产生矛盾及冲突。

（二）模糊分工

教学管理、师资培养、奖学金和项目申请等重要事项，需要中外方院长通力合作或者充分协调，但在实际工作中，有些孔子学院的中外方院长分工不明确，所有的事情都是一起做或者不做明显的分工。如"我们之间没有很细的分工，孔院整体的工作，教学、志愿者管理、课程等，我们配合着做"（26D－B26 欧洲）。又如一位院长提到，他所在的孔子学院除了一块涉及特色业务的内容外，其余院长间的工作都是"交叉在一起的"（32D－A82 欧洲）。有时候权责划分不清，在管理中就会出现因管理领域重叠而导致的冲突。尤其是当这种组织内的冲突严重时，中外方因为矛盾分歧过大，会极大地影响孔子学院的日常运营，不利于孔子学院发展。有院长甚至谈到，"第一任中外方院长因为不能很好地处理关系，两个人都不继续做院长了"（53D－A03 北美）。

另外，有时候外方院长与外方经理也会权责划分不明，从而引发摩擦。如一位外方院长提到,"我和经理也会有一些摩擦,因为她有时候会越过我直接找校长,其实应该通过我来联系"(23D – B26 欧洲)。

(三)分工缺失

部分孔院院长在工作中采取消极态度,由于分工缺失而导致矛盾发生。例如,某外方院长在孔子学院是"part-time 的工作,同时也是所在大学的文学学院院长"(12D – A39 东南亚),他本身的事务非常多,因此,对于孔子学院的管理工作基本处理方式就是只要知情即可,不再承担具体的管理工作。"他(外方院长)说工作上的事情,你们自己办了,不要烦我。"(12D – A39 东南亚)这样造成中方院长负责所有的管理活动,缺少外方院长的支持。另外,一方院长消极怠工但最后"摘桃子"的情况也时有发生。如有中方院长提到,有的外方院长存在"摘桃子"心理,即不做事、只抢功,促发原因可能包括工作时间、工作能力、个人性格、做事风格甚或自身素质等。一位中方院长提到"他(外方院长)基本上不管事,他是一障碍。……在网上应该是一个介绍的 information 吧,他来一个 letter(院长致辞——访谈者注),'Hello, I am the director of Confucius Institute',最后落款是他自己的名字。我看谁的 About Us(简介部分)都没有这种"。就上述中方院长的情况来看,虽然只是在该孔子学院网站上安放一个"院长致辞"这样一件小事,但显然已影响到他的心情、心态和对外方院长的态度。原因在于:该地其他孔子学院一般都不设"院长致辞"。在该孔子学院文化活动报道中,外方院长更占据不应占据的篇幅。"院长致辞"的表述完全忽视中方院长的存在,是对中方院长的不尊重,进而引起中方院长的极度反感,加剧中外方院长之间的矛盾。这主要是由于分工缺失而造成的矛盾与问题。

二 组织运营因素

沟通的重要功能之一是协调组织内部的冲突与矛盾。孔子学院作为中外合作办学机构,既面临中外文化的相互交织与碰撞,也面临日常运营管理中的冲突与矛盾,因此,难免产生组织内冲突或矛盾。组织运营指管理孔子学院的具体事务及其处理方式,管理者的经营及运营选择将直接影响和改变组织的未来发展规划与方向。孔子学院的建设正是在一个个的运营抉择中发展起来,这也是影响中外方院长沟通管理的重要因素之一。

(一) 具体事务影响

有一位中方院长提到"有一次我们准备一个展览活动,人和产品都到齐了,参展人员也来了。但是外方说不能开展,因为一些手续没有报批,没有做风险评估"(36D - A41 欧洲)。中方院长花费较长时间筹划该活动,认为举办此次展览有利于提升孔子学院在当地的知名度。因此,该中方院长积极联系,通过引入第三方机构评估的方式,为展览提供评估保险,最终成功举办本次活动。然而,外方院长仍然坚持认为举办这一活动具有一定的风险,尤其是展览品中的某些构件可能在安装或者展览过程中造成危险等,非常谨慎,而且对第三方评估的结果持不信任态度,最后没有授权该展览使用大学的名字,也不能以该大学下设孔子学院的名义举办。因此,活动虽然顺利举行,但并未实现活动初衷,也没有起到积极宣传孔子学院的作用,这就给孔子学院宣传造成了一定损失。可见,针对具体事务的不同管理及处理意见,引发了中外方院长的管理沟通问题。

(二) 发展方向选择

在孔子学院发展方向的选择上,中外方院长有时也会持有不同意见,造成沟通分歧。有中方院长提及:"我们的矛盾集中在这个宣传上面。外方院长和经理认为我们应当从活动对象出发,多开展针对本地人的活动。他们认为我们的目标受众不是中国人,而是当地人。但是我认为我们的活动可以从中国传统文化展示出发,多邀请当地人参与,这也是没有问题的。"(23D - A25 欧洲)中方院长认为,举办文化活动应该以展示中国文化为出发点,但外方院长认为应该以吸引当地人员参加为目的,开展针对当地人的活动,从而扩大影响力。可见,针对孔院发展方向的分歧也是造成双方管理沟通矛盾的主要原因之一。

三 中方院长的流动性

在中外双方院长的跨文化沟通管理中，还有一项重要的影响因素是中方院长的流动性。一般中方院长由国内高校选派，任期两年。如果两位院长刚刚建立起合适的交流方式与合作关系，中方院长却任期满回国，外方院长不得不适应新的中方院长与其建立沟通关系，这也增加了双方沟通的成本。许多中方院长提到"我们外派的中方院长，流水的兵流得太快，这是一个很大的问题。因为外方也要考虑这个人员的连续性，不能一个事情你做了几年，成长起来，你又走了，那么事情的延续性就会被破坏"（32D-A24欧洲）。有的中方院长赴任已经是第四任或者第五任了，外方院长"从成立以来一直担任院长到现在"（30D-A49欧洲）。那么中方院长对于学院的建立、发展、人事关系、行政管理等事务就存在一个从头开始摸索学习的过程，无疑增加了管理成本，故部分中方院长指出"外方的长期雇员是有好处的，它有一个连贯性，人员稳定，可以确保孔子学院的长期发展"（33D-A11欧洲）。外方人员相对而言更为稳定，更换频率低，而中方院长的流动性给双方的沟通和协调均带来一定的消极影响。

四 人际关系因素

人际关系因素影响中外方院长的管理沟通质量。交流双方如果相互猜疑，会增加抵触情绪；若坦诚相对，就有利于沟通效率的提升。人际关系和谐，沟通自然容易；人际关系紧张，沟通难度就会加大。

（一）彼此信任

信任是相互沟通、合作、交往的重要基石。一位外方院长在访谈中指出，"孔院要是能够长期做下去，最重要的是双方合作，要互相信任"（48D-A44北美）。他强调，孔子学院如果要长期发展，那么中外双方的合作至关重要，尤其是中外双方要互相信任。另一位外方院长同样提及"有信赖，可以说出自己的心声，这一点很重要。如果说出来，我就知道大概是什么情况，出现了什么问题，怎么解决"（29D - B72 欧洲）。在互相信任的基础上，中外双方可以充分交流信息，针对孔子学院的运营和发展进行充分的沟通，通力合作。

（二）互相理解

互相理解是人际交往的重要组成部分，如果双方能互相理解彼此的意图，那么沟通更容易达成，反之不然。一位外方院长提到"我们互相理解"（10D - B45 西亚）。有的外方院长指出，"我非常愿意和我们搭档的中方院长一起工作"。这位外方院长和中方院长相处融洽，沟通良好，彼此能相互理解。也有中方院长提到，所在国家的高校有一定的官僚体系作风，所以部分活动的开展并不顺利，但他充分理解外方院长的难处："我有时候很理解她，她就是个教研室的主任，国外大学里其实有一些官僚体系很明显的做法，她也是没有办法。"（30D - A26 欧洲）中方院长对于外方院长的理解，对于双方的沟通而言至关重要，中方院长充分考虑到相应体制对于外方院长的限制，两者的管理沟通也就更为顺畅。

（三）个性差异

每一位院长作为独立的个体，都有自身个性，这种个性差异也会影响人际交往，并对管理沟通产生影响。如有的院长性格随和，故沟通产生误解和冲突的可能性较小，和对方的配合更为顺畅。部分中方院长指出，"像我们这个性格都属于比较 easy-going 型的，所以跟他们外方沟通是没有问题的"（10D - A07 西亚）。有时，性格问题也会导致沟通成本增加。如一位中方院长提到，"被误解的时候，觉得不便解释。而且考虑到对方（外方院长）性格，我觉得解释也等于白解释了，那就不解释了"（29D - B5 欧洲）。基于对对方性格的认知，中方院长在遇到问题的时候，选择不过多解释，这样矛盾没有得到及时解决，长此以往，可能影响彼此的沟通。

五 文化差异因素

作为中外合作办学的教学机构，孔子学院在海外办学，自然面临跨文化沟通交流的挑战，这给沟通工作带来一定影响。

（一）工作习惯差异

有中方院长提到东南亚国家，当地的工作节奏比较慢，会对管理工作的推进带来影响。"和他们合作要适应他们的慢节奏。比如你今天和他说一个事情，不要预期他明天就能给你办好，这是不现实的。他们会一直不停地拖。比如我们近期要举办一个学汉语40周年的纪念活动，他们就不断开会，将事情一件一件布置下去。这就是人家的工作方式，是需要我们去慢慢适应。"（12D-A38 东南亚）因为对方的工作习惯是慢节奏的方式，所以对于中方院长而言，会产生一个适应的过程。本团队调研日记中也提及这一问题："与外方经理访谈时，她补充说：'中方外派人员来了之后，必须了解（acknowledge）当地的规则，尤其是我们学校的规则，并且需要尊重 local。必须要认同当地这些人的意义和作用，你要承认他们在里面所起的作用，适应他们的工作习惯。'"（36J-02）外方经理强调中方人员到当地工作后，要适应和尊重当地的生活及工作习惯，这样才能更好地开展相关工作。

（二）语言差异

在跨文化环境中，语言是非常重要的沟通交流工具，同样也是影响中外双方院长沟通交流的重要因素。有一位中方院长提到，和外方副院长的关系相处得非常好。一方面，"我们没有语言障碍。都用外方的语言进行沟通"；一方面"我们经常遇到事情一起商量，所以什么事情都能达成共识，根本不存在什么矛盾"（29D-A12 欧洲）。中方院长与外方副院长因为没有语言障碍，建立了较好的关系，所以沟通较为顺畅。当然，也有多种语言交织使用的情况。在访谈中，一位中方院长提到，原来他们组内组会都是用所在国语言，但外方院长主动提出，她也听得懂中文，所以组内如果开例会，可以用中文进行。"她（外方院长）跟我说，反正我们都能听得懂，用中文开例会就行了。"（33D-A06 欧洲）但是他们内部通讯和工作语言还是当地语言。

第三节　中外方院长跨文化管理沟通应对策略

通过访谈内容可知，中外方院长在面对管理工作中出现的冲突和矛盾时，不同的人有不同的处理风格，不同的院长会采取不同的沟通策略。具体而言，有以下几种。

一　妥协型

妥协型应对策略指面对冲突，不以直面的方式解决冲突，而是采用妥协或者回避的态度，避免出现针锋相对的情况，主要包括回避型妥协和暂时性妥协两类。

回避型妥协指面对冲突或者问题的时候，尽量回避问题，或者回避联系，以降低产生冲突的可能性。如前所述，有的孔院中外方院长的分工不是很明确，外方院长因为自身的行政事务比较多，对孔院的管理工作干预较少。因此，中方院长在被问到"涉及与外方和校方很多部分打交道等问题，怎么配合工作"这一问题时，回答"我们基本就自己干活，很少和他们打交道……"（12D - A42 东南亚）其实，这就是一种回避妥协的策略，面对分工的缺失，自己筹划并独自完成工作，减少与外方的接触，甚至不接触。再如外方经理在提及与中外方院长的分歧时指出，他们"性格上格格不入"（personality clash），导致互相不商讨和沟通，两人之间"不共享信息"（did not share information），甚至彼此间"缺乏尊重"（lack of respect），各行其是，导致孔子学院管理层不协调，从而影响整个孔子学院开展正常工作。规避或迁就会导致输赢结果的冲突。没有人能够真正实现需求，若过分规避，还会导致潜在的冲突再次出现。

暂时性妥协指中外双方院长面对冲突时，规避和克制不同意见，对于冲突进行妥协，以达到推动解决冲突的结果。访谈者提问："当你们团队内部有问题的时候，你采取什么行为？"中方院长在回答中提到，"有时候在工作中一定要妥协"（23D - A53 欧洲）。这就是暂时性妥协,通过暂时妥协的方式先化解矛盾,规避冲突,然后再寻求解决问题的方式。不过,"妥协"是面对问题进行规避,但有时也是一种积极的行事方式。"我肯定要先妥协,这是我的办法,采用迂回的工作方式,慢慢来。"(23D-A53 欧洲)此中方院长指出,面对问题,他先采用妥协的方式进行迂回处理,避免正面冲突,慢慢推动事情向前发展。这里的妥协性策略可以理解为积极妥协型,即并非一味地逃避问题,而是"避其锋芒",再"徐徐图之"。

二 坚持型

坚持型应对策略指中外方院长面对管理沟通问题时,坚持自己的观点或行事方式。一位中方院长提到,有一次在面对孔子学院的发展规划时,他认为,应当积极拓展当地中小学市场,开设孔子课堂。外方经理认为,"这是 marketing 的工作,所以不同意我这样做,但是我觉得是发展需要,所以我就坚持"(23D-A27 欧洲)。这就是坚持型策略,坚持自己的观点和做法。中方院长的坚持,最终得到外方院长的认可。就在研究团队采访的前一周,开拓的中小学教学点反映良好,因此"外方才真正觉得,这一块做对了,这块市场开发对了"(23D-A57 欧洲)。

同样,面对文化差异冲突,外方也会采取坚持的态度面对问题。如一位中方院长转述的故事中描绘了典型的坚持型应对策略:国内大学副校长一行在出访的前三天才确定下日程和出行名单,告诉她(中方院长)希望约见外方大学的副校长。中方院长当时感到很为难:"到访三天之前约见外方副校长,这对当地人是不可能的……一个月还差不多。"更让她感到为难的是中方校领导到访的时间全是周末:"周五傍晚降落,周六周日停留两天,周日晚上乘机走,没有一天是在工作日,当地人在周末一般是不会出席工作会议的。"中方院长希望中方来访的校领导能留出一个工作日,这样与外方更容易沟通,但校方领导考虑到因公出访有严格的时间限制,表示无法改动日期。外方副校长和外方院长都因周末已经另有安排而拒绝了参会请求。最后,

第八章 孔子学院中外方院长跨文化管理沟通影响因素及应对策略

中方院长联系上了另一位在任的副校长，两校领导才成功会见。外方院长及工作人员坚持他们的工作习惯，即在工作日之外不安排会见，也不接受临时的工作安排。因此，中方院长想其他办法解决问题。

三 沟通合作型

沟通合作型应对策略指中外方院长在面对矛盾和工作任务时，通过充分沟通，尽可能解决面临的冲突与矛盾。"我们一起商量，一起商量我们该做的项目、活动是什么，并排列记录下来。每一个活动我们应该请几位老师，办什么讲座，还有什么活动，我们都一起商量。"（04D - A32 东亚）在决策和工作中，中外方院长通过充分的协商和沟通，最大程度上弥合分歧，发现问题并解决问题，最终推动工作有序开展，而且一定程度上也消解了矛盾。如中方院长在访谈中提到与外方经理有一定的冲突，外方经理也反映了同样的问题。访谈中某外方院长指出，他们在运营中也会存在问题和摩擦，但是他们通过会议协商与沟通来解决矛盾（"I'm pretty sure it works because we have a meeting to discuss and solve the problem. I'm sure it's okay now"）（28D - C21 欧洲）。如一位外方院长所说："我们内部很融洽。大家天南地北聚到一起，一开始工作肯定需要磨合时间。大家也会不理解，但是每个地区有每个地区的特殊情况，大家把话说开了就好，很多事就变得没关系了。"（28D - B31 欧洲）

有时候冲突的双方不仅限于中外方院长之间。一位中方院长在访谈中提到学院合同到期，需要续签，而中方院校和外方院校有不同的利益诉求，所以合同签订事宜经过了波折和协调。中方院长说："我就列了一个表，汉办什么意见，为什么这样考虑。外方什么意见，他们的初衷是什么。就解释清楚彼此之间其实目的也是合作，是为了共同利益，为了把这个孔子学院办好。所以我们找了个折中的方案。"（53D - A32 北美）这种情况下，中方院长起到了充分的沟通和链接作用，通过沟通解决问题，推动了双方的合作。

四 问题解决型

问题解决型应对策略指在遇到分歧时，积极说服对方来解决问题。较为典型的是：在某孔子学院，前期汉办派遣的志愿者有的表现不好，如汉语教学任务承担不足等，给外方院长留下不好的印象。因此，外方院长直言拒绝接受中方派遣的公派教师及志愿者，导致该孔院长期缺乏志愿者，只依靠当地教师及海外志愿者承担相应工作。但是，中方院长积极沟通，努力解决问题，最终成功说服外方院长。

> 30D - B06 欧洲：（中方院长指出）以前的志愿者有的表现不太好。所以外方院长对这个事比较介意，就是不太喜欢派遣的志愿者，就好像一朝被蛇咬的感觉。其实我一直鼓励她，告诉她志愿者肯定有好的有坏的。毕竟是志愿者是小孩嘛，肯定跟大人不一样。但她就坚持，挺谨慎的。

因为前期志愿者表现不理想，外方院长认为志愿者比较年轻，缺乏教学经验，对孔子学院的工作没有益处。在外方院长的访谈中，她同样提到：

> 30D - B20 欧洲：（外方院长表述，中方院长翻译）您刚才问我们有什么问题，主要是老师不够，（缺乏）志愿者的问题。但是他们没有汉语教学经验。汉办说要我们教他们如何进行教学，但是我们老师也没有时间，因为我们老师每天也有课。

外方院长本身也意识到，孔子学院的发展过程中，师资具有决定性作用，但还是表达了对接受志愿者教师的忧虑——专业能力不够。同时，当地高校对于志愿者的派遣也有较高的要求，即"要求硕士以上学位，必须是毕业生"（30D - B09 欧洲）。一般来说，志愿者为在读硕士或本科毕业生，而所在高校对志愿者必须是硕士毕业生的要求较难实现。在国内，大多数学生毕业后选择直接就业而非做志愿者，因此，这又提高了志愿者派遣的难度。

面对这样的问题，中方院长仍然较积极，努力与外方院长沟通。在我们访谈时，已经确定有两个志愿者会在当年去孔院工作，同时中方院长向志愿者强调，要好好表现，以免外方院长继续不满而造成矛盾："我们今年要了两个志愿者，来的时候我（中方院长）就和志愿者说清楚，表现得要好一点。"（30D-B62 欧洲）这些举动可以有效解决此类问题，缓解了孔子学院面临的师资问题。

第四节 中外方院长跨文化管理沟通影响机制

一 组织层面：基础影响因素

（一）作为基础的组织结构因素

组织的结构是建立在组织成员相互关系上的，当互相关系的认知差异或者目标产生分歧时，就会产生冲突，进而对双方的行为、产出等因素造成影响（Wall & Callister，1995）。有学者指出组织的管理层次越复杂，造成的冲突就越多，两者呈正相关关系，同时各部门之间相互"踢皮球"的现象也会越多，更多采用回避或者延缓的态度来对待管理任务，而且组织中的冲突重复程度会很高（刘仁军，2001）。孔子学院的组织结构因素是中外方院长跨文化管理沟通中的基础性因素。一般认为组织结构与组织内部控制、治理呈现紧密的相关及互动关系（程新生，2004）。因此，不同的定位将会对中外方院长产生不同的心态影响，同时分工作为主要的结构因素，对中外方院长的日常工作运营、双方合作也有重要意义。双方定位的差异，尤其是由此导致的分工缺失及分工模糊，会增加组织内部沟通的成本，也会提高组织运营因素对于中外方院长沟通矛盾的引发频率。

良好的非营利性组织的治理结构，能为组织内部管理及公信力建设提供制度性的保障（刘春湘，2006）。因此，作为中外合作办学的非营利性教育机构的孔子学院，应当完善组织架构，依据不同孔子学院发展建设的具体情况,从组织结构层面明确中外方院长的工作职责及定位,减少组织结构因素对双方日常管理沟通工作的负面影响。这样可以保障孔子学院在良好的治理环境下顺利运行,对孔子学院这一非营利性跨文化的教育组织发展意义重大。

(二)作为关键的组织运营因素

组织运营因素是中外方院长双方管理沟通的关键性影响因素。在组织运营过程中,针对组织的发展目标决策或者具体事务,中外双方院长如果意见不一致,会产生沟通冲突,影响双方沟通质量,而双方开展管理沟通最重要的目的也是解决在运营管理中产生的问题,实现孔子学院的发展目标。领导者的价值观不同,存在差异,必然导致对组织的目标和价值产生不同的理解,同时其理解度和择优规则的不同,又进一步推动了这种差异和分歧的发展(肖久灵,2006)。访谈中有中方院长提到,部分外方院长工作能力差,态度不端正,工作不积极主动(刘程、安然,2014)。这样的情况也会进一步造成双方在运营层面的冲突。

孔子学院的日常运营事务管理较为庞杂,尤其是大部分孔院的组织结构较为扁平化,中外方院长在管理中需要统筹协调的事务较多,除日常教学和活动外,还需要管理财务支出、人员,与社会组织机构接触等。如果组织结构这一基础因素出现问题,分工模糊,将进一步增加双方管理沟通问题的出现概率。

(三)重要的影响因素:中方院长的流动性

师资队伍的不稳定性一直是阻碍孔子学院可持续发展的重要因素之一,在孔子学院的研究中,备受学者关注(徐丽华,2008;周满生,2014)。中方院长作为孔子学院的主要管理者之一,其流动性应受到足够重视。中方院长的流动性对中外方院长的管理沟通产生一定的影响。有研究指出,高管团队构成发生变更时,会影响到原高管团队成员在长期工作中形成的特殊生产力,这种影响对团队的稳定性及团队决策效率的作用是不容忽视的(浦佳,2013)。同样,中方院长的流动性打破原有的中外方院长建立的动态平衡体系,对外方院长而言,要适应一位新的搭档来共同开展孔院的管理工作,而对继任的中方院长而言，他要从头开始适应当地的文化环境及自然环境，从无到有建立起与外方的管理沟通渠道，这无疑将增大孔子学院整体管理的沟通成本。有的院长提到，这一过程可能要持续半年之久。"虽然我有行政工作的基础，但是在来之前，汉办对我进行面试的时候就问过我，如果外方不配合，工作怎么开展呢？我其实是有这方面顾虑的，所以我回答至少给我半年的时间，我用半年时间来建立沟通关系，和他们沟通好事情，但是，在此期间你不能指望我在工作中有很大的突破，这是做不到的。"（33D-A14 欧洲）对于外方院长而言，适应不同的中方院长的工作方式同样需要花费时间与精力。在本书的调研对象中，有不少孔子学院的外方院长相对稳定，从建院之初就担任院长，而中方院长不断更换。访谈中有外方院长提到，他作为孔子学院办学时的第一任外方院长，在已经合作过的五任中方院长中，他与其中三位相处很愉快，特别是第一任。但是与另外两任合作不愉快，整个任期内都在磨合，其间一些矛盾和问题对他的工作造成了很大困扰。这也是中方院长流动性高带来的突出弊端。有研究指出，高管团队的特征给整个组织带来影响（Hambrick & Mason, 1982）。管理团队的融洽合作能极大提高组织活力和核心竞争力，反之，对组织发展极为不利。中方院长较强的流动性，对中外方院长的管理沟通和融洽合作，带来了许多不确定性因素。这也是今后孔子学院发展和管理工作需要着重解决的问题之一。

二 个体层面：重要影响因素

人际因素及跨文化环境的适应将在个体层面对于中外方院长的管理沟通产生影响。沟通是双向交流的过程，如果双方能够互相信任，互相理解，可以充分交流彼此的意见及信息，对管理过程产生促进作用。"有信赖，可以说出自己的心声，这一点很重要。如果说出来，我就知道大概有什么情况发生，出现了什么问题，怎么解决。"（29D-B72 欧洲）较低的信赖程度和缺乏相互理解，将会加剧双方的沟通误解，引发新的沟通冲突与摩擦。互相信任则会激发彼此的共享意愿，建立信任心理（徐碧祥，2007），对提高中外方院长工作认同感和孔子学院的核心竞争力同样有益。同时，双方的互相信任能有效调节任务冲突和关系冲突之间的关系。因此，增进中外方院长间的彼此信任和彼此合作，能够有效减少双方在工作中和管理实践中面临的冲突与问题。

当然，如果外方院长不够尊重中方院长，也会从人际关系层面，对双方的管理沟通工作带来严重影响。有的外方院长不尊重中方院长，甚至将中方院长"边缘化"，直接导致中方院长的想法和计划无法实施。国家汉办的很多固定项目，如春节联欢晚会、暑期班、夏令营等需要花费中方院长很多时间精力，通过校方领导、国家汉办的迂回战术，去"游说"外方院长，方能实施。中方院长称之为"打太极拳"，其中的沟通与协调成本巨大，不利于孔子学院顺利运转（刘程、安然，2014）。

另外，个性是一个人整体的心理面貌和个人稳定的心理特征（Goldberg & Lewis，1993），而不同的个性也会影响中外双方院长的沟通意愿，影响管理沟通质量。如有的院长提到自己是"easy – going 型"，这种性格有利于沟通的开展，所以"跟他们外方沟通是没有问题的"（10D – A07 西亚）。双方院长的关系质量，对于双方的管理至关重要。

三 文化因素：贯穿始终的影响因素

在跨文化组织与企业中，文化差异客观存在，它是在各国不同的历史传统以及不同的社会文化发展进程中产生的，对组织运行和企业发展影响是全方位的。因此，对跨文化环境中的孔子学院管理发展而言，客观存在的文化差异必然会影响中外双方院长的管理沟通，可能引发矛盾与冲突。在孔子学院的建设过程中，文化差异或者说跨文化语境下的冲突在所难免，既可以分为显性的决策和行为层面的冲突，也有不同思维引发的隐性认知差异。文化差异的影响必然存在，文化因素贯穿双方院长跨文化管理沟通的始终。有院长提到"在国内可能做同一件事情很简单，不需要这么麻烦。在这个地方可能要付出三倍

第八章 孔子学院中外方院长跨文化管理沟通影响因素及应对策略

四倍的努力才能把它做好。因为我们还要考虑到不同地区的不同文化氛围，两个国家文化之间的差异，就要做好文化交流和文化差异的融合成本的准备"（53D – A52 北美）。在这种环境下，对管理人员提高自身跨文化管理能力提出了很高的要求。提高解决文化冲突的能力，形成良好的在跨文化语境中管理沟通的能力，减少文化差异带来的冲突，以提高管理效率，降低管理成本。

综上所述，我们绘制了中外方院长跨文化管理沟通影响因素结构图（图 8 – 3）。

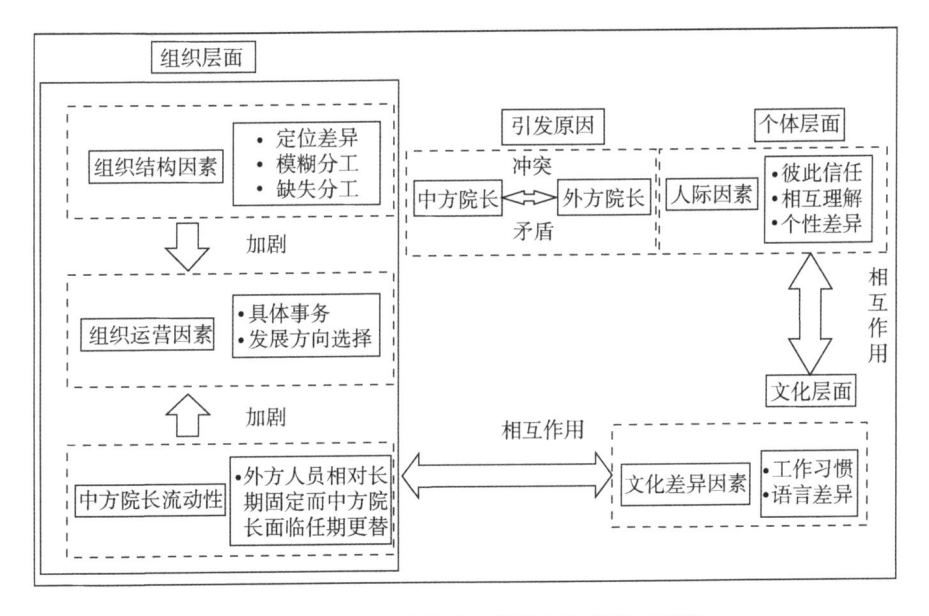

图 8 – 3 中外方院长跨文化管理沟通影响因素

中外方院长跨文化管理沟通的影响因素包括组织层面、个体层面、文化层面三部分内容。其中，在组织层面，组织结构因素作为基础性因素，加剧组织运营因素对管理沟通质量的影响。因为不明确的分工和定位，使中外方院长的管理分工模糊，职责或重叠或缺失，在处理具体运营事务时易产生分歧。中方院长的流动性作为一个重要因素或者变量，也在组织运营中加剧对中外方院长跨文化管理沟通的影响。频繁的人员流动增加了中外方院长沟通交流的成本，使得原有的平衡模式被打破，被迫建立新的管理模式，在组织层面对双方的沟通质量产生影响。人际因素从个人层面上给中外方院长的管理沟通带来影响。文化因素则贯穿中外方院长跨文化管理沟通的过程，既在组织层面对双方管理沟通产生影响，也作用于个人层面，造成双方管理沟通问题，影响沟通质量。

第五节 中外方院长跨文化管理沟通应对方式及结果

面对管理沟通出现的问题，中外方院长采取的策略不同，会带来不同的结果。有的应对方式可有效缓解沟通中存在的问题，解决矛盾，推动孔子学院的发展，而有的方式会激化矛盾，不利于孔子学院长期发展。在冲突处理中，最具有代表性且被广泛应用的是托马斯（Thomas）的二维冲突处理模型，他提出了回避、竞争、妥协、适应和合作五种冲突的管理策略（Thomas & Schmidt，1976）。中外方院长在管理冲突中，采取的策略有妥协型、坚持型、沟通合作型和问题解决型。

一是妥协型的应对方式：暂时缓和冲突。

在妥协型的应对方式中，有一种是消极妥协，即回避所面临的问题。这种应对方式只是暂时隐藏或者避免了矛盾冲突，对于矛盾的解决没有任何推动作用。一类矛盾是由于问题是组织结构性的客观矛盾，与人的主观因素及管理水平无关，如上文提及的由于分工缺失而导致外方院长缺位，中方院长面对这一结构性矛盾并无更好的解决办法，只能采取回避型的策略进行缓和。另一类矛盾则是由主观因素所致，包括院长本身的性格、自身管理能力及管理水平等。如果采取回避型策略，只会导致矛盾被进一步拖延、放大乃至恶化，最终造成中外方新的冲突。

另一种方式是积极妥协型，面对矛盾和冲突时，先采用妥协的方式，搁置争议，避免双方关系紧张或者恶化，随后仍然要考虑解决问题的方式。这种方式多为中方院长所采用，中方院长的定位一般"以外方为主，去了就是协助外方工作"（06D－A35 东亚），所以面对冲突采取妥协策略，这与中国讲究"和为贵"的文化思想有关，尽量避免直面冲突,而进行妥协。

二是坚持型的应对方式:存在激化矛盾风险。

本研究提到的坚持型应对方式,典型的表现是一方院长坚持自己的意见,并且毫不妥协地向对方表明态度。在这种情况下,如果一方坚持己见,另一方只能采取坚持或者妥协的态度进行。这一过程会激化矛盾进,双方关系也会受到影响,从而降低沟通效率,不但未妥善解决矛盾,还为新的矛盾埋下伏笔,不利于双方建立良好的沟通关系。另外,一些矛盾是因为双方固有的文化习惯等短时间内不可调节,一方只能采用坚持型方式解决问题,这就需要在长期的工作和管理中充分尊重对方的原则与文化习惯,协调解决问题。

三是沟通合作型的应对方式:解决矛盾。

在沟通合作型的冲突处理方式中,矛盾与冲突问题得到正视,冲突能得到及时化解,具体问题得以及时解决,从而使得中外双方院长的工作顺利推动,孔子学院的管理工作也能顺利进行,同时对于双方而言,也提高了沟通质量与效率,消解了潜在的冲突。沟通合作型的应对方式是一种有效的双向沟通方式,对跨文化管理沟通至关重要。在这一沟通模式下,沟通的双方均积极参与信息的传递过程并理解信息,双向沟通的结果能得到进一步的正向反馈。同时,这也要求中外方院长具有较强的跨文化理解与沟通能力,在交往中尽量共同克服与解决理解方面的障碍,掌握充足的沟通技巧,与来自其他文化背景的同事开展有效沟通。

四是问题解决型的应对方式:解决矛盾。

这种方式是一种更为主动的沟通方式,在面对冲突时,一方院长采用积极沟通、主动说服的方式,让另一方院长接纳自己的观点,推动事情顺利开展。这一类型的应对方式可以有效解决冲突,但也有可能在遇到坚持型院长时产生新的矛盾。因此,在采取这一策略时,要掌握说服技巧,如"两面说服"等方式,巧妙地化解分歧,解决矛盾。

管理沟通方式会影响冲突与问题的解决。良好的管理沟通和冲突处理方式更有利于组织的建设与发展。莫里斯(Morris)指出,文化差异会影响人面对冲突的方式。通过上述分析可知,妥协型的方式能在一定程度上缓解双方矛盾，但是冲突仍然存在；坚持型的方式会加剧冲突的发生；沟通合作型及问题解决型的方式有助于解决问题；合作型的管理沟通方式可有效化解冲突，构建更为紧密的人际关系，同时也加强沟通交流，提升员工对组织的认同感。

基于上述分析，我们总结了不同的解决管理冲突的沟通应对方式（图8-4）。

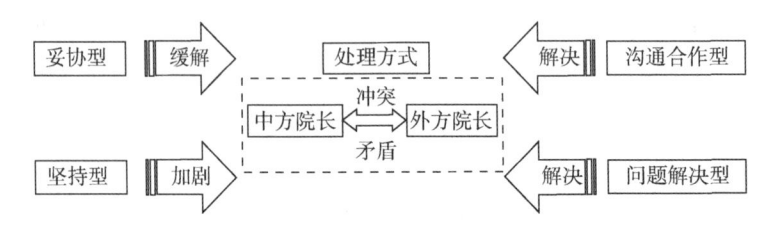

图8-4 中外方院长跨文化管理沟通应对方式

通过分析发现，如果是偏向于组织层面的冲突，通过坦率沟通与协调可以有效分析问题，共同寻找解决问题的途径。如果冲突是个人层面或者文化层面或者针对具体的事务，那么暂时妥协，然后找寻更多的方式来消解误会，构筑信任，增进彼此间的了解和感情，不失为一种好的选择。通过合理的沟通方式，消除彼此间的猜疑与不信任，构筑上下齐心，良好的组织文化氛围，共同推动孔子学院的发展壮大。其实，合理的沟通方式蕴含着基本处理原则，即充分的沟通是解决问题的第一原则，而适当的妥协也并不意味着完全搁置矛盾与冲突，因为同样的问题可能不断出现，积极解决问题，更有利于冲突的消弭。同时，更多考虑未来会有效降低采用竞争性或对抗性的策略来处理团队问题的可能性（Divya，2021），因此，多从孔子学院未来发展考虑，尤其是中外方院长管理沟通或解决冲突时，应立足孔院自身特征并谋求长远发展，能进一步避免采用对抗式的策略解决冲突。

第九章 孔子学院中外方院长跨文化管理沟通理论模型建构

第一节 中外方院长跨文化管理沟通模型的提出

综合前文分析，我们建立了中外方院长跨文化管理沟通模型（图9-1）。

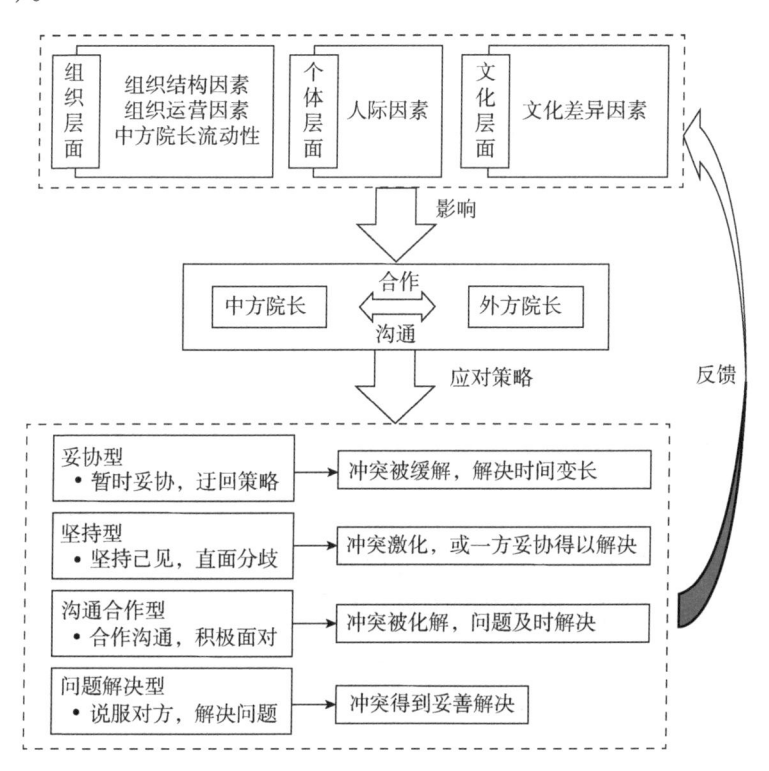

图9-1 中外方院长跨文化管理沟通模型

中外方院长的管理沟通受诸多因素的制约，主要有组织层面因素、个人层面因素和文化层面因素。这些因素相互重叠影响，会对二者的管理沟通产生作用，导致双方管理沟通出现障碍与问题，引发组织内部的矛盾冲突。因此，中外方院长会采取相应的策略应对冲突，如妥协型、坚持型、沟通合作型和问题解决型等，这些方式又会导致一定的处理结果，进一步反馈或反作用于影响因素。如妥协型的处理方式会延缓冲突的发生，但是如果不解决，问题和矛盾仍然会产生；沟通合作型策略可以有效提升二者的管理质量，对于一些影响因素起正反馈作用，大大提高化解矛盾与冲突的可能性，进一步提高组织内部的工作效率，从而促使孔子学院发展和运营目标的达成。

第二节 中外方院长跨文化管理沟通机制

在孔子学院中外方院长跨文化管理沟通模型图的基础上，我们进一步梳理了孔子学院中外方院长的管理沟通机制。

一 跨文化管理沟通问题呈现

本书梳理了中外方院长间存在的沟通问题。目前，中外方院长面临的主要沟通问题包括沟通缺乏、沟通不到位和文化差异带来的沟通不便等。其中，沟通缺乏指在日常管理过程中，中外方院长的沟通较少，或者基本没有相关沟通，导致双方无法及时交换管理信息和管理决策。沟通缺乏导致一方院长的职责缺失，使得孔子学院的发展受到极大限制。沟通不到位指中外双方院长在日常工作中，关于相应的管理工作沟通不充分，没有及时交换信息，影响了孔子学院的管理工作，导致决策效率低下，管理成本增加。中外方院长的沟通问题还包括因文化差异引发冲突而造成沟通不便等。

二 个人、组织、文化等多重情境下管理沟通影响因素分析

本书主要分析孔子学院中外方院长的跨文化管理沟通过程,通过访谈归纳中外方院长跨文化管理沟通中的影响因素。中外方院长跨文化管理沟通的影响因素包括个体层面、组织层面、文化层面三部分内容。在组织层面,组织结构因素是基础性影响因素,不明确的组织结构会加剧组织运营因素对于管理沟通质量的影响。另外,中方院长的流动性在组织层面也是一个重要因素或者变量,影响中外方院长的管理沟通方式,也加剧组织运营对中外方院长跨文化管理沟通的影响。同时,相互信任、相互理解和个性差异会影响中外方院长的人际关系,影响管理沟通。文化差异因素则贯穿中外方院长管理沟通过程的始终,对每一个因素产生影响。

同样,我们对中外方院长在跨文化管理沟通出现冲突或者问题的时候采取的方式进行了归纳,主要方式有妥协型、坚持型、沟通合作型、问题解决型四种类型。每一种方式对应不同的矛盾与冲突解决结果。妥协型能部分缓解冲突的发生,坚持型则会进一步激化矛盾,沟通合作型和问题解决型能很好化解矛盾。这就要求中外方院长具有很强的跨文化管理沟通能力和跨文化管理冲突处理能力,掌握有效的沟通技巧,才能在面对管理沟通冲突时游刃有余,及时解决问题。

第三节 本部分小结

对于非营利性组织孔子学院而言,管理工作不算复杂,但由于地域和文化等多重现实因素影响,其组织结构和管理方式具有不同的表现形式。不可否认,孔子学院的中外方院长合作质量是衡量孔子学院管理工作的重要指标。因此,本书对这一问题进行了深入的分析与梳理,探索跨文化管理沟通的影响因素和情境等相关内容,归纳应对策略并提出相应的工作建议,以提高中外方院长的沟通质量,提高组织效率,最终推动孔子学院的高质量发展。

上述研究表明，孔子学院中外方院长的跨文化管理沟通存在沟通缺乏、沟通不到位和由文化差异带来的沟通不便等问题。组织结构因素、组织运营因素及中方院长的流动性在组织层面对孔子学院中外方管理沟通带来影响，而人际因素和文化差异也会对二者的管理沟通产生影响。在面对跨文化管理沟通带来的冲突与矛盾时，中外方院长采取妥协型、坚持型、沟通合作型和问题解决型四种不同方式回应。其中，沟通合作型和问题解决型能有效缓解冲突，推动问题的解决。通过本研究，我们完善了孔子学院中外方院长跨文化管理沟通机制，分析其影响因素，并建立中外方院长管理沟通的过程机制，以期深入了解中外方院长在孔子学院运营中的管理沟通问题、影响因素及应对方式，并在此基础上提出相应的工作建议。

需要明确的是，组织因素会对中外院长的跨文化管理沟通带来影响，这也意味着，我们应当从组织结构层面注重中外方院长的管理分工，明确中外方院长的管理职责和功能，避免这一因素带来的管理问题。目前，许多孔子学院关于中外方院长职责的划分尚不明晰，仍处在探索阶段。依据现实情境，如果中外方院长的分工明确，或者两人在管理事项上达成妥协，无论对于孔子学院管理还是双方的沟通乃至孔子学院的长久发展，都是非常有利的。

此外，不同于一般的组织或者企业的跨文化管理沟通情况，孔子学院在研究中呈现的特色是，中方院长的流动性是管理工作和沟通工作中较为重要的影响因素之一。中方院长的选派大都来自国内合作高校，存在轮换年限，这就导致不论是外方院长还是中方院长，都要不断调整自己的工作重心和节奏，来适应中方院长的短暂任期。这也是中外方院长产生跨文化管理沟通问题的重要原因。当孔子学院发生紧急情况时，工作往往无法正常地按程序推进，因此，组建一支全职管理团队对于孔子学院的发展重要性不言而喻。

本书归纳了孔子学院中外方院长对管理冲突的不同应对方式，剖析其对组织管理有效性的影响。通过研究，我们建议在后续中外方院长的选派和培训中，应当注重考察和提高院长处理跨文化管理沟通冲突问题的能力。同时，不论面对跨文化还是组织结构因素等引起的管理冲突，鼓励中外方院长多采用积极方式进行管理沟通，及时解决冲突，如采取合作沟通型的问题处理模式，降低冲突产生的可能性，促成和提高中外方院长间的合作意愿和合作质量。坚持型和妥协型方式都不是面对冲突问题的最优方式，因为这些方式可能只是暂时搁置了双方的争议问题，若再次面对同样的处境，双方也许会产生新的争议与冲突。所以，我们建议采用积极的态度面对出现的跨文化管理沟通问题，提升孔子学院的管理工作质量，助力孔子学院长远发展。

本书探讨了跨文化非营利性组织——孔子学院管理团队的管理沟通问题的多层次影响因素。在孔子学院，影响中外方院长管理沟通的因素是多样的，包括组织、个人和跨文化三个层面，丰富了以往对跨文化组织管理沟通影响因素的研究，弥补了现有研究的不足。本书清晰归纳了跨文化管理沟通的影响因素，多元且复杂，不止跨文化因素，管理因素尤其是组织结构因素对跨文化管理团队的工作影响较大。因此，本团队的研究丰富了跨文化管理的研究视角，同时对孔子学院的跨文化管理研究具有启示意义。

本书阐释了不同冲突应对方式对跨文化管理沟通问题的影响。一般而言，管理团队间处理冲突的方式直接对团队和组织产生正面或者负面影响，而合作与妥协的方式是管理团队应当选择的方式，这一论断在本书中也得以证实。与以往研究不同的是，本书指出中方管理人员也并非一味选择回避型的方式面对冲突与问题，而是选择合作与沟通或适当妥协的方式解决问题。本书详细论述了孔子学院中外方院长对不同冲突的应对方式的选择及其对冲突的解决与对组织的影响，结果表明，采用合作与沟通的方式有助于进一步解决跨文化管理沟通的问题，而这也是孔子学院中外方院长跨文化管理沟通合作之道。

希望本书对孔子学院中外方院长管理沟通影响因素和应对方式的探讨，能够在实践中提高中外方院长的沟通质量，提高组织效率，最终推动孔子学院的有序发展。

第四部分

孔子学院跨文化领导力研究：基于中外方院长

一个组织或企业的发展与领导的有效性密切相关，从高层领导到中层领导，再到一线管理者，领导力无处不在。领导力关乎企业发展绩效，同时也是重要的实践问题。近年来，领导力的研究备受学界关注，成果不断涌现，既推动相关领域的发展，也为领导实践提供指导。随着经济全球化程度的提高，跨国企业越来越多，外派经理等人群队伍逐渐壮大，跨文化领导力逐渐成为领导力研究的重要分支和热点。

　　目前，领导力的研究似乎一直以企业管理者为主要研究对象，以营利性组织为主要情境，而非营利性组织作为逐渐发展壮大的组织领域，其管理者的领导力并未得到研究者的重视，非营利性组织的领导力对于非营利性组织的可持续发展非常重要（董文琪，2005）。非营利性组织在组织发展目标、组织结构和管理结构等方面与营利性组织的差别较大，故领导力的表现和有效性体现也有所不同。相较于营利性组织领导力研究，学界对非营利性组织的领导力研究关注较少，而跨文化非营利性组织的领导力研究成果更是缺乏。

　　孔子学院是有重要影响力的跨文化非营利性教育机构，既是非营利性组织的一员，也是跨文化组织的重要组成部分，因此，孔子学院作为一个组织在发展过程中蕴含的跨文化领导力对推进自身可持续发展非常关键。目前，关于孔子学院跨文化领导力的研究非常少。院长作为孔子学院的直接管理者，深度参与孔子学院发展的每一个环节，其领导行为及其有效性关系到孔子学院的长远发展。

　　领导力本身是一个复杂的、多层级的过程性动态能力（Day et al.，2014），加之跨文化情境的影响，孔子学院中外方院长的跨文化领导力必然呈现复杂的多元形态，故不能用简单、静态的方法研究领导力，而探索性的质性研究法是展现复杂动态过程最合适的研究方式。领导力是所有组织关心的重要组织要素，但关注点不在于理论的正确与否，而是如何有效发展领导力，这就要求研究者必须深度展现领导力的不同侧面及其影响。全球化愈演愈烈，组织的边界也在不断扩大，人员的流动逐渐加剧，领导力的形态也必然随之变化，呈现动态性、综合性以及情境性，从而体现其有效性和生命力。这也是本部分研究的重要目的之一：希望借由对院长的跨文化领导力研究，展现研究与实践的高度契合，让研究结果成为研究者与被研究者共同关切之处，使研究结果经由研究者与被研究者的互构，具有客观真实性，并赋予研究以生命力。

本部分期待通过对孔子学院中外方院长的深度访谈，发现其领导力构成要素及其对孔子学院发展实践的影响。我们拟采用质性研究的诠释取向，以扎根理论为主要研究方法，在跨文化情境下深描院长跨文化领导力的构成要素，旨在发现其领导力表现的不同层次、产生机理以及对组织发展的影响，以期为跨文化非营利性组织中的领导力发展提供实践指导。具体来看，本部分的创新之处和主要贡献体现在两个方面：

一是综合跨文化相关理论、领导力相关理论，凭借丰富的研究数据，生成了非营利性组织的跨文化领导力模式。这一模式细致展现了院长跨文化领导力的生发机制、构成要素和对组织发展的影响，以一种综合的多元视角为领导力理论贡献了新知，并回应了领导力研究领域日趋过程化、情景化和综合化的研究取向。

二是从真实的访谈数据中抽象出院长领导孔子学院的必备能力，为院长的日常管理实践提供方向上的指引，为院长的培训工作提供实际经验指导，并且为其他类似非营利性组织的管理提供借鉴。

基于中外方院长访谈内容编码结果的相似性，本研究将中外方院长视作一个整体，一般情况下不对中外方院长做明确区分，统一称为院长，只有在二者差异明显或须明确其身份特征时才加以区分。

第十章 跨文化领导力研究理论基础

本部分关注中外方院长的跨文化领导力，必然扎根于领导力研究相关的理论。实际上，领导力是一个复杂多元的概念，难以精准界定其内涵。近年来，与领导力相关的理论层出不穷，不同的领导风格理论也在领导力研究领域不断涌现，致使领导力研究呈现出多元化、复杂趋势。但是，无论领导力研究如何发展，都要有一个落脚点——情境，也就是说，要使用更为情景化、过程化和综合化的视角研究领导力，促使领导力研究在某一情境中体现最直接有效的作用，使研究和实践的联系更紧密。

孔子学院院长的跨文化领导力，扎根于孔子学院这个重要的跨文化情境。随着孔子学院数量的不断增多，这个跨文化组织情境的边界不断扩大，因此，对院长跨文化领导力的探究有着重要的实践意义。然而，遗憾的是，学界对院长领导力的研究是欠缺的。鉴于此，无论从实践意义还是理论意义来讲，都有必要开展院长跨文化领导力研究。本章简要概述领导力的定义、研究发展走向和跨文化情境下的领导力研究，然后从研究对象、数据收集和编码过程等方面对本团队的研究进行概括总结。

第一节 领导力定义及维度构成

领导力是一个复杂概念，不少学者根据自己的研究给"领导力"

下了定义。我们选列了具有代表性的几种定义（表 10-1）。

表 10-1　　　　　　　　　不同学者对领导力的定义

序号	文献	定义
1	彭斯（Burns, 1978）	领导力是在竞争和冲突的环境下，具有一定动机和价值，不同经济、政治和其他资源的人，为实现领导者和追随者各自或共同拥有的目标而相互动员的过程（Leadership is the reciprocal process of mobilizing by persons with certain motives and values, various economic, political, and other resources, in a context of competition and conflict, in order to realize goals independently or mutually held by both leaders and followers）
2	罗斯特（Rost, 1991）	领导力是领导者和追随者之间的一种影响关系，以做出真实的改变，从而实现共同目标（Leadership is an influence relationship among leaders and followers who intend real changes that reflect their mutual purposes）
3	诺斯豪斯（Northouse, 2016）	领导力是一个个体影响一群个体以实现共同目标的过程（Leadership is a process whereby an individual influences a group of individuals to achieve a common goal）
4	罗宾斯等（Robbins et al., 2016）	领导力是一种影响团队实现愿景或目标的能力（Leadership is the ability to influence a group toward the achievement of a vision or set of goals）
5	安东纳基斯和戴（Antonakis & Day, 2018）	领导力是一种正式或非正式的根植于具体情境并影响目标的过程，它发生在领导者和单个追随者、领导者和群体或者是领导者和机构之间（Leadership is a formal or informal contextually rooted and goal-influencing process that occurs between a leader and a follower, groups of followers, or institutions）
6	王辉（2018）	领导是影响他人的过程，是促使下属以一种有效的方式去努力工作，以便实现组织共享目的的过程
7	中国科学院"科技领导力研究"课题组（2006）	领导力是领导者在特定的情境中吸引和影响被领导者与利益相关者并持续实现群体或组织目标的能力

从定义来看，领导力包含两个重要部分，即影响过程和实现目标。然而，不同的定义呈现了领导力不同的特征，而且构成要素也存在一定差异。比如，斯托格第尔（Stogdill, 1974）提出了包含十个维度的领导力模型：成就、韧性、洞察力、主动性、自信心、责任感、协调能力、宽容、影响力和社交能力。中国科学院"科技领导力研究"课题组

(2006)提出了领导力五力模型,包括前瞻力、感召力、影响力、决断力和控制力。斯滕伯格(Sternberg,2007)认为,领导力包含智慧(wisdom)、创造力(creativity)和智力(intelligence)三个要素。库泽斯和波斯纳(Kouzes & Posner,2007)发现在组织中表现卓越的领导者一般具有五项突出行为特质:以身作则、共启愿景、挑战现状、使众人行动和激励人心。

综合来看,学者们对领导者能力维度构成的研究倾向于从个人视角看待领导者的地位和作用,强调领导的能力对企业发展的作用。但是,对领导力维度构成的认识却不局限于个人特质方面,而是会延伸至团队、组织管理等层面。也就是说,学者们对领导力要素的认识没有局限于领导者个人层次,但是对发挥这些要素作用的主体来说,却没有脱离领导者个人,因此,相关研究也就缺乏更细致和逻辑性的解释。

第二节 领导力研究流派及走向

领导力研究始于20世纪初,以领导特质研究为开端,至今已有100多年的历史。在发现"特质研究"无法较好地解释领导力的复杂情况之后,学界开始从行为、权变、情境等不同研究视角观察领导力,促使领导力研究取向在不同流派的发展中不断变化,逐渐走向综合化、过程化和情境化。近年来,领导力研究越来越强调情境性,相关研究不断增多,如中国情境下的领导力研究(Chen & An,2009;杨朦晰等,2019)、跨文化情境下的领导力研究(Gerstner & Day,1994;Tsai et al.,2019;何斌等,2014;刘冰等,2020)。

就领导力研究流派的划分而言,学界并未达成一致。简文祥、王革(2014)认为,西方领导力研究主要经历了"领导力精神—心理特质理论、领导力行为理论、领导力关键因素理论、领导力研究综合论西方领导力理论"四个研究阶段。安东纳基斯和戴(Antonakis & Day,2018)认为领导力研究可以划分为九个学派,分别为特质学派、行为学派、权变学派、情境学派、怀疑学派、关系学派、新领导力学派、信息处理学派和进化学派。综合来看,出现频次比较高的领导力研究流派主要有：

领导特质流派：特质流派认为领导者是天生的，具有某些独特的特质使其成为领导者（Stogdill，1948）。领导力特质流派经历了20世纪初的辉煌之后，学者渐渐意识到该流派无法解释很多与领导力相关的现象。因此，领导力研究便逐渐转向领导行为研究。

领导行为流派：在用领导特质无法解释一些领导现象之后，领导行为流派开始出现，主要关注领导的行为如何表现，即领导者会做什么、哪些行为被认为是领导者的行为等。比如，有的领导者非常关心下属的生活并给予其尊重和信任，而有的领导者是专制的，对下属的表现呈截然相反的态度。因此，领导行为流派似乎也不是一个很好的解释范式。

领导权变流派：领导权变流派认为领导力表现随着环境的变化而有不同的表现，需要考虑很多情境因素，比如组织结构、职位不同的影响、下属的接受意愿等。领导权变学派实现了从领导者单一视角向多元视角的转变，将很多因素考虑在内，尤其是将员工的接受程度纳入领导力研究的考量，可谓积极的转变，打破了员工在领导力影响过程中的被动接受局面。

新领导理论流派：领导力不是一种通用的理论，表现形式不同，领导者和员工的角色各不相同。在新时代的领导力理论研究中，各种"新"的领导风格理论不断出现，比如仆人式领导、真诚领导、悖论领导等。新的领导力理论更加注重不同情境因素的介入，也更关注下属在领导影响过程中的作用。

需要指出的是，在领导力研究流派演变过程中，各种领导风格不断出现，比如，20世纪80年代以来，变革型领导的风头逐渐强势（Storey，2010），成为领导力理论中影响最广泛的领导风格理论。即便到今天，变革型领导依然是领导力研究领域的热点。

第三节　跨文化领导力研究主要方向

跨文化领导力研究主要从以下三个方面展开：跨文化能力视角下

的跨文化领导力，基于跨文化情境的直接观察，以及不同领导风格的跨文化验证（表10-2）。

表10-2　　　　　　　　　跨文化领导力研究路径展示

研究路径	代表研究	评述
外派人员的跨文化能力	格拉夫（Graf，2004）；拉奥-尼科尔森等（Rao-Nicholson et al.，2020）	聚焦外派人员的跨文化适应能力，仅关注其适应调整过程中体现出的能力，维度较为单一
基于跨文化情境的直接观察	刘冰等（2020）；何斌等（2014）	从外派管理者的整体领导力入手，归纳出更为全面的维度，有一定的视角拓展，但现有研究较为匮乏
领导风格的跨文化验证和对比	林士渊、王重鸣（2006）；艾肯等（Aycan et al.，2013）	仅验证或对比现有领导力理论，对领导力维度的探讨贡献较低

跨文化领导力的研究一直将跨文化能力视为领导者的核心能力，且多数研究的实证模型或者理论模型都以其为重要维度。跨文化能力概念的实践向度非常明显，强调个体应对新文化语境的能力（于洋、姜飞，2021）。跨文化交际能力和跨文化敏感性是外派经理的必备跨文化能力，是影响外派质量的重要影响因素。外派管理者在跨文化适应时多采用"探索调整模式"（exploration mode of adjustment）。在此模式下，外派管理者及其下属会积极调整自身行为。

跨文化领导力的第二个重要研究方向是对跨文化情境进行直接观察，归纳特定情境中的领导力维度，此类研究一定程度上跳出了跨文化能力的研究范畴。何斌等（2014）通过对中德企业跨文化领导层进行访谈，总结出中德跨文化领导力的维度，包括跨文化领导影响力和跨文化领导能力两个维度，前者关涉权力影响力和魅力影响力，后者包含跨文化适应能力、跨文化沟通能力、跨文化整合能力和专业知识和技能。刘冰等（2020）对中国派往"一带一路"共建国家的外派经理进行访谈，总结了外派项目经理的跨文化领导力维度，包括感知差异、理解差异、自我调节、愿景感召、仁慈关怀和风险应对。

此外，不同国家（地区）的人受自身文化影响对领导力的理解存在差异。因此，基于单一国家（地区）背景研究得出的领导力理论不一定适用于别的国家（地区）。现有关于跨文化领导力的研究多数是在不同文化情境下验证已有领导力理论，或基于多个文化情境开展对比研究，例如：验证变革型领导模式、创业型领导模式和交易型领导模式在中国外资企业不同发展阶段的特征（林士渊、王重鸣，2006）；对比验证家长式领导力在不同文化情境中的表现，结果发现，家长式领导力在集体文化取向的国家中更明显（Aycan et al.，2013）。

目前，基于孔子学院具体情境的领导力研究成果非常少。如家长式领导风格在孔子学院情境下的应用情况（He et al.，2019）；也有学者对孔子学院情境下的领导力发展做了探索性研究，指出需要集中不同人的智慧发展可持续的领导力（Peterlin et al.，2015）。总体而言，现有研究视角不够全面，缺乏系统性，而且针对孔子学院情境下的领导力研究也极为缺乏。

第四节　中外方院长跨文化领导力研究与分析路径

本部分以质性研究的诠释导向为整体思路，认为社会现实是一种被建构的相对客观真实，而不是外在的、客观的、独立于个体而存在的绝对真实。具体而言，本部分使用广泛应用于质性研究中的扎根理论作为处理数据的方法。社会科学研究"需要重视中微观层次的真实历史过程"（郭台辉，2019），领导力研究"需要考虑整个领导过程、领导所处情境以及各种内外部的关系等因素"（陈雷，2019），促使扎根理论成为领导力研究中的重要研究方法。

研究者在研究过程中角色定位的不同是质性研究与定量研究的关键差异之一。在整个研究过程中，本研究团队始终强调研究者在每一个环节的重要角色，在数据收集过程中的深度参与，对数据处理和分析的相对主观性意义理解，都是诠释性研究导向的一部分。通过运用扎根理论赋予数据意义，以此反映对孔子学院院长领导行为的深刻理解。同时，本部分研究也重视研究对象在这个过程中扮演的角色，他们提供了最真实的一手数据，检验并认可研究结果，这也表明本部分研究成果是对院长群体领导力的"真实"反映，是由研究者和被研究者共同建构的客观真实。

一 研究问题：孔子学院院长领导力表现及影响

如前所述，领导者的领导力对团队工作和组织发展都有非常重要的影响，但是目前孔子学院院长的领导力研究十分匮乏。院长的跨文化领导力包括哪些维度、如何表现？对孔子学院有哪些影响？这一系列问题都需要运用质性方法去探索和挖掘，描绘院长跨文化领导力的概貌，讲述背后的跨文化故事。具体来讲，本部分的研究问题主要有四个：

（1）院长的跨文化领导力表现如何，有哪些层级或维度？
（2）影响院长跨文化领导力产生和发展的因素有哪些？
（3）院长跨文化领导力不同层级或维度之间有哪些关联？
（4）院长的跨文化领导力对孔子学院的发展有何影响？

在具体数据收集过程中，为了回答以上研究问题，研究团队设计了半结构化的访谈提纲，为了尽可能地深入挖掘、获取关于院长跨文化领导力的更多故事，在实际访谈过程中会适时追问，以期获得更完整和立体的领导力形象。另外，由于所调研的孔子学院所处的文化情境不尽相同，访谈提纲也会根据不同孔子学院的特点有针对性地进行调整，但访谈问题的总体类别基本保持一致。基本访谈问题如下：

（1）您觉得一名优秀的孔子学院中（外）方院长应具备怎样的品质或能力？在与外（中）方院长合作中，有哪些方面是需要特别注意的？
（2）您在国内工作时有没有做过行政方面的工作？您认为出国前的工作对您在孔子学院的管理工作有什么影响？能不能跟我们讲讲您选择来孔子学院工作的动因在哪里？
（3）您能跟我们谈谈孔子学院当前内部分工协作的具体情况吗？如果出现冲突，尤其是中方人员与外方人员产生跨文化冲突，您一般如何解决？能不能举一个具体例子跟我们讲讲？平时您在团队工作中是如何激励教师和志愿者的？
（4）您对这所孔子学院当前发展的定位和未来发展的愿景是怎样的？这所孔子学院在当地的影响力如何，通过哪些方面可以体现出来？

给周边其他孔子学院带来了什么样的效应或影响？

二 研究对象：孔子学院中外方院长

基于目的抽样原则，我们从实地走访的孔子学院中选择了14所孔子学院的28名中外方院长（包括外方经理、外方副院长）作为访谈对象，总访谈时长达37.5小时，转写字数约53.3万字（表10-3）。目的性抽样的原则是选取能够为研究问题提供最大信息量的研究对象，而选取研究对象的过程实际上就是将研究对象与研究问题进行匹配的过程。本部分研究问题是院长的跨文化领导力，因此，所选孔子学院一定是院长跨文化领导力体现最为明显的孔子学院。当然，选取过程在一定程度上会融入研究者的主观性，比如访谈中对院长领导力高低的最直接印象，基于访谈数据和调研日志发现领导力体现的基本特征，涉及的孔子学院教学点数量、文化活动数量等。融客观数据和研究者主观印象于一体的选取过程，能较为准确地选取研究对象。

本部分研究对象是孔子学院中外方院长群体，院长本身的话语和视角构成了研究的主要支撑材料和数据，此外，教师和志愿者的视角和话语也起到了重要的辅助支撑作用，从而形成了不同人员视角的三角验证。

表10-3　　受访孔子学院中外方院长的具体信息

序号	编号	性别	职位	派出前职位	访谈时长（分钟）
1	04D-A	男	外方院长	外方院校国际处副处长，国际教育学院院长	64
2	06D-A	男	中方院长	中方院校汉语进修学院副教授	89
3	06D-B	男	外方院长	外方院校中国中心主任、大学教授	
4	10D-A	女	中方院长	中方院校外语学院教授	64
5	10D-B	男	外方院长	合作公司员工（市场和教育背景）	44
6	11D-A	女	中方院长	中方院校国际合作与交流处处长	54
7	11D-B	男	外方院长	外方院校佛学院院长	18

续表

序号	编号	性别	职位	派出前职位	访谈时长（分钟）
8	12D-A	女	中方院长	中方院校教育学院副教授	69
9	23D-A	女	中方院长	中方院校外语学院副教授	51
10	23D-B	男	外方院长	孔子学院专职院长	50
11	26D-A	男	中方院长	中方院校外语学院副教授	121
12	26D-B	女	中方院长	中方院校中医学院副教授	
13	26D-C	男	外方院长	孔子学院专职院长	15
14	28D-A	女	中方院长	中方院校外语学院副教授	99
15	28D-B	女	外方经理	孔子学院专职经理	40
16	28D-C	男	外方院长	外方院校商学院教授	60
17	29D-A	女	中方院长	中方院校俄语系教授	36
18	29D-B	男	外方院长	孔子学院专职院长	139
19	29D-C	女	外方副院长	孔子学院专职行政人员	54
20	30D-A	男	中方院长	中方院校外语学院教授	169
21	30D-B	女	外方院长	外方大学教研室主任	76
22	30D-C	男	外方副院长	外方大学教研室教师	
23	32D-A	女	中方院长	中方院校外语学院副教授	170
24	32D-B	女	中方院长	中方院校中医学院副教授	
25	33D-A	女	中方院长	中方院校中文系教授	56
26	36D-A	男	中方院长	中方院校外语学院教授	75
27	48D-A	男	外方院长	外方大学语言系教授	83
28	51D-A	男	中方院长	中方大学语言与艺术学院教授	27
29	51D-B	男	外方院长	孔子学院专职院长	302（多次访谈）
30	53D-A	女	中方院长	中方大学外语学院副教授	230（多次访谈）

注：编号23和36是同一所孔子学院，26和32是同一所孔子学院，且26D-A和32D-A是同一位中方院长，26D-B和32D-B是同一位中方院长。在不同年份实地调研，因此使用不同数字代码进行区分。

三　研究过程及编码结果

院长群体的数据编码工作统一在 Nvivo 12.0 软件里进行，该软件对访谈数据和编码标签管理的便利性使其成为质性研究中广受欢迎的数据处理软件。在编码过程中随着编码参考点（即编码指向的访谈文本数量）的减少，容易判断何时达到理论饱和（Alam，2021）。编码过程整体上遵循程序化扎根理论的三级编码范式，即开放式编码、主轴编码和选择编码。扎根理论是一个不断发展更新的、具有"方法论活力"的研究方法（Ralph et al.，2015），其编码和归类过程是一个开放性的过程，而不是必须按照某种既定程式进行。因此，虽然整体是三级编码过程，由于数据量的庞大，除了初始的开放式编码，此后的每一级编码过程实际上又是不断抽象、类别数量不断减少的逐级归类过程，没有严格的主轴编码和选择编码的界限。此外，扎根理论的使用虽有一定的方法论程序，但具体操作过程可以灵活处理。在实际编码过程中，每一级编码都会有多次往复对比的过程。因此，本部分的编码过程可概括为：以"扎根精神"为核心，在遵循整体三级编码的框架下，灵活处理归类过程，最终形成抽象且有关联的多个范畴。

本研究对访谈数据做了细致编码，表10－4展示了编码过程，即贴标签和进行次范畴归类的过程。整个编码和归类过程得到了研究组成员的相互确认，对不一致的地方进行了协商，确保编码和归类结果的准确性和一致性。

表10－4　　　　　　　　　　编码过程展示

原始语句（quote）	初始编码标签	次范畴
我在中文系是分管外事的，所以我自己对整个汉语教学课程的安排，整个外事的工作方式，包括行政的各种工作，其实都熟悉。	33D－A13 中方院长自身优势	背景契合
因为我本身在我们学校的国际学院工作过几年，所以我对这个孔子学院还是有所了解。	51D－A09 熟悉孔子学院相关情况	
我们喜欢中国、喜欢汉语，我们所有的老师都很有才能。我们有机会、有时间教汉语和推广中国文化，所以我觉得我们是幸福的人。	30D－B17 外方院长对于孔院工作很喜欢	个人驱动力
这些东西都是很乐意去做的，从心里边也是。可能是比较爱这份事业吧，所以无论你怎么去付出，你都觉得是乐在其中，是这样一种实实在在的感觉。	10D－A58 坚持源于热爱	

续表

原始语句（quote）	初始编码标签	次范畴
跟泰方的合作，对，要适应他们的慢节奏，这是第一个你要适应的。就是说你不要预期，譬如说你今天跟他说这个事儿，明天他就给你办，这是不现实的。	12D-A3 适应外方的工作方式和节奏	适应能力
我对自己的适应其实是有信心的，因为我有很多年的经验。	33D-A16 对自己的适应能力有信心	

注：由于篇幅限制，仅展示部分编码结果。

经过多层次归类，得到表10-5所示的10个次范畴和5个主范畴，并统计了相应频数。由此可知，主范畴的含义较为抽象，具有较强的概括性，这是对院长跨文化领导力进行层层抽象的结果。

表10-5　　　　　　　　主次范畴结果展示

次范畴	频数	主范畴	频数
背景契合	44	初始能力来源	79
个人驱动力	35		
适应能力	18	跨文化能力	36
问题解决能力	18		
沟通协作能力	76	团队建设能力	150
团队管理能力	74		
敏锐洞察力	102	准确定位能力	152
规划能力	50		
核心建设能力	54	组织发展能力	120
对外拓展能力	66		

最后，从个人、团队和组织层次对编码和归类结果进行层次上的联结（表10-6）。范畴关系联结的目的是切分院长的跨文化领导力特征，寻找各自之间的逻辑关联，从而勾画完整而清晰的故事图景。

表10-6　　　　　　　　范畴关系联结展示

次范畴	主范畴	层次
背景契合	能力生发	个人
个人驱动力		
适应能力		

续表

次范畴	主范畴	层次
沟通协作能力	团队建设	团队
团队管理能力		
问题解决能力		
敏锐洞察力	组织发展	组织
规划能力		
核心建设能力		
对外拓展能力		

第十一章 孔子学院中外方院长跨文化领导力维度建构

孔子学院院长的跨文化领导力主要表现在三个层次上,即个人、团队和组织,图 11-1 展示了院长跨文化领导力在各个层次上的维度表现。

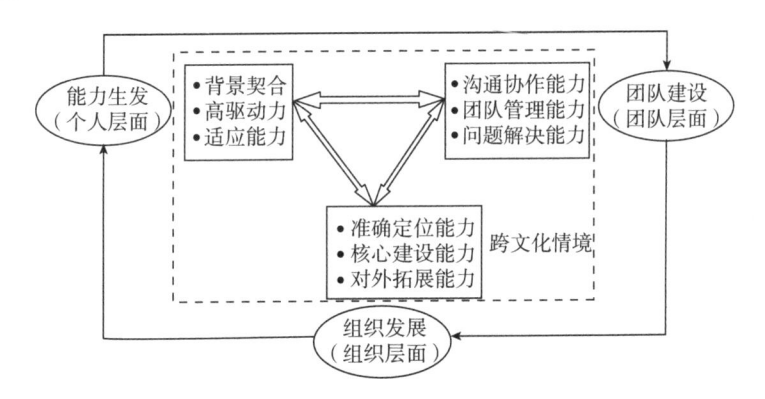

图 11-1 中外方院长跨文化领导力层次

个人层次对应的维度是"能力生发",主要包括契合的背景、高驱动力和适应能力,是院长跨文化领导力显现和生发的前提。

团队层次对应的维度是"团队建设",主要包括沟通协作能力、团队管理能力和问题解决能力。从这一层次开始,院长的能力超越了个人和自身文化,向综合化的管理扩展。

组织层面对应的维度是"组织发展",主要包括准确定位能力、核心建设能力和对外拓展能力。准确定位能力体现的是院长的战略制定能力，如制定适合孔子学院的发展路线。核心建设能力和对外拓展能力更强调孔子学院组织目标的实现，即体现院长领导力的影响过程与结果，使领导力有了落脚点。

图11-1清晰展示了院长的跨文化领导力不是由单一特质影响，也不是某一种领导风格的验证，而是不同层次、不同维度互相影响的复杂过程。图中的虚线框表示院长的领导力特征和影响范围受孔子学院这个跨文化情境的限制，表现为明显的跨文化特征。连接三个矩形框的双向箭头表示个人、团队和组织层面的领导力是紧密相连的，没有明显的能力边界。在虚线框外层连接三个椭圆的单向箭头表示三个层面能力的影响循环过程，具体表现为：个人能力生发促进团队层面的团队建设，团队建设能力支持组织层面的组织发展，组织发展能力进一步激发个人基础能力的发展，以此形成一个能力发展循环链。

第一节 个人层面跨文化领导力建构

通过归纳和描写访谈内容，本部分发现院长管理孔子学院的初始能力来源于自身契合孔子学院管理工作的背景，包括当地国家的语言背景和相关工作经历，以及个人内心的高驱动力，如对孔子学院工作的热爱、不惧挑战的勇气等。同时，院长需要完成自身的跨文化适应，这是管理工作的基础。

一 背景契合：院长跨文化领导力生发的基点

院长的领导力是一个多元聚合的概念。具体到孔子学院的情境下，院长管理孔子学院的初始能力不是凭空而来，很多院长赴任前都有各自的专业背景或者其他工作经历，而这些经历和背景很大程度上契合孔子学院的跨文化特质，这是院长管理孔子学院能力的初始来源。因此，院长来孔子学院工作时，管理能力不是突然"蹦出来"的，而是与其专业背景和工作经历紧密相关。一般来说，成长经历对人的思想和行为有着非常重要且持久的影响，而对于从事跨文化事业的人来说，国际交流经历非常重要，有助于发展文化智力，提升跨文化情境下的工作绩效，从而更好地为跨文化事业服务。

通过描写和分析发现，背景契合的要义在于：院长要有所在国家的语言背景，能够开展日常的沟通交流；有契合孔子学院发展的工作背景和经验，能够快速适应孔子学院管理工作，缩短过渡期。

（一）语言能力促进沟通理解

首先，无论是中方院长还是外方院长，熟悉对方的语言会为日常管理工作带来沟通和理解上的便利。一般来说，要求中方院长具有当地语言背景。外方院长可能是华人或有中文学习背景的本地人，中外方院长之间常用中文交流。但是，有些外方院长中文水平不高，这就要求中方院长有当地语言背景，双方才能顺利沟通。比如，去俄罗斯的中方院长一般都是俄语专业出身："我们都是学俄语的老师"（30D - A50 欧洲）；派往韩国孔子学院的中方院长一般都具有韩语专业背景："我本科专业是韩语"（06D - A39 东亚）。相对而言，除华裔外，具有中文学习背景的外方院长比例没有那么高，但也有一些外方院长的中文非常专业，通常是外方学校中文系的教师：

> **29D - B01 欧洲**：我是远东国立大学中文系毕业，留校教书，后来读了研究生，在莫斯科亚非学院取得了博士学位，然后就一直在中文系教书。

一些外方院长虽不是中文系教师，但有长期中文学习背景："外方院长的中文跟中国人差不多，他本科的时候是中文系的学生。"（06D - A40 东亚）语言沟通能力是外派人员跨文化胜任力的重要组成部分（李宜菁、唐宁玉，2010），组织在选择外派人员时，一般会将语言能力认定为关键能力。对于孔子学院院长来说，中外方的有效沟通同样需要具备语言能力。有教师表示，语言能力对中方院长的工作非常重要："从我们工作角度，我是非常理解。他可能希望一个英语更好的，沟通更顺畅的老师，然后最好在外事方面更有经验的老师来

做中方院长。"（39T–A17 欧洲）

（二）相似的工作背景加快工作适应

除了语言能力带来的沟通和理解上的便利，院长此前的工作经历也会对其在孔子学院的管理工作产生影响。来孔子学院工作之前，院长是否有与孔子学院管理工作相关的经历，对其是否能够快速适应孔子学院的管理工作有重要影响。一般而言，此前工作经历越贴合孔子学院的发展要求，院长的初始管理能力就越高，即此前职位与现在职位的相关性是领导力非常重要的决定因素（Bettin & Kennedy，1990）。具体来说，孔子学院管理工作涉及人员管理、教学管理、组织发展管理等，一般需要院长具备行政管理经验、教育工作经验或者市场推广经验等。比如，中方院长51D–A在派出学校的国际学院工作过，有一定的行政管理经验，并且对孔子学院的基本情况、中外交流的概况和要求都比较熟悉，因此，到孔子学院工作后的过渡适应阶段相对更短。

> 51D–A09 北美：因为我本身在我们学校的国际学院工作过几年，所以我对这个孔子学院还是有所了解。

另外，有孔子学院在招聘外方院长时，明确提出需要具有教育和市场背景（"we need someone with educational background and marketing knowledge because we need to market for the Chinese language"）（10D–B37 西亚）孔子学院的发展和影响力提升离不开宣传，院长如果具有业界工作经历，尤其是与市场推广相关的工作背景，有助于孔子学院未来发展。另外一位外方院长也有相似经历，先在业界工作过，然后进入教育界：

> 51D–B45 北美：我不是一毕业马上当教授，我在企业工作过，我在业界company里工作过，从事有关marketing的工作。

这两位外方院长都具有市场推广（marketing）和教育相关的工作背景，非常契合孔子学院推广汉语文化的需要。此外，这两所孔子学院在各自地区的影响力较强,这也说明契合的工作经历与较强的领导力之间有正向关联。

背景契合的院长可称为"内行",已经具备一定的管理能力且符合孔子学院管理要求,他们只需将自身管理能力迁移至孔子学院的发展情境,调动已有的宝贵资源。因此,在孔子学院工作初始阶段,院长的管理能力是一个基于过往经历的能力迁移过程。在新旧工作相似度较高时,相比营利性组织,非营利性组织的"新来者"能够更快适应新工作,表现出更强的能力(Davis & Myers,2019),孔子学院院长的领导力生发正好体现了这一特点。但是,如果"外行"来做孔子学院管理工作,可能会受之前工作经历影响,产生高预期和低适应的冲突(董文琪,2005),导致管理工作无法达到预期效果,所谓"隔行如隔山"。可见,契合孔子学院的过往经历对院长快速适应孔子学院管理工作非常重要,这是一种个人背景与组织发展需要的匹配(person-organization fit)。好的管理绩效也正是院长预期的组织文化与实际情况相匹配的效果(Goodman & Svyantek,1999),而契合的工作经历则是匹配过程生效的催化因素。

基于访谈结果,本部分从语言和工作经历两个角度解读院长的背景与孔子学院管理工作的契合度。院长管理孔子学院的初始能力来源于既有的语言能力与契合的工作经历。具体而言,语言能力会带来沟通和理解上的便利,契合的工作经历会缩短院长初任工作时的过渡适应期,并对孔子学院的后续发展有促进作用。在孔子学院管理工作的初始阶段,契合的背景是院长跨文化领导力产生和发展的基点。

二 个人驱动力高:领导力生发和成长的催化剂

院长跨文化领导力的生发既与其契合孔子学院的背景有关,也与其自身的高驱动力有关。如果说契合的工作经历是院长跨文化领导力产生的基点,那么高驱动力则是助推领导力向外扩展和升级的动力源头。

经过编码、归纳与描述,本部分将个人驱动力定义为一种精神动

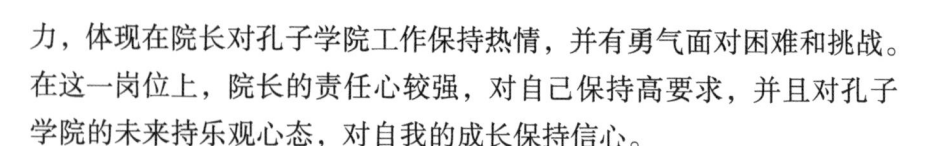

力,体现在院长对孔子学院工作保持热情,并有勇气面对困难和挑战。在这一岗位上,院长的责任心较强,对自己保持高要求,并且对孔子学院的未来持乐观心态,对自我的成长保持信心。

(一) 热爱之情促进工作投入

院长的驱动力首先表现为对孔子学院这份事业的认同和热爱,内心对孔子学院工作有浓厚的兴趣,从而生发出一种原始且朴素的精神驱动力。这是院长在开始孔子学院管理工作之前拥有的一种内心趋向,一种吸引他们走上孔子学院管理岗位的内在精神动力。这种初始的驱动力促使院长对孔子学院的发展持有积极的预期,并能以乐观的心态面对一切工作中的挑战。这也是院长在自身背景契合孔子学院发展基础上,具有做好孔子学院管理工作、促进孔子学院正向发展的领导力的来源之一。

首先,热爱之情蕴含着志趣,院长应对孔子学院的发展有兴趣,认同孔子学院的发展理念,即传播中国语言文化、促进民心相通。只有这样,院长才会从内心产生对孔子学院工作的兴趣,真正投入喜爱的工作中。这是个人内心的强大精神动力源,它的支撑和刺激更本真、更持久、更坚韧。对孔子学院工作的热爱之情实际上促使院长形成对组织的情感承诺,情感承诺越强,工作表现就越好。

> **30D–B17 欧洲**:我们喜欢中国、喜欢汉语,我们所有的老师都很有才能。我们有机会、有时间教汉语和推广中国文化,所以我觉得我们是幸福的人。
>
> **10D–A58 西亚**:这些东西都是很乐意去做的,从心里边也是。可能是比较爱这份事业吧,所以无论你怎么去付出,你都觉得是乐在其中,是这样一种实实在在的感觉。

外方院长 30D–B 和中方院长 10D–A 都认为,孔子学院的工作是自己所热爱的事业,为自己对汉语言文化推广所做的贡献感到骄傲和自豪,并从中获得幸福,这是一种"实实在在"的感觉,蕴含着工作满足感,从而促发其对组织的情感承诺。孔子学院作为非营利性教育机构，本质功能是服务于中外人文交流，而院长的位置和作用又立于这份中外交流事业的前阵。在院长管理孔子学院的过程中，多招一位学生、多开设一门汉语课程、多举办一次活动，成就感就会增加一点，这也是对自己工作的极大肯定，也许这就是"实在"感觉的来源。因此，院长领导力的产生和发展正是内心驱动力的作用，对事业的热爱促使他们全身心地投入日常工作中去。此外，部分外方院长是兼任孔子学院院长一职，但依然能够全情投入，让中方院长都感到很"震惊"。如"外方院长很忙，但事实上我觉得她投入得非常多，有的时候我都在纳闷儿，她怎么能够有这么多的时间做那么多的事情"（33D – A20 欧洲）。有了这种实在的感觉做支撑，院长的一切行为都有了坚实底座，所有的艰难困苦都不值得一提。

其次，这种热爱之情还蕴含着不惧困难和挑战的勇气。若一所孔子学院的发展已有前期基础，对院长来说是很好的发展基点。然而，任何一所孔子学院总会有新生点，需要发展新事业，这就要求院长有更大的内心驱动力，为后续发展打下坚实的基础。因此，首任院长不仅对事业保持热爱，还须做好应对各种挑战的准备。

10D – A03 西亚：当时就是全新的，也没有任何感觉，没有任何概念。到这就一点点的发展，然后就经营嘛。

28D – C19 欧洲：I don't know but I think I am positive, maybe also because at the beginning, none of us had experience what's best.

51D – B49 北美：我在大学当老师，这个东西反正都是比较单调的，而孔子学院的工作有 challenge。我早就听说过孔子学院这个事，我觉得很有潜力，所以我当时来校长也觉得比较适合。

无论是中方院长还是外方院长，他们都认为自己对孔子学院的发展持有积极乐观的态度，即使没有"experience"（经验），没有任何"感觉"和"概念"，还充满着"challenge"（挑战），但他们依然认为这份工作有吸引力，看到了孔子学院发展的巨大潜力。作为首任院长，开始一点一滴"经营"这个新生的机构，为后来者铺路。中方院长在

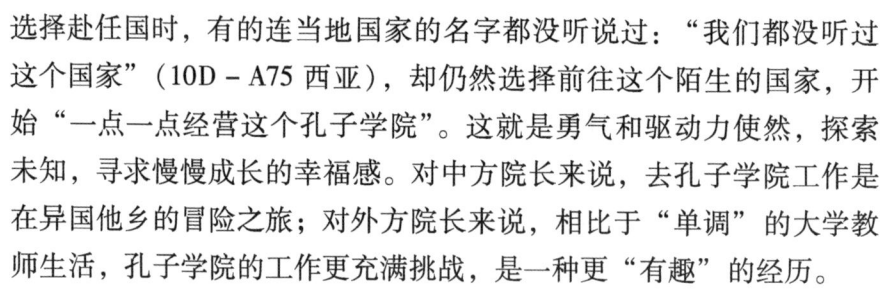

选择赴任国时，有的连当地国家的名字都没听说过："我们都没听过这个国家"（10D－A75 西亚），却仍然选择前往这个陌生的国家，开始"一点一点经营这个孔子学院"。这就是勇气和驱动力使然，探索未知，寻求慢慢成长的幸福感。对中方院长来说，去孔子学院工作是在异国他乡的冒险之旅；对外方院长来说，相比于"单调"的大学教师生活，孔子学院的工作更充满挑战，是一种更"有趣"的经历。

从教师的视角来看，院长的热爱和激情，能够感染下属，激发下属的工作热情。因此，院长个人的高驱动力，对孔子学院工作常怀热爱之情，不仅对自身的工作投入有正向影响，对下属的工作投入和表现也有积极促进作用。

> **51T－A17 北美**：我们院长，他特别敬业。我刚来的时候有一次搞活动演出，有一个节目是我们孔子学院的学生穿汉服在舞台上走秀。刚开始学生去了都蔫蔫的，然后我们院长来了，讲话 5 分钟，学生们立马就像打了鸡血似的，我一看特别佩服。他比较有激情，工作投入的时间很多，精力也充沛。

无论是何种精神力量，都可归结为纯真的"热爱之情"，热爱驱使院长为孔子学院这份事业付出，不惧任何挑战，这种驱动力是最纯粹而有效的。总之，这份原初的精神动力，是一种本真的热爱之情，引领着院长对孔子学院使命和事业的认同，推动院长投入孔子学院管理和发展事业。有了这种热爱之情的支撑，院长的管理工作就有了坚实的基石，从而全身心投入孔子学院工作，乐观迎接一切挑战。可见，领导力的生发与院长对这份事业认同感的高低密切相关。

（二）使命感和责任感保证工作质量

走上这个岗位，原初的精神动力就转变为附着在院长岗位上的使命感，包含管理责任、对自我高要求等。这一变化并没有实际边界，原初精神动力未消失不见，而是侧面表明院长的驱动力如何与实际管理工作相连，从而产生高水平的领导力。院长职位本身附带责任感属性，身居其位，自然需要具备这种责任感意识，才能将实际管理工作做好，真正为孔子学院发展服务。某中方院长就表示："你来到这里，你在这个位置上，这些事情你必须得做，你硬着头皮也得做"（11D – A47 南亚），这就是责任感的表现。明白这个职位赋予的使命，院长需要有独当一面的意识和能力。有的中方院长甚至将孔子学院看作自己的孩子："孔子学院就像自己的一个孩子一样，你把它生下来了，就必须要把它养好"（11D – A20 南亚），这就是将自己身居其位的责任感内化为一种为孔子学院谋发展的义务，如同抚育孩子般的义务。责任意识如此强的院长，其领导力不会差。责任感意识强的院长一般都会以高标准要求自己，比如：外方合作公司要求公司员工7点准时坐班，并未要求中方院长，但是中方院长坚持以同样的标准要求自己："我也比较自觉，尽量跟他们保持步调一致吧"（10D – A70 西亚）；"我每天是5：30起床，在冬天这边还很黑，我天天得用这个闹钟，我就怕万一我睡过头了"（10D – A73 西亚）。一般而言，在管理工作中表现优秀的中方院长都有一种共同特质，即"'无我'的使命感和责任感"（赵涵，2018），说明使命感和责任感强的院长与较高的领导力水平密切相关。同样，责任感和使命感强的外方院长也会以高要求规划自己的工作和组织发展，以自己和团队的力量为孔子学院谋发展："孔子学院发展依靠我们自己的组织能力、我们自己的时间，等等，我们不依赖别人去给我们解决什么问题。"（29D – B31 欧洲）这份职位附带的责任感与使命感，与领导力的产生息息相关，因此，使命感、愿景力、奉献精神也被视作领导力的源泉。

院长的个人驱动力与领导力的产生和发展关系密切。因此，我们认为，赴任前的原初精神动力，如热爱，以及工作中的责任感和使命感，构成了院长个人驱动力的两个主要维度，共同促进院长的领导力扩展和发展。

三 跨文化适应能力：促进角色转换和快速工作适应

孔子学院是中外合作的非营利性教育机构，本质上是跨文化的，这不仅在于发展所依赖的社会环境是异文化的，也在于孔子学院的工作团队是跨文化的。这就对院长的跨文化适应能力提出了要求。只有在院长个人适应基础上，才能考虑如何领导团队和促进组织发展等其他后续计划，良好的适应情况会促进领导力的产生和发展。通过对数据进行编码、归类和描述，本研究认为院长的跨文化适应能力包括快速转换身份，适应当地的环境、生活方式、工作方式等，在自我适应基础上帮助员工进行适应。当然，这个界定主要针对中方院长，相较外方院长来说，中方院长需要处理的适应问题显然更多，需要使用跨文化适应能力的场合也更多。但是，这并不意味着外方院长不需要跨文化适应能力，因为中外交流是一个双向适应的"濡化"过程（Berry，2005），外方院长也需要适应中方的工作习惯。

（一）环境适应

对中方院长来说，到一个陌生的国家，最先需要适应的是当地的环境。比如有的中方院长提到适应气候的变化："这种自然环境我们就是得去适应，当地气候特别干，整个夏天，那么长的夏季都没有一滴雨。"（10D-A05 西亚）在这种炎热干燥的环境里，该中方院长会采取各种措施去应对和适应："我就戴墨镜又打了伞，这样做一点保护吧。"（10D-A06 西亚）自然环境的适应是其他适应的基础（安然等，2015），只有适应了当地的自然环境，才能"生存"下去，做好其他的工作。

（二）心理适应

中方院长还会面临心理上的适应，远在异国他乡，与家人分离，难免产生孤独感。多位中方院长表示有时候会感到孤单："很多时候其实一个人在外面还是挺孤单的，不容易"（53D-A53 北美）；"我经常讲，自己选择了这条路（就要走下去），但有的时候还是感到很孤单"（36D-A75 欧洲）。但是，他们也会采取积极的应对策略，比如积极心理暗示，或者与家人视频通话等，一定程度上能够缓解孤独感。

> **10D-A72 西亚：**世界变小了，天天能够视频。有时候我俩就说，好像在东西屋，感觉我俩在同步吃饭，只是说他吃的晚餐，我吃的午餐，有6小时时差嘛。

（三）工作适应

工作适应是院长面临的最大挑战，因为牵涉的影响因素较多，不仅受自身身份转换结果的影响，也与当地的社会文化有较大关系。

首先，院长进入孔子学院工作，面临身份转换的过程。无论有没有相关工作经历，进入一个新的环境，接手一个新的职位，都会面临不同程度的身份转换过程，以尽快适应职位所要求的管理者角色。外派管理者在跨文化情境中必须调整自己的领导行为（孟璐等，2021），院长也是一样，在新的工作环境中面临身份转换和领导行为调整的过程。很多院长并没有管理或行政经验，可能需要更长时间的身份转换过程。有的中方院长提到自己需要从教师转换到管理者的角色上来："现在和以前做老师时不一样，因为要整体考虑，我不是在接受工作安排，而是在安排和规划孔子学院的工作，所以这是挺大的不一样。"（26D – B22 欧洲）在这个适应的过程中，有管理经验的院长往往会更快适应孔子学院的管理工作和要求："我对自己的适应其实是有信心的，因为我有很多年的行政管理经验。"（33D – A16 欧洲）当然，院长的适应还跟所在国家文化与中国文化的距离远近有关系，比如在东亚文化圈，院长的适应会更快一些："中国文化跟韩国文化差异也不太明显，所以来之后我很快能上手。"（06D – A31 东亚）院长只有自己适应了，才能有效地关注员工的跨文化适应情况："我们需要帮助我们的老师，在这个非母语国家里头如何 behave（行为得体），如何 manage（管理）他们的教学，如何让他们能够理解和适应这边的文化"（23D – A15 欧洲），这也是转换身份、作为员工适应协助者的表现。

总而言之，院长作为孔子学院的管理者，要及时转变自己的身份，将自己视为孔子学院的领导者，以领导者的角色要求自己，从而获得领导经验的累积（Lord & Hall，2005）。院长有了作为孔子学院领导者的"职业身份"，内心会产生追求卓越的意识，领导者的角色也会在其内心不断强化（London & Mone，2006）。

（四）社会文化差异的影响

社会文化差异导致的生活习惯和工作习惯的差异，也是院长工作适应过程中需要跨越的一道坎。比如，有中方院长提到对当地生活和工作节奏的适应很重要："要适应他们的慢节奏，这是第一个要适应的。"（12D – A38 东南亚）很多东南亚国家和中东地区国家的生活节奏都非常慢，很多学生经常迟到："他就觉得自己晚了都是有原因的。有些学生后来跟我交流，我就说你是能还是不能准时到，yes 还是 no，你给我一个确切的答复啊，你不能说 إن شاء الله（阿拉伯语，"但愿吧"的意思）。"（10D – A76 西亚）鉴于当地社会文化的慢节奏，教师和院长进一步调整教学和管理工作，以适应当地文化特征。比如教师利用学生迟到的时间先给准时到的学生复习："在这种情况下我们的老师会利用这个十分、十五分钟，给其他学生做一个 review（复习）。"（10D – A28 西亚）慢节奏有时也导致院长交到学校上级的文件迟迟得不到反馈，甚至"不翼而飞"。这就提醒院长留出文件副本，以防丢失："我现在让我们所有老师都吸取这个教训，就是每次签完字，都要扫描，留着证明。"（11D – A38 南亚）

综上，本研究认为院长的跨文化适应能力实际上关涉自然环境、心理适应、工作适应和社会文化适应几个方面，工作适应和社会文化适应在孔子学院联系非常紧密，可视为一体看待，共同促进院长的跨文化适应。在个人适应基础上，院长才能协助教师和志愿者完成跨文化适应，针对出现的各种适应问题进行指导，以实现孔子学院的整体适应和运转。

四 前期影响因素：院长领导力生发机制

在个人层面上，院长的背景契合孔子学院要求，有助于缩短工作过渡期。院长的初始跨文化领导力生于此，即植根于过往的经历，个人的高驱动力会促使"领导力之芽"破土生长，慢慢扩展和升级。同时，跨文化领导力的产生，必然离不开院长个人的跨文化能力，而跨文化适应能力是院长的首要跨文化能力，尤其是对中方院长来说。只有在个人适应跨文化情境的基础上，院长才能发挥其在领导团队和促进组织发展中的作用。孔子学院的发展在院长的强大驱动力下一点点壮大，而院长自身的领导力基于这个驱动力源泉，也慢慢提升。正如一位中方院长所说："我的能力在全方位提升，从站位上，从管理能力上，还有对外交流能力上，都在提升。"（11D-A46南亚）

个人层面能力生发机制如图11-2所示。

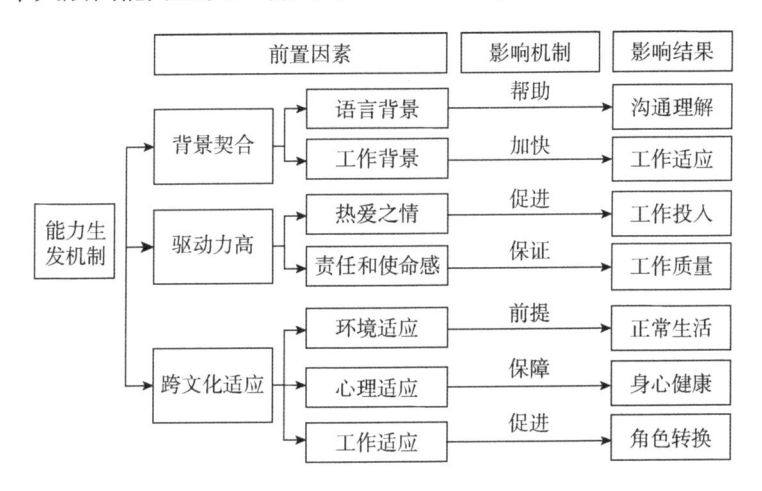

```
前置因素            影响机制    影响结果
         ┌─ 语言背景  ─帮助─→   沟通理解
  背景契合┤
         └─ 工作背景  ─加快─→   工作适应
能力生
发机制   ┌─ 热爱之情  ─促进─→   工作投入
  驱动力高┤
         └─ 责任和使命感─保证─→ 工作质量

         ┌─ 环境适应  ─前提─→   正常生活
 跨文化适应┤─ 心理适应  ─保障─→   身心健康
         └─ 工作适应  ─促进─→   角色转换
```

图 11-2　个人层面能力生发机制

第二节　团队层面跨文化领导力建构

在个人层面上，院长的跨文化领导力主要体现为能力的初现和生发，其中，契合的背景、高驱动力和跨文化适应能力共同促进院长跨文化领导力萌芽和发展，使其完成自身身份转换。从个体层面跨越至团队层面，要发挥领导团队的作用。院长在团队层面的跨文化领导力，是建立在个人驱动和适应基础上，将领导力发挥作用的情境扩展到团队，因此，需要对团队进行界定和描述。在本部分中，团队主要指以中外方院长为首，中方教师和志愿者，外方工作人员，如行政管理人员等组成的跨文化协作团队，也是一个涉及中外人员的跨文化共同体，服务于孔子学院的整体发展。在团队层面，院长的跨文化领导力主要体现为沟通协作能力、团队管理能力和问题解决能力。

一 沟通协作能力：发挥信息协同机制作用

团队层面的跨文化领导力首先体现为中外方院长的沟通协作能力。在本部分中，沟通协作能力主要指在孔子学院日常管理过程中，院长能在中外方院长之间、中外团队成员之间以及中外机构之间保持良好沟通，以保证信息的高效流通，从而引导团队工作。"领导力的发挥依赖于充分发挥主体的影响力，促进团结和共享愿景的达成，而这需要一个良好的信息协同机制。"（樊博、于洁，2015）中外方院长与各方沟通的过程实际上是在建立一个团队层面上的信息协同机制，沟通能力是跨文化情境中最重要的跨文化能力之一。

（一）中外院长之间的沟通协作

院长的沟通协作首先体现在中外方院长之间良好的沟通和配合。中外方院长作为孔子学院的直接管理者，把控着孔子学院的日常运行和发展，因此，双方的良好配合在这个过程中发挥着非常关键的作用。很多院长提到中外方院长的配合对孔子学院发展很重要："孔子学院成功不成功，就是看双方院长合作怎么样"（23D－B22 欧洲）；"外方院长和中方院长之间的配合工作很重要"（29D－B61 欧洲）。中外方院长的沟通和配合主要体现在日常管理工作的分工上。本研究发现，外方院长是孔子学院发展的主要决策者，负责规划孔子学院的发展方向，而中方院长负责具体实施："外方院长抓大放小，你在他决定的这个正确的轨道上去做，那么他不会干涉你的具体细节。"（32D－A83 欧洲）可见，中方院长是配合外方院长的决策实施者和辅助者。部分中方院长提到平时主要做一些辅助外方院长的工作："毕竟我们的工作单位是在人家这个地方嘛，我觉得能让他去抛头露面……我做一些辅助性的工作，就把准备工作做好。"（53D－A10 北美）

（二）中外团队成员之间的沟通协作

除了中外方院长之间的沟通和配合，院长还需要与团队成员沟通、与中外机构如汉办、中外学校等接洽，以达到将各方信息传递交换的目的，减少信息不对称，从而增强团队的协作能力、提高运行效率。

在团队成员沟通方面，中外方院长时常需要与中外团队成员商量任务、制订计划或协调关系、调节氛围等。比如，有中方院长提到自己需要在团队中进行气氛调节："外方院长脾气不太好，跟教研室的关系整得挺僵，当然她（外方院长）的文化可能跟我的文化不一样。副院长就帮她化解一下，我有时候也帮她化解一下。"（30D – A71 欧洲）这就对院长的跨文化沟通能力提出了要求，需要具备在跨文化环境中接收并表达信息的能力。

53D – A42 北美：语言上的沟通很重要，英语表达不能产生歧义，避免别人误解。而且还要注意沟通的仪态，比如：社会交往是不是显得很小气？是不是显得很没有礼仪？是不是显得很咄咄逼人？你咄咄逼人不行，你傻里傻气也不行；傻里傻气人家就觉得你没有思想，是个不动脑筋的人，你过于有思想也不行。所以很难把握这个东西，的确是难把握。

中方院长 53D – A 表示，在与外方的日常沟通中，除了语言沟通的准确性，还要注意沟通中的仪态表现，不能过于展露锋芒，也不能过于保守拘谨，但怎样才是一个合适的度，确实难以把握。孔子学院的工作环境具有跨文化性，院长必须跨越文化差异才能进行有效沟通，即具备跨文化沟通能力。"要懂跨文化交际，要对美国文化有所了解，也一定要了解自己的文化。在知道的情况下，还要有一个度的把握。"（53D – A44 北美）可见，院长的沟通能力除了建立在文化知识积累的基础上，还需在实践中探索沟通得体且有效的边界，得体和有效是跨文化能力有效性的重要评价标准（戴晓东，2019）。

（三）中外机构之间的沟通协作

外方院长更熟悉外方院校的沟通流程，主要负责与外方院校的沟通和联系："他跟大学去联系的事我就做不了，所以很多的工作还得靠他"（30D – A20 欧洲），而与中方机构的联系主要是中方院长负责："我主要负责联系中方合作院校、国家汉办、使领馆等中方机构。"（30D – A73 欧洲）一位中方院长将自己描述为"信息联络员"，日常管理中需要频繁接触联系的部门多达 12 个。可见，中方院长在信息联络和沟通中发挥着重要作用。

> 10D – A74 **西亚**：（工作沟通涉及）好几头呢，中方院校、合作企业、使馆、汉办、老师、外方。
>
> 53D – A53 **北美**：我要告诉美国人中方院校的态度，我要告诉美国人汉办的态度；我要告诉汉办中方院校的态度，我要告诉汉办美国的态度；我要告诉中方院校美国的态度，我要告诉中方院校汉办的态度。你知道我的意思嘛，六个双向的沟通关系。

总体来看，中方院长需要沟通的对象更多，涉及中方各机构以及外方相关机构。如上面两位中方院长所说，他们的沟通工作涉及"好几头"，在中外之间扮演着"传话筒"的角色。总之，中外方院长在互相配合以及与其他各方交流过程中，要找准自己的位置，发挥好沟通协调的作用，共同为孔子学院的发展服务。就像一位中方院长所说："我们双方要摆好自己的位置，明白自己该做些什么事情。"（23D – B23 欧洲）一些中方院长可能会比较在意自己的称谓，到底是"中方院长""孔子学院副院长"，还是"中方管理人员"等，这就是没有找准自己位置和调整好心态的表现。关于中外方院长如何定位自己的角色，有中方院长给出了很好的答案："我们是一个 team（团队）对不对？作为一个团队互相配合"（51D – A12 北美），"中方院长的定位，就是你别把自己太当回事，也别把自己不当回事"（32D – A91 欧洲）。因此，中外方院长不应过于在意所谓的称谓，而是应以团队目标为导向，发挥各自优势，互相配合，沟通协作，共同促进孔子学院的发展。在工作中，既要重视自己的身份，做出应有的贡献，也要放低自己的身份，不过分强调职权和名誉，所谓"在其位，谋其职"。中外院长都须把握好一个度，做好各自的分工，即外方院长是发展思路提出者和主要决策者，负责与外方院校和当地机构联系，而中方院长是具体计划实施的主导者，负责与中方院校和中方其他机构联系。

二　团队管理能力：凝聚团队力量的过程

作为孔子学院的直接管理者，中外方院长需要共同领导一支由中外人员组成的跨文化团队，这就对院长的团队管理能力提出了要求，如何有效地管理团队并发挥团队成员的协同力量，对于孔子学院的发展至关重要。从数据归纳结果看，院长的团队管理能力表现为：能够按照原则要求，以自身做表率，建立自己的领导者威信，同时积极支持员工发展，提升职业能力，以此激励员工高效工作。

（一）讲求原则

作为管理者，必须有自己的管理原则和规矩，才能建立起自己的威信。俗话说"不以规矩，不能成方圆"，管理者需要以理服人。很多院长都提到自己管理团队时，会以公正的态度和原则对待每一个人。比如，"我只对事不对人"（53D - A55 北美），"我会把大家都看成一个很平等的关系"（12D - A58 东南亚），"你做得公正，大家才会服你，所以该批评的批评，该表扬的表扬"（29D - B70 欧洲）。院长们不约而同地认为，在管理团队的过程中，做到公平公正、对事不对人，是非常重要的管理原则。只有讲原则，守规矩，才能建立自己的威信，维护孔子学院的正常良性发展。有话直说、按规矩办事、任何意见都开诚布公地表达出来，这样孔子学院的发展才会建立在一个和谐有序的团队合作基础上。在规矩面前，人人平等，即使是院长，做错事也要面对"批评"。

在团队层面，人员管理要讲求规矩。在个人层面，按规矩和原则行事。比如对于奖学金生的推荐工作、财务的把控等，都须按照原则进行，否则就会影响孔子学院的发展。

30D - A03 欧洲：我跟她说，我们是完成中方院校的任务。她说这个不对，她是拿着政府的钱，虽然是中国的政府，但是也不能把这样的学生推荐过去。对她这一点，我是很佩服的。

30D - A07 欧洲：外方院长在财务这方面，我感觉把控得很好。这钱不乱花……

中方院长 30D－A 对外方院长的评价很高，外方院长坚持按照推荐原则选拔奖学金生，严格保证学生质量；对于资金的使用，也保持着高度谨慎的态度，绝不乱花钱，甚至还能留出结余资金。这些都让中方院长非常佩服。

（二）自我表率

孔子学院院长与企业的高层管理者不同。在孔子学院日常运行过程中，院长通常会和教师、志愿者以及其他工作人员一起，参与各种教学活动、文化活动，其角色与企业的一线管理者更为相似。因此，要想建立自己的管理威信，院长需要做表率，以实际行动表明自己的能力，而不是仅仅发号施令。院长的表率作用体现在自身的专业能力上，比如教学能力，很多院长都提到自己会参与教学活动："教学上，每个老师我肯定要给他做范例"（53D－A46 北美）；"我们有个本土汉语教师培训项目，都是我去上课"（06D－A18 东亚）。通过教学示范，院长能建立起自己的专业能力威信，有利于促进领导团队的有效性："你自己首先得过硬，这样你周围的人才会尊重你，另外你的团队你才能管住。"（53D－A43 北美）另一方面，表率作用也体现在其他日常管理活动中，如为团队成员服务："我课比较少，平时在教研室打个水送点东西，过节时买个花"（30D－A88 欧洲）；带头解决矛盾："遇到矛盾和意见冲突，首先自己做足功课，想办法去解决，避免矛盾恶化"（23D－A17 欧洲）；经常加班体现出很强的敬业精神："外方院长经常加班到晚上七八点，他很喜欢这个工作，不觉得辛苦，所以这种精神很感染我们"（51D－A20 北美）。当团队成员遇到问题时，院长也要协助解决，这是提升员工幸福感的重要途径。如有教师就表示："有什么事情的话，会有院长帮我们去解决，我心里就不慌，幸福感提升特别快。"（06T－A20 东亚）因此，要发挥表率作用，院长自身能力必须过硬，上能做管理，下能进课堂，同时也要主动做事，为员工树立积极实干的榜样。很多孔子学院成立的时间并不长，还处于"初创时期"，因此，院长更应该发挥表率作用，为孔子学院的发展打下坚实的基础，而这也是高执行力的体现。

(三) 员工支持

1. 任职期间的能力提升支持

一个团队的发展离不开团队成员的贡献。院长作为孔子学院最直接的管理者，要积极支持员工的工作，鼓励团队成员，这是一线管理者必须具备的"对下属的激励能力"（李卫东等，2010）。在孔子学院情境下，院长对员工的支持侧重于对教师和志愿者的职业能力的提升。比如，帮助教师提升教学能力："请语言教学职业培训师做了两天培训，孔子学院老师都觉得学到很多东西。"（48D-A43 北美）通过请专业培训师来做讲座，帮助教师提升职业能力。此外，院长通过给予教师或者志愿者项目活动的自主权，提升其独自负责项目的能力。无论是中方院长还是外方院长，都提到自己对教师和志愿者的激励："如果你负责这个项目，那所有的事情你做主"（12D-A57 东南亚）；"我交代一个工作以后，我不再插手，让他们自己拿个计划出来"（51D-B171 北美）。这些院长可以看到每一个人身上的闪光点，"每一个志愿者老师都很年轻，都有特长"（51D-B169 北美），给予他们项目自主权是培养他们"独当一面的能力"（51D-B170 北美）。这样的做法，促使员工明白自己的努力会带来个人预期目标的实现，是一种有效的领导方式（O'brien & Kabanoff，1981），在孔子学院情境下，这个预期目标可能是提升个人教学能力、独立策划或实施项目能力。激励志愿者，使其获得发展，这也是院长重视志愿者"主观幸福感体验"的表现（叶明，2021），而这种幸福感正是志愿者成长之后所生发的一种更高层次的自我满足感，有助于在后续工作中激发潜能。因此，院长对员工成长的支持，从中长期来看，对孔子学院发展具有积极作用。有的志愿者表示，在孔院工作期间，院长给予了自己很多支持，包括改进教学，提供论文指导等，提升自己的职业能力。

48V-C29 北美：院长，包括以前跟我一起合作过的中文领航项目的老师，他们都会给我很多建议。比如说，我们有一个"云诊所"的项目。虽然我不能教，但是那个教学材料，他们让我来写，让我做一些改进。因为第一年是由我起草的，发现一些问题，所以他们就说要不你就做这个修改吧。

2. 离任后的职业发展支持

对员工的职业支持不仅限于任职孔子学院期间，还包括对其离任后的职业指导和帮助等。比如，有的院长提到为教师未来的职业发展提供建议参考："他想考博士……要给他指明他应该怎么做，他才会好好地干活，他觉得你不仅关心他的工作，也关心他的个人发展。"（53D - A48 北美）也有院长提到自己会为志愿者的职业规划提供建议："我说你不要限制。他们都认为自己未来只能做老师……我说学国际汉语，这个领域非常之广，可以有很多发展方向。"（51D - B180 北美）院长还时常帮助回国志愿者写推荐信："他们回到国内还经常找我，让我写个推荐信，我说没问题，我说 once you are CI, you are always CI（一朝是孔子学院的人，终身都是孔子学院的人）。"（51D - B173 北美）可见，院长对孔子学院员工的支持也体现在对未来职业规划的指导和帮助方面，这些支持和激励也会促使员工认同并积极投入孔子学院的工作中。

3. 任职期间的生活和情感支持

院长也应给予员工生活和情感上的支持，从多方面激励员工。在生活方面，院长要考虑员工的居住条件："他们的房子基本上在他们到之前我都租好了，我是大的那个租客，他们在我的名字下面，就是他们来了以后，志愿者的被子锅碗瓢勺一切都不用买。"（53D - A49 北美）在给予他们生活便利的同时，还要关注他们的身体健康，给予医疗方面的协助："曾经有个中国老师生病自己去医院了，没通知我们。第二天开会我们就说了，有任何这样的问题，你们要第一时间通知我们。"（29D - C17 欧洲）在情感方面，要采取措施联络大家的情感，增强团队的凝聚力。比如定期聚餐："我现在基本上每个月给大家一次聚餐的时间"（12D - A69 东南亚）；在节日举办庆祝活动："我们每一年都过中国教师节暖她们的心"（29D - C16 欧洲）。情感支持对于团队建设尤为重要,志愿者教师明确表示:"这种来自上级领导的关怀会让自己感受到更多的工作动力。"(10M-15西亚)也有的志愿者认为院长像至亲一样,将中方院长比作"母亲"和"知心大姐",给自己在生活方面提供了很多帮助:"她(中方院长)对我们就像母亲一样。我们在异国他乡,她对我们的关心也更多在生活方面。我就觉得她有的时候像我们的母亲,有的时候也像我们的知心大姐吧。"(29V-F01欧洲)有的教师表示,院长的支持会让自己对孔院的归属感更强:"院长经常组织我们去春游,还组织我们去爬山。大家没事一起吃饭,一起组织活动,经常一起开会。这样的确会让你归属感更强。"(04T-A11东亚)还有的教师表示,院长对自己的关怀能够营造一种"家的温暖":"如果领导对我非常关心,我会感受到家的温暖。在这点上,我们的院长就做得非常好,我觉得他像我的长辈一样。"(10T-D05西亚)。对于有子女的教师,院长也会人性化管理,允许第二年携带孩子赴任:"我们本着既不影响工作又要人性化,第二年开始我们允许老师们带孩子。"(53D-A03北美)因此,无论是从院长自己的视角,还是教师和志愿者的视角,院长对下属的支持和关怀都是非常重要的,能够加强员工的幸福感,从而提升团队凝聚力。

通过上述分析,本研究认为院长团队管理能力的核心在于如何凝聚员工的力量为孔子学院谋发展,而这个能力可以从三个方面进行解读:讲求原则、自我表率和支持员工的心态。

三 问题解决能力:扫清团队发展障碍

孔子学院工作团队作为一个跨文化的团队,遇到意见对立甚至跨文化冲突是很正常的事情,关键在于如何解决。院长作为孔子学院的直接管理者,对团队内部的意见分布状况和成员状态应有所察觉,及时采取措施解决成员的意见争端,这就要求院长具备较强的问题解决能力。此外,有些孔子学院所在国家存在社会动荡,可能有一些突发情况,都会成为孔子学院发展的不稳定因素。一旦发生危机,院长必须及时协调团队各方,有效应对危机。因此,在数据分析基础上,本

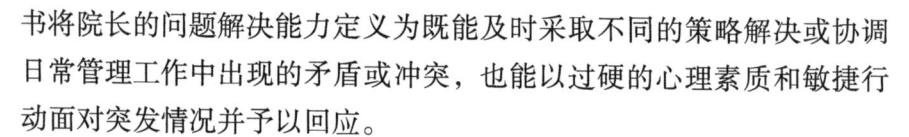

书将院长的问题解决能力定义为既能及时采取不同的策略解决或协调日常管理工作中出现的矛盾或冲突，也能以过硬的心理素质和敏捷行动面对突发情况并予以回应。

（一）冲突解决能力

院长需要具备冲突解决能力，及时解决孔子学院日常管理过程中出现的问题，为团队凝心聚气保驾护航。院长需要根据不同情境采取不同策略，以一种权变的冲突管理策略来解决不同的问题。

1. 他者之间的冲突：沟通调解

院长作为孔子学院的直接管理者，需要面对不同的决策、不同人的诉求，由于思维的差异性和诉求的异质性，矛盾或者冲突在所难免。这时，院长就需发挥"协调"作用，聚拢不同意见或诉求，解决矛盾冲突，从而形成合力，共谋孔子学院发展。因此，针对员工间的矛盾，院长多采用建设性的沟通协调策略。比如，有志愿者对其与教师的工资差距不满时，院长就差异化其工作任务，以消除志愿者的不满情绪："我让公派老师的工作和志愿者的工作不一样。"（12D-A59 东南亚）通过这种方式让志愿者感到自己的工作更轻松，以此消除心中的不满情绪。若任由负面情绪发展，必定会导致志愿者工作懈怠，影响孔子学院的服务质量。

> **53D-A32 北美**：那我就列个表：汉办怎么说，为什么这样说，是为了双方的利益；美国怎么说，为什么这么说。你是为了他好，他也是为了你好。他这样说，你这样说，那我们找个折中的吧。

汉办与国外高校签约，有时因双方意见存在差异，迟迟无法达成协议。此时中方院长就发挥了协调人的角色，将双方意见一一列出，然后寻求折中的方案。折中的做法体现了中国传统哲学中的中庸思维，也是领导力的重要体现。

2. 涉及自我的冲突：中方院长迂回妥协，外方院长坦诚沟通

中外院长并非时时刻刻都在为别人解决矛盾和冲突，他们自身也

会面临跨文化冲突。面对外方阻碍中方院长开拓教学点时，中方院长会采取妥协迂回策略，以退为进："有时还真得妥协，暂时的妥协，但我会记住这件事，有时间慢慢来推进。"（23D – A53 欧洲）在中方院长与外方经理职责划分问题上，也有可能产生冲突。比如，下面这位中方院长认为语言课程设置应该由中方院长负责，但外方院长却将其划分给外方经理，最后中方院长和外方经理之间产生了冲突。后来，冲突以中方院长的妥协让步结束。

28D – A32 欧洲：起的第一次争执，就是因为这个职责的问题。（外方院长）就说，要把语言课程设置计划给（外方经理），然后我就把这本书拿出来了，我一看这上面写的是中方院长的事情。（外方经理）就跳起来，吵得很凶。后来，我让步了。

自身面临的问题和冲突，中方院长总结为"该妥协时妥协，该吃亏时吃亏"，"只要不牵涉到政治，一些小问题没啥大不了的"（53D – A29 北美），一切以孔子学院的发展目标为重，"只要这个目标达到了，首先就别考虑是谁决定了这个事情"（53D – A25 北美）。

总体来看，冲突和矛盾是孔子学院发展过程中不可避免的问题，院长需要针对具体问题和情形，采取不同的策略。院长需要具备冲突解决能力，主要体现在院长解决自身面临的冲突与协调他者之间的冲突两种场景中。在协调他者冲突时，中外方院长采取建设性策略，积极促进沟通协调；在解决自身冲突时，中外方院长采取的策略有所不同，中方院长常使用妥协策略，而外方院长一般会倾向于沟通，如一位外方经理所说："大家一句话说开了就好了，很多事其实没有多大关系。"（28D – B31 欧洲）

（二）危机应对能力

孔子学院的发展深植于当地社会发展之中，有些国家或地区存在动荡因素，社会发展极不稳定，孔子学院的发展也会受这些动荡因素波及，阻碍正常运行。因此，作为孔子学院院长，需要具备应对突发情况的能力，这不仅关乎自身安全，也关乎整个团队安全。因此，院长必须具备过硬的心理素质和敏捷的行动能力。领导力与危机的联系在领导力研究中已不是新鲜的话题（O'Reilly et al., 2015），危机中的领导力成为不稳定社会中领导者能力的重要组成部分。

中方院长 11D-A 在南亚某孔子学院工作时，当地发生了爆炸袭击。突如其来的事件扰乱了当地社会的正常生活，也打断了孔子学院的正常运行，并且有可能给孔子学院工作人员的人身安全造成危害。因此，中方院长需要及时判定情况，做好应对措施。

1. 过硬的心理素质

面对突发情况，尤其是近乎恐怖袭击事件的发生，中方院长作为孔子学院的管理者，肩负着稳定军心、做好整体协调与应对工作的责任。这个重任要求院长具备过硬的心理素质，面对危机保持镇定，理智思考。这位中方院长在面对爆炸袭击时，表现出了强大的心理素质，并积极思考后续的对策事宜。

> 11D-A07 **南亚**：其实也没有非常紧张，反正我觉得事情发生了，你只能面对呗……一步一步做好该做的事情就好。
>
> 11D-A08 **南亚**：我也工作20年了，我觉得这个心理素质还是有的。我还是比较镇定的，也没有慌乱，只是想怎么安排好后续工作。

从该院长的话语中也可以看出，院长的危机应对能力不是突然产生的，这与其过往的工作经验有很大的关系。

2. 敏捷的行动能力

危机是突如其来的，当时社会秩序一度混乱，"还有一些零星的爆炸……公交车那里发现八十几枚炸弹"（11D-A06 南亚），各种不安定的因素潜伏，这要求院长具备敏捷的行动能力，容不得细细思考，必须快速做出反应。面对这一情况，该中方院长通过群聊通知大家不要出门，以免遇到危险。

> 11D-A04 **南亚**：我意识到肯定是出问题了，就立马在我们

自己那个群里面，告诉大家待在家里别出门。

另外，该院长第一时间向汉办汇报情况，以获取相关支持。在这个过程中，该中方院长反复与汉办沟通，协商应对方案，最后决定撤离回国，暂避危险。

> 11D-A03 南亚：当时爆炸发生以后，我的感觉就是第一时间跟总部啊，跟中方院校啊，到处都要汇报嘛，因为要第一时间让他们知道这里的情况。

在整个协商应对过程中，中方院长发挥了非常重要且关键的作用："所有的人员都由我来负责，当时我需要各种联络啊、沟通啊、买票啊……"（11D-A11 南亚）整个过程需要院长敏捷行动，以最快速度协调各方，完成撤离工作。

本部分将院长的问题解决能力解读为冲突解决能力和危机应对能力两个维度，前者是日常管理需要具备的能力，后者是面对突发情况应展现的能力，二者对团队的正常运行都非常关键。

四　团队建设能力：孔子学院发展的关键支持

团队层面的领导能力实际上考察的是院长如何协调团队，高效完成整体组织发展目标下的每一个过程性目标，从而实现组织发展目标。具体来讲，好的沟通协作能力可以带来信息的聚集和流通，达到信息协同、减少信息不对称；好的团队管理能力能够凝聚团队，使团队力量聚集，从而有效完成团队目标；问题解决能力是为了扫清团队建设过程中出现的不利因素，如矛盾冲突等，从而真正建立一个高效的团队。

团队层面能力影响机制如图11-3所示。

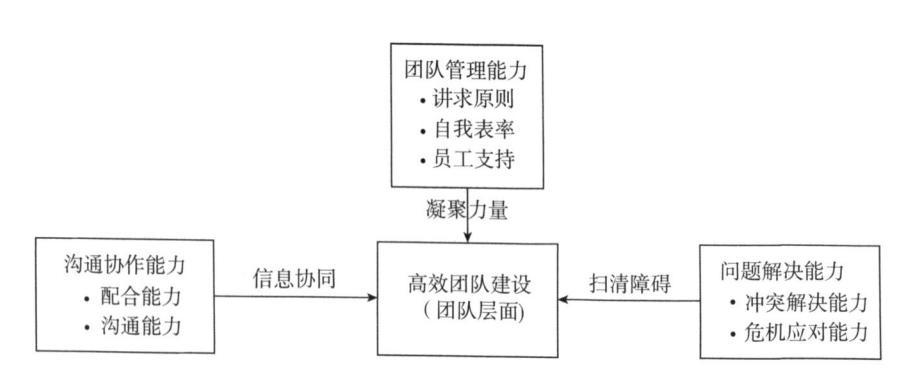

```
        ┌─────────────┐
        │  团队管理能力 │
        │ • 讲求原则   │
        │ • 自我表率   │
        │ • 员工支持   │
        └──────┬──────┘
               │ 凝聚力量
               ▼
┌─────────┐         ┌─────────┐         ┌─────────┐
│沟通协作能力│ 信息协同 │高效团队建设│ 扫清障碍 │问题解决能力│
│• 配合能力 │────────▶│ (团队层面) │◀────────│• 冲突解决能力│
│• 沟通能力 │         │          │         │• 危机应对能力│
└─────────┘         └─────────┘         └─────────┘
```

图 11-3 团队层面能力影响机制

第三节 组织层面跨文化领导力建构

院长的跨文化领导力从个人层面生发，经由团队建设，最终实现组织目标，即孔子学院的发展。孔子学院作为一个跨文化非营利性教育组织，需要在当地落地、生根发芽、茁壮成长。院长作为孔子学院的领导者，需要以孔子学院的落地发展为目标，带领团队，促进孔子学院的整体组织发展。因此，院长也应具备组织发展能力，包括准确定位能力、核心建设能力和对外拓展能力三个维度。组织发展能力是组织层面上的，与团队层面的能力区别在于，前者的落脚点在组织目标的实现上，即以具体的组织发展成绩为表现，后者的关注点在团队建设的成效上，即以日常运行中的团队氛围和效率为表现，后者对前者具有支撑作用。

一 准确定位能力：为孔子学院发展方向导航

孔子学院要想实现可持续发展，需要找到合适的定位。院长首先需要有准确定位孔子学院的能力，即孔子学院应如何融入外方院校和当地社会，并扮演什么角色。只有定位准确了，孔子学院的存在以及提供的服务才能契合当地需要，而这也是孔子学院可持续发展的动力源。准确定位孔子学院的能力应从两方面理解：其一，院长需要具备敏锐的洞察力，对当地社会、外方院校以及孔子学院合作中各方角色等都有较深的了解，尤其要了解当地社会和外方院校的背景、积极支持因素和不利阻碍因素，以此准确定位孔子学院在这个合作关系中的角色，促进孔子学院在当地的可持续发展。其二，在洞察情境基础上，院长需要具备较强的规划能力，能够依据孔子学院所处的环境，为孔子学院设置不同的发展阶段和目标，并在每个阶段设置具体的可操作目标，明确孔子学院的发展方向。

（一）敏锐的洞察力——准确定位的基础

对当地社会而言，孔子学院属于外来机构，因此，孔子学院的发展应当融入外方大学，实现依托式发展，才能有"像水一样灵活应对环境变化的形态和能力"（陈春花、刘祯，2017）。一般来说，这类组织对外部环境有较强的依赖关系（陆亚东、符正平，2016），如资源、市场等，孔子学院的发展在依托外方机构的同时，也需要洞悉当地社会需求，抓住有利资源和机会，顺势而为，匹配自己的能力，真正做到在满足当地需求的基础上实现自身发展。院长作为孔子学院的实际领导者和日常决策者，对孔子学院定位的思考至关重要，这关系到孔子学院日常运行的大方向、面临各种机会时的决策行为以及如何制定具体的发展策略。为孔子学院发展寻找合适的定位是院长跨文化领导力的重要体现，而定位能力的第一环是敏锐的洞察力，体现在对当地社会、外方学校以及自身情况的洞察。

1. 对当地社会的洞察：了解外部环境

院长的洞察力首先体现在对当地社会的了解。一般来说，外方院长长期生活在当地，对当地社会更加了解，如当地社会发展状况如何，对孔子学院的需求如何，对中国和中文学习的态度如何等，只有充分了解这些情况，孔子学院的发展才能更贴合当地的需要。比如，在东亚某国，孔子学院的学生汉语水平整体比较高："当地学生的汉语水平比较高，起点高"（06D–B01东亚），需要更多高水平的教师。在某国，很多活动需要采取亚裔文化的形式，"搞的是Asian culture（亚裔文化）"（51D–B52北美）。总之，院长需要洞察不同社会文化环境的特点，使"孔子学院的发展结合当地大学的发展、城市的总体发展"（23D-B13 欧洲），"给孔子学院穿了一件更适合在当地发展的外套"（32D-B10 欧洲）。

2. 对外方院校的洞察：了解具体情境

孔子学院的发展形式主要体现在与当地院校的合作层面，因此，院长还需要对外方院校的情况和需求有深入了解，使孔子学院的存在更符合外方院校的发展需要。正如一位外方院长所说："每个大学的 culture（文化）都不一样，DNA（基因）都不一样，所以一个孔子学院的 DNA 一定要跟大学的 DNA match（匹配），这是孔子学院发展的关键。"（51D-B23 北美）很多院长，无论中方还是外方，都表达了类似的想法，即孔子学院的发展一定要为大学发展服务。比如，"孔子学院的持续性发展，在我看来最根本的前提就是你得为你的大学服务"（26D-C11 欧洲），"我们制订的计划跟这个大学的发展战略方针要相配，它的方针怎么定，我们就朝这个方向怎么做"（53D-A14 北美）。

51D-B22 北美：孔子学院成功与否，不在于孔子学院本身怎么做，关键在于你是在什么样的学校，在什么样的环境，处于什么样的 context（情境），你才能 design（设计）这个 program（具体项目），这是个关键。很多人以为国家汉办有一套统一的方案，每个孔子学院拿过去用就行了，这是不行的。

51D-B58 北美：就我们来讲，我们认为孔子学院最主要最大的本事，不在我们有多少 knowledge（知识），我们是个 connect（桥梁），我们是一个 connecting dots（连接点）……我们学校有这么多窗口，跟其他窗口都是连在一起的。

正如外方院长 51D-B 所说，没有一套统一的方案供所有孔子学院使用，而是应当在洞察外方院校的情境（context）基础上，量身定制最适合的发展方案。孔子学院在大方向上应定位为大学各个部分中的一个连接点，与大学中的其他机构一起构成一张网，共同服务于大学的整体发展。这实际上将孔子学院的发展与大学的发展融为一体，这个定位影响着后续孔子学院一系列发展策略的制定。

3. 对自身情况的洞察：匹配自身能力

孔子学院的发展不仅为外方院校和当地社会服务，作为中外方合办的机构，它也需要为中国服务，即传播中国语言文化，促进中外文明交流。因此，中方院长在了解当地社会、外方院校基础上，也要充分了解自身的优势，积极推广中国语言与文化。从这一角度看，孔子学院是中外相互了解、交流沟通的桥梁："我们在海外是一个桥梁，孔子学院一个重要的职责是让人民之间能更好的交流"（51D - B76 北美），"只有通过交流大家才能互相理解，互相认识"（28D - B28 欧洲）。孔子学院何以能够承担这个桥梁角色，是因为孔子学院的工作人员都是专业的，都是经过培训的："咱们孔子学院有绝对的优势，就是说咱们孔子学院是非常正规的，我们的老师全都是经过专业培训的。"（28D - B13 欧洲）院长要看到自身的专业优势，对孔子学院的服务具备十足的信心。

院长要明白孔子学院的目的和优势，准确匹配当地需求与自身能力，做到需求与能力的契合。孔子学院为非营利性组织，但在需求和能力匹配方面可参照企业的成功做法。阿里巴巴作为中国的互联网巨头之一，其定位是"内向型"组织（喻登科、李容，2018），重在从内部提升自己的服务能力，满足用户的需求："把互联网技术、互联网服务用好，就能帮助别人做成生意，可以形成我们的独特价值，这就是我们的定位。"孔子学院作为非营利性组织，更应注重自身服务能力与用户需求的匹配，实现在当地的扎根发展。

51D - B134 北美：外方院校通过孔子学院开拓了一个新的天地，帮助大学真正实现国际化。我认为，一个大学没有东方文化、没有中国，是有些残缺的。孔子学院只有这么定位，成为大学全球化、国际化当中一个核心部分，才能体现孔子学院的价值，这个价值远远超过了只是教授中文。

对于外方院校来说，孔子学院的独特价值如何体现？就像该院长说的，成为大学国际化的核心部分，就是孔子学院价值的体现。能够洞悉孔子学院与所在大学的独特联结，看到学校需求和孔子学院发展之间的互补性，基于孔子学院自身的服务能力进行匹配。

> **51D-B135 北美**：外方院校的发展主旨和我们孔子思想中的有教无类是一样的。如果你站在这个角度来分析，孔子学院的地位就非常重要。大学要为所有人提供教育，但是对很多大学生而言，想学习中文是没有资源的，只有贵族学校学生可以学，家里有钱的可以送到中国去，等等。大部分普通学生没有这个资源，我们就为大学提供资源，所以我说，我们大学的宗旨和孔子的有教无类是完全一致的。

孔子学院与大学的匹配，首先体现在价值观层面。如该院长所说，孔子讲求"有教无类"，合作院校的宗旨是为当地民众提供平等的教育服务，这两种观念本质相通，都是寻求教育资源的普及性导向。因此，孔子学院与大学首先从价值上进行匹配和确认。基于此，孔子学院的服务能力再与大学的实际需求进行匹配，让孔子学院落地和生根发芽。在这个过程中，院长的洞察力起了非常大的推进作用，尤其是外方院长的这一项能力较为明显。外方院长多为本族居民或者长期居住当地的华人，他们对外方院校和当地社会的情况更为熟悉，也更易于洞察实际需求，并将其与孔子学院特征和服务能力匹配，寻找可以持续发展的连接点。

洞悉情境（context profundity）是跨文化情境下领导力的重要构成要素（Chen & An, 2009）。对于外方院长来说，熟悉外方院校情境，将孔子学院服务能力与大学需求紧密联结，就是高领导力的体现。因此，院长必须具备敏锐的洞察力，加强对当地社会、外方院校以及自身情况的了解，准确定位孔子学院，并将自身发展与外方院校和当地民众的需求相结合，推动孔子学院的可持续发展。

(二) 规划能力——准确定位的目标化和可操作化

在洞察各方情况后,孔子学院的定位有了大致方向,但"服务外方的发展"并不清晰,还需要进一步精准定位,这样才具有可操作性。这就要求院长具备较强的规划能力。就孔子学院的情境来说,院长的规划能力体现在两个方面:一是对孔子学院的发展阶段的规划,即五年、十年的整体规划;二是每一年的具体活动规划,即在现阶段规划下具体要做的事情。

1. 阶段规划:设置阶段发展目标

阶段规划是在洞察外方院校和社会的基础上做出的战略发展计划,具有一定的情境性,但又不脱离孔子学院的总体发展目标。中国国际中文教育基金会对孔子学院的定位为:从语言入手,用文化交融,促民心相通。语言是孔子学院进行文化传播的工具,语言教学是孔子学院日常运行中的首要活动。因此,孔子学院的首要职能便体现为一个汉语教学机构,以汉语教学为日常运行的重要任务。另外,孔子学院的发展通常以汉语教学起步,逐步延伸出其他功能。有中方院长提到"汉语教学是第一位的"(30D – A11 欧洲)。因此,对中文教育发展的规划自然成为很多孔子学院的必备计划。比如,当外方院校没有提供中文教育时,一位外方院长就提出了"五年中文发展计划":"我们孔子学院第一阶段,2010 年到 2015 年,做的事情就是把中文这个基础给打起来。"(51D – B35 北美)现在,该孔子学院已经进入第三阶段,跟随学校的脚步开始关注创新教育:"我们孔子学院进入 3.0 版,一个核心是 innovation and entrepreneurship education(创新和创业教育)。"(51D – B69 北美)有些孔子学院是和当地企业合办的,学生多为当地社会人士而非在校学生,前期需要提高孔子学院知名度:"我们前期主要是定位在宣传,就是说我们要提高我们的知名度。"(28D – B24 欧洲)对于不同的社会情况,不同的外方机构情况,孔子学院的发展规划具有显著的阶段性特征和情景化特征,这就要求院长精确把握,做出符合孔子学院发展的整体规划。同时,在情境性基础上,孔子学院的发展规划须符合孔子学院的总体目标,即传播中国语言文化。因此,孔子学院的规划应当是一个多样路径的复合体,只是在主次程度和先后顺序上会有差异。

2. 具体规划：阶段目标的可操作化

具体规划，其主要特征是可操作性强，即可以通过资源投入，转化成为孔子学院发展服务的现实活动。比如，在教学方面，通过举办教学方法研讨会，提升孔子学院教学能力："我们可以每年办一个有关汉语教学方法的研讨会"（04D - A40 东亚）；在文化活动方面，可以通过每年举办春节品牌活动，提升孔子学院影响力："我想把每年春节这个活动，做成我们孔子学院的一个品牌活动"（28D - A07 欧洲）。

综上所述，院长的准确定位能力体现为敏锐的洞察力和规划能力两方面，前者需要院长充分了解当地社会、外方院校和自身情况，后者要求院长在洞悉情境的基础上，为孔子学院发展做出最适合的阶段规划和可操作的具体规划。

二 核心建设能力：锻造高质量服务能力

孔子学院通过传播中国语言与文化来加强中国与世界各国的联系，促进民众交流。因此，语言和文化传播是手段，民心相通是目的。汉语教学和文化活动自然成为孔子学院的核心业务，是孔子学院日常运行的关键。院长作为孔子学院的直接管理者，必须清楚孔子学院发展的关键所在，无论是重点发展汉语教学，还是文化活动，或是二者齐头并进，院长均须采取一定措施，使规划的组织目标得以实现。这一能力，我们称之为核心建设能力，即能够及时发现孔子学院发展过程中的问题，将提升汉语教学能力和文化活动层次作为孔子学院的核心发展目标，并积极采取各种措施实现这一目标。

（一）提高教学能力

孔子学院的核心基础是汉语教学。泰国朱拉隆功大学孔子学院首任中方院长明确表示教学是孔子学院的核心："在朱大孔子学院，我们主要办了三件实事，第一件就是教学，这是孔子学院工作的核心和基础。"因此，汉语教学的重要性对于孔子学院来说不言而喻。在访谈中，很多院长都提到了汉语教学的重要性，比如："教学是我们的生命线"（11D-A52 南亚），"踏踏实实的以汉语教学为出发点，逐渐地做下去"（30D-A43 欧洲），"我比较重视的就是汉语教学那一块"（04D-A35 东亚）。汉语教学的发展受到"三教"问题影响，教师、教材和教学方式问题一直是汉语国际教育的热门话题。孔子学院的汉语教学作为汉语国际教育中的重要一环，"三教"问题自然也是教学发展考虑的重点。多位院长从"三教"问题出发，谈了自己的做法和发展思路，力求为孔子学院核心竞争力建设打下坚实的基础。

1. 师资建设

师资问题是很多院长考虑的首要问题："师资是我们院长考虑的最主要的问题"（30D-B49 欧洲），他们也采取各种措施来提升师资水平，提升孔子学院的教学能力。比如，争取更多的本土教师："我们准备向总部申请一个本土汉语教师"（06D-A60 东亚）；利用国内高校教师的学术假期安排教学活动："（正在休学术假期的）老师质量会很好，他就在一个学期里面教一门课。这样的话，也不会割裂他自己的职业安排"（12D-A28 东南亚）。这些措施有的考虑增加本土汉语教师，有的考虑增加国内教师派出，无论采取何种措施，一定要适合当地孔子学院发展情况。这就要求院长根据孔子学院自身情况制订每一步计划。

2. 教材建设

合适的教材在孔子学院的教学中同样非常重要。很多孔子学院使用的教材都是国内编写的通用型教材，缺乏针对性和科学性（龙黎，2016），因此，编写本土化教材成为很多孔子学院的紧迫任务。不少院长考虑到了教材不适用的问题："我想要编一本适合韩国环境的教材，这个很需要"（04D-A36 东亚）；"作为汉语中心的主任我就是考虑到了，在俄罗斯的教材非常旧"（29D-B10 欧洲）。此后，院长积极采取措施，与中方大学合作编写更为适用的教材。有些教材编写非常成功，受到当地学校的欢迎："每年开始，更多的中小学、大学开始学习汉语，他们都开始使用了《汉语新起点》这套课本。"（29D-B14 欧洲）

3. 教学方式改进

"三教"问题涉及教学方式，单一的教学方式并不适合所有国家的学生，应当以学习者为中心，探索适合当地学习者的教学模式。正如有些院长所说："不管韩国人教还是中国人教，都要有自己专门的教学方法，效果会很不一样。"（04D - A37 东亚）院长会鼓励汉语教师学习先进的教学方式："轮流参观其他学校"（04D - A38 东亚），"邀请研究对外汉语教学法的老师来讲课"（30D - B50 欧洲）。

孔子学院教学活动的核心与国际汉语教育一样，在于"三教"问题的不断改进，一切措施都应当以适用当地情境为准则，院长要看到孔子学院发展过程中存在的各种问题并采取措施加以改进。不同的措施是院长为了提升孔子学院教学能力、提高教学质量而提出的，目的是让汉语教学成为孔子学院发展的核心基础。实际上，各类措施的提出以及有效实施正是孔子学院院长领导力的重要体现，也是基于院长本身对孔子学院发展环境和可利用资源基础的洞察。可见，院长的领导力是一个多维的复合体，集内隐洞察力和外显行动力于一体，各个能力维度互相联系，而各种措施和计划的制订都应以洞察当地情境为基础。

（二）完善活动层次

文化活动是孔子学院核心建设的第二个方面。汉语教学在很多院长看来是孔子学院立身之本，但是影响的群众有限，仅限于修读汉语课程的学生。文化活动能够接触更多的当地民众，从而达成传播中国文化，促进中外交流的目的。很多院长认为举办文化活动的目的在于让民众了解真实的中国："让每个观众每个学生能更多、更全方位了解真实的中国"（51D - B74 北美），同时给中外学生一个建立联系的平台："他不是吃完饺子就了解中国文化了，通过这种活动可能让中外青年之间建立一种联系"（30D - A94 欧洲）。

1. 活动多元化

孔子学院在发展过程中，不能一直守着剪纸、包饺子等老几样活动，而是要不断推陈出新，多方位展示更全面的中国，即需要提高文化活动的层次："这个文化活动要推广，但是要提高层次。"（30D - A19 欧洲）比如有外方院长就认为可以举办摇滚音乐会，展示现代中国元素："I want to show the modern China（我想要展示现代的中国）。"（28D - C28 欧洲）

12D - A03 东南亚：今年6月份我们做了一个古琴的音乐会。也是因为当时曼谷那个中国文化中心请了这样的一个团队，在他们那儿演。然后呢，我们就把它引到我们这里来，让它在我们这边也演了一场。

有的中方院长趁中国古琴演奏团队在当地演出的机会，顺势邀请来孔子学院做活动，这样能在千篇一律的文化活动中凸显新意。文化活动的多元化不仅要求院长发现可以利用的资源，并且能积极接洽这些资源，服务于孔子学院的文化活动。上述过程就体现了院长的敏锐洞察力和高执行力，进一步说明院长跨文化领导力各维度之间并没有一个清晰的界限，而是存在交叠和互相影响。

2. 开展学术性活动

很多院长认为，提升文化活动的层次，其中一个重点发展方向就是学术研究。开展学术研究，不仅能使孔子学院的发展建立在一个更加多元的基础上，还能通过研究合作加强中外合作机构的联系。

04D - A07 东亚：我觉得学术研究真的很需要，因为学校里面一方面有教学，一方面去研究，是互动的……

12D - A75 东南亚：……纯粹我自己的想法，我还是希望我们孔子学院能够更学术一些。

33D - A50 欧洲：我已经提议中方大学和外方大学可以建立"一带一路"联合中心……直接负责这一块的校长助理，我会写信告诉他们，我们这边已经取得经费了，已经有了场地安排什么的。

很多院长是高等院校的教学研究人员，对学术活动有一种天然的倾向。教学和一般文化活动都是面向当地广大群众，而学术活动更面向所在院校的师生，并且学术合作也是孔子学院联系双方院校的一种形式，能够使孔子学院更深地嵌入外方院校。院长作为孔子学院的直接管理者，主导着学术活动的策划构思，协调双方院校的学术合作沟通。

孔子学院的发展是动态的，不是按照既定流程循环。文化活动层次的提升，不在于举办的活动有多么高端，而是更加注重活动的多样化，从最基础的剪纸到交流思想的学术，从传统文化的展示到现代中国的呈现，都应在孔子学院文化活动中有一席之地。院长也需要以一种动态的视角看待中国、当地社会和孔子学院发展，制订出切合孔子学院实际发展、当地社会需要的文化活动计划。高质量的汉语教学和多层次的文化活动是孔子学院的发展方向，也是发展核心竞争力的体现。而如何提升孔子学院汉语教学质量和完善文化活动层次，就体现了院长对于孔子学院组织发展的把控力。

三 对外拓展能力：拓展组织服务边界

孔子学院发展的内核在于核心竞争力建设，这为孔子学院的服务能力打下了坚实基础。但孔子学院的发展不能局限于所在学校，孔子学院应积极拓展自己的服务对象，融入当地发展，成为当地了解中国、了解多元文化不可或缺的窗口。核心竞争力犹如树的主干，支撑着孔子学院屹立不倒。孔子学院向外拓展教学点和服务人群的过程展现了其发展的另一方面，犹如大树向外延伸的枝条。因此，院长在制订孔子学院规划和具体计划时，一般都会将对外拓展纳入其中，而实现对外拓展计划考验的就是院长的对外拓展能力。

本部分根据研究数据和孔子学院发展情境，将院长的对外拓展能力定义为：能采取不同的宣传策略，利用不同的资源，积极拓展孔子学院的服务对象，扩大孔子学院的服务边界。这一对外拓展的过程是由院长做出形势研判和决策，与准确定位能力和核心建设能力相辅相成，共同促进孔子学院的组织发展。有院长明确表示组织开拓也是院

长的重要责任："我觉得院长这个层面，不仅仅是在教学，开拓也是很重要的一块儿。"（11D – A41 南亚）

（一）拓展服务对象

很多院长表示，孔子学院的发展不能困在外方大学里面，而应该积极向外拓展："我们不要困在学校里面，不要一直留在学校里面，应该出去"（04D – A21 东亚）；"我们要主动地走出去，我们常说'走出去请进来'，因此我们要走出去到各学校去开展一些文化活动，慢慢地推广我们的语言和文化"（10D – A15 西亚）。这说明孔子学院有拓展自己服务对象的可能性，但仍需院长的实际行动才能转化为现实。比如，有院长提到，当地有些机构或者公司有汉语学习需求，但是不知道从哪里聘请教师，该院长立马行动，派教师过去："我得到这个消息以后就马上派老师过去。"（04D – A58 东亚）这就是院长抓住机遇、敏捷行动的表现。孔子学院的服务对象拓展一般是以当地的中小学为目标："孔子学院的生存是一个非常大的挑战，所以这个时候我们就想了，我们要向中小学进攻。"（29D – B32 欧洲）除了中小学，当地社区也是非常重要的拓展领域，比如有院长经常参与社区活动，与社区建立联系："我是一只脚迈到学校大门里面，另一只脚跨在门外，我大量时间、周末的时间，基本上在社区参加活动。"（51D – B46 北美）拓展中小学市场的主要目的是使汉语教学进入中小学，而与社区建立联系主要是让文化活动有更多受众。

此外，服务对象拓展不是外方院长的专属职责，中方院长同样可以发挥自己的作用："我做的这一块，比如说拓展学校，原来不属于中方院长的职责范围，但是我性格比较外向，愿意跟大家聊天，因此我会找机会，跟他们去拓展。"（26D – A43 欧洲）可见，院长自身的性格也会影响其领导力的有效性，外向的性格更易促进孔子学院与外界关系的拓展。只有服务边界拓展了，孔子学院才能真正立足于当地，融入当地社会发展中。正如一位中方院长所说："我觉得判定一所孔子学院是否成功的一个标准，是这个孔子学院在这个大学以及它所在的城市里面是不是盘根错节，它的这个支系，就是它的那种细胞，是不是到了每一个地方。你想拽的时候都拽不起来了，因为它到处都有。"(32D-A28 欧洲)这位中方院长的观点真正体现了孔子学院可持续发展的必要路径,即扎根当地社会。

(二)多种拓展策略

孔子学院如何才能有效拓展服务对象?本研究发现,院长主要使用了两种策略:一是多种方式宣传;二是积极利用人脉资源。

1. 多种方式宣传

很多院长认为大张旗鼓地宣传反而适得其反,认为需要通过"软"的、与当地社会有"牵连"的方式进行。比如,以中外文化对比的方式,让中国文化的宣传与当地文化并存:"如果只搞中国的文化宣传,不一定所有的人都同意。我们以中俄比较的方式,就可以避免许多的问题"(30D-B55 欧洲);在招生宣传时多强调孔子学院学习经历的价值:"我说这个经历一下子 make you stand up(让你出彩),这对你找工作有极大的帮助,这个点很管用"(51D-B40 北美);在学校外面宣传时,以外方院校的名义为主:"到校外去宣传时把外方院校名义放到前头,然后是孔子学院,再就是合作单位。我都不打自己的旗号,政治正确太重要了"(51D-B79 北美)。总之,宣传时要找准孔子学院的服务目的与当地群众需要的契合点。正如一位外方院长总结的那样,"我们要站在外方的角度讲孔子学院的价值"(51D-B55 北美)。

上述均为短时间内见效快的宣传策略,从长远来看,孔子学院宣传的最佳手段是在当地群众心中建立口碑,这是靠长期的高服务质量建立起来的无形资产,也充分说明孔子学院核心建设的重要性。很多院长都提到了口碑的重要性:"当然我们做了很多的宣传,电影院、报纸上、咖啡厅都有我们的宣传,但最大的宣传还是口碑。"(29D-B36 欧洲)本研究团队成员在观察日记和思考中也提到,当地人的口碑宣传才是最有效果的:"他成功的一个关键之处在于找准了传播渠道,即小学的校长、教育集团、校长集会等,这样的渠道使得……市场开拓更迅速和更有效。这种通过当地人,尤其是当地官方的口碑宣传,要比中方一个个自己去宣传去推更有效果。"(32M-24)可见,宣传的要义在于长期效果,在于"润物细无声",可以是自己主动融入，也可以借助别人的口碑。比如有院长说："别人的活动邀请我们去，坐在第一排；别人没有邀请，只要是public（公共）的，我们去都要坐第一排。为什么呢，要让人家知道你的存在。"（53D - A27 北美）

2. 积极利用人脉资源

从人脉资源角度看，主要是外方院长自身人脉资源积累程度和利用情况，因为外方院长多为当地人，具有一定的人脉积累，中方院长初来乍到，在当地的人脉资源几乎为零。因此，孔子学院在当地的扩展很大程度上依赖外方院长的人脉资源："外方院长有很广的当地人脉，所以很快我们的活动就进入了当地，比如说他跟当地市政府、旅游局、文化局，就是各个官方的组织，都建立起了合作关系。"（33D - A28 欧洲）这些人际关系网络中的各个人物或者机构能够成为孔子学院拓展组织服务边界的突破口。当然，人脉资源不是一种静态的存在，而是动态发展的增长过程，关键在于院长的积极开拓精神。正如一位外方院长所说："我们跟所有的人都应该建立关系，友好的关系。"（29D - B23 欧洲）积极建立人脉关系是为孔子学院开拓和发展服务，在孔子学院发展遇到问题的时候，能够有人帮你一把："人脉要发展到什么程度？我们需要你帮助的时候，你能够帮助我；我们做不到的事情你能做到，特别是多元文化相关的。"（51D - B47 北美）这就是发展人脉的意义，所以孔子学院在当地的发展要"广结善缘"（51D - B97 北美）。然而，广结善缘应分轻重缓急，最优先发展的关系，应当是与孔子学院发展关系最为密切的群体和机构，可称之为"利益相关者"（stakeholders）。利益相关者按照与组织关系的远近可以分为内部、外部和远端利益相关者（Sirgy，2002）。孔子学院需要根据自身所处的社会环境判断哪些是核心利益相关者（可能包括内部、外部以及远端利益相关者）。只有把核心利益相关者的利益和自身发展的需要绑在一起，孔子学院才会获得更大的助力优势："我们只要把所有的stakeholders 的利益连在一块，绑在一块，孔子学院就不是孤立的一个机构，所以我们视野就完全打开了。"（51D - B154 北美）一般来说，孔子学院最核心的利益相关者，有外方学校的领导、各个系的主任、当地学生和家长、当地政府部门等，这些利益相关者对孔子学院的态度非常重要，他们能够为孔子学院的发展提供资源和市场来源。因此，孔子学院的发展必须符合他们的利益。比如，一位外方院长积极与当地公司洽谈合作，能够为所在大学的学生提供工作岗位："外方的院长在积极与公司洽谈，已经谈成两个了，虽然都是中国公司在当地的基地，但至少我们能够帮助大学的中国留学生在英国本地找工作。"（26D－A97 欧洲）这符合外方大学、学生等多个利益相关者的利益和需要，彰显孔子学院的存在价值，同时也扩展了孔子学院的合作和服务边界。

因此，院长的对外拓展能力可从拓展服务对象之目的和多种拓展策略之手段来理解，是一种综合的动态能力，让孔子学院的发展切合当地的需要，从而获得可持续发展基础。

四 组织发展能力：孔子学院可持续发展的保障

组织层面的能力从准确定位能力开始，主要目的是基于孔子学院发展的社会环境，给组织发展设定一个准确合适的方向，从而保证发展方向不走偏。这需要院长具备敏锐的洞察力和较强的规划能力。在准确定位基础上，孔子学院发展需要建立核心竞争力，涉及提升汉语教学能力和丰富活动层次两个视角。院长在核心建设过程中居主导地位，因此，核心建设能力描述的是院长打造孔子学院发展核心基础并形成竞争力的过程。有了核心竞争力，孔子学院需要拓展组织服务边界。这要求院长敏锐识别潜在服务对象、积极采取多种宣传策略、利用各路人脉资源，达成合作，拓展孔子学院服务边界，从而实现孔子学院在当地的可持续发展。需要注意的是，这三个维度并不是严格意义上的先后顺序关系，而是有侧重的先后顺序，即有效的核心建设和组织拓展要建立在准确定位之上，核心建设和组织拓展也可同时进行。鉴于此，组织发展能力的具体影响关系可通过图11－4表示。

```
              ┌─────────────────┐
              │   核心建设能力   │
              │ ·提高教学能力   │
              │ ·丰富活动层次   │
              └─────────────────┘
                      │ 打造核心竞争力
                      ▼
┌──────────┐ 设定发展方向 ┌──────────┐ 拓展服务边界 ┌──────────┐
│准确定位能力│ ──────────→ │组织可持续发展│ ←────────── │对外拓展能力│
│·敏锐洞察力│              │ (团队层面) │              │·拓展服务对象│
│·规划能力  │              └──────────┘              │·多种拓展策略│
└──────────┘                                         └──────────┘
```

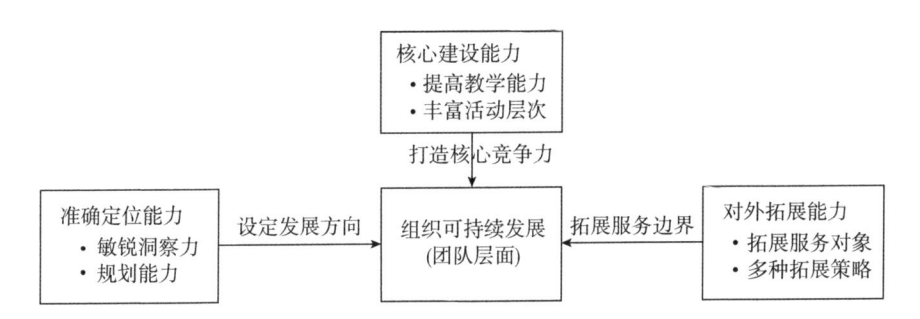

图 11-4　组织层面能力影响机制

第十二章 孔子学院中外方院长跨文化领导力理论模型建构

第一节 中外方院长跨文化领导力理论模型的提出

基于前文分析,我们提出院长跨文化领导力模型(图12-1)。模型的内圈表示院长能力构成的三个层面,即个人层面的能力生发、团队层面的团队建设、组织层面的组织发展,这三者互相影响交织,以双箭头实线相连。三者共同构成院长在孔子学院跨文化情境下的跨文化领导力。在箭头连接线上标注有各层次相互影响的作用机制,从个人层面生发的初始能力使院长具备了"领导"团队的能力,使孔子学院的发展建立在团队力量的基础上,而非院长个人的能力之上。然后,院长领导团队,开始团队建设,从而为孔子学院的组织目标实现提供过程性"支持"。最后,组织发展目标在团队支持下得以实现,从而进一步"激励"院长个人领导力的提升。模型的外圈展示了三个层面各自的构成维度,各个层面的维度组合依然使用双箭头连接,影响机制与内圈的机制一样,而外圈的展示更为细致。需要强调,对院长跨文化领导力的理解一定要基于孔子学院的自身情况和所处社会的情境来理解。院长的个人适应和管理工作实际上是同步进行的,并没有严格的先后顺序,因此,模型中的影响机制体现的是一个动态的发展过程,而非线性单向影响过程。比如,院长刚来孔子学院工作时,还没有完全实现跨文化适应,此时,团队建设和组织发展并不会由于个人

第十二章 孔子学院中外方院长跨文化领导力理论模型建构

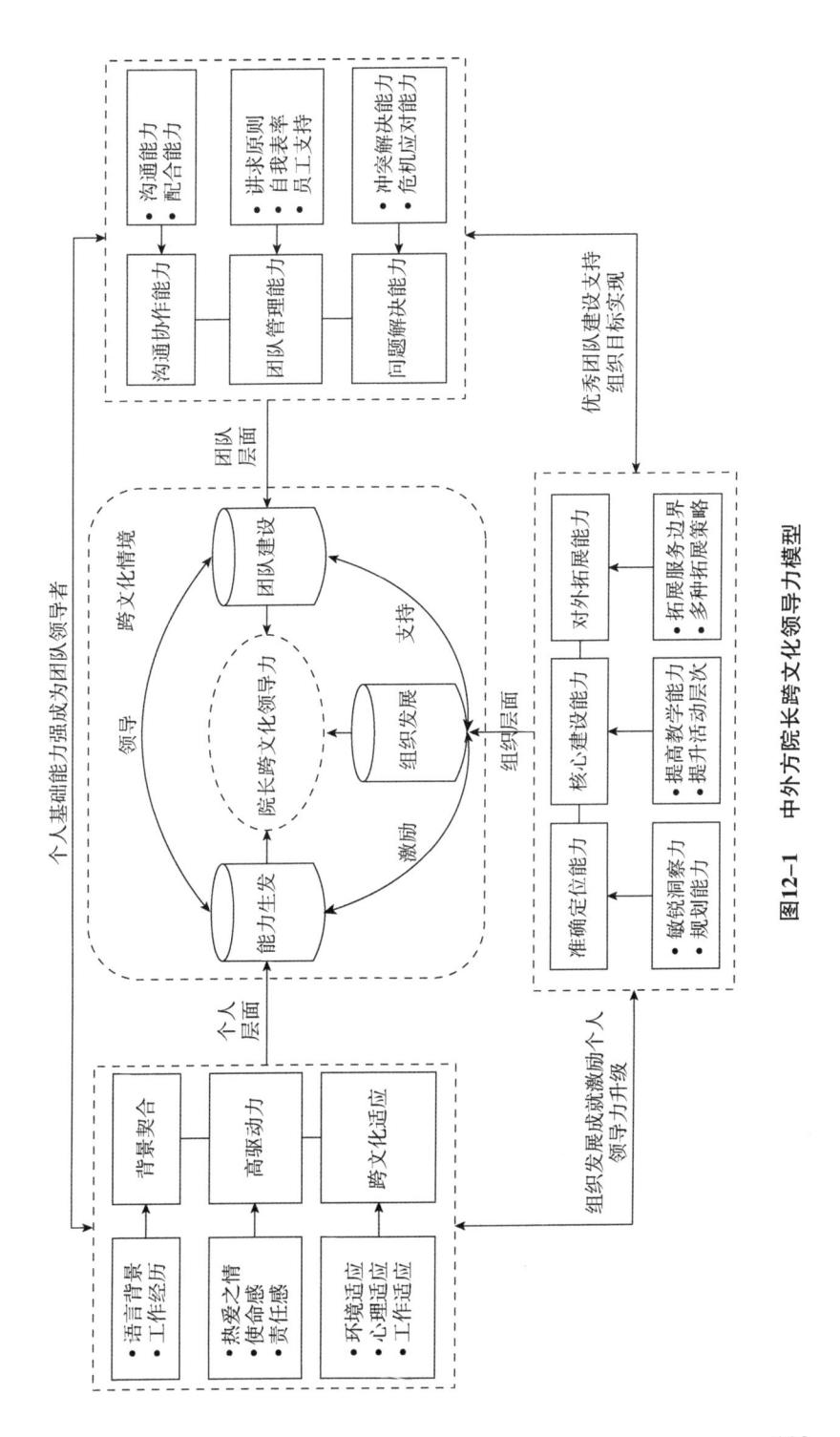

图12-1 中外方院长跨文化领导力模型

适应未完成就停滞，只是成效可能不高。当个人适应完成时，团队建设的有效性就会提升，而且会反馈到个人适应层面上，促使院长更适应孔子学院的工作。相应地，团队建设和组织发展两个维度之间的关系也是如此。因此，对院长跨文化领导力维度之间的理解应当从互相影响和动态发展的视角看待，模型中的双箭头即表示这一含义。

第二节 中外方院长跨文化领导力模型机制阐释

一 中外方院长的跨文化领导力具有层级性

具体来讲，院长的跨文化领导力在个人层面生发，这个生发机制主要受院长的背景契合度、个人驱动力的强弱以及跨文化适应状况影响，背景越是契合孔子学院管理工作、个人驱动力越强、跨文化适应越快，院长所具备的初始领导力就越强。因此，初始领导力并不是凭空产生的，而是过往经验的迁移，经由孔子学院情境、个人精神因素催化，进而显现为院长对孔子学院管理工作的快速适应。

院长在转换角色后，适应了孔子学院的管理工作，才能真正有效地开始建设团队，真正朝着孔子学院的组织目标前进。在团队建设层次，院长的领导力开始真正发挥效用，具有"显性"特征。院长的沟通协作能力是孔子学院诸多信息得以顺畅流通的重要影响因素，旨在消除团队内外的信息不对称，实现信息协同。团队管理能力使院长凝聚团队的力量，在信息协同基础上，实现组织发展目标。问题解决能力是院长在面临不可避免的冲突或可能出现的危机等问题时，能快速有效地解决问题，扫清团队建设障碍的能力。可以说，团队建设的好坏决定着组织目标是否能够实现，因为组织目标的实现需要建立在每一个过程目标实现的基础上，而每一个过程目标的实现又依赖团队力量。

团队建设的过程是实现组织发展的必要途径。组织发展能力是院长能力范围的又一次外向扩展，不局限于个人以及团队，更多体现在对组织发展目标的思考上，带有方向性和前瞻性。在组织发展方面，院长的能力主要体现在准确定位能力、核心建设能力以及对外拓展能力三方面。准确定位是为了结合孔子学院发展的内外情境，为孔子学院发展规制方向和目标，从而将孔子学院这个跨文化教育机构"摆"在一个正确的位置。只有方向正确，孔子学院的发展才能谈及可持续性。基于准确定位，院长需要思考孔子学院发展的核心基础在哪里。一般来说，孔子学院的核心基础体现在汉语教学和文化活动两个方面，具体如何规划和发展，或是侧重哪一方面，需要由院长根据孔子学院发展的定位而决定。这一过程重在提升孔子学院的服务能力，使孔子学院的发展建立在坚实基础上。孔子学院的定位准确、核心基础建设有了眉目，就可以考虑对外拓展。对外拓展能力主要考察院长如何拓展组织服务边界，从而使孔子学院的发展能满足更多人的需求，推动孔子学院更深地融入当地社会之中，生根发芽，真正"嵌入"当地社会，实现可持续发展。

本书得出的跨文化领导力是涉及个人、团队和组织层次的多元能力的复合体，各个层面的能力相互交织、互相影响，体现了领导力各要素发挥影响的过程性特征。以往的跨文化领导力研究视角相对狭窄，或将其与外派人员的跨文化适应能力画等号，或是对某一领导风格的跨文化验证，即使部分研究通过访谈进行了跨文化领导力的多维度构建，但仍停留在个人层面的能力，并未进行层次区分。也有研究表明跨文化领导力的发展可以集结不同成员的优势，本质上属于团队建设层面。

本部分基于直接的跨文化情境，呈现了构建跨文化领导力多元复杂性，也体现了不同的层次性，领导力发展的过程性，回应了领导力研究的综合性取向，丰富了跨文化领导力研究的过程性视角。

二 中外方院长跨文化领导力层级维度的互相作用机制

无论是个人层面的能力，还是团队层面、组织层面的能力，三者之间都不是孤立存在的链式影响过程，而是融合交织的交互式影响过程。院长个人在适应孔子学院管理工作的过程中，不可能单独处理各类事务，必定要借助团队的力量，团队建设就此开始，但此时院长自身还在适应孔子学院工作的过程中，其团队建设能力的有效性还较低。比如，院长初来乍到，可能对于自己作为领导者的角色认知度并不高，不太熟悉工作流程，可能导致与团队成员沟通、分配任务等各个方面都会受到影响。更为有效的团队建设是在院长完全适应了孔子学院的工作情境后。因此，个人层面上适应工作的过程与团队建设过程交织在一起。组织发展与团队建设和个人层面的能力相互交织。组织发展是一个过程，院长的组织发展能力也是一个过程性能力，体现为从设置组织目标到核心基础建设再到组织边界拓展等一系列过程。这个过程必然离不开团队的支持和院长个人适应的支持。

因此，院长三个层面的能力是互相交织、互相影响的，并呈现能力集合趋势。这一能力集合包含众多的维度，而且是一个动态发展的过程，与跨文化情境密切相关，因此，院长的跨文化领导力是复杂的、情境的以及过程性的。为了清晰呈现院长不同的能力维度，简化理解过程和要素，以各个层面能力指向的目的，将其划分为个人、团队和组织层面。

目前，现有跨文化领导力研究大多只是归纳出维度，并未探讨不同维度之间的相互影响机制。我们认为，领导力的三个层面互相交织，存在一个互相影响机制将其连接，主要表现为个人的初始能力能够促进院长领导团队的能力形成，团队建设的能力能够为组织发展提供支撑，最后组织发展的成绩以及经历能够进一步激励院长领导力的提升，增加管理经验，从而形成更高的驱动力，实现领导力的动态发展。对跨文化领导力的探索性归纳研究，体现了跨文化领导力是一个动态发展的概念，而非静态的观念。另外，本部分尝试构建了跨文化领导力各个层面之间的影响机制，为深入理解跨文化领导力的生发、发展和循环过程提供了新见解。

三 中外方跨文化领导力契合组织特性的情境性导向

本部分结论基于孔子学院这个跨文化情境的直接观察，搜集一手数据，经过层层归纳得出的，符合跨文化情境的精准描述，而非验证已有的领导力理论或是聚焦某一个侧面的能力维度。领导力研究需要结合不同情境进行理解。本部分聚焦孔子学院的跨文化情境,以一种质化的探索性研究方式,深入展示了跨文化非营利性组织这个特殊情境的领导力构建,认为跨文化的情境和非营利性组织的特性会深刻影响院长的领导力形成特点,表现为"大我"的使命感和奉献性取向。以往领导力相关研究存在严重的北美偏向(Yukl,2010),结果呈现出"北美模式",但其他文化并不一定适合北美模式。领导力研究需要考虑文化差异和具体情境影响,尤其是将现有模型应用到其他文化情境时(Den Hartog & Dickson,2017)。因此,本部分对孔子学院这个跨文化情境进行直接观察,通过归纳式研究得出结论,在很大程度上避免了情境与研究结论不匹配的倾向,院长的跨文化领导力经由自我发声和研究者的他者构建得以清晰展现,研究结论是扎根于情境的。

孔子学院是中外合办的非营利性教育机构,致力于通过汉语教学和文化活动举办等手段,促进中外理解。院长是这个宏伟目标的引领者。无论是个人层面的高驱动力维度,团队建设层面的自我表率维度,还是组织发展层面的准确定位、对外拓展等维度,都体现了院长在个人精神、组织发展愿景以及实际行动方面所具有的对中外文明交往的奉献精神。这已经超越了一般意义上外派群体跨文化领导力所涉及的个人适应或者完成团队项目的"小我"视角,是一种涉及整个组织发展及其所连接的"中外文明互鉴"的"大我"视角。

第三节 本部分小结

院长是每所孔子学院的领头羊,他们肩负着为孔子学院制定具体发展规划并引导实施的重要责任,其一思一行都是领导力的重要体现。因此,本部分聚焦孔子学院院长在跨文化情境下的领导力表现及其影响因素和作用机制,重点探析了院长跨文化领导力对于孔子学院组织发展的影响。当前,孔子学院发展稳定,故跨文化领导力的重要性不言而喻。但是,现有研究较少从领导力视角切入,成果数量不足。由于孔子学院的跨文化组织特性及其所处跨文化情境的复杂性,研究过程相对复杂，但正因如此，对跨文化领导力的开展质性探索就显得尤为重要且必要，归纳院长跨文化领导力的具体维度和表现，并尝试探析相互作用机制，意义重大。

通过前期对孔子学院研究经验的积累以及与孔子学院相关人员的长期接触，本研究通过目的性抽样选取了14所孔子学院的28位中外方院长作为本部分的具体研究对象。基于实地走访和深度访谈，获得一手质性数据，采用质性研究的诠释取向，使用扎根理论研究方法对数据进行细致编码，深描并解释孔子学院院长所处的跨文化情境，层层归纳得出领导力的具体维度，既是研究对象自身的话语表达和特征体现，也是研究者基于数据和理论敏感性做出的理性判断。因此，可以说研究结果是研究对象和研究者共同建构的相对真实，贴合具体情境，反映了孔子学院院长跨文化领导力的特性。

具体而言，本部分基于丰富的质性数据，构建了孔子学院院长跨文化领导力模型：由三个层级构成，每个层级又包含三个具体维度。同时，本理论模型还探析了各层级和维度之间的相互关联及其对组织发展的影响。孔子学院院长跨文化领导力由个体、团队和组织构成，三者互相影响。个体层面，主要探析了院长跨文化领导初始能力的生发，目的在于探究院长在刚临任时如何快速进入管理者角色，主要与自身背景契合、高驱动力以及较强的跨文化适应能力有关。团队层面，主要分析了院长团队建设的能力要素，即院长如何统筹团队成员的工作并做好管理工作，包括沟通协作、团队管理以及问题解决能力。组织层面，主要考察院长如何促进组织的社会嵌入和本土化发展，这是院长跨文化领导力作用于组织发展的结果层级，包括准确定位、核心建设以及对外拓展能力。这三大层级体现了孔子学院院长跨文化领导力形成和作用的过程性，从个体生发，经团队转换，最终落脚于组织发展，同时也清晰展示了院长跨文化领导力的形成和作用机制。

值得注意的是，孔子学院院长的跨文化领导力还体现了高度的情境性。孔子学院是中外合办的跨文化非营利性组织，旨在传播中国语言文化、促进中外交流，具有典型的非营利特性，而院长的跨文化领导力具有"高使命感驱动"特征，二者高度契合。

第五部分

孔子学院跨文化适应与发展理论模式建构及实践探索

基于孔子学院内部视角，本书聚焦孔子学院三大人群（志愿者、教师和院长）的跨文化实践。对于志愿者和教师，本书深入剖析这两类群体的跨文化适应类别特征及机理，同时关注跨文化能力（职业发展）提升过程。对于院长，本书重点分析跨文化沟通过程，揭示影响沟通的多层次因素，并剖析院长的沟通方式。本书从个人、团队和组织层面构建了基于孔子学院情境的多层次、过程化的跨文化领导力模型，同时，探讨其对孔子学院组织发展的影响机制。通过对三大人群的深入探析，我们最终得到一个多层级的孔子学院跨文化适应理论模式。

　　第十三章对孔子学院的跨文化研究做出定位和解析，然后对孔子学院三大人群研究在孔子学院整体研究中的基础性位置进行细致描述，最后构建孔子学院跨文化适应理论模式。基于这一理论模式，我们讨论并展望了孔子学院的本土化发展路径，拓展了跨文化理论模式。

　　第十四章在丰富的一手数据和深入的理论研究基础上，尝试从跨文化传播、跨文化适应、跨文化领导力、跨文化管理等研究视角提出独到的理论观点，同时，针对孔子学院的发展及三大人群队伍建设中存在的问题，提出一系列实践建议。本章内容涵盖孔子学院志愿者及教师的职业发展规划，涉及中外方院长群体跨文化管理沟通能力和领导力的培育。

第十三章 孔子学院跨文化研究理论模型建构

第一节 孔子学院跨文化研究的理论定位

一 孔子学院跨文化研究的情境互动性

无论"intercultural"还是"cross-cultural",中文均译为"跨文化",但二者具体含义有差别,前者强调"文化间的接触和交流",后者强调"文化间的比较"。根据含义区别,我们对孔子学院的跨文化研究,实际上基于"intercultural"语义情境,即孔子学院中的三大人群在异文化情境中生活和工作,需要与当地民众和文化接触,进行文化交流和文化适应。在这个过程中,交流双方共建意义空间,两种文化共存于这个意义空间,双方需要彼此适应。

本书针对孔子学院情境下三大人群的跨文化研究,是截取他们在工作场所中与当地受众及其代表的文化进行互动和适应的片段,本质是三大人群各自展现出的内部视角。跨文化语境,以人际交流和沟通为基础的。孔子学院作为一个在海外的发展非营利性组织,本质上是内部三大人群与当地民众展开跨文化交流的过程。因此,对三大人群进行跨文化研究,是最根本、最基层的研究。对三大人群跨文化适应微观情况的剖析,一定程度上展现了一个非营利性的跨文化机构在当地发展的过程,以及从组织内部人员跨文化适应到组织整体跨文化适应的过程。

二 孔子学院三大人群研究的基础性作用

综观整个孔子学院研究,国内聚焦教学和传播研究,关注重点在孔子学院内部基础功能的实现,这些功能是孔子学院实现正常运转的必要条件。国外注重软实力和经济影响研究,重点探讨孔子学院外部影响,而外部影响是在孔子学院正常运转基础之上生发的外部性功能。虽然国内外对孔子学院的研究处于双轨行驶状态,存在视角反差(安然,2014;陈曦,2015),但当前文献对孔子学院的内部基础功能和外部影响功能进行了大量的探讨。孔子学院内部基础和外部影响功能的实现,必须依赖工作于孔子学院的三大人群:院长进行工作统筹和日常管理,教师和志愿者负责教学工作和文化活动的组织与实施。他们的工作表现直接关系到孔子学院作为跨文化教育机构功能的发挥,而跨文化适应是三大人群良好工作的重要前提。可以说,对三大人群的研究应置于对孔子学院功能研究之前,重点关注其在异文化中的工作和生活适应情况。

因此,对三大人群的工作特点和跨文化适应的研究正是孔子学院研究的基础性工作,是打地基的研究。具体来讲,孔子学院作为中外合作的非营利性机构,需要先剖析其组织架构,然后延伸到三大人群的跨文化适应,最后落脚到孔子学院组织的可持续发展。本书的重点是以三大人群为核心的跨文化适应研究,无论在理论上还是实践上,都有其依据和意义。孔子学院本质上是跨文化机构,"从语言入手,用文化交融,促民心相通"。那么,谁来传播语言、传递文化以达中外民心相通呢？答案是源源不断地从国内派向各孔子学院的三大人群,他们通过日常教学和文化活动向外散播着中国的语言与文化。更精确地来说,孔子学院三大人群的主体是从中国派出的中方院长、教师和志愿者。此外,由于孔子学院是中外合办的机构,也有大量的外方院长、少量的本土教师和本土志愿者,也构成了孔子学院三大人群的一部分。因此，三大人群首先需要有一个彼此适应（acculturation）的过程，涉及对工作的适应以及中外人员交流的适应等，只有逐渐互相适应，才能在工作中高效沟通协作，一致向外，开展文化传播活动。三大人群对外进行文化传播的过程，实际上也涉及中外人员的跨文化交流和适应过程，如何克服文化差异达到较好的传播效果，是三大人群在日常工作中需要考虑的重要问题。所以，孔子学院研究本质上是关于中外人际交流的研究，涉及三大人群内部的跨文化沟通协作，以及三大人群面向当地民众进行跨文化传播的过程。要做好这项文化传播工作，首先就是实现自己的跨文化适应，否则，难以完成自己的职责，更无法实现促进中外交流的目标。从这一角度看，三大人群的跨文化适应以及衍生出来的工作角色转变等其他问题，就成了孔子学院研究的一个基础性方面。

如果将孔子学院整体研究看作一棵大树，那么其根基应当是对其组织架构的分析，没有组织架构，就没有孔子学院的后续发展及相关研究。孔子学院三大人群则是由树根向上生发出来的茁壮树干，立于根基之上，但又向上向外支撑着孔子学院的其他相关研究，比如教学、文化活动等。孔子学院的组织发展是在牢固的根基、树干的基础性支撑作用以及枝叶繁茂的基础之上形成整体生长，依赖于其他部分的茁壮成长。孔子学院作为组织的跨文化适应发展，本质上也是依赖于三大人群的工作表现和适应情况。

通过梳理文献，本书发现关于孔子学院三大人群的研究非常缺乏。本书重点关注志愿者和教师的跨文化适应情况以及衍生出来的职业特点，关注院长的跨文化沟通和领导力，这些特征是在跨文化适应大框架下展现的不同人群的工作特点。基于教师、志愿者和院长的跨文化适应和工作表现，孔子学院才能实现组织的整体适应，朝着本土化方向发展。孔子学院的本土化发展过程是市场导向的进一步延伸，是孔子学院自身发展与总部监管之间，以及市场导向几个要素之间形成的互动关系，达到平衡的结果。目前来看，现有关于孔子学院的研究大都忽视了这一重要方向，直接对孔子学院的内外部功能进行研究，这就相当于未打牢地基就搭建房屋，终会导致孔子学院研究的基础不好，在理论的贡献和实践的指导层面都有所缺失。本研究弥补了孔子学院研究中缺失的基础性工作，一方面对跨文化相关理论做出了一定的原创性贡献，另一方面，在当前孔子学院的发展转型时期，对孔子学院外派实践具有较强的指导意义。

第二节 本书的主要理论观点

本书从跨文化适应、跨文化领导力、跨文化管理等方面提出了独到理论观点，同时也提出了解决实际问题的新见解。

一 跨文化适应

（一）拓展了跨文化适应的维度，促进其体系化发展

本书提出跨文化适应不仅是一个过程，还是一个体系。在全球信息化时代，跨文化适应研究应该从以前文献的社会文化及心理适应（满足个体在新环境下的生存）延伸到个体的职业提升与精神满足层面。

关于跨文化适应的维度，不仅仅有个体适应和人际交往向度，还存在个体与组织（人与集体）间的互动适应向度。外派群体跨文化适应研究层面的拓展，可以从目前的"需求导向""功利导向"层面上升到"职业满足""组织归属"层面。外派群体跨文化适应研究格局的拓展，不仅是家庭—工作这种"小我"平衡关系，还涉及工作与组织的互动关系，工作与自我职业提升的"大我"关系。

（二）构建了公派教师的跨文化适应模式

孔子学院公派教师跨文化适应作用机理模式展示了社会文化适应、工作适应、组织适应、教师身份的再确认和职业情感的相互作用。在社会文化适应方面，公派教师作为"短期旅居者"在不同于母文化的社会文化中的融入与其跨文化交际意识可能存在矛盾。在工作适应方面，公派教师产生教学、行政、管理、对外联络等适应与不适应的差异性表现。在组织适应方面，公派教师呈现出在孔子学院中与其他群体有效交流的"初级表现"以及产生的组织归属感的"高级表现"。

公派教师职业情感体现为教师责任感、职业使命感和工作满足感。

(三) 建构了汉语教师志愿者的使命感模式

志愿者的使命感可分为四个维度：对国人身份及志愿者身份的认同、个人与环境匹配带来的自我效能和积极自我评价、国家与民族情感为代表的超然引导力、集体主义价值观驱动下的行为。组织支持、跨文化培训以及心理适应带来的自我效能是志愿者培养使命感的重要因素。志愿者的使命感与志愿者派出国的文化息息相关，并在志愿者的工作实践中影响工作价值取向（由个人取向转换为集体取向），进而促使其从被动接受的"学生"身份转换到主动传播的"教师"身份，同时对其职业选择（留任与否）也会产生影响。在这个意义上，使命感影响着志愿者的跨文化教学适应。

二 跨文化沟通

(一) 揭示了跨文化管理沟通的多层次影响因素

在孔子学院，中外方院长间管理沟通的影响因素层次是多样的，包括来自组织、个人和跨文化三个层次的影响，呈现多元复杂性。本书指出不仅是跨文化因素，管理因素、组织结构对跨文化管理工作同样存在影响。在组织层面，组织结构因素是基础性影响因素，不明确的组织结构将加剧组织运营因素对于管理沟通质量的影响。同时，中方院长的流动性也是重要因素或者变量，既影响中外方院长的管理沟通方式，也影响中外方院长管理沟通的质量。另外，相互信任、相互理解情况和个性差异会影响中外方院长的人际关系，从而给双方的管理沟通造成影响。文化差异因素会贯穿中外方院长管理沟通过程的始终，对每一个影响因素产生作用。

(二) 分析了中外方院长管理沟通方式及应对结果

中外方院长在管理沟通出现冲突或者问题的时候采取的主要方式有妥协型、坚持型、问题解决型、沟通合作型四种类型。四种类型包含了一些基本的处理原则，即充分的沟通是解决问题的第一原则，适当的妥协也并不意味着完全搁置矛盾与冲突，积极推动问题的解决更有利于化解冲突。如果冲突发生在组织层面，坦率沟通与协调可以更好地分析问题，共同寻找解决问题的途径。如果冲突发生在个人层面、文化层面或者针对具体的事务，暂时的妥协可以谋求更多种方式来消解误会，构筑信任，增进彼此间的了解和感情，消除彼此间的猜疑与不信任氛围，构筑上下齐心的良好组织文化氛围，共同推动孔子学院的发展壮大。

三 跨文化领导力

（一）回应了领导力研究的情境性、过程性和综合性取向

领导力作为一种无形的能力维度，经历了特质、行为、权变等多种角度的研究，逐渐走向情境性、过程性和综合性的研究。本书对院长跨文化领导力的研究正是回应了这种"新"的取向，以孔子学院中外院长群体作为具体研究对象，以孔子学院这一跨文化非营利性教育机构为组织情境，以质化的探索性研究方式为指导方法，从多样数据中"抽丝剥茧"，让院长的跨文化领导力"自然"呈现。

（二）构建了层级性的孔子学院院长跨文化领导力体系

基于跨文化情境，构建了孔子学院院长群体的跨文化领导力理论体系。孔子学院院长跨文化领导力是一个多元能力的复合体，以不同能力的作用机制和影响对象，从个人、团队和组织视角对其分层。这三个层面没有明确的界限，呈现相互交织、彼此影响的特性，从个人到团队再到组织层面，前一层次的能力影响后一层次能力的作用效果，体现领导力产生和影响的过程性和循环发展的趋向，最终影响落在孔子学院组织的发展层面。

（三）明晰了孔子学院院长跨文化领导力的情境性特点

院长跨文化领导力多层级、多维度互相影响动态发展的特性，在发展过程中深受跨文化情境和非营利性组织情境的影响，呈现具体情境嵌入但又可融通多种类似场合的综合性特征。院长跨文化领导力的生发、维度构成以及作用机制都鲜明地体现了孔子学院作为非营利性组织的情境性特点，不似营利性组织的领导力具有强烈的任务和营利目标驱动性，而是呈现出以促进"中外交流"为使命的

高精神驱动力特征。

第三节 孔子学院跨文化适应理论模式建构

无论是孔子学院的跨文化沟通、跨文化领导力,还是跨文化管理,均源于孔子学院的跨文化适应,从跨文化适应延展出沟通问题、管理问题、领导力问题等。跨文化适应过程是文化双方通过接触达到彼此适应,最终满足所在国受众需要的扬弃与升华,即以受众的本土化需要为核心。本书采用质性研究方式,以扎根理论的层层编码手段,从丰富的一手访谈数据中抽象出三大人群的跨文化适应特征以及孔子学院作为一个组织整体的跨文化适应模式,最终构建了孔子学院跨文化适应理论模式(图13-1)。

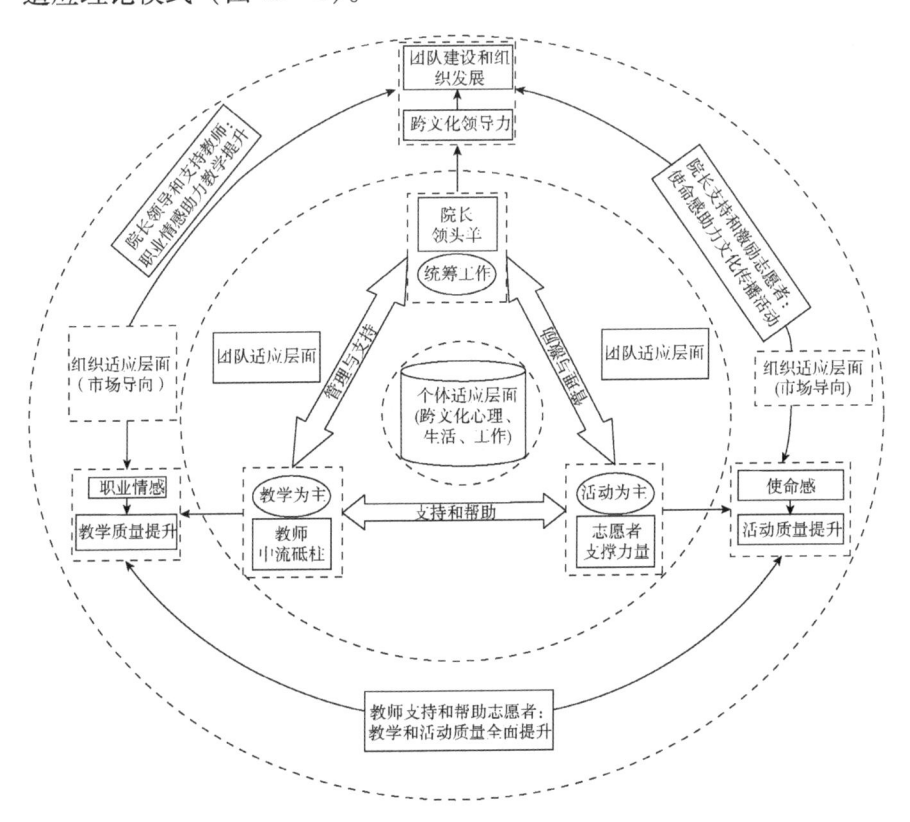

图 13-1 孔子学院跨文化适应理论模式

本书认为，孔子学院三大人群个体层面的心理和社会文化适应是跨文化适应的基础层级，除此之外，三大人群还要在团队层面相互适应，保证工作任务的完成，而这是跨文化适应的进阶层级。最终，在个人适应、团队适应基础上，三大人群基于自身工作职责和特点，生发出了契合自身职位特点的跨文化适应特征，支撑其高质高效地完成工作，从而促使孔子学院顺应当地汉语文化学习需求，达成组织适应，最终实现本土化发展。从发展关系来看，从个人到团队再到组织适应，是层层递进、从基础到进阶再到高级的适应升级过程。需要注意的是，这里使用的"基础""进阶""高级"等并不代表优劣程度，而是对适应层级的区分，主要是为了明晰跨文化适应的不同表现。在图13-1中，以三个互相连接的圆圈表示这三个适应层级，从内向外，圆圈不断扩大，表示适应层级的扩展和升级以及难度的增加，直至本土化。

一 个体层面跨文化适应：环境、心理和社会文化适应

国内派出的志愿者、教师和院长一般都是赴目的国工作两到三年。作为进入异文化的外派人员，即使接受过国内的跨文化培训，一般也要经历跨文化适应过程，具体时间长短因人而异。志愿者一般是在校学生，进入异文化，通常需要适应当地的自然环境，能够"生存"，并且需要克服孤独等多种心理层面的负面影响，适应当地的社会风俗习惯，能够"生活"。教师和院长一般都已成家立业，除了跨文化适应，还需要处理家庭与工作冲突的问题。整体而言，三大人群进入孔子学院工作，首先需要实现个体层面的跨文化适应，涉及环境、心理和社会文化适应几个维度，这是三大人群跨文化适应的基础层级。

二 团队层面跨文化适应：工作适应

在孔子学院，三大人群需要完成自身职责任务体现其价值。志愿

者需要承担文化活动组织以及一定量的教学任务，公派教师的主要职责是教学，同时协助志愿者组织各类活动，而院长作为孔子学院的实际领导者，主要统筹和管理孔子学院的日常工作，更多体现为"上位"的领导者角色。虽然三大人群有自己的主要职责，但在具体工作过程中，并非孤立完成工作，而是互相配合、互相影响。由于有中外方院长、中国教师和本土教师等多元文化群体的存在，工作适应除了涉及不同职位职责外，还涉及中外文化和习惯的差异。因此，相互的工作适应对三大人群提出了更高的要求。跨文化接触和协商自然就成为彼此适应的重要过程，这是团队层面的跨文化适应，也是个人适应的升级。

院长是孔子学院发展的"领头羊"，需要制订孔子学院的发展计划并进行日常管理，其中包括管理教师和志愿者，并对教师和志愿者提供必要的支持和激励。一般来讲，院长具有更丰富的行政经验和管理经验，在管理和支持下属的过程中，院长显然发挥了个人的领导力。教师是孔子学院发展的"中流砥柱"，是孔子学院教学任务的主要承担者，向上可帮助院长做管理工作，向下可代替志愿者做活动组织者，在孔子学院发展过程中扮演着极为重要的角色。志愿者在孔子学院发展过程中是重要的"支撑力量"，教学经验虽不太丰富，但相对年轻，思维活跃，能够设计和组织丰富的文化活动，同时承担一定的教学任务。因此，团队层面的跨文化适应一定是相互适应的结果。

三　组织层面跨文化适应：市场导向化发展

孔子学院要实现可持续发展，必须顺应当地人的需求，才能落地生根，实现长久发展。从跨文化适应来看，这是孔子学院适应当地需求、实现本土化发展的过程，是组织层面的跨文化适应。要实现本土化发展，孔子学院必须聚焦当地汉语学习的特点，制定针对性强的学习项目，提供更高质量的服务，以良好的口碑打造孔子学院品牌，而这实际上就是市场导向的具体表现。市场导向的具体要素包含顾客导向、竞争导向和功能协调,三者并非平行并列关系,而是互相竞争、对立统一,并且呈现动态和谐关系。孔子学院三大人群个人的适应只是基础层级,而孔子学院的市场导向则对三大人群的工作提出了更高的要求。从整体看,组织层面的跨文化适应(市场导向化发展)是组织适应的表现,而从细节看,仍需要三大人群的高度协调的工作和服务来支撑。

在个体适应和团队适应基础上,三大人群能够生发出对职位的认同感和对组织的归属感,具体表现为各自不同的跨文化适应高级特征。作为领导者,院长统筹孔院管理工作的过程,生发出跨文化领导适应力,能够高效管理多元团队,支持组织发展,以适应孔子学院市场导向发展的需要。院长自身要具备良好的沟通协作、团队管理和问题解决能力,并且准确定位孔院的角色,制定发展规划,最终支持孔子学院可持续发展。教师在日常教学过程中,逐渐生发出外派教师特有的职业情感,包括责任感、满足感以及使命感,这些职业情感赋予教师群体精神激励,是跨文化适应的高级表现,支持其更加认真地对待教学工作,对待职位要求和组织发展需要。志愿者在日常活动举办和教学过程中,逐渐生发出一种比教师更为强烈的使命感,是国家认同、民族情感、国家形象建设需要以及个人价值等多维情感要素互动的结果。

在高级跨文化适应特征支持下,三大人群在彼此习性交融基础上,各自选择了扬弃,在不同岗位上(即自身定位上)助推孔子学院服务质量的提升。院长有了跨文化领导适应力,团队建设才会具有成效,才能够支持和激励教师和志愿者,帮助他们产生职业情感和使命感。教师有了职业情感,才能够促进教学质量的提升。志愿者有了使命感,才能够促进活动质量的提升。教学和活动质量提升的结果,就是孔子学院的发展更符合当地的需要,实现组织适应。

由此可见,跨文化适应所延展并涵盖的沟通能力、领导力等,都是为了孔子学院融自身特色与本土需求于一体,为孔子学院的在地化发展打下坚实基础,有助于孔子学院实现可持续发展。作为孔子学院跨文化研究的地基和打桩工程,本书采用诠释范式下的质性研究方法,通过对庞大一手文字数据编码处理，层层归类，对确定的概念进行描述分析，在此基础上，构建系列跨文化适应、跨文化沟通、跨文化领导力理论模式，最终形成孔子学院跨文化适应理论模型。这就奠定了孔子学院作为一个组织的研究基础，为后续针对孔子学院三大人群的量化研究提供了完整的研究视角和维度测量基础。

第四节　孔子学院本土化发展思考

一　孔子学院本土化发展的基础

孔子学院跨文化适应理论模式，描绘了孔子学院在中外合作、在非中国文化大环境中如何顺应当地民众和文化的需要的过程，即落地生根的过程。可见，孔子学院的跨文化适应是实现本土化发展的基础。在这个过程中，我们能够窥见：孔子学院内部每一个个体，即孔子学院发展所涉及的三大外派人群，院长，教师和志愿者，他们是如何实现个体的跨文化适应。在个体适应基础上，完成各自岗位的职责，进一步需要互相协作，才能实现孔子学院的正常运转，保证各项功能的实现，比如教学、文化活动的正常实施等。互相协作的过程，就是孔子学院三大人群相互适应、实现团队层面的跨文化适应的过程。最后，基于个体的社会文化适应和团队的相互适应，孔子学院作为一个组织不断适应和发展，在探索中朝越来越本土化方向发展，真正融入当地社会，最终实现可持续发展。此时，孔子学院也真正成为了解中国文化的一个重要窗口。

本书所构建的孔子学院跨文化适应理论模式，本质上从三大人群视角出发，向外探求孔子学院的本土化发展过程，而组织的本土化发展又离不开内部的关键人群。所以，我们所构建的理论模式实际上可视为一个连续体，由内而外，"跨"出组织边界，进入当地社会。这一理论模式是在跨文化研究大体系中，基于孔子学院具体情境的微观探索，容纳了三大人群各自的特点，表现为工作适应的相对差异性。三大人群因工作职责的不同，体现出工作角色和适应要求的不同，但又折射出跨文化适应的普遍性，即均需要经历一定的心理和社会文化适应，才能有较好的工作适应。工作适应内嵌于团队适应中，团队适应所形成的功能协调正是孔子学院组织适应的先决条件。

二 孔子学院本土化发展思考与探索

孔子学院的本土化发展并未作为一个核心概念出现在本书的研究中，而是作为本专著提出的跨文化理论模式的延伸讨论以及未来孔子学院可持续发展方向的展望。本土化和全球化是一组相对概念，对任何一方的审视都不能脱离另一方。从广义的人际交流方面来看，在全球化时代，若想与其他文化的人进行有效交流，必须具备跨文化交际能力（Chen，2014），懂得如何从别人的角度看问题，并将他们的知识添加到个人技能中（Chen，2005），这就使得交流与传播具备了本土化可能。在跨国公司和组织情境下，同样也有本土化和全球化，也可称之为本土化和标准化，二者处于一个连续体中（Molleda et al.，2015）。本土化（localization）一般指跨国公司海外子公司采用所在国国内公司通常采用的管理方法（Pudelko & Harzing，2008），比如本地化推广和分销，标准化就是在分公司继续采取总部的管理方法和制度。

孔子学院作为一个跨文化非营利性组织，如何实现可持续发展一直是学界关注的问题。孔子学院要想实现可持续发展，必须关注本土化策略的采用及其效果。具体而言，孔子学院的发展需要关注各分支与总部的关系，原始定位与发展新竞争力的关系，以及中外方合作机构如何实现分工协调等问题。这些问题的处理需要孔子学院结合当地情况采取不同的策略，全流程实现本土化发展。然而，本土化发展又受总部整体规划影响，是本土化和标准化交织的结果。

本研究从孔子学院三大人群的个体跨文化适应、团队间的相互适应层面，构建了孔子学院的跨文化适应理论模式，本质上是与本土化概念相勾连的，顺应所在国的文化制度体系和价值理念开展孔子学院工作。本书的主要贡献就是明晰了孔子学院跨文化适应的层级性，但未对孔子学院情境下的本土化概念、维度以及策略进行系统探索。研究结论显现了孔子学院的本土化发展倾向，而未来研究可以延伸至孔子学院本土化发展的具体概念维度及策略上，拓展我们提出的理论模式。

第十四章 孔子学院发展对策

第一节 注重汉语教学志愿者跨文化适应培训与政策支持

一 汉语教学志愿者项目背景

为满足海外汉语学习需求,国际中文教师志愿者(原汉语教师志愿者,以下简称"志愿者")项目于2004年设立,截至2021年,项目已经走过17年历程,累计向全球151个国家(地区)派出了61000余名志愿者,半数以上为国内高校本科、硕士应届毕业生,经过学校推荐、多轮考核后择优录取进入项目。1—3年的海外志愿者服务经历,锻炼了志愿者的能力并提升其综合素养,成为国际中文师资队伍的有生力量,也迅速成长为具有国际视野、掌握国际语言、通晓国际规则的优质人力资源。

十多年来,志愿者们心怀理想,足迹遍布五大洲151个国家(地区),异乡的孤独,艰苦的条件,匮乏的资源,肆虐的疾病,都没能阻挡他们的脚步。他们在异国他乡的教学岗位上,默默耕耘,无私奉献,讲述着中国故事,展现着青春风采,成为中国与各国的友好使者。多年来,志愿者帮助所在国家开展汉语教学,参与中国与各国的教育文化交流,增进中外人民了解和友谊,成为国际中文教育事业的亮丽品牌，受到了外国社区和学校的广泛赞誉，多次得到各国政府部门的表彰，也屡次获得国内相关机构嘉奖。如2015年，国际中文教师志愿者团体在"中华之光——传播中华文化年度人物评选"中荣获"传播中华文化年度集体奖"；2016年，国际中文教师志愿者项目荣获中央国家机关团工委授予的"第一届中央国家机关青年志愿和优秀项目奖"。

二 目前存在的发展问题

本研究通过走访并对志愿者群体进行深度访谈，发现当前志愿者以及志愿者项目仍存在诸多问题，具体如下：

（一）岗前培训效果不佳

通过对志愿者跨文化培训的调查和分析可知，志愿者的跨文化培训分为赴任前的岗前培训以及赴任中的培训。赴任前的培训包括教学技能、语言以及当地社会文化介绍等，是志愿者赴任前学习赴任地文化的重要途径。虽然岗前培训能够帮助志愿者在认知和情感层面认识到自身文化和其他文化的差异，并做好一定的心理教育和建设，但是研究发现，在行为层面上，志愿者实际教学工作中存在"吃力"现象，教学方法有时也难以满足实际教学需求，未达到培训目标。这就说明赴任前的跨文化培训在实用性和针对性上依然存在不足。

（二）志愿者在社交、情绪排解以及教学上存在困难

调研发现，志愿者作为初次经历异文化环境的短期旅居者，其整体跨文化适应效果较好，但是具体到跨文化适应的不同层面，仍然存在一些问题。比如在社会文化适应的考察中，研究发现志愿者在当地的社交圈窄，他们的社交常局限在孔子学院内的朋友和同事所构成的人际圈。另外，在心理适应考察中，志愿者大多反映"孤独感"伴随他们海外工作和生活的始终，难以排解。最后，在教学工作方面，研究发现志愿者在教学情景下所面对的跨文化冲突最为频繁，常体现为与当地同事的交往矛盾、教学经验和技能的缺乏以及课堂上学生对教学内容的误解等。

（三）志愿者归国后的认可度低，工作生活存在障碍

经过调研，我们发现大多志愿者赴任结束回国后无法再享受应届毕业生相关政策和待遇，在求学、就业、落户等各方面遇到较大压力和阻力，造成落户难、就业难等问题。加之国内汉语国际教育领域的岗位分布较少，大多集中于高校以及国家相应单位中，因此，现实就业状况使部分归国志愿者难有理想的发展空间，而且不少志愿者因归国后失去了心仪的工作机会，或在归国后生活上缺乏政策待遇的支持，严重影响了后续职业发展。

（四）汉语国际教育事业从业者职业发展困境

志愿者从离任到归国再就业经历了"留任"与"归国"、"坚守"与"转行"之间的选择。近年来，学生和家长对就业问题的关切度提升，志愿者归国后面临的困境也直接影响志愿者项目的后续生源，越来越多有志从事国际中文教育的青年人在落户、就业等现实问题的压力前，不得不放弃参与项目，放弃从事汉语国际教育事业，而是进入其他行业，致使志愿者报名人数逐年递减。如相关情况无法改善，久而久之势必影响志愿者项目乃至整个汉语国际教育事业的发展。

三 汉语教学志愿者项目发展政策建议

（一）优化岗前培训内容并加强培训针对性

岗前培训有助于志愿者在赴任前树立心理预期并习得外派国的必要文化习俗，这对志愿者赴任期间的适应与工作有一定帮助。建议在志愿者的岗前培训中针对跨文化教学的相关技能进行优化，使教学更具有情境性，可以邀请具有志愿者经历的人员进行经验分享。另外，建议在岗前培训中加强使命感、国家民族情感等培训内容，通过增强志愿者的职业使命感，发挥志愿者的自我效能，进而在职场上全身心投入外派工作中。

（二）给予更多情感支持、社交机会和工作技能指导

在跨文化适应上，孔子学院作为组织的角色有总体统筹管理的职能，因此，提倡孔子学院给予志愿者更多组织支持，如生活、情

感及工作等方面的问询和帮助，协助志愿者在组织内形成归属感和认同感，尝试消解外派期间的孤独感，也可以组建专业心理辅导团队，建立跨文化情感帮扶机制，在心理和情绪上给予志愿者更多的专业支持。

在社会交往方面，提倡志愿者在当地广泛社交，并从语言技能和社交技巧等方面提供专题性质的社交机会。参与当地社会的交际圈不仅是志愿者获得支持的重要来源，也有助于更好的社会文化适应。

志愿者跨文化教学适应具有较强的阶段性，建议对志愿者跨文化教学适应及遇到的跨文化冲突给予专业指导和应对建议，特别是在志愿者任职期间。可以邀请具有教学经验的公派教师进行职业技能指导，结合实际情景进行培训教学，通过问题反馈和现场解答有针对性地解决教学技能问题。

（三）认定志愿者海外留学经历，出台回国就业生活保障政策

志愿者在回国后面临就业选择，建议在志愿者离任回国后参加机关事业单位考录（招聘）、各类企业吸纳就业、自主创业、落户、升学等方面同等享受应届高校毕业生的相关政策。目前，志愿者海外经历的性质为"志愿服务"，而非"正式工作"，用人单位不将海外经历计入工龄，影响志愿者职业规划发展。对此，建议用人单位将海外志愿服务认定为工作经历，将志愿者服务年限计入工龄，志愿者可在服务期间缴纳社会保险，解除国际中文教师志愿者的后顾之忧。

（四）畅通志愿者从事海外中文教育的职业发展渠道

近年来，志愿者队伍中的在读硕士研究生、应届毕业硕士研究生占比达60%。为助力志愿者科研进修和学术发展，建议出台或修订相关文件，满足条件的志愿者报考博士研究生可享受初试加分、优先录取等政策。此外，为吸引更多优秀人才加入志愿者队伍，建议给予赴外志愿者推荐免试本校硕士研究生名额，加强师资队伍建设，保障国际中文教育事业可持续发展。另外，在汉语国际教育职业培养上，提倡国内语合中心和孔子学院建立专业化培养道路，拓宽志愿者的职业前景，保障志愿者回国后的权益。

第二节　进一步完善国际中文教师队伍建设

国际中文教育事业大力发展，远赴海外教学的国际中文教师队伍也在壮大，同时，教师队伍建设中也不断地浮现出诸多问题。本团队深入调研了70多个孔子学院及国际中文教育的相关机构，深度接触了奋斗在国际中文教育事业教学一线的教师60余位，结合深度访谈与质性分析，发现存在国际中文教师流动性大、派出来源多样、职业能力良莠不齐、海外实际工作任务复杂多样、经历多种跨文化适应以及职业发展呈平行流动等诸多问题。上述问题影响国际中文教育和师资的发展，亟须采取有效举措积极应对。

一　国际中文教师的现状及问题

（一）国际中文教师海外工作任务多样、复杂

国际中文教师被派往海外孔子学院、孔子课堂或教学点，主要从事汉语教学和举办文化活动。根据调研情况来看，他们的实际业务内容和范围相较于之前对海外工作的认知更为丰富，如负责文化活动组织宣传、行政、培训、招生、团组接待、国际合作与交流等方面的工作。那么，对于在国内主要从事教学科研工作的教师来说，他们面临的挑战巨大，不仅要适应跨文化情境下的工作，还要适应新的工作任务。所以，跨文化不适应、心理压力大等诸多问题显现出来，会影响教师的汉语教学效果。

（二）派出来源类别杂，职业能力良莠不齐

通过查阅关于国际中文教师招募的信息可发现，国际中文教师项目的招聘简章中对申请该岗位的条件有一项要求是具有两学年及以上教龄的国内大、中、小学校及相关教育机构的教师，通过这一条件的限定，将申请者的外派背景与来源限制在了一定范围内。同时，申请国际中文教师的途径还包括在岗或往届国际中文教师志愿者，扩大了教师队伍的来源。通过整理60位余受访者的专业背景、外派来源等信

息，可将国际中文教师的来源大致分为：合作高校派出的包括对外汉语专业或其他国际中文专业的教师、英语及其他语言类的教师、艺术体育等专业的教师、储备的孔子学院专职教师、与留学生及国际教育相关的行政工作人员；具有国际中文教师志愿者经历的中文教师以及国内大中小学在职教师、教育局下属在职教师自主报名的教师。从分类来看，并非所有国际中文教师都具备丰富的汉语教学经验以及跨文化教学经验。复杂的师资人员构成导致了部分教师在海外的工作、生活存在不同程度的不适应或冲突。比如，无法适应当地的教育制度、教学理念与方法、课堂管理模式而出现不愉快的经历甚至提前离任的情况；由于跨文化教学能力薄弱而出现教学评估低及反馈差的情况。

（三）面临多种跨文化适应

从"国际中文教师"这一名称可以看出职业的特殊性，国际中文教师作为跨文化传播与适应的主体，在跨文化环境下生活与工作。与传统教师相比，国际中文教师具有流动性大、任期短、工作环境跨文化等突出特征。离开熟悉的母文化环境，在异文化环境中，国际中文教师作为短期的"学术旅居者"从事2—4年的海外国际中文教育工作。他们面临的不仅是在不同的"文化接触地带"与有着不同文化身份和文化背景的人员相互适应的过程，同时也面临着"跨界的经历"对身份改变的影响，即面临跨文化适应挑战。从60余位受访对象的访谈内容看，国际中文教师经历着跨文化社会适应、工作适应、组织适应等，他们的多元文化意识、跨文化适应能力与跨文化交际能力直接影响着在海外的生活与工作，无疑给教师们增加了额外的压力与挑战。

（四）存在外派工作—家庭冲突

国际中文教师群体的一大特点是有随任子女或配偶。现实生活中，我们经常听到"如何平衡工作与家庭"这样的问题，这对于外派至海外的教师来说更为突出，尤其对于有随任子女或配偶的教师来说，面临的这一问题尤为典型，也往往经历着外派工作与家庭无法平衡甚至产生冲突的情况。

国际中文教师在赴任初期经历跨文化情境下的社会文化差异、工作转变、人际关系结构变化等跨文化适应问题。他们需要在跨文化情境下适应新的工作，必然会投入较多的时间、精力去应对陌生的异文化工作环境和工作任务，比如投入更多的精力和时间去思考学生的差异，去应对教学方法和理念的转变，努力提升职业能力等。可见，针对工作适应而采取的应对策略会让国际中文教师投入大量的时间和精力，同时基于教师的责任感，他们努力更好地完成工作任务。因此，在工作中教师角色投入的资源过多，就意味着在家庭中家长、伴侣的角色投入的资源会相对减少，对家庭的关注也会减少，从而更容易导致工作与家庭间的冲突。

二　国际中文教师队伍建设的启示与建议

（一）丰富国际中文教师职业能力提升的培训内容

国际中文教师的海外工作内容丰富多样，他们需要从"单一教学"的教师身份转变为"全能型""多面手"的教师形象。建议在派出前的培训中，增强对海外工作内容的介绍，安排具有过往海外经历的教师开展业务培训与讲座，从实际情况出发介绍海外工作内容，在赴任前做好对海外工作内容的预期。另外，培训内容也不应局限在简单的理论学习与课堂观摩，还需增加孔子学院行政业务培训、孔子课堂或教学点的汉语教学推广与管理技能培训、文化活动组织技能培训、国际中文教师形象管理培训、跨文化交际与多元文化意识培训等课程。

（二）孔子学院及院长等管理者提供工具性和情感性支持

孔子学院、孔子课堂等组织和作为组织管理者的院长应为国际中文教师职业能力的提升提供工具性支持。国际中文教师队伍中，有不少非汉语教育专业的教师，他们虽然在国内从事教学工作且教学经验丰富，但相对于从事汉语教学的专业教师来说，这一类教师亟须提升汉语教学能力。基于此，在孔子学院内部已有有利资源下，可采用"朋辈指导"策略，充分利用本专业教师在汉语知识与教学技能方面的优势，对其他非汉语专业教师进行针对性指导，并借鉴第二语言教学经验，发挥同事间支持作用，进而提高专业能力。同时，为了更好地适应所在国教育理念与模式，应为国际中文教师提供更多与当地语言教师沟通交流、借鉴学习的机会，如参加学校教学工作坊、观摩当地教师课堂等，积极学习多元的教学理念与模式，提升综合教学能力。

在跨文化适应过程中，孔院内部人际关系的和谐与管理者的支持对国际中文教师存在一定影响，他们身处陌生的异文化环境，远离家人朋友及熟悉的交际圈，内心渴望得到同事与院长的情感性支持。通过调研也发现，组织管理者和组织的支持会增强外派教师的组织归属感，使其更加积极地参与孔子学院建设。孔院的管理者应充分履行自身岗位职责，有意识地为教师提供话语及行为上的关心、赞赏与支持，帮助国际中文教师更好地适应异文化环境，提高自我效能感与职业情感，增强对孔子学院的组织归属感，更好地为孔院建设与发展提供有力的支撑。

（三）国家相关部门健全国际中文教师职业保障机制

国际中文教师队伍中有一部分来自高校储备的孔子学院专职教师，他们通过总部（原孔子学院总部）选拔储备到指定教学机构（一般是孔子学院合作的中方大学），待需要时可派出到海外任教。

从职业性质看，专职教师流动性较强，具有不稳定性和上升渠道受限两大特征。这一群体中的部分教师以"漂"和"流水"来形容他们的职业发展状态，即专职教师长期处于"居无定所"的状态。从职业上升空间看，专职教师缺乏晋升渠道。职业的发展前景是就业者进行职业选择和未来职业规划的重要衡量因素。专职教师目前缺乏上位职业，不论工作年限长短，只能平级游走，未来的职业发展可能处于断裂状态。从专职教师个人层面看，部分专职教师在访谈中表达了对外派教师职业的喜爱和年龄问题，也有部分谈及职业生涯规划的冲突和矛盾等情况。这就启示我们，国家相关部门，如对口管理单位、储备培养的高校需加快建立完善的职业发展政策与健全的职业发展渠道，给予孔子学院专职教师更多政策保障，巩固专职教师队伍，降低国际中文教师的人员流动度。

第三节　提升孔子学院中外方院长管理沟通效率

自第一所孔子学院设立至 2019 年底，孔子学院从无到有，从小到大，逐渐建立起遍及全世界 160 余个国家（地区）的全球传播网络，并以此为依托开展国际中文教育和文化交流传播，在实践中不断壮大。孔子学院发展逐步深入，对于发展的质量要求也日益提高，孔子学院作为组织的管理问题也备受关注与重视。

作为中外合作办学教育机构，孔子学院的管理工作无疑是复杂的，尤其是作为主要管理者的中外方院长，他们如何相处，如何在沟通中共同开展日常运营与管理工作，如何应对管理沟通冲突，这些无不深刻影响着孔子学院的可持续发展。

管理沟通指为了实现组织目标而进行的信息传递与交流活动，管理沟通重点在于沟通策略和技能的使用，其目的是促进团队合作与人际关系以及跨文化交流。从调研结果来看，中外方院长的管理沟通仍然存在一些问题。

一　孔子学院中外方院长管理沟通现状

孔子学院实行院长负责制，中外双方各派遣一名院长负责孔子学院的日常运营和管理，承担的管理角色和内容较为多样，既要在宏观上确定孔子学院的发展计划，制定相应的发展目标，又要在执行层面不断建立和完善管理体系，同时还要兼顾日常的管理运营事务。

作为孔子学院的实际管理者和主要领导团队，中外方院长的管理沟通程度很大程度上决定了孔子学院的发展质量和管理效率。然而，通过对五大洲六十余个极具代表性和区域特征的孔子学院与孔子课堂的调研发现，孔子学院中外方院长之间存在缺乏沟通、沟通不到位和由文化差异带来的沟通不便等问题。

二 中外方院长管理沟通影响因素

(一) 组织层面

组织结构因素、运营因素和中方院长的流动性会影响中外方院长的管理沟通效果。结构因素是组织在管理中进行分工协作,包含明确职务范围、责任、权利方面所形成的相应的结构体系。组织运营是指在管理孔子学院中遇到的具体事务及其处理方式,管理者的经营及运营选择将直接影响和改变组织未来发展规划与方向。中方院长具有流动性,一般任期两年,两位院长可能刚刚建立起合适的交流方式与合作关系。如果中方院长任期满回国,外方院长不得不适应新的中方院长,并与其建立沟通关系,这也就增加了双方沟通的成本。

(二) 个人层面

人际因素及跨文化环境的适应对中外方院长的管理沟通也会产生影响。沟通是双向交流的过程,如果双方互相信任,彼此理解,则可以充分交流彼此的意见及信息,对管理过程产生有益的促进作用。若外方院长不尊重中方院长,也会从人际关系层面给双方的管理沟通工作带来消极影响。

(三) 文化层面

各国不同的历史传统以及社会文化发展进程导致文化差异。文化差异对组织运行和企业发展的影响是全方位的,必然影响中外双方院长的管理沟通质量,可能引发矛盾与冲突。在孔子学院建设过程中,文化差异或跨文化语境下的矛盾在所难免,可以分为显性决策和行为层面的冲突,也存在不同思维方式造成的隐性认知差异。

三 提升中外方院长跨文化管理沟通能力的建议

(一) 细化合作协议,进一步完善孔子学院的组织和管理制度

应当进一步细化外方院校与中方机构签订的框架合作协议,细化中外两校间签订的孔子学院执行协议,明确该孔子学院的定位、发展

方向、特色、中外方院长的工作职责、人员配备、管理模式等，明确协议地位及内容。中外方院长可以较大程度上、较广范围内按部就班地执行此协议，有利于预防问题和化解不愉快的经历。孔子学院并不是完全交给中外方院长，让二者去商量、磨合、协调、掌控，可以考虑交由合作双方院校，更有针对性、时效性、准确性地开展相关工作。

通过建立组织和管理制度保障，降低组织因素对中外方院长管理沟通的影响。当组织团队面对多重指挥压力时，工作自然会面临进退维谷的尴尬局面，尤其是在跨文化组织中，还要面临文化差异带来的管理挑战，这给中外方院长的管理工作带来更大的挑战。因此，应当积极梳理孔子学院组织架构，因地制宜，明确中外方院长的定位与分工，进一步提高管理沟通的效率和力度，推动孔子学院制度化发展。同时，通过合适方式，合理分工，明确中方院长的任期职责，最大限度地降低中方院长流动性对中外方院长管理沟通的影响。

（二）明确孔子学院办学与合作方式，明确中外方院长人员组成

要明确中外方院长的人员组成，既要避免中方院长流动性对双方合作管理沟通的影响，同时也要注意到外方院长同样存在流动性和不稳定因素。在一些孔子学院，外方院长和外方工作人员多为兼职，而且习惯性地认为其分内工作他人不应插手。当孔子学院发生紧急情况时，外方院长若不允许中方人员介入，工作往往无法按正常程序推进。因此，组建一支全职的管理团队对孔子学院发展的重要性不言而喻。

作为中外方合作办学的教育机构，孔子学院还需要进一步明确办学与合作方式，尤其是合作办学的具体内涵，是双方完全平等合作还是以某一方为主导、另一方为协助。需要更加明确双方的合作关系，减少矛盾纠纷。在组织层面，进一步保障孔子学院的建设与发展，促进中外方院长在合作与沟通过程中，更好地明确自身的角色与定位，避免产生模糊与交叉情况。

（三）采用积极沟通方式处理管理沟通问题

沟通是双向交流的过程，双方的理解与信任可以有效促进管理工作，而且双向沟通的结果也能得到正向反馈。这就要求中外方院长具有较强的跨文化理解与沟通能力，在交往中尽量共同克服理解性障碍，掌握充足的沟通技巧，与拥有不同文化背景的同事开展有效沟通。在遇到管理沟通的冲突时，尽量采用积极的方式，直面问题。在管理沟通中，正视冲突问题，客观认知冲突的本来面貌，弄清问题是什么，"对症下药"，妥善解决双方的冲突与矛盾。应更多采用坦诚沟通的方式积极表达双方的诉求与问题，尽量减少回避或者一味坚持的方式，避免激化矛盾。

（四）提高中外方院长跨文化管理沟通能力，积极面对跨文化情境下的管理问题

不同的文化会带来不同的特质，而文化差异可能诱发诸多管理沟通问题。在这一情境下，需要中外方院长进一步提高自身的跨文化管理沟通能力，尤其是在中方院长岗前培训中，加强跨文化管理冲突培训非常重要。同时，这也要求中外方院长必须通过组织内部的充分交流实现管理者之间的互动与沟通，积极解决跨文化可能带来的管理冲突，营造良好的管理沟通文化氛围，促进相互理解，提高组织内的管理效率，从而更好地实现组织发展目标。

第四节　完善孔子学院院长领导力培育路径

院长是每一所孔子学院的领头羊，其领导能力对于孔子学院的发展至关重要。因此，孔子学院院长的选拔和培训必须更加规范化和系统化，保证为各孔子学院的管理工作输送合格的外派人员。本书根据孔子学院院长的跨文化领导力研究结果，为孔子学院中方院长的选拔和培训提供一些实践建议，以期整体提升外派院长的跨文化领导力，促进孔子学院的可持续发展。

一　孔子学院中方院长的选派标准

孔子学院是中国国际中文教育事业的重要组成部分，自2004年成立第一所孔子学院以来，持续为中文推广、中外人文交流贡献着力量。每一位选择外派的院长、教师和志愿者都是这个伟大事业的重要支撑部分。其中，孔子学院中方院长是一个极具挑战的职位，需要在一个全新的文化和工作环境中做好管理工作，这对中方院长的领导力提出了较高的要求。

我们的研究发现，中方院长的工作出色，与自身过往的职业经历以及自身对这份事业的热爱有很大的关系。具体来讲，中方院长在派出前，一般都在国内高校任职，其工作经历越契合孔子学院的工作情境，角色转变和适应就越快。比如，中方院长的工作涉及中方人员管理、汉语教学、与中外方合作院校沟通、新教学点合作洽谈等，这要求中方院长必须同时具备行政管理经验、教学经验乃至市场推广经验等。因此，在国内高校遴选中方院长时，最好选择曾经做过行政工作的教师，比如科系主任、教研室主任、对外合作事务负责人等。这样，在外派工作中，相较于纯课程教师来说，有行政工作经验的院长应对管理工作会更加得心应手。

孔子学院的日常工作服务于国家汉语传播和对外交流总体事业，具有一定的战略意义，院长必须高度认同这一工作，对孔子学院事业具有热爱之情，形成内心的高驱动力，才能真正做好每一个工作细节。这种驱动力除热爱之外，更多的是高度的使命感和责任感，这些都是中方院长不畏挑战、投身于外派工作的原初动力。因此，在选派院长时，除了对工作经历进行考察，还应重视个人的工作表现和精神面貌，判断是否具有对孔子学院事业的高驱动力，提升院长选派的适宜性。另外，院长也应具备应急处理能力等。

二 孔子学院中方院长领导力提升路径

孔子学院院长是一个包容度很高的职位，既能从定位和规划的战略高度为孔子学院的发展指明方向，又能参与教学工作和活动开展等具体事项，同时兼顾人员管理、中外沟通等一系列"中间事项"。中方院长必须具备较强的跨文化领导力，协调大大小小的各级事务。孔子学院正处于转型升级的关键时期，加之全球疫情仍在继续，这也对其领导力提出了更高要求。所以，在派出前，孔子学院中方院长必须经过系统和专业的培训，全面提升其领导力水平。

在赴任前，每一位中方院长、教师和志愿者都会接受任前培训，但是现有的培训内容一般过于宽泛，缺乏一定的针对性。本团队研究发现，孔子学院院长的跨文化领导力是多层次、多维度的，不只局限于个人适应的层面。具体来讲，院长的培训工作可以考虑从个人适应、团队适应以及组织发展等多个层面展开，系统化提升院长的领导力。

在个人层面，要注重提升院长的跨文化适应能力和工作角色转变能力等。培训内容应涉及孔子学院所在国的国情和文化特点，提升院长的文化敏感性，从而帮助其更好地适应当地文化。此外，中方院长在外工作，远离本土和家人，可能会出现心理方面的问题，故培训也应考虑自我心理诊断和心理问题排解措施等。除了心理适应和文化适应之外，中方院长也需适应新工作，这对中方院长来说是巨大的挑战，因为缺乏管理和行政经验的院长会花费更长的时间去完成身份转换。总而言之，在培训过程中，应细致解剖院长的职位责任和要求，促使外派的中方院长明晰自己的职责所在，产生合理的工作预期。

在团队层面，需要注重提升院长的团队建设能力，将传统的领导力开发课程和内容纳入培训之中，也要引入跨文化沟通和协商的相关内容，因为孔子学院团队涉及中外方人员，是一种跨文化的团队合作。此外，院长需要管理公派教师和志愿者，因而可以将如何激励下属、如何形成自我表率、如何做好团队沟通等组织行为相关知识纳入培训之中。因此，在团队层面，既要注重培养院长的跨文化沟通协商能力，提升中方院长与外方院长、合作机构以及当地其他相关人员的沟通效率；也要注重对其团队领导力的培训，提升中方院长管理下属、激励下属的能力。

在组织层面，注重提升院长的组织发展能力，其核心在于院长对孔子学院发展的定位和规划。中方院长需要综合考量总部的规划和要求、外方合作机构的需求，以及当地社会的需求和文化特点等，准确定位孔子学院的角色，为孔子学院制定合适的发展规划。因此，赴任前的培训应纳入国际中文教育现状和需求、外方合作机构的发展情况以及对中文教育的需求、孔子学院的整体情况等战略层面的内容，从战略定位、宏观规划以及中文教育的实际需求等微观视角提升中方院长的组织发展能力。另外，也须提升院长的危机处理能力，以应对因当地社会动荡等不稳定因素造成的突发情况。

总之，对于中方院长的派出前培训，不能局限于宽泛的跨文化培训，要开展系统性培训，从而提升在跨文化工作情境下的综合领导力。同时，由于跨文化情境的复杂性和院长个体素质的差异性，还应该建立一套退出机制，对于无法胜任外派工作的院长，应明确退出通道，且及时建立候补人员队伍。

国家社科基金重大项目"孔子学院跨文化传播与管理研究"(16ZDA221)结项成果

孔子学院跨文化研究（下）

安然 等著

中国社会科学出版社

图1 2017年，课题组在欧洲参加华南理工大学孔子学院工作总结会

图2 2017年，课题组在英国豪赛德小学孔子课堂调研

图3 2017年,课题组在俄罗斯远东联邦大学孔子学院调研

图4 2017年,课题组在马达加斯加塔那利佛大学孔子学院调研

图 5 2018 年，课题组在挪威卑尔根孔子学院调研

图 6 2018 年，课题组在英国兰卡斯特大学孔子学院团聚

图7 2018年,课题组在巴基斯坦伊斯兰堡孔子学院旁听汉语课

图8 2019年,课题组在日本立命馆大学孔子学院调研

图9　2019年，课题组在韩国彩虹孔子课堂调研

图10　2019年，课题组在韩国启明大学孔子学院调研

图 11　2019 年，课题组在泰国与汉语教师志愿者合影

图 12　2019 年，课题组在斯里兰卡科伦坡大学孔子学院调研

图 13　2019 年，课题组在约旦安曼 TAG 孔子学院调研

图 14　2019 年，课题组在美国迈阿密达德学院孔子学院调研

图 15 2019 年，课题组在秘鲁天主教大学孔子学院调研

图 16 2018 年，课题组在国内主持召开孔子学院研究小型研讨会，并与到会专家合影

目　录

（下　册）

第六部分　孔子学院形态描写

第十五章　亚洲 ……………………………………………（351）

第一节　日本立命馆大学孔子学院形态描写
　　　　——日本第一所孔子学院 …………………………（351）

第二节　韩国彩虹孔子课堂形态描写
　　　　——举办孔子课堂的新模式 …………………………（358）

第三节　韩国启明大学孔子学院形态描写
　　　　——"韩国最好的孔子学院" …………………………（367）

第四节　巴基斯坦伊斯兰堡孔子学院形态描写
　　　　——伊斯兰国家的第一所孔子学院 …………………（374）

第五节　斯里兰卡科伦坡大学孔子学院形态描写
　　　　——在动荡中茁壮成长的年轻孔子学院 ……………（386）

第六节　泰国朱拉隆功大学孔子学院形态描写
　　　　——诗琳通公主倡导下建立的孔子学院 ……………（396）

第七节　马来西亚彭亨大学孔子学院形态描写
　　　　——以双方院校友好合作为基础的孔子学院 ………（407）

第八节　约旦安曼TAG孔子学院形态描写
　　　　——跨国集团参与共建的孔子学院 …………………（416）

第十六章 欧洲 ……………………………………………… (427)

第一节　冰岛大学北极光孔子学院形态描写
　　　　——全球最北端的孔子学院 ……………………… (427)

第二节　挪威卑尔根孔子学院形态描写
　　　　——武术特色项目影响广泛 ……………………… (438)

第三节　英国 CI1 孔子学院形态描写
　　　　——开设全球首家孔子学院中医诊所 …………… (450)

第四节　英国兰卡斯特大学孔子学院形态描写
　　　　——当地民众交口称赞的孔子学院 ……………… (460)

第五节　黑池周日中文学校教学点形态描写
　　　　——以华裔学生为主的周末中文补习学校 ……… (471)

第六节　豪赛德小学孔子课堂形态描写
　　　　——汉语是该小学唯一的外语必修课 …………… (484)

第七节　图丽博物馆教学点形态描写
　　　　——全球首家依托博物馆开设的孔子学院
　　　　　教学点 ……………………………………………… (494)

第八节　德国 CI2 孔子学院形态描写
　　　　——初建孔子学院的中外方磨合 ………………… (504)

第十七章 美洲 ……………………………………………… (518)

第一节　美国爱达荷大学孔子学院形态描写
　　　　——实现汉语课程和学分衔接互换 ……………… (518)

第二节　美国迈阿密达德学院孔子学院形态描写
　　　　——从未停下汉语推广的脚步 …………………… (529)

第三节　秘鲁天主教大学孔子学院形态描写
　　　　——一所实行市场化运作的孔子学院 …………… (540)

第四节　巴西里约热内卢天主教大学孔子学院形态描写
　　　　——中巴民间外交的重要名片 …………………… (552)

第十八章 非洲 ··· (566)

　　第一节　马达加斯加塔马塔夫大学孔子学院形态描写
　　　　　　——铁皮棚下的汉语课堂 ··· (566)

　　第二节　马达加斯加塔那那利佛大学孔子学院形态描写
　　　　　　——马达加斯加第一所孔子学院 ··· (577)

　　第三节　苏丹喀土穆大学孔子学院形态描写
　　　　　　——盛开在非洲大陆的汉语之花 ··· (589)

第十九章 大洋洲 ··· (597)

　　澳大利亚维多利亚大学商务孔子学院形态描写
　　　　——大洋洲地区唯一的商务特色孔子学院 ····································· (597)

附录 ··· (611)

参考文献 ··· (620)

后记 ··· (646)

第六部分

孔子学院形态描写

截至 2022 年 6 月，全球共有 180 多个国家和地区开展中文教育，8 万多所大中小学、华文学校和培训机构开设中文课程，通过中外合作方式在全球 150 多个国家和地区设立 480 多所孔子学院和 800 多个孔子课堂，中国之外正在学习中文的人数超过 2500 万，累计学习人数近 2 亿。然而，不同的孔子学院受所在国地理、经济、政治、文化等因素影响，在发展形态上呈现出各自的特色。虽然世界上所有的孔子学院都是在孔子学院章程的引导和规范下建立的，但是由于其中外方的合作机构和孔子学院所在地的实际情况千差万别，孔子学院在运行上会选择最适合其实际情况的建立形式和管理方式，因此孔子学院的具体形态也不尽相同。

孔子学院遭受质疑与批判，很大程度上源于学界未能将孔子学院的形态直接、清晰地展现在公众眼前，从已有的文献来看，海内外有关孔子学院的研究都"不约而同"地忽视了描述孔子学院形态这项基础工作。本研究团队采用民族志研究方法，以区域、特色等因素对全球孔子学院进行划分，分别选取一定数量的孔子学院作为研究对象，深入一线展开田野调查，对孔子学院的发展形态进行纵深挖掘与深入研究。

研究团队对孔子学院展开田野调查的行程安排主要分为三个阶段，跨度三年。2017 年，团队开始对亚洲地区孔子学院的实地走访调研，并在当年年底基本完成第一阶段的行程计划。2018 年，团队开始第二阶段的实地调研之行，主要集中在欧洲和美洲地区的孔子学院，该阶段的走访计划持续到了 2019 年上半年。按照原计划，团队会在 2019 年下半年至 2020 年上半年完成对非洲和大洋洲地区孔子学院的走访，但第三阶段出访计划的后半程受到了全球新冠疫情暴发的影响，未能成行。因此，我们在非洲和大洋洲地区的取样数量较其他三个大洲少，这也是本次研究的一个遗憾。

本次形态描写共计选取孔子学院 24 所，占当时孔子学院总数的比例约为 4.4%。其中，亚洲共有孔子学院 137 所，选取 8 所作为代表，所占比例约为 5.8%。欧洲共有孔子学院 187 所，选取 8 所作为代表，所占比例约为 4.3%。美洲共有孔子学院 144 所，选取 4 所作为代表，所占比例约为 2.8%。非洲共有孔子学院 62 所，选取 3 所作为代表，所占比例约为 4.8%。大洋洲共有孔子学院 20 所，选取 1 所作为代表，所占比例为 5.0%。

孔子学院形态描写的研究特点如下。

一是融入深描。团队深入一线，走进孔子学院、孔子课堂、使领馆、代表处、当地学校等机构，与院长、教师、志愿者、行政人员和学生访谈，通过不同视角，多角度了解孔子学院的发展状况。以扎根理论为方法，对访谈录音材料撰写、标注，并做层层归类。在此基础上，深描"这个"孔子学院。

二是节点横断切片。研究团队在五大洲共选取了 24 所最具代表性的孔子学院，以实地调研的时间为节点，展现所调研孔子学院在该时间节点下的横断切片。孔子学院的情况是不断变化的，无论是其内部人员的调动，还是外部发展因素的变化，都会对其发展产生一定的影响。研究团队对一所孔子学院的形态描绘无法穷尽其成立后发展和变化的全过程，而是以团队实地调研的时间节点为准，展现该孔子学院在该时间节点下的发展状况。

三是持续沟通。团队的实地调研历时四年，走遍了五大洲。与所调研对象的沟通是持续的，与部分孔子学院的沟通持续数月，甚至是数年的持续联系和跟踪研究。

四是互构真实。写作客观展现访谈数据中所展现的孔子学院发展状况，其目的是为孔子学院发声，不仅展示成绩，也提出矛盾和问题。在初稿写作完成后，访问方就文章内容多次沟通，以确保被访者眼里的真实和准确。

孔子学院形态描写的主要要素包括：

一是孔子学院成立的背景。对孔子学院的形态描写首先会包含一个"大背景"，对其所在国家经济、地理、政治、文化的基本情况进行介绍。其次就是孔子学院成立的"小背景"，包括该孔子学院中外方合作机构、成立过程，以及对其成立影响最大的关键人物等。

二是组织架构和人员职能。按照《孔子学院章程》规定，孔子学院实行理事会领导下的院长责任制。虽然孔子学院在结构上大体相同，但在具体的理事会成员组成、内部组织架构,以及嵌入当地大学或机构的方式却各不相同,这些不同也会导致孔子学院人员的组成和职能各不相同。此外,孔子学院在运营资金构成及管理模式上也千差万别。经费来源和管理模式的不同,会对孔子学院的管理造成一定的影响,因此,这也是形态描写中会介绍的一部分。

三是孔子学院最显著的特点。在寻找孔子学院显著特点的过程中,团队主要有以下几个切入点:(1)国家布局:助力国家发展。(2)最突出的成绩和矛盾:最突出的成绩包括高端项目、教学、文化或交流成绩,融入大学或当地社会程度深,影响力大等因素。最突出的矛盾主要包括中外方间的跨文化冲突、中方人员的跨文化适应、孔子学院内部管理等。(3)关键人物:对于孔子学院的建立和发展有重大影响,以及对区域间交流和友好往来贡献突出的关键人物。

四是访谈人物的观点。在团队的实地调研及调研前后的跟踪沟通中,会对孔子学院的相关人员开展深入访谈,这些访谈人物的主要观点也会融入该孔子学院的形态描写中。

五是故事情节和特点。在对孔子学院的形态描写中,根据团队调研前期和调研过程中收集到的资料,以及访谈内容,挖掘出该孔子学院的特点,并通过文字描述展现孔子学院发展及中外方人员在此工作过程中发生的故事和情节,力求描写真实、准确、生动。结合《文化传播使者:孔子学院教师故事》(安然、刘程,2017a)和《文化传播使者:孔子学院院长故事》(安然、刘程,2017b)的相关内容,团队对最显著特点进行描述,寻找其特点与学术理论间的连接点,加以延伸。其次,也会通过对孔子学院问题、形态等的深度解析,来构建模式。

六是研究伦理。本研究严格遵循质性研究伦理原则:向每个受访者解释研究主题,保证他们完全自愿参与,有权随时中断或退出研究;录音设备的使用征得了受访者同意;所有关于受访者和访问方信息的公开,包括照片、案例、姓名等,都是在取得对方同意的情况下进行的,对于部分不愿意公开个人身份信息或孔子学院名称的,我们进行了技术处理,用代号替代原名,相关个人信息也进行了模糊处理;对于部分在访问结束后不愿意披露任何调研信息的，项目组没有将其列入此次筛选的 24 所孔子学院中。匿名孔子学院名称的代码，按照其在本书中出现的顺序以 CI 来编写，人员的代码部分，孔子学院的人员按照中方院长、外方院长、副院长、经理、主任、公派汉语教师、本土教师和汉语教师志愿者的顺序，以字母 A 至 Z 替代。此外，部分孔子学院的描写中，其中外方合作院校及其所在城市的名称的代码，则为随机安排。

第十五章 亚洲

第一节 日本立命馆大学孔子学院形态描写
——日本第一所孔子学院

2005年6月28日，孔子学院总部与立命馆大学法人立命馆①在中国大使馆签订了《立命馆孔子学院合作协议》，同年10月，立命馆大学孔子学院（下文简称立命馆孔子学院）正式成立，成为日本设立的第一家孔子学院，中方合作院校为北京大学。立命馆孔子学院的教学点主要集中在京都及周边地区，包括位于本部的衣笠校区课堂、京都市中心的京都大学城课堂、大阪茨木校区的OIC课堂。后期孔子学院的规模不断发展，先后于关东、关西地区开设了一系列新学堂，主要有2006年6月在关东地区开设的东京课堂、2008年5月与同济大学合作在关西中心区开设的大阪课堂、2014年开设的滋贺校区BKC课堂。因此，立命馆孔子学院的中方合作院校现在为北京大学和同济大学两所高校。其日方合作单位为学校法人立命馆。"立命"源自中国儒家典籍《孟子》，原文为"夭寿不二，修身以俟之，所以立命也"，意为"人寿命之长短都是上天注定的。只要有生之年，专心修养以待天命便是尽到了人的本分"。因此，取名"立命馆"，蕴含学院为"钻研学

---

① 立命馆是一家实体运营组织，经营着立命馆大学、APU（APU是立命馆太平洋大学 Ritsumeikan Asia Pacific University 的简称）、立命馆中学（高中）、立命馆宇治中学（高中）、立命馆小学等中小学校。

问，开拓人生修养之所"之意。

学校法人立命馆经营下的立命馆大学是日本关西地区规模较大、在校学生较多、教学科研实力一流的私立大学之一，在日本社会享有较高声誉，是日本文部科学省选定的"超级国际化大学计划"（Top Global University Project）所重点投资的37所大学之一，Global 30（日本G30）计划中首批指定的13所大学之一，也是日本"平成26年度大学的世界展开力强化事业计划"中唯一被选定的私立大学。该校一向重视中日友好交流，在中日交往中起到了积极的作用。早在中日两国建交之前，就曾于1955年接待中国科学院学术考察团及团长郭沫若先生，1957年接待中国红十字会代表团及团长李德全先生。从20世纪80年代后期开始，立命馆大学大力推进国际化，招收大批来自中国的留学生，目前就读立命馆大学的中国留学生已超过1000人。与此同时，立命馆大学还积极鼓励学生到中国留学，其中仅就读中国大学学历教育课程的学生人数已逾150人。2004年立命馆启动了"中国大学管理运营干部特别进修"项目，至今已有约950名中国学员参加了培训。立命馆大学在中日友好往来、中日学术交流方面的贡献得到中日双方的高度评价，中国政府高级官员曾多次来访。温家宝于2007年4月13日访问立命馆大学与立命馆孔子学院，这也是他访日时访问的唯一一所孔子学院。

接待调研团队的为中方院长祖人植副教授和日方院长宇野木洋教授，祖院长来自北京大学对外汉语教育学院，宇野院长来自立命馆大学文学部。两位院长向调研团队介绍了立命馆孔子学院的概况。本文将根据调研材料和搜集到的资料，从组织架构、特色、现阶段的问题和应对策略三个方面来介绍立命馆孔子学院。

一 组织架构

立命馆孔子学院从中日双方高校协议签订之初，其业务定位就是专注于社会人士的非学历汉语教学，在教学方面与立命馆大学文学部和公共汉语课程分开，不直接参与大学教学体系。祖院长介绍道：

"我们孔子学院和一般的孔子学院可能有点不一样。我们虽然是日本的第一所孔子学院,但是基本不直接参与大学的汉语教学。日本的大多数孔子学院都和大学(汉语课程)是有关系的,他们(或多或少)介入大学的汉语教学。"从机构职能来看,立命馆孔子学院的主要业务是推广中国语言文化,以及作为非营利性质的公共教学、文化机构为市民提供服务,联络大众感情。从校际交流层面看,立命馆孔子学院作为一个国际教育交流平台,在推进两校的教育国际化、进行中日教育合作交流等方面发挥着积极的作用。

(一) 运营管理

在组织架构上,立命馆孔子学院为立命馆大学国际部的下设部门,其运营体系由大学进行配置,并沿用大学的管理制度。其内部设有事务局管理整个孔子学院的日常运作事宜,目前共设有 4 个岗位,分管财务、公关、教务及杂务事宜。事务局全员由立命馆大学进行配置,为大学合同制聘用员工,5 年一换。中方人员共 3 人,分别是 1 名中方院长[①]、1 名公派教师、1 名志愿者,其他教师则全部为本土非常勤教师。祖院长介绍,中日双方在签订协议时的职能划分明确,理事会会议、外方院长为首的执行部负责决策,事务局执行日常具体业务,中方院长则主要起协调、协助作用。孔子学院运营经费主要源于收入,孔子学院总部的资金支持比例相对不高。主要原因是日方严格遵守协议条款提供资源配置,孔子学院本身面向社会人士的招生项目也有一定收入,因此日本孔子学院整体上对中方的财政需求相对不多,加之日本本土教师资源充沛,对中方提供人员配置的要求也相对较低。

(二) 日方院长职能

按照日本的大学体系要求,孔子学院属于教学单位,出任决策院长职位的必须是教授。现任日方院长宇野木洋是立命馆孔子学院的第二任外方院长,宇野木洋先生来自立命馆大学文学部,主要研究中国文学,特别是近现代文学,曾在清华大学做访问学者。立命馆孔子学

---

① 中方院长除了参与执行部的院务决策、管理,协调中日双方的合作办学事务外,也根据自己的学术专长承担一定量的汉语教学工作,并为市民举办文化讲座。

院的首任院长是周玮生教授。他毕业于日本京都大学，获工学博士学位，为立命馆大学政策科学学院教授、立命馆可持续发展学研究中心主任，热心参与中日交流事业，先后担任中国留日同学会会长、日本新华侨华人会首任会长、西日本新华侨华人联合会首任会长等社会职务。

孔子学院重大事务由理事会会议根据中日双方的办学协议共同协商，理事会全体会议原则上一年举行一次。按照日本的体制，孔子学院日常事务在执行部会议上集体商议，日方院长具有最终的决断权。祖院长认为，由于日方很大程度上是办学的决策方，想要推动孔子学院不断发展壮大，关键在于日方的意愿与双方的良好合作，中方应在办学协议的指导下积极配合日方开展工作，发挥自己应有的作用和影响力，因势利导、顺势而为。

（三）中方院长职能

立命馆孔子学院中方院长祖人植副教授来自北京大学对外汉语教育学院，本科毕业于北京大学中文系，研究方向为语言学理论和对外汉语教学理论。祖院长是北京大学派往立命馆孔子学院的第 4 任中方院长（4 任院长中，3 任都有汉语国际教育背景），在赴任立命馆孔子学院中方院长之前，曾在印度、美国、韩国的四所知名院校任客座教授，对海外汉语教育有较深入了解。他对自己在孔子学院的岗位定位清晰，认为自己主要起到准确传达双方意愿、协调好中日合作各项事务的作用。在谈到中日方院长关系时，祖院长说"中外方关系非常好"，他的工作重点是做好"联络员和协调者"。

二 特色

（一）招生特点

立命馆孔子学院不直接参与立命馆大学的学历教育，主要业务是面向社会人士的非学历教育，每年的招生量为300—500人，公司职员占一半以上。祖院长介绍道："我们的生源比较复杂……大概1/3是退休老人或家庭主妇。平常没有工作，（把汉语）当趣味来学，也是一种社交。"老年学员和家庭主妇学员将汉语学习作为一种交友与交流的习惯,长期保持,但没有提高汉语水平的具体目标与强烈动力。为有效吸引社会各界人士前往学习,孔子学院在衣笠校区、BKC 课堂、大阪茨木校区、京都课堂、大阪课堂和东京课堂设置 6 个教学点。同时,立命馆孔子学院也向立命馆大学的在校大学生提供减免学费的汉语课程,免费的汉语沙龙,但由于课程没有学分,学生的积极性相对不高,参与的人数不尽如人意。

立命馆大学学生的汉语教学主要由文学部和教养部负责,文学部的汉语课程主要是文学等专业课程,教养部第二外语的选修课中有汉语学分课程。

(二) 课程特色和教材开发

立命馆孔子学院面向社会人士开设每周一次、每次一大节(90 分钟)的汉语课程,分为短期(1 学期)与长期(1 学年 2 学期)两种形式,学费基本和日本兄弟孔子学院持平。谈到学费时祖院长说:"我们学费收得不多,象征性地收一点,一个学期下来大概两万日元,这在日本算是非常少,基本上是公益性的。"不定期的语言文化讲座不收取费用,有兴趣的市民可以报名参加。初、中、高级汉语课程中,最受欢迎的课程是初级汉语,上课时间主要是周末及工作日傍晚、晚上的非工作时段。立命馆孔子学院还设有系列课程和活动帮助学员练习汉语会话,纠正发音,如开设初中高三个级别的"汉语语言沙龙"来强化学员的口语表达,在寒暑假开设"克服弱点讲座"帮学员克服汉语学习中的弱点,开设特别课程帮学员练习发音和汉语会话等。

立命馆孔子学院与中方合作院校北京大学的对外汉语教育学院合作,共同开发适合日本学习者将汉语作为第二语言学习的教材,编写并出版《中日桥汉语》系列教材。该教材包括初级、准中级、中级三个级别,目前初级的上册和下册均已作为该孔子学院的汉语课程教材使用。

(三) 文化活动

立命馆孔子学院主要的文化活动有汉语演讲比赛、访华研修、读书会、中日合作活动、艺术团体表演、讲座等，其中最有特色的是讲座，该活动在学界的影响力较大。讲座分为三大类，联席讲座、中国理解讲座和汉语公开讲座。

与北京大学的联席讲座通常以语言、文学为主题，与同济大学的联席研讨会则通常以社会、经济为主题。每次联席讲座与研讨会通常有五位主讲学者，一位日本学者首先做主题演讲，其后中日各两位学者在该主题之下做专题演讲。

祖院长介绍说："同济大学比较偏重经济、社会，所以去年是同济大学经济学院的教授来做的讲座。北大的比较偏重文学、文化，比如去年的主题是'中国妇女和女性文学'，我们请了首师大和北大的两位女老师来讲的。今年我们的主题是'视觉和文学的关系'，所以是北大研究古典文学和现当代文学的两位教授来讲的。"

孔子学院还开设"中国理解"和"汉语公开"讲座，中国理解讲座请日本专家用日语讲解古今中国情况、古典文化等，增进日本民众对中国的理解。在谈到汉语公开讲座时，祖院长介绍道："讲座中影响最大的是与中国相关的汉语讲座，每年都会邀请日本的知名汉学家，比如杉村博文先生、木村英树先生，不仅社会人士会来听讲座，有些研究汉语的日本学者也会来听。"

另外，演讲比赛和访华研修这两项活动已经纳入了立命馆大学新生入学的参考评分和学分体系。演讲比赛活动，是立命馆孔子学院给汉语学习者提供的展示学习成效、增进相互交流的平台，每年举办两次，一次面向立命馆大学学生，一次面向全日本的青少年学生，参赛选手主要来自开设了汉语课程的初、高中。从2015年开始，立命馆大学将参加演讲比赛作为文学部新生入学考试的一项参考评分。访华研修活动是立命馆孔子学院与其中方合作院校在寒暑假期间举办的夏令营、冬令营，主要是为期三周的在华研修活动，学员们可以在真实的环境中体验、学习汉语和中国文化。从2016年起，该项目被纳入立命馆大学学分体系，并将项目名称更改为"异文化理解"。

三 现阶段的问题和应对策略

日本社会当前存在的两个问题与孔子学院的生存发展息息相关，一是"少子化"，二是"老龄化"。相比兴趣浓厚的老年人，青年群体被称为"低欲望群体"，而把年轻人吸引到孔子学院事关未来，这是目前孔子学院在日本发展生存的最大挑战。立命馆孔子学院的招生峰值是2010年，之后呈现逐渐下降的趋势。近年来中日关系回暖对孔子学院的发展起到了正面、积极的作用，希望这一趋势可以持续下去。

另外，祖院长谈到中日双方在机构运作方面还需磨合。中方以政府为背景对实体孔子学院提供支持，人的作用有时大于制度。但在日本，私立大学以制度治校的行政安排已有非常成熟的体系，这个体系与"从上而下，政府支撑"的差别较大。在这方面，所有日本孔子学院都存在相似性。

为了应对上述问题，祖院长提出要抓好"制度建设"，孔子学院建设从长期而言必须以制度建设优先，有了好的制度、顺畅的关系，语言教学、文化推广面临的许多问题就可能迎刃而解、事半功倍。上文提到，立命馆孔子学院建院之初就把重点放在社会人士的汉语教学上，与立命馆大学学生的汉语第二语言教学分隔，不直接参与大学的学历教育体系，且开设的汉语课程没有学分。这种情况直接导致学生的选课积极性低，也很难通过孔子学院自身的努力来弥补。祖院长说："尽管立命馆大学学生可以减免学费选修孔院的汉语课，但因为不能获得学分，来听课的人数不尽如人意，我们孔院优秀的师资、高质量的教学资源浪费严重，而与之形成对照的是，立命馆大学的汉语学分课一个班动辄几十人，教学资源并不富裕。"如果能推动孔子学院课程进入立命馆大学汉语第二语言教学的学分课程序列，孔子学院生源不足和教学资源浪费的情况将会得到极大改善。打破原先不合理的条块分割，理顺关系，或许才是制度建设的重中之重。

其次，利用京都的区域特色来发展旅游、奥运等特色汉语。祖院长综合对比了日韩两国这方面的实践认为，京都有自身的旅游城市优势，每年吸引大量华人前来旅游，实际的汉语市场需求并没有被满足，相比韩国景点"每个小店都聘请了会说中文的店员"的现状，日本的旅游汉语市场还有待开发。为此，立命馆孔子学院与京都市的旅游业者协会和当地民间团体交流合作，在提供协助、共同为东京奥运会做语言服务等方面达成了共识，并将发挥京都文化古都的文化、区域优势作为今后办学的一个发展方向。

四 结语

在调研团队走访日本孔子学院的过程中，"制度"和"计划"是听到最多的两个词语，日本社会重制度，讲规矩，且计划性强。立命馆孔子学院提出的以制度建设为切入点的破局方式，是孔子学院长期良性发展的关键。利用京都的地域和文化优势，寻找新的突破点和生源，发展旅游和奥运汉语，该项目如果能够发展顺利，立命馆孔子学院的发展将会上一个新的台阶。此外，立命馆孔子学院的中日合作院校都是实力强劲的知名高校，且有着优良的中日交往传统，进一步利用合作院校的优质资源来发展和扩大影响力，将其作为孔子学院发展的助力器，必将事半功倍。立命馆孔子学院作为日本的首所孔子学院，在成立十余年后，一直在发展中不断找寻着新的机遇和破局点，领导层的这种不断向上的力量和冲劲，将带领其成就新的辉煌。

第二节 韩国彩虹孔子课堂形态描写
——举办孔子课堂的新模式

调研团队刚到大教集团总部大楼，彩虹孔子课堂中方院长金振武教授就带着工作人员迎了上来。金院长对调研团队的到来表示热烈的欢迎，并带领大家参观了位于大教集团大楼内的彩虹孔子课堂。金院长从2014年彩虹孔子课堂成立以来，就担任中方院长，对彩虹孔子课堂的情况非常了解，同时他也对调研团队的来访做了充足的准备。金院长首先播放了为调研团队这次来访准备好的 PPT，介绍了彩虹孔子课堂创建、发展历程和未来规划，也向调研团队展示了该课堂的主要经营活动，最后提出了自己对孔子学院（课堂）发展的一些建议。研究团队将主要从以下几个方面对彩虹孔子课堂进行介绍：彩虹孔子课堂概况；孔子课堂"新模式"；彩虹孔子课堂特色；金院长对关于孔子学院/课堂发展的思考。

一 彩虹孔子课堂概况

根据金院长的介绍，不管是从孔子课堂的学生人数还是办学规模来说，彩虹孔子课堂都是目前世界上最大的孔子课堂。彩虹孔子课堂是由韩国大教集团与吉林省教育厅合作在首尔设立的，于 2014 年 9 月 23 日正式揭牌运营。韩国合作方大教集团于 1975 年成立，2004 年 2 月上市，是韩国最大的教育机构，有约 150 万名学员，209 个教育分支机构和 800 个学堂，在韩国以外的 11 个国家拥有 22 个教学机构。中方合作单位吉林省教育厅，与韩国有着悠久的交流历史和深厚的友谊，双方在相互交流上有着天然的地理、语言和文化优势。

彩虹孔子课堂自 2014 年设立以来，汉语学员人数飞速增长，至 2018 年 12 月已多达 43000 余人。在全韩国共拥有 1074 名汉语教师和 160 名管理人员，并设有 41 个教育下属机构，25 个汉语学习角和 17 个教学派遣小组。彩虹孔子课堂不仅是目前韩国最大的汉语培训机构，也是全国中小学生家长心目中认知度、信任度和满意度最高的汉语学习教育品牌。不仅如此，在 2017 年第十二届世界孔子学院大会上，彩虹孔子课堂也荣获了先进孔子课堂称号和 2017 年汉语考试优秀奖。

二 孔子课堂"新模式"

（一）新的运营模式

彩虹孔子课堂是全球唯一一所由教育企业承办的孔子课堂，在该孔子课堂揭牌时，时任孔子学院总部总干事许琳在贺词中指出："彩虹孔子课堂经费以韩方投入为主，是合作举办孔子课堂的一种新模式。"彩虹孔子课堂用自己的成功，证明了孔子学院总部与教育企业合作，并由企业承办这一新模式的可行性，为孔子学院在全世界的发展提供了切实可行的新思路与新模式。

在经营和组织架构上，彩虹孔子课堂的所有资金投入与人员配置均由韩方的大教集团负责。在2014年成立之初就成立了理事会，其经营和管理实行在理事会领导下的院长负责制，分别设韩方院长及中方院长主持日常工作。韩方负责人目前由大教彩虹事业部CEO金贞福担任，中方负责人为金振武教授。金院长精通韩语，于2006年被韩国世明大学聘任为中文教授，于2012年被大教集团聘任为顾问。由金院长牵线并促成了彩虹孔子课堂的设立，项目负责人金成勇说"孔子课堂的成立是他（金院长）的功劳"。在彩虹孔子课堂设立后，金振武教授出任课堂中方院长，任职至今。彩虹孔子课堂的管理层一直非常稳定，班子的稳定，是它发展壮大的主要因素。金院长说："如果班子不稳定，教师不稳定，办好孔子学院（课堂）是一句空话。"

（二）新的管理模式

在彩虹孔子课堂的管理上，秘书罗姗老师说："我们的整个管理模式延续的是大教的模式。"这种管理模式不同于其他孔子学院（课堂）。彩虹孔子课堂的总部在首尔，在韩国各大城市设立了41个教育局[①]，教育局下设若干教育队，一般管理20—40位老师，负责800—2000名学生的汉语学习工作，各地区的教师和学生规模各有不同。教育局下设立广场，广场是指教育局在管辖地区根据教学需求设立的教室，进行小规模的1对1或者1对N的教学工作。在教育局和广场外，还有一个管理单位是小组。对于一些学生规模小、无法成立教育局的地区，例如济州岛，彩虹孔子课堂派遣了一支由7—8名汉语教师和1名负责人组成的教学派遣队，前往该地区负责汉语教学工作。彩虹孔子课堂的1074名汉语教师和160名管理人员，以及所有的学生，均通

---

① 这里的"教育局"不是国内的行政单位概念的教育局，是彩虹孔子课堂下设立管理教师教学的组织单位，负责一个区域的汉语教学工作。

过这种组织方式开展工作并进行管理。例如彩虹孔子课堂组织的全国性演讲比赛，先在每个教育局选拔，然后由每个教育局推荐2—3名学生。全国分成6个大的片区，每个教育局推荐的学生先在片区比赛，由片区选拔出优秀的学生再一起到首尔参加全国总决赛。

三　彩虹孔子课堂特色

彩虹孔子课堂非常重视教材和课程体系建设、教学队伍建设和教师的培养及培训，金院长认为这些是孔子学院发展的根基。彩虹孔子课堂不断加强教师队伍建设、完善教学体系，同时还持续拓展对外关系，目前已与22所韩国孔子学院、30所中国高校保持着良好的关系。稳定优秀的教师队伍是彩虹孔子课堂发展的基础，完善的课程和教材体系给彩虹孔子课堂的教学质量提供了有力的保障，良好的对外关系给彩虹孔子课堂的师生带来了大量的机会。

（一）科学完善的课程体系和对应教材

彩虹孔子课堂有自己完整的汉语教学培训体系，根据彩虹的七个颜色把培训分成了7种：红色入门培训（岗前培训）、橙色基本培训、黄色强化培训、绿色深化培训、蓝色专职讲师培训、青色邀请专家培训和紫色在线视频教育培训。在成立孔子课堂后，彩虹孔子课堂对该课程体系进行了补充和完善。另外，彩虹孔子课堂还有完善的汉语培训课程体系，针对不同学员的具体要求，开设了样式丰富的课程种类，如：幼儿、小学、初中、高中、成人商务、HSK、汉字等课程。同时，针对不同课程、年龄阶段和水平的学员编写了各级各类配套汉语教材。在谈到彩虹孔子课堂的教材时，金院长自豪地说："我们的教材都是自己编写的，这些教材编得很好，很受欢迎。"彩虹孔子课堂的教材分为幼儿、小学、中学、成年人4个大的类别，并根据彩虹的7种颜色，将每个大类的教材分为红色（入门）、橙色（基础）、黄色（初级）、绿色—蓝色（中级）、青色—紫色（高级）阶段。彩虹孔子课堂共编写了覆盖全部年龄层的教材378册，教材主要分为6个大的系列：针对幼儿及小学低年级学生的Story Book 7个阶段72册、针对小学生的"Junior"7个阶段168册、初高中学生的"Senior"7个阶段37册、成人商务汉语"Biz"7个阶段24册、针对HSK考试的"新HSK"3—5级教材和汉字教学教程等一系列汉语汉字教材。科学的课程体系和丰富的配套教材，成就了大量优秀的学生。彩虹孔子课堂作为孔子学院总部/汉考国际的"韩国YCT事务局""HSK/HSKK汉语考试考点""韩国HSK/HSKK网考中心""韩国HSK/HSKK培训中心"，每年参加YCT考试的考生人数排名世界第一，参加HSK考试的考生人数韩国第二。彩虹孔子课堂自2007年成为韩国指定YCT事务局以来，到2019年初累计有约18万名考生参加了该考试。自2016年5月开始承办的HSK/HSKK考试，到2019年3月为止，累计有77435人参加了考试。

（二）多样的个性化的新教学模式

彩虹孔子课堂的教学模式多样且个性化，满足不同学员不同场景下的学习需求。它主要有三大教学模式：

1. "一对一"家访式教学

教师到学生家里进行访问并进行"一对一"的教学指导。这种教学方式针对性强，教师可以根据学生的具体情况进行辅导和教学，能大大提高学员的学习效率。

2. 集中教学

在韩国全国范围内有25个彩虹孔子课堂汉语教学基地（彩虹汉语角），集中进行授课。广泛分布的教学基地，避免了学员奔波，让其就近选择上课。

3. 视频教学

于2017年10月开通，即用电脑或手机等电子设备进行在线教学。学员无论何时何地都可以学习汉语课程，给学员提供了极大的便利。

（三）学生进修渠道多样

彩虹孔子课堂培养了大批优秀的学员，为了拓宽学生进修渠道，与国内高校合作建立了彩虹优秀生源基地和HSK留学中国/韩国基地，开展了丰富多彩的夏令营和冬令营活动，带学生参加种类多样的文化讲座和文化展，组织形式多样的留学展，还提供留学咨询业务。

彩虹孔子课堂长期与国内高校保持着良好的合作关系，2019年4月清华大学已将其作为韩国招生基地；2019年6月哈尔滨工业大学（威海校区）将其设为韩国留学基地；孔子学院总部/汉考国际拟在彩虹孔子课堂建立HSK留学中国（韩国）基地。彩虹孔子课堂负责承办孔子学院总部/汉考国际在韩国的HSK中国留学就业展，与中国各知名高校建立合作关系，开展多样化的留学业务；彩虹孔子课堂组织各类赴中国的夏令营和冬令营，自2014年以来，累计带领2500名学员前往北京、哈尔滨、上海、西安、长春和威海等大中城市开展了各类的活动。

（四）完善的教师培训体系

彩虹孔子课堂非常重视教师的教育和培养，金院长说："传播汉语最关键的是教师质量。"在教师培训方面，彩虹孔子课堂的体系主要分为两个部分，一个是其自身的汉语教师培训体系，另一个是汉语教师资格证CTCSOL培训体系。彩虹孔子课堂的教师在经过严格的面试筛选入职后，还要接受各种培训：刚入职时的入门教育培训、入职6个月后的深化教育培训和入职1年后的继续教育培训。教师培训根据就近原则进行，在全国划了6个大区和41个教育局，覆盖了全韩国。2014—2018年，彩虹孔子课堂培训的教师多达5000余人次，有着丰富的教师队伍建设与发展的实践经验。

彩虹孔子课堂也非常重视教师国际汉语教师资质教育，金院长认为"汉语教师资格证考试和汉语教师培训是提高教师质量的关键"。彩虹孔子课堂从2016年9月始开设CTCSOL培训课程班，邀请国际汉语教学经验丰富、对CTCSOL考试命题有深入研究的大学教授给汉语教师授课。彩虹孔子课堂是韩国唯一的《国际汉语教师证书》认证培训/考试的主办机构。自2016年9月开始，每年在首尔和釜山举行两次考试。截至2019年9月，共举办了7次考试，考生人数为521名，居世界第二。

在教师的培训方面，彩虹孔子课堂非常重视本土教师的培训。在向调研团队介绍教师教育和培训的时候，金院长说："汉语推广不能只靠我们中国人，你得培养当地的本土教师。"彩虹孔子课堂选拔优秀的本土教师派到中国系统学习汉语本体知识，并培训汉语教学技巧。这种进修制度稳固、优化了本土师资队伍。

在教师晋升方面，为了鼓励教师学习和提高教学能力，彩虹孔子课堂制定了一整套优惠和奖励政策。普通教师有着畅通的晋升渠道，优秀教师能够晋升为队长、局长。同时，为了鼓励教师不断学习进步，也将取得《国际汉语教师证书》作为教师晋升的必要条件，取得了该证书的教师则给予奖励。

（五）致力于科研

彩虹孔子课堂并不限于汉语教学在实践层面的探索，也致力于理论研究的探索，积极开展汉语教学研讨会并申报科研项目。

2018年6月，与韩国汉阳大学合作举办了第一届在韩中国教师汉语语法教学研讨会，并于同年与在韩中国教授学会举办了HSK现状与发展前景研讨会，这些学术会议中均有彩虹孔子课堂的教师发表论文。金院长满脸自豪地说："我们举办的这个会议受到汉考国际和孔子学院总部高度重视，与会者也都高度赞扬。"另外，彩虹孔子课堂以金院长为负责人，申报了汉考国际科研项目基金2017年度课题，其申报的"韩国本土《国际汉语教师证书》考试培训教材研究"课题，是全世界孔子学院（课堂）中唯一立项成功的，在项目论证会上受到专家们的高度评价。此外，彩虹孔子课堂还出版了《彩虹孔子课堂新闻报刊》，为每年4期的季刊，主要内容为关于中国的热门话题、中华文化、中国大学介绍等，共发行了20万份。

四　金院长对孔子学院／课堂发展的思考

金院长多年来主持彩虹孔子课堂的工作，同时也在中韩两国有着丰富的工作经历，了解两国的情况，对于孔子学院的发展和韩国的汉语推广都有着自己的见解。他不仅看得透彻，而且还能站在统筹全局的高度来看待中国的文化发展、推广和复兴工作，高屋建瓴，对孔子学院的发展提出自己的思考和建议。

（一）中华文化传播的核心

在中华文化传播方面，孔子学院应从2017年中办、国办下发的《关于实施中华优秀传统文化传承发展工程的意见》的战略高度着眼，从文化强国和文化复兴的角度，开展汉语和中华文化传播。目前中华文化的传播主要注重表现形式，没有深入思考中华文化核心理念、人文精神、传统美德、当代中国变化的内涵如何传播与介绍。金院长谈道："关于中华文化的传播，中华文化的核心价值观到底是什么？中华文化博大精深，中华文化的优秀传统到底是什么？怎么来把它的根本向世界传播？"文化是一个国家的软实力，要文化复兴、建设文化强国、实行大国外交，以孔子学院和孔子课堂为依托在海外传播中华文化，不应仅停留于物质文化层面，应着眼于中华文化的核心内涵，从中华文化的思想精髓和"根子"上把握中华文化，使孔子学院真正成为中华文化在全球的传播基地。

此外，当前由孔子基金会支持的"孔子学堂"与孔子学院总部开办的"孔子课堂"在海外容易造成混淆。两个机构在性质和宗旨上并不相同。相关部门应采取措施，以免造成文化传播与交流的误会。

（二）孔子学院汉语教学与考试设置模式

首先，针对当前语言教学模式倾向于重视听说，对读写汉字的教学重视程度不足，金院长谈道："教汉语不教汉字，这是绝对错误的，汉语在东北亚有着非常重要的位置，它很重要的一个代表就是汉字。"韩国本土教育机构状元集团自发开设的汉语课程中，仅学习汉字的学员就多达12万人。韩国人自身重视汉字，孔子学院更应当提倡汉字教学。汉字基本组合是形声与形意字，学员记住笔画组合背后的含义，比汉语拼音更易熟记掌握，应加强汉字学习，提高书写汉字的考试比例。且东北亚地区历史上长期受到汉字影响，有汉字学习的基础，应在此区域重点发扬。建议深入了解区域文化与历史背景，有针对性地推广汉语教学、传播中华文化。

其次，汉语水平考试应与时俱进做好调整。例如韩国青少年市场比重下降，成年人市场提升，YCT考试在这一背景下实际作用不大，建议取消此类考试或设立与HSK等级对应的评测制度，鼓励青少年参与考试，使YCT证书发挥更实际的作用。

另外，经查证，当前国家语委汉语口语测试（HKC）在官方认证说明上宣布，此项考试为唯一国家公认口语考试，此项说明容易与

HSK/HSKK 考试宗旨形成概念冲突。相关部门应提高重视，调节统一考试途径，机构之间明确职责，盲目竞争容易导致管理滞后。

（三）师资本土化政策的落实

金院长建议及时更新政策惠及本土师资，除公派教师和志愿者外，鼓励从在韩中文教师中面试、签约优秀的、持有《国际汉语教师证书》的汉语教师。这样不仅解决缺少师资的问题，也可以提高《国际汉语教师证书》的海外影响力。金院长说："……资格证是教师质量提高中最关键的，教师质量上不去，怎么传播？"

（四）中韩方办学机构领导层的合作

在韩国多数孔子学院（课堂）中，韩方院长一般由韩方高校选派国际处副处长兼任，任期仅为两年，中方院长任期四年，双方都处于不断变更与磨合之中，孔子学院（课堂）的班子缺乏稳固，领导力有待凝聚。汉语教师队伍也不稳定，更换频繁，难以开展富有成效的工作，严重影响孔子学院的发展。

此外，中方院长与外方院长是平等合作关系，合作应以互惠为基础。建议将中方院长这一职务职业化，同时，大力培养本土教师，使教师队伍稳定化，更有效推进孔子学院事业发展。孙春兰在第十三届孔子学院大会上提出要贯彻落实"教师的专业化、院长的职业化"。院长职业化的实现需要不断摸索更好的选拔、考核、培训制度和机制。孔子学院要在海外长期发展，也需要建立长期事业机制，鼓励和吸引中方人员走出去。

五 结语

韩国在地理上和中国一衣带水，文化上为东北亚汉字文化圈国家，有着悠久的汉语使用和学习传统。同时，韩国也是中国最大的留学生来源国，根据教育部发布的 2011 年、2012 年、2014 年、2016 年和 2018 年来华留学统计数据，韩国来华留学人数均为当年世界第一，分别为 62442 人、63488 人、62923 人、70540 人和 50600 人。截至 2020 年 5 月，已在韩国成立了 23 所孔子学院和 5 所孔子课堂。彩虹孔子课堂从学生人数和规模上来看，不仅是韩国最大的孔子课堂，也是世界上最大的。毫无疑问彩虹孔子课堂是非常成功的，它的成功不仅为孔子学院和孔子课堂在世界范围的发展提供了新的思路和出路，也为其他孔子学院和孔子课堂的运营和管理带来启发。

首先，彩虹孔子课堂建立了稳定的领导班子，领导班子的稳定保证了管理和发展思路上的统一。其次，稳定的教师队伍以及与其相适应的管理机制，保证了教学质量。与此同时，教师有着畅通的晋升渠道和完善的激励制度，这也使得教师质量能够得到持续的提高。再次，完善的教材、课程体系，科学的课程体系和配套教材，保障了教师的教学和学生的学习都有章可循。另外，与中国高校合作建立的各类彩虹基地和留学咨询业务，为彩虹的优秀生源提供了前往中国学习的机会。再其次，彩虹提供"一对一"教学、集中教学和视频教学三种教学方式，新颖的教学方式满足各类学员不同形式的学习要求。最后，彩虹孔子课堂在实际教学以外还很重视科研，这将教师的教学提到了一个新的高度。所以说彩虹孔子课堂的成功是综合多种因素而取得的，缺失任何一个方面工作都很难达到今天的成绩。彩虹孔子课堂不仅是"新模式"，也是孔子学院（课堂）运营的一个典范。

第三节　韩国启明大学孔子学院形态描写
——"韩国最好的孔子学院"

启明大学孔子学院（下文简称启明孔子学院）是北京语言大学与韩国启明大学在2007年合作建立的，位于启明大学的城西校区，是大邱地区唯一的一所孔子学院。韩方合作院校启明大学始建于1899年（济众院——现启明大学东山医院前身），是一所私立的综合性大学，校园被评为韩国最美的"十大校园"之一，素有"东方哈佛校园"之称，占地7000亩，校园规模排名韩国第九。中方合作院校北京语言大学在周恩来总理的关怀下创办于1962年，时名为"外国留学生高等预备学校"，1974年由毛泽东主席亲自题写校名，是中国唯一一所以对来华留学生进行汉语、中华文化教育为主要任务的国际型大学，素有

"小联合国"之称。截至 2019 年 10 月，北京语言大学在世界范围内承办了 18 所孔子学院和 2 所孔子课堂，被孔子学院总部评为先进中方合作院校。在两所高校的共同努力和孔子学院总部的指导下，创办至今，启明孔子学院取得了一系列的荣誉，于 2011 年、2014 年两度被孔子学院总部授予先进孔子学院的称号。2015 年 12 月，被韩国教育部授予突出贡献奖，由韩国副总理亲自颁发。

此次接待调研团队的启明孔子学院管理人员为中方院长魏易臻和外方院长金宇军，两位院长均精通双方语言。外方院长金宇军教授不仅有汉语专业背景，还有多年的中国留学和工作经验，了解中国教育、历史、文化等各方面的情况。中方院长魏易臻教授有多年的韩语学习背景，十分清楚启明孔子学院的发展情况和韩国当地社会。在访谈中，两位院长向调研团队详细介绍了启明孔子学院的发展状况。调研团队根据访谈和调研资料，以及与启明孔子学院相关的所有公开资料和文献，主要从以下方面对启明孔子学院进行描写：组织架构与人员职能；特色课程和活动；发展思考与阶段问题。

一 组织架构与人员职能

（一）组织架构

当前启明孔子学院隶属启明大学中国中心，中国中心相当于启明大学国际处下属的中国事务部，中国中心设行政岗位 3 人负责孔子学院办公事务、财务、教务及文化活动的具体运营。中心目前负责与中国相关事务业务的办理，其中孔子学院的事务比例约占中心业务的三分之二。启明大学以其中国中心承接启明孔子学院的事务管理，极大程度上为启明孔子学院提供了办事的便利性，也让启明孔子学院融入了启明大学，成为大学的一部分。在这种组织架构下，启明孔子学院的发展能够充分利用启明大学的资源。魏院长说："2011 年的时候我们启明孔子学院承办了'世界高校论坛'，邀请了十七八个国家的代表团参加。一个孔院办这么大的一个国际会议是很难的，但是我们办起来了，而且很成功。我们的动员能力相当强，整个大学都动起来了。

校长本身也是孔子学院总部的理事①，我们这个孔院的事情就是整个大学的事情。"原汉办主任许琳曾从模式创新角度评价"启明大学孔子学院是韩国最好的孔子学院"。

启明大学另设中文系与中国学系，由启明孔子学院提供两个系的部分汉语教学课程。中文系学生主要学习中文，隶属人文学院。中国学系学生学习面比较宽泛，包括与中国相关的政治、经济、文化等科目，隶属国际关系学院。启明孔子学院、中文系和中国学系三者分属不同院系和部门，在行政上互不相关。

启明孔子学院内部，除中国中心派设的3名行政人员外，设立了外方院长1人，中方院长1人，国内公派教师2人，公派志愿者2人，长期聘用本土教师1人，海外志愿者1人。

（二）人员职能

1. 外方院长

除兼任孔子学院院长外，外方院长金宇军教授同时也是中国中心主任和启明大学国际关系学院教授，且在高校内兼任多项行政职务。金院长本科为中文专业，毕业后赴中国台湾地区从事国际关系研究，博士毕业后在韩国驻华使馆工作成为外交官。2012年开始出任启明孔子学院外方院长，连任至今，是全韩在任时间最长的外方院长。

2. 中方院长

中方院长魏易臻教授由国内合作院校北京语言大学派出。调研团队于2019年到访该孔子学院，在过去的5年内其一直连任孔子学院中方院长。魏院长专业为韩语，2003年研究生毕业后一直在北京语言大学从事对外汉语教学工作。魏院长介绍，他自己在启明孔子学院承担的主要工作是教学，行政由外方负责运营。因汉语教师培训项目对教师的学历要求高，他主要负责汉语教师培训班的课程，并承担部分中文系学分课程。

3. 公派教师

2位中方公派教师晓芳和任燕，都是由北京语言大学选派至启明

---

① 启明大学校长曾是孔子学院总部亚洲地区唯一的理事，很重视与中国的交流合作。

孔子学院的。晓芳老师曾在韩国小学工作过一年,认可韩国的环境,回国后主动申请再到韩国担任公派教师,已在启明孔子学院工作了6年。晓芳老师主要教授汉语综合课程初、中、高级班,也参与汉语教师培训班的部分教学。她提到,第一次来韩时不会韩语,自己是所在小学唯一的中国人,所以感觉孤单和不适。来到启明孔子学院工作以后就感觉找到了组织,没有文化休克的感受。

任燕老师在孔子学院工作将近一年,先前曾在启明孔子学院担任过志愿者。目前是北京语言大学的专职教师,入职两年,第一年在土耳其伊斯坦布尔的孔子学院任教。她觉得,相较于土耳其,韩国学生在汉语学习方面更加务实,更注重课堂知识性,学习自主性强,而土耳其学生则更注重课堂的趣味性。她表示,在启明孔子学院工作让她感到幸福。

4. 志愿者

2位志愿者家诚和亚男,都是北京语言大学硕士二年级在读学生。家诚介绍,自己没有韩语基础,因此教学主要针对中高级综合班学生,使用"沉浸式"教学法,专注于克服学生对母语的心理依赖。

亚男的专业是汉语课程与教学论,也不能使用韩语会话。曾在大学毕业时赴泰国马哈沙拉堪府的下设教学点出任志愿者,当地教学量小且分散。在韩国系统教授分阶段汉语课程对她而言是一项挑战,需要逐渐适应新的教学要求,调整课堂设计。但她认为,在泰国的锻炼培养了她对教师职业的向往。

5. 行政人员

启明孔子学院目前共设3名行政人员处理相关工作,其中,东赫老师总体统筹办公室事务,另设1名员工负责教务及杂务,再配备1名助理工作人员协助行政事宜。东赫老师也接受了调研团队的访谈,用流利、标准的汉语介绍道:"孔子学院行政方面的事务都属于中国中心行政部门管理,所有项目的开展都需要行政的支持。学校比较重视这些项目,所以把我叫来专人做这个。"这样的人员安排保证了中方人员能将更多的精力投入教学中,也促成了项目的顺利落地。魏院长说:"所有的活动都是金老师具体去执行,行政方面推动人的物的支持，还有全盘策划。比如说，人员不够，中国中心有很多助教，我们孔院直接拉过来用。"

（三）韩国孔子学院的三种发展模式

在访谈中，谈到启明孔子学院的运营模式时，魏院长总结，韩国孔子学院主要存在三种发展模式。一是只在大学挂牌，实际为独立运营的孔子学院，如大真大学孔子学院，这种模式将资金、运营及各项事务都放在孔子学院，中方人员负担较多业务；二是孔子学院嵌入大学学院体系，直接发展成为大学内部的二级学院，如顺天乡大学孔子学院，这种模式与高校全面接轨，融合最完整；三是挂靠在行政部门下，由高校组织行政人员专门负责孔子学院的运营，典型的案例是启明大学孔子学院。

二 特色课程和活动

（一）特色课程

启明孔子学院的韩方合作院校启明大学重视汉语教学，中方合作院校为北京语言大学，有着天然的语言教学优势。师资优势是启明孔子学院的一项特色，利用这一特色，它开展了一系列特色课程。一是汉语教师培训班。早在启明孔子学院成立前，北京语言大学和启明大学就有了此类培训。该教师培训项目是基于两所高校间的教师交换项目，成立孔子学院后该项目一直延续了下来。截至2019年5月，已经举办了23期，该培训项目是一个学期一期，一期16周，每周六上课，学员通过考核后颁发北京语言大学盖章的教师资格证书。二是"孔子之家"沉浸式汉语课程，每学期为一周期，每期招收20人，提供初、中、高三个不同等级的汉语教学。学生住在启明大学提供的免费宿舍内，早晚在宿舍期间必须使用汉语交流。据参与学生反映，沉浸式教学体验效果较好，参与学生的听说能力提升显著。三是电台中国文化课程。启明孔子学院与TBC大邱电视台的理事建立了合作关系，每年在广播频道录制数十期节目，每期五分钟讲座介绍汉语、中国文化及国情相关板块内容，栏目展示内容由启明孔子学院自己决定，主要面向出租车司机,每天在广播频道轮回播放四次。四是面向社会人员和企业员工的汉语课程。目前面向社会招生的主要生源是当地的家庭妇女及老年群体,此类学习者主要以兴趣驱动学习,没有测试要求。此外,当地与中国有较多业务往来的企业将员工汉语培训列入管理规定,希望在企业内部开设汉语培训班,启明孔子学院应其请求,派教师前往开班授课。

(二) 特色活动

首先,启明孔子学院与大邱市政府合作共建,在市区开设中国馆,并设面向全体市民的文化体验馆,向市民提供交流平台,也根据市民需求选派教师在中国馆进行汉语授课。其次,启明孔子学院在院内自设中国文化体验课堂,并与大邱市当地60多个公立中学签署合作协议,为这些学校的学生提供"自由学期制"的课后活动,一年大致举办40—50场,几乎每周都有。该活动充分与韩国中小学生教育政策相结合,且在大邱地区影响范围较大,因此受到韩国副总理的表彰,并颁发突出贡献奖。最后,启明孔子学院利用自身嵌入大学的制度优势,调动全校之力举办大型的国际会议,如2010年举办了多国高校孔子学院论坛,2011年承办了亚洲地区孔子学院研讨会等。

三 发展思考与阶段问题

从启明孔子学院的阶段发展来看,中外方院长认为现阶段是稳定时期。近年启明孔子学院的教学规模基本持平,师资更换周期规律,与教学对接,供需链平衡。从韩国的整体汉语发展来看,受到社会稳定以及经济发展消极因素的影响,近年韩国的汉语学习需求量有所下降,对越南投资活动的增加也带动了越语学习市场的发展。在这种大环境的影响下,中方院长魏易臻认为,孔子学院的扩展并非易事,应形成自身特色,重点是提升教学质量。启明孔子学院是与北京语言大学合作的汉语教学机构,教师为科班精选,有师资优势。魏院长认为做好小而精的孔子学院,提高教学口碑,才是符合韩国当前阶段的发展之路。他用"合作""融入"和"专注"来概括启明孔子学院为谋求长期发展而做的努力，并指出"合作使孔子学院更有效率，融入使孔子学院深入人心，专注使孔子学院更有力量"。

在思考和展望未来的同时，启明孔子学院也存在其发展中所遇到的阶段性问题。首先是本土师资问题，启明孔子学院部分公派教师和志愿者不会韩语，特别是在面对零起点学生授课时，存在一定的沟通障碍。此外，公派教师及志愿者受限于签证要求，志愿者不能在孔子学院之外授课，高校教师不能在大学之外授课，这阻碍了启明孔子学院的市场拓展。为此，启明孔子学院打算向总部申请增加本土教师聘用名额[①]，对本土师资的培养不仅可以缓解启明孔子学院在这方面的需求，也能促进汉语教育在当地的持续发展。与此同时，魏院长也提出，为规范本土师资考核体系，希望汉办明确教师资格证的考核要求，而不仅仅是HSK和HSKK的要求。要求教师持证上岗，不仅能使证书具备相应价值及作用，对提高本土教师质量也有促进作用。

外方院长金宇军教授介绍，韩国大学一般都重视与中国的交流合作，也普遍存在汉语学习需求。韩国各个高校目前积极与中国多个大学建立合作关系，交流项目多，多数学生并非零起点学习汉语，学习努力认真，汉语水平也相对高。学生的工作需求往往并不是直接与汉语相关，而是大多数工作岗位都要求应聘者了解中国的情况，因此，汉语学习是满足这些需求的基础。汉语推广工作需要深入了解不同区域、国家之间的汉语市场基础，分门别类地进行。两位院长指出，在韩国达到申请孔子学院奖学金条件的学生不少，而且愿意赴中国参加校长团交流的人也很多。孔子学院总部的类似活动近年来在缩减规模，但应考虑上述情况。

四 结语

综观启明孔子学院的发展历程和规划，可以发现它充分利用了合

[①] 据孔子学院总部相关规定，海外志愿者可聘用非韩国国籍教师，本土教师必须是韩国国籍的教师。

作双方高校的优质资源来发展自身的特色,扩大影响力。其中方合作院校北京语言大学在对外汉语教学界有举足轻重的地位,具有雄厚的师资、教学、科研、出版等各方面的综合实力,启明孔子学院利用其优势师资举办本土师资培训班,提高教学质量,与大邱市教育局、政府、电台等合作推出特色课程。其韩方合作院校为一所规模较大的综合性私立大学,启明孔子学院嵌入启明大学体制内,成为大学的一部分,不仅动员整个大学的力量帮助其举办各类大型活动,还在日常运营中充分利用中国中心的行政力量和各类资源,为其开展教学和活动扫清障碍。启明孔子学院之所以能够利用启明大学的各种优势资源来发展,归根结底是因为制度优势。启明孔子学院在行政上隶属启明大学的中国中心,由中国中心来负责启明孔子学院的行政事务。启明孔子学院的这种发展模式,为后续成立的孔子学院提供了发展模式的思路和借鉴。

第四节 巴基斯坦伊斯兰堡孔子学院形态描写
——伊斯兰国家的第一所孔子学院

巴基斯坦伊斯兰共和国,简称为巴基斯坦,意为"圣洁的土地""清真之国"。巴基斯坦95%以上的居民都信奉伊斯兰教,是一个多民族的伊斯兰国家。调研团队在巴基斯坦调研期间感受到了浓厚的宗教气息,街头的女性大多戴着头巾,清真寺随处可见,响彻全城的唱经声每天五次按时响起,提醒着信众要进行礼拜。

巴基斯坦的国语为乌尔都语,首都为伊斯兰堡(Islamabad),其最大城市是前首都卡拉奇(Karachi)。在地理上,巴基斯坦位于南亚次大陆西北部,东接印度,西邻伊朗,东北邻中国,西北与阿富汗交界,南濒阿拉伯海。其南部属于热带气候,其余地区属亚热带气候。

在网络和大众媒体上,中国人常亲切地用"巴铁"[①] 来称呼巴基

---

① 巴铁,为民间词语,是中国网友对巴基斯坦的友好称谓,意思是巴基斯坦跟中国是"铁哥们儿"和"铁杆朋友"。

斯坦，以示亲切友好。调研团队在巴基斯坦时，曾遇到过要求合影的普通民众。不仅两国普通民众关系友好，高层接触也非常频繁，关系密切。巴基斯坦是首个与新中国建立外交关系的伊斯兰国家。2014年2月，巴基斯坦总统侯赛因把中国作为其就任总统后访问的第一个国家，侯赛因总统访华时表示愿与中国共同打造命运共同体。中国国家主席习近平称中巴是风雨同舟、患难与共的好朋友、好伙伴、好邻居、好兄弟，评价"中巴是铁杆朋友和全天候战略合作伙伴"。截至2020年8月23日，巴基斯坦共有5所孔子学院：伊斯兰堡孔子学院、卡拉奇大学孔子学院、费萨拉巴德农业大学孔子学院、旁遮普大学孔子学院、萨戈达大学孔子学院，2所孔子课堂：穆扎法尔格尔短波收听俱乐部广播孔子课堂、佩特罗中学孔子课堂。

2005年4月4日，由孔子学院总部、北京语言大学与NUML三方共同合作，在巴基斯坦首都伊斯兰堡建立了伊斯兰国家的第一所孔子学院——伊斯兰堡孔子学院，时任巴基斯坦教育部部长（Javed Ashraf）为伊斯兰堡孔子学院揭牌。中方合作院校北京语言大学的基本情况和孔子学院工作，在启明大学孔子学院形态描写中已有详细介绍，不再赘述。巴方合作院校原名国立现代语言学院，成立于1970年，并于1971年成立了该国的第一个汉语系。2000年，学校改名为国立现代语言大学，汉语系也改名为中文系。该校中文系作为巴基斯坦第一个专门的汉语教育机构，承担了两国间的交往和翻译任务，以及乌尔都语中文词典项目（Moazzam Ali Khan，2016）。该校的中文系最早只开展专项培训项目，为军方和政府培养满足两国间军事和政治交流需求的汉语人才，随后逐渐面向社会普通人群开放，以满足当地人与中国进行经济、文化、教育交流的需求（张海威、张铁军，2012）。2015年，中国国家主席习近平访问巴基斯坦期间，授予NUML"和平共处五项原则友谊奖"。

截至2018年8月，伊斯兰堡孔子学院先后4次获得先进孔子学院称号，相关工作人员2次获得孔子学院先进个人称号，并于2015年被孔子学院总部评为全球示范孔子学院。伊斯兰堡孔子学院已成为巴基斯坦的中国语言文化交流中心、汉语水平测试中心和汉语教师培训中心，同时也是重要的中巴民间交流平台。曾兼任 NUML 名誉校长的巴基斯坦前总统穆沙拉夫说："孔子学院不仅可以促进巴中教育交流，而且还可以促进巴中在文化、科技、艺术和经济等多个领域的交流与合作，进一步增进两国人民之间的了解和友谊。"

调研团队根据访谈和调研材料，以及与伊斯兰堡孔子学院相关的所有公开资料和文献，主要从以下方面对该孔子学院展开介绍：组织架构与人员职能；汉语和中国文化推广；孔子学院所面临的安全管理问题；中方人员的跨文化生活适应情况；中巴经济走廊与孔子学院的发展。

一 组织架构与人员职能

（一）组织架构

伊斯兰堡孔子学院是隶属巴基斯坦国立现代语言大学的中外文化交流机构，实行理事会领导下的院长责任制，由 NUML 校长亲自担任理事会外方理事长，北京语言大学校长担任理事会中方理事长，理事会成员包括双方合作院校的常务副校长、行政副校长及外事处处长。理事会的职责是制定、修改本孔子学院章程；研究制定本孔子学院发展规划；审定重要管理制度；审议确定中巴方院长和其他重要管理人员人选；审定年度工作计划和预决算；研究确定下设孔子课堂设置建议，并报中国国际中文教育基金会审批；审定下属教学点设置方案；审定年度报告；决定其他重大事项。孔子学院所执行的文化活动和其他事项，超过 1000 美元的项目开支，应事先报理事会批准。按照理事会的规章制度，每年召开一次理事会。

此外，伊斯兰堡孔子学院制定了各类管理制度，如本土教师管理规定、中方院长岗位职责、固定资产管理制度、图书馆借阅制度、学生管理办法、工作安全条例、教师工作条例、教学评估条例、办公室工作制度、总部资金管理办法等，并严格实施。

（二）财务情况

伊斯兰堡孔子学院严格遵守巴基斯坦和 NUML 的财务制度，由

NUML 大学配备的 1 名专业会计负责该孔子学院的所有财务工作。按照孔子学院总部所制定的规章制度，每年年初由中外方负责人共同制定年度预算并执行获得批准的各项内容。根据巴基斯坦的财务规定和孔子学院相关协议，所有支出先由执行院长（中方院长）做出预算，报告给外方院长和理事会理事长，获得批准后由中外双方共同签字所需款项的支票方可生效。项目结束后由巴方会计计入总账。

（三）人员职能

伊斯兰堡孔子学院共有 23 名员工，中外方院长各 1 名，专职财务人员 1 名，北京语言大学专职教师 3 名，公派汉语教师 14 名，本土教师 3 名。

1. 外方院长

根据协议，外方院长全面负责孔子学院的管理和运行；负责学院的宣传推广工作；负责招生和学生管理工作；与中方院长共同负责孔子学院财务和人员管理等工作。该职位由 NUML 校长（Zia Uddin Najam）兼任，他是一位少将，2015 年从部队退役后到 NUML 任校长。因为职业的原因，他非常具有战略眼光，对于孔子学院在中巴关系中的作用和未来可能担当的角色具有非常高的评价和预期，因此对孔子学院的各项工作都热情支持。此外，他还会高屋建瓴地提出一些发展规划的建议，支持孔子学院关于发展职业教育的设想。孔子学院其他外方理事会成员都是部队的准将，雷厉风行，与中方人员关系融洽和谐。

2. 中方院长

该职位由来自中方合作院校北京语言大学的张道建博士担任，主要负责学院的教学、文化活动及行政管理，负责教学计划的制订和教学安排、教材选用和教师选拔培训等工作，并与巴方院长共同负责孔子学院财务和人员管理。他是该孔子学院的第四任中方院长。张院长于 2012 年赴任，调研团队到访时已在巴基斯坦工作了 6 年。在访谈中张院长说："当时的心理预期是 2 年任期结束后就回国，没想到 6 年过去了还坚守在这里。"张院长介绍说，自己刚来的时候伊斯兰堡孔子学院的条件比较差，只有 3 个教学班，34 名学生，经过 6 年的发展，该孔子学院在教学硬件方面得到了很大的改善,教学班变成了14个,招生规模增长了近10倍。张院长谦虚地说自己是"借了中巴经济走廊建设的东风,才能带领孔子学院取得如此快速的发展"。在谈到与家人的关系时,张院长说:"我已经习惯了这里的生活,目前爱人和孩子也都在这里,没有什么后顾之忧。"

二 汉语和中国文化推广

(一)汉语教学

伊斯兰堡孔子学院拥有教学和工作场地2200平方米,每学期的招生人数都超过300人。截至2018年,伊斯兰堡孔子学院共有7个教学点开课,直属教学点[①]学生人数达到了2000人。

孔子学院采取"立足大学,辐射周边"的办学模式,在服务好NUML的汉语教学工作的基础上,不断扩大与当地高校和机构合作的范围。例如,孔子学院与巴基斯坦国立科技大学、南方科技委员会信息技术学院、法蒂玛真纳好大学等巴基斯坦的著名高等学府展开了合作,并开展汉语教学工作。此外,该孔子学院也与当地著名的教育、文化机构,如科学学院根源学校、中巴学会等合作办学,开设汉语课程、举办文化活动,在伊斯兰堡地区影响很大。此外,孔子学院还与巴基斯坦外交部合作,并面向外交官开设汉语课程。张院长称该办学模式"将孔子学院的影响力和资源进行了最大化利用,学生数量和汉语考试考生数量都呈现快速增长的态势"。

图15-1为伊斯兰堡孔子学院2012—2017年汉语考试人数对比情况,报名汉语考试的人数从2012年的437人增加到了2017年的3659人,增长了7倍多。特别是2016年和2017年,人数急剧增长,每年人数都在上一年的基础上翻番,这与2015年"中巴经济走廊"项目

---

① 直属教学点,就是该孔子学院直接负责并派遣教师进行汉语教学和开展文化活动的教学点。有些教学点,孔子学院负责提供相关的培训和汉语水平考试等,并不派遣教师前往进行教学和文化活动。

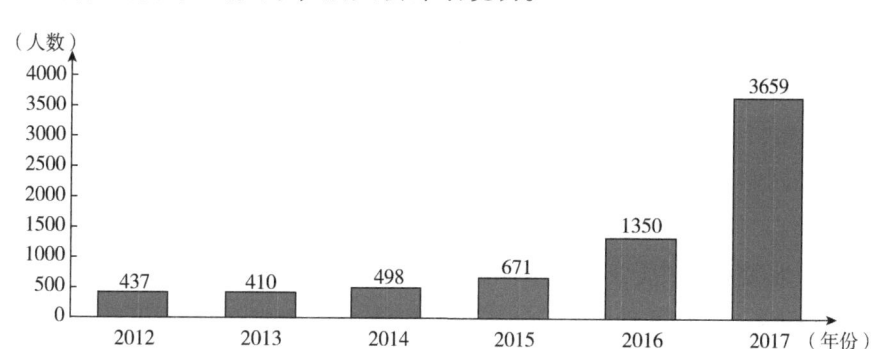

正式落地有很大的关系，后文会详细说明。

图 15-1 伊斯兰堡孔子学院 2012—2017 年汉语考试人数对比

数据：2012年437人，2013年410人，2014年498人，2015年671人，2016年1350人，2017年3659人。

（二）文化活动

伊斯兰堡孔子学院每年都会组织 20 多场织成规模的文化活动，2017 年，有超过 1 万人次参与。该孔子学院举办的活动形式多样，包括文艺演出、文化展览、孔子学院开放日、节日庆典、论坛讲座、汉语比赛、汉语教学培训等。同时，该孔子学院也为中国驻巴基斯坦大使馆的各种庆祝和文化交流活动提供全面支持。本土教师阿依江几乎成了使馆的"御用金牌主持人"，在各类大型活动上都能看到他的身影。

此外，该孔子学院组织的"中华文化之旅"百人团，是规模最大的孔子学院夏令营之一，在孔子学院总部的支持下已经连续举办了 4 年，且在当地社会产生了良好的影响，"为两国间的交流和友谊使者的培养做出了贡献"。

（三）参与中巴高层交流活动

在常规教学和文化交流活动之外，伊斯兰堡孔子学院还积极参与了一些重要的中巴高层交流活动，习近平等中国国家领导人访问巴基斯坦期间，孔子学院在中国驻巴基斯坦大使馆的委派下，参与组织接待工作。如：2015 年，中国国家主席习近平访问巴基斯坦期间，该孔子学院教师作为接待组成员参与接待任务。2017 年，时任总理谢里夫亲手赠与张院长《习近平谈治国理政》乌尔都文版。

（四）媒体报道

2017年中巴两国国家级新闻媒体，先后对伊斯兰堡孔子学院进行了23次报道（不含乌尔都语等其他语种报道），其中包括《人民日报》《光明日报》、新华社、PTV、《观察者报》《晨报》《每日时报》等中巴两国重要的主流新闻社、电视台、报纸。此外，巴基斯坦著名军方杂志（Hilal）还对张院长进行了专访，《中巴经济走廊》杂志也刊登了张院长对中巴经济走廊与文化交流的看法。2018年上半年新华社、CCTV、《人民日报》、巴基斯坦媒体（不含乌尔都语报道）等已经有19次新闻报道，其中中央电视台"朝闻天下"栏目就进行了3次专题报道，该孔子学院的媒体影响力越来越大。

三 孔子学院所面临的安全管理问题

巴基斯坦政府为保障参与中巴经济走廊建设的在巴中国工程人员安全，专门建立了一支安全部队（刘宗义，2016）。调研团队通过访谈和现场调研，了解该孔子学院在教师安全管理方面所采取的具体办法，并记录下来，以供参考。

据张院长介绍，该孔子学院采取了比较严格的外出管理条例。张院长说："我们孔院的老师都非常理解并且愿意遵守这些规定，从来都没有发生过擅离职守、外出游玩的事情。"

除了保障教师的出行安全，在住宿方面也做出了特殊安排。该孔子学院将所有的中国教师都安排住在了NUML校内的公寓，公寓门口24小时有军人站岗，任何人外出都需要向军方报告。

这种管理方式给中国教师提供了双重保护，校内公寓军人24小时站岗，保证了教师的居住安全，集体外出采购，保证了教师的外出安全。

在谈到教师管理时，张院长介绍说，教师们非常喜欢这里"大家庭"一样的氛围，彼此关系非常融洽，虽然生活条件差，但教师们一般都会选择留任。他说："巴基斯坦的条件本来就不好，安全局势也不太稳定，如果内部管理再过于苛刻，就很难留住人了。"根据孔子学院是个20人左右的团队的特点，张院长实施了规章管理和人情管理并重的策略，在严格遵循各种教学制度、保证汉语教学和文化活动顺利、高质量进行的同时，和每位教师做朋友，将他们视为家人，及时了解他们的精神状态、生活状态、可能面临的困难和人际关系矛盾并及时解决，将整个团队打造成相互尊重、相互关爱的温馨大家庭。张院长在访谈中表示，面对年轻教师工作上的不足，以鼓励他们提高自身能力、培养他们的敬业精神为主，而不是批评打压。学院关心青年教师的未来发展，鼓励他们积极面对未来和生活。总之，以工作上的严格要求、生活上的真挚关怀为主要"手段"来管理团队，激发教师积极进取的决心。随后，张院长向调研团队一一列举选择留守伊斯兰堡孔子学院的教师：沈新敏老师，2012年10月与张院长同一个航班飞来伊斯兰堡赴任的公派教师，2018年调研团队到访时，仍在伊斯兰堡孔子学院工作；阿依江老师，2011年以个人身份来到伊斯兰堡的一家学校工作，2013年成为伊斯兰堡孔子学院的海外志愿者，随后成为专职教师，在孔子学院已经工作了5年，并表示会继续留任；麻旭老师，在该孔子学院完成了一个志愿者任期和一个专职教师任期后，于2018年重新回到了伊斯兰堡孔子学院，与一位巴基斯坦姑娘相爱结婚，目前有了一个小宝宝，教师们都说"小宝宝是中巴友谊的结晶"；2017年被孔子学院总部接纳为核心教师的哈希卜老师和他的爱人在该孔子学院工作都超过了10年的时间，"他们都非常乐意为汉语教学做贡献"。

四 中方人员的跨文化生活适应情况

（一）适应当地的宗教生活

在谈到中方教师的跨文化生活适应情况时，张院长认为："在网络时代，跨文化交流所带来的问题已经大大减少了，文化适应的过程还是有的。在巴基斯坦最大的障碍不是语言，而是生活方式"。张院长表示，由于中巴友谊有着良好的群众基础，这里对中国人的文化容忍度非常高，一般情况下并不"挑刺儿"。但是，生活方式就不同了，人人都会受到影响，中方人员在这里生活需要有一个适应的过程。

前文提到，巴基斯坦是一个伊斯兰国家，按照伊斯兰教教规，所有信徒不分男女老幼，每天都要朝圣城麦加的方向进行五次礼拜①，早晨四五点钟就开始唱经，呼唤信徒起床进行晨礼。刚到巴基斯坦的教师，开始不适应，"但是时间长了就自动过滤了，大家差不多都是这样的适应过程"。此外，如果是在斋月②期间，教师尽量不在学生面前吃东西、喝水。

（二）适应电荒

受经济和基础电力设施发展的限制，巴基斯坦停电、断电现象比较严重，虽然学校配有自己的发电机来应对，但是只能保证基础的照明使用，"少电"依然是日常生活中需要经常应对的问题。张院长说："最热的时候四十几度，发电机不能带动很多空调，晚上经常会热醒。"由于"中巴经济走廊"建设的开展，巴基斯坦的电荒问题已经改善了很多，"但是仍会经常停电"。

（三）适应"巴基斯坦时间"

在访谈中，教师提到最多的就是"巴基斯坦时间"。当地人"时间观念差"，不仅在日常生活和一些公共活动中不准时，甚至在重要的国际场合也会出现"开幕时间一再推迟的情况"。张院长说时间久了，他也慢慢适应了当地人的"时间观"。

调研中发现，该孔子学院的中方教师在跨文化生活适应方面，最终都能完成转换和适应。张院长介绍，该孔子学院在多年的运营中，"没有因为沟通不畅发生任何的教学和社交事故，中巴双方合作愉快，师生关系融洽"。教师们介绍说，他们平时有工作、生活困难或是身体不舒服等问题时，学生们都会非常热心地主动提供帮助。访谈中教

---

① 五次礼拜分别为：日出前的晨礼、中午的晌礼、下午的晡礼、日落后的昏礼和傍晚的宵礼。
② 斋月是指伊斯兰历的九月，阿拉伯语叫"拉马丹"。按照伊斯兰教教义，斋月是伟大、喜庆、吉祥和尊贵的月份，因为安拉是在这个月把《古兰经》降给穆斯林的。在斋月里，每天东方刚刚开始发亮至日落期间，除了患病者、旅行者、乳婴、孕妇、哺乳妇、产妇、正在行经的妇女以及作战的士兵外，成年的穆斯林必须严格把斋，不吃不喝，不吸烟，不行房事等。直到太阳西沉，人们才能进餐，随后或消遣娱乐，或走亲访友，欢天喜地如同过年。

师举例说，有一次伊斯兰堡孔子学院筹备"中国文化日"体验活动，急需中国特色的服饰，但由于时间紧，服装也难以从国内寄送，这让他们都很苦恼。一名巴基斯坦学生得知了此事，主动找到负责服装的教师，前往拉瓦尔品第寻找布料及裁缝。学生专程请了假，顶着炎炎烈日，带着教师穿过大街小巷，从清晨到晌午，走进一间又一间的店铺，逐家沟通询问，最后终于解决了该孔子学院的服装问题。学生这种无私的奉献精神和挺身而出的担当，让教师们非常感动。

五 中巴经济走廊与孔子学院的发展

中巴经济走廊是一个旨在实现双赢、多赢的国际合作项目。该项目的远景规划是 2013 年 5 月正式提出来的。如果建成，中巴经济走廊将形成一个北起中国新疆喀什，南到巴基斯坦瓜达尔港，全长 3000 公里，连接中国、中亚、南亚三大经济区域，并通过瓜达尔港直达中东的贸易、产业、能源、交通网络。巴基斯坦是中国的全天候战略合作伙伴，中巴经济走廊是"一带一路"的重要组成部分，中方视其为旗舰项目，甚至希望将其建成共商、共建、共享的合作样板。2015 年 4 月，习近平主席访巴期间，将中巴关系提升为全天候战略合作伙伴关系，并建议以中巴经济走廊建设为中心，以瓜达尔港[①]、交通基础设施、能源、产业合作作为重点，形成"1＋4"经济合作布局，实现合作共赢和共同发展。要推动瓜达尔港建设稳步进行，推动中巴经济走廊建设全面、平衡、稳步发展，惠及广大民众，成为对本地区互联互通建设具有示范意义的重大项目（刘宗义，2016）。该项目也给巴基斯坦的发展带来了巨大的机遇，在两国领导人的共同推动下，中巴经济走廊项目的推进速度得到了显著提高。

随着中巴经济走廊建设的顺利进行，两国在经济领域的合作较之

[①] 瓜达尔港，又称瓜达尔深水港，巴基斯坦第三大港口，位于巴基斯坦俾路支省西南部瓜德尔城南部，东距卡拉奇约 460 公里，西距巴基斯坦—伊朗边境约 120 公里，南临印度洋的阿拉伯海，距全球石油运输主要通道霍尔木兹海峡只有约 400 公里。

以往更加密切，职业教育的重要性也将更加突出。目前巴基斯坦的职业教育尚处于起步阶段，还有很大的发展空间。伊斯兰堡孔子学院作为巴基斯坦重要的教育机构，就巴基斯坦职业教育发展的需求、未来发展等问题与多所相关机构举行了会谈，商讨合作办法。

孔子学院总部根据"一带一路"国家产业发展和当地需求，开设"汉语+"相关职业培训课程，为"一带一路"共建国家和中外合资企业培养汉语人才，支持国家"一带一路"倡议发展和布局。为配合国家"一带一路"重要项目中巴经济走廊的建设，为其提供语言和文化方面的支持，该孔子学院加快了汉语教学本土化的进程。伊斯兰堡孔子学院积极扩展与巴基斯坦本地机构和组织的合作范围，寻找合作机会，并与多个著名学府和机构（COMSATS、NUST、Pak-China Institute、Pak—Turk School System、UFA、Habib Metro Bank、Bahiar University、PAF College等）建立了良好的合作关系。主要方式就是通过与高校的教学或研究机构合作，派遣教师、开展教师教材培训、协助开展文化活动、进行奖学金政策宣讲、组织"夏令营"来华团等在学校开展"阵地战"，扩大汉语作为一种语言在校园里的影响力，吸引更多的学生了解汉语、了解中国，同时也让更多的当地人获得了学习汉语的机会。

瓜达尔港投资建设以来双方都对此抱有很高的期望。为了支持NUML瓜达尔分校的建设，该孔子学院派遣了一名本土教师前往教授汉语。该港口汉语课程的开设对于中巴双方的沟通、交流和汉语人才的培养，都将发挥一定的积极作用。

2018年9月，张院长应邀参加了第17届中国西部国际博览会，并代表伊斯兰堡孔子学院和NUML，与四川省国际合作投资促进会、成都航空职业技术学院、成都职业技术学院签订了友好战略合作协议，伊斯兰堡市政府代表团作为见证方也在协议上签了字。将在人才、师资、生源、就业、留学、进修、培训、实训及联合办学等领域展开全面合作，通过友好合作来推动中巴职业技术学院落地伊斯兰堡。张院长认为该项目的实施"将是未来孔子学院实现多方联合办学、可持续发展的重要一步"。

六 结语

中巴两国山水相连、唇齿相依，且患难与共，是全天候战略合作伙伴。作为中巴经济走廊上的重要教育机构，伊斯兰堡孔子学院承担起为巴基斯坦和当地合资企业培养汉语人才的责任，因地制宜，积极开展汉语教学工作，把教学点开设到了最需要汉语人才的地方。在调研中发现，即使当地条件艰苦，伊斯兰堡孔子学院的教师们也大多选择了留任坚守，这种奉献精神让调研团队敬佩。此外，鉴于当地特殊的安全局势，该孔子学院对于教师安全管理的办法，值得部分特殊地区的孔子学院借鉴。

在访谈期间，调研团队的首席专家有感于教师们的坚守和奉献精神，作诗一首献给伊斯兰堡孔子学院的全体教师。

致巴基斯坦孔子学院教师

轻悄悄地走来

默默地点燃自身

用所有能发出的光亮

照耀

那片蒙蒙的天

启蒙

那里人们

向往中国的想象

用文字

开启

华夏文化的传承

踏着丝路足迹

顺着玄奘的步履

让巴铁对中国的热爱

变成

能交流的实在

让语言

横穿

两个文明的边界

相互的理解

如同天上彩虹

美轮美奂

展奇观

2018 年 9 月 11 日写于巴基斯坦

第五节　斯里兰卡科伦坡大学孔子学院形态描写
——在动荡中茁壮成长的年轻孔子学院

2014 年 9 月 16 日，国家主席习近平访问斯里兰卡期间，与斯里兰卡总统拉贾帕克萨一起见证了科伦坡大学与孔子学院总部签署关于成立科伦坡大学孔子学院（下文简称科大孔子学院）的协议。2016 年 12 月 30 日，科大孔子学院正式揭牌，并于 2017 年年初开始运营。调研团队到访时，科大孔子学院刚运营了近三年时间，是一所非常年轻的孔子学院。该孔子学院在短短的三年时间里，发展了 6 个教学点，并逐渐形成了"汉语＋职业"的汉语推广模式。此外，科大孔子学院扛过了各类社会事件，在动荡中关停又重启，历经波折。如今该孔子学院发展状态良好，各项工作稳步开展。调研团队来到科大孔子学院，与院长和教师们坐在一起，倾听他们的故事，了解这所年轻孔子学院的成长历程。

进入科伦坡大学的校门后，映入眼帘的是一栋栋白色的建筑，校道上只有三三两两的学生，整个校园很安静。因为此时正值圣诞节假期，学生大都回家了。虽正值假期，中外方院长和教师们，仍不辞辛劳地赶回孔子学院来接受访谈，支持调研团队的工作。尤其是中方院长黄薇老师，在办理完住院后还赶回孔子学院与调研团队会面，着实让团队中的每一个人都很感动。在之后的访谈过程中，教师们也都不吝分享自己的经历、感受和观点，与调研团队分享了很多让人动容的故事。

科大孔子学院位于科伦坡大学人文学院二楼。孔子学院的门口张贴着春联，上联"天天开心财进门"，下联"岁岁平安福到家"，横批"万事如意"，浓浓的中国味扑面而来，红色喜庆的春联在一片白色的墙壁上显得非常亮眼，朝气蓬勃。在大门的左边，挂着科大孔子学院的牌匾，门口的宣传栏张贴着每位科大孔子学院工作人员的介绍和部分活动的照片，如2018年孔子学院带队去中国参加夏令营的照片。推门进去，就是办公区域，办公室的面积不大，但五脏俱全，除了日常的办公物品外，还有两个大书架，上面整齐地排列着各类中文书籍。

斯里兰卡，全名斯里兰卡民主社会主义共和国，旧称锡兰，官方语言为僧伽罗语和泰米尔语。斯里兰卡历来重视教育，受教育人口比例是发展中国家里最高的国家之一，适龄人员小学入学率达到100%，中学教育入学率达到80%，整个国家的识字率达到91%左右。该国自1942年开始实施免费教育，从幼儿园到大学的教育一律免费。高校实行英式教育制度，普遍实行一学年两学期及课程学分制，一般获得学士学位需3年时间，硕士为1—2年，博士为3年（官品，2017）。按照斯里兰卡高校的管理体制，所有学生在大一时选择三个专业同时进行学习，到大二时重新选择专业，在三个专业中选择一个专业作为自己最终的专业。

斯里兰卡是个热带岛国，位于印度洋海上，被称作"印度洋明珠"，拥有美丽的自然风光和丰富的自然资源。斯里兰卡位于印度洋上的交通要道，是古代"海上丝绸之路"和陆上"丝绸之路"南线的交会点。斯里兰卡和中国拥有长期的友好合作关系，是第一个以官方声明的形式来支持中国提出的建设"21世纪海上丝绸之路"倡议的国家，成为该倡议在印度洋上的重要支点国家。越来越多的中国企业投资该国的能源开发、基础设施建设等项目，两国间的经贸合作快速发展，且前景乐观。

在经济交流的引领和带动下，两国间的教育交流也愈加频繁，形成了以孔子学院和孔子课堂为依托的汉语教学和中国文化推广的模式。截至2020年8月,斯里兰卡共有2所孔子学院和2所孔子课堂,分别为凯拉尼亚大学孔子学院、科大孔子学院、CRI斯里兰卡兰比尼听众协会广播孔子课堂、萨伯勒格穆沃大学孔子课堂,分别成立于2006年、2014年、2008年和2018年。

在孔子学院总部的指导下,科大孔子学院由斯里兰卡科伦坡大学与北京外国语大学、云南红河学院合作共建。斯方合作院校科伦坡大学创办于1921年,是斯里兰卡最古老的大学,位于首都科伦坡市的中心位置。中方合作院校为北京外国语大学和云南的红河学院两所高校。北京外国语大学从2005年开始参与孔子学院建设工作,截至2020年8月,已与18个国家的高校和机构合作,共承办了23所海外孔子学院,位列国内高校之首。红河学院位于云南省,截至2020年8月,科伦坡孔子学院为其在海外参与共建的第一所,也是唯一一所孔子学院。

本节将根据调研资料和搜集到的公开材料,从以下方面入手对科大孔子学院进行介绍:组织架构和人员职能;突发事件应对;汉语推广。

一 组织架构和人员职能

科大孔子学院共有工作人员16人,外方院长1人,中方院长1人,公派汉语教师2人,汉语教师志愿者12人。该孔子学院目前有6个教学点,分别为佩拉德尼亚大学、霍拉纳佛教中学、佛教与巴利语大学、卢胡纳大学、汉班托塔港和斯里兰卡中国文化中心。

(一)组织架构

科大孔子学院实行在理事会领导下的院长负责制,每年召开一次理事会,该孔子学院的所有重大事务均需在会上讨论通过后,方可执行。在理事会上,中外方院长做上一年度工作总结,全体理事讨论并制订下一年度的工作计划。在计划确定下来后,必须严格按照计划执行。在访谈中黄院长介绍道:"因为理事会每年只召开一次,如果一件事在今年的理事会上没有讨论好,就只能留待下一年。"在组织架构上,科大孔子学院属于科伦坡大学人文学院管理。在访谈中,人文学院院长向调研团队介绍，佛教系和科大孔子学院都属于人文学院管理，该孔子学院的第一任外方院长就是来自佛教系的。

（二）财务制度

在财务上，科大孔子学院的经费归科伦坡大学管理，所有开支需上报申请，经中外方院长、人文学院院长、校级财务委员会签字审批方可执行。中方院长介绍，"即使是买一支铅笔，都要招标"，所以孔子学院在举办活动时，黄院长会先自己垫付，然后等报销。在访谈中，黄院长还谈到了科大孔子学院在经费上遇到的困难，由于总部拨款和科大财务委员会审核的时间差异，所以当年的活动经费大部分并不能够正常支取使用，举办活动常常靠"拉赞助"解决。上文提到，该孔子学院按照理事会领导下的院长责任制进行管理，预决算之类的重大事务需要在理事会上讨论通过并在次年理事会确认理事会纪要以后，方可执行。

（三）人员职能

1. 外方院长

现任院长维马（Wimal Hewamanage），为第二任外方院长，于2019年12月19日结束的科大孔子学院理事会上选举产生。调研团队到访时，他刚刚上任。维马院长曾在中国留学，并获得了博士学位。他对中国非常友好，同时也认为中国市场很重要。在访谈中维马院长说："在斯里兰卡，除僧伽罗语和泰米尔语以外，英语、德语、法语、印度语很重要，虽然汉语排名暂时不是很靠前，但是斯里兰卡有很多的中国企业需要会汉语的当地员工，汉语教学的前景是很广阔的。"

2. 中方院长

现任中方院长黄薇，原为红河学院国际合作与交流处处长，是科大孔子学院的第二任中方院长，于2018年12月上任，主要负责孔子学院的教学工作和日常运营管理。

按照协议的规定，中方院长一职由中方合作院校北京外国语大学和红河学院派人轮值，但由于北京外国语大学存在教师派遣难的问题，该孔子学院的两任中方院长均来自红河学院。在访谈中黄院长谈到了自己对孔子学院的深厚情感，她参与了该孔子学院的筹备工作，也经历了建立过程中和成立后的种种挫折和困难，在她的眼里"科大孔子学院就像自己生的一个孩子一样，生下来了就要养好"。这种使命感和责任感支撑着黄院长一步步向前，用自己出色的领导能力，带领着全体科大孔子学院人向前走。

调研团队了解到，黄院长的孩子还在上小学。在访谈中黄院长表达了自己对于缺席孩子成长的遗憾，但是为了学校和孔子学院的工作，还是毅然决然地来到了科伦坡。

在谈到跨文化适应时，黄院长表示最难适应的是这里的"慢"，并向调研团队举例说："人文学院每个月开一次院务会，有40多人参加，效率低。因为一个月开一次，也就是说你这次院务会错过了，就只能等下个月。如果下个月讨论通不过，再等下个月。他们做什么事情都不急，慢慢来。"此外，黄院长还以HSK考点设立为例说到科伦坡大学的审批制度："为了HSK考点设立和教学点正式签协议的事情，我写了七八封申请信。这边办所有的事情都要填写纸质版的申请信，然后层层上报审批，还要根据事务的性质报学术委员会、财务委员会、法务办公室等不同部门审批，这些部门也是每个月开一次会，而且时间表不同。例如，HSK考点的设立就耗费将近一年的时间才得以审批通过。"

3. 公派教师

雷明珍和费燕洪两位公派教师均于2019年9月到任。公派教师主要负责校内社会班课程，"汉语+职业"课程教材和讲义的编写，参与起草科伦坡大学中文专业大纲，协助院长负责外宣（如撰写、翻译，修改和编辑微信公众号、Facebook主页、学校官网等宣传平台的稿件）和翻译工作，以及部分行政工作。

雷老师来自红河学院，与黄院长是多年的同事。雷老师专业为英语，由于行政工作的原因，从2007年就开始和对外汉语打交道。黄老师与爱人是同事，对方能理解自己的工作，加之女儿已经上大学了，因此她认为出国任教对她的家庭生活没有太大影响。

费燕洪老师为对外汉语科班出身，已在海外做了四年的汉语教师。来科大孔子学院是他第三次出国任教，前两次分别是在埃及和美国。

费老师希望自己能够一直在海外从事汉语教学的工作，学生"能说好汉语、认同中国文化"给她带来了满足感，并计划在结束斯里兰卡的任期后，去其他国家继续任教。

教师们从周一到周五需要到孔子学院坐班，周六也要上课。虽然辛苦，但教师们都表示能够完全适应在斯里兰卡的生活和工作。在跨文化适应方面，教师们均表示很难适应斯里兰卡的"慢节奏"，例如安排了三个月的教学任务，在教学中途经常会因为罢工活动而顺延，最后不得不更改计划。另外，教师们还举例说："如果计划是八点半开会，基本上要到九点才能开始。"

4. 汉语教师志愿者

在科大孔子学院本部工作的 3 名汉语志愿者教师中，施悄和张芳接受了我们的访谈，赵静当时正带团前往红河学院参加冬令营，因此未能参与此次访谈。

施老师于 2017 年 11 月开始任职，至访谈时已两年多，与科大孔子学院的感情深厚。施老师主要的工作为：负责科大孔子学院本部和大使馆项目职业汉语班的汉语教学工作，组织策划文化活动，同时协助办公室行政事务。

张老师于 2019 年 9 月底赴任，到访谈时已任职 3 个月。张老师主要负责校内社会班汉语教学工作、协助组织策划文化活动、办公室内部管理工作（如文件档案的收发及整理、资产采购、图书借阅管理、团建活动组织等），以及部分行政事务工作。她表示："这里是一个大家庭，黄院长是我们的黄妈妈。"

科大孔子学院各教学点志愿者教师分布情况如下：佩拉德尼亚大学：陈波、张绍玲、何玲玲；卢胡纳大学：白繁；佛教与巴利语大学：彭伟；霍拉纳佛教中学：李玉凡、金旭；汉班托塔港：易英姿、马丽娟。斯里兰卡中国文化中心，待人赴任。

二 突发事件应对

科大孔子学院是一所年轻的孔子学院，调研团队前往调研时，才正式运营了三年的时间。在这三年的时间里该孔子学院经历了多次突发事件,但最终都出色地完成了应急处理,一度停办的科大孔子学院如今发展态势良好。调研团队试图了解该孔子学院在应对其中最大的一次突发事件——斯里兰卡大爆炸时的具体办法,并记录下应对的全过程,以供某些特殊地区的孔子学院在面对类似事件时参考借鉴。

(一) 第一时间应对

2019年4月21日,正值基督教复活节,斯里兰卡首都科伦坡发生了8起连环爆炸袭击。爆炸发生的时候,正值星期天,黄院长说她正打算出去买菜,突然就听到了巨大的爆炸声,随后就是密集的警车和消防车的警笛声,但当时并不知道发生了什么。通过当地的微信群了解到发生了恐怖袭击,多家教堂和酒店发生了爆炸。之后也能听到有零星的爆炸声,从当地新闻得知在公交车站发现了80多枚炸弹,机场的路上也发现了一些雷管,局势不容乐观。

知晓恐怖袭击事件发生后,黄院长回忆到,她当时的第一反应就是在科大孔子学院教师的群里发布消息,让所有教师不出门。黄院长说:"确保大家的安全,安抚好每一位老师是我的职责。"安抚好教师后,黄院长第一时间向孔子学院总部汇报了相关情况。

连环爆炸案中,有一处爆炸点离科大孔子学院只有2公里左右,该爆炸点死伤严重。黄院长回忆道:"虽然我自己也有些害怕,但无论如何,事情发生了就想着要怎么处理好,把人员和事情安排好。"爆炸发生后,政府下令全国宵禁,所有超市均关门歇业,民众大量抢购食物等日常用品,然后闭门不出。教师们为了安全,也只能待在家里。所幸黄院长宿舍楼里的小便利店仍然正常供应,黄院长就请有车的朋友帮忙,将食物等送到教师们的住处,保证教师们生活供给正常。

(二) 组织中方人员撤离

黄院长回忆说,爆炸案发生后,她一直跟孔子学院总部、大使馆、科伦坡大学、红河学院和北京外国语大学保持沟通和联系。中方合作院校北京外国语大学及红河学院给外方合作院校科伦坡大学发送邮件,因"中方工作人员的家人担忧",请求将所有中方人员撤离回国。经过各方的协调,孔子学院总部决定由黄院长负责所有在斯里兰卡的孔子学院和孔子课堂的中方人员撤离。当时共有2所孔子学院、2所孔子课堂，以及在班达拉奈克国际会议中心工作的公派教师等共34名中方人员。在组织中方人员撤离的过程中，不同单位及类型的员工所归属地管理部门不同，因此黄院长要跟孔子学院总部亚非处、志愿者处、各教学点、孔子学院、孔子课堂、中方合作院校、中方联络人等方面的人员沟通协调。此外，黄院长还需要制订机票的购买方案，这中间还涉及预订机票的费用、货币、报销方式，以及抵达中国后继续前往不同目的地的交通方案等。

让调研团队印象深刻的是，按照孔子学院总部的要求，所有中方人员需要统一撤离，而当时因为局势紧张，航班少，预订机票的时候机舱位置不够，黄院长说："我当时计划着，实在没有足够的舱位，就准备让老师们先走。"在形势如此不明朗的情况下，她有这个决心，着实让人钦佩和感动。在孔子学院总部和大使馆的协调下，有了足够的舱位，最后所有的中方人员一起撤离了。

中方人员撤离时，为爆炸后的第10天。在沟通、协调回国事宜的10天时间里，所有中方人员都是非常焦灼的。黄院长回忆说："当时一天天地拖着，没有撤回的准确消息，外面的局势很紧张，我又很担心大家的安全。那段时间，我几乎都没好好睡过觉，整夜的焦虑失眠，随时关注相关的动态消息。"

（三）亲历爆炸案和撤离的中方教师描述

跟黄院长一起历经了大爆炸案、撤离、返回重启工作的志愿者教师施悄，在访谈中是这样跟调研团队描述她的经历的："我当时只看到图片说爆炸了，觉得并不严重，因为兰卡（斯里兰卡）经常会有一些小的动乱，就没有引起过多的重视。随着后面连续的新闻播出来，心里就开始有点害怕了，不敢出门，门窗紧闭，就在家里待着，院长给我们送一些吃的，这几天心里还是挺压抑的。国内的家人和朋友也都在问还好吗，不行就回来怎么样的，心理变化还挺纠结的。5月2号的时候突然就接到了通知，说所有中方人员都要撤回，有可能兰卡的孔院就取消了。那天晚上我记得我哭了一阵，然后就失眠了。因为我平时虽然也抱怨兰卡很热、条件不好、学生不努力，但是突然让我回去，心里很不舍。我觉得我一直工作在这里，突然啪的一下让我放手，就很放不下。我就失眠了，流眼泪，哭。我只能哭，别的什么都做不了。回去以后，我一直在给我们的管理老师和院长发信息，问能不能再回斯里兰卡。我觉得做一件事情，如果我把它做完了，知道它要结束了，我也会调整好，做好要回去的准备。像这样很突然，我心里就受不了了。也很抵触离任或者转岗，我相信辛辛苦苦建立起来的孔院，不会就这样全部取消，肯定会派志愿者和老师再过来。后面有机会我就又回来了。"

施老师朴实的语言里，满含着对科大孔子学院的不舍和再回斯里兰卡的坚定，调研团队的成员们都非常感动。

（四）组织中方人员返回重启孔子学院

科大孔子学院的志愿者们回国后都赋闲在家。所有中方人员在撤离回国时，在孔子学院总部都办理了离任手续，也就相当于提前结束了任期，完成了离任结算。而作为中方院长的黄薇老师，一直与中国驻斯里兰卡大使馆、科伦坡大学和孔子学院总部保持联系，等待形势明朗，能返回斯里兰卡重启科大孔子学院。同年6月，也就是在回国40多天后，黄院长一个人重新回到了科大孔子学院，独自为孔子学院的重新启动做各种准备。黄院长在访谈中说："作为院长，是一种责任把我召唤回来的。回来了以后，这边的事情就很多了，把之前因为突发事件搁下的事情一件件一个人慢慢做起来。还要跟各个教学点联系，发邮件、打电话，安排新志愿者过来的各种手续，让孔子学院重新运转起来。"自8月17日开始，志愿者们也分批陆续返回斯里兰卡。至此，科大孔子学院和其教学点重新开始了教学工作。

三 汉语推广

在三年时间里，科大孔子学院先后举办了22场文化活动，参加者近8000人次，还负责举办了汉语桥世界大学生汉语比赛斯里兰卡地区预赛。截至2019年12月，校内外学习汉语的注册学员达930人。

（一）发展教学点

2019 年，科大孔子学院新增了斯里兰卡中国文化中心和汉班托塔港两个汉语教学点。至此，该孔子学院教学点数量增至 6 个。

汉班托塔港，又称汉班托塔深水港，位于斯里兰卡南部省汉班托塔区首府。汉班托塔港自 2007 年起在中国的援助下开始建设，2012 年开始运营。2017 年 7 月 29 日，斯里兰卡与中国签署协议，除最初承诺的 11.2 亿美元的投资外，中国公司预计还将向汉班托塔港投资 6 亿美元（涂希亮，2019）。大量的中国企业在此投资，因此汉语需求量巨大。黄院长看到了当地对汉语人才的需求，主动与当地洽谈合作建立汉语教学点的意向，双方"一拍即合"。

（二）计划开设中文本科专业

汉语在斯里兰卡的传播最早可以追溯到 1600 年前，中国高僧法显赴斯游学，开启了斯里兰卡的汉语教学之门。直到 20 世纪 70 年代，斯里兰卡凯拉尼亚大学成立现代语言系，斯里兰卡才有了正规的汉语教学机构。随着 2006 年斯里兰卡的第一所孔子学院凯拉尼亚大学孔子学院成立，2008 年斯里兰卡的第一所孔子课堂 CRI 斯里兰卡兰比尼听众协会广播孔子课堂成立，斯里兰卡汉语教学进入了全新发展的时期。与此同时，汉语教学也受到斯里兰卡政府的重视，2011 年，斯里兰卡教育部宣布将汉语纳入公立学校教学体系（杨刚，2012）。

2017 年初，科大孔子学院正式开始运营，科伦坡大学也开始有了正规的汉语课程供在校大学生选择。截至 2019 年 12 月调研团队到访科伦坡大学时，该校还没有汉语专业。在访谈科伦坡大学人文学院院长和科大孔子学院外方院长时，两人均表示目前科伦坡大学人文学院汉语专业本科项目已通过审批，目前教学大纲正在审定过程中。外方院长维马说："做本科中文项目需要非常认真和细致，要认真做下去，不是开玩笑。"

（三）"汉语+职业"课程

在建立教学点和筹建中文系外，科大孔子学院也在努力创新汉语推广模式，打造"汉语+职业"的汉语课程推广模式。

科大孔子学院与众多的企业、机构和组织合作，如斯里兰卡移民局、警察厅、国家警察学院、海军总部、香格里拉大酒店、希尔顿大酒店、中国银行科伦坡分行等，为它们提供专业的"汉语+职业"课程。

在谈到开展众多课程如何确保质量时，黄院长提出了"教学质量就是孔子学院的生命线"的观点。该孔子学院对教师会开展各类岗前、岗中培训，教学质量监控和评估，教学研讨会，教师互相听课、评课等系列办法，来保证教学质量。

四 结语

在科大孔子学院的这次调研，给研究团队留下了很深的印象。团队不仅感动于院长和教师们在艰苦条件下的坚守、付出，以及他们对科大孔子学院的深情厚谊，也钦佩他们在应对大爆炸事件时的冷静、团结和果敢。在社会大环境动荡和孔子学院运营缺少经费的情况下，仍然在开办三年的时间里发展了6个教学点，并走出了"汉语+职业"的特色推广模式。如今，建立汉语本科专业的项目已经正式提上了日程，中斯两国间的经贸合作也愈加频繁，相信该孔子学院的发展会越来越好，并将在汉语专业教学上有所建树，明日可期。

第六节 泰国朱拉隆功大学孔子学院形态描写
——诗琳通公主倡导下建立的孔子学院

泰国，全称泰王国，是一个君主立宪制的国家，其宪法规定：泰王国是以国王为国家元首的民主体制国家。在泰国，国王及所有的王室成员在社会中享有极高的地位，包括总理在内的所有国民在见到王室成员时必须行跪礼。团队在调研期间发现，国王及王室成员的照片在街头、学校、医院等公共场所随处可见。

朱拉隆功大学孔子学院（下文简称朱大孔子学院）的建立和发展得到玛哈扎克里·诗琳通公主的大力支持，团队调研期间在朱大孔子学院和诗琳通公主图书馆看到了很多公主的照片和题词。公主毕业于朱拉隆功大学，也曾在北京大学留学，因此她极力促成两所大学共建孔子学院。2006年4月4日，在泰国诗琳通公主、北京大学原校长许智宏、孔子学院总部原副主任赵国成的见证下，朱拉隆功大学与北京大学举办了合作建立孔子学院备忘录签字仪式。2007年3月26日，诗琳通公主亲自为孔子学院揭牌，至此朱大孔子学院正式开始运营。在揭牌仪式上，公主挥毫题词"任重道远"，勉励朱大孔子学院担当起推动中泰文化交流发展的重任。此外，在公主的支持下，于2015年建立了曼谷第一家中文图书馆——诗琳通中文图书馆，面向泰国民众开放，该图书馆的具体管理和运营工作由朱大孔子学院负责。

朱大孔子学院的中泰方合作院校，北京大学和朱拉隆功大学，均属两国的最高学府。中方合作院校北京大学高度重视汉语国际推广工作，2006年成立了北京大学汉语国际推广工作领导小组，统揽全校的孔子学院建设工作。截至2020年7月，北京大学已承办了10所孔子学院。泰方合作院校朱拉隆功大学是泰国最古老的大学，学校名字取自朱拉隆功国王拉玛五世，该校是瓦吉拉伍德国王（H. M. Vajiravudh）拉玛六世于1917年捐赠校地修建的。

朱大孔子学院坚持因地制宜、突出特色、重点办学的理念，积极开展汉语教学工作，除承担朱拉隆功大学汉语专业课程外，还开办了王宫官员汉语培训班、高校教师汉语培训班、泰国国家移民局官员汉语培训班等课程。在十余年的发展中，朱大孔子学院取得了一系列的成绩，曾两次被孔子学院总部授予先进孔子学院称号，并被授予全球示范孔子学院称号。

本节将根据调研材料和搜集到的资料，主要从朱大孔子学院的基本情况、主要特点、发展中存在的问题和未来规划四个方面进行介绍。

一 基本情况

（一）人员组成和基本职责

2019年，朱拉隆功孔子学院共有工作人员21人，外方院长1人，中方院长1人，公派汉语教师2人，本土教师3人，汉语教师志愿者14人。

1. 中方院长

缪蓉教授来自北京大学教育学院，主要研究方向为教育技术。缪教授自2018年12月起担任中方院长，访谈时已任职一年整。在访谈中缪院长提到，来泰国工作面临许多跨文化适应的问题，特别是在气候、食物和泰国的工作方式（慢节奏）方面，她"花了一年的时间适应"。

在朱大孔子学院，中方院长负责孔子学院的一切管理和事务决策等事宜，具有较大的决策权。外方院长"一般不会干预中方院长的决策"，但"重要事务需要向外方院长汇报"。

2. 外方院长

自朱大孔子学院成立以来，外方院长一职由朱拉隆功大学文学院院长兼任。但由于外方院长管理文学院，其行政事务非常繁忙，因此不参与孔子学院的实际管理工作，但重要的事务须向其汇报。这给了中方人员较大的自由度，中外双方合作较为顺畅。前任外方院长已于2019年9月卸任，新院长10月才上任，缪院长表示目前还不是很熟悉。

3. 公派汉语教师

朱大孔子学院目前有赵鹏飞和江昊宇2位公派汉语教师。

江昊宇老师西南大学汉语国际教育专业硕士毕业，2019年上半年是朱大孔子学院志愿者，毕业后申请转为公派教师。在谈到选择该岗位的原因时，江老师说道："科班出身，专业对口。另外，我自己也很喜欢。"

赵鹏飞老师是北京大学2016级研究生，由于专业实习要求，于2017年申请了朱大孔子学院的汉语教师志愿者岗位，并留任一年。毕业后，再次回到朱大孔子学院担任公派汉语教师一职。

公派教师负责的工作主要分为教学和管理两大类。在教学方面，公派汉语教师除了承担孔子学院的汉语教学工作外，还负责朱拉隆功大学中文系的一门专业学分课程，该课程一般每周四个课时。在管理方面，中方院长将各类项目分派给公派教师负责，由公派教师进行具体分工，并带领志愿者实际执行。例如：赵老师负责教学，需要规划并撰写整体的教学大纲等，便由他带领志愿者教师具体完成。

4. 本土教师

李美瑛、苏明慧和陈慧中 3 位本土教师主要负责行政和院刊工作，不承担具体的教学任务。

李美瑛，毕业于朱拉隆功大学艺术设计专业，从高中开始学习汉语。目前主要负责院刊的设计工作，已在朱大孔子学院工作了一年半。她在访谈中表达了自己对目前工作的喜爱，这份工作融合了她喜爱的汉语和设计。她说自己一直在努力提高自己的汉语水平，不仅参加暑期汉语培训班，平时也向身边的同事学习。与刚来孔子学院工作的时候相比，现在的汉语已经进步很大了。

苏明慧为第三代华裔，爷爷奶奶是汕头人，其父母也均为华裔。苏老师从本科开始学习汉语，在研究生期间前往中国留学，武汉大学国际贸易专业毕业。在接受团队访谈的过程中，苏老师汉语非常流利，沟通无障碍。苏老师目前主要负责朱大孔子学院的财务工作，非常喜欢孔子学院的工作氛围，"大家都像一家人，互相照顾"，但不太喜欢人员的频繁更换，"每年都换人，需要不断认识新的同事"。

陈慧中为第四代华裔。陈老师说自己从小喜欢学语言，初中时看了很多泰语版的中国电视剧，对其中的风景很感兴趣，于是开始通过广播自学汉语。陈老师在高中毕业后考上了朱拉隆功大学中文系，开始系统学习汉语。本科毕业后，她拿到孔子学院奖学金，前往北京师范大学留学，并获得了汉语国际教育硕士学位。目前，陈老师主要负责院刊的编辑和翻译工作。除此之外，陈老师和苏老师两人汉泰双语均很流利，还承担了朱大孔子学院大部分活动的主持工作。

5. 汉语教师志愿者

参加访谈的陶英英、马丽君、桑娜、张明月和刘怡慧 5 位志愿者教师，都不是来自朱大孔子学院中方合作院校北京大学。5 位教师中有 4 位为汉语国际教育硕士专业，只有张明月老师为音乐表演专业。此外，陶英英和张明月老师为第二任期，另外 3 位为第一任期。

在谈到工作成就感时，志愿者说："看到学生汉语学习取得进步是我们认为最有成就感的事情。"张明月老师则认为："能在国外表演中国乐器，将中国传统乐器传播出来，让我感到非常自豪。"

(二) 教学情况

朱大孔子学院在 2018 年学员数合计 4430 人，在学生构成中，小学生 781 人，中学生 2867 人，大学生 333 人，社会人士 449 人。

此外，朱大孔子学院还自编了教材《泰国人说汉语》《每日一句》《中国老师学汉语》和《目标汉语》。其中，前三本用于初级汉语教学，最后一本用于高级汉语教学。

1. 朱大孔子学院的课程

孔子学院设计了自己的汉语教学课程体系，针对语言教学的听、说、读、写能力培养，以及外国人学汉语的特点，课程分为：听说课（简单句子的听说）、汉字识读（拼音和汉字认读）、阅读理解（阅读和写作）。针对不同的社会课程要求，加入工作用语（比如移民局常用句子）。

2. 朱拉隆功大学中文系课程

朱大孔子学院承担中文系部分听说课程。

3. 赴华团课程

由北京大学提供，为外国人学习提供更多的中国文化体验。

(三) 财务情况

朱大孔子学院在泰国要遵守泰国法律，并接受泰国教育部门和一些其他相关部门的管理和监督。这样既从法律角度上确保了孔子学院的相应权利和独立地位，也有利于消除因办学机制的差异而引起的纠纷。在泰国法律的框架下，朱大孔子学院账户设立在朱拉隆功大学文学院的账务系统下，财务管理按照朱拉隆功大学的规定执行，所有财务报销必须经由中外方院长签字同意。孔子学院所有的活动经费，都由中方院长向孔子学院总部申请，朱拉隆功大学为活动提供场地等支持。同时，朱大孔子学院也必须向孔子学院总部提供预、决算等财务详情。

二 主要特点

(一) 广阔的汉语需求市场

首先，泰国的华侨华人约有 900 万，数量目前排名世界第二，占泰国总人数的 14%。华人移民泰国历史悠久，与当地的融合度高，参政议政的比例高，华人在泰国当地的社会地位也相对较高。

其次，泰国华人对祖籍国依然有感情，特别是华商，他们与中国市场、中国人都有一定的往来，是与中国接触最多最频繁的泰国人群之一。20世纪90年代是泰国华文教育蓬勃发展的时期，华人的热忱推动使得中文教育始终保持着"热度"。目前在泰国境内所有孔子学院的中文学习者中，华侨子女所占的比重相对较大，在某些孔子学院，甚至成了汉语学习者队伍的主要组成部分。正是因为他们的坚持和支持，孔子学院在泰国才能发展得越来越好。

最后，在访谈中缪院长提到一个观点，"中国经济的发展及其蓬勃趋势是孔子学院发展的一个源推动力"。在访谈中三位本土教师介绍道："在泰国，人们觉得需要学习三种语言，泰语、汉语和英语。"也就是说，在泰国汉语与英语有同等的重要地位。近些年来，随着中国经济的发展，前往泰国旅游和经商的国人越来越多，两国间的经贸往来也在不断增加，越来越多的普通泰国人从中获益，"学习汉语很重要"已成为一种社会共识。

（二）皇室与政府的支持

朱大孔子学院是在诗琳通公主的亲自倡导下建立起来的，受其影响，泰国王宫的公务厅和秘书厅长掀起了一股学习汉语的热潮，朱大孔子学院也为王宫官员和王室成员开设了汉语学习班。

此外，朱大孔子学院与众多的泰国政府部门开展合作，如泰国移民局、警察总署、海关等部门，并面向其职员开设了专门的汉语课程进行培训。

泰国王室和政府层面的支持，使得朱大孔子学院经常举办各类高规格、高层次的文化活动，并成为该孔子学院的一大特色。例如，2009年王蒙先生在朱拉隆功大学作题为"中国当代文学生活"的学术演讲，2011年接待时任中国国家副主席习近平的访问，2015年接待时任中国教育部副部长刘利民的到访，历任中国驻泰大使前来访问等。

（三）因地制宜，办学模式独立鲜明

朱大孔子学院利用其合作院校朱拉隆功大学和北京大学的科研优势，在教学和科研方面双管齐下。在教学方面，不仅承担了朱拉隆功大学中文系的部分专业课程，还开设了各类特色汉语培训课程，除了上文所提到的王宫和政府部门汉语培训班外，还开设了高校汉语教师培训班。在科研方面，邀请北京大学的教授前往朱大孔子学院开展各类学术讲座活动。

在办学模式上，朱大孔子学院实行理事会领导下的院长负责制，孔子学院的大政方针由理事会讨论决定，日常工作则由中泰双方院长负责组织实施。

朱大孔子学院在教学管理方面完全独立，有着自己独立的教学设备和办公场所，在招生、确定考试内容、制定教学标准、聘用教师等方面都可独立进行。双方合作高校及孔子学院总部都不干涉该孔子学院的教学安排，但会在教师和教材方面给予一定的支持。

（四）特色活动

1. 学术化的活动

每年举办两次学术讲座，主要介绍中国历史文化和中国的发展。

2. 文化活动

帮助普通泰国民众更好地了解中国文化，例如：古琴音乐会、四川旅游推介等。

3. 以诗琳通公主赐名的活动

有诗琳通公主杯泰国青少年中国象棋比赛、诗琳通公主杯中文演讲比赛等。

三 发展中存在的问题

（一）师资质量不高

团队在调研中了解到，朱大孔子学院来自其中方合作院校北京大学的公派教师和志愿者都寥寥无几。廖院长认为目前的派遣制度是造成教师派出困难的原因之一，按照孔子学院总部的规定，公派教师和院长的派出任期一般为2—4学年。这也就意味着至少有2年的时间，外派教师不能在国内生活、开展学术活动。此外，外派教师的工资待遇相对于高校教师来说并不高，为每月1500元美金。因此，绝大部分的高校教师不愿意申请外派做汉语教师，特别是来自经济发达地区的知名高校的教师。

目前的公派教师，相当一部分来自有一定教学经验的志愿者教师，以及中方合作院校通过社会招聘渠道招来的教师。根据孔子学院总部的规定，满足以下五个条件的志愿者教师就能报名参加"志愿者转公派教师"的考试：

一是热爱国际汉语教育和孔子学院事业，品德高尚，乐于奉献，有团队合作精神。

二是年龄在26周岁（含）以上，须获得硕士（含）以上学位；阿拉伯语、德语、俄语、法语、葡萄牙语、西班牙语等非通用语专业的可适当放宽条件。

三是汉语教师志愿者任期须满2学年（含）以上，有2学年（含）以上国外中小学教学经历者优先。

四是志愿服务期间表现优秀，具备独立教学及相关能力胜任汉语教师岗位。

五是普通话达到二级甲等（含）以上水平。

此外，大部分知名高校的公派教师招录条件也不高，下面以2018年度北京大学孔子学院汉语教师招聘启事中的报名条件为例：

第一，热爱汉语国际教育事业，师德高尚，有团队合作精神。

第二，具有2年（含）以上教龄的在职教师（合同制教师须提供学校同意派出期间的聘用合同）；有汉语作为第二语言教学经验，国外相关工作经历者优先。

第三，大学本科（含）以上学历，对外汉语、中文、外语、教育、文化等人文学科专业学习背景。年龄一般在55周岁（含）以下，身心健康；俄、法、德、西等非通用语种教师年龄可在58周岁（含）以下，身心健康。

第四，熟练使用所在国语言或英语；普通话达到二级甲等（含）以上水平。

从以上招聘条件可以看出，公派汉语教师的门槛相对较低，由此导致孔子学院的师资质量并不高。在访谈中缪院长说："（朱拉隆功大学）中文系是希望我们能够给它承担一部分的教学任务的，但是他们也不是很放心我们的教学质量。其实他们也是一直在观察，希望能有一些其他学校的中文系的老师过来，他们当然非常希望北大中文系的老师能够过来，但是都很难。"

目前，朱大孔子学院承担中文系的部分学分课程，主要为汉语听说课程，由赵鹏飞和江昊宇两位公派老师负责。两位老师在谈到前往中文系上课时的感受时，用"规矩（比孔子学院）更严格"和"要求（比孔子学院）更高"来评价中文系对教师教学的要求。此外，朱拉隆功大学中文系每年也会向孔子学院总部申请公派汉语教师，缪院长介绍道："中文系其实也从孔子学院总部要了公派教师，要过来的基本上都是副教授以上的。就我知道的，中文系现在的两位公派老师，一位来自烟台，一位来自黑龙江大学，这两位老师在自己所在的大学里就是中文系的老师，他们过来以后就上一些专业课。"

由此可见，孔子学院目前的师资无法满足中文系专业建设的要求。针对师资质量的问题，缪院长谈到了一个解决方案。北京大学的教师每五年都有一个学术假期，学术假期的长度一般为一个学期。缪院长提出可以利用教师的学术假期，邀请其到朱拉隆功大学负责一个学期的教学工作，这样不仅可以避免教师的学术割裂，教学内容也是其专业的一部分。

孔子学院作为一个教学机构，师资是其核心资源，师资质量决定了孔子学院能否在当地立足和持续发展。要想解决师资问题，必须从规章制度着手，提出切实可行的办法，让更多高校的专业教师愿意赴外工作和生活。

（二）教师队伍不稳定

目前的师资队伍不仅质量有待提高，也亟须稳定。根据孔子学院的规定，公派教师的任期一般为 2 学年，期满后考核合格或以上的，可以申请留任，原则上不超过 4 年。也就是说，公派教师在一个地方的工作时间最长不超过 4 年。期满后的教师一般有两个选择，一是回国重新寻找工作机会，二是申请前往一个新的国家和孔子学院任教。一位公派教师，在经过 2—4 年的教学实践和所在地的生活后，会积累丰富的针对该国学生的教学经验，也基本适应了当地的生活，部分教师甚至能够自如地使用当地语言来应对工作和生活。如果教师此时离开，无论是回国还是换岗，都是优质教师资源的一种流失。教师的频繁轮换，会造成教师队伍的不稳定。

（三）教师职业发展受限

此外，公派汉语教师的上升空间和渠道受限也是制约教师队伍发展的一个原因。上文讲过，志愿者教师可以参加孔子学院总部的考试，成为公派教师。纵向看教师的发展路线，当志愿者教师成长为公派教师后，其在孔子学院系统内的汉语教师职业生涯几乎到了顶，没有进一步的晋升渠道。公派教师的发展线是平直的，没有上升的空间。

上文提到过，部分高校派不出本校的教师前往孔子学院任教时，就会进行社会招聘，解决一部分的教师需求问题。另一种解决渠道是，大学招聘专职汉语教师，这部分教师外派期间只能前往该校自建的孔子学院工作，工作地点在国内大学和海外孔子学院之间轮流交换。

通过第一种渠道招聘而来的教师在大学内是没有编制的，高校也不负责该教师外派期间的任何费用，只是以该学校的名义派出而已。教师外派期间的工资由孔子学院总部支付，但并不为其在国内缴纳"五险一金"[①]。教师从海外结束任期后，自动与大学和孔子学院总部结束合同关系。因此，这部分教师不能参与高校系统内的职称评定，由于在国内没有缴纳"五险一金"，连基本的权益都很难得到保障。

通过第二种渠道招聘而来的教师，极少一部分高校会提供编制，大部分采用人事代理的方式，将其聘为大学的教职工。相对于前者来说，用这种人事制度进行招聘，对教师的要求也更高。以华东师范大学人事处关于公开招聘孔子学院专职教师的通知为例，在公告中要求具有博士学位，或非通用语种专业的硕士学位，以及汉语国际教育专业硕士学位。可以看出，相较于前文提到的 2018 年度北京大学孔子学院汉语教师招聘启事中的要求，专职汉语教师的要求是要高一些的。

---

① 五险一金，是指用人单位给予劳动者的几种保障性待遇的合称，包括养老保险、医疗保险、失业保险、工伤保险和生育保险，以及住房公积金。

专职教师由聘用的高校为其缴纳"五险一金",并在外派期间保留基本工资,部分大学给予专职教师参与该大学的职称评定的资格。以北京大学对外汉语教育学院 2020 年招聘专职教师的通知为例,在该招聘通知的"岗位待遇"中提到:

(1) 北京大学劳动合同制职工基本待遇(含"五险一金");
(2) 外派期间,按照相关规定提供工资待遇;
(3) 未外派期间,学院根据实际授课时数发放课时费或根据实际情况发放绩效工资;
(4) 符合条件者可申请北京大学劳动合同制职工专业技术职务资格代评。

在公派教师队伍中,以第一种渠道招聘并派出的教师占比是最高的。这类教师的基本权益无法得到保障,也缺少晋升的渠道,职业发展受到极大的限制,影响到教师队伍的稳定和建设。

四 未来规划

(一)走"学术化"发展道路

在谈到未来规划时,缪院长首先提到的就是以学术型孔子学院为发展方向,充分发挥其中方合作院校北京大学的学术研究优势。在访谈中缪院长说:"我们每年可以开一个研讨会……比如说今年讲语言和文学,明年讲经济,后年讲科技,这些其实都是需要北大的力量来支持,如果没有的话,我觉得我做不了。"

(二)加强孔子学院与朱拉隆功大学之间的联系

缪院长认为,孔子学院的发展,最重要的是扩大其在朱拉隆功大学的影响力,其次才是提高孔子学院的社会影响力。她解释道:"从我的角度来讲,我觉得这是一种生存的要求,因为我们要在朱大(朱拉隆功大学)生存下去,就得让人家认识我们,并认可我们。"

为了加强孔子学院与朱拉隆功大学之间的联系,加深大学对孔子学院工作的认识和理解,孔子学院在举办活动时,会更多地要求在大学的社交媒体主页和公众号上发送消息。缪院长举了两个例子进行解释。一是 2019 年 9 月，秦始皇兵马俑首次来到泰国，在曼谷国家博物馆举办了名为"秦始皇——中国第一个皇帝与兵马俑"的展览。外方院长表示，很多泰国人对兵马俑并不了解，也看不懂，并提议由孔子学院来负责举办一个讲座。该讲座在朱拉隆功大学的 Facebook 主页上同步直播，取得了良好的效果，吸引了六百余名观众参加现场讲座。此外，网络直播超过近千次转发，万余人次浏览，此举得到了大学的高度认可。二是高校教师汉语培训项目。该项目已开展五年，但学员较为固定，每年没有招录新的学员加入。缪院长对此进行了改变，发布开班消息并接受新生报名，将学员分为"老生班"和"新生班"两种。缪院长说："这样我们每年就有一个新的（班），（大学）就能知道我们在做什么了。"

五　结语

朱大孔子学院生长在了一片汉语教育的沃土上，庞大的华人华裔群体和泰国王宫及政府的支持，外加两国最高学府为中外方合作院校的背景，朱大孔子学院经常承办各类"高规格""高层次"的活动，成为两国间友好交往的一座桥梁。此外，该孔子学院与王宫和政府部门合作，为其开设专门的汉语课程；管理诗琳通公主中文图书馆，面向泰国民众开放。从某种意义上来讲，其政治和社会意义已超过了语言教学本身。朱大孔子学院在发展中所遇到的师资问题，也是众多孔子学院正在面对的。孔子学院作为一个教学机构，师资质量是其发展的根基。从根本上提升师资质量，稳定教师队伍，疏通教师的职业发展通道，需要从顶层的建章立制做起，完善教师管理的制度建设。

第七节　马来西亚彭亨大学孔子学院形态描写
——以双方院校友好合作为基础的孔子学院

马来西亚目前共有 5 所孔子学院和 1 个孔子课堂。五所孔子学院为：马来亚大学孔子学院①、世纪大学孔子学院②、彭亨大学孔子学院③、沙巴大学孔子学院④、砂拉越科技大学孔子学院⑤，一所孔子课堂为：马六甲培风中学孔子课堂⑥。彭亨大学孔子学院（下文简称彭亨孔子学院）虽然是2018年11月获批，2019年10月正式揭牌，但是彭亨大学汉语文化中心在国家汉办/孔子学院总部的支持下，与河北大学的合作从2011年9月即已开始，可以说是一所虽年轻却有近十年运行经验、很有自身特色的孔子学院。

彭亨大学原为马来西亚理工大学的分院，后因发展迅速，师资到位，设施完善，于2002年由马来西亚政府宣布其成为独立的公立大学。彭亨大学位于马来西亚彭亨州首府关丹市附近，有甘孟、北根两个校区，是一所以工程和技术专业为主的理工类大学，在2020年QS世界大学排名中位于751—800名，2020年亚洲大学排名中位于134名，这使其成为马来西亚科技大学网络（MTUN）中第一家跻身亚洲前150名最佳大学。彭亨大学在2018年7月成功获得QS Stars University Ratings的5星级排名，其毕业生就业率近年来一直保持在96.6%左右。

学校在甘孟、北根两个校区都设有孔子学院办公室和教学点。北根校区孔子学院面积大约780平方米，甘孟校区孔子学院面积大约400平方米。马方院长杨银梅在甘孟校区孔子学院办公，另外还有办公室主任1名，甘孟校区一般安排3—4名汉语志愿者教师。

甘孟孔子学院办公室原来是河北大学—彭亨大学汉语文化中心办公室，该中心于2011年1月18日举行揭牌仪式。在孔子学院办公室挂着汉语文化中心揭牌成立时的很多照片，其中有马来西亚高教部副部长塞夫丁阿杜拉先生、河北大学校长王洪瑞教授、彭亨大学校长达因教授，以及庆贺中心揭牌的书法、剪纸等艺术品。

---

① 2009年7月8日设立，中方合作院校北京外国语大学。
② 2015年11月23日设立，中方合作院校海南师范大学。
③ 2018年11月14日获批，中方合作院校河北大学。
④ 2018年12月获批，中方合作院校长沙理工大学。
⑤ 2019年10月获批，中方合作院校华北水利水电大学，原计划2020年初揭牌，因新冠疫情影响推迟。
⑥ 2017年10月25日设立，中方合作院校华东师范大学。

中方院长郭伏良在北根校区孔子学院办公,另外有办公室主任法丁(马来族,会说中文),北根校区一般安排1—2名汉语志愿者教师。在北根孔子学院办公室前,有一个极具中国文化特色的小广场,有门楼、窗台、盆花等,这里也是中文报刊阅读区,摆放着很多桌椅书架。

一 办学历程回顾

(一)汉语文化中心时期(2011—2018)

彭亨大学于2005年开设汉语课程,起初只有四位兼职教师,课程只有初级汉语(Mandarin for Beginners)和中级汉语(Intermediate Mandarin)两门,当时没有制定课程纲要,每个教师有自己的教材。2006年1月华人教师章维新到彭亨大学做兼职汉语教师,6月受聘为合约讲师,之后逐渐步入正轨。章维新1975年毕业于马来亚大学,1981年至2005年担任师范学院的华文讲师,在汉语教学和教材编写方面经验丰富。2006年6月开始,章维新在彭亨大学全职教授对外汉语。由于有编教材的经验,加上在硕士班(1985—1986)学过的语言学知识,在其带领下出版了《初级汉语》(*Mandarin for Beginners*,2007年)、《中级汉语》(*Intermediate Mandarin*,2009年)等教材。

2010年8月彭亨大学达因校长访问中国河北大学时,提出与河北大学联合申办孔子学院的设想,并指定章维新为彭亨大学联系人,河北大学指定国际交流与教育学院常务副院长郭伏良为联系人。后来,两校协商决定于2011年1月先成立河北大学—彭亨大学汉语文化中心,并经河北大学申请,孔子学院总部将河北大学列入汉语教师志愿者项目。因而,2011年9月河北大学首批3名志愿者教师到达彭亨大学,开始了彭亨大学与中国河北大学合作开展中文教学的新阶段。

2016年5月,章维新主任因年龄原因退职,由汉语文化中心教师杨银梅接任。杨银梅本科和硕士曾在马来亚大学语言与语言学(汉语）专业就读，现为在读博士。杨银梅2010年起至今在彭亨大学工作，先后担任汉语文化中心高级语言教师和汉语学术主任、汉语文化中心主任，2018年11月起任彭亨孔子学院马方院长。杨银梅在汉语教学方面有丰富经验，其编写的汉语教材于2017年获得马来西亚国家图书最佳教材奖。

从2011年到2019年，孔子学院总部共派遣9批34人次汉语志愿者教师到彭亨大学从事汉语教学工作。

（二）孔子学院成立及揭牌（2018年11月至2019年10月）

彭亨大学与河北大学在做好汉语文化教学的同时，一直在努力申请孔子学院。经过近八年的努力，终于在2018年11月得到国家汉办批准。在2018年全球孔子学院大会上，国家汉办副主任赵国成、彭亨大学校长达因、河北大学党委书记郭健等出席了签署仪式。

2019年4月河北大学确定国际交流与教育学院院长郭伏良为中方院长人选，双方积极筹备孔子学院揭牌仪式。经过半年多的精心筹备，彭亨孔子学院于2019年10月14日在北根校区举行揭牌仪式。中国驻马来西亚大使馆、马来西亚高等教育部、马来亚大学、世纪大学、驻马中资机构、当地华人协会的有关领导，孔子学院双方院长等部门负责人，以及彭亨大学和河北大学师生300多人出席了揭牌仪式。揭牌仪式上，宣读了孔子学院总部副总干事马箭飞的贺信。马来西亚教育部部长马智礼发表书面致辞，他希望彭亨孔子学院通过科技应用，吸引学生对于学习中文的兴趣。此外，孔子学院也需要提供更多中文学术阅读材料及通译本，打造一个更有趣、有效及愉快的学习气氛。中国驻马来西亚大使馆文化处主任冯军、彭亨大学校长万阿兹哈、河北大学副校长申世刚先后致辞，并为孔子学院揭牌。

在孔子学院揭牌期间，河北大学艺术团一行13人来访，先后在马来西亚国际伊斯兰大学、彭亨关丹市丹那布爹国民型中学、彭亨大学两个校区举办了中国—马来西亚文化艺术节、汉字书法与阿拉伯书法艺术论坛。

二 彭亨孔子学院特色

（一）重视汉语教学，编写教材获奖

1. 汉语课程

彭亨大学汉语教学的对象主要是非华裔零起点学生，课程分为学分课程与非学分课，每年大约有 1600 名学生选修汉语课程。2020 年 2 月开学后，孔子学院开设了 8 门常规汉语教学课程，包括彭亨大学初级华语学分班、中级华语学分班，HSK 系列课程华语 1、华语 2、华语 3、华语 4、华语 5 以及儿童汉语班，每位汉语教师会根据实际情况分到不同的课型，但是课时量基本保持一致。

2020 年 3 月 17 日至 5 月 31 日，由于疫情原因，彭亨大学校园封闭，所有课程停上。因而孔子学院志愿者教师通过 WhatsApp、邮件、手机等方式为同学们进行 HSK 辅导课。6 月 1 日起，彭亨孔子学院根据马来西亚教育部要求，开始网络在线教学，其中一位汉语志愿者教师徐金枝撰写的《一位汉语教师的网络教学初体验》一文发表在孔子学院的官方微信公众号上，表达了汉语教师们战胜疫情的决心以及重返课堂的渴望。

2. 汉语教材编写

马方院长杨银梅编写的汉语教材《华语 1》《华语 2》于 2017 年获得马来西亚国家图书最佳教材奖。这套教材结合汉语水平考试（HSK）一级和二级的考试大纲进行编写，是适合当地学生汉语水平并具有马来西亚本土特色的一套初级汉语教材。该套教材的特点是课文内容贴近日常生活和马来西亚本土特色，虽以拼音教学为主，但仍然配有汉字，让学生对"方块字"有基本的印象。另外，每课都附带英文注解，学生可以从多个方面了解汉语词语、句型的意思。

3. 设立 HSK 考点

自 2013 年开始，汉语文化中心就组织带领学生到吉隆坡马来亚大学参加汉语水平考试，并且人数逐年增加。彭亨孔子学院揭牌后积极申请 HSK 考点。2020 年 3 月彭亨孔子学院 HSK 考点获得汉考国际批

准,并于5月28日、6月28日成功举办了两次HSK居家网络考试,为彭亨大学及东海岸地区考生提供了极大的便利。

(二)融入技职教育,培训汉语教师

彭亨孔子学院与马来西亚许多技职学院有着广泛的联系,2020年1月20日,彭亨孔子学院应邀参加了关丹技职学院汉语课程与教材改进工作坊。中外方院长分别做了相关的报告和讲座。9月7—8日,受马来西亚技职教育司委托,彭亨孔子学院举办了马来西亚技职学院中文教师在线培训,共有83所技职学院的92名教师参加。为期两天的培训课程是由彭亨孔子学院中外方院长郭伏良、杨银梅,沙巴大学孔子学院中方院长邓嵘主讲。培训课程结合马来西亚技职学院汉语教学实际及需求,安排了HSK考试介绍、汉语试题设计、汉语词汇和语法教学、跨文化交流与活动组织等课程。来自仕林河技职学院的学员查依德认为,培训内容丰富而实用,讲解深入浅出,针对性强。"这对于了解孔子学院办学宗旨和目标,改进技职学院中文教学、促进马中两国友好和教育文化交流都具有很大帮助和指导作用。"

杨银梅在担任汉语文化中心主任期间曾接受彭亨州的一些企业邀请,主讲过"铁路汉语""工业汉语"等培训课程。

三 两校友好合作,助力教育交流

(一)两校友好合作

彭亨大学一贯重视与河北大学的交流合作,原校长达因教授多次访问河北大学并做学术报告,亲自接见汉语教师志愿者,对他们的到来表示欢迎。万阿兹哈于2019年6月接任校长,同样重视孔子学院工作,而且挤时间自学中文,2020年5月28日参加HSK一级考试获得满分。

2020年10月14日在孔子学院揭牌一周年之际,万阿兹哈校长亲自向中方院长郭伏良颁发荣誉证书,表彰其一年来的辛勤工作和努力付出。

汉语文化中心曾于2013年6月30日至7月14日、2015年11月8

日至14日、2019年7月23日至8月18日组织夏（冬）令营到河北大学访学。

彭亨大学对孔子学院中方人员热诚相待，非常友好。2019年10月孔子学院揭牌后，在物色北根校区孔子学院办公室主任时，彭亨大学特地挑选了会说中文、英文的马来族职员法丁，在帮助中方院长和志愿者办理手续方面起到很大的作用。

2019年汉语志愿者沈国庆曾经表达过在彭亨大学期间的感受体会："当地人都非常热心、热情、善良、淳朴。这里要特别感谢我的几位邻居，他们在生活上给予我很多帮助，让我很快地融入了这里的生活。在工作上，我和孔子学院行政主任法丁沟通无障碍，相处很愉快。在教学中我感到马来学生很有礼貌，学习努力。给我印象最深的是儿童班的一对兄妹，他们在最后一节课中送给我一个精心制作的礼物，并写道'谢谢老师教我汉语，我们喜欢你！'我很荣幸能以一名志愿者的身份在彭亨大学教授中文，传播中华文化，讲好中国故事。"

（二）**共克时艰**

2020年初，新冠疫情暴发，两校相互支持，共同抗疫，表现出了深厚的情谊。2月11日在彭亨孔子学院新学期第一次课堂上，同学们对中国新冠疫情都很关注，任课教师向同学们介绍了疫情防护知识，讲解了"拱手问候礼"，举办了"平安"汉字剪纸活动，并录制了"武汉加油，中国平安"的视频。3月初，彭亨大学向河北大学赠送了一万只医用手套，3月下旬，随着马来西亚疫情严重，河北大学分两批向彭亨大学寄送了2000只口罩，体现了两校在疫情严峻时刻守望互助、互相支援的深情厚谊。

（三）**孔子学院理事会**

召开孔子学院理事会，保持密切沟通。彭亨孔子学院获批后已于2018年12月（在河北大学）、2019年10月（在彭亨大学）、2019年12月（在河北大学）、2020年9月（彭亨大学主办）召开过四次理事会议。2020年9月，受疫情影响，理事会采用视频形式。孔子学院中外方理事及相关成员参加了会议，彭亨大学校长万阿兹哈、河北大学副校长孟庆瑜先后致辞，对孔子学院揭牌一年来的工作充分肯定，双方表示将继续大力支持孔子学院的工作和发展。杨银梅院长汇报了2020年上半年各项工作，介绍了下半年工作计划。郭伏良院长就彭亨孔子学院有关管理规定的制定过程作了说明。理事会讨论通过了彭亨孔子学院年度经费报告、《安全管理规定》《汉语教师志愿者履职考评标准》和《财务管理规定》（审核）等文件，为彭亨孔子学院规范运行、健康发展打下良好基础。

（四）促进中马教育交流

为了促进中马教育交流，彭亨孔子学院经常义务协助中马两国政府或民间教育机构、学校有关部门等举办国际学生教育展等活动，翻译各种宣传资料。仅以2020年为例，6月19日，彭亨孔子学院与大马华人文化协会彭亨分会通过视频联合举办了留华奖学金线上说明会，中外方院长对留学中国的申请条件和HSK要求向学生和家长进行了介绍。7月7日，彭亨孔子学院、彭亨大学国际学生招生中心在线参加了由马来西亚驻华使馆教育处与北京留学服务行业协会举办的马来西亚高等教育联展，向中国留学服务机构以及学生和家长介绍了赴彭亨大学留学的优势。9月8日，彭亨孔子学院、彭亨大学国际学生招生中心在线参加了2020年中国国际服务贸易大会马来西亚线上教育展台。

（五）积极组织活动，体验中华文化

语言与文化密不可分。汉语文化中心自2011年开始每年举办"汉语文化周"，节目包括书法、节日介绍、生肖介绍、茶艺、太极及武术、剪纸艺术、中国节、向华裔家庭拜年等。

仅以2020年为例，1月13日，彭亨孔子学院在两个校区举办"写福字、剪窗花"活动，邀请了30多名马来西亚师生参加。1月21日，彭亨孔子学院与关丹技职学院联合举办了"中国书法、剪纸、吹梅"文化体验活动，100多名师生参加了活动。2月22—23日，彭亨孔子学院参加了马来西亚高等教育展东海岸巡展，孔子学院师生在展区开展游戏活动，表演了八段锦。

彭亨大学汉语文化中心成立后就积极参加世界大学生中文"汉语桥"比赛并获得优异成绩。2013年5月，彭亨大学选手佳姆娜获得第12届"汉语桥"马来西亚赛区亚军。

2020年5月30日，彭亨孔子学院举办了线上2020年"汉语桥"世界大学生中文比赛彭亨大学选拔赛，彭亨大学24名同学参加了比赛。6月27日，"汉语桥"世界大学生中文比赛马来西亚全国预赛在线上举行，彭亨大学四位参赛同学获得最佳表现奖和优秀表现奖。

（六）重视新闻报道，做好公关联络

彭亨孔子学院与马来西亚主流媒体《星洲日报》《中国报》《南洋商报》建立了良好的联系，对孔子学院宣传起到了积极作用。2011年以来，彭亨孔子学院（包括汉语文化中心）在上述媒体刊登了近百篇新闻稿，另外在孔子学院总部、中国侨网、汉考国际、《志愿者之家》等国内媒体、公众号发表了30余篇新闻稿，提高了彭亨孔子学院知名度。

2020年2月，彭亨孔子学院设立了"马来西亚汉语教学"微信公众号，推送文稿20多篇，报道了彭亨孔子学院的工作和活动，包括彭亨孔子学院参加马来西亚教育展、举办汉语水平比赛等，也介绍了中华传统节日端午节、七夕节、中元节、中秋节在马来西亚的传播与发展，以及与当地马来文化的交流和融合等。今后彭亨孔子学院拟将中马文化交流互融互鉴作为系列研究课题。

彭亨孔子学院与孔子学院总部亚非处、中国驻马使馆教育处、马来亚大学孔子学院、世纪大学孔子学院、沙巴大学孔子学院，以及当地华人社团、中资企业都有密切的联系。

四 未来展望

2020年6月，中国国际中文教育基金会、教育部中外语言交流合作中心（简称语合中心）成立，孔子学院运行管理以及国际中文教育进入一个新的发展阶段。2020年9月，彭亨孔子学院理事会初步确定了未来发展方向和工作目标，彭亨孔子学院将发挥在马来西亚东海岸唯一——所孔子学院的区位优势，密切关注国际中文教育发展机遇，在巩固已有成果的基础上，力争在汉语教学研究、本土教材编写、本土教师培训、HSK强化辅导等方面取得明显成绩，以扩大其在马来西亚的社会影响力和辐射效应。未来发展的愿景和设想主要有：

（1）紧紧抓住汉语教学核心工作，从初级汉语教学为主提升到与中、高级汉语水平并进。彭亨孔子学院拟从 2020 年 10 月起陆续为具有中级汉语水平的学生（以华人学生为主）开设中国概况、中国文化、汉语表达与写作等副修课程。

（2）积极做大 HSK 考试规模，为彭亨大学在校生到中国高校交换学习、马来西亚高中生申请到中国留学提供帮助。彭亨孔子学院将根据考生需求增加 HSK 考试场次，提供考前强化培训课程。

（3）力争将本土中文教师培训常态化。努力争取马来西亚教育部支持，继续为马来西亚 80 余所技职学院的中文教师提供教学指导培训，争取列入技职教育司年度工作计划。同时积极帮助技职学院修订完善中文课程大纲，以及编写与出版技职学院中文教材。

（4）进一步发挥孔子学院的桥梁和平台作用，增强融入和服务大学的人才培养、学术交流的发展意识，继续为彭亨大学与河北大学、宁夏大学、天津大学等中国高校开展的教育合作交流项目添砖加瓦，争取做出新的贡献。

五　结语

彭亨孔子学院是一个团结和谐、友情温暖的团队。中外方院长相互尊重，沟通及时，为了做好孔子学院工作，不辞辛苦，不计个人利益，甘于奉献。在紧张的工作之余，在重要传统节日、节假日时，孔子学院团队常常组织活动沟通情感，促进团队间交流。

第八节　约旦安曼 TAG 孔子学院形态描写
——跨国集团参与共建的孔子学院

约旦哈希姆王国简称约旦，位于亚洲西部，是一个君主立宪制国家，国民主要信仰伊斯兰教。约旦基本上是个内陆国家，地中海气候，比较缺乏淡水资源，石油资源不丰富，旅游业是其支柱产业之一。人民生活较为富裕，在伊斯兰国家中相对开放。约旦首都安曼，人口

400万，是全国最大的城市，经济和文化中心，集中了该国大部分的工业。纵贯全国的南北走向铁路从这里经过，城西有现代化公路通往耶路撒冷，是一座融传统与现代于一体的城市。

约旦安曼TAG孔子学院（下文简称TAG孔子学院）位于约旦首都安曼，2008年9月，中国驻约旦大使郁红阳与约旦塔拉勒·阿布·格扎拉（Talal Abu-Ghazaleh，以下简称TAG）环球集团总裁塔拉勒·阿布·格扎拉共同签署了TAG孔子学院建院协议。2009年4月，中国驻约旦大使郁红阳、沈阳师范大学校长赵大宇、约旦TAG环球集团总裁塔拉勒·阿布·格扎拉共同为TAG孔子学院揭牌，TAG孔子学院正式开始运营，成为孔子学院总部在约旦建立的第一所孔子学院，也是沈阳师范大学负责建设的第二所孔子学院。

TAG孔子学院的约方合作机构为TAG环球集团，是阿拉伯世界规模最大的服务咨询公司，业务范围涉及领域众多，在阿拉伯地区乃至世界范围内都具有很大的影响力，在全球设有100多个办事处。TAG集团的总部位于安曼，在中东和北非地区设有多个办事处，并在欧洲、北美以及中国设有代表处。该集团在安曼有TAG孔子学院、TAG中国签证处、TAG大学创新学院等很多分支机构。TAG孔子学院位于TAG综合大楼的一楼，调研团队刚到达时，中外方院长带领全体教师和员工在TAG孔子学院大楼门口等待、迎接。

TAG环球集团创始人、总裁塔拉勒·阿布·格扎拉博士，是阿拉伯世界著名的亲华友华人士。1938年4月22日，塔拉勒·阿布·格扎拉先生于巴勒斯坦的雅法出生，1948年因战争成为难民，他被迫流放到了黎巴嫩。他最终在贝鲁特美国大学获得了自己的学士学位。1969年，在旧金山的时代华纳参与了一次有关知识产权的会议后，决定投身知识产权和会计领域，于1972年创建了TAG公司，随后商业版图不断扩大，TAG集团逐渐发展为阿拉伯世界最大的咨询和服务公司。公司在专业服务、知识产权、教育、知识经济和信息技术方面作出了杰出贡献，TAG集团除了商业目标，还致力于促进全球经济、社会与文化的发展。阿布·格扎拉先生十分看重中国市场，对中国的态度也十分友好，鉴于其在中国与阿拉伯世界友好交往方面作出的突出贡献，

2016年，中国国家主席习近平亲自为他颁发中国阿拉伯友好杰出贡献奖。为表彰其在孔子学院运营、中国语言文化推广和中越友好合作方面的突出贡献，阿布·格扎拉先生于2017年被授予孔子学院先进个人荣誉称号。

在我们的访谈中，中外方院长都多次提到了TAG总裁对中国的友好，评价阿布·格扎拉先生"跟中国的关系非常友好，在中约文化交流方面作出了卓越贡献"。杨院长在访谈中多次提到TAG集团总裁对孔子学院的投入和关心，她提到的一个细节让调研团队印象深刻。据杨院长介绍，总裁为孔子学院派了一位专职司机和一辆车，并"特意交代车钥匙放在中方院长手里，车给中国老师用"。

建于2009年的TAG孔子学院，为世界上第一所由企业与高校共建的孔子学院，TAG集团的国际化企业背景，使得其运营和发展模式与高校间合作共建的孔子学院差别较大，是企业参与孔子学院运营和管理的典范。本节将根据访谈和调研情况，主要从运营模式、影响力因素、发展规划和挑战三个方面进行介绍。

一 运营模式

TAG集团是一家大型的跨国企业，拥有成熟、先进的企业运营和管理经验，对TAG孔子学院实行的也是公司化管理模式和市场化运营。世界上大多数的孔子学院都是高校间合办的，实行的是高校的管理模式。因此，TAG孔子学院的管理模式在世界范围内的孔子学院中是非常独特的。

（一）TAG孔子学院的宗旨

TAG集团创办者及总裁塔拉勒·阿布·格扎拉先生非常看重中国市场，对中国的态度也十分友好。访谈中外方院长都提到了"总裁先生认为世界的未来属于中国，商人需要学习中国的语言，了解它的文化"。

TAG孔子学院为一家非营利性机构，主要致力于中国语言文化在阿拉伯国家的推广和中阿人文交流活动，成为"中国与阿拉伯世界之间沟通的桥梁"。TAG孔子学院的发展规划是走复合型全方位发展模式,努力"成为约旦的中国文化中心,甚至是阿拉伯世界的中国文化中心"。

在经济上,约旦作为"一带一路"共建国家,TAG孔子学院为"一带一路"建设提供语言服务和人力资源服务,孔子学院开设了与"一带一路"相契合的多样化汉语课程,比如商务汉语、旅游汉语等,为约旦和中国企业培养了大批懂彼此语言、了解彼此文化的人才,促进了两国的经济合作。在政治上,TAG孔子学院与中国驻约旦大使馆合作,负责中国签证前期的准备工作,解读中国相关的政策文件,让约旦人更多地了解办理中国签证的事宜。在文化上,TAG孔子学院提供中国语言、文化课程和讲座,积极推动不同文明交流互鉴,成为约旦人了解中国的一个窗口,比如组织教育工作者访华团和夏令营学生团前往中国,让更多的约旦人看到古老而又现代的中国,切身感受中国的快速发展,更深入地了解中国的语言和文化,拉近了彼此的距离。

在访谈中,外方院长马蒙(Mamoun)说:"我们做过调查,孔子学院大部分的外方合作机构都是大学,院长也来自大学,他们只想传播语言、做研究。但在我们这里不同,我们有非常多的文化活动。因为在约旦还没有中国文化中心,所以大使馆有文化活动时就会过来找我们,说我们在推广中国文化,是中国人民在约旦的代表。另外,我们是唯一一家协助中国驻约旦大使馆办理中国签证业务的公司,这是对两国友谊的贡献。……我们收集文件和护照,确保这些文件都是清晰无误的,并把这些材料交给大使馆,由大使馆负责颁发签证。"

(二)人员及职责

TAG孔子学院共有教职工8人,外方院长1人、中方院长1人、教务员1人、公派汉语教师4人、海外志愿者教师1人。

1. 外方院长

马蒙院长为TAG孔子学院的第五任外方院长,从2016年起担任该职位。在成为TAG孔子学院外方院长前,曾作为市场专员在TAG集团的MBA商学院工作了十年,有市场营销和教育界从业背景,满足了集团"对汉语进行市场宣传和推广"的要求,对TAG孔子学院的市场化运作和语言文化推广有要作用。他的主要职责为:负责TAG孔学院的日常运营和市场推广，以及与约方TAG环球集团的沟通和协调工作。

2. 中方院长

杨松芳院长来自TAG孔子学院的中方合作院校沈阳师范大学，于2015年赴任，是该孔子学院的第三任中方院长。杨院长的爱人是该孔子学院的第一任中方院长，在赴任前就对TAG孔子学院的情况有所了解，她认为自己是在"爱人和上一任院长的基础上工作"。赴任后她"感觉很好，阿拉伯人很友好，公司的氛围也很好"。中方院长主管教学事务、文化推广活动和孔子学院运营等全面工作，以及与中方合作院校沈阳师范大学、孔子学院总部和中国驻约旦大使馆的沟通协调工作。

在访谈中双方院长表示彼此合作非常愉快，在杨院长四年期满准备卸任回国时，马蒙院长及TAG集团都希望她能够继续留任，于是杨院长续签了一年。在访谈中马蒙院长向调研团队表达了对杨院长工作的赞许："杨院长是我的家人，我们认识彼此的爱人，了解彼此的家庭。她非常友善，工作也很努力，中国和约旦有6个小时的时差，她在这两个时区里都需要工作。杨院长是我们孔子学院成功的原因之一，她非常清楚如何推广孔院。"

3. 教务员

兰达（Randa）于2005年开始加入TAG集团，TAG孔子学院成立后便来到孔子学院工作。她主要负责TAG孔子学院的行政事务和教务，如安排教师课程、每周组织一次孔子学院内部讨论会等，同时也需要承担一些孔子学院的宣传推广工作。她表示："我也需要做一些孔院宣传方面的工作，例如处理交给媒体的新闻稿、孔子学院的广告等。"她信奉的教条是：one team, one family（一个团队，一家人），并在访谈中表示同事关系很和谐，大家互相尊重、互相沟通。她很欣赏中国人的准时，也在试图改变自己。

4. 公派汉语教师

TAG孔子学院目前有4位公派汉语教师，分别为黄燕飞、铉钢、万颢、孙娜。在访谈中，外方院长马蒙表示，孔子学院的教师都非常专业，这也是孔子学院的优势。黄老师赴任前为青岛科技大学的对外汉语教师，于 2017 年开始在 TAG 孔子学院任教。铉老师来自沈阳师范大学，于 2018 年 9 月赴任。万老师和孙老师原为志愿者教师，分别在埃及和蒙古工作过，刚来约旦两三个月。教师们均表示能够适应在安曼的生活，学生的学习动机很强，在日常教学中能够获得比较强的成就感。公派教师的主要职责是，负责 TAG 孔子学院各年龄阶段、类别和水平的汉语教学工作。铉老师表示在 TAG 孔子学院工作与自己先前在大学工作相比有较大差异，"这里实行公司化管理"，"教师实行坐班制，每周坐班三天"。

5. 海外志愿者教师

管霞为约旦大学对外阿拉伯语专业硕士研究生，已在约旦生活了 6 年。她于半年前来到 TAG 孔子学院工作，希望在工作中锻炼自己。在访谈中，她表示希望能够一直从事这项工作，已考取国际汉语教师资格证书。

（三）财务制度

根据孔子学院总部与 TAG 集团签订的协议，由于 TAG 集团有自己的财务管理体系，对于 TAG 孔子学院的运营经费，为孔子学院设立单独的账户，并派遣专业的会计和审计进行管理和审核，因此 TAG 孔子学院的财务管理主要实行 TAG 集团的财务制度。同时，TAG 孔子学院也向孔子学院总部提交年度预决算，提供 TAG 孔子学院的财务明细。TAG 孔子学院严格执行孔子学院总部和 TAG 环球集团的财务管理制度。

（四）管理制度

TAG 孔子学院实行公司化的运营模式。

（1）课程类型：TAG 孔子学院的课程分为少儿班、成人班和商务班三种类型，有 14 个层次的课程。

（2）课程收费：TAG 孔子学院的课程面向社会招生，但是汉语语言课程比较便宜。

（3）课程时间安排：由于大多数学生为商业人士，时间灵活，因此大部分的课都安排在了晚上。

（4）教师管理：TAG 集团员工每天早上 7：30 上班，但尊重中国人的工作和上班习惯，要求中方院长 8 点左右到孔子学院即可。中方院长表示会按照当地员工的规定来要求自己，在7：30之前到达办公室。所有的汉语教师无论有没有课，都需要每周坐班三天。

（5）教师考核：TAG孔子学院会定期组织学生评价教师。

（6）教学管理：定期组织讨论会，分享教学心得；每年至少组织一次研讨会。

（7）学生考评：学生在结束一期课程后会组织一次考试，教师根据本班学生的具体情况出题。

二 影响力因素

随着孔子学院在世界各地的发展，学者们针对孔子学院影响力的研究越来越深，但大多是宏观研究，针对单一孔子学院影响力因素的研究尚少。在访谈中，调研团队首席专家与中外方院长探讨了TAG孔子学院影响力因素，提到了以下几个方面。

（一）TAG集团的平台

TAG集团为阿拉伯世界首屈一指的咨询和服务公司，在阿拉伯社会的政治、经济、文化、教育等方面都有一定的影响力，有着丰富的社会资源，给孔子学院提供了良好的发展土壤和平台。此外，TAG集团总裁对中国态度友好，对TAG孔子学院的投入很大，例如，在访谈中教师们提到集团给每位教师都配备了笔记本电脑，并安排了专职司机接送教师上下班。在访谈中中方院长杨松芳教授介绍道："TAG集团不仅在约旦，在整个阿拉伯世界都很有名。我们的老师在机场或者其他地方遇到问题，问别人，一提到是在TAG工作，别人就会很尊重。在这里工作不是为了挣钱，而是出于对孔子学院事业的热爱，而且很体面，特别受人尊敬。"

（二）优秀学生

历经十余年的发展，TAG孔子学院培养了大批的优秀学生。这些优秀学生获得了大量的工作机会，有些进入当地的中国公司，有些进入大使馆工作，有些与中国人做生意获得了大量的财富，有些进入与中国有业务往来的当地公司工作，有些成为导游，有些成为汉语教师，等等。同时,来自TAG孔子学院的学生获得了"汉语桥"世界大学生中文比赛约旦赛区第一名,代表约旦前往中国参加"汉语桥"世界大学生中文比赛的全球总决赛。2019年,来自TAG孔子学院的学生闯进该比赛全球前30名,产生了非常大的社会影响力。此外,每年都有孔子学院的优秀学生获得奖学金到中国留学,据杨院长介绍,目前"竞争力很大,能获批奖学金很不容易,拿到的学生都非常开心"。学生因为学习汉语改变了生活,获得了更多的机会,这会影响他身边的一批人对汉语和中国的态度和看法。随着TAG孔子学院培养的优秀学生越来越多,其影响力也在逐渐扩大。

(三)社会精英培养

社会精英指在各领域取得了突出成绩的杰出人物和公众人物,这些人社会影响力大、知名度高,他们的一举一动都能起到示范和引导作用。在访谈中有教师提到,他们也在王宫上汉语课。2016年底,约旦王子和他的小公主访问孔子学院,学汉语,体验中国文化,也多次在孔子学院参加汉语水平考试。新闻报道后,约旦民众对中国兴趣更加浓厚(金学丽,2017)。调研团队在约旦期间,在博物馆、酒店、学校等地随处都能看到该国前国王、现任国王和王储的肖像挂在显眼位置,以示尊敬。约旦是一个君主立宪制的国家,国王及其家族成员有着崇高的社会地位和强大的影响力,皇室成员学习汉语对汉语在约旦的传播起到了积极作用。

(四)文化成就和社会影响力

TAG孔子学院在教育、文化交流方面做出了杰出贡献,多次获得侯赛因国王基金会杰出教育奖、扎哈文化中心特殊贡献奖、阿布—格扎拉社会责任奖等表彰。

三 发展规划和挑战

(一)发展规划

团队在调研中了解到,TAG孔子学院目前处于上升期,学员在2019年已超过550人,参与文化活动人数超过6000人,累计超过

39000人。

在访谈中两位院长介绍到，TAG孔子学院未来计划继续以语言教学和文化交融为本，立足当地，注重内涵建设，为促进中越各领域交流合作和民心相通作出贡献。工作重点主要有以下七个方面：加强师资队伍建设，提高汉语教学质量；关注信息化发展，打造网络化、数字化平台；举办高质量的教学文化活动，促进中越人文交流与合作；融入当地社区，关注本土化和特色化发展；实施孔子学院总部的重点项目；以孔子学院为平台，支持中外机构开展更深入的合作；加强科学研究，促进汉语教学。

（二）挑战

1. 语言竞争

约旦的官方语言是阿拉伯语，英语为通用语。除了汉语，德语、西班牙语和法语都在约旦的语言学习市场中占有一定比例，语言学习市场的竞争较为激烈，该孔子学院一直在努力扩大汉语学习的市场。如何在如此激烈的竞争中进行汉语的推广，也是今后该孔子学院需要面对的主要挑战之一。约旦的语言环境对于汉语推广而言并不占优势，这里不像东南亚国家那样拥有数量庞大的华裔人群，在约旦更多的人会选择学习英语、德语、西班牙语等。这一现象有其历史原因，也与在约旦的德国大企业数量多有关。相比之下，不仅学习汉语的人较少，当地人对中国也是知之甚少。

从这个角度来说，孔子学院的工作显得尤为重要。该孔子学院需要找到与其他语言机构的不同点，将其与TAG集团合作的资源优势放大。中方院长表示，通过汉语桥等文化活动，孔子学院的知名度有较大的提升，今后孔子学院也可以在文化活动以及更为大型的社会性活动上进行宣传与推广，从各方面突出与其他语言机构相比的优势所在。此外，随着"一带一路"项目的深入合作，越来越多的中国企业落户约旦，两国之间的经贸往来也会越来越频繁，中国在当地的影响力会随之增强，这对于汉语的推广和教学是有很大帮助的。

2. 文化距离

科格特（Kogut）和辛格（Singh）于1988年将文化距离（Cultural Distance）定义为共享规范与价值观在一个国家与另一个国家之间的差异程度，也就是指国家之间文化准则的差异。杨院长在受访时表示相对于东南亚文化来说，阿拉伯语言的国家距离中国更远，约旦人对中国的了解相对不足。此外，阿拉伯国家人民绝大部分信奉伊斯兰教，在宗教信仰和文化习俗方面差异相对较大。东南亚国家的华侨华人较多，从文化上来说对中国具有天然的亲近感。因此，彼此的不了解造成了约旦与中国之间较远的文化距离。对于约旦人来说，在约旦的中国人多为中国企业员工、留学生或者是嫁到约旦的女性，人数较少。当地人与中国人的接触较少，很多人从未去过中国，对真实的中国了解不多，这造成了当地人学习汉语的动力相对不足。另外，团队在调研的过程中发现，当地人的时间观念对汉语教学的安排会有一定的影响，在当地人的观念里迟到10—15分钟是很正常的事情。TAG孔子学院和汉语教师为了应对这种情况，一般在正式上课前进行复习，复习上节课的学习内容，也顺便稍等一下迟到的学生。

拉近两国间的文化距离需要长期的努力。随着TAG孔子学院在当地生根发芽并不断扩大影响力，越来越多的当地人通过孔子学院这个窗口来到中国，了解真正的中国。此外，随着越来越多的优秀约旦学生前往中国留学，两国的民间交往越来越多，联姻家庭成为两国间友好交往的使者。

四 结语

TAG孔子学院作为全球第一家与企业合作的孔子学院，走过了十余年的时光，无论是办学规模上，还是当地影响力方面，都取得了巨大的成就。该孔子学院培养了一批又一批的优秀学生，为中约两国的企业输送了大批人才，对两国的友好交往和经贸往来有很大的促进作用。在TAG环球集团总裁塔拉勒·阿布·格扎拉先生的领导下，TAG集团不仅在人、财、物等方面大力支持孔子学院的发展，也为TAG孔子学院提供了在约旦生根发芽的肥沃土壤和成长的高平台。同时，中方合作院校沈阳师范大学也非常重视TAG孔子学院的发展，不仅为孔子学院选派优秀的院长、师资，每年还接待孔子学院组织的访华团组，也是奖学金生的接收院校。两个机构还将以 TAG 孔子学院为平台，展开更多的交流合作项目。在中外双方的合作努力下，TAG 孔子学院不断发展壮大，经营井然有序，高校和企业之间的合作模式，让 TAG 孔子学院的发展独具特色。TAG 孔子学院的成功，为孔子学院在世界范围内的发展模式践行出了一条不一样的道路，丰富了孔子学院的形态和内容。

第十六章 欧洲

第一节 冰岛大学北极光孔子学院形态描写
——全球最北端的孔子学院

2007年，冰岛大学计划筹建汉学专业，并尝试联系中国驻冰岛大使馆寻求帮助。冰岛大学与孔子学院总部取得了联系，孔子学院总部同年向冰岛大学派遣汉语教师阮元梅支援其工作。阮老师来自宁波大学。在阮老师的介绍下，冰岛大学的教师前往宁波大学参观、考察，双方达成合作关系，于2007年10月在冰岛首都雷克雅未克建立了该国第一所孔子学院——北极光孔子学院。因此，在访谈中教师们说："两所大学的合作属于偶然，天时人和。"建成后，北极光孔子学院坐落于冰岛大学人文学院所在的外国语教学楼，于2008年正式开始运营。

北极光孔子学院的所在国冰岛是北大西洋中的一个岛国，为欧洲第二大岛，国土面积为10.3万平方千米，人口约为34万。冰岛的北边紧贴北极圈，1/8的国土被冰川覆盖，其冬季的平均气温在-2℃左右，夏天的温度在7—12℃。无论什么季节，都有可能随时下雨或下雪。其首都雷克雅未克，为冰岛最大的城市，聚集了大约全国2/3的人口。雷克雅未克是全球最北的首都，建在这里的北极光孔子学院，也是全球最北的孔子学院，其特殊的地理位置、气候和社会环境，决定了该孔子学院发展的特殊性。

北极光孔子学院的外方合作院校冰岛大学是冰岛最大的综合性大学，学校主校区位于冰岛首都雷克雅未克市中心地区，环境优美，交通便利。冰岛大学目前设有 5 个主要学部，分别为科学与工程学部、社会科学学部、人文学部、教育学部和健康科学部。人文学部下共有 4 个学院，分别为历史与哲学学院、比较文化研究院、语言文化学院、神学与宗教学学院。语言文化学院下设外国语专业，中文系的汉语专业属于外语专业之一。

北极光孔子学院的中方合作院校宁波大学是一所综合性大学，其学科涵盖经、法、教、文、史、理、工、农、医、管、艺共 11 大门类。截至 2020 年 7 月，宁波大学共参与共建两所孔子学院，北极光孔子学院是第一所，第二所为位于马达加斯加的塔马塔夫大学孔子学院，建于 2014 年 9 月。

北极光孔子学院的办公室位于冰岛大学外国语学院内，最初的办公面积约为 40 平方米，只有一间办公室。2017 年，人文学部古蒙都·哈达那桑（Guemundur Hálfdánarson）先生在参加北极光孔子学院举办的"中国日"活动时表示要支持孔子学院的工作，随即孔子学院获得了四间办公室，作为其办公场地。北极光孔子学院所用的教室为冰岛大学的教室，活动、讲座等的场地及工作人员都由冰岛大学提供，其他如 HSK 等的电教室、设备等也都由冰岛大学免费提供。

此次接待调研团队的为北极光孔子学院的中外方院长，两位院长在访谈中详细介绍了北极光孔子学院的发展历程和未来规划。研究团队根据访谈和调研资料，以及所有与其相关的公开资料和文献，从组织架构与人员职能、学院特色和发展思考三个方面对北极光孔子学院进行介绍。

一 组织架构与人员职能

（一）组织架构

在组织架构上，北极光孔子学院为冰岛大学的学术研究机构，属于中文系。此外，中文系同冰岛大学的其他语言专业一起，属于人文学院下的外国语专业。

北极光孔子学院与冰岛大学形成了较好的融入关系，北极光孔子学院不仅帮助冰岛大学建立了中文系，还负责汉学专业课程。因此，汉学专业和孔子学院的发展与冰岛大学同呼吸共命运。采访中马克院长说："只要中文系还有学生，我们的孔子学院就会一直存在。"

（二）人员组成及职能

目前，孔子学院内部共有工作人员10名，外方院长1人、中方院长1人、公派汉语教师3人、汉语教师志愿者2人、武术专项志愿者1人、本土汉语教师2人。

1. 外方院长

自2008年北极光孔子学院正式运营起，一共有3位外方院长，2位中方院长。

Geir Sigurdsson，中文名歌尔，冰岛大学人文学院教授，于2007担任第一任外方院长，历任冰岛大学外语教育系主任、中文系主任。歌尔教授于2001—2003年就读于中国人民大学，学习中文及中国哲学，2004年于美国夏威夷大学哲学系获得博士学位。歌尔教授目前从事中国哲学、儒家哲学和道家哲学的研究，同时在冰岛大学教授中国宗教、中国历史和西方哲学等课程，于2015年出版英文专著 *Confucian Propriety and Ritual Learning*（《儒礼和仪学》）。冰岛大学中文系和北极光孔子学院正是在歌尔教授的推动下成立的，他对北极光孔子学院的影响巨大。

Jon Egill Eyporsson，中文名埃勇，于2009年至2012年在北极光孔子学院承担中文系教学工作，曾负责中国历史、汉语语法、中国古诗、古汉语、中国宗教、汉字入门等课程。2012年1月至6月，埃勇老师接任北极光孔子学院第二任外方院长。埃勇院长任职期间做过大量的宣传和协调事宜，并积极组织召开了首届北欧五国孔子学院大会。

现任院长Magnus Bjornsso为第三任外方院长，中文名马克，自2012年7月起开始接任院长职位，已有五六个年头了，并即将连任。在接待调研团队的过程中，马院长操着一口流利标准的普通话，与研究员谈笑风生，研究员评价"他的普通话说得比很多中国人都要好"。

本科为经济学专业的马院长曾到中国人民大学深造，并获得了国际关系方向的硕士学位。受益于马院长的商科背景和极高的汉语水平，北极光孔子学院曾开设商务汉语课程，后由于师资受限没能继续。马院长流利的汉语，在孔子学院的学生中间起到了一定的模范作用。在2014年的全球孔子学院大会上，马院长被授予"孔子学院优秀个人"称号。

2. 中方院长

孔子学院总部已向北极光孔子学院派遣了两任中方院长，均来自宁波大学，分别为：贾玉成院长和现任院长祁慧民。贾院长的任期为2012年至2016年，在此之前北极光孔子学院没有正式任命的中方院长，只有中方负责人，第一任中方负责人为王林哲。接待调研团队的祁院长，是北极光孔子学院正式任命的第二任中方院长。

在谈到中外方院长的合作时，马院长说："在北极光孔子学院，历任中外方院长都合作得非常好。"祁院长说："我们孔子学院发展很好，发展的路子很对，两个院长配合得也很好，遇到问题我们都能够协商解决。"

3. 公派汉语教师

3位公派汉语教师均来自宁波大学，为专职汉语教师，隶属宁波大学人文学院和外国语学院。

来自宁波大学的教师们都极具奉献精神，都很喜欢这所孔子学院。其中一位教师曾在此当了一段时间汉语教师，回国后又选择回到北极光孔子学院继续任教。在调研团队询问原因时，她笑着回答是因为自己"对这里很有感情"。

4. 志愿者教师

孔子学院总部向北极光孔子学院派遣了2名汉语教师志愿者和1名武术专职教师志愿者。2名汉语教师志愿者的主要工作是负责汉语课程，武术教师主要负责冰岛武术协会的武术课程。由于武术是中国文化的一个很重要的元素，加之中国武侠电影的海外传播使得冰岛的学生对武术充满兴趣，因此北极光孔子学院计划在当地中、小学发展武术课程。

5. 本土教师

北极光孔子学院目前有 2 名本土教师，均为孔子学院的优秀毕业生，毕业后被聘为本土汉语教师。目前 2 位教师均被派往与孔子学院合作的当地中小学任教。其中一位教师 Anna Bjornsdottir（中文名邵琪），在冰岛非常有名，多次出现在当地的新闻报道中。马院长在介绍邵琪时说："在冰岛，如果说起教汉语的老师，大家都知道是她。"她还经常主持孔子学院的各类活动，在大学里也非常受欢迎。

邵琪从高中开始学习中文，高中毕业之后，她选择进入冰岛大学汉学专业深入学习中文。本科时期她醉心于研究中国文化，并着眼于对比中西文化，写了 2 篇关于中国的论文——《对比冰岛语和汉语在时间表达上的差异》和《关于移民冰岛的中国人移民后的生活变化》。在邵老师看来，在北极光孔子学院的学习经历一直是温馨、充实而有趣的。"孔子学院在冰岛大学内，老师们都对学生很关注，很友好。有时候会请学生一起包饺子或者去中国饭店，比如说春节活动之后邀请帮忙的学生一起吃饭。"在她心中孔子学院更像一个温暖的大家庭。

二 学院特色

（一）建立汉学专业

冰岛大学中文系在北极光孔子学院的支持下，于 2007 年成立，并于同年正式开始招收本科生。北极光孔子学院从建院起就直接参与到了中文系的专业教学和本科生的培养工作中，并负责所有的语言课程，"没有走弯路，与大学同呼吸共命运"。北极光孔子学院这种从建院就直接负责中文系的专业教学的情况，在调研团队走访过的孔子学院中并不多见。经过十年的辛勤努力，北极光孔子学院的建设取得了突出的成绩，在这个人口 30 万的小岛上先后培养了 9 届汉学专业毕业生，其学生分布在冰岛的教育、经济、文化等各个领域。

（二）生源特色

北极光孔子学院的汉语教学对象目前已覆盖小学、中学和大学，生源广泛且跨度大。

冰岛政府在教育方面的投入很大，教育为终身免费，国民的学习没有终点，随时随地都可以回到校园上学。因此，常常会出现学生学完了一个专业再换一个专业学习的情况，课堂中有白发苍苍的老人，也有工作一段时间后重新回到学校的年轻人。基于这种现象，孔子学院有各种专业背景和年龄层次的学生，他们毕业后进入社会从事各行各业工作，或是继续学习其他专业，只有少部分学生会选择继续学习汉学专业或者翻译。另外，由于冰岛旅游业发达，是该国最重要的支柱产业，吸收了大量的就业人口，近年来去冰岛旅游的中国人逐年增加，部分学生在毕业后会进入旅游行业，利用自身的汉语优势接待中国游客。

除了冰岛大学中文系的教学，北极光孔子学院在成立之初就一直参与当地中学的汉语教学工作。近年来，积极开发小学的汉语课程，已在冰岛西部的小学开设了中文课，孔子学院派汉语教师到该校的一、二年级授课，每周1次。该校一个年级有3个班，因此每周授课6课时。此项目在该校已运营了4年，该校一到六年级的所有学生对汉语都已经有了一定的认知和了解。该课程非常受欢迎，该校教师说汉语课"是学生们最期待的一门课程"。由于孔子学院教师的教学方法和技巧较好，加之教学对象是6—7岁的小学一、二年级学生，处于语言学习和发展的黄金期，因此学生能够很快学会一些简单的中文对话和歌曲。

（三）聘用优秀毕业生为本土教师，发展中小学汉语教学

历经十余年的发展，北极光孔子学院培养了大批的优秀毕业生，这些毕业生均为土生土长的冰岛人，在经过几年的专业训练后掌握了汉语。冰岛大学汉语系的学生在三年级的时候，都会前往中国高校交换留学。因此，这些毕业生不仅熟悉语言，也了解中国文化和社会。在中冰交往和沟通中，他们是最合适充当桥梁的人选，也是冰岛汉语教师角色的最佳人选。北极光孔子学院在毕业生中聘用了两位有志于从事汉语教学工作，且汉语水平颇高的学生，她们成为本土汉语教师。两位教师被派往中小学开展汉语教学工作，充分发挥她们熟悉本土情况和当地语言的优势。研究团队认为，这种发展模式是值得世界其他地区的孔子学院借鉴和学习的。

（四）精品化和学术化发展战略

欧洲文化历史悠久，当地人做事认真，精品意识已潜移默化地融入冰岛人生活的方方面面。此外，由于冰岛全国的人口只有30多万，受人口总量的限制，学生人数有限，纵深地发展精品项目也是北极光孔子学院的发展战略之一。北极光孔子学院以该院每年的两次大型活动"中国日"和"孔子学院日"为核心，各类活动力争做到最好。例如，2018年的"孔子学院日"，中央音乐学院的"三巡"代表团将中国音乐的精品带到了冰岛，成为多年来冰岛人欣赏到的中国音乐的饕餮盛宴。此外，北极光孔子学院还发展了舞龙项目，并着力将其打造为该孔子学院的精品节目，从一开始的舞龙者全部由华人或留学生承担，转变为全部或1/2以上由冰岛人承担，如今每年的舞龙活动外方院长和冰大国际部对外交流处主任均成为舞龙头的踊跃参加者。祁院长介绍道："冰岛大学国际日和一些文化活动均点名要求孔子学院的舞龙表演，已发展成为我们孔院的一个精品项目。"

祁院长接任后，提出了"以学术研究融入当地大学"的理念。祁院长致力于让北极光孔子学院所办的文化活动和汉语教师融入冰岛大学的核心教学体系及学术研讨领域，并为此付诸一系列的努力行动。祁院长为我们一一列举了他所做的努力：在北极光孔子学院的院标logo设计中，着力体现中外文化交流的学术性理念；在来华夏令营活动中，专门邀请中国"非遗"传承人，让学生领略传统中华文化的魅力；组织冰岛大学女子合唱团在中国夏令营之行及冰岛各种舞台和集会中献唱中文合唱歌曲，使之成为冰岛文艺舞台上一道独到的风景线；在一年一度的"孔子学院日"活动中，注重以学术活动代替以往的传统庆典，不仅发扬了古圣先贤的治学精神，更为冰岛大学的学术活动增加了特色；在2019年"孔子学院日"的学术研讨会中，一改先前只邀请中国专家的传统，邀请来自中国、北欧以及冰岛大学文化艺术各领域和学科的学者参加，中国与欧洲文化艺术界学者齐聚一堂研讨学术问题。

不仅如此，中外方院长通力合作，组织和参与各类学术活动。在北极光孔子学院举办的"一带一路"倡议下中国与北欧文化研讨会中，外方院长利用其语言优势担任主持工作，中方院长以其学术之长投稿、发言。祁院长介绍道，上任后，他参与了冰岛大学语言与文化中心举办的世界各国文化系列讲座，承担了中国文化部分，并分别在冰岛国家图书馆、冰岛大学、冰岛读书会等组织和机构中进行关于中国文化的讲座。除此之外，祁院长还积极参与冰岛大学的各类学术活动，在访谈中介绍道："我积极撰写论文参与冰岛大学和加拿大大学联合举办的冰岛文化与语言研究学术研讨会，在大会上发言。"

（五）积极创造新项目

冰岛国小人稀，要想在冰岛传播中国文化和推广汉语教学，就必须发展多种渠道。北极光孔子学院挖掘冰岛本地社团内在潜力，多样化发展汉语教学，扩大孔子学院影响力。冰岛大学女子合唱团为雷克雅未克当地的一个合唱团，依托冰岛大学，80%的成员是雷克雅未克的在校大学生，其他为中小学教师和护士等职业的从业者。总统古尼·特·左汉森（Gueni Th. Jóhannesson，联合国教科文亲善大使）、前总统维格迪斯·芬博阿多蒂尔（Vigdís Finnbogadóttir）、联合国教科文组织总干事伊琳娜·博科娃（Irina Bokov）和冰岛大学校长约翰·阿特里·班德松（Jón Atli Benediktsson）等都曾观看过该合唱团的演出。2018年冰岛大学校长从冰岛大学基金中提供了专门的赴华资助，协助该合唱团赴华演出。2016年12月，北极光孔子学院开始与合唱团合作，孔子学院举办的大小活动，特别是重大仪式，总有合唱团演唱中文歌曲助阵，"该合唱团在中文歌的演唱方面，在冰岛小有名气"。在合唱团每年举办的冰岛大学女子合唱团专场音乐会中，中文歌是必演曲目之一。此外，合唱团几年来在冰岛大学外国语教学大楼开楼仪式、冰岛五月音乐节、冰中友好协会主席贺佳松的离任仪式、冰岛北极光孔子学院成立十周年合唱音乐会等重要场合都演唱了中文歌曲。

三 发展思考

北极光孔子学院在冰岛发展十余年，无法融入大学等负面新闻报道从未出现过,这离不开其独特的发展模式,即深度嵌入所在大学,成就了北极光孔子学院的"可持续发展"。在肯定北极光孔子学院成功的同时,调研团队也提出一些在发展过程中有待改善的地方。

(一) 北极光孔子学院的可持续发展模式

冰岛大学重视汉学发展,全力支持孔子学院的发展,并高度信赖其教学水平和质量,将中文系的专业建设和学生培养交其负责。

冰岛大学对北极光孔子学院的支持是全方位的,在组织架构上,冰岛大学将北极光孔子学院定位为学校的一所科研机构,隶属中文系管理;在人员上,除中方派遣的院长和教师外,冰岛大学派院长和行政人员负责孔子学院工作,聘用优秀的本土教师负责中小学教学点的教学工作,且在重大节日和各类活动中提供人力和行政支援;在工作内容上,北极光孔子学院直接负责其中文系的建设和本科生的专业技能培养,提供学分课程;在办公和教学场地上,所有办公和教学场地均由冰岛大学提供,所有教学活动均在外国语学院教学楼内进行,且为孔子学院提供了独立的办公场地。此外,在冰岛大学与孔子学院最新的五年合作协议签约仪式上,冰岛方是由冰岛大学校长亲自签下协议的。

这种孔子学院与汉学专业一体的模式,让孔子学院成为冰岛大学的一分子,与大学和中文系的发展同呼吸共命运。作为冰岛的最高学府,冰岛大学会有源源不断的生源;作为冰岛大学的一个院系,中文系的发展会得到大学的全力支持,只要中文系还有学生,那么孔子学院就有存在的必要性。北极光孔子学院与冰岛大学对彼此的需求都很明晰,冰岛大学需要孔子学院提供专业和师资支持,孔子学院是大学的国际化和多元发展的一个助推力。冰岛大学是北极光孔子学院在冰岛存在和发展的根基,其发展需要依托大学提供的平台和各类资源。这种互相需要的发展状态,造就了北极光孔子学院的可持续发展,只要大学的中文系还存在,在冰岛还有人想学习汉语,北极光孔子学院就会一直存在。

(二) 优秀孔子学院的评判标准

北极光孔子学院高度融入大学,且有着良好的社会舆论环境,因此北极光孔子学院是优秀的,也是值得其他孔子学院借鉴和学习的。

孔子学院分布在世界各地，不同的国家和社会环境，使孔子学院各不相同。判断一所孔子学院是否优秀的标准到底是人数、规模，如每年招多少学生，举办的文化活动多少人参加等，还是其发展模式？

冰岛的人口基数限制了北极光孔子学院的学生人数和规模；在地理上，冰岛为一个远离大陆的岛国，特殊的地理位置限制了北极光孔子学院向外拓展的途径；在气候上，冰岛靠近北极圈，北极光孔子学院所在的雷克雅未克市是世界上最北端的首都，天气变幻莫测，一年的任何一个时间段随时有可能下雪、刮大风，特殊的气候条件限制了孔子学院在岛内的发展。在以上条件的制约下，北极光孔子学院的发展不能只看人数和规模，因为只看数字便会对其所举办的活动持怀疑态度。在冰岛，举办一次活动若有二三百人便是人山人海了，而这在其他人口基数大的地方则很容易就能达到一千人以上。若是举办讲座，参加讲座的学生和教师也就二十人左右，这不仅是在孔子学院举办讲座时才会出现的情况，而是整个冰岛大学的普遍现象。但如果从总人口和参加孔子学院活动的人数比例来看，北极光孔子学院的各类活动和汉语教学工作都是成功的。

此外，孔子学院是可以向下延伸至孔子课堂的，但针对北极光孔子学院的具体情况而言，如果在中小学中延伸出了独立的孔子课堂，需要学习中文的人就不会来到冰岛大学学习，冰岛大学对孔子学院的需求便会减少。冰岛人力资源也颇为紧张，有限的教师数量也限制了孔子课堂的开设。孔子课堂主要是跟中小学合作，并在该小学或中学挂牌，经费独立，管理仍属于当地孔子学院。能否开设孔子课堂的主要指标是每年学生人数都有30人及以上并持续发展，这对人口稀少的冰岛来说是个比较大的问题。在冰岛，安全问题值得重视。由于冰岛的天气喜怒无常，雨多风大，一般希望教师居住在可以步行到上课地点的地方，因此住宿条件的要求较高。

研究团队认为，一所孔子学院的发展不能完全按照数字和规模的大小来判断，而应该着重考虑其发展模式，即孔子学院的可持续发展。其是否很好地融入了当地大学和社会，能否持续发展等指标才是考核一所孔子学院是否优秀的关键指标。

(三) 公派教师工资的发放标准问题

孔子学院总部派往世界各地的教师均采用统一的工资标准，但为体现对艰苦地区的倾斜，鼓励到艰苦地区任教，会对前往艰苦地区任教的教师予以补贴。冰岛为发达国家，因此并不在享受津贴的范围内。但是，冰岛的物价很高，其特殊的气候导致很多的日常食物和生活用品都无法在岛内生产，严重依赖进口。而且，冰岛作为一个岛国，远离欧洲大陆，进口依赖船运和空运，其特殊的地理位置导致进口商品运费高。访谈中教师们表示，希望对派往类似冰岛这样的高消费地区的教师，在待遇上能够有所倾斜。

团队在调研过程中了解到，冰岛的物价非常高，且一直在上涨。当地人也因为物价过高，举行过罢工活动。在居住方面，冰岛的租房价格比较昂贵，而且教师所租的房子均为空房，所有的家具都需要购买，不能将自己的家具等物品转给下一位来此租房的教师。在饮食方面，即使是自己买菜做饭，"以前一盒蘑菇卖400块钱，现在要1300多块钱"。在其他日常消费方面也是非常昂贵，如寄一封到国内的信件，差不多需要400元人民币，而网络费每个月则将近500元人民币。

冰岛当地工资水平高，最低工资为每月3000元美金，而孔子学院公派教师的月工资为1500元美金，教师们表示："我们的这一千多美金的工资，是贫困线以下的。在搭乘一次公交车便要30元人民币的国度而言，工资实在不够正常的生存。"

尽管冰岛的自然环境优美，但消费水平如此之高，使得领取全世界统一工资的汉语教师在冰岛的生活比较困难，也限制了社交活动。

四 结语

北极光孔子学院完美的发展模式和特殊的地理位置，都是吸引研究团队前往调研的原因。但是，团队在调研过程中所发现的规律却不是特属于冰岛的，而是具有普遍参考和借鉴意义的。

首先，北极光孔子学院的可持续发展模式是其最大的特征，高度融入大学，双方高校合作融洽，并创造了良好的社会舆论环境，这种发展模式值得世界各地的孔子学院借鉴和学习。其次，评判优秀孔子学院的标准不仅要考察其规模和人数，还应综合考虑其所在地的特殊国情，孔子学院的发展模式应该作为一项重要的考量指标。最后，外派教师工资的发放标准是否应该"一刀切"？能否参考地域消费水平的高低，进行适当调整？

第二节　挪威卑尔根孔子学院形态描写
——武术特色项目影响广泛

作为挪威唯一的一所孔子学院，卑尔根孔子学院的使命是在挪威推广中国语言文化的知识，并促进中挪两国在教育、科学、体育、艺术和商业领域的交流。根据挪威的法律法规，卑尔根孔子学院是一个独立的机构，拥有自己的董事会，负责该机构的工作任务和文化活动。

2007年8月29日北京体育大学与挪威的卑尔根大学、卑尔根联合大学签订合作协议，在挪威第二大城市卑尔根成立卑尔根孔子学院。孔子学院正式启动的时间为2008年1月。卑尔根孔子学院在挪威本地的其他合作方还有：博德大学、卑尔根商业高中、挪威武术协会、卑尔根武术协会、卑尔根工商会、卑尔根中小学以及其他的一些文化教育机构。2018年7月2日，孔子学院总部与挪威卑尔根大学、西挪威应用科技大学签署孔子学院补充协议，至此中国政法大学也加入挪威卑尔根孔子学院的共同建设中来了。

截至2020年6月，卑尔根孔子学院为其中方合作院校——北京体育大学在全球建立的唯一一所孔子学院，也是中国体育院校参与合作共建的唯一一所孔子学院。该孔子学院充分利用其中方合作院校的师资优势，发展自己的武术特色项目，不仅在卑尔根当地影响很大，甚至辐射到了周边地区。卑尔根孔子学院是目前欧洲办得最出色的孔子学院之一，其外方院长如尼·英格布里森（Rune Ingebrigtsen）在2011年底的全球孔子学院大会上，荣获全球孔子学院先进个人奖。

本节将从人员构成与职责、特色、问题和未来计划四个方面来介绍卑尔根孔子学院。

一 人员构成与职责

调研时,卑尔根孔子学院一共有 14 名工作人员,其中包括挪方人员 4 名:1 名外方院长、1 名行政秘书、1 名教学顾问和 1 名海外志愿者,中方人员 10 名:4 名公派教师、6 名志愿者。

(一) 院长

从 2008 年建院至今,孔子学院总部先后派出了 5 任中方院长,但从 2017 年 6 月到 2018 年 12 月暂缺中方院长,因此,卑尔根孔子学院在调研时正处于中方院长职位空缺期,由外方院长如尼·英格布里森先生负责项目开发、教学安排、招募新教师等日常事务。在提到中方院长职位空缺时,如尼·英格布里森院长说:"我一直是超长时间工作,真的非常盼望中方院长的到来。"

如尼·英格布里森先生来自西挪威应用科技大学,从建院至今一直担任卑尔根孔子学院的外方院长,他在孔子学院的筹备、建立和持续发展中起了重要作用,甚至在卑尔根乃至挪威与中国的交流中都产生了极大的影响。如尼·英格布里森院长热衷于中国武术和历史,大学期间曾在马来西亚交换学习一年,在马来西亚华人家庭借宿的经历,让他对中国有很好的印象,并学会了一些广东话。受这段经历的影响,"希望更加深入地了解中国"是他担任孔子学院院长的首要动机。

(二) 行政秘书和教学督导

卑尔根孔子学院设有行政秘书岗,由瑞奇·海格海姆(Ricky Heggheim)担任该职位,他曾留学中国,且汉语非常流利,负责诸如预算申请、HSK 考试组织、夏令营项目等工作,但该岗位并不是全职工作。

卑尔根孔子学院另设教学督导岗,聘请了一位拥有多年外语教学经验,并为挪威外语教学中心成员的教师热尔·诺戴尔-佩德森(Geir Nordal-Pedersen)担任该职位,他曾参与编写挪威现在正在使用的外语课程大纲。热尔·诺戴尔-佩德森的主要职责是为院长提供教学方面的意见或建议,组织全院的教师培训、新教师岗前培训、学期中听课等工作,该岗位也不是全职的。英格布里森院长介绍道:"他非常有经验。不仅会对我们的新教师进行培训,介绍挪威的教育、课堂和法律,在老师去往教学点时会组织示范课,还会与学生和管理者沟通,避免在教师新入职时遇到各种问题,老师们都反映这些对他们的帮助非常大。"

卑尔根孔子学院还有一位海外兼职志愿者,已经在孔子学院工作三年半了。卑尔根有华人社团,每个周末孔子学院都会给华人的孩子上中文课和武术课。其中,中文课就由在本土招聘的海外志愿者负责。有的学期,学生过多,其他志愿者也会被安排过来协助工作。调研中了解到,周末华人班的学生数量每学期都在持续增长。除此之外,海外志愿者还负责组织在卑尔根图书馆每周一次的汉语角活动。

(三)公派汉语教师

四位公派教师中只有贺吉庆来自其中方合作院校北京体育大学,其他教师均来自国内各个高校或者中学。受英格布里森院长指派,由教师中来挪时间最久的贺老师担任教学主管(head teacher)的职务,贺老师先后在卑尔根孔子学院工作了 2 个任期,共计 6 年。贺老师教学经验丰富,教学口碑好,且挪威语流利。访谈中贺老师说:"学习挪威语的过程帮我了解了挪威,因为很多的东西不是用英语就能够了解到的。"除了负责其所任教中学的正常教学工作外,贺老师还要承担组织教师培训、组织召开每月的教学研讨会、面试新教师、组织教师编写本土教材等工作。

宋晓娟,国内派出单位为西安外事学院,为该校国际处对外汉语教师,有多年的对外汉语教学经验。宋老师已在挪威工作了三年,在英格布里森院长指派下,协助院长和教学秘书,来完成部分行政管理工作,如卑尔根孔子学院与孔子学院总部的沟通、预算申报等工作。宋老师任教于当地一所知名中学的孔子课堂,在任期内获得了孔子学院和任教单位的好评,在自愿的基础上,继续延期留任。

殷杨,来自江苏省南京市的一所高中。殷老师曾被孔子学院总部派往美国工作,任教于北卡州的一所中学。访谈时,殷老师刚到任挪威一个月,目前任教于卑尔根大学人文学院的中文系。2016 年之前,孔子学院派出过多任教师承担卑尔根大学的中文教学工作，接受的是孔子学院的管理。2016年孔子学院与卑尔根大学签署了协议，派往卑尔根大学工作的教师应完全接受卑尔根大学人文学院的管理，在大学有自己的办公室，承担的课时量也由卑尔根大学决定。殷老师的前任教师刚完成教学工作，已经离任，其教学效果受到卑尔根大学教师学生的一致好评。

孙梅来自北京师范大学，任教于弗莱卡红十字会国际联合学院教学点，距卑尔根乘船大概需要两小时。孙老师之前被孔子学院总部外派到非洲，有丰富的汉语教学经验。一般来说，如果没有重大的事情，在外地教学点工作的教师不必每周回卑尔根参加教学研讨，而是通过网络会议的方式参加。

（四）志愿者教师

在6位志愿者中，有4位是北京师范大学汉语国际教育专业的硕士生，负责语言教学，有2位是北京体育大学的硕士生，负责各级各类的武术教学工作。志愿者教师陈乐被派往北极圈内的罗弗敦教学点任教，其教学对象主要是初、高中生，他调侃自己为"全球最北的志愿者"。志愿者教师蔚蓝和秦坤静同在莫尔德的一所高中任教，两位老师提到自己遇到最大的问题就是"不会说挪威语"。志愿者教师崔锦路为北京体育大学武术专业的硕士研究生，在国内曾有多年的武术教学经验，主要负责各类武术课程。崔老师认为"国内和国外有很多相似的地方，武术教学管理好课堂就可以了"。志愿者教师付彤彤也是来自北京体育大学武术专业的硕士研究生，主要在卑尔根教太极拳、养生、长拳等，教学对象有成人，也有少儿。志愿者教师李皓被派往离卑尔根大约三个小时的小岛上工作，负责中小学教学工作，并协助处理行政事务。

二 学院特色

作为挪威唯一的一所孔子学院，卑尔根孔子学院对汉语的国际推广、中挪友好关系的构建、官方和民间的文化交流都作出了巨大的贡献。

2018年，卑尔根孔子学院共开设不同层次的汉语教学班次105个，比2017年多了10个班次；共授课5116课时，比2017年增加了840课时，其中85%的课程为学分课程。2018年卑尔根孔子学院在挪威多地开展各类有较大影响和规模的文化活动20余场，参加活动人数约3000人次。2018年卑尔根孔子学院开设了35个武术教学班，比2017年增加了3个，共授课906课时，各层次学生共计820人次；举办武术表演16场次，参加武术活动的人数达2500人次。除春节联欢晚会、汉语桥比赛、孔子学院日、武术夏令营等常规活动外，2018年卑尔根孔子学院还组织了故宫博物院院长单霁翔在KODE博物馆的讲座，以及中央音乐学院音乐家的工作坊及音乐会，推动中挪文化交流。

（一）重点发展武术特色项目

除上述汉语教学和活动外，卑尔根孔子学院着力发展自己的武术特色项目。英格布里森院长对于中国武术不仅入迷，而且有所研究，加之其中方合作院校北京体育大学得天独厚的师资优势，因此孔子学院在武术教学方面的特色十分鲜明，影响较大。

2018年卑尔根孔子学院面向全社会的小学生、初中生、高中生、大学生、社会大众等开设35个教学班，共开设906课时的课程，各层次的学生人数820人次；举办武术表演16场次，参加武术活动人数达2500人次。卑尔根孔子学院以卑尔根地区为武术教学的中心，辐射周边地区，在特隆姆瑟、莫尔德、弗莱卡和特鲁赫姆等地举办武术表演和短期教学活动。此外，卑尔根孔子学院也与当地俱乐部（BERGEN俱乐部、SOTRA俱乐部、OYGARDEN俱乐部等）合作开设了8个武术教学点，共计16个武术教学班（陈曦，2017）。教学内容有武术套路班（提高班、基础班、成人班、儿童班）、太极班（基础班、提高班）、散打班、推手班、健身气功班、长拳班等，拥有来自社会各行各业、各年龄层次的学员。

在武术课程建设方面，经过历任武术教师和志愿者的共同努力，2018年挪威武术教学大纲制定基本完成。大纲分为武术理论和武术大纲两大方面，内容多为人们所熟知的段位制国际推广套路与攻防技术，涵盖了杨氏太极、陈氏太极、长拳和少林拳四门课程。在教学内容上拳种突出、层次由浅入深，且各类型、各拳种、各层面可互相交叉学习，但在课程设计上要求学生从基础学起，掌握武术的基本要素如手型手法、步型步法（周耀虎，2011）。同时教学大纲也将武德、武术礼仪等传统武术文化融入武术课教学中，武术文化中的思想和内容会潜移默化地影响到学习者，让他们在学习武术的过程中体验并逐步接受中国武术文化（胡楠，2012）。武术大纲的制定，不仅规范了武术教师的日常教学，避免了因为武术教师专长不同而造成的教学差异，在促进挪威学生对武术的兴趣上影响也已经显现，武术学习班长期生的增加较为明显，对中华武术在当地的发展有着长远的良性影响。

（二）重视教师培养

卑尔根孔子学院非常重视对教师的培养，特别是教师的岗前和岗中培训。英格布里森院长说："挪威是一个很小的地方，如果我们派出去的老师不够好，就会毁坏孔子学院在那个区域的名誉，那样可能在接下来的三十年孔子学院都无法再进入该区域开展汉语教学和文化活动。"

教师刚到任时，卑尔根孔子学院就会安排教学督导开设讲座，从挪威的历史、人本精神、教育文化、法律、社会、课堂管理、教学技巧等方面对新教师进行培训，对所有新教师进行充分的岗前培训。另外，从2011年起，卑尔根孔子学院在每年的8月会集中面向新教师召开全院教师的教研会，该时间段正好是卑尔根孔子学院新老教师交接的季节，该研讨会旨在帮助他们熟悉教学情况，更快适应。教研会邀请北欧地区汉语教学和科研方面的专家，向新教师介绍北欧地区的汉语教学和发展情况，另外教学督导和老教师也会各自对某一问题进行发言和研讨。在2018年，卑尔根孔子学院邀请瑞典一所大学的专家来交流。

在讲座和教研会培训之余，卑尔根孔子学院还会组织新教师进行试讲，并根据教师的不同教学风格和试讲效果来安排不同岗位，提高教师与岗位的匹配度。新教师接任教学岗位时，孔子学院会指派最适合的老教师带领新教师一起前往,帮助其适应新的工作和生活环境;如果教师被派往新开设的岗位,院长就会带领新教师一起去教学点,帮助其适应新环境;如果新任教师的工作地点远离卑尔根,那么孔子学院一定会安排最有经验的教师带过去,并且陪同工作、生活一到三周不等。另外,新教师上岗时,孔子学院都会派教学主管或教学督导进班听课,并有针对性地提供教学建议。

这些举措保证了每位教师对挪威的教育、社会和法律都有所了解,且能快速地适应当地的生活和教学工作。在谈到孔子学院的这些培训和相关举措时,志愿者教师蔚蓝说:"因为有了刚来时的培训,我们开始上课以后就能适应教学和生活,并没有发生太多的碰撞。"

除了岗前的各项培训,岗中培训在卑尔根孔子学院也是必不可少的。每年春季,卑尔根孔子学院都会组织召开教学研讨会,组织本院甚至北欧地区的教师来参加,教师们就自己关心的问题与专家、同行交流,并在这个会议上寻找教学、科研合作的机会和平台。

为了帮助教师学习语言,更快地融入当地生活,卑尔根孔子学院还在卑尔根组织开设英语课程和挪威语课程供有需要的教师选择。志愿者崔景路认为培训缓解了他刚到时对语言、教学和沟通的担忧,在通过卑尔根孔子学院有针对性的语言和教学培训后,他在教学中越来越有自信,教学效果也随之提高。

(三) 完善的教学和教师管理制度

如前所述,卑尔根孔子学院十分重视对教师的培养,同时也建立了完善的教学和教师管理制度。

在教学管理方面,每学期开学之前,教师需要提前了解自己的学生情况和教学点的课程要求,提前编写每学期的详细课程安排和教案,并提交给教学主管审核。课程安排须包括整个学期的教学计划和安排,每次课的教学内容、教学方法和作业安排等。如果教学主管审核后还有疑问,教师就需要与教学主管一起探讨,进行修改或解释做出如此安排的原因。

此外,卑尔根孔子学院每个月都会组织召开一次教学研讨会,由教学主管负责。教师会把自己在日常教学中遇到的问题提出来,大家一起讨论，共同商议并给出合理建议。访谈中，教学主管贺老师提到，之前有志愿者教师提出其在管理小学课堂时遇到了很大的挑战，大家在研讨会上讨论给出建议后，贺老师也亲自去该教师的课堂上听课，并且找到该校外语教学负责人，商量应对办法。

在教师管理方面，卑尔根孔子学院会根据教师们的课程时间，安排在卑尔根地区工作的教师到办公室值班，这样不仅让所有教师都能共同承担孔子学院的部分行政事务，也方便学生到孔子学院的图书室借还书籍。有大型项目和活动时，英格布里森院长会轮流在教师中指派一人负责，其他教师则全力配合。这样避免了个别教师工作量过大，造成工作分配不均。此外，还对教师的休假和请假制度进行了规定，每年的假期只有春假、复活节假期、暑假和圣诞假。在其他时间段，即使没课也不能擅自离开卑尔根或者挪威。

（四）关爱教师生活

卑尔根孔子学院深受挪威文化的影响，处处以人为本，不仅关心教师的工作状况，对其在挪威的生活方面，也是尽可能地提供帮助。一旦孔子学院教师在生活上遇到问题，从院长到同事都会极力设法解决。访谈中，教师们言语间都提到了自己对卑尔根孔子学院这个温暖的大集体的热爱，向调研团队列举了很多自己遇到的暖心事。例如，公派教师和志愿者教师们刚来时，大多数都是由英格布里森先生亲自开车从机场接到宾馆；曾经有段时间六位志愿者教师居住的地方洗衣机坏了，院长、教师们就轮流邀请志愿者到自己家洗衣服、吃饭；有教师搬家，外方院长也开着车来帮忙搬东西，等等。另外，卑尔根孔子学院还鼓励教师带家人一起来挪威居住生活，并尽量提供各种支持条件。从办理签证，到家人居住，再到孩子入学，英格布里森院长都会积极协助，给出合适的建议。英格布里森院长在访谈中说："带孩子和家人来，不仅不会影响工作，而且能够帮助老师更快地融入当地，参与社交，与当地人交朋友，了解挪威的社会和文化。"

虽然卑尔根孔子学院地处寒冷的北欧，有着很多中方教师都难以适应的极昼极夜现象，但人情味十分浓厚，教师们都感受到了集体的温暖，并希望将这份温暖传递给新来的教师。

三 存在的问题

经历了十余年的发展，卑尔根孔子学院从创办初期的汉语课堂和武术课堂只有几人的规模，发展到如今一年培训上千人次，有了质的发展和突破。与此同时，其发展也遭遇了一些问题和制约。研究团队根据调研过程中了解到的情况，将卑尔根孔子学院存在的问题总结为以下几点：

（一）部分媒体的负面报道

自孔子学院创设以来，常常伴随着西方媒体的偏见、疑虑和质疑，国际媒体对孔子学院的负面认知主要集中于政治因素，包括孔子学院与中国政府的关系及其浓厚的政治色彩（张东辉、和亚林，2016）。在挪威，卑尔根孔子学院同样不时会遭受部分当地媒体的攻击。访谈中有教师反映："在挪威，对卑尔根孔子学院有质疑的声音，对老师的能力和资质还有所存疑。不只是对志愿者和老师有所怀疑，是对所有的孔子学院都怀疑。"英格布里森院长说："这些偏见实际从孔子学院建立的时候就有，但是这些人的想法是能够改变的，我们可以通过提高孔院办学质量，遵守挪威的法律、合同等，逐渐让这些人明白孔院并没有在私底下进行一些恶意的活动。我们孔子学院要坚持'透明'，不做任何桌子下面的事，公开孔子学院的一切。让记者看到所有的信息，允许他们走进孔子学院跟所有的老师交谈。"消极的舆论环境给孔子学院带来了负面影响，也给教师们带来了压力。

（二）合格师资缺乏

随着卑尔根孔子学院在当地影响力的不断扩大，越来越多的学生开始选择学习中文，而合格教师的数量并没有跟随着学生数量的增加而增加。造成这一问题的主要原因是挪威签证对教师的工资要求过高，让孔子学院总部派往挪威的部分青年教师难以获得签证。2018年，挪威移民局对教师年薪的要求从先前的42万提高到了48万，这项硬性要求挡住了许多年轻教师。因为孔子学院总部是根据教师的职称来发工资的，年轻的教师大多职级低，收入也就达不到移民局的要求，因此无法获得签证。

基于这个原因，虽然有符合要求的年轻教师，英语好、专业背景吻合，但是不能招，卑尔根孔子学院只能招有一定职称的教师，而这些教师普遍年龄偏大，部分甚至没有足够的对外汉语教学经验。访谈中有教师说："招到的老师条件又不太好，年龄大而且英语又不是很好，条件符合的老师又拿不到签证。"教师们以小岛中学的教学点为例向调研团队解释。小岛中学的学生比较活跃、很调皮，经常会出现因为没有管住一个小孩儿的行为，而导致整个班级的教学都受到影响的情况。没有教学经验的志愿者教师往往管不住，只能派经验相对丰富的公派教师前往该教学点负责教学工作。2017年，一位志愿者教师被派往小岛中学负责教学，无法管控课堂展开教学，竟提出申请要求回国，最后只待了两个星期就提前卸任回国了。教学经验是一方面，教师的英语水平也是影响工作的一个关键因素。卑尔根孔子学院的另外一个教学点，虽然派出了一位公派教师前往负责教学工作，但是由于该教师英语水平有限，且没有汉语教学经验，在语言沟通和教学管理方面都存在问题。学校不断收到学生对她的投诉，最后只能调整教学，派别的教师过去接替她的工作，该教师提前结束任期回国。

（三）语言障碍

挪威为北欧五国之一，地处斯堪的纳维亚半岛西部，官方语言为挪威语。国内目前只有北京外国语大学开设了挪威语专业。因此孔子学院总部派出的教师鲜有会说挪威语的，大多是英语为第二语言的教师。虽然挪威社会高度发达，英语普及率高，但是当地中小学仍然是以挪威语为主，会说英语的少，而且英语掌握程度也有限。而中小学又是课堂管理的重点地带，在管理课堂秩序的时候，教师的英语指令学生有时候听不懂，这样就很难配合。

跟在中小学工作的教师所遇到的课堂管理问题不一样，在大学工作的教师遇到的主要问题在于工作环境的融入。高校的教师以挪威人为主，工作语言也是挪威语，其召开的各类会议中都是使用挪威语，这对于孔子学院教师来说是很大的一个挑战。访谈中有的教师说自己参加会议的状态是"全程面带微笑却什么也听不懂"。

卑尔根孔子学院组织了面向汉语教师的英语和挪威语课程，解决了他们的日常沟通问题，但是语言对于教师的工作交流来说，仍然是个障碍。教师中挪威语最为流利的贺吉庆，在谈到自己学习了两年挪威语以后的语言沟通情况时说："基本沟通现在是没有什么问题了，但是太深的还是不行。"

（四）中外方院长关系有时不够和谐

2008年建院以来，如尼·英格布里森先生一直担任卑尔根孔子学院外方院长。截至访谈时间2018年12月，中方共派遣了5位院长，其中1位来自中方合作院校北京体育大学，其余的则来自国内其他高校。访谈中如尼·英格布里森院长提到，在合作的过程中，彼此存在比较严重的信任问题。他与其中三位中方院长相处很愉快，特别是第一任。但是个别院长常用中文在中国教师之间自行交流，他认为在中外方人员都在场的情况下，应该使用双方都能理解的语言进行交流，如果使用中文，会让他感觉不舒服。

中外双方院长的认知、性格、文化背景和处事方式差异较大，而且有时沟通不够充分。访谈中有教师以每月召开的研讨会举例提到，外方院长不参加研讨会，但是希望中方院长告诉他开会的内容。而中方院长觉得教学研讨会是由自己管理的教学事务，觉得自己不需要事事都向外方院长汇报，认为双方是平级的，不是上下级关系。双方的误会渐深，进而影响到其他的相关工作。

（五）社会宣传被动

面对部分媒体的消极影响，孔子学院自身还没有合适的积极应对措施，比如多样化的宣传形式和途径，以便让挪威社会对自己有更多、更深入的了解。

挪威语不是中方院长、公派教师和志愿者所长，所以相应的宣传任务就落到外方院长和行政秘书身上。外方院长一直相信孔子学院工作高度透明化，加之汉语教师加强自身形象塑造，把努力工作和服务的印象反映给当地民众，声誉提高后就能够自然化解危机，但没有考虑从信息传播与舆情分析的角度来主动应对，因此显得有些被动。

（六）与孔子学院总部沟通不足

在访谈中，英格布里森院长提到，向孔子学院总部直接汇报和沟通是中方院长的职责，但是他认为有的中方院长并没能很准确地把许多真实的情况及存在的问题上报给总部，缺乏相对应的建议和及时足够的支持。双方的沟通和交流，尤其是外方与总部的交流不足。

四 未来计划

作为卑尔根孔子学院的建院院长，如尼·英格布里森先生对孔子学院充满了感情，希望能尽自己最大的努力保护孔子学院，并将它经营好。在调研过程中，英格布里森院长对于未来充满了信心，并向调研团队展示了未来工作的计划：

（1）为孔子学院学员提供相应的资源及活动，如中文图书借阅、中国文化工作坊等，并且计划定期提供类似会员福利之类的活动；

（2）与新任中方院长愉快相处，共同努力，合作开发更多、更好的项目，将孔子学院的工作提升到一个新的台阶；

（3）鉴于中央音乐学院表演团队到访卑尔根演出成功，卑尔根孔子学院计划加强与中国音乐院校和组织方面的合作；

（4）努力申请到更多、更好的师资。

五 结语

卑尔根孔子学院建院十余年，作为挪威唯一的一所孔子学院，向当地人介绍了中国的语言和文化，也让历任的中方工作人员了解了挪威，其在两国人民友好交往方面的贡献不可忽略。调研团队前往卑尔根调研，是与英格布里森院长的首次接触。在访谈的过程中，他一直是在"倒苦水"，讲述孔子学院遭遇的各方冲突和面临的问题。同时，研究团队在后期的材料收集中发现，卑尔根孔子学院在发展汉语教学、武术推广和文化传播方面都取得了不俗的成绩。特别是武术项目，在挪威有较大的影响力。研究团队认为，英格布里森先生从建院至今一直担任院长，已有十余年，其工作能力和处理复杂问题的能力应该是较强的，得到了中挪方合作院校和总部认可的。

在访谈中提到的中外方院长一度相处不愉快，涉及选派合适人选和双方院长匹配度的问题，在团队调研走访世界各地孔子学院的过程中发现，一些孔子学院都存在类似的问题。中方派出的院长，不仅要热爱并了解自己的文化，还要了解所在国的文化。孔子学院是一个多元文化组织，因此在实际的工作中，中方院长需要具备出色的跨文化交流和沟通能力。

第三节　英国 CI1 孔子学院形态描写
——开设全球首家孔子学院中医诊所

调研团队于 2017 年、2018 年两次出访英国及德国的 7 所孔子学院、孔子课堂、使领馆等，进行孔子学院民族志研究。其中 2017 年 5 月 15 日至 17 日和 2018 年 6 月 27 日，在伦敦 CI1 孔子学院进行了 2 次调研，调研团队参观孔子学院、观摩汉语课堂教学、访谈该孔子学院的相关人员、参加该孔子学院组织的文化演出活动，且到其小学教学点"OR Academy"参加了文化演出活动。调研团队在伦敦 CI1 孔子学院的访谈录音记录共有 6 场，访谈总时长近 8 小时，访谈录音撰写约 10 万字，共 111 页文本材料。访谈期间调研团队记录的相片资料约 130 张，调研日志文字记录约 2 万字，并进行了 4 次总结讨论会。在调研前后，团队与该孔子学院保持着长期的密切联系。

两次调研的具体情况如下：

第一次调研该孔子学院是在 2017 年 5 月 15—17 日，访谈共有 4 场，包括与中方院长 A，中方院长 B，外方院长 C，针灸诊所主任 D，公派教师 E、F 和 G，志愿者 H 和 I 的访谈，访谈总时长约 4 个半小时，录音转写约 6 万字。访谈期间研究团队共记录相片约 120 张，调研日志文字记录约 1.3 万字，并进行了 3 次总结讨论会。

第二次调研该孔子学院是在 2018 年 6 月 27 日，对中方院长 A、中方院长 B 进行了访谈。访谈总时长约 3 小时，撰写字数约 4 万字。

访谈期间研究团队共记录相片约 10 张，调研日志文字记录约 6000 字，并进行了 1 次总结讨论会。

调研团队 2 次访问英国 CI1 孔子学院，对该孔子学院的具体特征、发展形态等展开观察和实地调研，主要针对其中医孔子学院、文化演出及师资规模等特点对其中外方院长、汉语教师、志愿者等进行访谈，试图以自下而上的研究方式切实描写勾勒该孔子学院的独特发展形态。此外，调研团队还收集了 CI1 孔子学院和孔子学院总部官网的相关资料，以及关于该孔子学院研究的文献资料和新闻报道。基于调研团队访谈、调研的一手材料和搜集到的相关资料，对 CI1 孔子学院进行了如下的形态描写。

伦敦 CI1 孔子学院是英国伦敦 C 大学与中国东北的两所高校 B1 和 B2 共同合作建设的，于 2008 年 2 月 25 日建成并正式运营。CI1 孔子学院是全球最早创办的以中医为特色的孔子学院，曾连续 5 年获得全球先进孔子学院奖。

该孔子学院位于伦敦某大学内，拥有独立的一栋楼。整栋楼共 4 层，地下一层是练功房。整个二楼是针灸诊室，总共有 4 间，其内灯光可以调节，一般是由学生做治疗。通常的过程是，学生先问诊，再与教师讨论、辩论、确认治疗方案，最后在教师的指导下进行治疗。三楼是办公区，还有课室。四楼是主要办公区及教师休息区。

一 概况

（一）基本情况

伦敦 CI1 孔子学院与伦敦某大学健康学院合作开设中医针灸学位课程，并在该大学设立了全球首家孔子学院中医诊所。截至 2018 年 6 月，CI1 孔子学院有教师 120 多名。其中孔子学院总部派出中方教师 46 名，志愿者 74 名，英方本土中医针灸课程教师 1 名。截至 2018 年 6 月，下设 16 个孔子课堂和 55 个教学点，累计学员数有 8 万多人。

文化演出活动是 CI1 孔子学院的一大特色，每年组织几百场文化演出和上千场工作坊。2017 年，CI1 孔子学院及其下设孔子课堂组织各类文化活动达 1200 多场，参加人数近 30 万人。

（二）组织架构

CI1 孔子学院内部组织结构为纵向的 M 形结构，孔子学院董事会为最高决策层，下属管理层为中外方院长和经理，主要从事日常管理工作，执行层主要由教师和志愿者构成（如图 16-1 所示）。但该结构层次职能并不是绝对固定的，层次间的职能联系复杂繁多。外方（执行）院长负责外方全局事务，理论上平行对应中方院长二人 A 和 B。但由于外方院长有财务签字权等原因，实际上外方院长职权更高一层，直接向大学校长汇报，而中方院长向其负责，因此中外方院长实际"并不平行"。外方院长下面设有外方副院长和项目经理，主要负责市场开拓等。执行层由汉语教师和志愿者构成。

由于 CI1 孔子学院规模庞大，汉语教师和志愿者人数众多，该孔子学院的内部结构层次比较复杂。从图中可看到，汉语教师和志愿者主要属于中方院长管理，但外方副院长和项目经理在实际中也涉及相关的人事等管理方面。

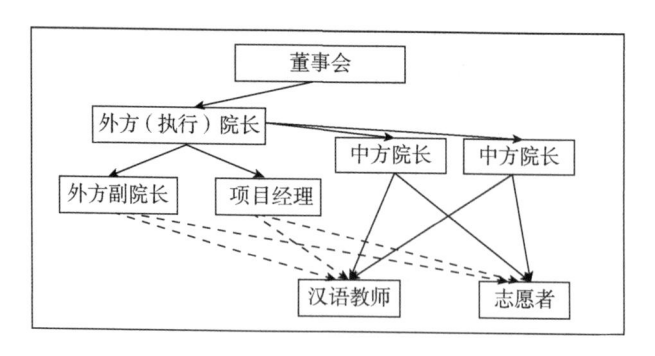

图 16-1　CI1 孔子学院组织架构

二　CI1 孔子学院特色项目

（一）开设中医针灸推拿本科及研究生课程

CI1 孔子学院开设的本科及研究生中医针灸推拿课程，主要招收欧洲的学生，学员来自近 20 个不同的国家。由于当地学生年龄跨度大，因此课程灵活设置了本科全日制三年、半工半读五年、本硕连读四年等不同修读年限供学生选择，最大限度地为热爱中医的当地民众提供学习上的便利条件。同时，孔子学院也为伦敦南岸大学其他医疗相关专业的学生提供针灸普及课程。整个教学设置将中医和汉语学习融合在一起，理论和实践相结合，学生有一年的时间在中国合作院校B2的教学医院实习，学生在毕业后会获得英国针灸学会证书，也会自动成为英国针灸师认证协会的会员，并可在英国开设私人诊所。2012年，该孔子学院第一批中医专业学生毕业，这些学生成为推动中医在英国本土化，以及中医国际化的重要力量。

孔子学院的中医教师E说："每一年新生入学第一堂课，我都会问他们为什么学中医，我得到最多的回答就是想要帮助别人。在中医孔子学院工作三年多，感触最深的就是学生对于中医的态度。比如有个学生的家人很多是西医医生，她当初决定学针灸的时候，家人都不理解。她的母亲有很严重的腰痛，看了几个月的西医都只是给止痛药。因为年纪太大且有糖尿病不适合手术，她母亲每天都非常痛苦。在她的强烈建议下，母亲终于尝试了针灸，经过三周的治疗疼痛基本消失。她哭着对我说，妈妈终于相信了，谢谢。在英国，中医的发展还很艰辛，很漫长。但我会做自己的一点努力，帮助每一个我可以帮助的人。"

（二）世界首家孔子学院中医诊所

近几年来，中医在欧洲已非常流行，特别是在英国。CI1孔子学院在外方合作院校及孔子学院总部的大力支持下，在伦敦某大学设立世界首家孔子学院中医诊所。开诊以来日均门诊量始终保持在20余人次，诊治的患者人数过万。诊所不仅为当地社区、大学、公司介绍中医养生保健知识，也为中医针灸推拿课程的本科生及研究生提供良好的实习机会。中医诊所为英国人民正面了解中医文化打开了一扇窗口。

中医志愿者I在访谈中说，在这里，她看到了许多与国内中医教学上的差异，也学到了英国人工作认真严谨的态度。除了教学方法与国内不同，中医孔子学院的中医课程还有许多自己的特点。由于学校地处伦敦中心，伦敦又是世界文化融合的大都市，学生们来自许多不同的国家，有着不同的文化背景、教育背景，对中医也自然有不同的理解和认识。如何在授课时照顾到不同文化的差异，让所有学生都能更好地接受课堂内容，需要教师更多地思考和准备。

此外，她还提到，这里临床带教与国内也有差别。伦敦患者数量明显少于国内，患者的病种也多是疼痛、焦虑和生育问题。在治疗方法上，与国内采用大量头针、电针和手法操作不同，这里的针刺手法更加保守，选穴更加精简，"学生非常严格遵守诊所的诊疗流程，这也在很大程度上避免了意外情况的发生"。根据外国患者疼痛感强的特点，较少地取穴可以减少患者治疗过程中的紧张感，同时配合灯光、音乐等舒缓疗法以及神灯、艾灸等温热疗法，患者能够更好地放松，取得很好的疗效，特别是对失眠、焦虑等病的治疗，疗效非常明显。

（三）开设中国商业 MBA 课程

CI1 孔子学院与外方合作院校所属的商学院合作，开设中国商业 MBA 课程。该课程主要招收欧洲的学生，致力于为欧洲区培养具有国际视野的未来商业领袖。

（四）专业的文化演出团队

CI1 孔子学院的文化活动主要包括文化演出和中医养生活动，其中文化演出占了很大比例，主要展现形式有春节巡演、文化演出、工作坊等。该孔子学院有自己的一个专业演出团队，主要由国内相关武术、艺术等专业的教师和志愿者组成。"专业文化演出"的招牌打响后很受当地中小学、企业组织的欢迎，仅 2017 年就有上千个工作坊展示和几百场文化演出，演出从一开始的免费推出发展为预约收费。

调研团队观摩了 CI1 孔子学院在下设教学点（OR Academy）小学的一场演出。该文化汇演活动在小礼堂举行，500 多名师生参加。演出团队由 9 名教师和志愿者组成，中方院长 A 担任主持人。约 1 个小时的演出主要包括舞蹈、功夫、乐器等 7 个节目。孩子们最感兴趣的是与中国功夫有关的舞剑和太极，每当表演到动作激烈、幅度较大的时候，学生们都会发出惊叹。演出结束后，演出团队收拾道具后马上赶往另一个地点进行文化演出，据中方院长 A 说，这样的文化演出"非常多，赶场很正常，有时清晨四五点就要起床去赶场演出"。

在此次文化演出结束后，常驻在该小学的汉语教师 F 提到，"这个（文化表演）对汉语的推广还是有帮助的，每次来过之后，孩子们的热情都会持续一段时间"。这种传统文化的定位首先抓住了英国人对中国某些"神秘的""好玩的""新奇的"文化形式的兴趣需求。而只有迈出第一步，才能进一步把需求延伸和扩大，把这些对中国传统文化的兴趣深化为对传统文化的理解和意义层面。把需求定位再调整为理解中国传统文化的一定程度后，站在中国文化的立场来理解现代中国的形态，进而与现代的中国人打交道，与中国企业组织合作等。这样逐步进行需求引导和需求满足，可以更好地让中国文化和形象得到推广。与此相对应的是孔子学院需要注意传播文化形态和形式的不断变化，不能一成不变地只传播传统文化，而应根据阶段性和环境需求的变化进行调整适应。

三 分工协作

（一）中方人员分工协作

CI1 孔子学院的规模非常大，管理和教职相关人员达到了 120 多人，因此职责分工协作、协调管理工作是一个核心问题。该孔子学院与许多英国其他的孔子学院不同，有两个来自中国的合作方，为中国东北部的两所大学 B1 和 B2。因此出现了两个中方院长和来自两所院校的中方教师及志愿者，这在协调管理方面给 CI1 孔子学院带来了一定难度。

中方院长 B 来自合办院校 B2 的国际教育学院，她到 CI1 孔子学院任中方院长时间并不长。B 到任前一直是由来自合办院校 B1 的 A 单独担任中方院长，因为其发展规模不断扩大，又变为同时有两位中方院长。调研团队发现，目前中方院长 A 和 B 的工作职责并没有明确的分工，基本都是重合在一起。主要原因是 B 刚到任不久，对具体工作不熟悉，一时还难以完全独立处理某一个领域；另一方面 A 将离任，另一院长来之前还有一个真空期，这就需要 B 在这段交接时间能独立处理全局完整的工作事务。中方院长 B 说："我们之间没有很细的分工，就是我们孔院整个这一盘的工作，包括汉语教学，教师志愿者的管理，包括中医的课程，养生文化活动，然后我们两个配合着做。因为 A 院长已经在这儿两年了，他对孔院目前这个整体情况很熟悉，所以有一些工作是我在 A 院长这儿交接。"

这种"分权不分工"的方式能适应目前 CI1 孔子学院的状况，但作为长期发展的规划，可能难免出现问题。该孔子学院派任两个中方院长的主要目的是分担处理繁多的管理工作和事务，如果可以制定制度规定具体职责分工会更有针对性和更有效率。

A 在访谈中提及他不懂中医，之前一直是外方在做，B 来了后中医部分交给 B 做，虽然做了分工却没有明确的规章制度。除了该部分的分工外，其他的工作两位院长都是重合的。这种情况还有两个深层次原因：一是该孔子学院的"中医"部分其实只是整个工作的一块，并不是当前工作的全部和最大重点；二是该孔子学院的人事结构比较复杂，究竟是一个中方院长还是同时聘任两个中方院长并无明文规定，孔子学院总部对该任职的政策也是在不断调整变化。因为不确定是否一直是两位中方院长，这就要求每位中方院长能独立处理全盘事务。这种"权职不明"的方式并不利于 CI1 孔子学院高效管理的可持续发展，A 因为在该孔子学院待的时间长，拥有较强的话语权，B 则刚到不久，在访谈中 A 提及他和 B 时赴任前就已熟识。因此目前两个中方院长的关系比较融洽和谐，分工协作也比较顺畅。但长远来看，缺乏明确权职分工的制度保证，不利于全局的稳定和谐发展。

（二）中外方人员分工协作

CI1 孔子学院的外方院长和外方副院长都是华人，因此跨文化冲突问题不是很凸显，与中方相关人员不存在语言沟通交流问题。但外方院长代表的是英方合作院校的相关权益，在权职分工方面可能存在一些问题。外方院长 C 于 2015 年开始任职，之前在英国、美国和澳大利亚都有丰富的工作和生活背景，C 是全职担任 CI1 孔子学院的外方院长，并不在大学里兼课。在该孔子学院，外方院长可以说是"一支笔"，拥有财务签字权，地位要高于中方院长。这在与中方院长 A 的访谈中可以体现，他认为外方院长 C 是该孔子学院能够快速发展的一个主要原因，C 直接向大学副校长汇报，有着比较大的自主权。在谈到中外方院长的协作时，中方院长 A 说："凡是中方的事情，我们只是跟 C 院长做一个报备，决策是我们俩做，外方的事情我们也不问。"中方院长 A 说到的"中方的事情"指的是教师和志愿者的招聘管理问题，"外方的事情"则主要指运作经费、项目经费等管理。即中方院长管人事，外方院长管财务。而外方院长 C 自身的背景和条件使得他在该孔子学院实质上是一把手，两位中方院长和外方副院长都向他直接报告，而外方副院长和中方院长的一些权责分工也有些重复。

四 市场导向展现

孔子学院当前的基本运作模式是以孔子学院总部支持为主、社会参与为辅的运营模式。不少孔子学院在寻求更多的民间性、灵活性和自治性，以市场导向的观念协调其可持续发展。CI1 孔子学院也是在这样的背景中不断地尝试，在变革中发展。

（一）学习汉语受众需求的转变

CI1 孔子学院 2008 年挂牌运营的时候，为了打造特色孔子学院，设立了世界首家孔子学院中医诊所，并与所在大学的健康学院合作开设中医针灸学位课程，其第一个五年发展规划以中医特色发展为主。但随着环境需求的变化，中医的需求量与当地民众希望学习了解汉语和中国文化的需求发展量不成比例，该孔子学院的决策管理层认为如果只是纯粹以中医文化来发展，并不利于该孔子学院的可持续发展。

外方院长 C 和两位中方院长都认为中医只是该孔子学院的一个特色，"不是唯一的，它占三分之一，顶多三分之一"，现在更多的是去做文化、艺术等方面的活动。

外方院长和中方院长都持同样的观点，认为从现在的发展状况来看，"中医"这个招牌不应限制该孔子学院的发展。当前环境的变化使得伦敦当地民众对于汉语和中国文化的认知和学习需求不断扩大，所以 CI1 孔子学院当前为了满足市场需求，把发展重心从"中医"调整到"文化"展现方面。目前的发展趋势是中医业务不足 1/3，中医教师和志愿者不足 1/8。调研团队在观摩该孔子学院的文化演出时发现该演出主要集中在武术、舞蹈、传统乐器方面,因为有专业的演出团队,演出更专业,比很多其他的孔子学院演出效果要好。

(二) 自身定位和品牌塑造

外方合作院校偏重工科方面,并没有开设汉语学分课程,但对 CI1 孔子学院却十分重视。该孔子学院的办公场所在校内,拥有独立的一栋四层楼,外方合作院校给了 CI1 孔子学院 50 年的使用权,孔子学院总部也投入了 100 多万镑做装修。该孔子学院在英方合作院校里也拥有很大的自主权,与其他学院一起并列为独立的二级学院。

CI1 孔子学院与大学之间的联系非常密切,并且从多方面满足了大学的需求。除了和国内的两所合作院校展开进一步的交流合作,该孔子学院还牵线搭桥联系国内的多所高校、公司和机构,为英方合作院校输送更多的中国留学生,以及提供毕业生的实习和就业机会。这样就是一个双赢的关系,英方合作院校的各个学院都意识到了 CI1 孔子学院的存在,能帮助他们提供在英国本土和中国的实习岗位以及就业机会,同时吸引了中国留学生,这种需求互助的关系就不仅仅是局限于孔子学院教授汉语,而是结合了当前大学的环境需求,创造了孔子学院的附加价值,进一步凸显了该孔子学院对于英方合作院校的重要性。

CI1 孔子学院与英方合作院校的另一层关系在于外方人员的工资财务问题。根据孔子学院总部关于海外孔子学院的相关规定,一般中方人员工资由总部支付,而外方人员的工资由外方合作院校支付。因此 CI1 孔子学院外方院长、经理等人员的工资应按协议由英方合作院校支付,但在访谈中我们发现,该孔子学院曾从孔子学院总部申请的项目经费中,支出一部分来支付外方人员的工资。CI1 孔子学院这两年对此采取了调整措施,通过在教学点开课、文艺演出进行收费,把相关费用用来支付外方人员的工资,把项目经费实实在在地用到项目中去。这样一种"妥协"加"变通"的策略,从自身出发,在保持好与外方合作大学的关系同时,也遵守了总部的规定,发展了自己,达到了多赢的局面。

(三) 发展目标由数量向质量转变

我们在对 CI1 孔子学院的研究中发现,其学员数、文化活动等数量指标发展很快，呈持续上升趋势，但相对应的本科汉语教学、教材、内部管理等质量问题却没能很好地同步跟上。

CI1 孔子学院自 2013 年被批准为全球示范孔子学院后发展非常迅猛，外派教师和志愿者人数从 2014 年的 40 多人激增到 2017 年的 160 多人，下设孔子课堂和中小学教学点增加到 70 多个，2017 年一年的文化活动就有 1200 多场，吸引近 30 万人参加，师资数量和文化活动数量的规模在全英国乃至欧洲都排在第一位。但该孔子学院目前存在的一个问题恰恰在于"量"的效果良好，而"质"的步伐却没能很好地对等。该孔子学院管理人员也意识到相关的问题，中方院长 A 在访谈中提到了这两年该孔子学院的一些变化，他认为之前可能更多的是一些"表面上的工作"，因此年度报告中的一些"数字很漂亮"，但这两年做的工作更追求质量。中方院长 A 在访谈中说："这两年，我们做了一些更实的工作，说实话我们的孔子课堂的质量都不如我们的教学点，就是说原来的数字的水分比较大的，可能他参加过一次活动都算我们学员了。"

CI1 孔子学院需要从"量"的发展转变为"质"的发展，一是因为该孔子学院自身的环境影响使得其需要完善和提高发展的质量，二是因为孔子学院总部的管理约束。如果只按照该孔子学院年度报告和大事记里记录的发展规模数据来分析，其实并不是很准确。该孔子学院需要把当前的发展速度适当放缓，稳步发展，把重心放在提高"质量"和打造品牌方面。

五 结语

总的来说，CI1 孔子学院的发展处于减缓速度，加强力度和深度的阶段。因为前几年过于追求发展规模，近期将重心从"数量"调整为"质量"。CI1 孔子学院目前的特色远不止"中医"这一个，该孔子学院的领导层普遍认为"中医"这个招牌，反而可能限制该孔子学院现阶段的发展。该孔子学院追求的是全面多方位的发展，比如目前着重发展的文艺演出、文化活动、加强与英方合作院校的联系等。当前英国环境中的一些大发展机会、伦敦的特殊地理位置、孔子学院团队的能力和努力等，使得 CI1 孔子学院现在正处于发展的一个黄金期。从市场环境因素角度分析，环境需求机会的发现和满足、在能力极强的"领导人物"外方院长 C 带领下积极探索多方合作、产生口碑效应等，这些都是 CI1 孔子学院这两年快速发展的决定性因素。

  CI1 孔子学院虽然挂着"中医"这样一个专业性招牌，但近几年已逐渐从专业化走向了多元化。用中方院长 A 的说法，是"从一个专科大学发展成了一个综合性大学"。中医在该孔子学院是一个传统特色和核心基础，但该孔子学院并不局限于此，而是抓住环境机遇，扩展到了多个方面。另一方面，CI1 孔子学院的可持续发展模式，可以给其他孔子学院提供参考，但"没有办法复制"。这和一开始的中方合作院校的资源和平台能力有直接关系。CI1 孔子学院由于合作方高校 B1 和 B2 的中医、武术、文艺等多方面的平台支持，才有了多元发展的根基。

第四节　英国兰卡斯特大学孔子学院形态描写
——当地民众交口称赞的孔子学院

  兰卡斯特大学孔子学院（下文简称兰卡斯特孔子学院）位于英格兰西北部的兰开夏郡，其外方合作院校为兰卡斯特大学。其中方合作院校为教育部直属的重点大学，学校办学源远流长，堪称中国高等工程教育的探路者。现与国外 200 多所大学及科研机构建立了长期合作关系，与英国兰卡斯特大学、美国爱达荷大学以及德国奥迪集团、英戈尔施塔特市政府、英戈尔施塔特工业技术大学共建了 3 所孔子学院，兰卡斯特孔子学院为其在海外参与合作共建的第一所孔子学院。其外方合作院校兰卡斯特大学，建于 1964 年，是英国一所顶尖的研究型综合大学，享有良好的学术声誉。该校由四个主要的教学学院组成，分别是管理学院、艺术与社会科学学院、科学与工程学院、卫生与医药学院。2017 年，该校有大约 13000 名全日制学生攻读本科、硕士和博士学位，在全世界有超过 10 万名校友。

兰卡斯特孔子学院坐落于兰卡斯特大学校园内的"Round House"。整栋楼就是一个环形，在校园的建筑群中别有特色，圆形风格似乎也暗含了中国传统文化中共生、和谐、圆满的意味。目前一层为孔子学院的办公地点，有四间办公室、一间教室和一个大厅；二层则为兰卡斯特大学艺术学院。因为兰卡斯特孔子学院发展良好，大学即将把整栋楼划拨给孔子学院作为办公、教学、图书资料建设、文化展示的场所，届时将重新进行装修整改。

孔子学院大门口通常摆放着文化活动的宣传板，根据活动的时间设置调整。此次宣传板上为"Discover China with Lancaster"（和兰卡斯特一起发现中国）的宣传画，配着一张十几名英国学生在中国长城上的照片。

走进兰卡斯特孔子学院，能明显感到浓厚的中国文化气息，展台上摆放着瓷器、脸谱、扇子、中国各地民居模型等几大传统文化元素。据介绍，玻璃柜里的多数展品都是兰卡斯特大学PVC（Pro-Vice-Chancellor，中文称作代理副校长或副校长助理）收集了多年的藏品，在兰卡斯特孔子学院建立后，PVC将自己多年的珍藏都送给了孔子学院。右侧两排大红色的书架，摆放着中文教材、中国文化书籍，整齐大气，彰显了传统中国喜庆的文化特色。另外，书架有一面为照片墙，旁边还贴着各种活动宣传单，展示着兰卡斯特孔子学院这些年的各种文化活动和成就。

一　概况

兰卡斯特孔子学院于2011年12月20日正式揭牌成立。现有工作人员28人，中外方院长各1人、经理1人、公派汉语教师13人、志愿者教师12人。下设有2个孔子课堂和3个教学点。

（一）主要访谈对象的基本情况

1. 中方院长Z

女，大学外国语学院教师。Z院长为兰卡斯特孔子学院第二任中方院长，于2013年到任，主要负责兰卡斯特孔子学院有关文化活动推广，孔子学院本部及下属孔子课堂、教学点的建设，教师管理、教学质量控制等方面的工作。Z院长做事干练，行政经验丰富，起到了很好的工作协调的作用。

2. 外方院长 S

男，华人，兰卡斯特大学商学院教授。S院长为该孔子学院的第三任外方院长，于2014年起开始兼任外方院长一职，其薪酬由孔子学院提供。S院长学术和行政经验都很丰富。主要负责孔子学院的总体工作，外方人员管理，中国文化高端学术讲座与交流，与兰卡大学校方的沟通等。

3. 经理 C

女，英国人，自2011年该孔子学院成立，就一直担任外方经理一职。经验丰富，工作能力强，对中国印象良好，对于孔子学院与大学及当地的政府民众之间的交流也起着较为关键的作用。

4. 公派汉语教师

公派汉语教师A，女，来兰卡斯特孔子学院已经近两年，计划于2017年8月到期回国。她是带着女儿一同来英国的，目前她的女儿上当地小学四年级。经常会出现工作与照顾孩子的冲突，孔子学院的中方同事会帮忙带孩子，给予了她很大的帮助。

公派汉语教师B，女，与公派教师A同时赴任，也计划于2017年8月到期回国。来兰卡斯特，是她第一次赴海外做汉语教师。目前一周有12节至16节的课程，虽说课程数量不多，但是种类多，因此备课任务量大。

公派汉语教师D，女，主要教口语课程。

公派汉语教师E，男，体育教师，主要教武术课程。

5. 汉语教师志愿者

汉语教师志愿者F，男，教武术，主要在该孔子学院下属的孔子课堂上课。任期于2017年到期，但因表现优秀继续留任一年。

汉语教师志愿者G，女，在该孔子学院工作近一年，主要负责行政工作。每周日去孔子学院下属的教学点上课。她认为自己很热情，善于与人聊天，尤其是跟孩子们打交道，这是她的优势。

6. 前任中方院长 H

男，于 2011 年至 2013 年担任中方院长一职，是该孔子学院的创院院长。该孔子学院的 5 年发展计划，以及大多数的规章制度都由其主导制定。

（二）组织架构

在组织架构上，兰卡斯特孔子学院隶属兰卡斯特大学的艺术与社会科学学院下的语言学系。兰卡斯特孔子学院的内部组织结构为纵向的 M 型结构：孔子学院理事会为最高决策层，包括中方大学副校长和兰卡斯特大学副校长等中外方理事；下属管理层为中外方院长和经理，从事日常管理工作；执行层主要由教师和志愿者构成。但这些结构层次职能并不是严格区分的，而是联系密切且有交叉，如中方院长具有财务签字权，与外方院长共同签署相关财务文件；中方院长和经理也承担许多具体执行工作。兰卡斯特孔子学院有两个下属孔子课堂，孔子课堂自身有其独立的制度结构，由所属英方小学指定一名教师为负责人，与中方教师负责人（或叫协调人）共同执行管理工作，向小学副校长和兰卡斯特孔子学院中方院长负责。这种纵向的组织结构与其他孔子学院基本相似，内部结构的形态特征主要为横向的分工协作和沟通关系（如图 16-2 所示）。

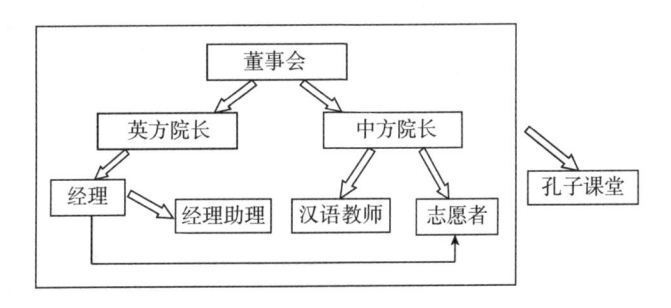

图 16-2 兰卡斯特孔子学院组织架构

（三）汉语教学和文化推广

1. 汉语教学

该孔子学院的汉语教学分为大学学分课、非学分课，中学非学分课，小学必修课、兴趣课和 GCSE 汉语考前辅导班。大学学分课程为本科和研究生开设，课程从零起点到高级，包含听、说、读、写课程，2016 年的学生人数为 171 人。同时也开设了非学分课程，主要面向大学师生，以及来自兰开夏郡西北部和肯布里亚郡的周边居民，2016 年的学员人数为 320 人。小学必修课程主要在两家下属孔子课堂所在的学校开设，由教师自编教学讲义，2016 年的学生人数为 1072 人。选修课为武术、太极（教工），人数为 133 人。在兰开夏郡西北和西南部、肯布里亚郡开设的中学初级汉语、GCSE 汉语考前班、小学汉语初级、高级班，学生人数超 1300 人。

从上面的数据能看到该孔子学院在汉语推广和教学的基本情况，无论是在教学点的数量、学生人数，还是在课程种类上都取得了不错的成绩。

2. 问题：教学方式和教材选用

调研团队在观摩汉语读写课时，发现不少英国学生在课堂上常常感觉比较难懂。为此，调研团队与该孔子学院的汉语教师就如何教英国人汉字展开了讨论。任课教师 A 采用的主要是汉字记忆法，即要求学生背诵汉语，她坚信自己目前的教学方式有效，关键是要坚持。A 认为，一千个汉字涵盖了 90% 以上的会话，所以背诵汉字很重要。她说："60% 的汉字可以解释清，40% 解释不清，就这么强解释，或者给他编一些有意思的故事。"从学生的反应来看，A 的教学方式并不太适合他们，因此如何改进教学方式，提高教学效率，还需要进一步思考。

在询问教师课堂教材和教具使用情况时，教师们都表示很少使用辅助教具，主要使用教材。汉语教师 B 认为"应该按照课本来教学，不能那么花哨，要完全遵循着课本来走，刚开始就是边教边学"。但兰卡斯特孔子学院的汉语教师普遍反映，当前使用的教材需要优化，孔子学院总部提供的教材，尤其是《新实用汉语》，"内容比较陈旧，生词量非常大"，学生普遍反映"很难"。如何选择合适的教材，或者自行编写教材，是当前该孔子学院亟须改进的一个方面。

3. 文化推广活动

兰卡斯特孔子学院在2017年开展的文化活动有近70场，包括孔子学院日、各类文艺演出、论坛讲座、展览、文化体验活动等，有42000人次参加。这在全英国的孔子学院中排第6位，其中文化体验活动的场次最多，达42场，15000多人次参加。

4. 文化活动的特点：精品

在文化推广方面，兰卡斯特孔子学院采取的是"精品活动"路线。外方院长S谈到这几年兰卡斯特孔子学院的一个特色就是"做了一些比较精品的项目，侧重于一些高端的学术活动和社会活动"，文化活动主打精品的策略趋势。

该孔子学院举办的"中国日"活动，已经成为该孔子学院在兰开夏郡西北部和肯布里亚郡的品牌项目。活动到场的本地要人包括相关城市市长和议会最高领导人、中国驻曼彻斯特总领馆总领事、大学校长等；学术研讨会和论坛，也力争小而精、高大上，主讲人均为中国相关领域的知名专家。

二 分工协作

兰卡斯特孔子学院的分工协作关系是一种横向的组织结构，是体现其内部分工协作关系及其沟通关系而形成的一种无形、相对稳定的组织构架。从该孔子学院建立初期到团队前往调研的2017年，在这六年的发展中，中方管理人员与英方管理人员的分工协作和沟通在不断磨合和改进，从最初的明显跨文化冲突发展到现在的逐渐包容和谐。

（一）两届中外方院长间的沟通协作

作为孔子学院的管理层，中方院长和外方院长的角色至关重要，他们之间的分工和协作沟通直接影响该孔子学院的运作和发展状况。兰卡斯特孔子学院的三任外方院长都是华人，但是第一任中外方院长之间关系比较紧张。英方经理C在谈及第一任中方院长H和外方院长X的关系时，认为他们"性格上格格不入"（personality clash），导致互不商讨和沟通，两人之间"不共享信息"（did not share information），甚至彼此间"缺乏尊重"（lack of respect），这样各行其是必然使得许多工作不好开展。

相对于第一届的领导班子，兰卡斯特孔子学院的第二届管理层更协调，中方院长 Z 和外方院长 S 的关系比较和谐。在与外方院长 S 和中方院长 Z 的单独访谈中，他们对彼此的评价都较好，认为双方的分工都比较合理，彼此能较好地共事。Z 认为她和 S 间的"默契越来越好，磨合时间非常短"，S 也认为 Z "很有经验，双方就是要把同事做好"。

从进一步访谈中可看出，中方院长 Z 和外方院长 S 在分工和协调方面处理得比较好，外方院长对于中方的工作很支持，双方的沟通和协调都很融洽，形成了 1+1>2 的效应。这也是兰卡斯特孔子学院这几年发展速度很快，在整个英格兰西北部的孔子学院里名列前茅的一个重要原因。

第二任中方院长是华人，在大学设置汉语学分课、中国社会与文化课方面做出了重要的贡献，但由于上任后半年发现罹患重疾，仅断断续续坚持一年便离任了。第一和第二任外方院长都是华人，由于常年在国外生活和工作，在思维和工作方式上会与中国人有一定的差别。因此，中外方院长之间除了有部分文化差异引起的冲突外，彼此性格迥异是导致沟通协调问题的一个方面。如果性格相投，且更注意人际关系的沟通，则工作配合协作会更为顺畅。性格差异大，可能会导致双方沟通不畅，合作困难。但是，中外方院长在性格上的差异，并不是导致矛盾的全部原因。第一任院长为创院院长，所有的事情都需要从零开始，孔子学院需要从无到有，这个过程中需要面对和处理的困难非常多。在处理的过程中，彼此就会或多或少地产生摩擦。其次，在孔子学院的创院初期，正是制定"规则"的时候，孔子学院如何管理，各类规章制度都会在这个时候建立起来。制定规章制度的过程，就是中外方领导人之间的博弈过程，双方都希望自己能掌握更多的话语权。在第一任中方院长 H 的日记中，讲述了双方多次涉及话语权的争执，而到了第二届领导班子的时候，这些基本上都已经固定下来了，少了这个博弈过程，双方的冲突自然而然就会少很多。

（二）外方经理的权责分工不明晰

从该孔子学院建立起到 2017 年团队前往调研，外方经理 C 一直担任该职务，C 分别与 5 位不同的中外方院长打过交道。谈到自己在兰卡斯特孔子学院的职责时，C 认为自己的主要工作是对教学、研究等进行全方位的补充（"complement all aspects"），为中方院长和外方院长进行沟通（"connect"）。

通过访谈了解，外方经理 C 目前的一个重要职责就是协调孔子学院人员的分工协作，尤其是中方人员和英方人员之间的沟通、交流和协作，并借助自己的优势和长处，与兰卡斯特大学校方及英国当地组织、学校等进行积极的沟通，并开拓市场。总体来说，C 的工作很称职，与各院长间的沟通顺畅，关系相对较好，但在分工协作方面还是存在一些问题。在该孔子学院，外方经理常常充当外方具体执行者的角色，一般直接受外方院长监管，权职要低于中方院长。但在调研和访谈中发现，外方经理 C 的权职地位常常是与中方院长对等。

在调研中发现，也许是因为自身开展工作的考虑，外方经理 C 在该孔子学院的日常管理工作中涉及面非常广，两位中方院长和一位外方院长都对她有疑似"越权"的评价。

但纵观外方经理 C 在孔子学院的工作，可以发现她是在逐步调整自己，适应并更好地发挥其在兰卡斯特孔子学院的经理工作。同时，作为该孔子学院唯一一位从建院至今一直都参与其中的员工，她见证了孔子学院从无到有的全过程，参与了孔子学院所有的项目和活动，是孔子学院当之无愧的"元老"。再加上 C 经理作为本地人的地缘、人际、文化和心理优势，难免在心理上会认为自己比其他人都懂得更多，都没有自己了解兰卡斯特和孔子学院。因此，就会出现历任中外方院长都认为 C 在自身岗位权限方面认识有些模糊。

三　外部形象

孔子学院在全球推广汉语、传播中国文化，逐渐成为中国文化对外宣传的一张名片，代表着中国和中国文化的国际感召力，其海外传播影响带来自身的形象塑造和提升。调研团队在兰卡斯特孔子学院调研时，也试图从大学校方、教师、学生、校外组织、民众等角度去了解其形象，发现兰卡斯特孔子学院的整体形象非常正面、积极。

（一）兰卡斯特大学校方

兰卡斯特大学校方很支持该孔子学院在校内的运作，一个显著的表现是该孔子学院已经进入了兰卡斯特大学的教育体系，为本科和研究生开设了大学必修学分课程。2016 年，该孔子学院与兰卡斯特大学政治系共同新建了"全球中国"（Global China）本科专业，即将开始招生。兰卡斯特大学校方对该孔子学院的支持还体现在把整栋教学楼都划拨给孔子学院，在各项合作和活动中都积极配合。兰卡斯特大学内的一些院系也与该孔子学院有较多联系，中方院长 Z 提到人文学院、科学学院、管理学院、环境学院、医学院等都与孔子学院有合作关系。

（二）孔子学院汉语教师

在与该孔子学院的汉语教师访谈时，针对一些西方媒体提到的"学术自由""言论自由"等问题，调研团队询问该孔子学院的汉语教师们是否有这样的限制，教师们都表示"几乎没遇到，没涉及"类似的问题。从该孔子学院汉语教师的课堂教学和与英国当地民众的日常接触中可以了解到，兰卡斯特孔子学院在当地很受欢迎，当地民众之前大多并不了解当代中国的真实面貌，通过孔子学院的相关课程和活动，他们了解了中国的国情和文化特色，都能认可和接受，各种反馈基本都是正面和积极的。

（三）兰卡斯特大学教师

调研团队在参加该孔子学院组织的活动时，与一名学员 R 进行了交流。R 是当地人，任教于兰卡斯特大学计算机学院，以前在中国工作过，对中国比较熟悉，他经常参与该孔子学院的活动，以强化练习中文口语。他认为孔子学院让"很少出去"的当地人"知道中国是什么样的"。R 说："兰卡斯特作为英国西北部的一个小地方，不少民众对中国的认识停留在五六十年代,而兰卡斯特孔子学院的活动和工作,使他们对现代中国有了更多的认识。"总体而言,他对兰卡斯特孔子学院的印象极佳,认为其在促进语言、文化交流方面取得了很好的效果。

(四)兰卡斯特大学学生

调研团队在旁听该孔子学院的大学必修学分课 CHIN400 读写课后,对几名上课的兰卡斯特大学学生进行了访谈,他们也提到了自己对中文学习和兰卡斯特孔子学院等的看法。同学们都认为,学习汉语对他们今后到中国学习和工作是必不可少的,对他们今后未来发展有很大的帮助。兰卡斯特孔子学院的中文课、兰卡斯特中国企业催化项目等给他们带来了进一步联系中国的机会。学生们对兰卡斯特孔子学院在当地的影响有正面积极的印象。

(五)校外组织机构和当地民众

在兰卡斯特孔子学院外部环境中,中方院长 Z 认为多数机构、组织与孔子学院的关系良好,当地的组织机构都对孔子学院表示支持,如提供"场地、给一些建议"等。中方院长 Z 说:"(当地民众)首先没那么富裕,第二(当地)不发达,文化单一,他们觉得(孔子学院)开阔了他们的视野,给他们打开了一个窗口。"

因为兰卡斯特市地处英格兰的西北部,地理位置比较偏僻,与伦敦及英国南部的一些大城市不同,相对来讲,文化活动和视野在一个固定的小圈子里。随着中国国际影响力的不断加深,越来越多的当地人希望进一步了解中国,兰卡斯特孔子学院就很好地充当了增进双方了解的桥梁角色,当地民众也切实感受到了孔子学院带来的正面积极作用。

(六)孔子课堂受当地师生和民众欢迎

在对兰卡斯特孔子学院下属豪赛德孔子课堂进行田野调查时,调研团队进一步了解了当地民众对孔子学院和孔子课堂的认知和态度。该校的管理层对该孔子课堂非常认可,态度热情积极。两位副校长 C 和 L 都曾到访过中国,且都与该校的孩子们一起学中文。问及该校为何愿意设立孔子课堂时,C 和 L 都给出了相似的回答,他们认为由于地理环境的因素，当地孩子们很少离开小镇，孔子课堂让他们的生活变得"灿烂"，让他们开阔了眼界，看到了"更广阔的世界"。

该小学成立孔子课堂的一个主要原因，是希望学生能开阔视野，提高综合素质，进而提高学校的声望和竞争力。副校长 C 谈到该小学与中国、法国、西班牙等国家的学校都有一些联系，但两位副校长都认为与中国学校的关系是最重要的。学校的积极响应和支持也使得兰卡斯特孔子学院在该孔子课堂的发展很顺利，已经以该课堂为核心，辐射到周边 7 所中小学。

四 结语

成立于 2011 年的兰卡斯特孔子学院，在团队 2017 年前往调研时，取得了一系列可喜的成绩。在汉语教学方面，成功进入了兰卡斯特大学和当地中小学的教育体系，开设学分课程并承担教学工作，建立了 2 个孔子课堂和 3 个教学点。在文化推广方面，创建了一系列的精品项目，无论是在活动场次，还是在参与人数方面，在全英的孔子学院中都是名列前茅的。

从英国主流媒体的孔子学院报道来看，以选择性的负面报道居多。但在调研团队的实地走访中发现，无论是合作的各类学校、组织机构、教师、学生，还是当地的普通民众，对孔子学院的价值都是十分肯定的，评价也都是积极而正面的。孔子学院的到来，不仅使合作院校更加国际化，也开拓了学生的视野、提升了学校的声誉。对当地民众来说，孔子学院不仅丰富了社区生活和当地文化，也开拓了他们的视野，为他们了解中国打开了一扇窗户。

在调研中发现，中外方院长之间、中外方院长与经理之间、该孔子学院与孔子学院总部之间、汉语教师教学与学生学习需求之间，都存在沟通和协作的问题。造成该问题的原因是多方面的，中外方院长和经理三者之间的冲突，有文化差异和个人性格的原因，也有话语权的博弈，但根源还是管理的问题，如规章制度不完善，责权和分工不明确。在优化管理方面，大型的跨国公司应该成为我们的学习榜样。

第五节　黑池周日中文学校教学点①形态描写②
——以华裔学生为主的周末中文补习学校

近年来，英国的汉语教学迅速发展，特别是孔子学院的建立为英国人民提供了认识、了解中国文化，学习汉语的机会。2005年，孔子学院总部与伦敦大学亚非学院（SOAS）签署合作协议，成立英国第一所孔子学院。截至2017年9月，英国的孔子学院数量已达29所，在英国各地中小学里建立的孔子课堂已达148个。目前英国是欧洲孔子学院最多的国家。英国孔子学院的发展不仅为英国人民提供了了解中国文化和学习汉语的机会，也为英国的华人华侨带来了更多认知祖国和了解国情的机会。

习近平主席对做好华裔新生代的工作相当重视，曾亲自接见回国参加寻根之旅的华裔青少年代表，并指出，团结统一的中华民族是海内外中华儿女共同的根，博大精深的中华文化是海内外中华儿女共同的魂，实现中华民族伟大复兴是海内外中华儿女共同的梦。习近平关于侨务工作的重要论述对于做好新时期侨务工作，尤其是在国家文化传播大格局中做好华文教育工作具有重要指导意义。

英国各地不少孔子学院及孔子课堂为海外华裔学生学习汉语提供了师资以及各方面的支援。例如英国华人创办的马可波罗学校获英国教育部批准，2014年在伦敦正式成立，这是英国第一所中英双语小学，现阶段由伦敦的孔子学院提供师资。以笔者所在的兰卡斯特大学孔子学院为例，黑池周日中文学校目前是兰卡斯特大学孔子学院的合作学校之一，本孔子学院的三位教师在该学校任教，笔者是该学校的教师之一。

---

① 该教学点属于英国兰卡斯特大学孔子学院。
② 研究小组成员为该孔子学院课堂负责人，由该成员以第一人称进行描写。

一 学校简介

该中文学校成立于 1995 年,是黑池华人协会管辖下的重要机构之一(组织架构如图 16-3 所示)。有趣的是,该中文学校的成立时间比华人协会的成立时间还早,该学校的校监黎先生曾开玩笑说:"究竟是先有鸡还是先有蛋?我想到现在也没有人可以正确回答,让黑池中文学校告诉你,是先有蛋。"黎先生介绍,当时的中文学校由几个想让自己孩子学中文的热心家长建成,由于当时资源以及师资有限,没有地方政府的资助,在自负盈亏的情况下辛苦经营。经过各方多年努力,中文学校不断发展壮大,得到了驻曼城总领馆的总领事及各级领导的关注和帮助,免费提供课本。在当时的曼城总领事邓波清先生的支持和鼓励下,成立了黑池华人协会,在更高更广的层面上发展侨务工作和华文教育。

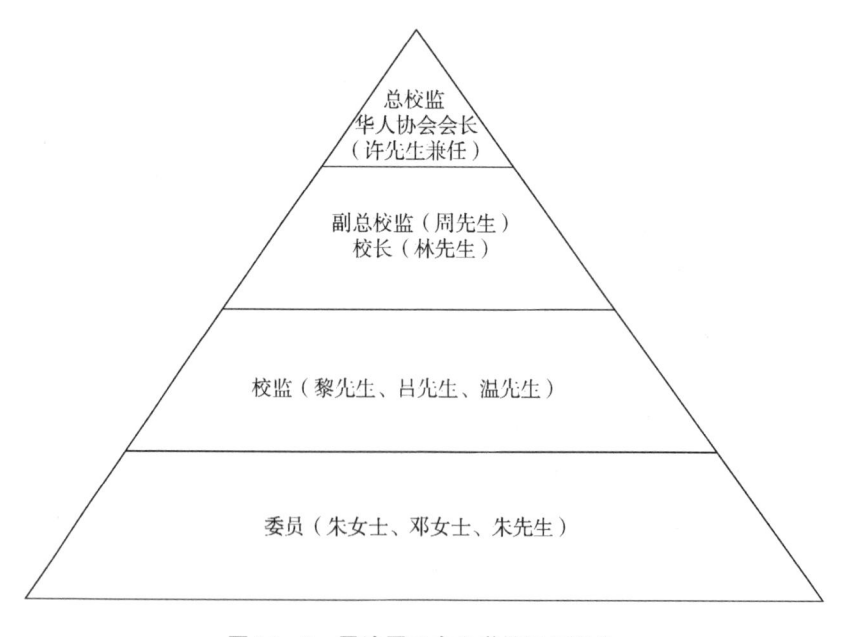

```
                    总校监
                  华人协会会长
                  (许先生兼任)
              ────────────────
                副总校监(周先生)
                  校长(林先生)
            ──────────────────────
              校监(黎先生、吕先生、温先生)
        ──────────────────────────────
            委员(朱女士、邓女士、朱先生)
```

图 16-3 黑池周日中文学校组织架构

目前中文学校共有 60 余名学生,按中文水平分成高中低级三个班级。除了两个中英混血的学生以及一个英国成年女学生，其他学生都是父母均为华人的华裔。学生在每周日中午12点到下午3点，有三个小时的汉语课程，中间有20分钟的休息时间。据黑池华人协会的会长许先生介绍，目前黑池市有几百名华人，大部分华人都选择把自己适龄的孩子送到该校学习。低年级的班主要面向5—8岁的孩子开设，中年级的班面向9—12岁的学生，高年级的班则面向12—15岁的学生。笔者发现，越到高级班，学生的数量越少。据学生介绍，到了高中阶段，学校本身的学习压力会比较大，要准备各种考试或者周日想要跟朋友出去玩，很多人就会放弃中文课。而年龄小的孩子中有很大一部分是父母要求来上课的。

  作为任课教师，平时笔者联系最多的是校长林先生。林校长为该校已经服务了20余年，一直兢兢业业，认真负责。平时林先生会在上课前来开门，放学后他还要把教室打扫干净。平时学生的本子或课本用完了，教师就可以找林校长申请新的。林校长还负责每个月底给教师课时费（这笔课时费要交给课堂作为课堂基金，教师只有基本的车费和餐费补助）。几位校监也经常在周日的下午来学校开会，共同商讨华人学校以及华人协会的事项。笔者在课间也会去跟几位校监聊天，以便更好地了解这里的华人社会和华人学生。许先生是该学校的总校监，也是华人协会的会长，代表黑池华人协会与领馆以及其他地方的华人协会联系。许先生非常有语言天赋，粤语是其母语，英语的发音和用词都与英国本地人差不多，普通话也能流利沟通。林先生和许先生都是30多年前，在十七八岁时从香港移民来到英国的，经过自己的奋斗，现在一家都在英国安居乐业。许先生和林先生现在已经退休，不再从事餐饮业了，他们的孩子也全部上了大学，毕业后在英国人开的公司工作，生活方式已经完全成了英国人的，跟父母说话也大多数讲英语。这让两位先生感到遗憾，因为孩子小的时候正是这些华人父母努力工作赚钱的时候，没有时间和精力来管孩子的中文学习，林先生的女儿还会说点粤语，许先生的儿女则完全讲英语，但是都不怎么会写。

二 面临的问题

笔者通过与各方交流以及自己的观察，得知该校目前面临校舍、师资、资金与教材等一系列问题。

（一）校舍问题

校舍问题一直是中文学校的一个难题。由于学校只是周日下午运营半天，并没有独立的校舍。目前的校舍位于黑池市中心一座教堂的一个厅里，共有三个教室和一个等候区。由于教堂不允许学校挂牌，所以学校位置很不明显，笔者第一次来时找了很久也没找到。学校位于黑池市比较脏乱差的地区。教室内的设备也比较简陋，每个班只有一个白板，没有任何多媒体设施，教师没办法用多媒体技术教学。三间教室都比较狭长，学生的座位比较分散，教师需要用比较高的音量来说话，有的教师甚至自费购置了扩音设备。因为是教堂的房子，有的教室里还堆放了不少教堂的救济物资，比如各种罐头食品和旧衣服，教室里比较乱，学生容易分散精力。冬天的时候教室里没有暖气供应，阴面的教室就会特别冷，教师和学生都要穿着厚外套，戴着手套上课。虽然目前的校舍并不是特别让人满意，但是位于城市的中部，交通比较方便，家住在北部和南部的学生来上课都比较方便。

据校长林先生介绍，学校成立后的20多年里，曾经多次搬迁，一般是租教堂或者活动中心的房子。这个教堂的教室已经租三年多了，最近因为教堂不再向外出租教室，9月就要搬到新的校舍。新的校舍位于笔者目前就职的豪赛德小学附近的一个社区中心里，离笔者及孔子课堂其他同事的家也非常近，相对于比较乱的市中心，这个区域是比较安全的了。林先生还说，这个中心比现在的教堂教室条件好，还允许挂黑池周日华人学校的牌子。但是地理位置上比较靠近城市的南部，对于住在城市北部的学生可能路程更遥远些，最北边的学生家长开车需要一个多小时才能到，而且这个区域是居民区，停车将会成为一个大问题。

校舍是华人周日学校存在的最基本的条件，也是困扰华人学校的重要问题之一。黑池中文学校几次搬迁，且没有基本的多媒体设备，期待新的学校能有一些改变。

（二）师资问题

据林校长介绍，黑池周日中文学校是三年前才开始跟兰卡斯特大学孔子学院合作的，由孔子学院提供师资，也是从那时候起，才开始教汉语普通话，之前都是当地的华人教粤语和繁体字。

笔者于 2017 年初到兰卡斯特大学下属课堂工作，当时的志愿者数量有限，华人学校的两个班由本孔子学院的志愿者轮流来教，包括在黑池市的孔子课堂的志愿者和兰卡斯特大学孔子学院本部的志愿者，另一个班由一位年纪比较大的当地华人 Sisi 老师负责。笔者对华裔学生的汉语学习非常感兴趣，曾多次去中文学校听课。据本土教师 Sisi 老师介绍，她教七八年了，对这些孩子很有感情，可是年龄大了，耳朵听不清楚了，实在教不动了，非常想把接力棒交给孔子学院的这些年轻教师。但是因为当时未能在学期初就跟外方负责人沟通好，孔子课堂的课表已经确定，确实抽不出人来代替 Sisi 老师。在听课的过程中，笔者发现 Sisi 老师用传统的教学方式来教汉语，重复读，重复写，孩子们也还算比较配合，但是比较被动，不活跃。他们毕竟是在英国接受的教育，对于这种反复重复的活动还是有些抵触。比如 Sisi 老师说这个词抄十遍的时候，全体学生都会抗议说这种方法没意义，但是在老师的一再要求下学生还是抄写了。Sisi 老师比较严厉，她在班里乱的时候会大声喊："listen, silent." 非常像国内教师大声对学生说："注意听讲，安静！"在一次观摩中，我注意到了 Sisi 老师的几个错误，她带有比较浓厚的南方口音，把"一会儿"念成了"yī huì ér"，没把"儿"音加在"会"字里，把"明明"这个名字都念成了二声，没有把后一个字轻声化，还把"鱼"字下面的一横写成了四点水（受繁体字影响）。由此可见，未经过培训的教师确实在基本知识储备及课堂管理上存在一些问题。

2018 年 2 月起，经过兰卡斯特大学孔子学院院长的批准，以及豪赛德孔子课堂外方负责人的同意，笔者暂时接手 Sisi 老师的中级班，有了更多跟学生、家长以及校监们交流的机会。

在与家长们的交流中笔者发现，家长对于教师更换频繁（每个学期，大概三个月换一次）颇有微词。笔者只能尽力解释孔子学院的志愿者一般都只在英国工作一年，而且没人愿意一直在周日工作，所以只能采取教师们轮流授课的方式。此外，由于大部分志愿者都是在校的研究生，在有些家长看来"还都是大孩子"，质疑教师是否经验不足。笔者则为其介绍，孔子学院总部志愿者项目的选拔非常严格，这些志愿者都有非常强的学习能力，而且是在英国中小学任教，有一定经验。但是笔者在听志愿者上课，以及跟学生交流过程中发现，部分志愿者的英语不够好，很难解释清楚中高年级相对复杂的语言点及文化内容。还有的志愿者确实存在课堂管理及知识储备的欠缺，极少数志愿者责任心较差，教学态度不认真。在跟志愿者的交流中，他们也认为华人学校的课非常难上，很多学生不认为学习汉语是正常的上学学习，只是一个课外班，不需要很认真，学生迟到、上课吃东西、走神、聊天等不良行为非常多。等到志愿者教师初步能进入正轨的时候，三个月时间已经过去了，要换成其他志愿者。笔者认为，成为一名合格的教师需要自身不断的努力，也需要时间来跟学生磨合，但是目前一个学期换一次教师的模式确实给学生的汉语学习带来了负面影响。

（三）资金与教材

笔者注意到招生简章上说，学生一学年的学费120镑，除去假期，一共35次课，每次课三个小时，这样算下来，一个小时收费才1镑多，这120镑还包括一个定制的黑池华人学校的书包、课本以及作业本。林校长介绍说，这些钱根本不够教师课时费以及租赁场地的费用，还要依靠举办各种活动时华人捐款的支持。比如今年华人协会和华人学校在本地著名的演出场所（Winter Garden）举办了庆祝中国新年的演出活动，演出的人员包括华人学校的学生、豪赛德孔子课堂的教师们，以及其他有文艺特长的华人。一张门票是25镑，包括看演出和一顿丰盛的中餐。家长们为了看到孩子演出都积极来观看，一些对中国新年感到好奇的英国人也会买票观看。协会还进行了抽奖活动，每张奖券 5 镑，演出中会有抽奖环节，不少人也积极参加。笔者注意到在用餐的过程中每个人都可以得到一本关于黑池华人学校的册子，里面介绍了该学校的建立以及黑池市市长、曼城总领馆总领事的慰问信，各地华人团体等对黑池华人学校正式成立 20 周年的赞扬等。除了这些，还有一些广告，包括中国银行、东亚银行等大企业，以及黑池及附近城市的中国餐厅和超市的广告。据校长介绍，这些广告费也是华人学校资金来源的一部分。在这本册子的最后面，还注明了一些华人的捐赠，捐款最多的一个是学生的家长，她捐了 500 镑，还有很多 100—200 镑的。由此看来，当地华人对于黑池华人学校是非常认可和支持的。

教材一直是黑池华人学校的一个大问题，从去年笔者来此校听课开始，低年级的学生就没有课本用，都是靠教师在孔子课堂打印二十几份带过去。中年级去年用的是侨办赠与的《中文 2》，这本书教师和学生都觉得比较难，比较勉强地学完了。笔者接手这个班时进行了简单的测试，发现除了个别学生外，学生们对教材内容掌握得并不好。校长拿出了仅存的一些《跟我学汉语 2》给学生当课本，这本书还算比较符合学生的水平。但是没有这本书的配套练习册，笔者只好每周在孔子课堂打印二十余份练习题来给学生做。高年级学生之前用的是《跟我学汉语 3》，还是比较符合学生的水平和学习方式。但是学校没有及时买到《跟我学汉语 4》，只能用现有的侨办赠书《中文 7》作为教材，这本书的内容超出了大部分学生的汉语水平，据教师反映学生学起来特别费劲，但是也没有别的教材可以选择了。

林校长写信给笔者说，他曾在伦敦一个书商那里订书，但是由于缺货一直没有来，问笔者是否知道其他渠道可以买到课本。笔者推荐了孔子学院总部的合作书店华图网，以及去年去伦敦培训时得知的两家在英汉语书店给他参考。

资金和教材是黑池中文学校的两个重大问题，当地华人的支持是解决资金问题的方法之一，但向当地政府以及教育部门积极寻求帮助也是可以考虑的。教材可以跟任课教师沟通确认后，通过国内的网站购买，然后海运到英国。

三 学生汉语学习情况

　　黑池华人学校的部分华裔儿童在来到中文学校学习之前，已经具备了一定的听说能力。据学生安妮的妈妈介绍，安妮在上学前班前主要是妈妈自己带，所以她的汉语口语和听力还是可以的。二女儿和小儿子则很小就送到了幼儿园，很小就学习英语，再加上已经上学的大女儿回到家里跟弟弟、妹妹也讲英语，所以二女儿和小儿子的汉语口语和听力水平比大女儿差多了，特别是二女儿完全拒绝来上周日学校，汉语是三个孩子中最差的。

　　华裔学生听力的发展往往优先于其他语言技能，笔者发现，由于父母在家都会讲汉语普通话或者地方方言，班里有三分之二的学生能够听懂基本的汉语，但是很多时候不会用汉语表达。笔者经常观察到，家长用汉语来问孩子，孩子用英语来回答。据托尼妈妈说，一开始还会要求孩子在家讲汉语，但是随着孩子英语水平的提高，他就不愿意讲汉语了，越是要求他讲他就越叛逆。还有三分之一的学生对于听懂基本的汉语表示困难，课间休息时笔者跟学生用汉语聊天时，这部分学生经常会要求笔者说英语，或者需要旁边汉语水平比较好的学生翻译。

　　笔者在教学中发现，黑池华人学校的学生阅读输入极为匮乏，也就是读的汉语书比较少，很多学生家里除了中文学校发的教材外没有任何的汉语书籍，笔者班里只有两个学生表示会在家里看汉语的书。

　　对华裔学生来说，汉字书写是最困难的部分，笔者认为这也是调动华裔学生汉语学习积极性的重要原因之一。很多华裔学生抱怨汉语太难，主要是抱怨汉语书写太难。笔者在第一次教这个班时，进行了一次摸底考试，其中在卷首要求学生写中文名字，大部分学生要赶紧拿出课本来，找到自己的中文名字抄上去。也就是说，很多学生连自己的中文名字都记不住，更别提那些平时根本用不到的字。笔者认为，教华裔学生认字，然后用电脑或手机打字，不仅能减轻学生写汉字的压力,也能提高他们学汉语的积极性。

目前三个班的汉语教学基本上是按照课本上来讲的,极少有介绍中国文化的课。笔者曾经问学生是否知道龙舟节(dragon boat festival),学生都摇头表示不知道。笔者进一步解释,那个节日有龙舟赛和吃粽子,他们还是摇头,后来笔者把龙舟赛和粽子的图片给他们看,他们都很激动,说"那个米"做的东西很好吃。一个学生告诉我,每年是有个时间吃这个东西,但是自己记不住叫什么。看来,中国传统节日对于这里的一些华裔学生来说就只是吃什么了。黑池华人学校教师的教学语言以汉语为主,涉及文化的部分比较少的主要原因是设备不足,没有投影和电脑,教室又狭长,教师带自己的笔记本电脑只有前排的学生能看到。而且每个星期日教师们都是从自己家背着很多复印的材料过来,确实没有能力把孔子课堂做文化活动的用品带过来。期待搬到新的教学点后,能有基本的多媒体设施,离孔子课堂近,也方便教师带文化用品去开展文化活动。

黑池华人周日学校目前由于师资、场地以及资金的限制,课程设置简单,只有语言课,没有中国传统文化课程,如舞蹈、国画、书法、武术等,也很少组织相关的中国文化活动。笔者认为,黑池华人学校应该加强与各方的合作,比如可以招募华人协会中有中华才艺的教师开设文化课,或从附近的大城市招募有中国文化特长的兼职教师;积极参加兰卡斯特大学孔子学院的各种活动,如每年的校园开放日;带学生积极参加黑池本地的各种表演,比如黑池每年一度的小学生话剧节等。

目前,黑池华人学校的学生还未参加过 HSK 或 YCT 的考试,笔者通过听课、教课以及同其他教师交流,认为高中低三个班的学生都已具备参加 HSK 或 YCT 的能力。如果通过一定级别的考试,有助于增强学生学习汉语的自信心和荣誉感,达到"以考促教""以考促学"的目的。笔者为此给家长写了一封信介绍 HSK 和 YCT 考试,并征求家长意见是否开展这两样考试。笔者所教的中级班的家长全部同意,其他两个班只有少数学生把家长反馈带回给笔者,但是交回的反馈都表示支持。林校长也认为只要对学生的学习有帮助,家长应该都会同意。但是目前的教室及设备不能满足 HSK 和 YCT 考试的需要，只能等到了新的校舍再来考虑这个问题。

四 学生家庭对汉语学习的支持

据会长许先生介绍，20 世纪 50 年代之前来英华人数量较少，主要从事海运、餐饮等体力劳动。50 年代到 80 年代，来英香港移民的数量增加，华人的职业开始多元化。90 年代以来，来自内地的移民和留学生数量迅速增加，华人的职业选择也越来越多，很多人可以从事技术性工作，如工程师、医生、会计等。但是黑池市的情况比较特殊，华人的职业一般是开中餐外卖。究其原因，一是黑池属于英国经济发展比较落后，治安也相对较差的地区，工作机会并不多。二是黑池没有正规的大学，不能吸引华人留学生来读书并留下。所以，目前黑池市的华人大概分成两类，80 年代以前的香港移民，以及 90 年代后来自广东和福建等地区的内地移民。

黑池中文学校的学生家长以从事餐饮业的为主，以笔者的中级班为例，全班 20 个学生的家长都是做中餐外卖，或者为中餐外卖打工，而且都是 90 年代后来自中国广东或者福建地区的。每次去周日学校上课，笔者都会尽量早些去，想利用课前的时间跟家长聊一聊。因为周日的中餐外卖生意比较兴旺，家长要把孩子送来学汉语，之后赶回去做生意。下了课，家长都很着急带孩子回去，因为家里的生意还要照料。

家长们都反映自己做生意非常忙，比如笔者班里的谢家三姐妹的妈妈表示，自己要帮丈夫在中餐外卖店工作，还要照顾一个三岁的小儿子，完全顾不上三个孩子的学习。嘉绮的爸爸在曼城新开了一家中餐外卖店，黑池这家店只能由妈妈一个人经营，当请的工人不在的时候，懂事的嘉绮会在放学后帮忙点餐，妈妈在后厨准备食物。家长们继承了中国人尊师重道的好传统，每次见了笔者都非常热情，问自己孩子的表现，说自己太忙，平时顾不上孩子学习，让笔者多费心。

笔者为了了解学生的生活，曾拜访过一个学生家的外卖店。像大多数中餐外卖店一样，欣怡家的外卖店位于一栋靠街民居的一楼，一进门是一个五六平方米的顾客等餐区，欣怡妈妈站在柜台后等着客人点餐，菜单上的菜是当地化的中餐，最受欢迎的是酸甜系列的肉食。厨房是半开放式的，透过大大的玻璃窗，顾客可以看到里面的厨师（欣怡爸爸）做饭的情况，欣怡妈妈介绍说，中餐做起来油烟大，厨房每天都要清理才能干净。

二楼以及顶层的小阁楼，则是欣怡一家居住的地方，这样也是为了方便工作。大多数英国人的餐厅周日都不营业，连超市都是周日下午四点就关门了，只有中国人的中餐外卖还开着。欣怡妈妈说，没办法，谁都想休息，可是还要养小孩，只能熬着。

谈起对孩子未来的教育的期待，家长都表示希望孩子能读好大学，但是几个小孩一起读大学是一笔不小的开支。英国的大学学费这几年增长得很快，而且大学毕业了也不见得能找到特别好的工作。笔者班里的几个有大哥哥、大姐姐的学生介绍，他们的姐姐或者哥哥长大后（20岁左右）就开始帮父母做生意了。笔者向家长们介绍，非常欢迎他们来中国读大学，中国政府针对留学生有很多申请奖学金的机会。家长们表示，会考虑，但是如果读大学，首先要考虑的是英国或者欧洲的大学，可以回中国寻根探祖短暂旅游。可以看出，家长认为孩子以后读大学的首选还是英国的大学，笔者认为家长对于中国高等教育的迅速发展还没有足够的认识。

在与家长的交流中，笔者发现家长送学生来学汉语的主要目的是希望汉语能对今后的升学和就业有帮助，方便孩子跟父母以及祖父母的沟通，帮助孩子融入华裔小朋友的圈子，以及维持华人的身份。正如一位家长说的：虽然孩子都想周日出去玩，不来上汉语课，我们都是强行带来的，但是将来，他们会感谢我们的。毕竟长的是中国人的样子，如果连基本的汉语都讲不好，会被人笑话的。现在连英国小孩都学汉语了，如果他们（华裔学生）不会说汉语，以后怎么跟英国小孩竞争？

虽然家长都表示特别支持学生学习汉语，但是笔者从跟学生的交流中发现,家长对学生的汉语学习的实际支持并不尽如人意。中级班里将近一半的学生说自己家里没有中文的图书和报纸,也不看中文的电视。家长除了周日学校的课的学费,很少在孩子的中文教育上有投入。只有一对姐弟,安和艾迪的父母每周二放学后会把他们送到一个中国教师的家里学习汉语和数学。

由于中餐外卖的工作时间长且繁忙,这些家长对孩子在汉语学习上的时间投入也不够。比如笔者班里雀儿写字比较慢,经常在课上跟不上大家的节奏,笔者就让她把没写完的带回家,让她妈妈帮忙辅导写完。但是她都没有做完过,笔者问她原因,她说妈妈每天都要忙到10点多才上楼(从一楼的店里到二楼的家里),根本没时间管她的学习。有些家长对学生汉语学习的情感支持也不够,比如黄永成告诉笔者,他问爸爸自己的中文名字有什么意思。爸爸不耐烦地回答,没什么意思。永成觉得既然没意思,那就不想用中文名了,他更喜欢别人叫他的英文名字。

通过与华人学生的家长交流,笔者发现家长对汉语学习很重视,但是由于自身生存压力较大,对孩子的汉语学习没有足够的资金、时间以及情感投入。而且对孩子未来的教育前景没有明确规划,对中国目前的高等教育也不甚了解。

五 当地社会的认可

许先生特别自豪地告诉笔者,虽然黑池周日学校与黑池华人学校成立仅二十余年,但是华人社会在黑池逐渐得到认可,三十几年前他刚来到这里时,经常受到歧视。现在的中国人大多是从事餐饮行业,吃苦耐劳,遵纪守法,逐渐得到主流社会的认可。通过黑池华人协会的牵线搭桥,黑池市与中国三亚市,这两座以旅游业著称的海滨城市,结为姐妹城市。黑池周日学校的学生和校长还代表黑池的华人团体接受过 BBC 的采访,向英国民众介绍了黑池周日学校的历史及现状。每年的中国新年期间,黑池华人协会和周日学校都会举行一系列的庆祝活动,比如今年(在 Winter Garden)举行的文艺演出,以及舞龙舞狮，都吸引了大量的英国本地人参加。黑池市市长（Ian Coleman）也写信祝贺黑池华人学校正式成立20周年，并肯定了其对黑池市文化教育方面作出的突出贡献。

笔者在与所教的中级班的家长及学生的交流中得知，大部分家长作为移民第一代，英语水平有限，且工作范围大都局限在中餐外卖行业，与英国本地人的交往主要是做生意的过程，并没有真正交到英国的本地朋友，真正融入英国社会。而他们的孩子是在英国出生长大的，从小学接受英式教育，对英语的掌握也与当地同龄儿童差别不大。笔者班里的学生在回答"你最好的朋友是谁"这个问题时，四分之三的学生的回答都是学校里的英国当地同学。在回答"你觉得自己是中国人还是英国人"时，一半的学生认为自己是英国人也是中国人，五分之一的学生认为自己是英国人，但是祖籍是中国。由此可见，这些学生作为移民第二代，已经初步融入了英国社会，但是这个过程不会是一帆风顺的，尤其是进入青春期后，这些学生也许会在融入主流社会的过程中遇到身份认同的问题。

六　总结

在领馆以及侨办领导的关怀下，在兰卡斯特大学孔子学院的支援下，在当地华人的支持下，黑池华人周末学校顺应时代发展，加强对海外华人学习传承中国文化、开展华文教育等方面的服务工作，增进了在黑池的华裔儿童与中国的感情，让他们更好地了解中国、理解中国，成为海外对我友好的基本力量。但是也要看到，该校目前面临着校舍、师资、资金与教材等一系列问题。

笔者认为，我们应该坚持以传承中华优秀文化为主，开展符合青少年兴趣特点、华裔新生代喜闻乐见的教学活动和文化活动；加强家校联合，鼓励家长积极参与学生的汉语学习；积极参加当地的各种文化活动并尽量争取当地教育部门的支持，让学生对祖籍、中国产生亲近感，成为中英文化交流的民间使者。

第六节　豪赛德小学孔子课堂[①]形态描写[②]
——汉语是该小学唯一的外语必修课

一　背景介绍

豪赛德小学孔子课堂是兰卡斯特大学孔子学院的下属孔子课堂，位于距离兰卡大学 30 公里左右的黑池市。黑池市是英国经济比较落后、社会治安相对较差的一个城市。

豪赛德孔子课堂所在的小学是一所公立小学，99% 的学生都是白人，父母都是工人阶级，有的甚至以领取救济金为生。一位当地教师告诉我，很多孩子不知道什么是工作，因为他们的父母天天在家玩，吃政府救济。刚开始上课的时候，有个学生问我："为什么学汉语？我只想像我爸爸一样去市中心当个服务员，不需要学外语。"我逐渐意识到，我所在的这个课堂有自己的特点，在发达国家的落后、缺乏多元文化的地区，汉语教学的开展不仅有很大的意义，也是有很多困难的。

豪赛德小学孔子课堂于 2017 年 3 月正式设立，整个学校从一到六年级都将汉语作为必修课，也是唯一的外语课。目前，整个学校共有 540 名学生学习汉语，我们于 2019 年上半年组织部分本校成绩优秀的学生参加 YCT1 级考试。除此以外，我们还兼顾了黑池市和隔壁市的 7 所中小学的汉语教学工作（后来因为其中两所学校有了自己的 BC 志愿者[③]，就不再由我们来授课），以及周日的华人汉语学校的两个班的教学任务，学生最多的时候有 1400 人左右。

[①] 该孔子课堂属于英国兰卡斯特大学孔子学院。
[②] 研究小组成员为该孔子学院课堂负责人，由该成员以第一人称进行描写。
[③] BC 为 British Council 英国文化协会的简称，BC 汉语助教项目，是英国政府教育部门和英国文化教育协会发展英国语言多样化的汉语推广项目，每年派送合格的中国籍汉语助教（志愿者）前往英国学校，教授为期一个学年的汉语普通话，传播中国文化。孔子学院总部于 2009 年参与该项目，对合作的汉语推广项目，在汉语语言助教的选拔、行前准备和汉语教学技巧培训等方面给予专业的指导和支持。

除了正常的教学活动，我们还开展了"汉语午餐俱乐部"活动。2017年1月到9月，每周一到周四都有汉语俱乐部活动，包括书法、舞蹈与音乐、读书和手工四个俱乐部，吸引了大量学生参加，活动受到校方好评。遗憾的是，从2017年9月起，学校的午餐时间从一个小时缩短为半个小时，因学生没有时间参加而取消了俱乐部。

为了巩固汉语教学成果，我们开设了"亲子日"活动，定期邀请学生家长走入孔子课堂，与学生一起学习汉语，体验中国文化。该活动本年度已成功举行了三次，深受家长好评。我们举办的"中国文化亲子日"是课堂新近推出的社区文化项目，未来课堂还将把"中国传统玩具""中国体育运动"等主题活动纳入社区项目里，旨在为当地民众提供更多了解和体验中国文化的机会。

文化推广是孔子课堂工作的一个重要部分。豪赛德小学孔子课堂策划主持了孔子课堂揭牌仪式及文艺汇报演出、庆祝春节、中英小学生联谊、中国体育活动周、中国饮食体验周、中国服装设计大赛、圣诞集市中国摊等活动，除了在本孔子课堂的文化宣传，教师们还积极配合本部[①]的文化宣传活动，如：接待哈尔滨艺术团演出团来黑池演出、带领学生参加兰卡斯特大学开放日等。

目前豪赛德小学孔子课堂只在本市及邻市的两所中学有俱乐部，未来我们外拓的重点将放在中学上，因为在我们小学毕业的学生已经学了六年汉语，如果在中学阶段能有机会继续学习，对他们的升学将会非常有利。在英国，在中学生的GCSE（相当于中国的中考）和Pre-U和A-level（相当于我们的高考）考试里，汉语包含在外语类选项中。如果学生能够在小学和中学阶段持续学习，那么在读大学前就可以非常好地掌握汉语了。此外，由英国教育部和UCL[②]教育学院共同执行的"中文培优项目"，给中学生提供了机会。该项目的目标是在2020年培养出5000名能熟练掌握中文的中学生，且只招收来自在中文教学方面有良好声誉的学校的学生。目前，豪赛德小学孔子课堂

---

① 本部是指兰卡斯特大学孔子学院。
② UCL是University College London伦敦大学学院的简称。

外拓的学校中,中学还比较少,以兴趣班为主,未能系统发展,本部的外方经理最近采访时提出,豪赛德小学附近的一家中学可以成为优先考虑的对象。

二 组织框架

豪赛德小学孔子课堂的组织架构如图16-4所示。我在此担任课堂协调人一职,在本课堂主要负责行政以及高年级学生的教学工作。作为课堂协调人,我负责课堂与本部及外方的沟通,每个月将课堂的大事记发给中方院长,并报告中方教师的情况,与外方经理沟通所有中方教师的生活和住宿安排问题。外方经理主要负责与本小学的财务经理进行财务方面的交流,包括报销、工作时间统计,以及帮助志愿者安排住宿等。每隔一段时间,中方院长与外方经理都会来课堂听课,与外方及所有中方教师沟通。

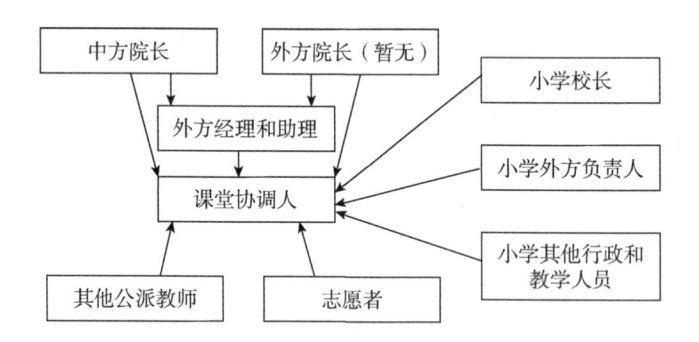

图16-4 豪赛德小学孔子课堂组织架构

在豪赛德小学,课堂协调人的直接汇报人是外方负责人,如果负责人不能解决,就进一步请示校长。第一任负责人在外拓学校方面有比较大的贡献,但是因为其自身性格问题,以及收入问题,而被校长更换职位。第二任负责人是一位头脑非常敏捷、善于表达的女士,为豪赛德小学中年级组长,同时兼任班主任工作,所以她很忙,经常没有时间管课堂的事务。因此,现在很多事情都是我直接去找学校的其他行政人员或教师处理。遇到特别紧急或重要的事情时,如果外方负责人没有时间,校长表示随时欢迎找他来沟通。

三 团队成员

目前,课堂共有公派教师 2 名,志愿者 4 名。在工作上,大家都互相学习,经常坐在一起备课,课后也会一起进行教学反思。在生活上大家都互相关心、照顾,在异国他乡就是一家人,大家也经常一起聚餐和外出。

(一) 公派教师

李靖,是国内某大学国际教育学院的教师,主要教授来华留学生汉语。本科和研究生专业都是英语,在读硕士期间,曾在墨西哥和智利做过两年半的汉语教师志愿者。所以,有一定的教学经验和跨文化适应能力,英语能作为工作语言。但是,赴任以后还是遇到了很多跨文化适应和管理上的问题。

在工作上,除了平时的汉语教学工作以外,李老师还会定期组织全体教师开展常规的汉语教学活动,包括制定教学大纲、集体备课、设计作业、做 PPT、做教具、课后改作业、考卷分析等。

在生活中,李老师的爱人是辞掉了国内的工作后,带着三岁的女儿和她一起赴任的。她爱人的英语非常好,曾经有过在国外生活和工作的经历,因此,他能轻松处理一家人在当地的所有生活事务,如找房子、交各种费用、跟银行打交道等。这让她能把更多精力放在工作上。

调研团队发现,大部分公派教师不带配偶赴任,因为让对方放弃两年的工作是一件很难的事情,很多教师的配偶是中年人,重新找工作也不容易。还有很多教师的孩子尚且年幼,如果配偶不能随任,基本上也就不带小孩过来了。部分孔子学院以工作繁忙为理由,拒绝教师带孩子随任。去年在伦敦培训时碰见几位年轻教师,大家提起家中年幼的孩子都纷纷落泪,觉得错过了孩子的成长时光,也同时感恩家里的老人能替自己承担养育孩子的重担。

樊瑛是西安建筑科技大学的一名英语教师,和爱人带着孩子一起赴任。她在国内教的是大学生,在这里面对一至七年级的学生,也经历了一个适应的过程。在授课的过程中,樊老师尽量了解孩子的心理,使用通俗易懂的语言和趣味性强的教学方式进行教学探索,受到了孩子的认可,取得了较好的教学效果。

樊老师的孩子在这里上一年级,刚来学校听不懂英语,也没有朋友。但是孩子很乐观,积极用身体语言和汉语与教师、同学沟通。来英国的半年里,除了上课,教师还在课外单独给予辅导。现在,孩子虽然仍不能用完整的英文句子与人沟通,但在教师的帮助下,积累了许多英语日常词汇,可以理解教师的课堂用语,同时会用简单的语言与同学交流,在学校交了许多好朋友。此外,中国孩子到了这里,数学都是格外好的,孩子的老师见到樊老师,经常会夸赞他的数学很"super",当然这也是孩子爸爸在家逼他背诵加法口诀表的功劳。

樊老师的爱人在国内从事地产相关的行业,为了支持她的汉语教学工作,辞掉了自己国内的工作,来到这里照顾家庭,每天接送孩子,学习做饭洗衣,过着与在国内完全不同的生活。因为他英语不是很好,刚开始很害怕与外界接触,所以一度比较郁闷和迷茫,脾气也变得暴躁。刚到英国,他总是抱怨这里的生活没有国内便利,没有微信支付,没有美团外卖,没有淘宝,买东西不方便,吃饭要自己做,交通基本靠走,火车太贵,物价太高……但是随着时间的推移,他慢慢适应新的环境,学会了炒菜做饭,静下心来辅导孩子学语文、数学。在樊老师的鼓励下,他有空也会走出去,去超市、市场、商店,在买东西的过程中学习英语,在手机软件的帮助下与当地人交流,现在见到外国人会主动打招呼。

对于樊老师的家庭来说,在英国最大的收获就是家人之间的关系更加亲密。父亲从缺失的状态到走进家庭,父子关系从一开始的剑拔弩张到父子情深,夫妻从之前的各自不理解到现在换位之后的思考,对彼此都有了更多的理解和包容。一家三口在放假的时候会到英国各地观光,开阔了视野,丰富了阅历,舒缓了心情。

(二)汉语教师志愿者

目前课堂有 4 位志愿者,志愿者的任期一般是一年。志愿者教师宋子祎是来自南开大学汉语国际教育专业的研究生，专业素质过硬，沟通和学习能力强，来了不久就把英音说得惟妙惟肖。目前她是课堂的教学助理，经常辅助教师们设计作业。因为喜欢汉语教学工作，团队关系也很融洽，她申请了延期一年。在这一年中，她先后服务于4所学校，在短短一年的教学经历中，看到了海外华裔儿童和本土儿童不同的学习和性格特点，看到了公立小学和私立小学教育情况的不同，这些不同拓展了她的视野，也让她探索不同的教学方法以适应不同的学生群体，不同的教学技巧以适应不同的年龄，思考如何管理课堂使之更加有趣并且高效。她认为在志愿服务的过程中遇到的主要困难在与人交际方面，因为语言和文化背景的不同，所处的城市居民老龄化，当地华人较少，适合年轻人的文化活动不多，在生活中除同事之外很少能够交到朋友，有时候会感到孤独。

志愿者教师龙慕瑭是该孔子课堂目前唯一的男性，是华南师范大学汉语国际教育专业的研究生，曾在泰国做过志愿者，性格活泼开朗，深受学生欢迎。他在工作中发现，英国的小学和课堂与泰国的有很大不同。在英国，教师如果能严格遵守当地的管理体系，教学和课堂管理会比较顺利。同时，师生之间的感情比较疏离，教师更像是知识的服务者，有时不太能体会到为人师的感动和自豪，成就感比较弱。他感觉学校的办事效率很低，本应给每位中方教师配置的门卡，即使多次邮件和当面催促，一年过去了也不见踪影，每天上班都只能以"访问者"的身份登记进入学校。在学校里处处有门禁，需要卡才能开，没有卡在学校里几乎寸步难行，连上厕所都不方便，经常要向其他有门卡的教师寻求帮助。

李思清是国内大学新闻与传播专业的研究生。她英语流利，在工作中非常有主动性，尤其擅长舞蹈，她的独舞以及她带领教师们跳的集体舞都受到了学校师生的一致好评，成了这个学校的"明星"。非对外汉语专业出身的她，汉语教学是她初任时遇到的最大难题。在她虚心求教和同事们的帮助下，她很快适应了从"学生"到"教师"的身份转换。从刚走上讲台时的紧张、不自信，历练成了现在的得心应手。除了本校的汉语课程，每周五她还需负责另一所小学6

个年级的汉语教学任务。她认为，来到英国后文化和语言的差异会让人觉得自己像一个"新生儿"，对一切事物充满好奇，但又恐惧、不安。尤其是在黑池这个相对"闭塞"而让人缺乏安全感的小镇，下班之后我们都只能选择回家或结伴去趟超市，没有任何娱乐可言。再加上英国人注重隐私，人与人之间的距离感强，难免会让人心生孤独。

唐雅静是北京第二外国语学院外国语言学及应用语言学专业的研究生，非常具有亲和力，也能吃苦耐劳。目前教的外拓小学距离黑池搭火车要一个半小时，前段时间修铁路，只能部分线路靠巴士出行，那段时间她平均每次去上课的往返时间要 5 个小时。另外，她晕汽车，还要连着上 8 节课，真是特别辛苦，但她从来没有抱怨过。她认为，在对外汉语教学中，最难处理的问题是维持课堂纪律。另外，在课堂中，学生和教师的关系是完全平等的，双方均掌握话语权，教师可以制止学生的不良行为，学生可以挑战教师的权威，这使得英国的课堂管理尤为困难。正如一位经验丰富的教师所说，在英国，学生不会因为你是教师尊敬你，他们只会因为你的上课内容有趣而尊敬你。这种截然不同的师生关系，带给她更多的思考和启发。

四 跨文化适应

（一）语言和社会文化上的适应

能被选送到英国的公派教师和志愿者，在英语水平和对西方文化的理解上应该是不错的了，但是在实际教学和生活中，还是会有很多误解，轻则闹个笑话，有时候甚至会引起不愉快。下面就是教师们身上发生的各种有关沟通和文化适应的小故事。

故事一：从小学学英语到现在，大家对 thank you 这个词组再熟悉不过了。在英国，随处可以听到这句话，很多小孩子也是 thank you 不离口。有教师表示，在来英国前，就知道英国人比较绅士，说话比较委婉，所以在一开始的授课中，教师会用比较多的 "Could you please answer this question?"（请问，你能回答这个问题吗？）或者"Could you please keep quiet?"（请问，你能安静吗？）来提问或者提醒学生。当地教师告诉汉语教师，直接用命令句再加一个 thank you。比如一个学生一直站着，可以告诉他"Sit down! Thank you!"（坐下，谢谢!），这时候的 thank you 带有命令的意思。一句简单的话有时候也会引起跨文化交流的不畅。有一个志愿者给外方负责人发过一条短信请他帮忙接一下人，因为之前说好的，只需再确定下时间，所以用了 Please pick ×× up at ××，thank you! 这样的句子，翻译成中文大概就是：帮忙几点接下某人，谢谢啦! 结果外方看后特别生气，认为这个志愿者是命令他。所以说，有时候通过了英语 6 级甚至专业 8 级，基本交流已经没有问题了，但真正到了异国他乡，还是有很多超越语言的跨文化障碍等着我们去克服。

故事二：有一次，一位汉语教师组织学生表演孔雀舞，跳舞的一个女孩因转学退出，需要再选一个。因为舞蹈服装很瘦，所以要找一位身材瘦小点的孩子。教师问五年级的女生谁能周六来表演，结果一个非常胖的女孩最快地举起了手，教师知道她是绝对穿不上舞蹈服的，就对她说："对不起啊，我带来的衣服都是给 small girl 的，你是个 big girl。"然后就选了一个身材瘦小的女孩。胖女孩当场就哭了。其实该汉语教师觉得 big 就是大姑娘的意思，指的是比较高大的小女孩。但是英国人认为 big 是指人胖。这位教师觉得很抱歉，于是在本土教师的陪伴下，向这个女孩道了歉。

故事三：一位教师刚来时看到班上的一个小胖子学生，午饭了还不停地吃薯片和巧克力，好心地劝了一句："你该减肥啦。"结果把孩子弄哭了，学生叫来家长跟学校一起解决。西方人在乎隐私，体重这种事情在他们看来就是隐私，别人不能随便评论，而中国教师会认为这是对学生的一种关心和爱护。

故事四：英国是一个讲究个人空间的国家，人们交流时一般会保持一定的身体距离，不会离得很近。法律规定，在学校里，教师和学生要保持一定的身体距离。在小学，很多小孩为了表示对教师的喜欢，会抱住教师。据观察，如果是女孩来拥抱男老师，很多男老师第一个动作是举起手,意思是我可没碰你。还有的老师告诉我,如果孩子过来拥抱你,最好侧着身子,轻轻拍一下他们的肩膀,然后马上拿开手就可以了。我还看到过两个男孩厮打在一起,如果是中国教师,会一个一个地拉开,而英国教师是尽量挡在两个男孩中间,但尽量避免跟他们有肢体上的接触,直到另外一个教师赶过来,一起把两个孩子分开,然后分别带走。事后,这个教师跟中国来的汉语教师说,万一我们老师去拉架,不小心把孩子摔了碰了是要吃官司的。还有就是在一个封闭的空间内,不允许一个教师和一个孩子单独相处,怕出了事情说不清楚,一个志愿者就被外方告过,上完课后所有的小朋友都出去了,只剩一个小朋友留下来问这个志愿者问题,该志愿者认真耐心地进行了解答,结果被路过的教师看见,就告到领导那里了。所以,来该课堂的志愿者第一天接受的培训就是关于保持身体距离的教育,教学之类的可以慢慢学,但是这种硬性的法律规定是要一开始就牢记在心的。

(二)跨文化教学适应

英国小学阶段的汉语教学主要以兴趣为主,教学目标是学生在小学五、六年级能通过 YCT1 级的考试。以豪赛德小学为例,一、二年级每个班一周一节课,每节课 30 分钟,三到六年级每周一节课,每节课 45 分钟。一、二年级以听说游戏为主,三年级以上的就开始写汉字。

英国小学要求课堂以学生为中心,特别是语言课,要给学生尽可能多的练习机会。我们的每一节课都是经过精心设计的,有明确的教学目标和有趣的游戏,并安排有课堂作业。每次备课,就是教师们头脑风暴的时刻,大家一起想各种既能吸引孩子,又能练到语言的游戏。很多时候,上课就是体力活加脑力活,我们要一边唱一边跳,经常一节课下来满身大汗。按照学校要求,三年级以上的学生每节课都要有作业,所以教师每次课前都要根据学习内容设计作业,而且要批改作业。

英国的课堂上还特别重视分层次教学,要确保每一个孩子都学到东西。水平比较差的学生不能用差字来形容,要用 developing(发展中的)这个词,意思是每个人都要跟自己比,而不是跟其他人比,每个人都有很大的发展空间，每节课都要进步。所以我们的教学还要考虑到学生水平的差异，从教学内容到活动设计，以及最后的作业都要体现分层次教学。

五　内部管理及跨文化冲突管理

（一）内部管理

负责人要制定好内部的管理规则，并在日常执行中起模范作用。由于孔子学院和国内合作院校实行严格的选拔和培训制度，汉语教师在教学上能很快适应，对工作的热爱和主观能动性是提高工作质量的重要因素。教师的考核方式，应该由年度考核细化为学期考核。对于学期考核不合格的教师，应及时做出调整和处理。

（二）跨文化冲突管理

教师们表示，与第一任外方负责人相处，感到压力很大。中方负责人表示，自己刚到时"很多事情无法独自完成，必须依靠外方第一位负责人的帮助来开展工作，所以每次对方发火时，都好言相劝"。与第二位外方负责人的合作则较为顺利，只是她太忙，有些时候顾不上孔子课堂的工作。这锻炼了教师们独立处理问题的能力，他们与校方工作人员也有了更多的接触。渐渐地，我们找到了同外方负责人的合作模式："提前请示，然后一切自己动手。实在有大的问题的时候，当着校长的面提出，一起解决。"

六　总结

兰卡斯特大学孔子学院下属豪赛德课堂作为一个新设立的孔子课堂，在短短的一年时间里取得了巨大进步，在教学、文化活动方面得到了当地学校的认可，也一定程度上融入当地的民众中。公派教师和志愿者们经历跨文化适应后，积累了宝贵的经验，为课堂的后续发展打下了良好的基础。

第七节　图丽博物馆教学点[①]形态描写
——全球首家依托博物馆开设的孔子学院教学点

一　图丽博物馆教学点概况

图丽博物馆教学点所在地卡莱尔（Carlisle）是英国英格兰西北部区域坎布里亚郡的首府，距离英格兰与苏格兰边境仅16公里。卡莱尔历史悠久，该地有一座城堡、一所博物馆、一座大教堂以及不完整的城墙。

卡莱尔的图丽博物馆教学点是目前全球首家依托博物馆开展中文教学与文化活动的孔子学院教学点，博物馆位于卡莱尔市中心。博物馆展区分为古罗马文化、当地文化、自然展区以及主题展区。除基本展览外，博物馆专门设立了教育部门，针对博物馆主要受众开展教育文化活动，孔子学院下设的教学点从属于该部门。博物馆整体定位属于当地文化社区，主要受众为4—14岁的儿童及50岁以上的老年人。因距英国自然及人文景区湖区国家公园仅1小时车程，博物馆除服务当地民众外，有近五分之一的受众为世界各地的游客。

英国从公共博物馆建立之初就很重视博物馆教育，它在博物馆教育上的理念是：每个人都应该有学习和欣赏博物馆和美术馆中奇妙珍藏的机会。博物馆依照英国中小学教学大纲设计课程，依托博物馆藏品，设计互动与动手活动，让学生们在实践体验中了解历史与文化。图丽博物馆有古罗马时期、维多利亚时期、维京人等历史课程。英国博物馆的教育功能将博物馆与家庭、教育、社区联系起来，影响其在展览设计及课程设计的方方面面。

---

① 该教学点属于英国兰卡斯特大学孔子学院。

二 图丽博物馆的中国项目

（一）项目起源

该博物馆的中国项目起源于2013年其对徐州某私人博物馆的访问，双方签订了合作协议，并于2014年正式开始展览项目方面的合作。2015年春节，图丽博物馆市场部经理（Amy）在新年活动上与兰卡斯特大学孔子学院张凤春院长和外方经理（Collette）相识。经过协商后，该孔子学院决定支持图丽博物馆2016年的合作展览项目，但是由于藏品的海关手续等问题，展览日期一再推迟，预计该合作展览项目到2020年以后才能正式开展。2016年6月，兰卡斯特大学孔子学院提出派遣教师赴图丽博物馆开展汉语教学及中国文化相关推广项目，培养与发展对中国文化感兴趣的当地受众。2017年2月黄中辉作为外派教师赴图丽博物馆工作，教学点正式成立。除了常规的汉语教学与文化活动，该教学点还承担了中国赴当地访问团的交流翻译工作，如2018年7月接待河南省文物局访问团，2018年12月接待贵州省仁怀市访问团等。

2017年2月至2018年5月，黄中辉老师是该教学点唯一的汉语教师，2018年5月底该教学点增派了一名志愿者教师。黄中辉研究生毕业于华中科技大学对外汉语专业，在湖北工业大学教授对外汉语、大学英语等课程，2011—2013年曾作为外派教师赴比利时进行汉语教学工作。

由于教学点从属于博物馆教育部，因此教学点的外方负责人为教育部主任（Anna），博物馆的中国主题文化活动由整个教育部协作完成。博物馆与孔子学院教学点的组织框架如图16-5所示。

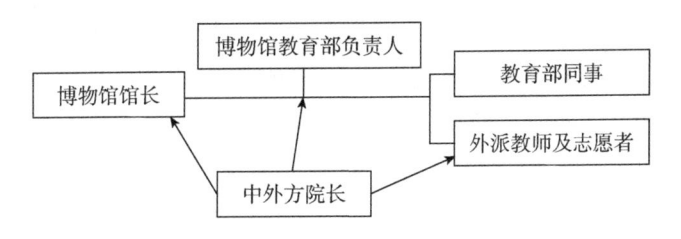

图16-5 图丽博物馆与孔子学院教学点的组织框架

（二）最初的探索者——黄中辉

2017年2月至2018年5月黄中辉是该教学点唯一的汉语教师。据黄老师描述，博物馆的中国项目几乎是从零开始的。黄老师此前在比利时教过两年汉语，在访谈中她将比利时的情况与卡莱尔的情况对比，说："之前在比利时，他们都招好了生，做好了市场，我只用去上课就可以了，但来这里之后，我发现什么都要从零开始，什么都要自己来。"

虽然"什么都要自己来"，但性格要强的黄老师没有放弃。她以最快的速度熟悉博物馆的教学模式，了解到博物馆课程设置与当地小学的联系后，与博物馆教育部负责人商量能否将中文项目嵌入博物馆的教育体系，博物馆开设前史时期、维京人等不同历史时期的主题课程，中文项目可以结合语言、文化开设主题工作坊，在学校和博物馆上课。黄老师说："想法有了，落实和开展也是问题。主题课程要根据英国小学的课程体系来设计课程大纲，怎么上，怎么互动，怎么利用道具，每一点都要思考。"于是，黄老师在博物馆听了一个月的课，了解博物馆的课程设计，了解如何增强课程的互动性，设计情景表演。通过问题进行引导，穿插动手操作，让课程趣味性和实操性兼具，以小组讨论的方式让每个人表达自己的看法贯穿课程始终。黄老师很快设计了中国简介、书法主题、新年主题等课程，并和博物馆教育部的同事一起探讨，想好玩的点子。黄老师说："他们更了解英国的小朋友喜欢什么，我们要做的就是把中国文化嵌入其中，用他们的方式来传播。"

除了设计符合博物馆课程体系的课程，黄老师也意识到语言课程的重要性。黄老师说："语言课是一门实用性的课程，语言也是文化的一部分，语言课程可以更快更有效地锁定一批固定受众。"从幼儿园的孩子开始，博物馆逐渐开设了YCT[①]班、成人班等不同阶段的语言课程。"YCT班的孩子很小，很多孩子的母亲都是中国人，他们学习中文的意愿很强。成人班会更注重日常用语的教学和汉字中的文化教学。"经过一段时间的探索，博物馆基本建立起相应的项目体系，

---

① YCT是Youth Chinese Test的缩写，也叫中小学生汉语考试，是一项国际汉语能力标准化考试，考查汉语非第一语言的中小学生在日常生活和学习中运用汉语的能力。

如图 16-6 所示。

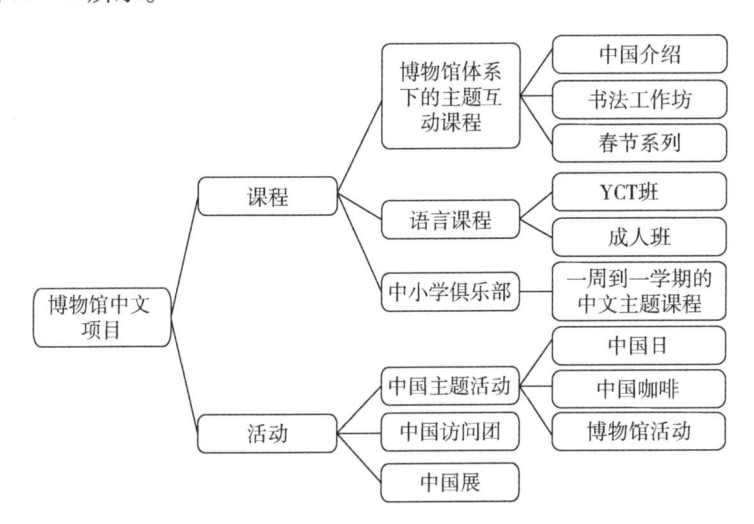

图 16-6　图丽博物馆中文项目体系

（三）项目概况

中文项目主要包括汉语课程及文化活动两大部分。在儿童课程方面，博物馆开设的 YCT 课程，每周一次，每次一个小时。调研团队到访时，有每周一和周四的二级和三级 2 个班，共 14 人，这 14 名学生均为有华裔背景的小朋友。家长们很支持孩子们学中文，并积极与孩子所在学校的校方沟通，希望在学校也能开设中文课程。这些家长成为当地中文项目的重要支持者和固定受众，该教学点的教师为方便交流还建立起了家长微信群，在微信群发布信息，督促学生通过微信语音完成口语练习等。

艾莉森（Alison）是卡莱尔当地居民，她和中国的联结源于一次通过教会的跨国领养。她领养了两名中国女孩，大女儿已经上初中，小女儿刚上二年级。因为两名领养的中国女儿，这个家庭和中国有了千丝万缕的联系。家里的儿子从小就学习中文，大学期间还交换到中国的武汉大学学习。全家人三次赴中国，两次是办理领养手续，一次是全家一起去中国旅游。她的妹妹（Alina）一家有两个儿子，一个女儿，也都在持续学习中文。博物馆教学点第一任负责人说："Alison 一家构成了博物馆中文项目最初的受众。这个家庭与中国建立的密切联系，成为中英文化交流的微小样本。"

教学点长期坚持中文学习的还有十多名华裔小朋友，这些小朋友中有 3 名小朋友的妈妈是中国人，嫁给了英国人，并在卡莱尔当地定居。有 3 名小朋友的父母是马来西亚人，但祖父母是中国人。还有 4 名小朋友的父母均是中国人，在当地开中餐馆。这十几名小朋友最初按照 YCT 课程体系进行汉语学习，不同的教师会根据自身理解，加入中国文化、节日、习俗等相关内容，增强他们对中国文化的认同，并鼓励父母都用中文和他们交流。从 2017 年到 2019 年，这十几名小朋友的汉语水平从零到通过 YCT 三级，成为图丽博物馆教学点持续性汉语教学的重要成果。由于博物馆教育的传统，博物馆与当地小学保持长期合作关系，各类历史课程都有稳定的合作小学，目前中文课程也作为课程之一进行推广，在各中小学开展中国俱乐部（China club）及中国主题学习坊。每学期都有 1—3 所学校定制 5—10 周的基础课程。体验课程主要包括两个部分，首先是关于中国的简单介绍，然后是活动，象形字配对和书法体验。用"你好"导入，与学生互动，介绍自己。接着是互动问答："What do you know about China?"（关于中国，你知道什么？）孩子们的回答可能是龙、剪纸、新年等。

布鲁克街小学（Brook Street Primary School），位于卡莱尔西部，该区域居住着来自东欧、非洲等地区的各国移民，移民的不同文化背景培育了这所小学的多元文化。博物馆教学点的课程属于课后俱乐部（after school club），学生自愿报名，有 20 多名来自 3—5 年级的学生。这所小学的学生活泼好动，当时承担教学任务的志愿者还专门设计了一堂多元文化课，孩子们都有机会用中文介绍自己的国家。教育部主任（Anna）说："后来收到反馈，很多孩子都说印象最深的就是这节课。"

在成人课程方面，博物馆开设了为时 15 周的面向成人的课程，并曾开设面向博物馆员工的汉语体验课。黄中辉自己设计教学内容，并将课程体系分为语音练习（pronunciation practice）、日常汉语（everyday Chinese）、汉字时刻（character time）几个部分，每节课都由这三个部分组成，收到当地民众很好的反馈，一位老人曾专门给博物馆写感谢信表达感谢。

春节期间，博物馆赴多所小学举行"中国大会"活动，介绍春节习俗。另外，博物馆每年9月底都会举行中国主题活动，主要包括画脸谱、学书法、学功夫等。2019年中国农历春节期间，兰卡斯特大学孔子学院图丽博物馆教学点赴英国坎布里亚地区近20所小学开展"中国新年"系列活动课，参与学生人数超过2000人。

文化活动方面，"中国咖啡"是常设活动，每期邀请嘉宾就相关主题举办讲座，并设计体验活动。比如关于中国鼓，先讲"鼓"字的演变，再进行鼓乐表演，最后大家一起体验。古今文化结合，趣味性与文化性兼具。在访谈中黄老师介绍道："所有的 China café 都是结合语言的。例如在讲'鼓'这个字的时候，就我会把这个字从甲骨文到现代字的演变和发展展示给学生，并且会将这些都翻译成英文。当学生们看到，甲骨文中的'鼓'字形状就像鼓，就会很感兴趣。在激发了学生的兴趣后，我就开始介绍鼓的功能和发展，如战鼓、礼鼓、鼓舞、鼓乐团等。"

除"中国咖啡"外，教学点每年会在当地开展"中国日"活动，面向的受众为卡莱尔当地及附近的民众。中国日活动由孔子学院总部发起，每年9月底10月初在各孔子学院、课堂及教学点开展活动。图丽博物馆教学点第一届的中国日活动在博物馆进行，依托博物馆的教育团队，活动策划和组织由团队一起完成，黄老师负责相应物品的购买及活动中涉及文化部分的准备。熊猫玩偶、折纸、画画等手工活动在当日开展，博物馆本身的游客及对中国文化感兴趣的游客纷纷参与体验。到第二年，博物馆与当地图书馆合作，在图书馆再次开展中国日活动，增加中文诗词表演、中文服装、中文书籍展示等相关活动，进一步增强活动的丰富性和影响力。

英国注重文化发展，也注重多元文化教育。在经济并不十分发达的卡莱尔，图丽博物馆相当于当地的文化中心，教学点充分利用博物馆的受众辐射优势，开展中国文化活动。

教学点最具影响力的活动是与卡莱尔市政府合作举办的中国年庆祝活动。2018年春节与2019年春节期间在卡莱尔市中心的广场及图丽博物馆进行全天的庆祝活动，包括杂技表演、手工制作、舞龙舞狮、游行等。某大学国际教育学院官网新闻稿对此进行了描述："市中心舞台表演，戏曲、民乐、杂技、舞狮，掀起一阵阵高潮。长街手工活动，每个小朋友都做了属于自己的中国龙。舞龙游行，鼓乐工作坊，欢乐热烈。各种中国元素让卡莱尔市民领略了原汁原味的中国年。'新年好！'拿到红包的小朋友把这句简单的新年祝福学得像模像样。"

另外，教学点也成为中国与当地交流的纽带。2018年7月与2018年12月两个中国访问团赴当地进行交流，洽谈相关合作，教学点成为交流的纽带，负责沟通、接待、翻译等工作。2018年7月河南省文物局赴图丽博物馆洽谈合作，一是希望合作办展览，二是希望制定长期合作协议，包括人员交流、合作研究、公众教育方面的交流。2018年12月贵州省仁怀市代表团来访，教学点承担相关工作，促成了两地友好城市的建立。馆长（Andrew）说："河南的博物馆还有仁怀市的访问团来访问的时候，我们老师的作用不仅仅是翻译，因为他们已经熟悉了卡莱尔，更熟悉中国，了解博物馆和中国合作的需求，翻译起来更能通过语言沟通双方的需求。"

三　与博物馆同事的沟通合作

该教学点的特殊性在于其依托博物馆开展教学与活动，如何适应博物馆的体系，与外国同事充分沟通合作是该教学点在发展中面临的重要挑战。

（一）主动融入

黄中辉依据之前担任外派教师的经历，延续积极热情的性格。通过帮忙博物馆的活动等方式主动融入博物馆体系。博物馆有活动，她都会主动帮忙。后来加入的志愿者也认为："去给博物馆做志愿者也是了解受众的过程，我们的受众其实是同一批人，闲聊时问问他们对中国文化的了解，也会给我们的活动开展带来很多想法。"教学点工作人员的主动融入心态和行动使双方互相了解，逐渐熟悉，提高了沟通效率。黄老师认为："这是一个互相了解的过程，他们了解我们，我们也了解他们，大家都更包容，视野更开阔，这也是跨文化的魅力所在。我想孔子学院希望达到的最终目的也是如此。"

（二）从有所顾忌到主动沟通

尽管教学点的教师和志愿者都有主动融入的心态，但总会碰到各种问题。对当地的不熟悉，会带来沟通上的顾忌和误解。黄老师最早的办公地点在博物馆教育部和策展部的大办公室，整个办公室只有两个中国人，她形容在大办公室办公的日子很小心翼翼，怕吵到他们、打扰他们。后来办公地点搬迁到博物馆花园后的一栋单独办公楼，教学点才有了自己的办公室。新任的汉语教师还布置了办公室，挂上中国结，贴上课表，"有自己的地盘还是自在一点"。但另一个尴尬又来了，博物馆有特殊的防盗系统，最后一个离开和第一个进的都要经过复杂的锁门程序，好几次，汉语教师触动了报警系统，整条街警笛长鸣。"我们就是不太敢麻烦别人，后来发现他们自己也弄不太懂，太复杂了。"

意识到不敢沟通会带来更多的误解，教师们逐渐改变方式——主动沟通，并在沟通的过程中不断总结、学习对方的沟通方式。"后来很多事情都会主动和他们沟通，比如买东西怎么报销，监考的时候请他们派员工帮忙，毕竟我们是合作方，是平等的，没必要觉得低人一等。"

博物馆教育部主任（Anna）是博物馆的主要负责人之一，教学点的日常工作主要和她对接。据教师们介绍，博物馆在举办活动或者开展课程时需要购买一些教具、物资等，刚开始教师们"认为涉及钱，会觉得尴尬"。一次活动后，主任主动发邮件询问中国教师发票报销事宜，打消了教师们的顾虑。从此以后，如果办活动需要购置物品，他们就会按照博物馆的工作程序，提前主动沟通，留下发票报销。

志愿者们与本地的同事慢慢从工作中的接触，到私下联系。"相处中会发现全世界的年轻人都是一样的，喜欢有趣的人，也有共同的工作压力"，在相互了解后慢慢地成了朋友。在与本地同事成为朋友后，教师们在英国的生活也变得更加"充实、快乐"，在工作之余，参与到了"圣诞聚餐、Bonfire Night 等各种活动"。

从工作到生活，教学点的教师和志愿者整体呈现主动融入的姿态，因为顾忌带来的沟通问题在某一方的主动中化解，形成良好的互动沟通状态，最终促进合作效率的提高和项目的发展。

四 博物馆教学点发展中的问题

（一）作为先行者的困难

黄中辉提到在博物馆开展汉语教学和文化活动，面临很大的挑战，作为先行者，只能摸着石头过河，逐步探索合作方式。当地民众比较保守，而且外方工作人员并不十分了解中国文化，在合作上存在一定阻碍。黄老师说："第一个是没有前人做，第二个这里的外方跟我们衔接的人，他们完全不了解语言和文化。这个地方太 local 了，他不是说那种 international，他没有任何概念，也没有什么兴趣。"

（二）借船出海的摸索

博物馆教学点需要依托其本身的平台开展活动，对当地的影响也要因地制宜，黄老师在摸索中总结出要先学习别人，顺着博物馆的教育功能进行课程开发。黄老师说："我们的第一课是学习别人。依托于博物馆的这一条，我们把它做成精品课程。很多的小学，只要这个学期学汉语，他们就来上我们的新年主题活动等，我们要建立这样的文化性精品课程，纳入他们的课程体系里头，实现博物馆教育功能的一部分。第一个就是先学习别人，学习别人的教育，有时候不是我们想做什么，而是别人需要我们做什么。"

五 博物馆教学点的特殊性

（一）中英在文化教育方面合作的微小样本

2018 年 1 月 31 日，在中国国务院总理和英国首相的共同见证下，中国国家文物局与英国数字、文化、媒体和体育部签署了两国关于推动中英文化遗产和博物馆领域合作的谅解备忘录，将中国长城和哈德良长墙的合作列为重点项目。哈德良长墙正位于卡莱尔所在地区，图丽博物馆与哈德良长墙各博物馆均有紧密联系。2018 年 7 月河南省文物局代表团来访，进一步探讨展览方面的合作事宜。兰卡斯特大学孔子学院的图丽博物馆教学点依托当地的一所博物馆开展汉语教学及文化活动,有很好的平台及政策优势。

（二）对当地民众的影响

2017年及2018年春节,博物馆都是在当地政府的支持下,在市中心开展春节庆祝活动,辐射到卡莱尔甚至坎布里亚地区的民众,引发了这座英国西北部小城对中国文化的兴趣。常设的中国咖啡聚集起一批对中国文化感兴趣的受众,这批受众多为50岁以上,有较高的文化素质,其中包括中国长城和哈德良长墙合作项目英方理事。随着活动的深入开展与逐步提升,将形成一批能欣赏中国文化的当地意见领袖,促进文化的对话与交流。

六 结语

跨文化传播强调文化的相互理解,而非单向推广。图丽博物馆教学点为我们提供了这样的样本,依托本土的文化机构,加入中国元素。

图丽博物馆教学点尝试嵌入当地文化社区,先学习博物馆的文化教育体系,再逐步开展中国项目,以本土化的渗透方式逐步形成在当地的影响力。在探索的过程中,尊重多元文化,强调对比,将语言与文化结合,从语言教学到文化活动都关注受众,并逐步形成一定的思路。与立足校园的孔子课堂相比,博物馆的教学点面对更广泛的当地民众,是公共外交的一种形式。当然,这些探索和尝试也困难重重,与当地文化的磨合、对中国文化的选择、语言教学与文化活动的形式及内容,都需要完善与改进。比如,我们可以明显地发现,其开展的活动仍以中国传统元素为主,这也表明我们对中国文化缺乏明确的定位和全面的认识。另外,这样的模式如何形成体系,逐渐完善,还需要很长时间的摸索。

图丽博物馆教学点因其特殊性,本身就有天然的受众资源,其文化特性,与政府、英国文化协会等的联系成为教学点发展的天然优势。由此,我们可以窥见教学点发展的两条主线:一是大众化路线,为当地民众开设语言教学课程,开展文化活动,在这一路线上,教学点应该充分利用当地资源，融入当地课程体系，介绍更生动全面的现代中国。二是官方交流路线，中国鼓励博物馆之间进行文化交流，以文物、友好城市等形式促进交流合作，可以影响更广泛的受众。当然，国内外各部门之间如何协作，落实合作规划是当前需要解决的主要问题。

第八节　德国 CI2 孔子学院形态描写
——初建孔子学院的中外方磨合

CI2 孔子学院位于德国，其中方合作机构为 F 大学，外方合作机构为 K 汽车公司、K 汽车公司总部所在地 G 市的市政府和 E 大学。其中方合作院校为中国南方的一所理工类高校，其外方合作机构 K 汽车公司是该国历史最悠久的汽车制造商之一，其总部所在城市的市政府和大学都参与了孔子学院的合作。截至 2019 年 12 月，K 汽车公司的产品销往了超过 100 个国家和地区，在全球聘用的员工超过 9 万名。中国为其在全球的第二大市场，公司非常重视在华业务，于 2009 年在中国成立了全资子公司，致力于加强公司在中国的零部件采购业务，开展车载电子软件和娱乐系统的本土化研发和实验工作，以及支持公司在中国的营销业务。公司参与共建 CI2 孔子学院，再次体现其对中国市场的重视。

研究团队的首席专家负责并参与了其创建的全过程，不仅自己带团队实地调研考察，在该孔子学院开始运营后，还有学生作为汉语教师志愿者或公派汉语教师前往该孔子学院任教，因此，团队对 CI2 孔子学院的了解和研究是深入的，也是持续的。

一　概况

（一）简介

CI2 孔子学院是该国签约的第 18 所孔子学院。该孔子学院于 2016 年 6 月签约，并于同年 10 月开始正式运营，由外方的 E 大学和中国的 F 大学共同管理。CI2 孔子学院和世界上其他的孔子学院一样，以推广汉语和中国文化为主要目的。同时，该孔子学院也致力于推动两国在技术、创新、可持续发展和管理层面的合作，这也使得该孔子学院在全世界 500 多所孔子学院中是独一无二的。

（二）特色

1. 运作成本和经费来源

CI2 孔子学院运营经费的主要来源是外方，而非中方。该孔子学院的运作成本和经费来源分配如下：在孔子学院建成的 5 年内，每年将获得 20 万欧元的预算支持。其中，K 汽车公司提供 15 万欧元，G 市市政府提供 5 万欧元，这笔经费将作为孔子学院的管理和运作费用。除此之外，K 汽车公司还提供 5.5 万欧元，作为该孔子学院的启动经费。

该孔子学院的另一合作方 E 大学提供在大学范围内的办公、教学场所并任命外方院长。外方院长岗位为兼职，没有额外薪酬，大学给外方院长每周减少了 4 节课的工作量作为平衡。此外，孔子学院在当地聘用项目经理，其薪酬来自孔子学院运营经费。孔子学院总部负责派遣中方院长、汉语教师和汉语教师志愿者，并承担所有外派人员的工资、住宿费用和国际往返机票，F 大学派遣人员的工资和费用也由孔子学院总部支付。

2. 重视科技合作

CI2 孔子学院需要提供着眼于科技与创新领域的活动和研究项目，通过 K 汽车公司与中国汽车供应商之间的交往，加强彼此了解和相关研究合作的展开，科技合作是 K 汽车公司愿意承担孔子学院多半运营资金的主要诉求之一。

3. 组织架构

该孔子学院成立了孔子学院委员会、董事会和理事会，共同完成对 CI2 孔子学院的管理，其职能和人员组成情况如下：

（1）孔子学院委员会

委员会为 CI2 孔子学院的法律实体，由中外方院长担任执行官。该委员会的成员分布于其外方合作机构中，具体如下：

首席执行官：孔子学院外方院长，由 E 大学教授担任；

副首席执行官：孔子学院中方院长，由 F 大学教授担任；

财务管理人员：由 K 汽车公司的 J 担任；

协议草拟人：由 G 市市政府的 I 担任；

成员：G 市市政府两人，E 大学商学院、国际交流办公室共三人。

（2）孔子学院董事会

董事会的职能是向 CI2 孔子学院中外方院长提供建议和支持，特别是为孔子学院向政府部门争取资金。董事会每年召开一次，均为外方代表，具体人员待定。该组织仅提供建议，不做决策。

（3）孔子学院理事会

孔子学院实行理事会领导下的院长责任制。理事会是孔子学院的最高决策机构，每年召开一次理事会议，中外方成员比例为 1∶1。理事会联合主席由 E 大学校长和 F 大学的主管外事副校长轮流担任。

4. 访谈对象基本情况

（1）中方院长 A

F 大学外国语学院教师，为 CI2 孔子学院首任中方院长，已赴任一年，主要负责该孔子学院文化活动开展方面的工作。在访谈中 A 说："CI2 孔子学院最重要的就是科技合作这一块，外方院长 B 负责的。我们当时分工就是我主要负责文化这一块，然后经理 C，排课由她负责，B 负责的是科技合作。"

A 之前没有相关的海外经验和行政工作经验，作为首任院长，她所从事的又是开创性工作，因此在访谈过程中明显发现她与调研团队之前采访过的中方院长不同，其工作困难重重、阻碍不断，很多工作开展得步履维艰。

（2）外方院长 B

E 大学国际处主管，技术与创新管理专业教授，并兼任孔子学院外方院长职务，其薪酬由孔子学院委员会提供，主要负责该孔子学院在科技合作方面的工作。在访谈中，中方院长说："他的工资都不是学校发的，教授的工资是州政府发的，教授像公务员一样。他在孔子学院是兼职，学校只给他减了四节课，所以他也挺辛苦的，科研压力也很大。"

（3）经理 C

华人，E 大学汉语教师，在 CI2 孔子学院担任经理一职，主要负责孔子学院的教学管理工作,并在各个领域支持两位院长的工作。C认为她在 CI2 孔子学院是经理的角色,因此她仅在大学上课,在孔子学院不上课。

(4) 汉语教师 D

F 大学外国语学院教师,主要负责 CI2 孔子学院学分课程和社区课的汉语教学工作。外派期间,带着女儿一起在该国生活,女儿在 G 市上小学。D 曾经在英国的一所孔子学院工作,有丰富的海外汉语教学经验。

二 汉语课程、文化活动和科技合作

(一) 汉语课程

CI2 孔子学院的汉语课程主要分为学分课程和社区课,详细介绍如下。

1. 学分课

汉语学分课程与英语、西班牙语、法语等外语课程一起,同属于 E 大学语言中心的外语课程体系,是免费的。汉语学分课程主要供经济学院国际经济专业本科生选读,总计 34 名学员,180 学时。分为汉语初级(Ⅰ、Ⅱ)和中级(Ⅲ、Ⅳ)两个级别,初级班每周 8 节、中级班每周 4 节,以《新实用汉语课本》(1—2 册)为主要教材。2016 年末,汉语已与法语和西班牙语共同成为该专业学生三选一的必修外语。

2. 非学分课(或称社区课)

该课程收费,一节课六七欧元。2016 年 11 月,CI2 孔子学院开始通过该孔子学院网站的主页招收社区课学员,该课程主要面向当地市民、大学师生、K 汽车公司及周边中小型企业员工,有初、中、高级,以及"1 对 1"等多种课型。2016 年,该孔子学院共有 46 名注册学员学习社区课程,38 名非注册学员学习中国书法及绘画。

截至 2017 年 5 月底,CI2 孔子学院已经开设了 5 个班,但每个班的学生人数都不是很多。中方院长 A 在访谈中说:"学分课,然后就是社区课,D 老师现在有 5 个班,包括私人的'一对一'课程,顶多就是四五个人,一般都是两个,大部分都是F公司的员工。"

在访谈中得知,CI2孔子学院社区课的学生以K汽车公司的员工为主,这里就涉及CI2孔子学院如何与该公司的F学习中心①对接的问题。正式调研之前,研究团队尽可能多地了解和阅读与CI2孔子学院相关的资料,如《关于向孔子学院总部/国家汉办申请建立孔子学院的计划书》第16页第2段中的内容:"现在,K汽车公司为其员工提供内部中文课程,孔子学院建立以后,这类课程将由孔子学院负责。不仅F公司的员工有学习汉语的机会,其他的汽车供应商从业人员也能够参与其中。"由此我们产生了一系列的疑问:K汽车公司目前为其员工提供的中文课程主要包括哪些内容?授课形式是怎样的?孔子学院建立以后,这些课程由孔子学院负责,双方如何完成对接?课程内容是否会重新调整,还是沿用之前的?然而,在实地的调研和访谈中,我们发现,F学习中心和CI2孔子学院并没有任何交集,甚至因为该孔子学院社区课的学生多数是K汽车公司的员工,中方院长A和汉语教师D都认为CI2孔子学院与F学习中心之间是竞争、冲突的关系。

此外,K汽车公司对于两者之间的对接也持观望态度,目前没有采取任何措施。A提到,自己曾提过CI2孔子学院承接F学习中心教学工作的问题,但是"F公司方面基本没有回应"。甚至,A觉得F学习中心认为CI2孔子学院抢了自己的生源,有一些"敌视"的态度。汉语教师D在访谈中说:"据我的感觉就是,B有的时候也会说,我们不要跟他们(F学习中心)产生正面的竞争,不要让他们觉得我们在抢他们的生源。F学习中心主要面向在F公司有一定级别的人,或者是即将由F公司派去中国工作的人。"

如何与F学习中心对接是CI2孔子学院后续要解决的核心问题之一。截至调研时,CI2孔子学院并没有面向F公司的员工单独开设课程,但该孔子学院的社区课程有很多F公司的员工来报名。如果能实

---

① F学习中心是F汽车公司专门培训自己员工的,有中文教师讲授中文、中国文化、跨文化礼仪等课程。

现对接，将会是该孔子学院后续经营的一大特色，这也是调研团队需要继续深入了解的问题。

（二）文化活动

截至 2017 年 5 月底，CI2 孔子学院举办了两次大型的文化活动。中方院长 A 说："文化方面，我们现在其实也就是两个大的活动，第一个就是去年（2016 年）12 月份的当地大学生的联欢会，还有一个就是 1 月 29 号我国文化部举办的一年一度的'欢乐春节'巡演活动。巡演挺成功的，因为我们当时是和另外两个城市的孔子学院一起搞的，从整个的效果和各方面来说，我们比他们都要好很多。"

2016 年 12 月 14 日，CI2 孔子学院在 G 市中心的饭店举行了大学生圣诞联欢会，有多名当地社会名流和 100 多名就读于 E 大学、天主教大学的两国大学生，以及 CI2 孔子学院的学员参加。

第二场大型文化活动为 2017 年 1 月 29 日在 G 市剧院举办的欢乐春节巡演，来自国内艺术剧院的艺术家们向 600 多位当地来宾献上一场精彩纷呈的视听盛宴，该活动由文化部主办，CI2 孔子学院承办。应邀观看表演的有：G 市市长、CI2 孔子学院所在行政区大区长、E 大学校长、F 公司董事等多名当地名流。

（三）科技合作

科技合作是 CI2 孔子学院最突出的特色，也是 K 汽车公司最看重的。与其他孔子学院相比，CI2 孔子学院多了一个"举办技术与创新管理活动，包括科学家演说、工程师调查研究、两国企业之间交流合作"的目标，这也是 K 汽车公司出资筹建孔子学院的原因之一。在全球化背景下，该孔子学院能为两国企业间的交流合作搭建桥梁。A 在访谈中说："F 对我们的期待，其实它不看重语言和文化，它就看重配合科技合作这一块。"

作为一家由企业出资合办的孔子学院，CI2 孔子学院的特色与"企业""科技"等是分不开的，孔子学院的办学经营特色也应该向科技合作等方面聚焦。但调研团队从其运作半年的成果来看，CI2 孔子学院在科技合作方面发展缓慢，并没有任何相关的工作成效显现。团队在调研中了解到，CI2 孔子学院正在与 F 大学机械学院洽谈学术交流、学生交换等方面的合作。团队调研期间正值该孔子学院举办揭牌仪式之际，揭牌仪式也邀请了F大学机械学院的两位院长参加，因此负责科技合作方面工作的外方院长B借此机会与两位院长进行会谈，商量科技合作。关于这一点，B简单表明了他的态度："我认为会有科技合作，我们在开始着手这件事，这就是为什么11点钟与H大学机械学院两位院长的会谈非常重要，因为我会告诉他们，我给你需要的所有研究资金。只要他们同意了，我会做项目，我们开发一个新的发动机，好了，那他就有了。接着，我们就邀请H大学的工程师和F合作，我可以资助这个。"B对这次科技合作足够开放、也尽可能地提供经济支持。

负责科技合作的外方院长B，虽然对这方面的工作非常乐观，但在访谈中他也向调研团队阐述了自己的担忧。B在访谈中提到"钱不是问题"，主要是科技合作。现在有很多科研经费，但是无处可花，因为科技合作进展不大。外方院长所有谈话的核心思想都是围绕这一句话展开，在整个访谈中不断地强调"scientific research"（科研）。

虽然该孔子学院目前运转良好，但是B也谈到，K汽车公司强调不应只局限于文化联系（cultural linkage），还应有研究方面（research）的合作交流。B说他自己非常积极主动地在推动这方面的发展，还开玩笑说，2017年在中国召开的孔子学院大会他会参加，但是如果他的工作没有什么进展，会是一件非常难为情（embarrassing）的事情。

此外，B也简单描述了他目前正在谈的一项合作，在该国的实验室进行人工智能（lab in Munich about Artificial intelligence）方面的合作。合作者是一家中国公司，其总部又在距离F大学很近的深圳，因此，可以通过合作，将E大学与F大学的合作联系在一起。目前B表示已有意向，但还未正式去谈判。

三 中外方间的分工协作问题

在调研中发现，CI2孔子学院在团队分工协作方面存在问题，中方院长 A、汉语教师 D 与外方经理 C 之间的分工协作不是很协调，并因此发生过矛盾冲突。在访谈中，该孔子学院的 4 位核心人物均就团队分工协作这一问题表达了自己的看法，由于每个人的立场不同，表达有所区别，但分工协作存在问题是事实。

（一）CI2 孔子学院团队分工协作现状描写

在与 CI2 孔子学院中方院长 A 的访谈中，她列举了引起团队内部分工协作和跨文化沟通问题的一些具体事例，如孔子学院夏令营的筹备、汉语教师课程安排等。中方院长 A 认为经理 C 在工作沟通上存在一些问题，也谈到她们之间有过冲突和争执。

经理 C 对于团队分工协作与中方院长 A 的说法有些不一致，C 认为团队"比较融洽"，认为这些分歧矛盾是 CI2 孔子学院初期阶段必然经历的，在一起工作"需要一个磨合时间，经历从不理解到被理解的过程"，会越来越和谐。她向调研团队列举了几个团队磨合的具体事例，如：考虑到公派教师 D 晚上上课回去太晚，C 调整课程时间安排；D 生病了，C 派学员去提供帮助等。

D 在谈到团队关系时，没有过多表明自己的态度，只描述了两个她经历的与 C 有关的事情：学生要求调整社区课的时间，C 不同意；D 希望发邮件时能抄送中方院长，C 不愿意。这里值得注意的是，D 认为外方院长人很好，但是因为忙，没法管理具体的事。另一方面，因为 CI2 孔子学院的汉语教学工作由经理 C 负责，因而在课程安排等方面也可能出现一些分歧。学生需要调课 C 不同意，可以看作工作严谨的习惯问题，定好的计划不轻易改变。但是，在邮件抄送问题上产生的歧义和误解，容易导致下属面临双重领导的问题。

在访谈中，D 讲述了经理 C 对她的帮助，并赞赏她"好心助人"的一面，她认为团队在沟通上需要磨合。"其他的方面她也会帮你想，比如说，冬天晚上很冷的时候她会联系让学生跟我一起回来，就会安全一点。还有一个原因就是那段时间，在市场附近发生过好几起案件，连续的，所以刚来的时候我们觉得安全是个很大的问题，那个时候晚上（街上）没有一个人。那么冷，下雪什么的，哪会有人呢。所以她其实也有为中方考虑的地方，这个我们也很感激，但是在沟通方面还是大家在不断地磨合。"

外方院长 B 一直充当统筹、协调者的角色。A 觉得 B 人很好，很包容，也尊重人，与孔子学院每个人的关系相对都很和谐。但由于她身兼数职，非常繁忙，对团队的协调、协作关系处理不足。中外方院长相处很融洽，B 非常支持中方院长 A 的工作，也认可她的工作能力。同时，B 也比较认可经理 C 的工作能力，认为 C 很有干劲，在工作上值得信赖。此外，在教师 D 的访谈中，她也提到 B 对 C 的工作表示认可。对于中方院长 A 和经理 C 的关系，B 认为她们不存在太大的问题。B 在访谈中提到，当 C 知道 A 要回国后，还哭了。

（二）团队分工协作问题的原因分析

1. 规章制度不完善是根本原因

调研团队在实地调研中发现，CI2 孔子学院组织架构在实际运作过程存在一些问题，经理与中方院长基本平级，分工协作缺少明确的规章制度，这导致该孔子学院出现了权责不清、分工不明确等问题。

因为 CI2 孔子学院刚成立不久（访谈时还未正式揭牌），因此许多规章制度并不完善，如《CI2 孔子学院管理规章制度》刚讨论出初稿，还未正式出台。这就导致了权责和分工不明确，且实际工作时易产生重合和分歧。根据《关于向孔子学院总部/国家汉办申请建立孔子学院的计划书》，结合 CI2 孔子学院尚在拟定中的《CI2 孔子学院管理规章制度》，CI2 孔子学院日常运营的组织架构本应该是：外方院长 B 作为首席执行官全面统筹规划，中方院长 A 作为副首席执行官与 B 协作进行管理，继而是外方经理 C 负责孔子学院日常的行政事务，协助两位院长（图 16-7）。然而，实际的情形却变成了：中方院长和经理在同一层次（图 16-8）。

组织结构的变形使得权责不够清晰，中方院长的很多工作不好开展，也容易与经理产生矛盾和分歧。如汉语教学和课程的相关工作一般中方院长更熟悉，应由中方院长负责，但这类工作在 CI2 孔子学院却由经理 C"全权负责"，中方院长负责开拓市场。虽然现在仅有一名汉语教师 D，但在课程及文化活动项目上的设置和安排方面仍容易与经理 C 意见不合。

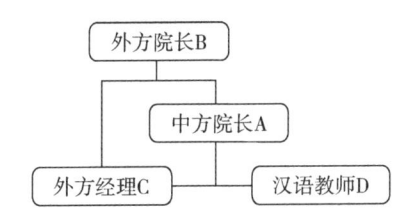

图 16－7　CI2 孔子学院本应设置的组织架构

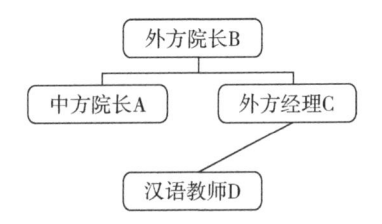

图 16－8　CI2 孔子学院目前的组织架构

由于管理规章制度还未正式启用，而初步拟定的规章制度虽明确了各个成员的职责分工，但是在实际的过程中，团队成员却多次因职责分工不清产生分歧。《CI2 孔子学院管理规章制度》中，对中方院长的职责规定有："协助外方院长筹备理事会、管理汉语教师和志愿者、分配教学任务和工作职责、协助孔子学院总部完成对汉语教师和志愿者的考评和年终考核等。"对外方经理的工作职责规定有："负责孔子学院的管理工作，并在各个领域支持外方院长和中方院长，协助国内汉语教师和志愿者进行安顿，办公室工作等。"对汉语教师工作职责的规定有："汉语教师的平均工作量为每周 14 个教学小时；汉语教师须在开课两周前通知外方经理授课内容；汉语教师协助外方经理安排语言课程，汉语教师改变课程须先与学院商量，随后由外方经理批准；如果汉语教师因病不能上课，应尽早通知外方经理等。"

从规定中可以发现：中方院长的工作职责里明确规定其"管理汉语教师和志愿者"，其中主要包括"分配教学任务和工作职责""协助总部完成对汉语教师/志愿者的考评和年终考核"，外方经理的工作职责当中并未包含管理汉语教学的相关内容。然而，在汉语教师的工作职责中却要求课程内容、课程安排等相关工作都直接对接、请示外方经理。这里存在明显的双重领导的问题,为工作职责划分不清埋下了隐患。

2. 文化差异是引发团队分工协作问题的深层原因

外方经理 C 在描述团队关系冲突时说:"毕竟我离开中国已经 8 年了,中国在这 8 年当中的发展变化是非常快的,有时候可能会想当然,在这里生活久了可能有些(新来的中方同事)遇到的困难(我)会意识不到。"这点对于理解 C 与 A、D 之间存在的分歧来说很重要。

另外,外方院长 B 对团队之间的一些问题,讲述得比较委婉,他将问题归结为文化差异。B 承认团队内部确实存在一些冲突,他认为导致团队冲突的原因可能是文化问题。虽然除了他,团队成员都是中国人背景,但是经理 C 在该国已经生活了 8 年多,而 A 和 D 是新来者,彼此之间会存在一些沟通上的误解。他说中方院长 A 主要是中国思维,而经理 C 长期在欧洲生活,是一半欧洲思维一半中国思维,所以她们之间的分歧是 "cultural problems"。

在 C 与 B 看来,团队关系还是比较融洽、积极的。由此种种可以推断:CI2 孔子学院团队关系问题或许只是因为性格不同、经验差距、文化差异、磨合期短等原因导致的,并不能因为某一方的言论去否定另一方。

3. 团队仍处于建院初期的磨合阶段

汉语教师 D 在访谈中提到,发送汉语课程的相关邮件时希望抄送中方院长 A 而经理 C 不愿意,认为汉语教学由自己"全权负责",进而三人之间产生了分歧。在访谈中,调研团队询问中方院长 A,汉语教学工作由经理 C 管理的原因时,A 说:"因为 C 是这边大学的。第一,她的学分课,很多她去交接。第二,我们当时来了之后起的第一次争执,就是因为这个职责的问题。然后 B 说,要把语言课程设置计划给 C,我就把《CI2 孔子学院管理规章制度》拿出来了。这上面写的是中方院长的事情,后来是我让步了。B 就说,我负责文化,他负责科技,C 负责语言。就是现在这个样子。"

外方院长 B 在访谈中也表示,因为 CI2 孔子学院是新成立的,而且大家都是新手、没有经验,势必会有争吵和意见不合的时候。因此

B 对他们之间的问题呈 "positive"（积极）的态度，认为随着孔子学院的发展和成长，这些问题都会解决。

由于 CI2 孔子学院刚建立，制度设计和课程管理还不够完善，领导分工尚未完全明确，以及两国之间的文化差异，均是引发 CI2 孔子学院团队分工协作问题的原因。每一次争执和冲突都是孔子学院发展路上的经验教训，孔子学院在解决问题的过程中成长，这也是建立初期的正常现象。

四　待深入了解的问题

（一）团队分工协作的磨合情况

首先，在孔子学院的设立之初，应制定明确的管理规章制度。引发 CI2 孔子学院团队冲突的根本原因是组织结构变形，深究其背后的本质则是该孔子学院缺乏明确、清晰的管理规章制度，从而导致权责不清、多重领导等问题。因此，一所孔子学院在成立之初若能避免上述问题，则可能发展得更顺利。

其次，语言和行政工作能力应作为孔子学院中方院长招聘的一个考察要点。孔子学院作为非营利性组织，需要有效的运营与管理，具备一定行政工作经验和能力的院长能够更高效地开展工作。

最后，孔子学院工作人员应进行跨文化培训。文化差异是引发团队关系冲突的深层原因，孔子学院的工作人员身处一个多元文化的团队中，必须具备一定的跨文化沟通能力。因此，日后应加强对孔子学院工作人员，包括其中外方院长、中方员工、外方员工的跨文化培训。

（二）CI2 孔子学院如何与 F 学习中心实现对接

通过研读 CI2 孔子学院的发展计划书可以发现：CI2 孔子学院建成之后的核心目标群体是 K 汽车公司的员工，以及其他行业的企业员工，在教学内容方面侧重商务汉语课程。例如，《关于向孔子学院总部/国家汉办申请建立孔子学院的计划书》中写道："CI2 孔子学院在 G 市建成后，将发展和提供更广范围的汉语教育项目，开展相关的学术研究，服务于当地社区和企业。""现在，K 汽车公司为其员工提供内部中文课程，孔子学院建立以后，这类课程将由孔子学院负责。不仅 F 公司的员工有学习汉语的机会，其他的汽车供应商从业人员也能够参与其中。"

通过调研团队的实地调研发现，目前 CI2 孔子学院并未实现与 F 学习中心的教学对接，甚至两者处于竞争关系。CI2 孔子学院由 K 汽车公司出资投建，它也可以服务于其员工的汉语教学和培训，按理说 F 公司该更乐意将这样的工作委托给孔子学院做才对，既省精力又能获得比较专业的师资。但是为何在与 CI2 孔子学院的中方院长 A 和汉语教师 D 的访谈中，体现出来的却是 F 学习中心比较敌视？是 F 学习中心这个公司机构，还是里面的教师敌视？而且，面向 F 公司员工开展的汉语教学与普通学员的课程该如何对接，外方院长 B 也就 F 学习中心与孔子学院对接教学的工作一再拖延或是避而不谈，为什么？这个问题值得再探讨。

（三）CI2 孔子学院如何突显科技合作特色

CI2 孔子学院最突出的特色即开展科技合作，外方院长 B 也在不断地努力推进这一方面的工作，但是访谈期间了解到相关的工作进展仍然比较缓慢。如何凸显 CI2 孔子学院在科技合作方面的特色，是日后值得探讨的话题，毕竟这是一所有特色的孔子学院，只有基于明确的定位才能发展得更好。

五 结语

该孔子学院具有参考价值的是团队内部的分工协作。孔子学院的初建期，正是各项管理规章制度的制定和形成期，由于缺乏明确的规章制度，导致该孔子学院的组织架构变形，进而导致责权不清、多重领导和员工摩擦的问题。无规矩不成方圆，只有制定了明确的规则，孔子学院才能更高效运转起来。同时，制定规则的过程，也是一个博弈的过程，双方都希望占据更有利的位置和掌握更多的话语权。一所孔子学院的首任院长对其发展的影响是深远的，也是至关重要的。中方无法限制外方合作机构如何选拔外方院长，只能在中方院长的人员选拔和培训上下功夫。语言能力和行政能力应成为选拔中方院长的考察要点，语言能力涉及中外双方能否高效沟通，行政能力直接影响到话语权的掌握和孔子学院工作的开展。

此外，CI2孔子学院作为一所新建的特色孔子学院，在规划建立时其最突出的特色就是科技合作，虽然该孔子学院负责此项工作的外方院长B在不断努力推动，但仍然见效甚微。当然，我们也要以乐观的心态来看待该孔子学院的科技合作。从客观条件来看，K汽车公司、F大学和E大学都有雄厚的科研实力和强烈的科技合作意愿，假以时日，一定能在这方面取得成绩，也只有在科技合作方面的成绩才能凸显该孔子学院的特色。此外，能与F学习中心完成教学对接，并联合其力量加入孔子学院，将成为该孔子学院发展的一大助推力。

第十七章 美洲

第一节 美国爱达荷大学孔子学院形态描写
——实现汉语课程和学分衔接互换

随着中美双方经济、教育、文化等方面交流的发展和汉语国际教学推广的不断深入，汉语成为近二十年美国外语课程中发展最为迅速的语种之一，汉语学习人数快速增长。特别是2001年的"9·11"事件后，美国政府加大了在外语学习上的资金投入，"中文领航项目"为学区开设汉语课程提供单项资金。此外，随着2004年美国的第一所孔子学院在马里兰大学成立，孔子学院在美国发展迅速，截至2020年9月，在美国共建有81所孔子学院和13所孔子课堂。

爱达荷大学孔子学院（下文简称爱达荷孔子学院）于2013年4月15日正式成立，中美方合作院校于2018年4月成功续签第二个五年合作协议。团队于2019年前往该孔子学院展开实地调研。爱达荷孔子学院秉承"融入、创新与发展"的办学理念，对促进中美两国人民的友好和增进互信与文化交流作出了重要贡献。其中方合作院校为教育部直属的重点大学，现与国外200多所大学及科研机构建立了长期合作关系，与英国兰卡斯特大学、美国爱达荷大学以及德国奥迪集团、英戈尔施塔特市政府、英戈尔施塔特工业技术大学共建了3所孔子学院。其美方合作院校爱达荷大学，是一所历史悠久的四年制公立大学，创建于1889年，以通识教育著称，即不论学生主修什么学系，都要修读一些核心课程，才可毕业。该大学于 1902 年开始招收研究生专业，现拥有 10 个学院、5 个分校、5 个著名研究院。

研究团队的首席专家参与了上述 3 所孔子学院的创建和管理工作。此外，首席专家的学生中，有多名学生前往 3 所孔子学院或其下属的教学点担任公派汉语教师及汉语教师志愿者。因此，团队对孔子学院的发展保持了持续的跟踪研究和深入的了解。

一 概况

（一）基本情况

爱达荷孔子学院所在的小镇（Moscow）位于爱达荷州和华盛顿州交界处，距首府博伊西 350 千米。该镇规模较小，人口约 22000 人。爱达荷大学孔子学院成立于 2013 年 4 月 15 日，同年 8 月正式招生。该孔子学院位于爱达荷大学古老的行政大楼内，位于学校公共能见度最高办公区域。80 平方米的办公空间里，有一个现代而又温馨的中文图书室，这为学院与学校领导、教授和学生之间的沟通与互访提供了优质、便利的空间。2018 年，爱达荷孔子学院注册学生 971 人，非注册学习者 530 人，下设 11 个教学点。

（二）组织架构和人员职能

爱达荷孔子学院在建院后，隶属爱达荷大学人文社科学院。自 2017 年 8 月起，该孔子学院在管理上隶属该校招生和发展战略指导委员会。该孔子学院的美方理事长和美方院长为爱达荷大学副校长，同时也是招生和发展战略委员会的主管，因此，在管理归属上发生变更后，孔子学院的发展可以得到大学层面的支持，有利于大学领导层面了解孔子学院的教学和文化活动的开展情况。

该孔子学院在幼儿园、小学、中学、大学、社区均开设了汉语课程，学生群体以中学生居多。截至 2018 年 10 月，该孔子学院共有 11 个教学点，但在地理上都十分分散，共配备了 13 名工作人员，外方人员包括 1 名美方院长和 2 名美方行政助理或项目经理，中方人员包括 1 名中方院长，2 名公派汉语教师和 7 名汉语教师志愿者。其中，美方工作人员的工资全部由爱达荷大学承担。

第四任美方院长MZ于2018年5月开始履职。MZ是中国历史研究方面的专家，对中国历史和文化非常感兴趣。早在20世纪90年代，他带着家人在四川成都高校学习了两年汉语，并对中国历史和文化进行实地考察。基于对推动中美友好合作关系的热情，MZ在2018年5月离开了他工作的地方堪萨斯州小石城，来到爱达荷大学孔子学院。

中方院长H[①]由中方合作院校派出，是该校外语学院副教授。她工作尽责，为人随和，在孔子学院被称为联合负责人（co-director）。H于2014年被派往爱达荷大学担任中方院长，在团队2019年前往调研时，她已经在此工作4年多了。中、美方院长每隔一周向爱达荷大学副校长共同汇报一次，并商议孔子学院的工作。H在访谈中表示，她本计划于2018年离任，但为了促成双方续签第二个五年共建协议，同意了领导的留任安排，任期延长至2019年。

美方行政助理或项目经理，是由美方大学人事部门通过考核面试等程序招聘的。应聘者的基本条件是大学本科学历，对中国语言历史文化感兴趣，有中文学习背景的优先。主要的职责为负责孔子学院办公室日常行政和后勤保障工作，以及部分财务工作。

公派教师和汉语教师志愿者主要负责孔子学院和各教学点的汉语教学工作，平均每周有15节课。在教学工作之余，还需要参与文化推广活动的组织和执行工作，如组织学术讲座、每月中国电影日、每月的美食俱乐部等。

（三）汉语教学

爱达荷孔子学院在服务大学师生学习汉语的前提下，不断扩展面向其他受众的汉语课程。至2017年11月底，孔子学院的汉语教学在教学层次方面已经扩展至幼儿园、小学、初中和高中以及所在地的社区。在地理空间上，爱达荷孔子学院的教学点已经拓展至爱达荷州南部、北部和中部，遍布包括爱达荷州首府在内的五个大城市，最远的教学点与该孔子学院总部相距约700公里。

---

① 2019年12月，H院长被孔子学院总部评选为优秀中方院长。

1. 丰富多样的课程类型

对幼儿园和小学三年级以下的学生，注重培养其学习汉语的兴趣和了解中国文化的热情，并为他们开设了"欢乐汉语"课程；为小学四、五年级学生开设了"小学基础汉语"课程；为初中生开设了"汉语基础1"和"汉语基础2"课程；为高中生开设了"高中汉语1"和"高中汉语2"课程；为大学生开设了"大学初级汉语""大学中级汉语""大学高级汉语""汉语演讲与写作""汉语口语1""汉语口语2"课程；为社区民众开设了"旅游汉语1"和"旅游汉语2"课程。

该孔子学院面向不同人群学习汉语的特点和需求，开设不同的课程来满足学习者的需求，这对于教师教学质量和学生学习效果的提高，以及学生汉语学习兴趣的保持都是至关重要的。

2. 学分衔接互认

该孔子学院美方院长通过与学区①教学总监、小镇高中外语课程负责人的多次磋商，最终达成协议：学生在高中阶段选择汉语作为第二语言进行学习，会获得相应的学分，如果该生到大学阶段继续选择学习汉语，其在高中阶段所获得的学分，到大学阶段仍然有效。这种学分衔接制度，能充分调动高中生学习汉语的积极性，对学生的汉语持续性学习也影响深远。2016年秋季，小镇的一所学校（Palouse Prairie School）开始把汉语作为供全校学生学习的唯一一门外语课。

3. 课程衔接

除了学分衔接，大学汉语课、高中汉语课和初中汉语课都是学分课程，且课程之间是相互衔接的。例如，学生在初中阶段学了汉语课程Ⅰ，到高中阶段可以直升汉语课程Ⅱ，到大学阶段可以直升汉语课程Ⅲ。为了使这三个层次的汉语课程衔接合理，爱达荷大学孔子学院设立了汉语水平测试中心，该中心不仅服务学生参加 HSK 和 HSKK 考试，也长期为学生和社区民众提供汉语水平测试服务。

丰富的课程类型，课程间相互衔接，且学分之间衔接互认，不仅

---

① 在美国的大部分地区，每个学区的教育管理是相对独立的，联邦政府对教育的管理权力受到很大的限制。

提高了学生的学习积极性,为孔子学院稳住了一批忠实学员,也为孔子学院发展完整的学科体系和培养高水平的汉语学生创造了条件。

4. 教学过程性质量管理

H院长在访谈中说:"孔子学院作为一个教学机构,教学质量就是我们的生命线。"在日常教学中,如果教师选择的教学内容不当或采取的教学方法不适宜,学生就会逐渐失去掌握汉语的信心和学习汉语的兴趣。为了确保汉语教学质量,爱达荷大学孔子学院启动了汉语教学的过程性管理。该教学管理模式包括"教师教学质量分析报告""学生学习质量分析报告""中美方院长听课反馈报告""孔子学院教师互听课反馈报告""学生探究性汉语学习能力培养""各层次汉语课教材选择依据分析报告"以及"各层次汉语教学法实施分析报告"。H院长在访谈中说:"汉语教学的过程性管理,使我们能客观评估孔子学院汉语教师和志愿者教师教学的现状,以及学生的学习状况,及时发现教学中的问题,并弄清产生问题的根源,制定出切实可行的教学改进措施。"

该孔子学院每隔一周会组织一次教学研讨,教师们讨论各自在教学中遇到的问题,并群策群力来解决,为提高孔子学院的教学质量提供了坚实的保障。此外,该孔子学院还安排教师到爱达荷州五个城市的公办中小学教学点担任汉语教师或汉语课程实习生,他们参加所在学校教师授课技能培训、教师职业发展规划学习培训,基本上融入了所在学校的各项活动。此外,在教学点授课的教师可以获得当地的中小学教学资格证书。该证书的获得,使得孔子学院教师在中小学教学的行为合法化。

(四)学术讲座和中国研究资助

每月第一个星期五的晚上,爱达荷孔子学院会举办一次"中国文化经济讲堂"。该讲座聘请学术界、企业或民间机构的知名学者做主讲嘉宾,嘉宾们渊博的知识和深入浅出的讲解,使得听众对中国的经济发展多了一分理性的了解。

斯科特斯洛维克(Scott Slovic)教授,是该讲座的嘉宾之一,他曾到北京大学、清华大学等国内高校讲学十余次,在世界文学界享有极高声誉。2016年10月，该孔子学院邀请他做了一场名为"中国传统文化对自然之美的理性思考"的讲座，他从庄子"自然大美""天人合一"的观点谈起，介绍中国传统文化境界，"激发了在场听众的浓厚兴趣"。

H院长在访谈中说："学术型孔子学院的建设是我们追求的目标，我们孔子学院单独举办的，或者是跟爱达荷大学其他院系和部门联合举办的，跟中国有关的学术讲座活动每年都有10场左右。"

除此之外，该孔子学院还充分利用爱达荷大学教务部门给孔子学院提供的资金，小额资助了3位爱达荷大学的教师从事与中国有关的研究项目。他们分别是：林业学教授科勒曼（Mark Coleman），获资助5000美元，用于加强和北京林业大学的科研合作；英语助理教授夏尔马（Bal Sharma），获资助5000美元，用于研究"一带一路"对尼泊尔语言的影响；土木与环境工程副教授托尼娜（Daniele Tonina），获资助4000美元，用于进一步加强和南京水力研究所以及河海大学的合作研究。这三位获得研究资助的教师都是长期以来关心、支持孔子学院发展的好朋友，其中科勒曼教授经常参加孔子学院举行的活动，夏尔马教授目前正与该孔子学院中方合作院校外国语学院的访问学者程杰博士进行项目合作研究。

二 中方院长的跨文化合作策略

（一）谦让但不事事妥协

在谈到中外方院长之间的合作时，H说："大部分汉语教师觉得，在工作中中方院长过多地听从或顺从美方院长的意见。"H谈到，无论孔院举办什么文化活动，她都会提前准备一份演讲稿。如果外方院长因故不参加，她就会发言。但如果M出席，她一定把发言机会留给M。在她看来："让美国合作伙伴在台上讲解中国历史文化和社会风俗，比我去讲解效果更好。"在其他汉语教师看来，这对中方院长而言是一种委屈，H却认为，做任何事情都应该保持为他人着想的心态："外方院长需要让周围的人们知道自己为学校多元文化建设做了哪些贡献，需要机会展现自己的能力和才华，获得人们的认可和信任。孔子学院是铁打的营盘流水的兵，中方院长也是轮岗的。可是，外方院长需要校长和周围同事对他工作的认可和领导对他的提拔。所以，尽可能地把抛头露面的机会留给美方合作伙伴，我们做好幕后准备工作就可以了。"

H在访谈中表示，孔子学院设立在美方的大学校园中，一切还得以外方为主，中方员工主要承担教学任务和一些辅助性的行政工作。此外，所有的中方人员，无论是中方院长还是汉语教师，都有"任期限制"。认清这点心态上就会放松很多，"只要美方院长和美方其他合作伙伴愿意为孔子学院的发展做实事，我们就应该忽略在这个过程中谁是主导和谁有决策权等问题"，不能让外界产生孔子学院没有中方院长就无法存在的错觉，"就是说我们要做个配角，这个配角也是要担当很大责任的配角"。因此，H在一些公共场合会主动配合外方院长，帮助对方树立威信，也正是因为这种谦让和为他人考虑的心态，使得她和外方院长的相处非常顺利，几乎没有什么大的矛盾和冲突。

虽然谦让和为他人着想的心态在跨文化合作中很重要，但H认为谦让并不意味着事事妥协，"不能因为谦让就放松对事情的把控，在工作中，中方院长必须很好地把握一个度，就是需要做到恰到好处，说到恰到好处，要把握一个合理的度"。

（二）中方院长的个人能力

在H看来，作为中方院长首先要具备很好的语言能力和跨文化交际能力。语言能力是双方沟通的前提，还要对中美双方的文化都有一定的了解，"一定要了解自己民族的历史文化，而且要知道合作方的历史文化风俗"。在此基础上应该懂得管理和沟通的艺术，把握一定的分寸，"工作合作中一味让步不行，一点不让步也不行。所以，作为中方院长需要知道什么时候让步，什么时候不让步"。

H院长还谈到，要赢得周围人的尊敬，必须在业务上给其他汉语教师提供指导，既要懂汉语、能教学，又要对汉语教学有一定的研究，只有自身的专业能力过硬，才能赢得同事的尊重，管理好自己的团队。

三 公派教师的工作家庭协调

（一）公派教师家属随任

公派汉语教师 L，爱人由于国内工作的需要没能一起赴任，她独自带着 14 岁的儿子赴美任教。孩子虽然在生活上能够自理，每天能独自坐校车上学和回家，但是晚上的作业还是需要辅导。因此 L 会尽量利用白天的工作时间做完工作，留下晚上的时间照顾孩子，辅导孩子功课。L 老师的儿子在学龄前一直随父母在国外生活，正式上学后一直在国内的公立学校读书，赴美前 L 也没有对孩子进行英语的强化辅导，因此孩子的英语水平有限。在访谈中 L 说："事实上，孩子所面临的挑战比我要大，他不像小孩子可以通过做游戏来交朋友，语言是一个很大的障碍。所以我没有给孩子很大的压力，能做多少是多少，在第一年的时候跟老师交流比较多，孩子有一个适应期。"

W 是爱达荷孔子学院的一名公派汉语教师，丈夫和孩子随她一起生活，由于 W 平时忙于孔子学院的汉语教学和文化推广工作，照顾孩子和家庭的重任就落到了丈夫身上。据 H 院长介绍，W 的丈夫是辞掉国内的工作后，随 W 一起到美国照顾孩子和家庭。孔子学院总部对于外派教师的随任家属会提供生活补贴，具体金额根据教师的职级而定。

大部分的公派教师，由于爱人在国内有工作或者其他方面的限制，无法随任。教师只能独自携带孩子赴任，因此需要同时承担工作和照顾孩子的任务，特别是对于孩子尚且年幼的教师。在美国，幼儿园和小学的放学时间一般在下午 2 点到 5 点，具体的放学时间每所学校会有差别，因此孩子的放学时间比孔子学院的下班时间早。而且，根据美国的法律规定，放学后学生滞留学校是非法的。教师需要每天负责接送孩子，如果正赶上在孔子学院坐班的时间，他们就需要找其他教师协调工作安排，或求助从中国过去的访问学者、当地华人等帮忙照看孩子。最糟糕的是孩子生病，会给教师们带来一些压力和困扰。在访谈中 L 说："老师们都克服了很多的困难，有些老师孩子比较小，就会找其他老师帮忙带，大家互相帮忙。找同事、志愿者和华人帮忙，没有老师因为孩子的问题耽误工作。作为孔子学院的老师，工作肯定是排第一的，这是作为一名老师的师德和责任，不能因为带孩子耽误工作。"

（二）独自赴任的公派教师

对一些未婚的或不携带家属的公派教师而言，部分教师表示，由于距离和时差的原因，与家人的联系会越来越少，家庭关系会变得疏远，也有部分教师表示，与家人之间的关系变得更加亲密。独自赴任的教师，大多会通过电话或视频与家人联系来维系感情，美国东部与国内存在 12 个小时时差，时差有时候会导致教师与家人的沟通面临与工作时间的冲突，需要做出调整。长期与家人分离还会给教师们带来一定的精神负担和心理压力，例如对父母身体的忧虑、对自己无法履行家庭角色的愧疚和自责等。但部分教师表示，由于自己与家人需要克服时差和距离的困难，会更加珍惜电话和视频沟通的时间，更在乎彼此的感受，与家人之间的关系变得更加紧密。

（三）工作与家庭的协调

调研团队发现，对公派教师而言，无论是否携带家属赴任，都需要处理工作与家庭关系间的冲突。这些冲突和矛盾如果处理得当，工作和家庭能够相互促进与增益。从长远来看，工作领域的资源增益可以渗透到家庭角色中，例如：教学技能的提升，使得公派教师在应对工作时更得心应手，更有能力给家庭带来幸福；国际化的教学经历，会成为公派教师未来职业发展的加分项；公派教师在外工作期间丰富阅历、获取成就感的同时，也让其家属有机会在探亲假期内感受海外生活、充实人生；对公派教师的孩子而言，跟随父母一起赴任，并在当地学校学习，能体验西方教育。

四　良好的口碑和形象

（一）媒体的正面报道

2015 年秋，美国爱达荷州三家地方新闻媒体报道爱达荷大学孔子学院的发展情况，对孔子学院两年多来在中国语言和文化传播上所作出的成绩给予了高度肯定和赞扬。

2016年，爱达荷大学校刊刊登了一篇题为"敞开大门——爱达荷大学与中国的关系"的文章，用较大篇幅介绍了爱达荷孔子学院的各项工作，对其在爱达荷大学与中国关系中所起的桥梁和强化作用进行了肯定。

爱达荷大学校长（Staben）多次在各类公开场合谈论孔子学院在中美大学文化交流中的重要作用。他在爱达荷州府的一次电台论坛中，高度肯定了孔子学院的文化桥梁作用，以及爱达荷孔子学院在促进爱达荷大学国际化和社区多元文化方面的重要贡献。

当地媒体（Moscow-Pullman Daily 和 ARGONAUT 报纸）曾经多次主动提出参加该孔子学院的文化活动，并对孔子学院的语言课程和文化活动进行客观、正面的报道。记者在报道中说："爱达荷大学孔子学院为爱达荷州的学生打开了一扇窗。通过这扇窗，爱达荷州的人们能了解中国，感知中国。"

有学者对美国主流媒体孔子学院新闻报道的批评话语进行过分析，研究发现：媒体在汉语教学和文化传播方面以中性和正面报道相结合，多为描述性的新闻；公共外交和软实力方面的负面报道，往往过度联想敏感问题；"孔子学院事件"之类的报道刻意渲染孔子学院的政治性。与这一现象形成对比的是，当地媒体对于爱达荷孔子学院的报道，无论是在汉语教学、文化传播、公共外交，还是软实力方面大多是正面和客观的，这给该孔子学院的发展创造了良好的社会舆论环境。

（二）社区的良好口碑

在爱达荷孔子学院所在地的莫斯科市，市长对该孔子学院的有序良性发展以及其对大学、中小学及社区多元文化建设所做的贡献给予了很高的评价。关于爱达荷孔子学院在社区建设方面的贡献，爱达荷大学校长如是说：通过孔子学院这扇窗口，爱达荷州的一些商业人士以及社区朋友了解到了中国的经济发展与企业文化；爱达荷大学孔子学院已经发展成为爱达荷大学多元文化的一个组成部分，我们期待孔子学院在未来有更多高水平的成就。

在访谈中，志愿者教师F说："在市内交通车上、在农贸市场、在大型超市等一些地方，我们在外面走，总会有学生或者社区的朋友们走上前来，跟我们孔子学院的老师们打招呼，说很喜欢我们的活动。另外，我们也经常收到学生和社区民众的邮件和电话，说他们对中国文化很感兴趣，想参与孔子学院的活动。"此外，爱达荷孔子学院经常收到学生、学生家长或社区民众的感谢信和赞美信，这些感谢和赞美鼓励教师们不断地努力提高自己的专业技能。

（三）校长的认可和赞誉

爱达荷大学校长曾多次在公开场合对爱达荷孔子学院的工作表示支持，对其在培养学生和促进大学国际化上的贡献表示感谢。他说："孔子学院的课程拓宽了我们学生的国际视野，使他们在21世纪的全球劳动力市场上更具有竞争力。"此外，2016年10月1日，他还特意邀请孔子学院全体员工观看足球赛，以表示对孔子学院工作的赞赏。H院长说："大学是我们孔子学院发展的坚强后盾，校方的支持是我们能快速发展的重要原因。"

五　结语

总体而言，爱达荷州的汉语推广目前仍处于初期，爱达荷孔子学院在当地作为汉语教学的"拓荒者"，与美国其他孔子学院相比，外部发展环境较好，不仅合作院校和所在社区都大力支持，当地媒体的报道也非常积极正面。此外，当地的中文教学市场发展前景广阔，爱达荷孔子学院在当地建立了一套完备的从幼儿到大学的汉语教学体系，不仅不同阶段的课程能够衔接，学分也实现了衔接互换，这对于孔子学院和汉语推广的可持续发展至关重要。近年来爱达荷孔子学院的发展能欣欣向荣，从根本上取决于该孔子学院的本土化策略，即孔子学院的发展不仅适应美国的教育体系和学区的特点，与当地学校的发展和政府的需求完美结合，还迎合并满足了当地社区的需求。

在调研中发现，该孔子学院的中方院长在跨文化合作心态和策略上，与我们走访过的其他孔子学院有比较大的区别。H院长提出了要有谦让和为他人着想的心态，以外方为主导，自己甘当绿叶，做好幕后辅助工作。但 H 院长的谦让并不意味着不管事,也不是事事妥协,而是有的放矢。中方院长的这种心态和策略,首先最直接的表现就是中外方院长之间相处比较和谐,冲突少。其次,这种相处模式使美方院长在当地有更高的声望,工作更能得到所在学校的认可,对孔子学院的发展也会有更大的责任感,最终促成了孔子学院发展的良性循环。爱达荷孔子学院中外方院长之间的这种相处模式,给在美的中外方院长之间的相处提供了一个正面的例证。

第二节　美国迈阿密达德学院孔子学院形态描写
——从未停下汉语推广的脚步

在研究团队前往迈阿密达德学院孔子学院(下文简称达德孔子学院)调研当日早上,达德孔子学院还特意安排了一位志愿者来到我们入住的酒店,带领我们一同前往孔子学院。由于酒店与孔子学院的距离并不远,我们乘坐城市轻轨前往孔子学院。据志愿者介绍,迈阿密市区内轻轨是免费的,便于当地工作人员上下班乘坐。乘坐了 10 分钟左右的轻轨,我们就到达了孔子学院所在的迈阿密达德学院沃尔夫森校区。在志愿者的指引下,研究团队刚迈进沃尔夫森校区国际楼,达德孔子学院外方院长余学钧就迎了上来,对研究团队的到来表示热烈的欢迎,并热情地带我们参观。迈进孔子学院之前,映入眼帘的是一幅巨大的 3D 画,它以迈阿密的蓝天和自由塔为背景,一只可爱的熊猫骑在鳄鱼身上休闲地看着书,鳄鱼嘴上叼着金黄色的大橙子。熊猫是中国的国宝,鳄鱼是迈阿密代表性动物,橙子是迈阿密特色水果,书代表举世闻名的迈阿密国际书展。整幅图勾勒出了熊猫和鳄鱼和谐相处的场景,也彰显出孔子学院作为中美人文交流的重要桥梁。

在余院长的带领下,我们参观了达德孔子学院。首先,余院长为我们播放了达德孔子学院自制的宣传片,宣传片以中国传统茶文化为主题,包括汉语教学课堂、孔子学院办公室、学生家里以及迈阿密地标——自由塔等多个场景,并邀请中国青年歌手阿正为宣传片作曲,将中国茶文化很好地融入孔子学院的介绍之中。随后,余院长向我们展示了巨幅孔子画册,这本画册介绍了孔子以及中国历史和文化。据余院长介绍,孔子学院曾把一批孔子纪念册作为礼物送给当地的政要,帮助他们了解孔子和孔子学院,加强孔子学院与当地的联系。此外,余院长还介绍了挂在会议室里的巨幅世界非遗福建漆画《东方圣贤·孔子》,画中孔子手持竹简站在地球上,彰显孔子精神及教育理念传遍全球。在余院长的展示下,我们感受到孔子学院具有浓厚特色的强大视觉冲击力。

余院长作为达德孔子学院的创院院长,自孔子学院成立以来一直担任外方院长,对达德孔子学院的发展情况非常了解。余院长不仅是孔子学院院长,同时也是我们重大项目组的研究成员之一,对我们的研究非常了解。显然他已经做了非常充分的准备,并非随着我们的问题一一将他的记忆唤起,而是非常直接地告诉我们达德孔子学院的历史、现状、特色与未来。

一 历史与现状

据余院长介绍,在全美100余所孔子学院中,只有两所孔子学院是在社区大学发展起来的,达德孔子学院就是其中的一所。迈阿密达德学院(以下简称"达德学院")成立于1960年,是全美人数最多、规模最大的社区大学,目前共有8个校区,在校学生多达17万人。达德学院申请承办孔子学院的过程中还有一段插曲,当时佛罗里达国际大学(佛罗里达州排名前三的公立大学)和达德学院同时向汉办递交承办孔子学院申请。尽管达德学院不是研究型大学,但作为全美规模最大的社区大学,它拥有巨大的社会影响力,因此其申请最终通过。

达德孔子学院成立于2009年3月,但由于筹备工作,直到2010年4月举办揭牌仪式后才开始正式运营。2009年9月达德学院在全美公开招聘孔子学院院长,余院长从300多位竞争者中脱颖而出成为达德孔子学院院长。来孔子学院工作之前,余院长是佛罗里达州奥兰多一所大学中文项目的负责人,因为喜欢具有挑战性的工作并认为孔子学院很有发展潜力,所以选择进入孔子学院工作。达德孔子学院成立之初，江苏师范大学还未派工作人员，只有余院长一个工作人员，而且达德学院发展初期只有一间小办公室，发展条件相对简陋。

在达德学院的发展过程中，余院长发挥了重大的作用。余院长在国内具有中文和新闻传播教育背景，在美国获得新闻传播学博士学位后并未直接进入大学工作，而是在企业从事市场营销工作，因此具有丰富的实践经验。此外，余院长2012年担任佛罗里达华人华侨联合会的副会长，2013年被迈阿密政府任命为亚裔顾问委员会委员，是唯一一位来自中国大陆的委员会成员。作为当地的知名侨领，在政府部门和教育界都有一定的影响力。余院长具有较强的社会交际能力和丰富的社会网络资源，这对达德孔子学院的发展定位具有深远的影响。

达德孔子学院一直保持十人左右的团队规模。我们到访的时候，他们的成员构成主要包括1位外方院长、1位中方院长、4位公派汉语教师、3位汉语教师志愿者，行政助理暂时空缺，并无本土汉语教师。达德孔子学院成立以来，余院长一直担任外方院长，全面负责孔子学院的管理工作和发展事宜。从江苏师范大学派来的中方院长主要负责孔子学院汉语教学工作，并负责与孔子学院总部及江苏师范大学的对接事宜。汉语教师主要在学校6个校区进行汉语教学工作，同时参与文化活动和招生工作。志愿者大都拥有文艺特长，组成文艺小分队参与达德孔子学院校内外活动策划和演出，同时负责部分兴趣班的汉语教学工作。总体而言，达德孔子学院团队氛围比较融洽，中外双方无明显冲突。

达德孔子学院自2010年正式运营以来，在组织架构上一直属于达德学院国际教育办公室的下属机构，是由学校分管学术的副教务长直接领导的语言及国际教育和交流项目。孔子学院近十年来辛苦耕耘，致力于推广南佛罗里达州地区的中文教育，为美国大学生和社区公众提供中华文化教育机会，为优秀美国大学生提供留学中国的奖学金，成为所在大学和社区公众学习中国语言和文化的重要平台。孔子学院每年选送20名获得孔子学院奖学金的美国学生来华留学，通过海外学习，为他们今后的事业发展打开了成功的大门。

迈阿密达德学院原来没有持续的中文项目，孔子学院白手起家，一步一个脚印，首先在迈阿密市中心沃尔夫森校区开设中文课程，逐步将中文项目扩展到其他五个校区（Kendal、North、Hialeah、Homestead、West），学生人数逐年增加，影响逐年扩大。除了中文学分课程，孔子学院还在各校区开展每周一次的中华文化俱乐部活动，为美国学生学习中文和了解中华文化提供了极大的便利，这项活动成为大学国际化及多元化文化教育的重要组成部分。孔子学院参与和推动的节目极受欢迎。如在每年11月久负盛名的迈阿密国际书展上，孔子学院设置精美展台，现场介绍中文教材、书法、中国传统美术作品、儿童绘本、中国的非遗民俗及工艺作品，等等，成为这个美国观众最多的书展上一道亮丽的风景线。孔子学院与著名音乐人田丰、阿正联合制作的"中国丝路"原创音乐专辑，在全球许多孔子学院中文课堂播放。

经过近十年的发展，达德孔子学院取得了卓越的发展成效，已成为达德学院联通中国事务的重要桥梁。2015年，达德孔子学院被孔子学院总部评为全球优秀孔子学院。2017年，迈阿密达德学院校长爱德华多·佩德罗荣获2017年孔子学院先进个人称号。截至2018年底，在孔子学院的推动下，美国佛州汉语选修学员迄今超过3000人，参加中国文化活动人数约20万人次。中央电视台英语频道、《北美经济导报》《迈阿密先驱报》等多家知名媒体对其进行了关注和报道。

二 发展特色

通过和外方院长访谈，我们发现达德孔子学院的发展特色主要有以下几个方面。

（一）与当地大学发展有机融合

达德学院成立于1960年，位于美国佛罗里达州迈阿密达德郡，是在迈阿密达德社区学院的基础上发展起来的。迈阿密地处佛罗里达州南部，经济发达、人口稠密，是美国著名的富人区。经济的快速发展吸引了大量移民，由于传统高校无法满足大量移民接受高等教育的需求，达德学院成立之初的宗旨就是解决移民入学困难的问题。此外，由于达德学院地处经济较为发达的迈阿密，学校的发展目标主要在于满足当地社会、经济发展的需要，以更好地服务于当地社会经济的发展。基于此，达德学院的发展目标主要涉及人才培养、文化宣传和社区服务三个方面。

达德孔子学院成立之初，首要问题在于如何确定孔子学院的发展定位，也就是如何将达德孔子学院融入学校的总体发展体系之中，以体现达德孔子学院的特殊价值。余院长认为孔子学院的发展定位需要与当地大学的发展目标相契合，不能游离在大学发展体系之外。正如余院长所言："我们讲这个大学是什么样的大学，我们孔子学院才能定位，孔院成功与否，不在于孔院本身怎么做，关键在于你是在什么样的学校，在什么样的环境"，"大学之间差得太远了，一个孔院的 DNA 一定跟大学的 DNA 要 match"。达德孔子学院自成立起，就有了相对明确的发展目标，即达德孔子学院的价值在于服务好大学的发展宗旨和目标。与大部分孔子学院不同的是，达德孔子学院是通过自上而下的方式确定自身的发展定位，并得到当地大学领导的认可和支持。

佩德罗校长是美国高教界的领军人物，多次被评为美国十大高校校长，同时长期担任白宫教育顾问委员会成员（5 任总统）。佩德罗校长巨大的政治和教育影响力减轻了达德孔子学院发展的政治舆论压力，校长对达德孔子学院的支持起着非常大的作用。余院长回忆在达德孔子学院成立之初，与佩德罗校长有一次印象深刻的谈话。余院长问佩德罗校长孔子学院的发展定位（What do you want me to do for CI? Where does find my job for you?），佩德罗校长认为孔子学院的价值就是要服务好大学（to support Miami Dade College）。

佩德罗校长为孔子学院的发展定位指明了方向，但如何充分发挥达德孔子学院的优势，更好地为大学的发展目标和宗旨服务，需要在实际工作中不断地摸索。就达德孔子学院而言，最大的优势在于，提供学校不能提供的中文教育，提供学校没有能力提供的国际化教育中有关中国文化教育的一部分。

为了更好地实现与大学发展目标有效对接，达德孔子学院基于自身的特色和优势，因地制宜开展相关工作。首先，以汉语教学带动人才培养。达德孔子学院成立之初,通过调查研究的方式了解学校需求点,积极探索孔子学院发展的突破口,通过调研发现学校的中文项目基础较为薄弱,尚未形成持续稳定的项目。为了更好地配合大学完成人才培养的目标,达德孔子学院确立了以汉语教学带动人才培养的发展策略。在达德孔子学院发展的第一个阶段(2010—2015年),重点开拓学校的中文市场。孔子学院首先选择与学校外语系进行合作,通过帮助外语系招生、免费提供汉语教师等方式将中文项目逐步发展起来。发展至今,达德孔子学院已在大学6个校区开设了中文课程,其中5个校区开设的是学分课。面对严峻的政治舆论环境,达德孔子学院的中文项目依旧保持良好的发展态势。达德孔子学院下一阶段的发展目标是在学校的8个校区实现汉语教学全覆盖。其次,以文化活动对接文化宣传。达德孔子学院每年会举办系列文化活动来对接学校文化宣传的职能。校内文化活动方面,主要包括在5个校区每周1小时的"Chinese culture clock"以及系列品牌活动,如迈阿密国际书展、迈阿密电影节、庆祝中秋、庆祝春节等活动。此外,达德孔子学院还积极地融入学校许多重大活动之中,以提供文艺演出服务和中华传统文化展示为主。校外文化活动方面,达德孔子学院以大学的名义参与校外活动,主要提供文艺演出服务,并与迈阿密达德郡亚裔顾问委员会等政府部门建立了密切的合作关系。孔子学院与亚裔顾问委员会长期合作,每年为迈阿密社区联合举办五月亚裔文化传承月庆典活动。达德孔子学院积极参与校内、校外各种活动,并以提供服务方式融入其中,与校内外许多部门和机构建立密切的联系,在当地具有一定的社会影响力。

(二) 主动的服务意识

为了将自身更好地融入大学的总体发展体系之中,达德孔子学院通过开展汉语教学、举办文化活动、进行社区服务等,以更好地服务于大学的发展目标。达德学子学院始终将自身定位在一个服务机构,余院长强调:"我们服务意识很强,你不提供服务你就没有价值,孔子学院的价值如何体现呢?只要是校内各个部门有需求我就来服务。我跟杨院长(中方院长)讲'开门政策'(open the door policy),只要学生或者我们老师和系主任过来,特别是学生来孔子学院,再忙我也要放下手里的事情,问学生有什么问题,或者我指导某个老师帮助解答问题。我们只有做到这一点,才能让人觉得到孔子学院来就能解决问题,就能得到满意的服务。"

达德孔子学院的服务意识不仅体现在日常工作之中,还体现在学校内举办的重大活动中。有些活动和孔子学院的日常工作并无直接联系,但达德孔子学院都积极参与其中并主动提供服务。比如,当地一个非营利性机构在达德学院举办世界难民日活动(World Refugee Day),这个活动似乎和孔子学院没有直接联系。但达德孔子学院主动联系主办方,申请在活动现场摆放展台。通过给活动参与者写毛笔字、文艺演出等方式为难民日活动提供服务。碰巧孔子学院展台附近就是佛罗里达州联邦参议员马克·鲁比奥的展台,鲁比奥作为美国反华议员的代表,是美国孔子学院"关门风波"的幕后推手。余院长主动走过去和鲁比奥的助理打招呼,介绍自己是孔子学院的工作人员,向其递送了自己的名片,并轻松地聊了起来。有趣的是孔子学院展台吸引了大量的观众,鲁比奥展台却没什么人。类似难民日这类活动,一般可能会认为和孔子学院没有关系,但达德孔子学院参与融入其中并主动提供服务,反而收到很好的效果。

再比如,学校的"人权角"(human rights corner)举办的活动,孔子学院也积极参与其中。由于这个活动是校内学生组织的,这个组织希望有更多的人参与。达德孔子学院主动参与,通过在人权角上设展台、办文化活动,如表演悠悠、写毛笔字、踢毽子等吸引了大量的观众。余院长也提到,人权是个广泛的概念,我们不需要躲闪,而且这是学生的活动,我们完全可以参与。通过在人权角上设展台,支持我们学生倡导人权,每个人都有人权。

达德孔子学院在做好日常的汉语教学和文化活动的同时,积极地参与学校组织的各类活动,并主动为其提供服务,体现孔子学院主动服务的意识和强大的服务能力,以彰显孔子学院特殊的服务价值。十年心血,风雨兼程,孔子学院服务于迈阿密达德学院的宗旨,并为美国学生和迈阿密社区提供服务,获得了包括迈阿密达德郡政府和美国联邦政府等机构颁发的许多奖项和荣誉,推动了南佛罗里达州中文教育事业和社区多元文化的蓬勃发展。

(三)高端化发展路线

品牌建设对孔子学院的发展至关重要。除了主动服务意识,达德孔子学院给人的印象就是走高端化的发展路线。正如余院长所言:"我们孔子学院在人们心目当中是个什么样的印象,绝大部分人第一个反应就是高端文化艺术活动,孔子学院给人的第一个印象,它是高大上的。"

达德孔子学院在迈阿密国际书展、迈阿密电影节等品牌活动中将中国元素引入其中,凸显了孔子学院连接中国资源的特殊功能。比如迈阿密国际书展作为全美最大的书展,尽管拥有巨大的影响力,但在达德孔子学院成立之前很少出现中国元素。2011年,达德孔子学院首次与国家部门合作,举办了迈阿密国际书展中国年,将大量中国书籍引入书展。还邀请余华、阎连科等国内知名作家参与书展,与学生进行现场交流,产生了巨大的社会反响。再如,迈阿密电影节通过与达德孔子学院进行合作,每年有大量的中国影片引入电影节,扩大了电影节的影响力。在影片选择方面,达德孔子学院有推荐权,但影片的最终选择权在迈阿密电影节委员会。达德孔子学院通过电影节平台也让观众对中国有一个更加客观真实的了解。电影节期间,达德孔子学院还会举办中国电影与文化国际研讨会,如2018年研讨会的主题为"中国电影与世界汉语教学"。

此外,达德孔子学院还是社会资源网络的一个重要节点,将各方资源整合在一起。余院长说:"我们给孔子学院的定位是一个重要的节点(dots),将很多资源连到一起,然后再把节点连起来(connect dots),变成一个网络(network),我们非常突出这个节点,它把各个不同的资源,各个方面,校园、校外连在一起。"这种资源整合能力集中体现在高端文化活动和项目中,比如,2016年习近平主席访问拉美,通过与文化部负责人协商将随行出访的中央民乐团请到迈阿密。迈阿密有"拉美首都"之称,要做好拉美的工作,迈阿密是一个重要的桥梁。在随同习近平主席访问拉美的十几天中,中央民乐团有三天在迈阿密，庞大的代表团有80多人。达德孔子学院找到当地最好的演出剧场，把当地政要全部请过来，举办了非常震撼的高端文化演出活动。除此以外，中央民乐团挑选了二胡、笛子、琵琶等六位首席，在大学举办了文化艺术讲座，进行现场交流，学校所有人都为如此高端的文化艺术演出而感到震撼。这是中央民乐团首次到迈阿密，休斯敦总领馆和文化部都非常配合，通过举办此类高端文化活动，更加有助于中国文化的传播。

（四）广泛的社会影响力

积极融入校内活动的同时，达德孔子学院也会积极参与校外活动。参与这些活动不仅提高了达德孔子学院的品牌声誉，也提高了大学的社会影响力。达德孔子学院主要依附于大学，以达德学院的名义参加各类校外活动，并尽可能增加校外合作单位，这些单位包括各类商会、亚裔顾问委员会、其他政府机构等。此外，孔子学院通过与政府合作扩大达德学院社会影响力，赢得了学校对达德孔子学院的支持。余院长说："我们工作的方式，不是孔子学院冲在前头，我们和亚裔顾问委员会（重要的政府部门）连在一起，这样开展活动可以避免一些质疑的声音，为什么？首先我们是达德学院，然后才是孔子学院。……这也扩大了学院的影响力，为我们学校做了很好的推广宣传。"

达德孔子学院的社会影响力，还体现在其积极参与社区服务上。与传统大学不同，达德学院是从社区大学发展起来，需要和当地社区保持密切联系，这也是学校招生宣传的重要方式。达德孔子学院作为学校的重要机构，在社区服务方面也具有其特殊的价值。正如余院长所言："我做孔子学院院长的定位，一只脚是迈到学校里面，一只脚是跨在校门外。我大量的周末时间，在社区参加活动。"一方面，达德孔子学院积极地参与海关移民总局、国土安全局、亚裔顾问委员会举办的活动，主动提供文艺演出服务和传统中华文化才艺展示，获得许多美国部级机构的奖励，大大提高了达德孔子学院的社会影响力；另一方面，达德孔子学院还深入当地社区为老年人提供服务，积极参与中美商会举办的活动，与当地艺术博物馆合作开展活动，等等，凡是与亚洲文化或多元文化有关的活动，达德孔子学院都会主动融入并积极参与其中。多年来达德孔子学院也得到了学校、当地政府部门、中文教师协会和社区组织的广泛赞赏和表彰,如2019年5月,达德郡政府给达德孔子学院颁发了表彰信,感谢孔子学院"对于社区作出的价值卓越的贡献"(in recognition of your valuable contribution to our community)。通过社区服务,赢得民众对达德孔子学院的了解和支持,这对达德孔子学院具有很好的宣传效应。

三 汉语推广活动

受某些反华参议员的影响,佛罗里达州是美国孔子学院"关门风波"中影响最大的地区之一。团队调研期间(2019年8月26日),达德孔子学院是佛罗里达州唯一运行的孔子学院,佛罗里达州其他三所孔子学院都被迫关闭。其中,佩德罗校长对达德孔子学院的支持起着非常大的作用。据余院长介绍,达德孔子学院也曾被要求关闭,但由于佩德罗校长拥有巨大的社会影响力,且全力支持孔子学院的发展,使达德孔子学院得以保留。目前,佩德罗校长已经退休,新任校长暂未确定,这也给孔子学院的运行安全带来了严峻的挑战。

2019年9月5日,达德学院突然宣布关闭孔子学院,并在本学期结束后停止其全部活动。这让孔子学院的工作人员都感到非常震惊,因为事情发生得太过突然。达德学院刚在2019年6月和中方合作院校及孔子学院总部签署了新的为期五年的合作协议。8月假期孔子学院教师一直在积极准备新学期的中文课程和文化活动安排。汉语教师和志愿者表示,教学生们学习汉语拼音、书写汉字、练习对话、讲述中国人的每一天的生活,也了解到了来自不同族裔、不同家庭的学生们的学习和生活。虽然孔子学院可能面临关闭的困境,但汉语教师会一如既往地把学校安排的每一堂课上好,把计划中的每一项学校活动完成好。她们热爱教授中文和中华文化,也热爱迈阿密的多元文化,坚信国际教育交流和全球接触是时代潮流。而且许多达德学院师生到孔子学院办公室询问或表示:"你们是不是真的要关了?为什么?""我伤心透了,孔子学院在帮助我们学生学习方面做得非常棒!"

尽管达德孔子学院在2019年上半年的课程结束之后会被关闭，但在达德学院的汉语推广事业将会延续发展。达德学院9月下旬宣布，达德孔子学院院长余学钧博士自10月1日起，担任达德学院总校区（Wolfson campus）世界语言系主任。达德孔子学院的核心业务，如中文学分课程、汉语水平考试、中文教师培训、汉语儿童夏令营、赴华暑期学习项目、校园中华文化俱乐部等项目，将转入学校世界语言系。达德学院高度评价孔子学院十年来的工作业绩和突出贡献，并期望孔子学院在新的形势下与时俱进，充分发挥孔子学院在中文教育、中美教育及中美人文交流等方面的作用和价值。

10月16日，达德孔子学院携手世界语言系联合举办主题为"中秋佳节齐欢庆、中华文化通四海"的中秋庆祝活动暨世界月亮文化节，为美国大学生开拓中华文化与全球文化融合共通的学习创新之道，文艺节目推陈出新，包括舞狮、抖空竹、二胡独奏、男女声对唱、中华服饰秀、书法展示等，丰富多彩，美不胜收。世界语言系、迈阿密亚裔顾问委员会、2020年美国人口普查机构等设台展示，大学师生反响热烈。孔子学院的使命和精神，通过与大学世界语言系及社区的合作，在迈阿密地区发扬光大。

从上述关于达德孔子学院迂回发展过程，我们可以发现，随着孔子学院的核心业务逐步并入大学的世界语言系，达德孔子学院作为一个组织机构的历史可能即将结束，但孔子学院的事业、使命仍将在达德学院继续发展。

孔子学院总部支持海外中文教育的模式多种多样，中外高校合作建立孔子学院只是一种模式。即使达德孔子学院关闭了，还可以通过江苏师范大学选派汉语教师，促进汉语推广事业在达德学院和迈阿密地区延续发展。

四 结语

达德孔子学院的发展模式有自身特色。首先，达德孔子学院将自身融入当地大学的整体发展体系，使其成为大学国际化教育的重要组成部分，这为孔子学院的可持续发展创造了重要的前提条件。其次，达德孔子学院始终将自身定位为服务机构，在做好汉语教育和文化宣传的同时，积极参与校内外活动，并主动提供服务，有效地提高了孔子学院的社会影响力。最后，达德孔子学院非常重视品牌建设，通过整合校内的资源，成为达德学院对接中国文化的重要桥梁，通过书展、电影节等系列高端品牌活动，打造达德孔子学院的文化高地。最后，尽管现阶段发展受到严峻的挑战，但达德孔子学院转变其发展战略，将孔子学院原有业务转入学校的世界语系，以另一种方式继续开展汉语推广事业，这也是汉语国际传播的一个新范式。

第三节 秘鲁天主教大学孔子学院形态描写
——一所实行市场化运作的孔子学院

一 发展历程

秘鲁与中国有着悠久的交往历史。经过近百年的努力，秘鲁华人的社会地位大幅提高，华侨华裔已成为秘鲁社会的重要组成部分。2008年11月，时任中国国家主席胡锦涛和秘鲁总统阿兰加西亚出席了秘鲁圣玛利亚天主教大学孔子学院、秘鲁天主教大学孔子学院和皮乌拉大学孔子学院三所孔子学院的授牌仪式，这标志着孔子学院在秘鲁正式设立。随后里卡多帕尔玛大学孔子学院于2010年11月12日正式成立，至此秘鲁设立了四家孔子学院。

秘鲁天主教大学孔子学院（以下简称天主教孔子学院）是秘鲁第一所孔子学院。孔子学院总部2007年12月与秘鲁天主教大学签订了共同创办孔子学院的协议，2008年11月授予秘鲁天主教大学孔子学院牌匾。2009年3月20日，秘鲁天主教大学与上海外国语大学合作，正式揭牌成立天主教孔子学院。在孔子学院建立和发展的过程中，外方院长邓如朋（Ruben Tang）发挥了重要作用。

邓院长是秘鲁的第三代华裔（有1/2华人血统），毕业于秘鲁天主教大学法律系，普通话流利。2002年他在台湾一家国际贸易公司工作，不久被派往上海分公司。在上海的四年中，他不仅结交了许多中国朋友，还游历了中国的许多城市，亲身领略了中华民族传统文化的多彩和灿烂，这让他真切地感受到了中国文化的魅力。邓院长提到在上海时，曾经每周都去上外跟语伴练习汉语，因此他对上海外国语大学非常有好感。回秘鲁后邓院长任职于秘鲁商贸部，由于他对国际贸易和亚洲事务感兴趣，因此愿意接受外方院长这份极具挑战性的工作。刚开始，他对孔子学院了解不多，为更好地开展孔子学院工作，他曾去爱尔兰和西班牙学习优秀孔子学院的运营经验。

2007年天主教大学与孔子学院总部签订了共同建立孔子学院的协议，2008年跟上海外国语大学签订了合作协议，同年10月上海外国语大学派出了首任中方院长和汉语教师。该孔子学院于2009年3月20日正式开始授课，首期招收学生74名。

在中方院长和汉语教师到任之前，邓院长组建了三人团队（一位外方院长，一位本土秘书和一位中国留学生）开展孔子学院的筹备工作。万事开头难，邓院长说："筹建孔子学院初期，我们连办公的地方都没有，许多筹备工作、宣传策划以及各种文案都是在家里完成的。"许多秘鲁人不知道孔子学院是干什么的，他就组织孔子学院教师制作宣传彩页，利用媒体和各种社交活动进行介绍和宣传。

发展至今，秘鲁孔子学院运行态势良好，是南美孔子学院的杰出代表。该孔子学院地处首都，有优势承办各种大型国际化活动，为增进中秘两国之间的文化交流和友谊作出杰出贡献。其发展规模在秘鲁名列前茅，于2018年被评为全球先进孔子学院。

二 组织架构

目前，该孔子学院工作人员规模比较大，有27名工作人员，包括中方人员10人（1名中方院长、3名公派汉语教师和6名汉语教师志愿者）、外方人员17人（1名外方院长、9名行政人员和7名本土教师）。组织架构如图17-1所示。

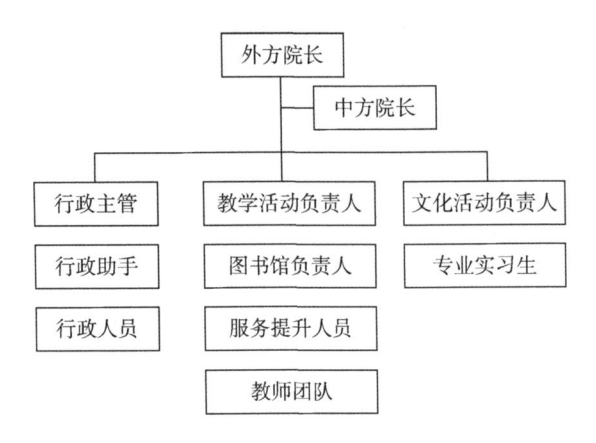

```
                    ┌─────────┐
                    │ 外方院长 │
                    └────┬────┘
                         │┌─────────┐
                         ├┤ 中方院长 │
                         │└─────────┘
        ┌────────────────┼────────────────┐
   ┌────┴────┐    ┌──────┴──────┐   ┌──────┴──────┐
   │ 行政主管 │    │教学活动负责人│   │文化活动负责人│
   └────┬────┘    └──────┬──────┘   └──────┬──────┘
   ┌────┴────┐    ┌──────┴──────┐   ┌──────┴──────┐
   │ 行政助手 │    │ 图书馆负责人 │   │ 专业实习生  │
   └────┬────┘    └──────┬──────┘   └─────────────┘
   ┌────┴────┐    ┌──────┴──────┐
   │ 行政人员 │    │服务提升人员 │
   └─────────┘    └──────┬──────┘
                  ┌──────┴──────┐
                  │  教师团队   │
                  └─────────────┘
```

图 17-1　孔子学院组织架构

（一）外方院长

现任外方院长邓如朋是该孔子学院的建院院长。他已经在孔子学院工作了十多年，对孔子学院的情况了如指掌，这样的安排有助于孔子学院的稳定发展。邓院长提到，在孔子学院筹建时只有他和两位行政人员，他开玩笑说："为了显得孔子学院有规模，有时候我会先假装是秘书，说请稍等，我转给院长，然后再用院长的口吻来接电话。"从这可以看出建院时的不易，邓院长很多事情都要亲力亲为。

（二）中方院长

现任中方院长黄皓是该孔子学院的第五任中方院长。黄院长来自上海外国语大学，为副教授、硕士生导师，研究方向为应用语言学、翻译理论以及继续教育外语教学。黄院长介绍，他跟外方院长几乎每天都会当面交流孔子学院的情况，然后每周会分头与中外方员工开会。中方院长与孔子学院总部、使馆，以及中方员工打交道较多，外方院长与本地员工、校方以及本地机构联系较多。

（三）外方行政人员

除了院长外，还有九名秘方员工，主要在行政、教学和文化活动三个部门。每个部门有一个主管，目前有行政主管、教学主管和文化主管，每个主管下面安排两人来辅助他们的工作。此外，还有一人专职负责管理孔子学院的图书馆。可以看出，该孔子学院的人员分工明确，职责清晰。从数量如此多的外方员工来看，校方是非常重视孔子学院发展的，为孔子学院配备了齐全的行政人员，这为孔子学院教学和文化活动的顺利开展奠定了较好的基础。

（四）本土教师

该孔子学院目前有7名本土教师。据黄院长介绍："本土老师的数量一般在6到10名之间，一般是通过公开招聘招过来，也有从孔子学院的优秀奖学金学生中选拔出来的。如目前有一位本土教师在中国拿奖学金学了一年汉语，然后回来了在孔子学院担任汉语教师。"此外，与孔子学院常年联系的本土教师有10—12位。本土教师通过招聘后，与孔子学院签署合同，合同时长一般是一年期。本土教师的待遇与当地的外语教师一致，一般按照课时费付工资。

（五）公派汉语教师和汉语教师志愿者

该孔子学院有3名公派汉语教师和6名汉语教师志愿者。3名公派教师都是志愿者转公派的教师，其中包括一名上海外国语大学的合同制教师。志愿者大部分是汉语国际教育专业的在读硕士生，有的志愿者本科有西语背景，这对于他们在秘鲁开展工作有所帮助。相较于志愿者，公派教师的工作涉及与中外方院长、协调员的沟通和协调，需负责部分管理工作，而志愿者基本上只负责汉语教学和文化活动的具体执行任务。

在访谈中得知，该孔子学院虽然员工众多，但分工明确，中外方配合较好，从组织结构上来看，是一所比较优秀的孔子学院。

三 学院特色

作为秘鲁汉语学习和中国文化推广的重要平台，天主教孔子学院曾荣获2018年度全球先进孔子学院称号，在南美的众多孔子学院中也是发展状况较好的一所。通过访谈，笔者总结出该孔子学院的四个特色，这也是该孔子学院运行顺利的重要原因。

（一）中外方院长配合较好

通过分别与中外方院长交谈可知，该孔子学院目前的两位院长相处较为融洽。邓院长认为中方院长的存在非常有必要,也很重要。中方院长不仅可以跟上海外国语大学、大使馆和孔子学院总部,以及其他中国人联系,也要管理公派汉语教师和汉语教师志愿者,孔子学院工作的顺利开展离不开中方院长的努力。邓院长说:"如何处理跟中方院长的关系很重要,比如中方院长跟中方的老师志愿者开会,我是不去的,我认为要尊重他们,给他们独特的角色,让他们有自己的事做。"从建院至今,该孔子学院已经历了五任中方院长。邓院长介绍,这五任院长都是男性,有的年纪大些,有的年轻点,每位中方院长有自己的专长,有的更擅长管理,有的更关注学术,也就是说,有些并没有管理经验。他会在中方院长来的第一周把孔子学院的事情介绍清楚,从最开始就弄清楚明白。

黄院长谈到,该孔子学院中外方的工作模式是协商,各司其职。每天中外方院长都会坐在一起,聊聊孔子学院的工作。两位院长每周要开会,然后分头跟中外方的员工开会。黄院长说:"基本上是谁做起来方便谁做,我更多地关注跟国内合作院校、孔子学院总部、使馆的沟通,以及中方人员的管理。邓院长负责秘鲁员工的管理,以及与当地各机构的沟通。"

虽然两位院长都认为中外方院长的合作是非常融洽的,但他们也谈到矛盾是不可避免的。第一个是关于中方院长的头衔问题。在该孔子学院与上海外国语大学的合同中,写明了中方院长是副院长。按照孔子学院总部官网的说法以及大部分孔子学院的惯例,中方派出的院长是中方院长,因此有些中方院长认为用"副院长"代替"中方院长"是不妥的。邓院长认为在一个机构的管理中,应该只有一位一把手来决策。这种文化上的差异导致了矛盾的产生,但是所幸最后双方协商把中方院长的"Deputy director"(副院长)改成"Chinese director"(中方院长),尽管邓院长表示这个"Chinese director"的头衔很奇怪。第二个矛盾是财务问题。中方院长认为中方要有财务监管权。该孔子学院的实际情况是,财务签字权属于外方院长,中方基本处于被动。邓院长提到,有的中方院长要求看财务表,虽然觉得没必要,邓院长还是会给中方院长看。邓院长认为,中方院长每年都要向孔子学院总部提交预算，他们本身对这些账目是有所了解的，而且孔子学院的财务归大学统一管理，都是透明的，孔子学院的外方院长和员工从来没有接触过钱。

总体来看，目前该孔子学院的两位院长工作上配合较好，分工明确，有矛盾也能找到办法解决，这跟外方院长的个人背景，以及长期担任外方院长的经历有关。邓院长曾在中国学习和工作，对中国的风俗习惯以及与中国人打交道有丰富的经验，在孔子学院十年多一直担任外方院长，与五位中方院长合作过。他认为最重要的是从最开始就把双方的职责讲清楚，发生矛盾后多沟通。

(二) 管理严格

两位院长都认为在孔子学院的运行中，管理是最重要的。邓院长谈到自己虽然是学法律的，但一直都在关注管理方面的知识，从孔子学院建院之初就非常注重管理和制度化建设。黄院长也认为孔子学院的可持续发展是建立在高水平的教学质量和良好的管理体制上的，而不是只依靠教学就行。尤其是孔子学院发展到一定规模后，管理体制的重要性会日显重要。在这种情况下，制度化、公司化、市场化的发展才有意义，才会发挥更大作用。黄院长向调研团队分享了该孔子学院的规章制度。该孔子学院的行政框架和管理框架都非常完备，把每个人的职责都规定得非常明确，甚至生活上的小注意事项都有成文规定。在访谈中黄院长说："我们整个的行政框架、管理框架上面都有的，各负责自己的那一摊儿。我们孔子学院从规章制度、管理框架决定了，少了谁都没问题，哪怕是我们两个（院长）不在，都没问题。"

两位院长都谈到孔子学院要进行 SI9000 认证，将成为全球孔子学院中的第一个通过认证的，该认证主要是关注管理体系，希望借此认证帮助孔子学院进一步提高制度化建设水平，推进孔子学院有系统有程序地开展工作。

在工作上，黄院长提到该孔子学院对上班时间有非常明确的规定，行政人员一般是八点上班，所有人包括院长都会严格遵守，有时候有事情早上晚到了，下午也一定要晚下班，把上班时间补足。对于不坐班的教师，孔子学院也要求提前到教室做好准备，即使学生会迟到。

保安会记录每位教师每天的到达时间，如果迟到一次就会被记录，第二次会口头警告，第三次就会有书面的警告。

该孔子学院还对考勤有着严格的要求。上课要记两次考勤，第一次考勤是在第一节课上课半小时左右，第二次是在第二节课上课前。因为孔子学院是社会办学，学生在学习汉语之外还有自己的工作或学习，拉美人有迟到可以被理解的风俗，所以，学生只有在两次考勤记录都不在时才会被记旷课，如果旷课累计9次，该生就没资格参加考试。教师不仅要将学生的考勤记录在考勤本上，而且要当着全体学生的面在网络平台上记录。该孔子学院还对考勤记录的提交有着严格的时间规定，教师需要在期中考试后两天内录入所有信息，规定具体到了哪一天的23：59之前。如果某些教师疏忽了，管理人员马上就会写邮件投诉。该孔子学院的所有员工必须严格执行管理条例。

在教师管理方面，调研团队在访谈中了解到，该孔子学院没有寒暑假，一年有四个学期，两个学期的间隙会休息一周。但是，教师们即使是在不上课的休息时间出远门，也必须请假。汉语教师志愿者提到，在上学期结束后的假期时，几位志愿者教师计划旅行，结果受到了孔子学院管理者的批评。志愿者教师表示很委屈，觉得自己只是对孔子学院的假期规定产生了误解，并不是故意要违反。但是通过这件事，他们知道了孔子学院的管理很严格，以后在工作或生活中遇到不确定的事情要多去了解规则。

在生活上，各类被访谈者都谈到了秘鲁对清洁的要求非常高，不管是在孔子学院还是在中方人员租住的房子里，都有对于清洁和物品摆放的严格规定。调研团队在秘鲁调研期间发现，秘鲁所有的建筑里面都干干净净，清清爽爽的，而且物品摆放很有序。在孔子学院，有两个清洁工人每天打扫卫生，每天早上教室和行政办公区，工作人员来上班之前全都已经擦过了。每节课结束后清洁人员都会进教室打扫，每个星期还会有一次彻底的打扫。调研团队在该孔子学院调研期间，看到清洁工确实打扫得非常仔细，会跪在地上擦边边角角。黄院长介绍道："我们老师刚开始摸不清他们的风俗，没有完全遵守他们的规定，外方会拍照过来给他看，他会解释秘鲁人对清洁和秩序的理解程度，不是一般意义上的清洁，可能比那还要再有点小洁癖的感觉。"黄院长曾在一位教师介绍下，去过该教师的邻居家，发现秘鲁普通家庭确实干净、整洁，邻居家连炉子上面都盖着绣着小花边的布。按照秘鲁人的卫生习惯，水果必须放在冰箱里，电饭煲不用就要收进橱子里，垃圾桶必须放在厨房，不能放在其他位置。中国人和秘鲁人对于房间收纳和整理的概念是不同的，难免会有些矛盾。在该孔子学院给员工的指南上，明确规定了对住处的具体卫生和收纳的要求。黄院长在访谈中也说，他平时会经常叮嘱中方员工注意遵守秘鲁的收纳要求。

据介绍，该孔子学院中方人员的住所都是由孔子学院统一租的，孔子学院的管理人员定期前往检查卫生，并雇人两个月做一次彻底的卫生。志愿者教师一般是三个人一起住，三人共用一个厨房会比较挤，而且冰箱也不太够用，难免会出现东西放在外面的情况，管理人员检查发现后就会投诉。由上文的例子来看，该孔子学院在管理上确实比较严格，可能会产生一些矛盾，但是这些矛盾都是可以解决的。通过制度化建设，形成明文的规定，可以有效避免以后再发生这样的矛盾，对于孔子学院的长久发展是十分有益的。

（三）注重市场宣传

该孔子学院重视新媒体平台宣传，其文化活动负责人市场化意识较强，因此兼任市场营销工作，通过校内外各种文化活动宣传孔子学院，同时也委托专业公司开展市场调查了解市场需求。黄院长介绍，这与外方院长的个人背景有比较大的关系，邓院长有着在企业界和外贸部工作的经验，他经营和管理孔子学院的时候会朝着市场化的方向发展，这对孔子学院的整体发展的定位、特色可能有比较大的影响。

该孔子学院认为市场策划很重要，每年做孔子学院总部预算都会有一个市场宣传的费用，现在的新媒体占有重要的地位。据邓院长介绍，目前该孔子学院在当地主要的新媒体上（Facebook、Instagram、Twiiter等）都注册了账号，并聘请专业的媒体运营公司来做运营。在Facebook上已经有6万粉丝。年青的一代已经不再看报纸，他们经常使用的是各种社交媒体，要吸引他们的注意力，必须改变宣传的途径，也要改变宣传的方式。比如年轻人没有耐心看长篇的文字广告，所以要制作有趣的视频，告诉他们孔子学院的服务、价格、开课时间、联系方式等信息。

两位院长在访谈中经常提到公司化管理，把规章条例都书面化，形成制度化建设。从教学到公共设施的维护、保养再到安全方方面面都有规章并能严格执行，比如一个小小的茶水间，对其清洁以及使用都有章可循。这在上文提到的该孔子学院管理严格部分有详细介绍。

市场化运作的主要组成部分就是宣传，让更多的民众去了解天主教大学孔子学院这个品牌，知道它是一个学汉语的文化推广机构，从而引发或刺激需求，吸引学生来学习汉语，又利用招生，扩大影响。该孔子学院采取了很多让人喜闻乐见的文化活动形式进行宣传，在大学校园里，积极参加一个叫作"Culture Thursday"的文化活动。每周四的下午本校的大学生都可以来展示自己的文化，孔子学院会提供文化展示或者文化体验的活动。除此之外，每学期都会定向到某一个学院，去给该院的学生提供一堂汉语示范课，让更多的学生亲身在课堂里体会，借此吸引学生来孔子学院学习汉语。据2018年和2019年数据统计，每年在孔子学院内外举办80场左右的文化推广活动。该孔子学院在文化活动举办次数和新闻稿件发布数量方面，在拉美地区名列前茅。这对宣传孔子学院和吸引更多学生前来学习汉语意义重大。招生注册人数也比其他孔子学院更多。

该孔子学院与利马的市政府、外交部等政府机关和一些当地组织都有比较密切的合作。比如，为秘鲁外交官开设汉语培训班，已经有几位经过孔子学院培训的外交官被派往秘鲁驻华使馆工作。当地市政府也非常支持和认可孔子学院，比如举行文化活动时，市政府会免费提供场地。2018年2月，利马市市长为天主教大学孔子学院颁布社区教育贡献奖。黄院长还特别提到了跟华裔组织的合作，秘鲁的华裔人数众多，有较多的华裔组织，孔子学院的员工经常会去参加华裔的活动，为他们提供茶艺表演、剪纸、武术、古筝等节目。黄院长提到一个例子，Tusan（土生），是当地对华裔的称呼。Villa Tusan（土生村），是一知名华裔社团"秘华文化中心"的活动中心，在利马市郊区，建有很多幢别墅，内设俱乐部活动场所。该社团与孔子学院签有合作协议，每年都会联合举办数次文化推广活动。这个组织人数众多，有时候参与人数过千，孔子学院不仅提供文化展示，并且给他们上汉语示范课。这样不仅能让更多的人了解中国文化和汉语教学，也能扩大孔子学院在当地的影响力。

该孔子学院委托专业的调研机构调查孔子学院在当地社会的影响力，并提出相应的建议。调研公司的人会分别找孔子学院的管理人员和教师座谈，运用各种各样的方法，激发、挖掘这些管理人员以及教师的想法。还会找孔子学院的学生做问卷调查，也会在公共场所做社会调查，比如在饭店、商场、咖啡店等公共场所开展有关孔子学院的品牌和中国文化的随机调查。调研机构会根据最后的调研结果提交一份报告，在报告中指出孔子学院存在的问题，并提出一些建议。黄院长认为，虽然有些建议不做调研也能想得到，但在调研公司总结的过程中，他们会从不同的视角来看问题，这样丰富了对孔子学院的理解，也能够促进孔子学院建设。

综上所述，该孔子学院较强的市场化意识主要体现在：（1）文化活动负责人同时兼任市场营销工作，重视电子营销。（2）孔子学院设置媒体账号（Facebook、Twitter、YouTube、Instagram、Linkedin 等），为孔子学院宣传发挥了很大作用，如在社交网络平台 Facebook 上进行影响营销，目标客户定位在年青一代，并委托专业机构进行社交媒体运营。（3）孔子学院强化制度建设，并实行企业化管理，黄院长认为应该单独设立市场营销岗位。（4）通过举办文化活动扩大孔子学院的影响力，为市场推广服务，推进招生工作的进行。（5）委托市场调研机构开展市场调研，了解孔子学院的影响力和学生需求，发现很多天主教大学的人不了解孔子学院，说明孔子学院的影响力还有较大的上升空间。

（四）本土化水平高

该孔子学院本土化程度较高，主要表现在本土行政人员数量多，本土教师所占比例较大，该孔子学院还根据秘鲁学生的学习特点编写了本土教材。

黄院长介绍，拥有华裔血统的秘鲁人已达 300 万之众，占秘鲁总人数的 1/10，大部分的华裔都是生活在首都利马。该孔子学院地处首都,有着一定的经济、文化和地理优势,在该孔子学院开展活动时,能够较容易找到相关的专家及优质的本土汉语教师。例如,在孔子学院开展中医讲座时,在首都就可以找到相关的华裔专家。此外,该孔子学院的本土教师和中方外派汉语教师的比例为1∶1。近年来,该孔子学院的本土教师基本是6—10位,跟孔子学院常年联系的本土教师有10—12位,有着丰富的本土教师储备。该孔子学院本土教师的招聘非常严格,成功聘任的本土教师在任职期间会有定期的培训来保证教学质量。据公派教师介绍,本院还组织教师编写了面向本国学生的短期培训教材(Practical Chinese),受到学生的好评。

综上所述,该孔子学院的特色主要包括:中外方院长配合较好,管理严格,注重市场宣传,本土化水平高等。

四 存在的问题

团队在调研的过程中,也发现了该孔子学院目前存在的几个问题:中方人员的跨文化适应,年轻教师和志愿者职业规划不明确以及她们的婚恋问题。

(一)中方人员的跨文化适应

两位公派教师和三位志愿者表示生活上还是比较适应,秘鲁的饮食丰富多彩,气候也适宜。在工作上,学生学习热情高,对教师反馈较好,教师的成就感很高。但教师们也遇到了一些困难,如语言问题。秘鲁的官方语言是西班牙语,大部分的中方教师并不会西班牙语,因此刚开始会遇到语言上的困难。其次,拉美人时间观念普遍不强,教师们在访谈中表示学生迟到是非常普遍的事情,一般迟到15分钟以内,拉美人都默认为正常,所以该孔子学院规定学生迟到15分钟以上才算缺课。在访谈中教师们说:"拉美人说五分钟的话,其实应该是半小时,因为现在都已经懂他们的时间了,也明白他们并不是恶意的,所以并不会生气,只能容忍。"黄院长在介绍孔子学院的认证情况时提过,本地认证机构需要走认证程序,初查、整改、再检查、再完善,需要时间来完成,因此认证的过程非常缓慢。本来说好的拿证日期一再拖延，外方表示慢慢来，过一段时间想起这个事，再做点事。这样两年过去了，认证还没完成。

此外，前文"管理严格"部分提到了该孔子学院管理制度完善且执行严格，也是中方人员刚来的时候所不适应的地方之一。例如，一次课进行两次考勤、外出旅游必须提前申请、严格的卫生规定等。但中方院长强调遵守规章制度的重要性，且制度不针对个人。

（二）年轻教师和志愿者职业规划不明确

接受访谈的两位公派教师都是志愿者转公派的教师，她们都是90后，跟志愿者一样，回国后都面临着重新择业的问题。我们的访谈发现，志愿者转公派的教师和志愿者对未来没有明确的职业规划，回国后也比较难找到对外汉语相关的职位。一位公派教师表示："到了一个年龄比较敏感的时段，家里人给的压力比较大，自己也不想继续在国外漂了，想稳定下来，而且孔子学院的工作感觉保障不全，完成合同所签订的两年工作后就会离开这个孔子学院，没有职业晋升的渠道，所以打算结束任期后回国找工作。"然而，教师在回国后很难找到对口的理想工作，一般会考虑转行，做中小学教师，甚至其他完全不相关的行业。志愿者们也表示对未来没有明确的规划，大部分人都是走一步看一步。归国志愿者和公派教师职业发展的情况确实值得关注，他们在海外孔子学院锻炼后，积累了经验却不能找到合适的对口工作。

（三）年轻教师和志愿者的婚恋问题

访谈中发现，两位教师都认为在秘鲁工作比较开心，但有时会比较寂寞，婚恋问题尚未解决，她们想要回国寻求相对稳定的工作并建立家庭，这也是她们暂不考虑长期从事孔子学院外派教师工作的一个重要原因。孔子学院派出来的教师和志愿者大部分都是女生，她们中的很多人都面临着婚恋的难题，在海外圈子小，接触的人少。

五 展望未来

两位院长在介绍时都提到秘鲁天主教大学孔子学院有明确的发展目标，就是2022年成为南美最好的孔子学院。具体的计划包括：（1）计划由大学出资建立新的教学地点，以应对秘鲁交通拥堵问题。（2）更好地利用教室资源，目前利用率仅有40%，还有较大的提升空间。孔子学院目前注册学生已超过2300人次，为2020年做预算时，计划在2020年时突破2800人次。（3）推进孔子学院汉语教学进入学分课程体系。（4）扩展孔子学院的市场范围，为中资企业的本地员工提供汉学教学，在当地中小学、其他大学、华人街（老城）建立教学点。

第四节　巴西里约热内卢天主教大学孔子学院形态描写
——中巴民间外交的重要名片

一　基本情况

里约热内卢天主教大学孔子学院（下文简称里约孔子学院）由中国国家汉办和巴西里约热内卢天主教大学签约成立，中方合作院校是河北大学。2010年10月20日签署协议，2011年8月开始招收第一批学生，当年8月31日正式揭牌运营。截至团队实地调研的2018年，孔子学院成立了7年多，已经成为巴西中国语言和文化交流中心、汉语水平测试中心、汉语教师培训中心，还是目前巴西中学生"汉语桥"世界中学生中文比赛唯一举办巴西决赛的孔院，成为中巴民间交流的重要平台和亮丽名片。

里约孔子学院的宗旨是促进巴西人民对中国语言和文化的了解，增进两国间的相互交流，加深友谊。孔子学院的主要工作包括中国语言与文化教学，中巴文化、教育及体育交流，组织汉语水平口笔试、教师培训，鼓励并组织巴西学生、学者对中国历史、中国传统和当代文化、文学、中巴关系、华人移民巴西历史的研究，并组织学术研讨会、图片展等多种形式的文化活动。

目前，里约孔子学院共有15名人员，其中中方院长1人，志愿者教师9人，本土教师3人，外方院长1人，专职秘书1人。理事会成员由双方大学的校长、主管外事的副校长、国际处长和孔院院长共计8人组成，每年召开一次理事会，商讨孔子学院的发展。孔子学院目前拥有独立办公室 100 平方米，所有面对在校生的 7 门课程都纳入了学校的学分制体系，在 3 州 4 市 6 个大学教学点开设了不同级别的课程，创建了巴西唯一一个葡中双语中学。另外，还和一个州政府合作开办了中学生中文教学课程。

二 开设课程涵盖面广、层次多样化

孔子学院的主要任务是中国语言和文化的传播，教好中文是孔院的立命之本。自成立之初，里约孔子学院努力贯彻"本土化"发展策略，在了解当地教育体系，尊重当地文化、法律等的前提下，一步一个脚印，先后开设了一系列汉语课程。

里约孔子学院从开设之初就立足于服务所在学校的师生，先从本科生、研究生的"中国语言与文化"I级开课，到目前为止，"中国语言与文化"课程I—VI级及用葡萄牙语讲授的"中国文化介绍"课程都进入了里约热内卢天主教大学的学分制体系，成为选修课程，而且"中国文化介绍"是巴西目前唯一的一门用葡萄牙语讲授中国文化的课程。这门课程一直由中方院长担任，内容涉及中国历史地理、哲学、宗教、移民、中医、电影、美食、武术、服饰、各种新闻话题等。除了文化课，还根据巴西的特色，开展了乒乓球、羽毛球、踢毽子等体育课程及葫芦丝、剪纸、中国书画课程，深受学生欢迎。

2012年，里约孔子学院在教好学校选修课的基础上，和学校人力资源部联合为学校教职员工免费开设了"中国语言与文化"课程。25名学员来自学校的不同部门，这极大地提高了孔子学院在学校的知名度和影响，方便了孔子学院在学校的工作。

除了做好所在大学的工作，里约孔子学院还积极和当地政府合作，积极融入当地的教育体系。2013年6月10日，在经过3个多月的多次协商后里约孔子学院和州政府在里约州长宫签署了合作协议，将"中国语言与文化"课程纳入里约州立职业学校的正式课程体系，这在巴西历史上尚属首次。

在此基础上，2014年9月23日，里约孔子学院、里约州政府、河北师范大学三方合作的全新学校葡中双语学校大楼举行了隆重的揭牌仪式。2015年2月巴西历史上首个葡中双语学校正式招生，迎来第一批3个班72名学生，这既符合巴西语言教学班24人的惯例，也符合孔子著名72门徒的说法。巴西首所葡中双语学校正式进入运行阶段，这标志着中巴文化教育交流进入了一个新的阶段。目前，该双语中学已有两届毕业生，2018年6名学生高中毕业后来到河北师大学习，2019年第二届毕业生中也有部分学生来华学习。

立足里约天主教大学，辐射周围的州和联邦大学也是里约孔子学院的工作目标。2013年开始里约孔子学院和圣灵州联邦大学一起开设了实验性的课程，2014年11月，在圣灵州联邦大学举办了首次中国文化周活动，在当地引起了不小的反响。2015年2月，正式在那里开设了中文教学点。2014年9月10日，里约孔子学院和里约联邦大学的亚洲研究所合作开设了有针对性的中文教学课程。2015年4月，在戈伊亚斯州阿纳波利斯市的福音派大学开设了汉语课程。能在宗教信仰不同的其他州的大学开课，也体现了坐落在天主教大学的里约孔子学院的开放性与包容性。

2018年9月，经过5年多的接触、协商，里约孔子学院和圣灵州州政府签署协议将中文课程引入该州的高中。2018年该孔子学院和里约市、尼泰罗伊市政府积极协调，于2019年将中文教学纳入了两市初、中级小学的教学内容。

2018年4月，在经过5年多的反复协商后，在里约州长宫为州政府工作人员开设了"中国语言与文化"课程，两个学期下来，进展良好。

截至团队实地调研的2018年，里约孔子学院已经揭牌7年多了，其在办学规模、办学层次、开设课程、教学质量等方面都有了很大的提高，教学点由原来位于里约市的2个扩大到了分布在3个州的7个，涵盖联邦大学、联邦农业大学、私立大学及高中、初中。除继续为其所在大学的本科生、研究生和国际交换生开设学分制课程"汉语""中国文化介绍"及为里约州立职业学校开设"中国语言与文化"课程外，里约孔子学院在另外两个州——圣灵州和戈亚斯州开设了新的教学点，以满足不同州、不同层次的巴西民众学习汉语和了解中国文化的需求。圣灵州联邦大学教学点的开办是充分落实国家汉办和巴西教育部于2014年7月签署的在巴西联邦大学开设汉语教学课的首个举措。对此，新华社、国家汉办主页以"学中文为认识世界打开新窗口"为题进行了报道。戈伊亚斯州阿纳波利斯私立大学的汉语教学点2015年4月启动以来，深受州政府和当地市政府的重视。这也是他们自20世纪90年代和河北省建立友好省州关系以来第一次将汉语纳入学校课程。汉语课程的引入让他们颇为自豪。2017年5月，在里约孔子学院的协调下，戈亚斯联邦大学和河北中医学院签署了共同建立中医孔子学院的协议，9月在该大学率先开设中医中文教学，为中医真正走入巴西的联邦大学、为筹建拉美第一所中医孔子学院打好基础。中文课程在巴西不同类型大学的开设，也为中文进入巴西教育部的"语言无国界"项目打下了前期的基础。

目前，根据巴西的实际情况里约孔子学院和巴西各级部门加强合作，本着"兔子先吃窝边草"的原则，先和里约市政府合作，争取将中文教学率先纳入里约市的义务教育体系，为在巴西中小学开展中文教学"破冰"，使汉语教学真正实现"从娃娃抓起"，进而推动将孔子学院的课程纳入全巴西基础教育阶段的课程，为孔子学院的可持续发展奠定基础。

随着越来越多中国中资企业进入巴西、巴西企业走向中国，里约孔子学院也开始和企业合作，为中资企业培训，寻找懂汉语、懂中国文化的巴西人，助力中资企业在巴西的本土化。目前和中海油、中石油、中国银行及山东科瑞的合作都十分成功，专门为中海油、国家电网巴西子公司开设的商务汉语课程三年来进展顺利并影响到了其他在里约的中资企业。同时利用地理位置优势，努力使孔子学院"国际化"在英国学校、美国学校、法国学校、日本语学校开展活动或教学，并开始与巴西海军学校、陆军学校进行多种合作。

三 文化活动多种多样

除了上好语言及文化课程，里约孔子学院还积极立足当地，开展一系列多种多样的文化活动。2012年,里约孔子学院举办了"红色交响曲"图片展、第一届中国文化周活动,开设了"功夫班""太极班",组织了书法体验、茶文化体验,举办了中国古典文学翻译、中巴关系等五场主题讲座,引起了不小的反响。2013年6月,中国文化宣传走入了里约州的职业高中。7月,里约孔子学院参加了由州政府组织的"艺术周"活动,其中,剪纸、折纸等中国文化活动引起了中学师生及家长的极大关注。

2014年4月,里约孔子学院在里约北部的贫民窟区学校举办了一次大型文化活动,其中包括孔子学院介绍、"迷你"汉语课、太极拳表演、葫芦丝表演,使里约贫民窟区的孩子首次在自己的学校里接触了中国文化。

2014年在圣灵州联邦大学举办了该校历史上首次"中国文化周"活动,活动内容包括系列讲座、中巴建交40周年图片展、电影周、中文体验课等。中国驻里约总领事宋扬到场并就中巴关系做了讲座,70多岁的著名中巴关系专家塞韦里诺·卡布拉尔(Severino Cabral)受邀助阵并为师生做了一场内容丰富的讲座。

2015年里约孔子学院先后在4个城市的中学、大学、博物馆举办5场"四季中国""魅力中国""中国传统体育"图片展。在尼泰罗伊(Niterói)人民剧场组织到访的汉办"三巡"演出团,为庆祝里约孔子学院庆祝4周年,组织了"中国文化月"系列活动,其中包括开幕式(将舞龙舞狮引进校园)、高端讲座、电影周等,此次活动得到了中国使领馆及所在学校所有领导的支持。

除了单独组织有关中国的文化活动外,里约孔子学院也一直奉行利他主义的原则,积极融入所在大学及所在城市的活动,每年都认真参加学校组织的"里大开放日""里大就业洽谈周",孔子学院的所有活动深得校领导好评。孔子学院积极参加2014年世界杯、2015年奥运场馆测试赛及2016年奥运会的服务工作,并和里约奥组委合作将中国羽毛球队带入了奥运服务社区的工程——位于贫民窟的"奥运学校",为里约社区的改变尽自己的社会职责。

2018年4月,里约孔子学院在巴西"钢铁之都"的职业学校举办了为期一个月的图片展；5月走进位于巴西和乌拉圭边境的旁巴联邦大学举办了"中国文化周"，使两国边境人民充分体会到了中国文化的博大精深。

四 中国与巴西教育交流项目

国之交在于民相亲，教育也是中国与巴西交流的一个重要部分。为了让巴西的师生及教育工作者更直观地了解现代中国、了解中国的教育体制，更好地在中国和巴西教育交流间发挥更大作用，里约孔子学院组织了不同层次的学员及教育工作者团组赴华进行时间长短不一的访问，取得了丰硕的成果。

2013年7月开始，里约孔子学院已经组织了5届里约孔子学院大学生夏令营，近100名来自巴西3个州6个城市6所大学的孔子学院学生来到中国进行为期2—3周的中文短期课程及中国文化体验之旅，均得到了非常好的效果。他们访华归来也在各自的州、大学开始做有关中国的宣传。参加夏令营的师生已经成为在各州宣传中国的一支重要力量。

在成功组织三届大学生夏令营的基础上，2016年9月开始，里约孔子学院组织了全球孔院第一个中学生足球夏令营访华，并已连续进行三届。2016年来华短短2周的时间里，巴西营员走访了3个城市，踢了6场友谊赛，参观了6个博物馆，拜访了6所大中小学、国家汉办，参观了长城、故宫、鸟巢，体验了中国中秋佳节的浓浓氛围并和新疆和田二中的孩子们进行了视频互动，相互介绍彼此的文化。巴西营员们收获了对现代中国的充分了解，以及中国校园足球的感知，收获满满，并开始期待下次来华，甚至来华读大学，进一步实现自己的中国之梦。2017年第二届中学生足球夏令营除了男队，也增加了一支女子队伍，这支队伍的访华定将对中国校园足球水平的提高、中巴足球教育交流的发展、巴西女子足球教育水平的提高起到很大的促进作用。

2018年为了使中国与巴西学生能有更多互动，足球夏令营改到6月中下旬中国的学校放假前，恰好也是世界杯期间来华，京津冀新雄安一体巴西中学生足球夏令营在三周时间里访问了6个城市，踢了8场友谊赛，和5所中学的中国学生进行了互动，约2000多名师生参与到了这个夏令营活动中，所到之处都引起了不小的轰动，中国国际广播电台多语种频道专门制作了一个视频短片。

除了夏令营活动，里约孔子学院还根据汉办的规定组织巴西教育官员及教育工作者访华。2013年10月，组织了巴西的第一个教育工作者访华团，该访华团以里约州教育厅厅长和一位联邦议员为领队，共11人，进行了为期10天的河北省高校、中小学、双语学校、河北省和巴西业务有关的知名企业、河北省教育厅、国家汉办、巴西驻华使馆等的参观交流活动，此次访华团对日后建立的巴西葡中双语学校起到了极大推动作用。

葡中双语中学成功运作，开设一年后已成为巴西中学教学国际化的一个典范，不同州的教育厅厅长们先后来取经，要求成立一模一样的葡中双语高中。为此，里约孔子学院组织了巴西第二个教育工作者团暨第一个教育厅厅长团于2016年10月成功访华，团员中包括四个州的教育厅厅长或副厅长、巴西教育部官员、巴西最有名的教育咨询机构负责人、巴西著名的教育理论工作者等。访华期间该团访问了河北省教育厅、河北省不同特色的大中小学（包括校园足球基地）、国家汉办、巴西使馆，参加河北省举办的中国、巴西高峰论坛及在石家庄外国语学校举办的全球基础教育联盟第二届会议，并在中国社科院和不同大学做有关巴西教育的讲座。该团的组织对推动中巴两国的教育交流起到了极大的推进作用，代表团为推动中文及中国文化在巴西中小学的传播起到了积极的作用。

为落实2014年习近平主席访问巴西期间国家汉办和巴西教育部签署的有关在巴西大学开展中文教学和HSK考试的协议内容，在总结前两届教育工作者团经验的基础上，2017年5月，里约孔子学院和巴西大学科因布拉集团联合组织了里约孔子学院第三届教育工作者团暨第一个巴西大学校长团访华，代表团包括15位由巴西大学科因布拉集团执行主席率领的来自巴西12个大学的校长、副校长、国际处处长等，大学既有联邦大学、州立大学，也有私立大学，涵盖了巴西东西南北中5个区，走访了河北、北京的近10所大学，签署合作协议6个（其中包括共建中医孔子学院、体育孔子学院的意向各一个），参观博物馆6个，还参观了图书馆、中国国画展、名胜古迹赵州桥、柏林禅寺、故宫、长城、国家汉办、留学基金委、中国社科院、巴西使馆等，并受到巴西驻华大使的接见。

在以往推动汉学家来华参加孔子南宗庆典的基础上，里约孔子学院2018年组织巴西2个大学校长、4个国际处处长来华参加此活动。回到巴西后，他们开始积极筹备所在大学中文课程开设及中巴高校间的相互交流事宜。

同时，里约孔子学院努力推动中国、巴西两国教育部的交流与合作，推动巴西教育部副部长2018年11月访华，努力促进中国与巴西早日实现两国学历的互认。

五 "汉语桥"中文比赛

里约孔子学院从2012年以来积极参加"汉语桥"世界大学生中文比赛。2014年，里约孔子学院推荐选手施茉莉获得"汉语桥"全球总冠军，这也是拉美选手第一次获此殊荣。

自2014年起，在里约孔子学院积极推动下，巴西中学生选手第一次参加了"汉语桥"世界中学生中文比赛。2015年8月30日，在中国驻巴西使领馆的大力支持下，里约孔子学院承办了巴西第一届"汉语桥"中文比赛暨第八届"汉语桥"世界中学生中文比赛，此赛事集中展示了巴西的中学生中文学习最高水平和现状。令人兴奋的是，在前6名选手中有5名出自巴西葡中双语中学，3名选手实现了自己到中国去的梦想，这是巴西教育史上前所未有的事情，在巴西当地引起了极大轰动，媒体争相报道。

2016年里约孔子学院继续承办巴西中学生的"汉语桥"比赛，4名赴华选手中2名来自巴西葡中双语中学。除了中国的媒体外，巴西当地媒体（Globo、Extra、Piaui），里约州政府网站、尼泰罗伊当地报纸都对"汉语桥"活动进行了报道。

自发起巴西中学生"汉语桥"活动以来,里约孔子学院连续四年承办了巴西赛区的决赛,而里约孔子学院的选手也非常优秀,每年都获得赴华的机会。

到 2016 年 10 月,巴西中学生"汉语桥"项目一共将 14 名巴西中学生和 5 名教师带向了中国,参与此项目。他们也已经成为在巴西推动该项目的一支主要力量,有些选手已于 2018 年来华攻读学士学位。2019 年里约孔子学院也将迎来巴西第二批来华攻读学士学位的应届高中毕业生。

六 奖学金

语言学习是个持久的过程,而且需要良好的语言环境。为此国家汉办的奖学金项目也成了巴西学生进一步提高汉语、了解中国的主要途径之一。从 2012 年推出第一个里约孔子学院奖学金项目至今,里约孔子学院已经推选 70 名左右的学生赴华参加为期 4 周、1 学期、1 学年、4 年本科等各类项目的学习。里约孔子学院推选的首个赴华攻读本科学位的学生也是巴西第一个攻读对外汉语专业学士学位的学生。

在推动巴西孔子学院奖学金学生赴华学语言的同时,孔子学院还充分发挥其平台作用,大力宣传国家留学基金委的奖学金,里约孔子学院帮助推选的一个硕士生毕业后先在人民日报工作,现供职于新华社,在中国、巴西宣传中起到了很重要的作用。

交流的持久在于互动,为此里约孔子学院也努力推动中国学生赴巴西学习,大力宣传巴西的奖学金项目,并将一些中国学生成功带到巴西读博士学位。目前已有十几个大学及研究机构表示愿意接受中国学生就读。

七 自身建设及中外合作

孔子学院的长期发展需要制度建设来保障。里约孔子学院有完善的理事会制度,每年召开一次理事会,严格遵守所在大学和国家的财务制度。制定了志愿者教师管理规定、本土教师管理规定、中外方院长职责、图书馆借阅制度、学生管理办法（依照所在国的规定执行）、教学评估条例、办公室工作制度等。

里约孔子学院一直与所在大学各部门，与巴西很多大学，巴西教育部、州教育厅、市教育局及中国的很多大学、使领馆、媒体等保持着良好的关系，中方院长每年应邀参加巴西大学国际化会议并发言。

此外，孔子学院发展的一个关键因素是师资，没有合适的师资就无从保障教学质量。为此，里约孔子学院做了一系列的努力以求教学质量的稳定和发展。

首先是针对国内派出的志愿者教师。这些志愿者教师多是国内大学在读的硕士生和毕业的应届本科生，他们基本不懂当地语言，派出前多没有教学经验和工作经验，而巴西人的英语水平普遍不高。为了使他们尽快熟悉环境，进入工作状态，里约孔子学院积极协调各开设汉语课程的大学，免费为新来的志愿者提供葡语课程，以帮助其尽早突破语言关，尽快投入工作。另外，针对志愿者缺乏教学经验的问题，里约孔子学院采取了一系列措施，如每周集体备课、相互听课、以老带新传帮带、相互说教案等，还通过视频备课将总部和其他州教学点的教师紧密联系在一起，相互切磋，共同备课，畅谈经验教训。这大大提高了教师的教学积极性和主动性，从而提高了教学质量，深受学生好评。

同时，按照实际教学情况和志愿者各自的能力，里约孔子学院设置了志愿者行政、教学、宣传岗位，让有能力、教学任务相对较少的志愿者担任行政工作，并根据每个志愿者的特长将教学以外的工作责任落实到人。此举充分调动了志愿者的工作积极性，使其有机会充分展示自己的潜能，激发了他们的工作热情。这是他们在国内不会拥有的经历，深受志愿者教师欢迎。

另外，孔子学院的可持续发展还需要培养大量的本土教师。自2013年起，里约孔子学院就开始启动本土教师培训计划，已聘用过7个本土教师，为他们提供在岗、脱岗培训多次。目前，还根据巴西特色，聘请了一名学习中文的巴西足球教练指导校园足球训练，聘请泛美功夫冠军、巴西三届功夫冠军、在读教育学博士进行太极和功夫课的教学,这在很大程度上提高了孔子学院的本土化水平,保证了有关课程的可持续发展。

由于里约孔子学院独特的地理位置,各种接待任务较为繁重,在不同的接待过程中,志愿者教师们也得到了充分的锻炼,为他们以后参加类似的活动打下了基础。

八 教材及出版物

教师和教材是教学的两大要素,二者缺一不可。为了解决巴西汉语教学中教材针对性差的问题,中方院长乔建珍充分利用自己的葡萄牙语优势,从 2005 年开始参与目前国内出版的唯一一本面向巴西学员的教材《精英汉语》学生用书、教师用书及练习册的翻译工作。

2014 年里约孔子学院承担了国家汉办的课题,参加《跟我学汉语》(二、三、四)三册书的改编翻译,书籍于 2018 年 8 月由商务印书馆出版。目前,里约孔子学院正在筹划远程课程,以方便巴西不同的汉语学习人员。

2015 年由乔建珍主要翻译的《巴西眼中的中国》(葡中双语版)在巴西出版,这是第一本以巴西人的视角看中国的书籍。目前里约孔子学院正在进行的课题是翻译巴西人编写的《中国海上丝路上的巴西》,讲好中国故事之"讲述中拉故事"的巴西部分已经结项。

目前,里约孔子学院根据巴西的教学特色,正在筹划编写教材《商务汉语》《旅游汉语》,希望不久的将来会在两国出版。同时,在筹划《中国通史》和《中拉文明互鉴》的葡语翻译工作。

中方院长乔建珍负责翻译的《新华字典》葡语版计划于 2019 年 9 月出版。

九 参加大型国际学术会议

作为目前巴西孔子学院院长中唯一一位能讲葡萄牙语、汉语、英语三种语言的院长,里约孔子学院中方院长乔建珍也多了很多其他孔院没有的工作，如参加大型国际教育会议。其中典型的是巴西大学科因布拉集团会议及当地巴西有关国际化的学术会议、大学校长会议及金砖国家教育部长会议。从 2011 年参与，到 2013 年代表孔子学院参加会议以来，每年都会受到主办方的邀请参加这个有 77 个巴西大学加盟，38 个国家大学校长、国际处长、各国驻巴西使节、巴西教育部、巴西外交部、巴西高等教育人才促进委员会等代表参加的大型会议，并和其他国家的语言推广机构同台发言。这极大地提高了孔子学院的知名度和影响，也为巴西大学的国际化增加了重重的一笔，深得巴西教育部、外交部教育司及与会各国代表的好评。

十 重大活动及媒体报道情况

截至 2018 年团队实地调研，里约孔子学院揭牌七年来，年年有大型活动且获得中巴双方媒体的高度关注。其中 2018 年，大型活动就有：在南弗鲁学院和旁巴联邦大学分别举办了国际文化周；在里约州长官开设了中文班；承办了巴西第四届中学生"汉语桥"比赛；组织了第三届巴西中学生足球夏令营；组织了里约孔子学院七周年庆典，在里约三所大学开设了专业国画课；参加了巴西陆军学院举办的"国际日"活动；和圣保罗大学合作举办了第一届巴西华人移民国际研讨会；应邀参加了中国驻巴西使馆组织的国庆节庆祝活动并提供视频及照片；接待了"三巡"演出团及河北省教育厅访巴团，促成签署本土教师培训协议，推动了友好省州合作；组织第一届里约州政府团访华。

所有这些活动均获得了中巴媒体的广泛关注，CCTV、CGTV、《人民日报》、新华社、国际台、汉办网站、《今日中国》葡语版、《世界教育通讯》、《河北日报》《发现 Fanzine》《南美侨报》以及《孔子学院》杂志葡文版等中国媒体，巴西最有影响力的媒体《环球报》、Extra、里约州、圣灵州、尼泰罗伊市等政府网站，《南美侨报》等巴西媒体 70 多次报道，其中巴西媒体多达 20 次。

2014 年 11 月，里约孔子学院中方院长乔建珍本人接受巴西影响最大的媒体《环球报》专访，专访内容以"汉语将成为巴西第二语言"为题,该报道在巴西引起了极大的轰动。

十一 特色领域工作情况

里约孔子学院揭牌以来,在本土化、数字化、特色化、协同化方面开展了多种工作,取得了一些成绩。

本土化方面:努力使课程、教学、管理、教师本土化,正在编写本土化的教材《商务汉语》《旅游汉语》《中国文化简介》等,招聘了中文、足球、太极等巴西本土教师。

数字化方面:利用微信、脸书等平台开发教学资源,利用短视频、照片、文字等宣传中国;利用远程办公系统,进行集体备课,资源共享,共同提高教学质量,保证了同一孔院不同教学点的教学质量。

特色化方面:首次邀请中国的书法及国画专家来巴;巴西本土足球教师、功夫冠军进行太极和功夫课教学;同时开展各类特色教学,加大了孔院的影响。

协同化方面:积极与所在大学不同学院、巴西其他大学、中国大学开展横向合作,目前已与巴西十几所大学开展教学、文化活动与科研合作;与里约州政府、圣灵州政府合作开展了中文教学;与驻巴中资企业进行合作开展特色中文教学,为企业培养、选拔合适的外籍员工。

十二 所获奖项

里约孔子学院运营以来,在教学、文化推广、中巴教育文化体育及中医走向巴西的交流中正发挥着越来越重要的平台作用,取得了引人注目的成绩。目前,里约孔子学院的工作已得到中国和巴西双方的广泛认可。第一,面向全校学生开设的课程全部纳入学分制选课系统。第二,课程设置不断完善,课程门类不断增加。除了普通汉语课程外,还开设了"商务汉语""书法与国画"等课程。第三,办学规模稳步提高,学生来源多样,覆盖范围不断扩大,并得到大量巴西网民的支持。第四,在巴西乃至整个拉美地区的影响力逐渐提高。

2014年6月，乔建珍获得巴西劳工部颁发勋章。2014年12月，在厦门举办的全球孔子学院大会上，里约孔子学院获得年度优秀孔子学院称号，是当年美洲地区唯一一所获此殊荣的孔子学院。

2015年12月，乔建珍获得全球孔子学院先进个人银质奖章和证书，是当年美洲孔子学院唯一一位获奖的中方院长。

2017年12月，里约孔子学院志愿者王亦霏获得全球优秀志愿者称号，为当年美洲唯一的一位获奖者。

2016年3月，因其为中国与巴西交流作出的突出贡献，乔建珍院长获得里约市议会议案通过的表彰证书。2017年12月、2018年12月又连续两年获得里约市议会立法委提案表彰，并被计入当年大事记。

几年来，里约孔子学院克服了一系列不利的因素，工作蒸蒸日上，赢得了当地的极大认可，学生人数不断增加。葡中双语中学原来协议中计划每年招收的72人，2016年扩大到了130人，出现了一位难求的局面。

2017年5月，里约孔子学院组织巴西大学校长15人团访华回来后，各大学都纷纷发出邀请，争着申请孔子学院、孔子课堂或要求开设中文课程。有些校长还在推动自己所在州的州长建立葡中双语中学，如皮奥伊州、戈亚斯州，这些州长也非常积极，要领先全国其他州市和孔院开展合作，希望能将中文纳入州、市的教育体系。

里约孔子学院成立以来牢记使命，真正地一天天实现着"本土化"（本土化的教学和管理、本土化的师资、本土化的教材），并在一天天健康茁壮地成长着，已经成为中国与巴西之间教育文化民间交流的一个重要立体平台，集教学、文化活动于一身，成为中国走向巴西的一张响亮名片，"有事情，找孔院"也成了巴西很多人的共识。里约孔子学院正在践行着中国民间外交大使的功能，巴西的中文教学也将随之进入一个蓬勃发展的崭新阶段。

第十八章 非洲

第一节 马达加斯加塔马塔夫大学孔子学院形态描写
——铁皮棚下的汉语课堂

2017年1月,外交部部长王毅访问马达加斯加,并宣布马达加斯加为"一带一路"共建国家。同年3月,中马建立全面合作伙伴关系,双方签署《关于共同推进丝绸之路经济带和21世纪海上丝绸之路建设的谅解备忘录》,马达加斯加成为首批同中国签订共建"一带一路"合作文件的非洲国家。在谈到"一带一路"对塔马塔夫孔子学院的影响时,中方院长颜峰说:"塔夫孔院(塔马塔夫孔子学院)是'一带一路'倡议的受益者,'一带一路'推进了中国和马国(马达加斯加)的经济往来,更多的中国投资者和马国商人奔走于两国之间,对于孔院来说,最直接的影响就是对于中文人才的需求越来越大,短期内都会处于供不应求的状态。长远来看,孔院作为中马两国的文化桥梁,在构建中马人类命运共同体的过程中,也将必然发挥不可替代的作用。"

在地理上,马达加斯加是位于印度洋西部的非洲岛国,该岛是非洲第一、世界第四大的岛屿。在气候上,南回归线穿过该岛南部,全岛大部分地区位于南回归线以北的热带地区,加之岛上独特的地形,导致各地气候差异较大。东部属于热带雨林气候,终年湿热;中部高原属于热带高原气候,气候温和;西部处在背风一侧,降水较少,属于热带草原气候;南部地区属于半干旱气候。受季风的影响,全岛4—10月为旱季,11月至次年3月为雨季。在经济上,马达加斯加是世界上最贫穷的国家之一,普通马达加斯加人平均收入大概只有每天1美元,70%的马达加斯加人生活在世界的贫困线以下。在访谈中,中方院长颜峰向调研团队讲了教师在上课时遇到的一个小插曲:"一位老师在上课的时候,听到一个女学生的肚子咕噜咕噜叫起来了,学生是饿了,大家都听到了。那个学生说,老师,我出去喝点水垫垫肚子。"

调研团队此行的航班提前到达了塔马塔夫机场,这让塔马塔夫孔子学院的中方院长颜峰感到非常惊讶。在马达加斯加,飞机临时取消或延误的情况很普遍,很多时候到了机场才能知道飞机是不是延误或者取消。塔马塔夫国际机场很小,下飞机后,走50米左右即可到达大厅,到大厅后走大概10米的距离,就走出了机场大门。出机场后,前来接机的颜院长带着调研团队参观了塔马塔夫孔子学院和华侨学校、法国学校两个教学点。本节主要从以下几个方面对此次的调研进行介绍:基本情况;汉语教学与文化推广;融入当地社会;中方人员跨文化适应。

一 基本情况

(一) 概况

塔马塔夫大学孔子学院(下文简称塔马塔夫孔子学院),为宁波市与塔马塔夫市缔结友好城市以来的重要成果之一,于2014年9月19日成立,其国内合作院校为宁波大学,马方合作院校为塔马塔夫大学。塔马塔夫孔子学院是宁波大学参与共建的第二所孔子学院,调研团队曾走访过的冰岛北极光孔子学院是该校参与共建的第一所孔子学院。调研团队到访时,塔马塔夫孔子学院还没有学分课,并没有进入大学的学分体系,但在塔马塔夫大学、塔马塔夫华侨学校和塔马塔夫法国国际学校开办了中文和中国文化课程。2016年底,塔马塔夫孔子学院共有教学点13个,公派教师7名、汉语教师志愿者30名、马方职员4名。

（二）硬件条件

此次塔马塔夫之行，其艰苦的条件给调研团队留下了深刻的印象。非洲地区经济条件有限，硬件条件的改善就成了孔子学院发展过程中亟须解决的问题。在去往孔子学院的路上，颜院长一直解释"大学和孔子学院条件有限，有些甚至很破很烂"。当汽车驶入一个类似中国东南沿海工厂的大铁门前时，颜峰院长说这里就是我们的大学了，没有牌子。车子驶入学校，校园里所有道路都是土路，道路还算平整，但是没有一处硬化的道路，总统来该校视察的待遇是"重新铺上一层沙子"。周边的房子都是平房，更准确地说，多数房子类似于搭建的铁皮顶的棚子。孔子学院在学校的一个角落上，几间平房用篱笆栅栏围上了。见院长的车来了，当地的工人将栅栏门挪开，车子驶入长满杂草的院子。不远处，两头牛正低着头吃草。

颜院长介绍，孔子学院所使用的这几间铁皮房，原先被用作餐厅，并指给我们看哪里是上菜的、哪里是传菜的。颜院长说："我刚来的时候，房子破败不堪，外边下大雨，里边就滴滴答答地下小雨。大学不仅没有钱修缮房屋，也没有钱建新房子。没办法，我们就用一部分孔子学院的资金给房顶加了一层铁皮，漏雨的问题解决了，然后简单装修了一下，把课桌椅搬进来，就开始上课了。"虽然硬件条件有限，但是进门口的小厅还是有中国灯笼等富有中国文化气息的装饰物，让人感觉到了孔子学院的中国文化氛围。颜院长和外方院长大卫共用一间办公室，办公室里只有办公桌，没有沙发。院长办公室旁边便是秘书室，塔马塔夫大学出资为孔子学院雇用了三位当地人作为孔子学院的秘书，这项人力投入"算得上是学校的重要投入"。

孔子学院外方院长大卫是一位计算机教师，但是前两年上课的时候，"还没有笔记本电脑，都是抱着台式机去上课，两个胳膊，一边夹着大头显示器，一边夹着机箱，他们计算机系的学生也难有上机操作的机会"。大学里的许多教室都非常大，铁皮顶，准确地说就是铁皮棚子，太阳晒着很热。至于理工科的实验室，那更是没有的。

在如此的条件下，大学是拿不出钱来支持孔子学院的发展的。所以孔子学院大楼的建设就成了棘手的问题，双方大学都没办法资助。

于是颜峰院长通过私人关系发动某公司资助塔马塔夫孔子学院大楼建设。颜院长到马达加斯加赴任时，该公司也派了相关工作人员一起来考察。但后来因公司运营出了问题，这条路就此终止。据颜院长介绍，2016年12月开全球孔子学院大会的时候，双方大学校长沟通过大楼建设一事，宁波大学希望通过发展基金会，通过校友捐建解决此问题，调研团队到访时，该问题还没有解决。颜院长说："我在孔子学院发展规划中的措辞已经发生了变化，原先是孔子学院大楼建设工程，现在是孔子学院建筑一期工程。"颜院长希望能够获得30万—50万元的启动资金，先建设一座平房，以后可以顶上加盖。颜院长表示："孔子学院大楼迟迟没有着落，是我两年工作以来最大的遗憾。"

（三）中外方院长

塔马塔夫孔子学院的中方院长颜峰是该孔子学院建设发展的管理者和直接参与者，对该孔子学院的成立和发展有着重要的影响。颜院长早期在宁波大学外语学院任教，后调到宁波大学国际处，2011—2012年曾经在孔子学院总部借调，随后负责筹备建立塔马塔夫孔子学院的具体工作。2014年7月，宁波大学校领导会见时任国家汉办（孔子学院总部）许琳主任，当年国庆节，宁波大学校长出访塔马塔夫大学，并签署了共建孔子学院的合作协议。2015年2月，颜峰院长外派塔马塔夫孔子学院，开始孔子学院的筹建与发展工作。

外方院长大卫曾在中国留学多年，毕业于北京第二外国语学院，能说一口流利的汉语，对中国非常友好。大卫作为首任外方院长，和中方院长颜峰一起，共同为孔子学院的发展做了很多工作。

（四）中方教师

37名中方教师，主要负责孔子学院本部和13个教学点的教学工作，以及孔子学院和教学点举办的各类文化推广活动。37名教师中的大部分都来自全国各高校，公派教师中只有1人来自国内合作院校宁波大学，志愿者教师中有16人来自宁波大学。

（五）中外方院长间的沟通合作

中外方院长之间的合作状况，关乎孔子学院的建设发展。塔马塔夫孔子学院中外方院长合作良好，从没有起过直接冲突。颜院长介绍说："有时候工作中有些意见上的不同，不涉及原则问题，忍一下也就过去了；如果涉及比较重要的问题，我会换着说法进行说服，一般也就解决问题了。"该孔子学院的外方院长大卫曾在北京第二外国语学院留学，汉语水平高，双方平时都是用汉语沟通，用汉语交流对颜院长而言，在沟通的过程中更有优势。此外，外方院长比较年轻，三十岁出头，而颜院长相对年长，四十多岁。颜院长在行政管理方面的经验更丰富，也更懂得与人沟通的技巧。

在经费支出方面的合作，根据塔马塔夫孔子学院的财务制度，在校长、中方院长和外方院长三个人中，只要有两个人签字就可以了。因此，该孔子学院在经费的使用上自主权比较大。

（六）教师管理

教师的人身安全问题，是许多位于非洲的孔子学院的中方院长最关注的问题之一。颜院长说："我跟老师们说，在这里人身安全永远是第一位的，能来非洲孔子学院工作的，就已经证明了他们对对外汉语教学这一职业的热爱。"颜院长要求志愿者不能一个人上街，必须两个人以上结伴出门。

对志愿者的管理，颜峰院长总结自己是"宽松式的管理"，要求"安全是第一位的，只要不出事就是对国家最大的贡献"。访谈中颜院长说："我是北方人，管理起来比较粗线条，也相信许多问题，包括情绪情感问题，都是这些已经成人的孩子能够独立解决的问题。我最关注的是个人安全问题。因为马国总体经济不发达，人民生活总体贫困，孔子学院大多数教学点的条件都非常简陋，有的教学点就连黑板擦和粉笔这些基本的教学用品都是奢侈品，要精打细算地使用。在这种情况下，对于志愿者的管理，就要因地制宜，灵活把握。尤其是孔子学院发展初期，除了把老师和志愿者的安全作为重中之重，其余的诸如学生规模、教学质量等都可以，也不得不往后放放。"

另外，在访谈中颜院长介绍，随着孔子学院在教学上的发展，教学点和学生人数都在不断增加，从2017年开始对教师的教学提出具体要求，不仅学生要对教师进行评教，也要考核HSK过关情况。

二 汉语教学与文化推广

（一）汉语推广

塔马塔夫孔子学院负责东部的塔马塔夫省（又称图阿马西纳省）和北部的迭戈省（又称安齐拉纳纳省）两个省的汉语教学与文化推广。塔马塔夫孔子学院下设 13 个教学点，有 4200 多名学生。调研团队到访时，塔马塔夫大学尚未开设汉语专业，只有 100 多名学生参加的汉语兴趣班，该课程不计入学分。颜峰院长介绍，随着汉语学习热潮的涌起，当地学生学习汉语的积极性与日俱增。

（二）师资短缺

在马达加斯加，官方语言为法语和英语，但是越来越多的学生开始学习汉语，塔马塔夫大学校长要求颜院长"在每个县都设立教学点，北部几个市的市长都要求开汉语班，市长们承诺如果开设汉语班，市长就会带领市政府领导班子学习汉语"。因此，颜院长在当地还没有为招生而犯愁过，师资短缺严重才是最大的问题。公派教师代表解释这种汉语学习热情时说："马岛人对中国有信心，他们学习了汉语之后，可以去中国留学或做生意，甚至把亲戚带过去了……"

调研团队到访时，该孔子学院有 20 名志愿者教师，但是这远远满足不了当地对汉语教师的需求，仍然有许多教学点等着教师来上课。因此，颜院长也想了一些办法控制过快的发展速度，如汉语教师会象征性地从当地学校拿一点钱作为交通费，大概一个月 100 元人民币。颜院长解释，如果不收费，可能会有很多学校跑来要师资，这样就更加难以应对。

（三）本地中、小学

塔马塔夫孔子学院在当地中小学推广得非常成功，许多学校甚至要求学生从幼儿园开始就学习汉语。相反，其外方合作院校塔马塔夫大学尚未开设汉语专业，大学生的汉语水平反而不高。因此，塔马塔夫孔子学院的汉语教学，以中小学生汉语水平高为特色。在历年的汉语桥比赛中，大学组的前两名来自首都塔那那利佛大学孔子学院，而中学生组的前两名必定花落塔马塔夫孔子学院，甚至中学生水平要超过大学生。在2015年的汉语桥比赛中，该孔子学院一举拿下了"网络人气奖"全球冠军，2016年为第三名。这些奖项为学生挣来了孔子学院奖学金，让他们获得了继续学习汉语的资助。

（四）华侨学校

华侨学校是孔子学院的一个重要教学点，该校始建于1935年，为当地知名私立学校。华侨学校由塔马塔夫当地华人筹资兴办，最初的学生来源主要是华侨子女，但随着学校的发展，马国本地学生早就占据了90%以上的比例。该校从幼儿园到高三都有学生，2016年在校生1200人左右。学校运营经费主要来自学费收入，基本上没有政府拨款。该校最大的特色是汉语课程，所有学生都必须学习汉语，学生的汉语课程按照汉语水平分班上课，学校为汉语课统一排课，每周6课时。

相比于孔子学院，华侨学校在硬件方面的条件更好，"更气派"。该校有学生1200多人，教学楼为一栋三层楼，学生每周一都会在教学大楼前升中马两国的国旗，唱两国国歌。站在教学楼三楼的楼顶，可以看见印度洋，印度洋湿润的海风吹起了五星红旗，国旗在阳光下尽情舞动。

（五）国际学校

除了本地中、小学和华侨学校，当地国际学校也越来越重视汉语教学。调研团队此行走访了塔马塔夫孔子学院的一个教学点，一所法国学校。该校的汉语课与英语、西班牙语等课程同时作为外语必选课之一，根据级别的不同，选修汉语的学生每周有4—6课时的汉语课。颜院长介绍："这届法国学校的校长比上届校长更支持汉语教学，甚至要求增加师资，从幼儿园开始开设汉语课程。"颜院长认为，这与中国与日俱增的国际影响力有着极为密切的关系，也让孔子学院的价值在异国他乡日渐凸显。

此外，调研团队了解到，类似于孔子学院的教师从孔子学院总部领取工资，被派往当地法国学校工作的法国教师，其工资由法国教育部支付，均不从当地领取工资。

（六）文化推广活动

塔马塔夫孔子学院的文化推广活动开展得有声有色。该孔子学院每年举办端午节、中秋节等各类庆祝活动，其中"中华文化炫动塔马塔夫"新春活动已成为品牌活动，该活动由塔马塔夫孔子学院主办，当地侨协协办，在塔马塔夫市政府前广场举行，省政府、大区政府、市长均会到场参加，全部活动均为开放式，目前已经举办了四届。

（七）本土教师培养

鉴于当地急需汉语教师的情况，塔马塔夫孔子学院一直在想办法推动本土汉语教师的培养工作。据颜院长介绍，该孔子学院于2016年派出了第一位学生到宁波大学攻读汉语国际教育硕士。该学生在派出前，与孔子学院签订了5年合约，按照合约规定，学生在中国完成3年的学习，需要完成学业并拿到学位。毕业后必须回到该孔子学院，作为汉语教师为孔子学院服务至少5年的时间。颜院长说，这只是一个开始，该孔子学院后续将会派更多的优秀学生前往中国学习，并鼓励他们在学成后回到当地做汉语教师。

（八）媒体影响力

塔马塔夫孔子学院文化推广活动的影响力不断增强，2016年举行各种文化活动36场，参加人数达15660人次。马达加斯加国家电视台国际频道、《中非日报》、塔马塔夫电视台、广播电台、诺西贝岛电视台等对该孔子学院的活动报道了45次。其中，该孔子学院每年举行的"中华文化炫动塔马塔夫"新春活动已成为品牌活动，2017年新春活动得到CCTV4华人世界栏目专题报道。前任中国驻马大使杨民先生两次会见中方院长，新任大使杨小茸女士第一次离开首都外访就来到了塔马塔夫，参加该孔子学院举办的"汉语桥"中学生比赛马岛赛区决赛并颁奖。

据颜峰院长介绍，当地报纸《中非日报》将建立塔马塔夫编辑部，编辑部便设在塔马塔夫孔子学院，孔子学院的汉语教师将为报纸校对稿件。2017年1月1日举行了授牌仪式，全称为"马达加斯加《中非日报》社驻塔马塔夫大学孔子学院编辑工作部"，这是该报社在首都报社本部之外唯一的一家编辑工作部。

三 融入当地社会

（一）与当地政府

孔子学院的汉语教学和文化推广活动越来越得到当地社会的认可，这就为孔子学院融入当地社会提供了重要的保障和便利条件。经过两年的发展，孔子学院已从多方面融入当地社会。调研团队在随颜院长走访教学点时，看到当地警察对孔子学院的车优先放行，没有像周围的车子一样拦下进行检查，让团队成员感受到了该孔子学院在当地的社会地位很高。颜峰院长介绍："孔子学院在塔马塔夫的地位很高，没人敢找麻烦。打印塔马塔夫孔子学院的标识放在车上，包括汉语老师骑的摩托车（摩托车由当地侨领郭会长赞助），警察一般都不会拦车。"访谈中颜院长解释这是因为当地公安局局长跟下属交代过，孔子学院的车子不准查。局长甚至告诉颜院长，自己的电话24小时向孔子学院开放，有事情可以随时打。

较高的社会地位和当地政府的保护，在很大程度上帮助了该孔子学院融入当地社会。这不仅保护了中方人员的安全，对孔子学院的正常运转和相关工作的开展，也至关重要。

（二）与当地华侨社团

孔子学院在融入当地社会的过程中所取得的成功，除了其自身在汉语文化推广工作上的努力外，与当地华侨的支持密不可分。华侨组织是华人开展各种活动的平台，它既是中国传统文化的海外延承，也是海外华侨表达言论、思想、情感和精神的依托（姚娇娇、陈明昆，2017）。据当地华侨介绍，在马达加斯加岛上生活着五六十万华人。颜峰院长说："塔马塔夫是马岛（马达加斯加岛）的第一港口，许多老侨坐船来到马岛就在塔马塔夫落户了。我们前年在一个山沟的镇子上设了一个暑期培训班，这个镇子上竟然有600多名老华侨。"

当地的华侨协会分新侨协会和老侨协会，如果孔子学院有活动，大家都会积极参加。在颜院长的带领下，孔子学院与当地侨团建立了良好的关系。平时颜院长会与当地侨领一起组织各类非正式活动，如打篮球、台球比赛、打扑克、聚餐等。这些正式或非正式的交往,"给孔子学院带来了许多便利"。例如,当地华侨协会的郭副会长捐赠给汉语教师摩托车,并附带维修服务,解决了教师的出行问题;平日里孔子学院举办活动时,如果往返学校和活动场所交通不便,郭副会长就会派车接送教师;每到中国的传统节日时,他还会请孔子学院的教师们去自己的庄园吃饭,并举办庆祝活动。颜院长说:"虽然孔子学院并不能在生意上对当地华侨有所帮助,但他们还是尽心尽力、不计回报地帮助孔子学院,让人非常感动。"华侨协会郭副会长说:"先前塔马塔夫没有孔子学院,只有领馆,领馆负责照顾和管理江西师范大学过来的汉语教师(塔马塔夫孔子学院设立前,只是首都塔那那利佛大学的一个教学点,中方合作院校是江西师范大学)。他们在异国他乡,着实不易,所以我们华侨就力所能及地帮忙了。颜峰院长对老师各个方面照顾得很细致,要比当时领馆的照顾好,对待当地没有地位的工人也非常尊重,让人敬佩。"

华侨的支持,不仅让孔子学院能更快地适应当地生活、融入当地,缓解了中方人员的思乡之情,也为中方人员开展工作和社交提供了重要的人际基础。颜峰院长感慨地说:"与华侨建立的良好私人关系,是支撑我留任第二个任期的重要因素。"他认为,当地华人社团对孔子学院的支持力度是其他任何地方都没有的。

孔子学院之所以在当地有着越来越突出的影响力和领导力,在一定程度上,是华侨影响力的延伸。在缺乏秩序的不稳定环境中,他们为了自保和获得更好的发展,就发展起华人社团,以对抗外界的不稳定性。工作两年来,颜院长已经跟华人社团建立了良好的个人关系,并认为孔子学院发展到现在的水平,跟当地华人社团的支持密不可分,甚至他们的贡献率可以达到60%。对当地华侨而言,孔子学院是他们对中国的精神寄托,已经成为他们感受中国"家"的地方。华侨向调研团队介绍说,颜院长的个人魅力让他们感觉喜欢跟孔子学院打交道,他们也是很好的酒友,这种富有中国特色的感情沟通方式在这里似乎也显示出了自己的力量。

四　中方人员跨文化适应

学者研究发现，外派教师的跨文化情感适应、社会适应和教学能力三者呈显著关系（安然等，2015），也就是说，教师的跨文化适应情况直接影响到教师的跨文化情感适应和跨文化教学能力。

中方人员在塔马塔夫生活和工作，虽然硬件条件差，但是调研团队在调研和访谈中发现，教师们基本都能适应当地的生活，精神面貌也都很积极。

志愿者教师徐茹钰，于2016年10月赴任，来马达加斯加半年。徐老师说自己"对这里充满着好奇和喜爱，没有遇到什么特别的问题"。在生活上有院长照顾，基本生活条件没问题。她曾预期自己会住草棚子，到了以后发现比预期好多了。降低预期，也对教师的适应情况有影响。此外，该孔子学院"同事之间关系融洽"，"学生汉语学习积极性高"，让她感觉很舒适。徐老师表示："在这里生活最大的困难是语言交流，所以平时不往外走，大多是在志愿者和华侨中间活动。有些时候学生有活动邀请我，但是考虑到安全问题，我的基本原则是表示感谢，但不参加。"

志愿者教师梁允飞，是一名"老志愿者"，他曾经在刚果（布）做过两年的志愿者，后来到马达加斯加，现在又快两年了。梁老师说："每个志愿者都有不同的特点，每个人关注的点也不同。我觉得在非洲的生活和工作让我成长很多，我也非常适应这里的生活，所以才会两年又两年。"

在调研中了解到，马达加斯加的网络和电视发展水平都很有限，平时上网网速比较慢，但还能用。然而在2017年春节期间，通往马达加斯加岛的海底网络电缆断了，该国在很长时间内都处于断网状态。教师们唯一的消遣就是看电视。但是因为语言沟通存在问题，所以当地的电视节目对于教师们来说"也没有什么吸引力"。教师们都表示，闲下来的时候会很想家。在访谈中颜院长说："晚上一个人到家的时候，很容易想家，我宁愿忙到很晚，回家直接睡觉。"

在工作上，教师们每周的课时量为15节左右。他们都认为与国内教留学生汉语相比，"这里的学生对教师更加尊敬，学习也更加积极，下课就拉着老师问问题"，这也让教师的教学更有成就感。此外，学生们对教师的教学工作满意度也更高。

五 结语

调研团队对当地社会的艰苦和教师们的积极留有深刻的印象，塔马塔夫孔子学院的硬件条件差，在此工作甚至留任的教师们，需要有对汉语国际教育这份职业的热爱和奉献精神来支撑。塔马塔夫孔子学院却很好地融入了当地社会，在当地有较高的社会地位。该孔子学院在动荡中得到了保护，为其发展创建了良好的外部环境，这点对于建立在经济欠发达地区的孔子学院的发展至关重要。而这种关系的建立，需要领导人有出色的社交和沟通能力，塔马塔夫孔子学院的众多物质和社交资源正是通过颜院长获得的。通过领导人出色的个人能力，而不是同时通过完善的制度来支撑孔子学院发展，这种情况也存在风险，从长期来看，应加强制度建设，推动孔子学院的可持续发展。

第二节 马达加斯加塔那那利佛大学孔子学院形态描写
——马达加斯加第一所孔子学院

塔那那利佛大学孔子学院（下文简称塔那那利佛孔子学院）位于马达加斯加首都塔那那利佛，为马达加斯加的第一所孔子学院，其马方合作院校塔那那利佛大学为马达加斯加的最高学府，其中方合作院校为江西师范大学。2007年12月，塔那那利佛大学与江西师范大学签署了筹建孔子学院的备忘录，2008年1月30日，孔子学院总部批准江西师范大学与塔那那利佛大学合作建设孔子学院。经过半年的筹备，于2008年6月2日举行开学典礼，首批75名汉语专业大学生入学，开始了为期三年的本科学习。该孔子学院被纳入了塔那那利佛大学的教育体系，并负责该校汉语专业本科生和硕士生的教学及日常管理工作，学生学习期满后由塔那那利佛大学颁发毕业文凭和学位证书。

2008年8月22日至27日，江西师范大学孔子学院筹建工作小组应塔那那利佛大学邀请，访问该校并与校长拉杰里松及相关学院的院长进行了会谈，双方就共建孔子学院理事会人员组成、师资配备、教学设施、办学经费、办学场地及挂牌时间等问题签署了相关协议。同年11月13日，塔那那利佛孔子学院在该大学举行了隆重的揭牌仪式，并举办中国文化周活动，至此该孔子学院正式开始运营。

其马方合作院校塔那那利佛大学，前身为1896年法国殖民政府建立的塔那那利佛医学院，是马达加斯加规模最大、学科最齐全的大学，下辖农学院、医学院、人文社科学院、师范学院、法学院、自然科学学院、工业学院7个学院，在校学生达25000万名。汉语专业所在的中文系隶属该校人文社科学院，是塔那那利佛大学继法语、英语、俄语、德语、西班牙语之后开设的第六个语言类专业。

在建院之初，塔那那利佛孔子学院缺少教室，由当地的华侨赞助场地展开教学工作。后由多方出资兴建大楼，2009年建成了900多平方米的教学楼，2014年，再次扩建260平方米的教学楼，并兴建了350平方米的汉语教师宿舍。调研团队到达塔那那利佛孔子学院时，首先映入眼帘的是一幢崭新的两层楼房，红砖衬着灰窗，古香古色。大楼的门口是宽阔的柏油路，周边围绕着花草树木，门右边伫立着巨大的孔子铜像。调研团队到访时，该孔子学院的大楼正在扩建，外方院长祖拉桑介绍："计划扩建到与旁边日本中心一样大，扩建的费用将从孔子学院的学费中支出。"

走进大楼内，整洁的孔子学院大楼让人倍感舒适、清凉。教室宽敞明亮，且每间都配有投影设备，并建有独立的语音教室，"这在当地算得上是条件非常好的"。调研团的马达加斯加之行走访了塔那那利佛孔子学院和塔马塔夫大学孔子学院，对两所孔子学院的感受是完全不同的。塔马塔夫大学孔子学院尚处于起步阶段，且条件非常艰苦，该孔子学院原始的铁皮棚教室与塔那那利佛孔子学院装配现代化电教设备的教学楼相比，让人感觉似乎是处于两个不同的社会和年代。

另一件让调研团队印象深刻的是塔那那利佛大学孔子学院隆重的外宾接待仪式。当调研团队到达时，祖院长站在大门口迎接，道路两边是列队的学生和教师们，鼓掌欢迎调研团队的到来。穿过一楼的大厅和走廊，就来到了座谈的会议室。欢迎环节非常正式，祖院长首先致欢迎词，对调研团队的到来表示欢迎，并介绍了孔子学院的情况。接着向调研团队播放了当地电视台对孔子学院新年晚会的报道情况，易飞老师说："其中有个节目是孔子学院的老师表演马国（马达加斯加）的舞蹈，在当地引起了很大反响，影响特别好。"调研团队首席专家向在座的教师们介绍了团队所做的孔子学院研究情况，并为志愿者朗诵了她写的现代诗"致孔子学院中方教师"。安教授的诗朗诵引发了中方教师的强烈共鸣，找到了认同感，眼神中流露出了被理解和认同后的感动。

一 外方院长祖拉桑

外方院长祖拉桑（Eva Zo Rasendra）是塔那那利佛孔子学院建立和发展的主导者之一，自 2008 年成立起就担任该孔子学院的外方院长，截至 2017 年团队前往该孔子学院实地调研，已有 9 年的时间。祖院长于 1976 年至 1981 年在北京大学哲学系学习，学成回国后任教于塔那那利佛大学文学系。1990 年，祖院长再次前往北京大学进修，回国后致力于马中文化交流。祖院长现担任马中友好协会秘书长和马达加斯加教育部顾问。在座谈会上祖院长说："先前没有孔院，在中国学到的中文差不多忘记了，现在有了孔子学院，我的中文也重新慢慢捡起来了。"祖院长流利的汉语，给调研团队留下了很深的印象。

祖院长本人在马达加斯加拥有较高的声誉和社会地位，与塔那那利佛大学及马达加斯加高等教育与科研部领导保持着良好的个人关系，因此孔子学院的建立得到了校领导的大力支持。在她的推动下，不仅孔子学院得到了很好的发展，塔那那利佛大学、马达加斯加高等教育与科研部同中国之间的交流也日益频繁，多次促成两国间的教育代表团互访。2012 年，由塔那那利佛大学时任校长（Rakotomahanina Ralaisoa Emile）带队的代表团访问江西师范大学，校长在访问时表示："马达加斯加的高校以前和欧洲的高校合作比较紧密，自从孔子学院在马达加斯加成立以来，马达加斯加高校和中国的接触日益频繁。现在在马达加斯加汉语的地位日益重要，马达加斯加已经形成了一股学习汉语的热潮，希望两国之间能更多地开展各方面的合作。"孔子学院逐渐成为两国间交往的桥梁，而祖院长正是建起这座桥梁的关键人物之一。为表彰祖院长为当地汉语教学和中马文化交流作出的贡献，2015 年，中国驻马达加斯加大使馆为其颁发了"传播中华文化杰出贡献奖"。

二　汉语教学、文化推广和本土教师培养情况

（一）汉语教学

塔那那利佛孔子学院共有 20 名本土教师和 30 名中方教师，教师队伍庞大。2016 年，塔那那利佛孔子学院的教学点覆盖了 4 个省，年度新增教学点 4 个，共有 39 个汉语教学点，其中包括 18 所高校、17 所中小学和 4 个机构。2016 年开设了汉语本科课程、大学汉语学分课程、中小学汉语学分课程、大中小学汉语非学分课程、汉语培训课程、政府官员汉语课程、企业汉语课程、工厂职工汉语课程、华人子女汉语课程、中华才艺课程等汉语课程，共计 306 个班级，8892 名注册学员。

在汉语专业教学领域，该孔子学院在塔那那利佛大学以及菲亚纳兰楚阿大学开设了汉语言文学本科专业，制订了汉语言文学专业教学计划及学生培养方案。开设了初级汉语综合、汉语语音、汉语阅读、汉语听力、汉语口语、汉语语法、汉字书写、汉语写作以及中国文化、中国人文地理、中国历史、中国书法、中国国画、太极拳等课程。除开展汉语言专业教学外，孔子学院面向社区及不同人群需求举办了马中友好协会汉语学习班、大学教师汉语学习班、马达加斯加工商银行经贸汉语培训班、社会人员经贸汉语强化班、HSK 考前辅导班、太极拳培训班、中国书法培训班、中国国画培训班、中国厨师培训班、中

国民族舞蹈培训班、中学生汉语课程班、小学生汉语课程班等各类学习班。

此外，该孔子学院还组织了大批学生前往中国学习，并协助优秀学生申请奖学金资助。2016年，共有54人获得孔子学院奖学金前往中国学习，其中4人获一学期奖学金，15人获一学年奖学金，14人获汉语硕士奖学金，21人获汉语本科奖学金。目前，这些学生在中国11所高校就读。

（二）文化推广

塔那那利佛孔子学院不仅注重对学生汉语知识的培养，在传播中华文化方面也开展了一系列的文化活动。该孔子学院在2015年举办了164场活动，2016年举办了193场活动，参与活动的人次达四五万。这些活动包括系列中国文化活动和专题讲座，内容涉及汉语比赛、传统中国节日庆祝、中国国情、中国民俗文化、中国古代文学、中国传统艺术等方面，在向马国学生介绍中国文化、展示民俗风情的同时，使马国学生更深层次地了解中国文化，并且提高汉语学习者对汉语的学习兴趣。

为了扩大孔子学院在当地的影响，还通过电视台、报纸等媒介方式，开展宣传活动。该孔子学院长期与当地的各大媒体、报纸、电视台保持着良好的关系，每当孔子学院有大型活动时，都会联系媒体对孔子学院的各类活动进行报道。2016年，马达加斯加媒体有关孔子学院的报道达73次，其中当地纸媒报道达55次、马国电台8次、国家电视台10次。孔子学院总部官方新闻网、新华社驻马达加斯加分社、江西师范大学网站、孔子学院官方微信平台等媒体也多次报道了该孔子学院的相关文化活动。

（三）本土教师培养

在塔那那利佛孔子学院，孔子学院总部派出的公派教师和汉语教师志愿者是承担孔子学院汉语教学任务的主要力量。该孔子学院一直在努力加大本土教师的培养力度，"授人以鱼，不如授人以渔"。经过多年的发展，该孔子学院本土汉语教师由2011年的3名增加到2016年的20名，其中包括2名核心本土汉语教师，2名全职本土汉语教师和16名兼职本土汉语教师。此外，在2011年首届塔那那利佛大学汉语本科毕业生中有6名正在从事汉语教学工作，此后的每届毕业生中均有人从事汉语教学工作。2012年，该校还新增了汉语硕士专业，更高层次地提升了培养本土教师的水准。经过多年的汉语人才培养，在一定程度上解决了当地本土汉语教师紧缺的情况。

在调研会上，曾经获得孔子学院奖学金赴中国留学的本土教师安以轩介绍说："我认为学成回国到孔子学院工作是应该的。我非常喜欢汉语，当初我的父母不同意我学习汉语，但是我还是冲破阻挠，学习了汉语，因此，我也希望帮助别人学习汉语。刚从中国留学回来的时候，我做过翻译工作，虽然有更高的收入，但是我还是更喜欢当老师，更希望帮助马达加斯加的学生学习汉语。"

还有部分本土教师并没有到过中国，如何提高他们的汉语水平和对中国文化的认识，关系着他们教出来的学生是不是够"中国"。该孔子学院共有20名本土汉语教师，他们分布在不同的教学点，教授大学学分课程以及中小学课程。该孔子学院每年都会组织"精彩一课"教学比赛，该活动主要是组织汉语教师志愿者及本土教师进行教学比赛，并有针对性地就比赛中出现的问题进行教学培训，以提升汉语教师志愿者及本土教师的教学水平。例如，本土教师提出在20个小时的学分课中，很难让学生掌握很多的汉语知识。中方教师给出的建议是在汉语课上结合中国文化进行教学，但问题是部分本土汉语教师对中国文化的了解比较少，教师间的层次差别很大。而且有的教师去过中国，有的没去过。所以，该孔子学院以专题的形式，组织本土汉语教师进行集中培训，并由经验丰富的中国教师教授重点课题。这样，本土教师不仅能直面中国文化，还能在课堂中讨论中马文化的异同点及教学方式，这个讨论的过程不仅能帮助本土教师在理解中国文化的基础上更好地传播中国文化，还有效地提升了本土教师的教学水平和课程质量，对中国教师加深对马达加斯加学生的了解也有帮助。

因为其在开展汉语教学、组织汉语考试、推广中国文化、培养本土教师和促进中马文化交流方面的突出贡献，塔那那利佛孔子学院两次被评为全球先进孔子学院，马方院长祖拉桑及两任中方院长均获得过全球孔子学院先进个人表彰。2015年12月，在第十一届全球孔子学院大会上，塔那那利佛孔子学院在全球孔子学院中脱颖而出，成为15所全球示范孔子学院之一。

三 中资企业人才需求、学生汉语学习动机与孔子学院的人才培养

马克思曾在《资本论》中指出，经济基础决定上层建筑。经济永远是语言和文化推广的最大引擎，不管对推广国还是对接受国。中国如果没有强大的经济实力和发展经济的动力，就无法推广汉语和中国文化。同理，如果马达加斯加的普通民众无法从汉语学习中获取经济利益，那么他们可能也难以自主地持续学习汉语、了解中国。

（一）中资企业的人才需求

中马两国建交以来，双边贸易取得长足发展，往来愈加频繁。2016年，双边贸易额11.02亿美元，同比增长5.87%。2017年上半年，双边贸易额达6.08亿美元，同比增长10.31%。到2017年，中国已成为马达加斯加第一大贸易伙伴、第一大进口来源国和第四大出口目的地国。马达加斯加矿产品、农渔产品远销中国，中国的手机、汽车、工程机械等产品畅销马岛。2016年，中资企业在马达加斯加新签订的承包工程合同总额为7373万美元，完成的营业额共计5935万美元。2017年3月，在两国最高领导人的见证下，中马双方签署了《关于共同推进丝绸之路经济带和21世纪海上丝绸之路建设的谅解备忘录》以及经贸、基础设施建设等领域一系列双边合作文件，马达加斯加成为第一个与中国签订"一带一路"谅解备忘录的非洲国家。同年6月，马达加斯加成为亚洲基础设施投资银行（下文简称亚投行）正式成员。

随着马达加斯加成为"一带一路"共建国家，并正式加入亚投行，越来越多的中资企业开始进驻马达加斯加。中资企业的进入，不仅带动了当地的经济发展，也带来了大量的就业岗位，当地汉语人才

的需求量日渐扩大。

塔那那利佛孔子学院建院之初就在塔那那利佛大学开设了汉语本科专业,经过三年本科专业的学习,首届汉语本科专业学生于2011年9月获得了本科学士学位。在首批毕业生中,除了6名从事汉语教学工作的学生外,其余学生全部签约中资企业。2012年塔那那利佛孔子学院第二届汉语本科专业23名毕业生中,有5名毕业生获得了孔子学院奖学金赴华攻读汉语国际教育硕士专业学位,另外18名毕业生被当地中资公司"抢购一空"。该校的汉语专业学生甚至会被中资企业提前"订购",还没毕业就有企业来学校谈签约,由此可见企业对汉语人才的渴求。

(二)学生汉语学习动机

在调研会上,中方教师说:"学汉语的学生主要有两种,一种是为了工作和机会,一种是兴趣,前者占大多数。学好了汉语,学生可以找到更好的工作或者去中国留学,相比于国内的留学生,这里的学生学习更加努力,目标更加明确,让老师感受到了自己的职业价值。"

"学好汉语,改变命运"的例子在马达加斯加很多,学好了汉语的学生能有更多的工作机会和更高的收入。在调研会上,教师们向调研团队介绍了很多因为学习汉语,改变了生活和事业发展轨迹的例子。据教师们介绍,大部分的学生在毕业后都从事了与汉语相关的工作,进中资企业、做翻译、做导游、做汉语教师等,在这些工作中,进中资企业和做翻译的工资是最高的,"大概有1000美金左右一个月,这个工资是当地普通工资的六七倍"。部分学生在毕业后会选择做汉语教师,"在成为孔子学院的核心教师后每月工资为600美金,而这个收入是当地普通大学教师收入的两三倍"。更多的工作机会和相对较高的收入吸引了越来越多的普通人选择学习汉语,或者送自己的孩子学习汉语。该孔子学院在菲亚纳兰楚阿大学也开设了汉语专业,2011年7月,该校首届汉语本科专业招生100名,异常火爆。

(三)孔子学院人才培养

祖院长介绍:"我们孔子学院培养的汉语人才,还没毕业就已经被抢光了,而且工资待遇很好,多数都去中资企业做翻译了。现在华为、中国路桥等大型公司都在马岛（马达加斯加岛）扩大业务范围，他们也在孔子学院设立了奖学金，孔子学院也顺势每年召开就业三方座谈会，邀请中国驻马使馆、中资企业及华人社团和孔子学院教学点所在大学一起座谈，不断调整培养方案。"

马达加斯加的学生也是看到了学习中文的光明前景，所以在学习汉语方面很用功，不仅汉语专业的学生在学习的过程中表现优异，而且周末班等也是异常火爆，甚至开班教一岁半到三岁的孩子汉语，从娃娃抓起，全民学汉语。

孔子学院的人才培养契合市场需求，培养更多的合格人才，能够促进企业在当地的发展。企业的发展能给员工带来更大的发展空间和更多的机会，员工的事业和生活发展的良好态势能影响周围更多的人学习汉语，学生的汉语学习动机也会更强。学生的汉语学习动机增强，学习人数增多，也推进了语言、文化的传播，孔子学院能发展得更好，这种良性的循环模式让孔子学院、企业和学生三方都能够受益。

四　中方教师跨文化教学适应

（一）教师教学理念的转变

调研团队在调研会上了解到，绝大部分的教师在马达加斯加经过一段时间的教学实践后，为了适应当地的教学需求和实际情况，教学理念发生了变化，教学思路和技能也在逐步提高。

公派教师计春磊，刚到马达加斯加时在马纳卡拉教学点教成人班、少年班和儿童班，当地人非常热情，学生活泼爱动，课堂管理成了最让人头疼的问题。后来由于孔子学院的教学调整，计老师回到了塔那那利佛，她发现，学生们的求知欲望特别强，遵守纪律，尊重教师，认真完成作业，当然这也跟他们看到了前辈学习汉语后，过着很好的生活有关。计老师说："我学着将书本的知识加以提炼，用最简单最有趣的方式教给学生。在教学的过程中，我对教学的认识也发生了变化，真正体会到了教学相长的概念。备课的时候很心虚，觉得自己知道得太少了，学生他们突发奇想问的很多问题让我难以应付。在这个过程中我也改变了教学观念，学会了引导而不是限制学生，用提问的方式来引导学生思考，组织更多的课堂活动，活跃课堂气氛，调动学生的学习热情。在这个过程中，我也开始学着发现学生的特点，和学生建立了非常融洽的关系。在这里，我的学生更活泼、积极，课堂更加快乐、有趣。"计老师的教学理念，从"我是知识的传播者"，变成了"我是快乐课堂的组织者"。

志愿者教师黄训开在调研会上说："我第一年来到马岛时，认为中国经济和影响力比非洲更大，有一种天然的优越感，认为他们都差一点，在教学上也非常'独裁'，认为自己的知识是先进的。后来逐渐改变了这一认知，认为汉语与别的语言一样，如果认为中文优于马语，学生学习中文的积极性就不会太高。"黄老师负责的课程为周末成人班，这个班的学生中有很多文化水平很高的，"有几位博士，有的人有几个硕士学位"，他开始慢慢改变自己之前傲慢的态度，尊重学生。黄老师说："后来我慢慢认清了自己，认识到语言只是表达的差异，但是逻辑是一样的，我开始用汉语或媒介语启发学生去思考和互动，站在一个平等角度上与学生沟通。"

此外，如何保持周末成人班的兴趣也是一个重要课题，如果只是照本宣科，就不能满足学生多样的需求。他开始学着在教学中设计不同的专题和汉语交流的场景，并与马达加斯加语中的场景进行对比，加深学生的理解。

教学理念是中方教师在职业发展的重要方面，教学理念发生在孔子学院的制度环境中，更发生在与学生实实在在的接触和教学中间。塔那那利佛孔子学院的许多工作都在制度化，去年建立了教学督导员制度，有经验的老教师到教学点监督和指导新教师的汉语教学工作。每年举办研讨会、教学比赛，通过研讨和相互指正来提升汉语教学水平，教师们的教学理念也在慢慢改变。另外，更直接的改变发生在与学生的接触中间，计春磊是一个老资历的中方教师了，先后在马纳卡拉教学点和塔那那利佛任教。她发现在将教学理论付诸实践的过程中，既不能实现书上的目标，又涌现了许多问题。在这个过程中，她发现应该把学生视为有想法的个体，应该引导他们去学习，而不是强硬塞东西给他们，教师也从学生的发散思维中学到很多的内容。这种方式让互动成为一种乐趣，让课堂变得快乐。

（二）教学适应

为了帮助中方教师更快适应在马达加斯加的教学工作，塔那那利佛孔子学院采取了一系列的措施。首先，为新赴任的教师开设马达加斯加语和法语培训班，帮助教师们尽快学习当地语言。在教学上，组织留任教师和新赴任的教师"结对子"，帮助新教师们尽快熟悉当地的教学情况。该孔子学院每个教学点的负责人均为留任教师，且每个教学点至少都会安排两位教师，"结对子"行动中的老教师需要对新教师进行教学和生活上的指导，介绍在马达加斯加教学应该注意的问题，并提供必需的帮助。另外，在教学的过程中，教师每个月都必须提交教案，由孔子学院组织资深的教师进行审查，发现教案中存在的问题，并给予针对性的指导。最后，该孔子学院从2016年开始设立教学督导岗位，主要负责指导教师应对教学和生活中遇到的各种问题，并对教师的教学工作进行督查。教学督导每个学期都会去往各教学点检查教学工作，每个学期还会组织一次教学竞赛，由教师们提交教学视频，教学督导组织评选优秀教师，并针对每个教师的问题进行针对性的指导。

志愿者教师万璇璐刚介绍："来马达加斯加是我第一次教小孩子，第一次进教室，小孩子丢了奶瓶都看着我，我就愣住了，根本不知道该怎么教。那些孩子都是混血的宝宝，课堂上很爱动，也特别积极。刚开始控制不好课堂纪律，于是我就跟结对子的同事交流，在网上找国内教小朋友的方法，后来就采用了奖励的办法。刚开始每堂课给奖励，发现效果不好，后来就用'积彩虹印章'的办法，学生集齐了奖章后就给奖励，效果很好。现在我快离任了，一进教室，孩子都抱着我喊妈妈，非常舍不得。"

公派教师董明辉介绍说："在教学上，一定要本土化。我喜欢将马岛的就业形势编进对话，以就业来刺激学生，在实际就业中如何用中文赚钱、与中国人相处，在这样的场景中学习汉语，学生也很喜欢这种形式。"董老师赴马前在国内从事国际贸易行业，对中马双方的经济就业情况都比较了解，这种教学方式不仅能激发学生的学习动力和兴趣，对于学生的汉语实际应用也有很大的帮助。

此外，帮助教师们在马达加斯加教学适应的另一个重要的因素为学生。在访谈中，教师们多次提到学生对他们的帮助，学生们帮助教师解决了生活中的很多问题。如公派教师董明辉说："我刚来马国时，生活上遇到问题时，只要一个电话，住在附近的学生十分钟就来了，带着我立即解决。"此外，当学生们得知教师有学习马达加斯加语的意向时，想方设法找机会教老师学习马语，课间也会跟教师说"老师您来一下，我教你说几句马语"。学生们的深情厚谊、善解人意给予教师们非常多的帮助和感动，让教师们更快适应当地的生活，也产生了职业自豪感、成就感和满足感。

五　结语

从该孔子学院庞大的规模、众多的教学点和良好的硬件设施来看，塔那那利佛孔子学院在运营上是非常成功的，而且获得了很多的外部支持，这跟外方院长祖桑拉突出的个人能力，以及他在当地广阔的人脉网有很大关系。但是，在我们的访谈中，祖院长并没有过多关注外部支持，而是特别强调中方院长和教师对其工作的支持，及中外方合作院校对孔子学院发展的重视，该孔子学院是一个团结和谐的工作团队。祖院长的关注点主要在孔子学院的内部建设上，这体现出该孔子学院已经到了内部的精细化运作阶段，相比我们调研的塔马塔夫孔子学院，其发展水平更高。此外，从该孔子学院完全负责汉语专业学生教学和管理来看，该孔子学院嵌入了大学的教育体系，这种模式是可持续发展的，只要汉语专业还有学生，孔子学院就会一直存在下去。

同时，调研团队也发现该孔子学院在教学管理和教师培训上的一些问题。该孔子学院负责这两所高校汉语专业的教学和学生管理工作，因此，在汉语专业教学上是领先的。但是，调研团队发现其在中小学和成人培训上有所欠缺，这种欠缺首先体现在教师对学生的认识不足上。在调研中，很多被分往中小学教学点的教师表示自己"不知道怎么教""管不住学生""控制不了课堂"等。教师们在正式上课前对马达加斯加的学生情况和自己即将负责的学生并没有足够的了解,因此就出现了文中所提到的情况。教师在经过一段时间的教学实践后教学理念和方式都发生了巨大的转变,这种转变大多来自教师的自省和自我调节,外在的作用很小,教师的跨文化教学适应需要一个漫长的过程。如何帮助教师更好地完成跨文化教学适应,应该成为该孔子学院今后教师队伍建设和教学管理工作的一个重点。

第三节 苏丹喀土穆大学孔子学院形态描写
——盛开在非洲大陆的汉语之花

喀土穆大学孔子学院(下文简称喀大孔子学院)成立于2008年,是苏丹唯一一家孔子学院,中方合作院校为西北师范大学。目前喀大孔子学院拥有3个汉语本科教学点,1个汉语专科教学点,2个中小学教学点,常年开设200多个汉语培训班,年度培训汉语学员5000多人次。喀大孔子学院设有苏丹唯一的HSK考点,并新成立了苏丹汉语教学研究会。喀大孔子学院已运营10年,通过汉语教学和中苏文化交流活动,以及汉语桥、奖学金、访华团、夏令营、"一带一路"高校联盟、大型文化活动等途径,积极推动中苏两国在教育文化领域的交流与合作,取得了良好成效。该孔子学院在汉语教学、文化交流、本土师资培训、教师队伍建设、院企合作、奖学金推荐、内部管理、场地建设等方面都有突出的表现,享有较好的声誉。

一 概况

喀土穆大学始建于1902年,目前有22个学院,21个研究中心,在校学生16000多名,是苏丹排名第一的高校。1959年苏丹与中国建交,两国关系一直保持健康稳定发展。中国是苏丹第一大贸易伙伴,160多家中资企业在苏丹发展业务,因此汉语在苏丹有一定的学习需求。喀土穆大学在1994年新建了中文系,是非洲较早开设汉语专业的高校之一，汉语在苏丹有一定的基础。

为了更好地满足苏丹民众学习汉语的需求，2007年10月，喀土穆大学与中国国家汉办（孔子学院总部）签署了合作建立喀土穆大学孔子学院意向书。2008年10月，喀土穆大学与孔子学院总部签署协议，正式建立喀大孔子学院。2009年12月，中国西北师范大学与苏丹喀土穆大学签署两校建立孔子学院的执行协议，喀大孔子学院正式运营。

经过几年的发展，喀大孔子学院探索出了一条适合自己的发展道路。在汉语教学、中苏文化交流、本土教师培养、与海外中资企业合作、中外方合作、师资队伍建设、"汉语桥"比赛、孔子学院奖学金推荐等工作上，都得到孔子学院总部、双方合作院校、苏丹政府部门的高度肯定。2013年，喀大孔子学院推荐的"汉语桥"选手荣获第十二届"汉语桥"比赛非洲赛区冠军和全球总决赛最佳口才奖。2015年，喀大孔子学院推荐的选手获"汉语桥——中非友谊知识竞赛"团体总冠军。2013年，喀大孔子学院理事长哈亚提荣获全球孔子学院先进个人表彰。2015年，喀大孔子学院荣获全球先进孔子学院表彰，西北师范大学同时获得先进合作单位。2016年，中方院长田河荣获苏丹政府颁发的苏中友谊杰出贡献奖，同年获孔子学院总部孔子学院先进个人荣誉称号。2017年，喀大孔院"汉语桥"选手荣获第十六届"汉语桥"比赛非洲赛区冠军和全球总冠军。喀大孔子学院学员李灿被选为学员代表在第十二届全球孔院大会发言，喀大孔子学院在非洲乃至全球孔院中享有较好的声誉。

二 教学活动与师资队伍建设

汉语教学是孔子学院的立院之本，喀大孔子学院将专业化的汉语学历教育与大众化的汉语培训相结合，探索出了一套适合苏丹的汉语教学模式。不断扩大招生规模，创新教学模式，提高教学质量，完善师资队伍，全面树立喀大孔子学院品牌。因为中苏两国关系有较好的民意基础，再加上中资企业在苏丹有良好的发展，汉语已成为苏丹最受欢迎的外语。本土语言培训机构多开设不太规范的汉语培训课程，针对这种情况，喀大孔子学院广泛开展大众化的汉语培训，满足一般民众的汉语学习诉求。喀大孔子学院还先后在苏丹总统府、内政部、石油部、文化部、国防部、海关、国家安全局等长期开设汉语班。孔子学院内部也常年开设初、中、高级三个级别的汉语培训班。此外，孔子学院积极与喀土穆中小学加强合作，分别在喀土穆国际学校、艾瑞萨拉中学等学校开设了汉语学分课。喀大孔子学院还与当地语言培训机构合作开展汉语培训班。服务于海外企业也是喀大孔子学院努力的方向，喀大孔子学院为华为公司和捷亚德公司本土员工开设汉语专项培训课程。

为了进一步提升苏丹汉语教学的层次，培养高端汉语人才，使汉语能够真正扎根苏丹，喀大孔子学院加强与苏丹高教部以及苏丹高等院校的深度合作。2013年5月，喀大孔子学院先后与卡拉立大学、巴哈理学院等高校签署协议，合作成立中文系，招收培养汉语本科学员。依照协议，喀大孔子学院为上述高校设置中文本科课程体系，制定教学大纲，确定培养方案，派遣中文教师，对方主要负责组织教学活动和日常管理，既解决了喀大孔子学院教学场地紧缺的问题，也扩大了孔子学院在苏丹的影响力，又使汉语教学走上专业化道路，可谓一举多得。截至目前，卡拉立大学普通学院中文系、军事学院中文系、巴哈理学院中文系已顺利招收6届汉语本科学员。2015年，喀大孔子学院又与红海大学签署协议合作开设中文系，孔子学院内部也开设了汉语专科。这样，喀大孔子学院基本可以满足苏丹不同层次的学员对汉语学习的需求。喀大孔子学院年度汉语培训人数由2012年的不足500人次，扩大到2019年的5500多人次，孔子学院累计培训各级汉语学员30000多人次。

喀大孔子学院立足现实，着眼未来，考虑到苏丹未来汉语教师队伍的主体是本土教师，喀大孔子学院在全面推进汉语教学的同时，也不断加强本土师资队伍建设。从2011年开始，喀大孔子学院充分发挥孔子学院奖学金、新汉学计划以及中国政府奖学金的作用，推荐孔子学院和中文系的优秀汉语学员到中国攻读汉语国际教育、汉语言文学等专业的硕士和博士学位。如今已有多名学员完成学业返回苏丹，加入本土汉语教师队伍中，为汉语在苏丹持续稳定传播提供了有效的师资保障。孔子学院中外方汉语教师由2012年的8人增加到2018年的43人，其中中方教师33人，本土教师10人。

汉语教师志愿者是孔子学院教师队伍的主体，志愿者多为在校本科生或研究生，普遍存在跨文化适应问题。如何使志愿者尽快适应异域文化，增强教师队伍凝聚力，提高教学质量，高效组织文化活动？除采用传统的公派教师指导，新旧志愿者"传帮带"的办法外，喀大孔子学院还在管理志愿者教师团队时采用"天使守护"系列团队合作心理辅导措施，对提高志愿者跨文化适应能力，增强教师团队合作精神，提高工作效率起到了积极的作用，受到国家汉办的高度肯定。

由于各国的教育制度、语言政策、宗教信仰、风俗习惯不同，汉语在各国的推广也呈现出较大的差异性。喀大孔子学院特别重视对外汉语教学中的"三教"问题。尽量选择适合苏丹不同层次学员的教材，孔子学院中外方教师通力合作开发本土汉语教材和中国文化读物。在信息化、智能化成为重要教学手段的背景下，孔子学院也克服苏丹现代化教学设备落后的难题，大力提倡采用多媒体教学手段，充分运用微课、慕课资源，丰富教学内容，增强教学效果。

喀大孔子学院还注重教学研究，成立了苏丹汉语教学研究会，鼓励中外方汉语教师将教学和研究相结合。每年11月定期召开苏丹汉语教学研讨会及本土汉语师资培训会，中外方汉语教师分享经验，共同探讨苏丹汉语教学中存在的问题，相互切磋，共同提高。苏丹汉语教学质量逐年提高，HSK考试人数由最初的几十人增加到现在的近千人，HSK考试合格率也稳步提高。喀大孔子学院推荐的孔子学院奖学金人数也由2012年的5人增加到了2019年的140多人。喀大孔子学院获得奖学金人数近几年来一直位居全球孔子学院前列。

三 积极组织和参加中苏文化活动，扩大孔子学院在苏丹的影响力

促进中外文化交流是孔子学院的另一职能，语言传播的终极目标是

文化的交融互鉴。喀大孔子学院积极组织与参加中苏文化活动 70 多场，观众累计超过 10 万人次。苏丹总统代表、副总统，文化部、高教部、石油部领导多次出席孔子学院的相关文化活动。中外重要媒体报道喀大孔子学院相关文化活动 100 多次，喀大孔子学院在苏丹已广为人知。

重要的文化活动主要有如下几个。"喀土穆大学孔子学院春节联欢晚会"是喀大孔子学院的品牌项目，如今已成功举办 6 届。晚会由喀大孔子学院师生共同策划、排练、表演，并邀请本土艺术团体积极参与。其内容由歌舞、小品、相声、武术、杂技、诗朗诵、歌曲演唱等节目组成，将中华文明和阿拉伯文明中的艺术元素有机结合。晚会在被誉为尼罗河上明珠的中苏友谊大厅举办，苏丹政府部门、高校领导、中国驻苏丹大使馆领导、中资企业代表、苏丹社会各界人士共同观看演出。苏丹多家媒体录制播放，成为喀土穆一年一度的文化盛宴。喀大孔子学院主办，苏丹高校中文系学员共同参加的"苏丹汉语学员汉字听写大赛""中华诗词朗诵比赛"是检验教学质量、激发汉语学习兴趣、展现汉语魅力的重要文化节目。"亚洲文化节"是亚洲各国驻苏使馆联合举办的展现亚洲文化风采的国际性文化活动。喀大孔子学院代表中国积极参与展演，赢得良好声誉。此外，一年一度的"汉语桥"世界大学生中文比赛、"孔子学院日""喀土穆国际书展"也是喀大孔子学院主办和参与的重点文化活动。中华武术在海外有着广泛影响，深受外国青年喜欢。为了满足苏丹民众对中华武术的挚爱，喀大孔子学院从 2013 年开设中华武术、太极课，由专业武术教师传授，经过 6 年的发展，武术已在苏丹这片热土生根发芽。

四　全面改善教学办公条件

苏丹属于经济欠发达国家，自然环境恶劣，孔子学院教学办公条件极差。最初，孔子学院仅有一间教室和几间破败不堪并存在安全隐患的办公室，屋顶漏雨，墙皮脱落，墙体开裂，鼠患成灾。为保证孔子学院的正常运营，在孔子学院总部和喀土穆大学大力支持下，喀大孔子学院中外方员工克服种种困难，通力合作，自己设计施工，共新建、改建了 12 间教室，其中 2 间为多媒体教室，翻修了 11 间百年危房作为孔子学院办公室、接待室、图书馆、库房等，新建孔子学院大门。孔子学院教学办公场地由不足 300 平方米扩大到 1440 平方米，基本满足了孔子学院的教学办公场地需求。由于苏丹常年高温，教学、办公生活场所离不开风扇、空调，每逢用电高峰期，经常出现断电停水等情况。喀大孔子学院又设法铺设高压线路，配置大功率发电机，安装摄像头，初步解决了孔子学院缺电、停电和安全问题，全面改善孔子学院教学办公条件。为了苏丹的汉语教学和中国文化传播的长远发展，从 2014 年开始，喀大孔子学院多次向孔子学院总部、中国驻苏丹大使馆申请修建孔子学院大楼。2017 年 9 月，喀大孔子学院大楼申请方案终于通过中国商务部审核，项目利用援非资金修建孔子学院大楼，规划占地面积 19000 平方米，建筑面积约 20000 平方米。如果项目能够得以实施，将对苏丹的汉语教学和中苏文化交流发挥积极的作用。

五 制定完善规章制度

孔子学院是中外高校合作建立的非营利性语言文化传播机构，在管理运营模式上与其他海外语言文化传播机构有很大不同，没有可资照搬的模式。再加上孔子学院数量众多，分布在不同的国家，国别差异大，国际化程度高。孔子学院中外方院长、教师及管理人员流动性强，受孔子学院总部、使馆、合作院校多重管理，还存在一定的政治风险，所以孔子学院管理运营难度高。院长的更换、教师的转岗常常影响孔子学院的正常运营，只有建立完善的管理制度才能保证孔子学院健康、持续、稳定的发展。喀大孔子学院依照孔子学院总部的规定，尊重苏丹法律法规风俗禁忌，借鉴在苏中资企业的相应制度，结合喀大孔子学院实际，喀大孔子学院中外方工作人员集体讨论，先后制定了切实可行并具有前瞻性和可持续性的内部管理制度，包括财务制度、院长管理制度、公派教师和志愿者管理制度、教务制度、考务制度、学生管理制度、办公室制度、图书管理制度、固定资产管理制度等，使孔子学院管理制度化、正规化。

六　与海外中资企业合作成效显著

2013年3月孔子学院总部发布的《孔子学院发展规划（2012—2020）》提出，建立健全多渠道筹集资金的孔子学院经费投入机制，积极拓宽资金渠道，鼓励和吸引海内外企业、个人和其他社会力量对孔子学院给予资金支持。2013年11月十八届中央委员会第三次全体会议通过的《中共中央关于全面深化改革若干重大问题的决定》也提出，鼓励社会组织、中资机构等参与孔子学院和海外文化中心建设，承担人文交流项目。孔子学院与中外企业合作是孔子学院可持续发展的重要途径，也是双赢的合作。孔子学院与中企合作，可以得到经费支持，能开拓教学点，促进中外文化交流，解决孔子学院学员的实习和就业，扩大孔子学院影响力，有助于孔子学院的可持续发展。中企与孔子学院合作，有助于提升海外中企形象，增加公信度，提高外方雇员的工作能力，增强中企竞争的软实力。孔子学院的诞生是中国经济发展的必然产物，根据语言学经济理论，语言传播与经济活动密切相关。经济交往的广度与深度决定了语言传播的广度与深度，反过来，语言的传播会进一步促进经济的交往。所以，孔子学院与中资企业的发展相辅相成、休戚相关。英国文化委员会、法语联盟、歌德学院等世界知名的语言文化传播机构，都接受外部捐赠与赞助。喀大孔子学院响应国家号召，积极拓展孔子学院资金筹措渠道，探索与海外企业的合作。近年来，喀大孔子学院与中石油尼罗河公司达成多项合作协议，中石油捐助数十万美元在孔子学院设立"中国石油图书馆"，有效解决苏丹汉语学员教材和孔子学院中文图书紧缺的难题。中石油还赞助"汉语桥"，并设立苏丹汉语学习与中国文化传播先进个人奖，表彰奖励苏丹优秀汉语学员和本土优秀汉语教师。华为公司也在孔子学院设立年度"华为汉语学习助学金"，还与喀大孔子学院携手在苏丹中小学开展助学活动。孔子学院还得到中国港湾、山东国际、江苏国际等企业的大力帮助。喀大孔子学院与中企的合作，被孔子学院总部和中石油总部作为院企合作的典范加以推广。中国驻苏丹大使馆、经商处也赞助孔子学院教学办公设备、文化活动用品、家用电器等。

七 促进两校间的深度合作

喀大孔子学院利用孔子学院平台进一步促进喀土穆大学与西北师范大学全面合作，加快西北师范大学的国际化步伐，培育学科增长点，扩大留学生招生规模。目前，西北师范大学数学统计学院、化工学院、教育学院、物理学院已为喀土穆大学培养多名硕士、博士。西北师范大学于2013年在外国语学院新增阿拉伯语系，2019年成立苏丹与南苏丹研究中心。喀土穆大学也成为"一带一路"高校联盟发起院校，喀大教育学院、化学院、文学院与西北师大对口院系建立了长期合作关系。两校之间努力实现学术资源共享、专业互通、学生交换、学分互认的愿景。

八 结语

本土汉语教师的培养是孔子学院可持续发展的重要组成部分，而进入所在国国民教育体系和培养汉语专业人才都是其中重要的环节。喀大孔子学院运营10年来，与当地多所高校合作建立了中文系，进入了国民教育体系，培养了大批的汉语专业人才。该孔子学院的另一个亮点是与中外企业的密切合作，这不仅为孔子学院的发展筹集到了资金，也解决了学员的实习和就业问题。同时，调研团队也发现，喀大孔子学院可以在此基础上发展"职业＋汉语"的教学模式，为企业培养同时掌握技术和语言的复合型人才。

第十九章 大洋洲

澳大利亚维多利亚大学商务孔子学院形态描写
——大洋洲地区唯一的商务特色孔子学院

维多利亚大学商务孔子学院（下文简称维多利亚商务孔子学院）正式成立于 2015 年 11 月 26 日，位于澳大利亚墨尔本。该孔子学院由孔子学院总部、维多利亚大学和对外经济贸易大学合作共建，成为对外经济贸易大学承办的第九所、澳大利亚维多利亚州第四所孔子学院。基于维多利亚商务孔子学院的资料，并结合孔子学院总部、对外经济贸易大学官网等资料，以及新闻媒体报道等多方资料来源，团队成员与该孔子学院的院长及教师保持着长期的密切沟通，在形态描写阶段，多次就稿件内容进行沟通和修改，以确保描写的准确性和客观性。

维多利亚商务孔子学院位于世界最宜居城市之一的墨尔本，且坐落于弗林德斯火车站（Flinders Street Station）对面。该火车站是墨尔本四个火车站中最大且最繁忙的火车站，属于维多利亚时期的建筑，也是墨尔本的第一个火车站，市区的免费电车也从维多利亚商务孔子学院门口经过。维多利亚商务孔子学院与维多利亚大学商学院同在一栋教学楼，孔子学院进门左侧有一个独立的小型图书馆，馆藏百余种不同类型的图书，涵盖汉语水平考试的初、中、高级，也有文化类、商务类、新闻类等书籍，包括了考级用书、日常学习读物、工具书等，方便维多利亚大学所有学员借阅，只需出示维多利亚大学的学生证或工作证，登记信息，便可以免费借读。进入孔子学院，两幅字画映入眼帘。一幅是马到成功图，澳大利亚著名华裔画家姚迪雄先生于2017年中澳青年创新创业论坛上现场作画并赠予孔子学院，寓意前程似锦、马到成功。第二幅是由著名书画家洪丕森先生亲自题写的"亦商亦儒"的书法作品，赠送给维多利亚商务孔子学院，希望商务孔子学院按照孔子的经商理念来培养人才，既有儒者的道德和才智，又有商人的财富与成功，做儒者的楷模、商界的精英。

维多利亚商务孔子学院突出商务主题特色、着重商务特色建设，自成立以来一直致力于为维多利亚大学师生搭建汉语语言学习、中华文化活动交流体验的平台，努力成为维多利亚州和中国商务沟通以及文化交流的桥梁与纽带。成立五年来，维多利亚商务孔子学院坚持商务特色，积极推动本土化建设，成功促进了中外院校合作发展，加强了中澳两国青年的文化交流。

一 历史与现状

（一）孔子学院的成立与发展

2015年10月，由维多利亚大学、对外经济贸易大学和孔子学院总部签署协议，维多利亚商务孔子学院就此成立，成为墨尔本最年轻的一家孔子学院。成立五年来，维多利亚商务孔子学院利用两校在工商管理、金融、贸易、财经等专业上的优势，着重商务特色建设，努力建立起商务沟通和商务文化交流的桥梁，成为连接维多利亚州与中国的纽带。截至2020年12月，大洋洲共有20所孔子学院，而维多利亚商务孔子学院是该地区唯一一家商务特色孔子学院。

目前，维多利亚商务孔子学院已完成维多利亚大学的本科和研究生四门中国商务学分必修课和七门中国语言文化非学分课程的建设，面向零基础成人的汉语工作坊兴趣课也已十分成熟。这些课程全部由孔子学院设计、开发，并由维多利亚大学学术委员会审核通过，与所有大学课程同等标准进行教授、评估与改进。

该孔子学院下设孔子课堂1个，中小学教学点6个，注册学员超千人。孔子学院与学校所有研究中心（所）实行统一的人、财、物管理制度，孔子学院的教学、财务及人事管理全方位嵌入大学整体管理体系。维多利亚商务孔子学院财务公开透明，中外方院长相处融洽。自孔子学院成立起，柯林·克拉克（Colin Clark）教授和王蓓副教授一直担任孔子学院的外方、中方院长。2017年，在第十二届全球孔子学院大会上，维多利亚商务孔子学院外方院长克拉克获孔子学院先进个人奖；2018年，在第十三届全球孔子学院大会上，维多利亚商务孔子学院获先进孔子学院奖。

（二）中外方院长

外方院长克拉克是会计学教授、《亚洲会计评论》编辑顾问委员会成员，长期活跃在会计行业，曾担任澳大利亚会计师公会副会长、维多利亚大学商学院院长及国际学院院长，因其对于澳大利亚会计师工会的卓越贡献，2003年被授予JO米勒奖章（会计界的几大奖项之一）。据了解，克拉克教授从1990年第一次来到中国，就与中国结下了不解之缘。作为澳大利亚最早参与中澳跨国教育合作项目的先驱，他早在1999年即与辽宁大学合作创办亚澳商学院，走过18个年头，该项目已成为跨国教育项目长期成功的典范。他从2011年开始到墨尔本大学孔子学院学习汉语，即使本职工作繁忙，同时还有很多社会兼职，但从未中断汉语学习，他身体力行地鼓励、引导周围的同事和学生学习汉语，了解中国。作为孔子学院的学生，他积极支持推动自己所在大学申办孔子学院。他对于中国以及中国文化的尊重体现在工作的点点滴滴：每一次孔子学院的会议和活动，他都会特别戴上他最喜爱的中国书法印花领带。

在克拉克教授的积极推动下，对外经济贸易大学和维多利亚大学申请合办的维多利亚商务孔子学院于2015年10月获批。在一次大洋洲孔子学院联席会议上，他见到西澳大学的储献华院长时说："当年在新闻中得知西澳大学成立了澳大利亚第一所孔子学院，我就特别希望能够在维多利亚大学也成立一所孔子学院，现在夙愿得偿，能够参与创立一所孔子学院，并担任首任外方院长我荣幸之至。"

维多利亚商务孔子学院的中方院长是王蓓副教授，当时她申请孔子学院中方院长岗位的原因有二：一方面是因为她是商务相关专业出身，且深度参与了该孔子学院的筹办工作；另一个很重要的原因是克拉克教授对于孔子学院有着高度认知。2015年8月，她作为中方合作院校代表到墨尔本帮助克拉克教授带领的团队向维多利亚大学学校层面汇报孔子学院筹办相关事宜，当时维多利亚大学内部很多人并不知道也不了解孔子学院，克拉克教授向所有的学校高层以及兄弟学院院长介绍孔子学院时的第一句话即是：孔子学院是一个全球网络。王院长一直相信：思想的高度决定行动的方向和落实的力度。能与对孔子学院有全面深度认识的人合作，让她对维多利亚商务孔子学院的创立和发展充满信心。

（三）全面推进孔子学院融入维多利亚大学

从孔子学院成立之初，克拉克教授即从战略、财务、人事管理等方面全力推进孔子学院融入维多利亚大学，特别是商学院的教学、科研、管理体系，探索孔子学院总部提出的孔子学院内涵特色建设及可持续发展之路，致力于孔子学院的商务特色建设。

在维多利亚商务孔子学院的成立协议签订伊始，克拉克教授就为孔子学院申请设立"中国商务"学分课程。他说，孔子学院要可持续良性发展，融入大学学分教育体系是关键且必要的一环。他连续两年亲自参与准备材料、评审，目前孔子学院提供四门国际商务专业本科和硕士的中国商务、贸易与经济相关必修课。同时按照商学院所有研究中心的管理模式聘任中方教师为维多利亚大学兼职教师；认真履行孔子学院双院长制，做到财务透明公开；通过学校高层管理会议、商学院例会、商学院早午茶活动等各种正式和非正式的活动帮助中方教师融入维多利亚大学。

为了孔子学院在商务特色建设上更好地融入当地商界，克拉克教授充分利用自己多年在澳大利亚会计、金融、管理领域的人脉和资源，为孔子学院拓展和工业界的交流与互动，使孔子学院在为企业及政府部门提供定制化中国商务及文化培训课程方面取得了可喜的成绩，目前已为当地企业、律师事务所、中国驻澳企业、政府部门提供培训业务。克拉克教授积极推动孔子学院开展中澳青年创新创业交流主题活动，连续两年组织团组访华以及创新创业论坛，在国内媒体得到广泛报道。

维多利亚商务孔子学院于2016年成功组织了由澳大利亚八所顶尖大学的13名学生会主席及商学院专业社团领袖组成的"创新创业"主题特色中国行项目，该团组成员回国后举办了中澳创新创业论坛，吸引了维州创新创业界百余位精英齐聚一堂。

（四）外方院长主动发声，为孔子学院正名

外方院长克拉克教授矢志不渝地推进孔子学院的建设和发展，主动发声，为孔子学院正名。2017年10月15日和10月16日，澳大利亚媒体澳大利亚广播公司连续报道"中国政府渗透西方大学"，克拉克教授在接受澳大利亚"Business First Magazine"专访时特别指出："（作为商学院）在澳大利亚与亚洲特别是中国国际贸易迅猛发展的今天，让我们学生为即将到来的亚洲时代做好准备是非常必要的。维多利亚大学商学院最近的突破性创新举措就是成立了维多利亚商务孔子学院。全世界有500多所孔子学院，维多利亚商务孔子学院是其中为数不多的十几所商务特色孔子学院之一。在教授中文和中国文化之外，维多利亚商务孔子学院特别教授中国商务实践与商务文化学分课程，并与当地企业、政府及行业协会等商业组织密切合作，为增进中国与澳大利亚之间的商务文化的理解与沟通作出了重要贡献。"

克拉克教授回忆他第一次来中国时的情景，1990年7月，初到北京，站在高楼上，可以看到清一色的"自行车大军"。他打趣说，这是非常令人震撼的场景，因为根本不可能在当时的墨尔本看到，这也成为令他终生难忘的对中国的特殊记忆。这些年每年都要到中国几次，克拉克教授感叹中国的飞速发展，"自行车大军"已变成"汽车大军"。他说这是"中国速度"创造的奇迹。其实他没想到，他从走进墨尔本第一所孔子学院——墨尔本大学孔子学院成为孔子学院学生，短短五年时间，他有机会亲自创立并担任墨尔本第四所孔子学院的院长，恰恰见证了孔子学院发展的"中国速度"。

二 商务特色项目

(一) 商务培训课程

维多利亚商务孔子学院从建院之初即开始开发适合当地企业和工业界的中国商务培训课程。

2018年维多利亚商务孔子学院正式成为澳大利亚中国工商业委员会维州分会的战略合作伙伴,每年为其中小企业会员提供"中国智慧"系列商务培训,2018年培训了四次。以2018年6月的一场培训为例,由维多利亚商务孔子学院和澳大利亚中国工商业委员会在维多利亚大学联合举办了以"认识客户"为主题的商务论坛。近三十位澳大利亚商业精英参加此次论坛,由维多利亚商务孔子学院中方院长、经济学博士王蓓和人类绩效联合公司(Human Performance Group of Companies)主席比尔·郎两位主讲人为参与者带来商务核心要素讲座,旨在使参与者了解中澳的商贸市场、认识中国客户,为澳大利亚企业家投资中国、进入中国市场做准备。为了让听众更好地了解中国商贸市场的机遇所在,更深入地了解中国的消费者,王院长借助大量科学统计数据从以下几个方面进行了分析阐述:带动消费增长的关键因素;中国消费者从寻找到购买的过程;中西方消费者的主要差别。在王院长介绍完中国的市场及消费者情况之后,比尔先生利用真实事例,从西方商业的文化需求及消费者购买过程、消费者品牌和信任的作用等方面对家得宝、宜家等公司企业进行深入分析,指出人们对中国消费者及其购物欲望存在的根本性误解,在不改变其战略的前提下,如何为中国客户提供优质对口的产品和服务。比尔先生有25年的国际商业战略顾问和企业家经验,在主题演讲结束前,他向各商业精英提出进入中国市场的"7Ps"战略,分别是产品(Product)、定位(Place)、促销(Promotion)、合作伙伴(Partners)、过程(Processes)、人群(People)和定价(Pricing)。在讨论答疑环节,两位主讲人对现场提出的问题进行了详细解答。

(二) 举办外国企业在华投资法律论坛

2018 年 5 月，维多利亚商务孔子学院成功举办外国企业在华投资法律论坛，来自江苏省律师协会的 24 名资深律师与当地 80 余位律师同行及企业界人士就澳企在华的企业设立、认识雇佣及知识产权等热点问题展开了深入和热烈的探讨。法律论坛分为两个主题："中国的投资环境与法律"和"外国公司在中国的法律风险管理"。主讲律师从中国知识产权法、外商投资企业及税务、在中国经营企业的法律风险与用工风险防范、国际企业并购、规范市场经济法规及案例简介、常州招商引资简介（创意园区）、无锡投资环境和法律服务，以及企业设立与争端解决等方面介绍了中国相关法律法规与江苏省当地的政策支持及发展情况。本次论坛让墨尔本当地享有盛誉的法律界专家、学术研究人员和来自中国的具有丰富经验的律师们齐聚一堂，分享彼此对中国外商的法律环境和风险管理的见解。"孔院搭台，经贸唱戏"，参与者表示，通过此次论坛，他们进一步了解了中国的投资环境及相关政策法规，同时感谢维多利亚商务孔子学院提供资源，牵线搭桥，希望以后能去中国投资创业。

江苏省律师协会通过涉外法律服务及英语水平测试层层选拔，在全省选派 24 名优秀中青年律师赴澳大利亚，到维多利亚大学法学院及当地律师事务所进行为期两个月的学习和访问。本年江苏律师协会组织的第三次赴澳海外学习，旨在加强涉外法律服务业的发展。律师协会表示，此次维多利亚商务孔子学院搭建共享交流平台，为培训律师提供了宝贵的机会，不仅本地律师和企业获益匪浅，各演讲律师也收获颇丰。

(三) 举办进入中国市场的专题讲座

2019 年 7 月 16 日，维多利亚商务孔子学院与澳大利亚中国中小企业委员会成功合作举办"赢在中国——如何打入中国市场"专题讲座，讲座吸引 60 余位中澳商务人士出席。长江商学院欧洲首席代表季波结合大量数据介绍了中国市场以及中澳之间文化的差异对于走进中国市场的影响。维多利亚大学商务孔子学院外方院长克拉克教授致开幕词，澳大利亚中国中小企业协会会长（David Thomas）、副会长（Joseph Tse）莅临讲座。

长江商学院欧洲首席代表、"启航中国"（China Start）创始人季波作为本次讲座主讲人，分享了中国商业环境以及打入中国市场的建议。季波先生以幽默风趣的聊天形式开启本次"中国市场"的话题，又以美国总统特朗普在各种场合高频谈及"China"话题的视频集锦引发大家对于现代中国以及中国市场重要地位的再次思考。他表示，首先要从思想上保持对于中国市场的无畏心理，其次要从策略上汲取星巴克等企业打入中国市场的成功经验，认识到中澳文化差异对打入中国市场的重要性。此次专题讲座，以搭建中澳商务合作交流平台为初衷，旨在为中澳商务人士提供更多专业资讯和投资建议。

（四）积极参加各类商业活动

王蓓院长积极主动带领孔子学院教师参与当地与中国有关的商业活动，定期参加最大的对华商会——中国工商业委员会的商业相关讲座、论坛，参与当地中国社区的商业社团活动。王院长的调研显示，大部分活动以社交类为主，平台够多，但缺点是在内容上出现很大程度的重复和交叉。所以王院长指出，做产品和内容的提供商将会是孔子学院的优势。因此，维多利亚商务孔子学院与澳大利亚中国工商业委员会商议，针对企业感兴趣的热点话题，面向澳大利亚中国工商委员会的会员，每年合作举办四次工作坊以提供相关内容支持。2018年的几次合作之后，维多利亚商务孔子学院受到合作方及参与者的一致好评。以此为起点，孔子学院陆续收到澳大利亚CEO学院、墨尔本市政府、墨尔本柯林斯街商会等商业组织和企业的邀约，为他们专门做中国商务文化方面的培训。

（五）发展"旅游+汉语"职业课程

维多利亚商务孔子学院与当地职业教育机构、澳大利亚连锁企业理事会等多家机构联合，成功申请到维多利亚州政府就业能力培训创新基金，共同开发当地旅游餐饮企业面向中国游客的服务能力提高项目。王蓓院长亲自为该项目设计了澳大利亚职业教育四级证书课程"旅游与接待中的中国语言文化交流"。

（六）中澳特色商务交流项目

过去几年，该孔子学院已开创多项赴华学习交流团，同时，也承接多个赴澳学习交流团。"创新创业领袖中国行"项目是维多利亚商务孔子学院的一个值得骄傲的项目。早在 2013 年，维多利亚州政府开启了主要针对九年级学生的维州少年精英赴华汉语学习项目，英文名叫"Victorian Young Leaders to China"。2015 年在孔子学院建院时，澳大利亚联邦政府在当年年底发布了《国家创新与科学计划》，帮助澳大利亚的年轻人开启职业生涯，鼓励他们走出澳大利亚，并全面充分地接触和了解亚洲，尤其是中国市场。在 2016 年，维多利亚商务孔子学院向孔子学院总部提交了"青年领袖中国行"创新创业主题项目，成功组织澳大利亚 8 所顶尖大学的 13 名学生会主席及商学院专业社团领袖参与创新创业主题特色中国行项目，该项目于 2017 年发展成为澳大利亚和美国五所孔子学院联合组织的新汉学计划"创新创业领袖中国行"。2018 年第三次创新创业团队成员的项目通过孔子学院的中国研修项目与阿里巴巴集团建立联系，随后参加了阿里巴巴创客大赛，赢得了大洋洲赛区冠军，目前该创业项目已经在中国落地开花。2019 年，该项目吸引了全球六家孔子学院参与，共有来自 11 个国家的 22 名青年创业者赴中国游学。

交流项目旨在建立和增强所有参与者的综合能力：一是了解澳大利亚的政治、法律、商业和教育体系；二是学习澳大利亚的经济发展及产业结构；三是探索亚太地区，尤其是澳中两国的国际贸易和投资潜在的机遇和挑战。

多名中澳外交及经济贸易领域的专家为项目组带来一系列高水平的讲座。澳大利亚同声传译第一人、澳大利亚国家勋章 OAM 获得者、澳大利亚级别最高的（中英）口笔译译员秦潞山（Charles Qin）教授为代表团介绍了澳大利亚的概况，并分享了他作为澳大利亚领导人首席翻译有趣的经历，展现澳中两国文化差异的同时，在轻松愉快的环境下将各位项目成员带到了有着包容文化底蕴的澳大利亚；维多利亚大学政策研究中心杰出经济学家、澳大利亚科学院院士彼得（Peter Dixon）教授从专业的角度分析了中澳两国的贸易政策；澳大利亚政治家、新南威尔士州前任州长、澳大利亚前任外交部部长及联邦参议员鲍勃·卡尔阁下（Bob Carr MP）与代表团分享了关于中美澳三国当前外交热点问题的看法，给出了他独到的见解；澳大利亚著名华裔经济学家、莫纳什大学商学院史鹤凌教授剖析了中澳贸易存在的机遇和挑战。

代表团聆听了来自澳大利亚金融、体育、食品等工业界高管的实践经验，并走访了当地多家企业，观看了澳大利亚国民运动——澳式橄榄球比赛。澳大利亚信永中和（ShineWing）的四位合伙人用半天的时间为代表团深入剖析了"中国企业走出去"在澳大利亚的机遇与挑战，并用案例介绍了中资企业在海外取得的成就及资本市场的运作。澳大利亚上海总商会会长、澳大利亚国家篮球联盟（NBL）中国顾问杨海荣先生主要介绍了中国男子篮球职业联赛（CBA）和澳大利亚国家篮球联赛（NBL）之间的合作；澳大利亚橄榄球联盟中国地区负责人裴仁杰（Tome Parker）介绍了澳大利亚的体育产业及澳大利亚澳式橄榄球联盟（AFL）的中国战略。代表团参观了有代表性的墨尔本北区食品工业工厂等。

维多利亚州是澳大利亚教育大省。代表团与维多利亚州包括莫纳什大学、乐卓博大学及澳大利亚国际商学院等多所大学进行了深入交流。乐卓博大学人文社会科学部协理副校长阿玛莉亚迪（Amalia Di Iorio）教授，莫纳什大学国际商务学士项目教务主任韦德·霍尔沃森（Wade Halvorson）博士及澳大利亚国际商学院常务副校长于萍博士热情接待了代表团，并与代表们就各自大学的国际合作项目可行性及困难进行了深入而细致的讨论。

2月21日维多利亚商务孔子学院举办了此次交流项目的结业仪式，参与此次交流活动的中澳代表共40余人观看了十几天紧张而丰富的学术交流活动纪录短片。与会的澳大利亚学者和商业界代表们表示此次中国教授们在专业上的造诣，以及中国在国际商务专业教育上先进的实践经验令澳大利亚同人印象深刻。中澳国际商务硕士教育合作空间巨大，双方都表示会以这次交流项目为契机，继续探讨深入的跨国教育合作，为中澳两国培养具有国际化视野和本土化技能的国际商务人才。

2019年9月29日至10月5日，维多利亚商务孔子学院接待了对外经贸大学MBA专业的12人游学团，为游学团组织了中澳知名企业家、专家讲座参观多家企业和文化交流中心等活动，学员们纷纷表示为期一周的游学收获颇丰。此外，2018—2019年，孔子学院组织了两次赴华团，让澳大利亚学生对北京和云南文化有了深入了解。

受疫情影响，孔子学院与合作单位已将当年既定计划推迟，待疫情后再沟通重启项目。

三　语言与文化推广情况

受所在地政治、经济、社会环境的影响，世界各地孔子学院的发展各不相同。然而，提高教学质量，并开展适合当地大、中、小学及社区需求的项目是孔子学院发展的关键。维多利亚商务孔子学院所在的墨尔本是一个多元文化交融的城市，当地有庞大且人口密集的华人社区，有近2000个华人社团，在这样一个国际都市的背景下，孔子学院为当地提供所需的汉语课程尤为重要。

（一）与当地大中小学的发展有机融合

大学汉语教学与文化：自2017年3月开始，孔子学院在维多利亚大学为大学员工及学生开设了汉语工作坊课程，该课程每学期同时在两个校区开展，面向所有维多利亚大学的学生和教职工，目前已经成为维多利亚商务孔子学院的常规项目。截至2020年11月，孔子学院为超过420名维多利亚大学学生、教职工及校友提供了免费的汉语培训。受疫情影响，2020年的课程转为线上教授。

维多利亚商务孔子学院还积极融入维多利亚大学校内文化活动，举办中国文化活动，为维多利亚大学的师生提供了解中国的平台，今年孔子学院还创建WhatsApp汉语学习交流群，学生在线上集中培训学习之后，加入WhatsApp群组，可继续学习。在群内，孔子学院教师每天分享新的词汇、短语或对话，学生可以随时向教师请教问题、学生之间交流学习内容。

(二) 中国武术特色教学

维多利亚商务孔子学院自 2017 年开始在墨尔本精英男子学校——布莱顿文法学校（Brighton Grammar School，BGS）教授中国武术。2017 年学员人数 350 人，总学时 168 小时。2018 年孔子学院武术课注册学员 56 人，2019 年孔子学院武术课注册学员 60 人。经选拔的优秀学员成立维多利亚大学商务孔子学院 BGS 武术队，每年 4 次武术演出。2018 年武术队在全校集会、墨尔本总领馆中国文化日、大洋洲孔子学院联席会表演中国武术，得到各界人士的高度赞扬。

(三) 考教结合，开创 HSK 及 YCT 考试培训课程体系

2019 年 5 月起，维多利亚商务孔子学院在教学点汉普顿小学（Hampton Primary School）开设 HSK 及 YCT 考试培训，教学程度包括 HSK2 级和 YCT1、2、3 级，每周 1 次、每次 6 节课，本年度共 41 名学生报名参与。孔子学院充分利用 HSK、YCT 考点的资源优势，为爱普顿小学设计并开设了考试培训课程，初步形成模式，并向当地社区其他中小学进行推广。

(四) 高端化发展路线

维多利亚商务孔子学院的中方合作院校——对外经济贸易大学承办了共 10 家孔子学院。2017 年 3 月 29 日，对外经济贸易大学与维多利亚大学签署共建政策研究中心（Centre of Policy Studies，CoPS）的协议。该研究中心是一个在应用一般均衡（Computable General Equilibrium，CGE）模型领域处于世界领先地位的研究机构。这次在对外经贸大学成立联合政策研究中心，不仅是对外经贸大学智库建设的重要项目，也是维多利亚大学高端研究机构开展中国研究合作的创新模式探索。

维多利亚商务孔子学院先后多次组织、承接大型文化活动、会议和巡讲，充分展示孔子学院的协同和融入。其中典型活动包括：2017 年 8 月 11 日的中澳青年创新创业论坛、2018 年 3 月 19—21 日承办大洋洲孔子学院联席会议、2018 年和 2020 年分别承办第十七和十九届"汉语桥"世界大学生中文比赛澳大利亚墨尔本赛区总决赛、2019 年 9 月 6 日与澳大利亚中国工商业委员会联合举办庆中秋—中澳篮球文

化交流活动等。

（五）广泛的社会影响力

2017年维多利亚商务孔子学院组织的"创新创业青年领袖中国行"项目成员（Mana Kashuk）的"美创"赢得了新汉学计划"创新创业青年领袖中国行"的资格，并在上海国际社群节全球大学生创新创业大赛中获得了最优创业人气奖，得到伦敦发展规划署的高度认可和投资意向。

该孔子学院利用中国传统节日庆祝活动，扩大孔子学院在当地华人社区的影响力。2018年春节，《五洲快闪·唱响中国》于2018年2月15日（大年三十）下午在CCTV中国国际频道《传奇中国节——春节》播出。维多利亚商务孔子学院作为澳大利亚分会场主办方之一携维多利亚大学师生参加拍摄。海外华人五洲唱响快闪拜年视频发布在腾讯视频和Youtube上，点击量累计达到2亿次。

四 结语

在过去五年，维多利亚商务孔子学院在大学中国商务系列学分课程建设和教学、创新创业主题学生团组和与当地各界机构合作开展教学、培训和科研上取得了一定的成绩。同时成功举办了多场大型会议和文化活动，通过特有的中国商务/文化主题相关项目、特色中澳短期双边交流学习项目等突出孔子学院的特色商务主题，得到了中澳校方、商业界、政府及社会各界人士的一致认可。以组织、承接大型文化活动、会议和巡讲的方式，充分展示孔子学院的协同和融入。此外，中文教学与培训、中国文化推广活动、汉语水平考试中心建设、中小学汉语教学支持项目等是该孔院的战略重点。

2020年受新冠肺炎影响，孔子学院各门课程由线下面授课转为网络授课。孔子学院在维多利亚大学继续提供中国商务学分课、中国语言文化与商务系列非学分课及汉语入门工作坊等课程。常年与维多利亚商务孔子学院保持合作关系的各中小学因受疫情影响，无法接待校外人员，所以孔子学院将与各校每年常规合作项目、活动推迟，待疫情后恢复和重启。孔子学院与合作社会团体将今年的活动安排推迟到明年,待疫情结束后另行商议。孔子学院与合作单位已将既定的赴华和赴澳的学习交流团计划推迟,待疫情后再沟通重启项目。

未来,该孔子学院将继续走可持续发展之路,努力构建维多利亚州与中国交流的桥梁,促进双方商业交流和文化互通,并为维多利亚大学提倡的全球公民战略做贡献。

附　　录

　　研究附录分为四部分，包括访谈提纲、转写记录、调研日记、研究日志。附录内容对研究主体的一手、二手数据有铺垫和支撑作用，使研究整体看上去更立体，更生动。与此同时，运用相关经验对研究数据进行佐证和验证，进一步完善研究方法的完整性、多样性与准确性，也是自传民族志的一种呈现方式。以下对每一个附录内容进行简单介绍。

　　附录一：访谈提纲。本研究采用半结构半开放式访谈。访谈开始前，事先设计一个访谈类别提纲，列出访谈者认为在访谈中应该了解的主要问题和应该覆盖的内容范围。附录一展示了对美国迈阿密达德学院孔子学院中方院长的访谈。

　　附录二：转写记录。在附录一基础上，该部分选择其中一场的部分访谈转写记录进行展示，呈现访谈者与被访者互动的全过程。以约旦安曼TAG孔子学院公派教师的访谈转写为例，用部分截图展示了研究团队转写后的两人两次的标注过程，体现了访谈转写标注过程的真实和有效性。

　　由于附录一和附录二都涉及对受访者和出访人员的编码，所以有必要再次简单说明。本研究采用四级编码的方式进行。

　　第一层编码涉及调研单位。研究团队共实地考察了五大洲的71个单位，因此，第一层编码以数字01到71对调研单位进行编码。

第二层编码为人员编码。本研究所涉人员为孔子学院"三大人群",即汉语教师志愿者、公派教师、院长,使用三大人群英文首字母为代表进行编码,汉语教师志愿者为 V、公派汉语教师为 T、院长为 D。

第三层编码为具体的受访者、访谈者和记录员,用字母对每个受访人进行编码,编码为 A-Z,访谈者、记录员分别以"访谈者1、2……"和"记录员1、2……"来表示。

第四层编码为话语标注,编码为 01-99,按照受访者在访谈中所说话语在文本标注中的顺序进行编码。

附录三:调研日志。调研日志是在各地孔子学院实地调研准备前和调研期间的思考记录,是数据收集过程中的具体细节和感受记录,再现研究者也是参与者的真实场景。该部分选用的调研日志也是附录一、二所涉及的孔子学院,内容上有衔接有互动,也是自传民族志特点的彰显。

附录四:研究日志。研究日志是对研究过程的记录,是访谈数据处理阶段撰写的日志备忘录,以及数据分析过程的感受记录。该部分摘录研究团队带头人的部分研究日志内容以及研究团队其他人员的研究日志,展现了研究人员的心路历程以及研究团队的探索过程,直到形成最终研究成果。

一 访谈提纲

美国迈阿密达德学院孔子学院外方院长

编　　号:美国迈阿密达德学院孔子学院(51)
访谈时间:2019 年 8 月 26 日　09:30-11:30
访 谈 者:访谈者1:研究团队带头人
　　　　　访谈者2:课题组成员
记 录 员:记录员1:研究员 A
　　　　　记录员2:研究员 B

访谈对象：51D-B：外方院长
访谈信息供研究使用：同意
访谈地点：美国迈阿密达德孔子学院办公室
访谈方式：个人访谈
访谈提纲：

1. 该孔子学院的大概情况：您能介绍一下达德学院孔子学院的总体情况吗？

2. 该孔子学院运行风险及应对策略：您认为目前"关闭"孔子学院的主要影响因素有哪些？您认为在孔子学院大面积关停的情况下达德学院孔子学院成功保留的主要原因是什么？

3. 您能介绍一下达德学院孔子学院总体运行安全情况吗？达德学院孔子学院未来可能面临的风险是什么？您有没有相关的应对策略？

4. 该孔子学院与学校的所属关系：请问达德孔子学院与达德学院关系怎样？学校会给予孔子学院足够的支持吗？您能谈谈理事会对孔子学院发展的影响吗？

5. 该孔子学院汉语教学和文化活动推广情况：请您介绍一下达德孔子学院高层次文化活动推广情况，如迈阿密电影节、迈阿密国际书展等。请问目前汉语教师培训情况如何？

6. 该孔子学院的发展状况（市场化）：请问达德学院孔子学院是如何转型发展，打造自身的品牌和优势的？在您看来，达德学院孔子学院市场化运作有多大的可能性和可行性？

7. 该孔子学院的发展状况（本土化）：请问达德学院孔子学院是如何实现本土化发展，实现"教师、教材、教学"本土化的？

8. 该孔子学院的未来发展目标：请问达德孔子学院"提质增效"的发展规划是怎样的？

二 转写记录

（一）美国迈阿密达德学院孔子学院外方院长访谈转写

孔子学院名称及编码	美国迈阿密达德学院孔子学院（调研单位编码：51）		
访谈时间	2019年8月26日 时间：09：30-11：37	访谈地点	美国迈阿密达德学院孔子学院办公室
访谈对象（院长D）	51D-B：外方院长	出访人员	访谈者1：研究团队带头人 访谈者2：课题组成员 记录员1：研究员A 记录员2：研究员B
访谈时长	2小时7分钟	访谈方式	个人访谈
转写字数	37850字	转写人员	研究员A、研究员B
		复核人员	研究员C、研究员D
三大人群访谈文本标注编码说明	编码示例：09D-A08 第一层数字编码：研究团队共实地调研了五大洲的71个单位，因此第一层编码以数字01到71对调研单位进行了编码； 第二层字母编码：三大人群英文的首字母（汉语教师志愿者为V、公派汉语教师为T，院长为D）； 第三层字母编码：具体的受访者，用字母对每个单位的受访人进行编码，编码为A—Z；访谈者、记录员分别以"访谈者1、2……"和"记录员1、2……"来表示； 第四层数字编码：话语标注，编码为01—99，按照受访者在访谈中所说话语在文本的标注中的顺序进行编码。		

访谈者1：我们来之前对这个学校的了解还是非常欠缺的，是吧？要了解这个学校是第一，第二才是孔子学院。

51D-B：没错，因为孔子学院现在看来，之所以讲成功与否，不在于孔子学院本身怎么做，关键在于你是在什么样的学校，在什么样的环境。你看什么样的context，你才能design这个program，这是个关键。很多以为是国家汉办有一套这个方案，你每个人拿过去，拿到那个东西就行了。

访谈者1：不一样的。

……………

访谈者 1：您是一成立就做这个孔子学院院长？

51D-B：我是创院院长，我当时在另外一个大学是中文项目负责人，然后这个学校当时招院长是全美去招聘。

访谈者 1：你是作为招聘院长？

51D-B：我是作为招聘院长招到这了。我原来是在另外一个城市，我在奥兰多。过来以后的话，当时我记得很清楚，回来以后我跟校长谈：what do you want me to do for CI？他说：the job of CI is to support Mami Dade College. 当时在四楼的那么一个大的办公室。

访谈者 1：说得很好，他说孔子学院如何为大学的发展做好服务。

51D-B：要服务好大学的宗旨。

（二）访谈转写标注（部分截图）

在完成访谈录音转写后，研究人员对文本材料进行初步标注，即采用 word 文档的"批注"模式在文档右侧新建批注，具体过程将用"约旦安曼 TAG 孔子学院中方教师访谈转写标注"的部分截图加以展示，如下图：

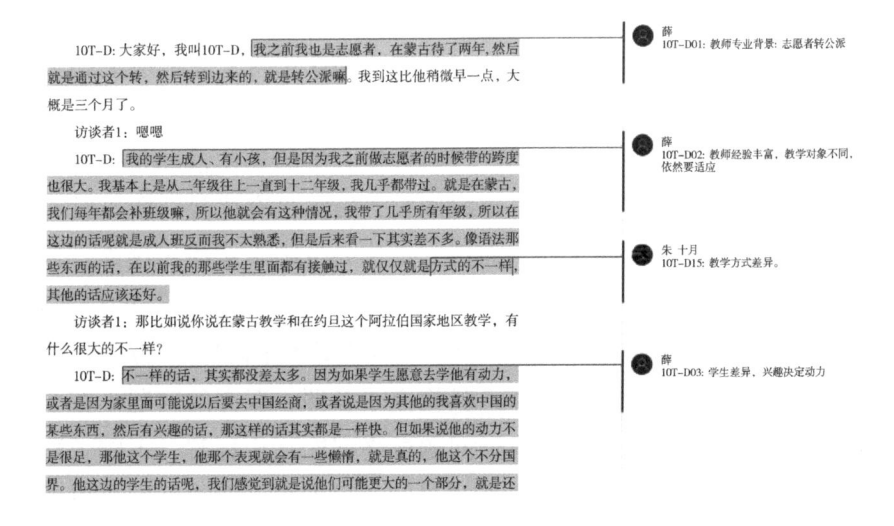

10T-D: 大家好，我叫10T-D，我之前我也是志愿者，在蒙古待了两年，然后就是通过这个转，然后转到这边来的，就是转公派嘛。我到这比他稍微早一点，大概是三个月了。

薛
10T-D01: 教师专业背景：志愿者转公派

访谈者1：嗯嗯

10T-D: 我的学生成人、有小孩，但是因为我之前做志愿者的时候带的跨度也很大。我基本上是从二年级往上一直到十二年级，我几乎都带过。就是在蒙古，我们每年都会补班级嘛，所以他就会有这种情况，我带了几乎所有年级，所以在这边的话呢就是成人班反面我不太熟悉，但是后来看一下其实差不多。像语法那些东西的话，在以前我的那些学生里面都有接触过，就仅仅就是方式的不一样，其他的话应该还好。

薛
10T-D02: 教师经验丰富，教学对象不同，依然要适应

朱 十月
10T-D15: 教学方式差异。

访谈者1：那比如说你说在蒙古教学和在约旦这个阿拉伯国家地区教学，有什么很大的不一样？

10T-D: 不一样的话，其实都没差太多。因为如果学生愿意去学他有动力，或者是因为家里面可能说以后要去中国经商，或者说是因为其他的我喜欢中国的某些东西，然后有兴趣的话，那样的话其实都是一样快。但如果说他的动力不是很足，那他这个学生，他那个表现就会有一些懒惰，就是真的，他这个不分国界。他这边的学生的话呢，我们感觉到就是说他们可能更大的一个部分，就是还

薛
10T-D03: 学生差异，兴趣决定动力

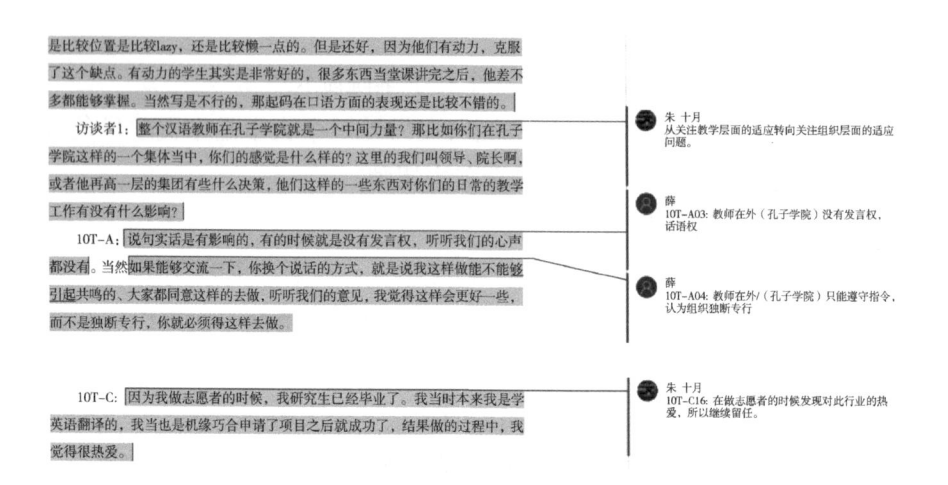

是比较位置是比较lazy，还是比较懒一点的。但是还好，因为他们有动力，克服了这个缺点。有动力的学生其实是非常好的，很多东西当堂课讲完之后，他差不多都能够掌握。当然写是不行的，那起码在口语方面的表现还是比较不错的。

访谈者1：整个汉语教师在孔子学院就是一个中间力量？那比如你们在孔子学院这样的一个集体当中，你们的感受是什么样的？这里的我们叫领导、院长啊，或者他再高一层的集团有些什么决策，他们这样的一些东西对你们的日常的教学工作有没有什么影响？

朱 十月
从关注教学层面的适应转向关注组织层面的适应问题。

10T-A：说句实话是有影响的，有的时候就是没有发言权，听听我们的心声都没有。当然如果能够交流一下，你换个说话的方式，就是说我这样就能不能够引起共鸣的、大家都同意这样的去做，听听我们的意见，我觉得这样会更好一些，而不是独断专行，你就必须这样去做。

薛
10T-A03: 教师在外（孔子学院）没有发言权、话语权

薛
10T-A04: 教师在外/（孔子学院）只能遵守指令，认为组织独断专行

10T-C：因为我做志愿者的时候，我研究生已经毕业了。我当时本来我是学英语翻译的，我当也是机缘巧合申请了项目之后就成功了，结果做的过程中，我觉得很热爱。

朱 十月
10T-C16: 在做志愿者的时候发现对此行业的热爱，所以继续留任。

三 调研日记

俄罗斯远东联邦大学孔子学院调研日记（研究员B）

下午14：15，我们旁听了远东联邦大学孔子学院的一堂公开课。课后，我们与四名汉语教师访谈进行访谈，除一位新到任的教师还不熟悉情况之外，另外三名教师结合自身的工作谈了跨文化适应的相关问题。三名汉语教师当前的主要矛盾是语言障碍，三位老师仅有汉语和英语语言背景，没有掌握俄语。国内合作大学的具体情况是，俄语教师可以到更好的院校留学，外出时间长，资源更有优势，所以没有俄语教师愿意到孔子学院工作，而俄方工作人员则不能使用汉语。这使同事关系走向了"非必要，不沟通""有必要，简短沟通"的局面。古院长补充，孔子学院存在沟通问题，但不是理解问题。中方工作人员的敬业与纪律性也为俄方工作人员树立了参照，双方的问题不在个人情绪中，而在具体事务中。沟通问题最终都能互相理解，古院长建立了一种"沟通终端负责人"的管理机制，双方说不清的问题可以随时找外方院长进行双面沟通。古院长认为，问题的解决，做到"公道"很重要。

四　研究日志

（一）20200430 质性研究视频工作坊记录（研究员 A）

1. 质性研究总体原则

（1）做的每一步都需要做好记录，通过文字描述展示出来，如 coding 的过程，对表格的描述，以体现严谨规范的学术研究过程，并做到有章可循。

（2）质性研究是一个不断往返修正的过程，如同写书法一样，不可能一次尝试就到位。

2. 标注的过程

（1）原始材料上的编码。对人员和 quote 编号，可采用字母（A—A1，A2，A3）或数字（1—1.1，1.2，1.3）形式，并为 quote 贴上相应的标签（即自己的初始编码）。

（2）一次归类（次范畴）。从初始编码合并同类项，形成不同的主题。

（3）二次归类（范畴）。由一次归类形成的主题抽象成为更具概括性的维度。

3. 标注的注意事项

（1）编码。a. 编码编号过程要进行说明，以别人能看懂为准。b. 要关注访谈问题，有多少个横向问题（不同类别的问题），有多少个纵向问题（追问），基于问题可以发现被访者对哪些问题回答得多、哪些回答得少、哪些没有回答，以此发现被访者的关注点所在，便于进行意义挖掘。c. 初始标注越细致，越便于后面的归类，例如，教学方式1，2，3（数字表示的是什么需具体描述）。d. 访谈内容是比较口语化的内容，做 coding 时描述需要更加正式一点，对于自己补充的内容要用括号标注（解释，表情，语气等）。

（2）归类。a. 归出来一个类别下面有多少个 quote，比如"教学方式"找到 20 个 quote，需要进行进一步细分并归类（与一次归类的过程类似）。b. 编码就是从原始 coding 逐级归类，从小到大归类，如用书上的术语来表示,必须完全理解其含义和概念,符合自己的标注逻辑和过程,才能使用。

(3) 联系。a. 进行整体编码时,要交代所有孔子学院的背景情况,基本数据情况,再展示具体的 quote。即总共多少人,用什么形式来编码,要进行整体布局,如用数字 1,2,3,4,5 来表示被访谈者,用 1.1,1.2,1.3 来表示 quote。b. 归出来的类有什么关系,与理论有什么关系,这是编码完成后需要思考的重要问题,对于文章的写作非常关键。

(二) 20200508 **质性学习要点**

1. 编码相关

(1) 三大人群(志愿者,教师和院长)的编码要有一致性和统一性,形成规范的编码体系。

(2) 解释说明和编码均为质性研究需呈现的主体,需放在一起,便于读者的阅读和理解。

(3) 编码时被访者与受访者需进行区分,用不同的方式进行标注。

(4) 除数字和字母的编号形式外,还可以用化名的形式,如:马丽君—君。

2. 归类相关

(1) 所标注内容不一定都进入文章写作,只有多次出现的、比较突出的主题,在归类时才归为一类,出现次数少的主题可能会被舍弃。

(2) 判定应归类的主题的标准:提到某主题的人数/总访谈人数;访谈中提到某主题的绝对次数(需选取最具代表性的 quote 进行支撑)。

(三) 20200716 学习工作记录:**志愿者组跨文化身份认同分析(研究员 C)**

今天主要和研究员 B 讨论了近期工作和之后的工作规划,其中也涉及交叉分析将如何开展的问题。目前对"身份认同"部分的分析在查找并回顾了关于"文化身份"以及"跨文化身份"相关文献后,开始尝试结合材料进行分析。以下是归纳出的两个群体对自己的身份认知:

志愿者身份	志愿者身份
语言与文化传播者	知识与技能的传授者
国家形象维护者	文化传播者（显性与隐性文化）
奉献与服务者	学习者
文化间的沟通者	助推器（以学生为中心的教学）

前两行为共同部分，后两行为差异部分。

在和研究员 B 讨论后得到了一些目前可以对比的角度（此部分还有待商榷）：

对比角度1：专业化路径的选择——教学"助推者"与教学"服务者"之别。

这一项主要体现在教师在工作中是更为专业更有经验的教育者身份，而志愿者对于平时教学工作以及文化活动的安排以"奉献和服务者"自居。

对比角度2：交际的视角——跨文化情景下的身份协商。

这一点主要体现在志愿者对自己身份的认识中，对国人身份（民族身份?）的认识较为看重；教师群体则对自己在教学工作中的职业身份较为看重。

由于文献带来的思考角度比较多，要选择一个适合于教师与志愿者的角度其实挺难，更关键的是在分析前还需要明确一些概念是否符合理论中的界定。因此，对于分析角度我还需要细读文献，多和其他人沟通。

参考文献

一 中文文献

安然，2011，《中外高校学生跨文化敏感对比分析》，《现代传播（中国传媒大学学报)》2011年第11期。

安然，2013，《解析跨文化传播学术语"濡化"与"涵化"》，《国际新闻界》2013年第9期。

安然，2014，《浅说孔子学院的现在与未来》，《对外传播》2014年第12期。

安然、何国华，2017，《孔子学院跨文化传播影响力评估体系建构初探》，《长白学刊》2017年第1期。

安然、刘程，2017a，《文化传播使者：孔子学院教师故事》，华南理工大学出版社。

安然、刘程，2017b，《文化传播使者：孔子学院院长故事》，华南理工大学出版社。

安然、刘程、王丽虹，2015，《孔子学院中方人员跨文化适应能力研究》，中国社会科学出版社。

安然、刘国力，2019，《基于阴阳视角的孔子学院组织关系研究》，《对外传播》2019年第2期。

安然、魏先鹏，2012，《赴泰汉语教师志愿者心理濡化研究》，《云南师范大学学报》（对外汉语教学与研究版）2012年第6期。

参考文献

安然、魏先鹏、许萌萌、刘程,2014,《海内外对孔子学院研究的现状分析》,《学术研究》2014年第11期。

安然等,2011,《跨文化传播与适应研究》,中国社会科学出版社。

安然等,2017,《孔子学院跨文化传播影响力研究》,中国社会科学出版社。

鲍文,2011,《商务英语教学理念探析》,《兰州学刊》2011年第12期。

陈春花、刘祯,2017,《水样组织:一个新的组织概念》,《外国经济与管理》2017年第7期。

陈风华、赖小春,2019,《孔子学院研究的进展、热点与前沿——基于国内外核心期刊的可视化计量考察》,《高教探索》2019年第6期。

陈国明,2003,《文化间传播学》,台北:五南图书出版股份有限公司。

陈国明、安然,2010,《跨文化传播学关键术语解读》,中国社会科学出版社。

陈雷,2019,《具身领导力结构模型及发展模式研究》,博士学位论文,吉林大学。

陈曦,2015,《孔子学院研究进展:国内外视角的反差及其政策启示》,《广西社会科学》2015年第6期。

陈曦,2016,《孔子学院跨文化传播管理》,北京大学出版社。

陈曦,2017,《武术在卑尔根的发展现状及对策研究——以卑尔根孔子学院为例》,《中华武术》(研究)2017年第6期。

陈向明,2000,《质的研究方法与社会科学研究》,教育科学出版社。

程新生,2004,《公司治理、内部控制、组织结构互动关系研究》,《会计研究》2004年第4期。

程雁雷、廖伟伟,2015,《孔子学院立法若干问题的思考》,《法学杂志》2015年第2期。

褚鑫、岳辉,2015a,《孔子学院"市场化"运作战略分析》,《税务与经济》2015年第3期。

褚鑫、岳辉,2015b,《孔子学院"有限市场化"发展战略模型与要素分析》,《东北师大学报》(哲学社会科学版)2015年第5期。

戴晓东,2011,《跨文化交际理论从欧洲中心到多中心演进探析》,《学术研究》2011年第3期。

戴晓东，2019，《跨文化能力理论发展六十年：历程与展望》，《外语界》2019年第4期。

董文琪，2005，《非营利组织的持续性发展与领导力培育》，《理论与改革》2005年第1期。

樊博、于洁，2015，《公共突发事件治理的信息协同机制研究》，《上海行政学院学报》2015年第5期。

方维规，2015，《"跨文化"述解》，《文艺研究》2015年第9期。

冯毅，2005，《企业管理中的跨文化沟通障碍刍议》，《西华师范大学学报》（哲学社会科学版）2005年第2期。

顾江、任文龙，2019，《孔子学院、文化距离与中国文化产品出口》，《江苏社会科学》2019年第6期。

关荐、勉小丽、王雪玲，2019，《资源贫乏地区中小学教师职业认同和工作幸福感的关系》，《教学与管理》2019年第3期。

官品，2017，《"一带一路"视阈下中国与斯里兰卡的教育交流策略研究》，《重庆师范大学学报》（哲学社会科学版）2017年第3期。

管文虎主编，2000，《国家形象论》，电子科技大学出版社。

郭斌、蔡静雯，2019，《我国孔子学院研究综述及其展望》，《黑龙江高教研究》2019年第7期。

郭台辉，2019，《西方社会科学方法论的历史之维》，《中国社会科学》2019年第8期。

郭宇路，2009，《孔子学院的发展问题与管理创新》，《学术论坛》2009年第6期。

何蓓婷、安然，2019，《中方外派管理者的跨文化适应压力及应对机理》，《管理案例研究与评论》2019年第1期。

何斌、李泽莹、郑弘，2014，《跨文化领导力的内容结构模型及其验证研究——以中德跨文化团队为例》，《经济管理》2014年第12期。

胡楠，2012，《挪威卑尔根孔子学院民族传统体育课程开设现状与对策研究》，硕士学位论文，北京体育大学。

胡鹏艳，2020，《生态系统理论视域中教师职业情感探究》，《现代交际》2020年第20期。

胡亚琳、王蔷，2014，《教师情感研究综述：概念、理论视角与研究主题》，《外语界》2014年第1期。

黄联英，2011，《国内学者孔子学院研究的文献综述》，《东方企业文化》2011年第8期。

黄艳平，2012，《孔子学院可持续发展的战略思考》，《福建论坛》（人文社会科学版）2012年第11期。

黄哲、付巧玉，2012，《跨文化传播视角下的孔子学院研究综述》，《才智》2012年第13期。

贾旭东、衡量，2020，《扎根理论的"丛林"、过往与进路》，《科研管理》2020年第5期。

简文祥、王革，2014，《西方领导力理论演进与展望》，《科学学与科学技术管理》2014年第2期。

姜飞，2021，《国际传播百年未有之大变"局"——利益、边界和秩序的接力》，《新闻与写作》2021年第10期。

金明珠、樊富珉，2017，《高校新教师的职业适应与职业认同研究》，《清华大学教育研究》2017年第3期。

金学丽，2017，《汉语国际教育视野下中华文化传播的思考——以沈阳师范大学孔子学院为例》，《沈阳师范大学学报》（社会科学版）2017年第6期。

康继军、张梦珂、黎静，2019，《孔子学院对中国出口贸易的促进效应——基于"一带一路"沿线国家的实证分析》，《重庆大学学报》（社会科学版）2019年第5期。

李宝贵，2018，《新时代孔子学院转型发展路径探析》，《云南师范大学学报》（哲学社会科学版）2018年第5期。

李方，1996，《论教育评价指标体系的构建》，《教育研究》1996年第9期。

李卫东、刘洪、王玉峰，2010，《一线管理者的角色职责与领导力》，《中国人力资源开发》2010年第12期。

李彦亮，2006，《跨文化冲突与跨文化管理》，《科学社会主义》2006

年第 2 期。

李宜菁、唐宁玉，2010，《外派人员跨文化胜任力回顾与模型构建》，《管理学报》2010 年第 6 期。

林德成、安然，2011，《赴泰汉语志愿者跨文化适应研究》，Intercultural Communication Studies，2011（1）。

林士渊、王重鸣，2006，《跨文化领导模式在跨国创业不同阶段的效能转化研究》，《应用心理学》2006 年第 3 期。

林新奇、丁贺，2017，《人岗匹配对员工创新行为的影响机制研究——内部人身份感知和创新自我效能感的作用》，《商业经济与管理》2017 年第 7 期。

凌文辁、杨海军、方俐洛，2006，《企业员工的组织支持感》，《心理学报》2006 年第 2 期。

刘波，2013，《当代中国集体主义的价值结构与价值创新》，《求实》2013 年第 8 期。

刘冰、魏鑫、蔡地、朱乃馨，2020，《基于扎根理论的外派项目经理跨文化领导力结构维度研究》，《中国软科学》2020 年第 4 期。

刘畅唱、贾良定、杨椅伊，2020，《不仅是"入乡随俗"：外派经理的跨文化"三环学习"》，《外国经济与管理》2020 年第 3 期。

刘程，2012，《孔子学院国内研究现状及走向》，《云南师范大学学报》（对外汉语教学与研究版）2012 年第 1 期。

刘程，2014，《行走英伦——孔子学院中方院长工作日志》，华南理工大学出版社。

刘程，2017，《美国主流媒体孔子学院新闻报道的批评话语分析》，《国际视野》2017 年第 1 期。

刘程、安然，2014，《意识形态下的新闻图式：英国主流媒体对孔子学院的"选择性误读"》，《新闻界》2014 年第 6 期。

刘程、曾丽华，2017，《美国主流媒体孔子学院新闻报道的批评话语分析》，《对外传播》2017 年第 1 期。

刘春湘，2006，《非营利组织治理结构研究》，博士学位论文，中南大学。

刘丽红，2004，《教师责任感对学生的心理影响》，《教育探索》2004年第1期。

刘仁军，2001，《组织冲突的结构因素研究》，《南开管理评论》2001年第4期。

刘涛，2016，《西方数据新闻中的中国：一个视觉修辞分析框架》，《新闻与传播研究》2016年第2期。

刘小平，2002，《企业员工的组织归属感及形成研究》，《管理现代化》2002年第6期。

刘智成，2013，《教学责任：内涵、冲突及其实现》，《湖南师范大学教育科学学报》2013年第2期。

刘宗义，2016，《中巴经济走廊建设：进展与挑战》，《国际问题研究》2016年第3期。

龙藜，2016，《国际化背景下孔子学院汉语教学中的问题及对策分析》，《国家教育行政学院学报》2016年第2期。

卢芳妹、井润田、尹守军，2013，《中国管理本土研究的困境与路径》，《管理学报》2013年第12期。

鲁健骥，2019，《对外汉语教学的理念与教学法体系——从朦胧到清晰，从借鉴到探索》，《国际汉语教学研究》2019年第4期。

陆亚东、符正平，2016，《"水"隐喻在中国特色管理理论中的运用》，《外国经济与管理》2016年第1期。

吕俞辉、汝淑媛，2012，《对外汉语教师海外工作跨文化适应研究》，《云南师范大学学报》（外汉语教学与研究版）2012年第1期。

马春雨，2017，《基于文献计量的孔子学院研究》，《云南师范大学学报》（对外汉语教学与研究版）2017年第2期。

马星、刘贤伟，2015，《基于责任三角模型的高校教师责任感研究》，《高教探索》2015年第6期。

孟乐、何佳、王骏，2020，《体验视角下孔子学院如何开展MOOC教学？——基于德国海德堡孔子学院的问卷调查与访谈分析》，《现代教育技术》2020年第12期。

孟璐、乔坤、吕途，2021，《从外派高管看跨文化领导行为调整》，《管理评论》2021年第9期。

穆阿祖（Moazzam Ali Khan），2016，《巴基斯坦国立现代语言大学中文系和孔子学院的调查报告》，硕士学位论文，中山大学。

潘德荣，1994，《理解、解释与实践》，《中国社会科学》1994年第1期。

逄增玉、乐琦，2017，《跨文化传播语境中孔子学院运营与管理研究》，《现代传播（中国传媒大学学报）》2017年第2期。

浦佳，2013，《公司高管继任与团队绩效的关系研究》，博士学位论文，辽宁大学。

钱超英，2000，《身份概念与身份意识》，《深圳大学学报》（人文社会科学版）2000年第2期。

秦涛，2019，《汉语教师志愿者岗中培训满意度的实证研究——基于巴塞罗那孔子学院的调查与访谈》，《海外华文教育》2019年第2期。

秦学京，2005，《企业跨国经营中的文化冲突与融合》，《经济与管理》2005年第5期。

曲正伟，2007，《教师的"身份"与"身份认同"》，《教育发展研究》2007年第7期。

单波，2011，《跨文化传播的基本理论命题》，《华中师范大学学报》（人文社会科学版）2011年第1期。

苏中兴，2017，《管理"悖论"与阴阳平衡》，《清华管理评论》2017年第11期。

孙健敏、陆欣欣、孙嘉卿，2015，《组织支持感与工作投入的曲线关系及其边界条件》，《管理科学》2015年第2期。

孙来勤，2012，《身份认同与身份挣扎——L镇中学六位农村教师日常叙事》，博士学位论文，东北师范大学。

孙晓娥，2011，《扎根理论在深度访谈研究中的实例探析》，《西安交通大学学报》（社会科学版）2011年第6期。

孙晓娥，2012，《深度访谈研究方法的实证论析》，《西安交通大学学报》（社会科学版）2012年第3期。

唐润华、曹波，2018，《人类命运共同体理念对中国价值观国际传播的新启示》，《中国出版》2018年第20期。

陶家俊，2004，《身份认同导论》，《外国文学》2004 年第 2 期。

陶冶、沈毅，2020，《汉语教师志愿者岗前培训教育研究》，《吉林广播电视大学学报》2020 年第 11 期。

田志龙、熊琪、蒋倩、J. Lixian、Z. Yun，2013，《跨国公司中中国员工面临的跨文化沟通挑战与应对策略》，《管理学报》2013 年第 7 期。

王凤英，2012，《中小学教师职业情感研究》，博士学位论文，东北师范大学。

王海涛，2011，《约旦安曼 TAG 孔子学院的汉语教学》，《云南师范大学学报》（对外汉语教学与研究版）2011 年第 2 期。

王辉编著，2018，《组织中的领导行为》（第二版），北京大学出版社。

王丽娟，2011，《跨文化适应研究现状综述》，《山东社会科学》2011 年第 4 期。

王文丽，2020，《教学理念与教学行为中"变"与"不变"的矛盾——西北地区大学英语教师课堂教学活动调查研究》，《当代教育与文化》2020 年第 4 期。

王学松，2005，《加强中外合作汉语教学项目模式的研究》，《中国高教研究》2005 年第 6 期。

魏永征，1997，《关于组织传播》，《新闻大学》1997 年第 3 期。

吴应辉，2009，《关于孔子学院整体可持续发展的一个战略设想》，《云南师范大学学报》（对外汉语教学与研究版）2009 年第 1 期。

吴应辉，2010，《孔子学院经营模式类型与可持续发展》，《中国高教研究》2010 年第 2 期。

吴应辉，2011，《孔子学院评估指标体系研究》，《教育研究》2011 年第 8 期。

肖久灵，2006，《企业高层管理团队的内部冲突与管理》，《经济管理》2006 年第 9 期。

肖珺、张毓强，2021，《互惠性理解：当前跨文化传播实践与理论问题的探讨》，《对外传播》2021 年第 3 期。

徐碧祥，2007，《员工信任对其知识整合与共享意愿的作用机制研究》，博士学位论文，浙江大学。

徐丽华，2008，《孔子学院的发展现状、问题及趋势》，《浙江师范大学学报》（社会科学版）2008年第5期。

许晖、王亚君、单宇，2020，《"化繁为简"：跨文化情境下中国企业海外项目团队如何管控冲突？》，《管理世界》2020年第9期。

央青，2011，《试论孔子学院的品牌塑造》，《南昌大学学报》（人文社会科学版）2011年第5期。

杨刚，2012，《斯里兰卡汉语教学与推广的现状、问题及前景》，《东南亚南亚研究》2012年第4期。

杨宏丽、田立君、陈旭远，2012，《论跨文化教学的文化冲突与文化融合》，《教育研究》2012年第5期。

杨军平，2013，《赴菲律宾汉语教师志愿者跨文化适应研究》，第十届中国跨文化交际国际学术研讨会论文。

杨朦晰、陈万思、周卿钰、杨百寅，2019，《中国情境下领导力研究知识图谱与演进：1949—2018年题名文献计量》，《南开管理评论》2019年第4期。

杨兴林，2015，《高校教师职务晋升评价的内涵、问题与改进思考》，《黑龙江高教研究》2015年第5期。

姚娇娇、陈明昆，2017，《马达加斯加华人的历史变迁考》，《非洲研究》2017年第2期。

叶澜等，2001，《教师角色与教师发展新探》，教育科学出版社。

叶明，2021，《基于幸福软实力概念的领导力提升研究》，《领导科学》2021年第8期。

于洋、姜飞，2021，《国际跨文化传播研究新特征和新趋势》，《国际新闻界》2021年第1期。

喻登科、李容，2018，《新经济环境中的企业知性管理：以阿里巴巴为例》，《科技进步与对策》2018年第22期。

袁礼、郑晓齐，2010，《孔子学院贡献度、组织行为及功能定位述评》，《大学教育科学》2010年第4期。

袁礼、郑晓齐，2014，《孔子学院招生规模及区域分布结构预测研究》，《天津师范大学学报》（社会科学版）2014年第1期。

曾征、杨红娟，2017，《基于文献计量学的孔子学院发展现状分析》，《昆明理工大学学报》（社会科学版）2017年第2期。

张东辉、和亚林，2016，《孔子学院的国际舆论环境研究——基于西方媒体报道的分析》，《中国人民大学教育学刊》2016年第1期。

张海威、张铁军，2012，《巴基斯坦汉语教育最新概况》，《国际汉语教育》2012年第2期。

张会，2014，《孔子学院文化活动设计与反思》，《云南师范大学学报》（对外汉语教学与研究版）2014年第5期。

张昆，2015，《超越文化差异型塑理想国家形象》，《当代传播》2015年第5期。

张昆、陈雅莉，2015，《文化多样性与对外传播的差异化战略》，《武汉大学学报》（人文科学版）2015年第4期。

张淑华，2003，《企业管理者沟通能力结构与测量研究》，博士学位论文，华东师范大学。

张意忠，2010，《论教师职业情感的生成与培育》，《高等教育研究》2010年第5期。

张英，2006，《对外汉语文化因素与文化知识教学研究》，《汉语学习》2006年第6期。

张云、宁继鸣，2017，《基于扎根理论的孔子学院品牌体验研究》，《山东大学学报》（哲学社会科学版）2017年第2期。

赵春鱼，2013，《高校教师组织认同对工作卷入影响的实证研究——基于教师身份属性的调节效应分析》，《教师教育论坛》2013年第10期。

赵涵，2018，《儒家人文精神范式下孔子学院中方院长跨文化能力研究》，博士学位论文，上海外国语大学。

赵锴、袁晓玲、岳真，2019，《国外高校创新人才培养经验分析及中国特色创意阶层发展》，《教育教学论坛》2019年第34期。

赵千秋，2011，《基于有效教学的教师心态》，《教育与教学研究》2011年第6期。

赵跃、唐艳秋，2014，《孔子学院发展中的法律困境与建构》，《政法论丛》2014年第3期。

周丹,2018,《英国媒体孔子学院报道话语分析》,硕士学位论文,华南理工大学。

周济,2005,《爱与责任——师德之魂》,《人民教育》2005年第8期。

周满生,2014,《加强孔子学院建设的几点认识》,《华南师范大学学报》(社会科学版)2014年第5期。

周耀虎,2011,《卑尔根孔子学院武术课程教学大纲设计》,硕士学位论文,北京体育大学。

周志刚、乔章凤,2008,《海外孔子学院合作办学模式探析》,《江苏高教》2008年第5期。

中国科学院"科技领导力研究"课题组,2006,《领导力五力模型研究》,《领导科学》2006年第9期。

朱迪,2012,《混合研究方法的方法论、研究策略及应用——以消费模式研究为例》,《社会学研究》2012年第4期。

朱勇,2018,《海外志愿者跨文化交际影响因素与对策》,《中华文化海外传播研究》2018年第1期。

庄恩平,2003,《跨国公司管理中的文化整合与跨文化商务沟通研究》,《上海大学学报》(社会科学版)2003年第2期。

二 外文文献

Alam, Md. K., 2021, A systematic qualitative case study: Questions, data collection, NVivo analysis and saturation, *Qualitative Research in Organizations and Management: An International Journal*, 16 (1): 1 – 31.

Alexander, B. K., Arasaratnam, L. A., Avant-Mier, R., Durham, A., Flores, L., Leeds-Hurwitz, W., Mendoza, S. L., Oetzel, J., Osland, J., Tsuda, Y., Yin, J. & Halualani, R., 2014, Defining and communicating what "intercultural" and "intercultural communication" means to us, *Journal of International and Intercultural Com-*

munication, 7 (1): 14-37.

An, R., 2009, The relationship between Chinese identity, friendship and language skills for ethnic Chinese international students in China, *Intercultural Communication Studies*, 18 (2): 72-87.

An, R., He, G. H. & Chen, G. M., 2018, Intercultural communication influence of Confucius Institutes: A Yin-Yang perspective, *China Media Research*, 14 (4): 37-45.

Antonakis, J. & Day, D. V., 2018, Leadership: Past, present and future, in J. Antonakis & D. V. Day (eds.), *The Nature of Leadership* (3rd ed.), Thousand Oaks, CA: Sage.

Argenti, P. A., 1996, Corporate communication as a discipline: Toward a definition, *Management Communication Quarterly*, 10 (1): 73-97.

Aycan, Z., Schyns, B., Sun, J.-M., Felfe, J. & Saher, N., 2013, Convergence and divergence of paternalistic leadership: A cross-cultural investigation of prototypes, *Journal of International Business Studies*, 44 (9): 962-969.

Bakker, Arnold. B, Hakanen, J. J., Demerouti, E. & Xanthopoulou, D., 2007, Job resources boost work engagement, particularly when job demands are high, *Journal of Education Psychology*, 99 (2): 274-284.

Bandura, A., 1977, Self-efficacy: Toward a unifying theory of behavioral change, *Psychological Review*, 84 (2): 191-215.

Barmeyer, C. & Mayer, C. H., 2020, Positive intercultural management in the fourth industrial revolution: Managing cultural otherness through a paradigm shift, *International Review of Psychiatry*, 32 (7-8): 638-650.

Barrant, M. F. & Huba, M. E., 1994, Factors related to international undergraduate student adjustment in an American community, *College Student Journal*, 28 (4): 422-436.

Bellah, R. N., Madsen, R., Sullivan, W. M., Swidler, A. & Tipton, S. M., 1996, *Habits of the Heart: Individualism and Commitment in*

American Life, Berkeley, CA: University of California Press.

Bennett, M. J., 1986, A developmental approach to training for intercultural sensitivity, *International Journal of Intercultural Relations*, 10 (2): 179 – 196.

Berry, J. W., 2003, Conceptual approaches to acculturation, in K. M. Chun, P. Balls Organista & G. Marín (eds.), *Acculturation: Advances in Theory, Measurement and Applied Research*, American Psychological Association.

Berry, J. W., 2005, Acculturation: Living successfully in two cultures, *International Journal of Intercultural Relations*, 29 (6): 697 – 712.

Berry, J. W., 2006, Acculturative stress, in Wong P. T. P., Wong L. C. J. (eds.), *Handbook of Multicultural Perspectives on Stress and Coping*, International and Cultural Psychology, Boston, MA: Springer.

Berry, J. W., Phinney, J. S., Sam, D. L. & Vedder, P., 2006, Immigrant youth in cultural transition: Acculturation, identity and adaptation across national contexts, *Zeitschrift Für Pädagogik*, 55 (3): 303 – 332.

Berry, J. W., 2011, The ecocultural framework: A stocktaking, in F. J. R. van de Vijver, A. Chasiotis & S. M. Breugelmans (eds.), *Fundamental Questions in Cross-Cultural Psychology*, UK: Cambridge University Press.

Berry, J. W., 2019, *Acculturation: A Personal Journey across Cultures*, UK: Cambridge University Press.

Bettin, P. J. & Kennedy, J. K., 1990, Leadership experience and leader performance: Some empirical support at last, *The Leadership Quarterly*, 1 (4): 219 – 228.

Black, J. S., 1988a, Personal dimensions of cross-cultural adjustment, Paper presented at the Annual Meeting of the Association of Japanese Business Studies, San Francisco.

Black, J. S., 1988b, Work role transitions: A Study of American expatriate managers in Japan, *Journal of International Business Studies*, 19 (2):

277 - 294.

Black, J. S. & Stephens, G. K., 1989, The influence of the spouse on American expatriate adjustment and intent to stay in pacific rim overseas assignments, *Journal of Management*, 15: 529 - 544.

Black, J. S., 1990, The relationship of personal characteristics with the adjustment of Japanese expatriate managers, *MIR: Management International Review*, 30 (2): 119 - 134.

Black, J. S., Mendenhall, M. & Oddou, G., 1991, Toward a comprehensive model of international adjustment: An integration of multiple theoretical perspectives, *The Academy of Management Review*, 2: 291 - 317.

Burns, J. M., 1978, *Leadership*, New York: Harper and Row.

Carson, D. K., Gertz, L. M., Donaldson, M. A. & Wonderlich, S. A., 1991, Intrafamilial sexual abuse: Family-of-Origin and Family-of-Procreation characteristics of female adult victims, *The Journal of Psychology*, 125 (5): 579 - 597.

Charmaz, K., 2006, *Constructing Grounded Theory: A Practical Guide through Qualitative Analysis*, Thousand Oaks, CA: Sage.

Chen, G., 2005, A model of global communication competence, *China Media Research*, 1 (1): 3 - 11.

Chen, G. & An. R., 2009, A Chinese model of intercultural leadership competence, in D. K. Deardorff (ed.), *The SAGE Handbook of Intercultural Competence*, Thousand Oaks, CA: Sage.

Chen, G., 2014, Intercultural communication competence: Summary of 30 - year research and directions for future study, in X. Dai & G. -M. Chen (eds.), *Intercultural Communication Competence: Conceptualization and Its Development in Cultural Contexts and Interactions*, Cambridge Scholars Publishing.

Chen, G. M. & Starosta, W. J., 2005, *Foundations of Intercultural Communication*, Lanham, MD: University Press of America.

Collie, R. J. & Martin, A. J. , 2016, Adaptability: An important capacity for effective teachers, *Educational Practice and Theory*, 38 (1): 27-39.

Davis, C. W. & Myers, K. K. , 2019, Past work experience and organizational assimilation in nonprofit organizations, *Nonprofit Management and Leadership*, 29 (4): 569-588.

Day, D. V. , Fleenor, J. W. , Atwater, L. E. , Sturm, R. E. & McKee, R. A. , 2014, Advances in leader and leadership development: A review of 25 years of research and theory, *The Leadership Quarterly*, 25 (1): 63-82.

Den Hartog, D. N. & Dickson, M. W. , 2017, Leadership, culture and globalization, in J. Antonakis & D. V. Day (eds.), *The Nature of Leadership* (3rd ed.), Sage Publications, Inc.

Dickson, M. W. , Castaño, N. , Magomaeva, A. & Den Hartog, D. N. , 2012, Conceptualizing leadership across cultures, *Journal of World Business*, 47 (4): 483-492.

Dik, B. J. & Duffy, R. D. , 2009, Calling and vocation at work: Definitions and prospects for research and practice, *The Counseling Psychologist*, 37 (3): 424-450.

Ding, S. & Saunders, R. A. , 2006, Talking up China: An analysis of China's rising cultural power and global promotion of the Chinese language, *East Asia*, 23 (2): 3-33.

Divya, U. , 2021, Consideration of future consequences and decision making patterns as determinants of conflict management styles, *IIMB Management Review*, 33 (1): 5-14.

Dobrow, S. R. & Tosti-Kharas, J. , 2011, Calling: The development of a scale measure, *Personnel Psychology*, 64 (4): 1001-1049.

Duffy, R. D. & Sedlacek, W. E. , 2010, The salicence of a career calling among college students: Exploringgroup differences and links to religiousness, life meaning and life satisfaction, *Career Development Quarterly*, 59 (1): 27-41.

Eisenberger, R., Cummings, J., Armeli, S. & Lynch, P., 1997, Perceived organizational support, discretionary treatment and job satisfaction, *Journal of Applied Psychology*, 82 (5): 812.

Eisenberger, R., Huntington, R., Hutchison, S. & Sowa, D., 1986, Perceived organizational support, *Journal of Applied Psychology*, 71 (3): 500 – 507.

Elangovan, A. R., Pinder, C. C. & McLean, M., 2010, Callings and organizational behavior, *Journal of Vocational Behavior*, 76: 428 – 440.

Etikan, I., Musa, S. A. & Alkassim, R. S., 2016, Comparison of convenience sampling and purposive sampling, *American Journal of Theoretical and Applied Statistics*, 5 (1): 1 – 4.

Farouk, S., 2021, What can the self-conscious emotion of guilt tell us about primary school teachers' moral purpose and the relationships they have with their pupils? *Teachers and Teaching: Theory and Practice*, 18 (4): 491 – 507

Fischer, J. M. & Ravizza, M., 1998, *Responsibility and Control: A Theory of Moral Responsibility*, Cambridge University Press.

Furnham, A. & Bochner, S., 1986, *Culture Schock: Psychological Reactions to Unfamiliar Environment*, London and New York: Publishing of the Oxford University.

Gatbonton, E., 2000, Investigating experienced ESL teachers' pedagogical knowledge, *Canadian Modern Language Review*, 56 (4): 585 – 616.

Gentles, S. J., Charles, C., Ploeg, J. & McKibbon, K. A., 2015, Sampling in qualitative research: Insights from an overview of the methods literature, *The Qualitative Report*, 20 (11): 1772 – 1789.

Gerstner, C. R. & Day, D. V., 1994, Cross-cultural comparison of leadership prototypes, *The Leadership Quarterly*, 5 (2): 121 – 134.

Glaser, S. R., Zamanou, S. & Hacker, K., 1987, Measuring and interpreting organizational cultural, *Management Communication Quarterly*, 1 (2): 173 – 198.

Goldberg, L. R. & Lewis, R., 1993, The structure of phenotypic personality traits, *American Psychologist*, 48 (1): 26-34.

Goodman, S. A. & Svyantek, D. J., 1999, Person-organization fit and contextual performance: Do shared values matter, *Journal of Vocational Behavior*, 55 (2): 254-275.

Gordon, C., 1976, Development of evaluated role identities, *Annual Review of Sociology*, 2: 405-433.

Graf, A., 2004, Expatriate selection: An empirical study identifying significant skill profiles, *Thunderbird International Business Review*, 46 (6): 667-685.

Grant, A. M., 2008, The significance of task significance: Job performance effects, relational mechanisms and boundary conditions, *Journal of Applied Psychology*, 93 (1): 108-124.

Greenhaus, J. H. & Beutell, N. J., 1985, Sources and conflict between work and family roles, *The Academy of Management Review*, 10 (1): 76-88.

Gudykunst, IV. B. (ed.), 2005, *Theorizing about Intercultural Communication*, Thousand Oaks, CA: Sage.

Hagmaier, T. & Abele, A. E., 2012, The multidimensionality of calling: Conceptualization, measurement and a bicultural perspective, *Journal of Vocational Behavior*, 81 (1): 39-51.

Hall, D. T. & Chandler, D. E., 2005, Psychological success: When the career is a calling, *Journal of Organizational Behavior*, 26 (2): 155-176.

Hall, E. T. & Whyte, W. F., 1960, Intercultural communication: A guide to men of action, *Human Organization*, 19 (1): 5-12.

Hall, S., 1997a, Cultural Identity and Diaspora, in K. Woodward (ed.), *Identity and Difference*, London: Sage Publications.

Hall, S., 1997b, *Representation: Cultural Representations and Signifying Practices*, London: Sage Publications in association with the Open

University.

Hambrick, D. C. & Mason, P. A., 1982, The organization as a reflection of its top managers, *Academy of Management Proceedings*, 1: 12–16.

Hammersley, M. & Atkinson, P., 2007, *Ethnography: Principles in Practice* (3rd ed.), London: Routledge.

Hartig, F., 2015, Communicating China to the world: Confucius Institutes and China's strategic narratives, *Politics*, 35 (3–4): 245–258.

He, G., An, R. & Zhang, F., 2019, Cultural intelligence and work-family conflict: A moderated mediation model based on conservation of resources theory, *International Journal of Environmental Research and Public Health*, 16 (13): 2406.

Hofstede, G., 1980, *Culture's Consequences: International Differences in Work-Related Values*, Beverly Hills, CA: Sage.

Hofstede, G., 1983, The cultural relativity of organizational practices and theories, *Journal of International Business Studies*, 14 (2): 75–89.

Jing, R. & Van de Ven, A. H., 2014, A Yin-Yang model of organizational change: The case of Chengdu bus group, *Management and Organization Review*, 10 (1): 29–54.

Johnson, J. P., Lenartowicz, T. & Apud, S., 2006, Cross-cultural competence in international business: Toward a definition and a model, *Journal of International Business Studies*, 37 (4): 525–543.

Kalmuss, D. & Seltzer, J. A., 1989, A framework for studying family socialization over the life cycle: The case of family violence, *Journal of Family Issues*, 10 (3): 339–358.

Kim, Y. Y. & Gudykunst, W. B., 1988, *Theories in Intercultural Communication*, Newbury Park, CA: Sage.

Kogut, B. & Singh, H., 1988, The effect of national culture on the choice of entry mode, *Journal of International Business Studies*, 19 (3): 411–432.

Kouzes, J. M. & Posner, B. Z., 2007, *The Leadership Challenge* (4th ed.), San Francisco, CA: Jossey-Bass.

Lewin, K., 1936, The psychology of success and failure, *Occupations*, 14: 926–930.

Lewis, M. W., 2000, Exploring paradox: Toward a more comprehensive guide, *Academy of Management Review*, 25 (4): 760–776.

Li, L. M., 2019, *Language Management and Its Impact: The Policies and Practices of Confucius Institutes*, New York and London: Routledge.

Lin, L., Li, P. & Roelfsema, H., 2018, The traditional Chinese philosophies in inter-cultural leadership: The case of Chinese expatriate managers in the Dutch context, *Cross Cultural & Strategic Management*, 25 (2): 299–336.

London, M. & Mone, E. M., 2006, Career motivation, in J. H. Greenhaus & G. A. Callanan (eds.), *Encyclopedia of Career Development*, Thousand Oaks, CA: Sage.

Lord, R. G. & Hall, R. J., 2005, Identity, deep structure and the development of leadership skill, *The Leadership Quarterly*, 16 (4): 591–615.

Luhmann, N., 1992, What is communication? *Communication Theory*, 2 (3): 251–259.

Lysgaard, S., 1955, Adjustment in a foreign society: Norwegian fulbright grantees visiting the United States, *International Social Science Bulletin*, 7: 45–51.

March, J. G., 1991, Exploration and exploitation in organizational learning, *Organization Science*, 2 (1): 71–87.

Maxwell, J. A., 1996, *Qualitative Research Design: An Interactive Approach*, Thousand Oaks, CA: Sage.

Mazzolini, R., 1974, European transnational concentration, *California Management Review*, 16 (3): 43–51.

Meer, N. & Modood, T., 2012, How does interculturalism contrast with multiculturalism? *Journal of Intercultural Studies*, 33 (2): 175–

196.

Meyer, D. K. & Turner, C. J., 2007, Scaffolding emotions in classrooms, in P. A. Schutz & R. Pekrun (eds.), *Emotion in Education*, San Diego: Academic Press.

Molleda, J. C., Kochhar, S. & Wilson, C., 2015, Tipping the balance: A decision-making model for localization in global public relations agencies, *Public Relations Review*, 41 (3): 335–344.

Moscovici, S., Israel, J. & Taifels, H. (eds.), 1972, *The Context of Social Psychology: A Critical Assessment*, London: Academic Press.

Northouse, P. G., 2016, *Leadership: Theory and Practice* (7th ed.), Thousand Oaks, CA: Sage.

Oberg, K., 1960, Cultural shock: Adjustment to new cultural environments, *Practical Anthropology*, 7 (4): 177–182.

O'brien, G. E. & Kabanoff, B., 1981, The effects of leadership style and group structure upon small group productivity: A test of a discrepancy theory of leader effectiveness, *Australian Journal of Psychology*, 33 (2): 157–168.

O'Reilly, D., Leitch, C. M., Harrison, R. T. & Lamprou, E., 2015, Leadership, authority and crisis: Reflections and future directions, *Leadership*, 11 (4): 489–499.

Penger, S., Dimovski, V. & Peterlin, J., 2015, Rethinking dialogue and education between Slovenia and China: Sustainability-our common language? *Journal of East European Management Studies*, 20 (2): 153–173.

Peterlin, J., Dimovski, V., Uhan, M. & Penger, S., 2015, Integrating stakeholders' multiple intelligences into the leadership development of a cross-cultural entity: Evidence from the CI Ljubljana, *Journal of East European Management Studies*, 20 (2): 202–225.

Peterson, C., Park, N., Hall, N. & Seligman, M. E. P., 2010, Zest and work, *Journal of Organizational Behavior*, 30 (2): 161–172.

Piaget, J., 1970, *Genetic Epistemology*, New York: Columbia University Press.

Poland, B. & Pederson, A., 1998, Reading between the lines: Interpreting silences in qualitative research, *Qualitative Inquiry*, 4 (2): 293 – 312.

Polgar, S. & Thomas, S. A., 1991, Measures of central tendency and dispersion, *Introduction to Research in the Health Sciences*, Melbourne, Churchill Livingstone: 178 – 193.

Portalla, T. & Chen, G. M., 2010, The Development and validation of the intercultural effectiveness scale, *Intercultural Communication Studies*, 19 (3): 21 – 38.

Powell, J. W., 1880, *Introduction to the Study of Indian Languages, with Words, Phrases and Sentences to Be Collected* (Smithsonian inst.), U. S. Government Printing Office.

Pratt, M. G. & Ashforth, B. E., 2003, Fostering meaningfulness in working and at work, in K. S. Cameron, J. E. Dutton & R. E. Quinn (eds.), *Positive Organizational Scholarship: Foundations of A New Discipline*, San Francisco, CA: Berret-Koehler.

Pudelko, M. & Harzing, A. W., 2008, The golden triangle for MNCs: Standardization towards headquarters practices, standardization towards global best practices and localization, *Organizational Dynamics*, 37 (4): 394 – 404.

Ralph, N., Birks, M. & Chapman, Y., 2015, The methodological dynamism of grounded theory, *International Journal of Qualitative Methods*, 14 (4): 1 – 6.

Ramos, S. G. & Lima, E. R., 1996, O secundarista e o processo de escolha da profissão, *Revista Brasileira de Estudos Pedagógicos*, 77 (185): 191 – 219.

Rao-Nicholson, R., Carr, C. & Smith, S., 2020, Cross-cultural leadership adjustment: A strategic analysis of expatriate leadership at a

British multinational enterprise, *Thunderbird International Business Review*, 62 (6): 675–687.

Redfield, R., Linton, R. & Herskovits, M. J., 1936, Memorandum for the Study of Acculturation, *American Anthropologist*, 38 (1): 149–152.

Reed, G. G., 2001, Fastening and unfastening identities: Negotiating identity in Hawaii, *Discourse Studies in the Cultural Politics of Education*, 22 (3): 327–339.

Robbins, S. P., Judge, T. A. & Breward, K. E., 2016, *Essentials of Organizational Behaviour* (1st Canadian edition), Don Mills, Ontario: Pearson.

Rosado-May, F. J., Cuevas-Albarrán, V. B. & Jimenez Pat, N. F., 2020, Intercultural leadership: An indigenous perspective in a multicultural world, in S. Dhiman & J. Marques (eds.), *New Horizons in Positive Leadership and Change: A Practical Guide for Workplace Transformation*, Springer International Publishing.

Rosso, B. D., Dekas, K. H. & Wrzesniewski, A., 2010, On the meaning of work: A theoretical integration and review, *Research in Organizational Behavior*, 30: 91–127.

Rost, J. C., *Leadership for the Twenty-first Century*, Westport, CT: Praeger, 1991.

Rotter, J. B., 1966, Generalized expectancies for internal versus external control of reinforcement, *Psychological Monographs*, 80 (1): 1–28.

Searle, W. & Ward, C., 1990, The prediction of psychological and social-culture adjustment during cross-cultural transitions, *International Journal of Intercultural Relations*, 14 (4): 449–464.

Shaw, J. B., 1990, A cognitive categorization model for the study of intercultural management, *Academy of Management Review*, 15 (4): 626–645.

Shore, L. M. & Wayne, S. J., 1993, Commitment and employee behavior: Comparison of affective commitment and continuance commitment with perceived organizational support, *The Journal of Applied Psychology*, 78 (5): 774 – 780.

Singer, M. R., 1987, *Intercultural Communication: A Perceptual Approach*, New Jersey: Prentice Hall.

Sirgy, M. J., 2002, Measuring corporate performance by building on the stakeholders model of business ethics, *Journal of Business Ethics*, 35 (3): 143 – 162.

Soares, D. H. P., 2002, *A escolha profissional: Do jovem ao adulto* (2nd ed.), São Paulo: Summus.

Sowell, T., 1991, A world view of cultural diversity, *Society*, 29 (1): 37 – 44.

Sternberg, R. J., 2007, A systems model of leadership: WICS, *American Psychologist*, 62 (1): 34 – 42.

Stogdill, R. M., 1974, *Handbook of Leadership: A Survey of Theory and Research*, New York: The Free Press.

Stogdill, R. M., 1948, Personal factors associated with leadership: A survey of the literature, *The Journal of Psychology*, 25 (1): 35 – 71.

Storey, J., 2010, Changing theories of leadership and leadership development, in J. Storey (ed.), *Leadership in Organizations: Current Issues and Key Trends* (2nd ed.), London and New York: Routledge.

Strauss, A. L., 1987, *Qualitative Analysis for Social Scientists*, Cambridge University Press.

Stryker, S. & Burke, P. J., 2000, The past, present and future of an identity theory, *Social Psychology Quarterly*, 63 (4): 284.

Tansky, J. W. & Cohen, D. J., 2001, The Relationship between organizational support, employee development and organizational commitment: An empirical study, *Human Resource Development Quarterly*, 12 (3): 285 – 300.

Thomas, K. W. & Schmidt, W. H., 1976, A survey of managerial interests with respect to conflict, *Academy of Management Journal*, 19 (2): 315-318.

Ting-Toomey, S., 2005, Identity negotiation theory, crossing cultural boundaries, *Theorizing about Intercultural Communication*: 211-233.

Tourish, D. & Robson, P., 2006, Sensemaking and the distortion of critical upward communication in organizations, *Journal of Management Studies*, 43 (4): 711-730.

Triandis, H. C., 1997, Where is culture in the acculturation model? *Applied Psychology: An International Review*, 46 (1): 55-58.

Tsai, C. J., Carr, C., Qiao, K. & Supprakit, S., 2019, Modes of cross-cultural leadership adjustment: Adapting leadership to meet local conditions and/or changing followers to match personal requirements? *International Journal of Human Resource Management*, 30 (9): 1477-1504.

Valle, I. R., 2006, Carreira do magistério: Uma escolha profissional deliberada? *Revista Brasileira de Estudos Pedagógicos*, 87 (216): 178-187.

Varner, I. I., 1999, International/intercuitural presence at ABC, 1980-1998, *Business Communication Quarterly*, 62 (1): 69-73.

Wall Jr, J. A. & Callister, R. R., 1995, Conflict and its management, *Journal of Management*, 21 (3): 515-558.

Walton, R. E. & Dutton, J. M., 1969, The management of interdepartmental conflict: A model and review, *Administrative Science Quarterly*, 73-84.

Wang, L. & Caceres-Lorenzo, M., 2019, Factors and learning strategies of preadolescents in Chinese as a foreign language. Case study in Spain, *ONOMAZEIN*, 43: 157-175.

Wang, Q., Clegg, J., Gajewska-De Mattos, H. & Buckley, P., 2020, The role of emotions in intercultural business communication: Language standardization in the context of international knowledge transfer, *Journal of World Business*, 55 (6): 1–21.

Wang, W. & Bale, J., 2019, Mentoring for new secondary Chinese language teachers in the United States, *System*, 84: 53–63.

Wang, X. & Yao, W. X., 2019, The Confucius Institute teachers' workplace training, *The Wiley Handbook of Global Workplace Learning*: 171–179.

Ward, C. & Kennedy, A., 1993a, Psychological and Socio-cultural adjustment during cross-cultural transitions: A comparison of secondary students overseas and at home, *International Journal of Psychology*, 28 (2): 129–147.

Ward, C. & Kennedy, A., 1993b, Where's the culture in cross-cultural transition? Comparative studies of sojourner adjustment, *Journal of Cross-Cultural Psychology*, 24 (2): 221–249.

Ward, C. & Kennedy, A., 1994, Acculturation strategies, psychological adjustment and sociocultural competence during cross-cultural transitions, *International Journal of Intercultural Relations*, 18 (3): 329–343.

Ward, C., Bochner, S. & Furnham, A., 2001, *The Psychology of Culture Shock*, Sussex: Routledge.

Wrzesniewski, A., 2003, Finding positive meaning in work, in K. S. Cameron, J. E. Dutton & R. E. Quinn (eds.), *Positive Organizational Scholarship: Foundations of A New Discipline*, San Francisco, CA: Berret-Kohler Publishers.

Yang, R., 2010, Soft power and higher education: An examination of China's Confucius Institutes, *Globalisation, Societies and Education*, 8 (2): 235–245.

Ye, W. & Edwards, V., 2018, Confucius institute teachers in the UK: Motivation, challenges and transformative learning, *Race Ethnicity and Education*, 21 (6): 843–857.

Yoshihara, C., 2009, Subjective well-being among the elderly: Influence from family of orientation and family of procreation, *Nara Women University Sociological Studies*, 16: 61 –75.

Yukl, G. A., 2010, *Leadership in Organizations* (7th ed.), New Jersey: Prentice Hall.

Zembylas, M., 2005a, Discursive practices, genealogies and emotional rules: A poststructuralist view on emotion and identity in teaching, *Teaching and Teacher Education*, 21 (8): 935 –948.

Zembylas, M., 2005b, *Teaching with Emotion: A Postmodern Enactment*, Greenwich: Information Age Publishing.

Zhu, H. & Li, W., 2014, Geopolitics and the changing hierarchies of the Chinese language: Implications for policy and practice of Chinese language teaching in Britain, *The Modern Language Journal*, 98 (1): 326 –339.

后　记

　　20世纪90年代，我在英国雷丁大学攻读博士学位。那时的雷丁，仅有十五六个来自中国内地的家庭，每家都有一个孩子。这些孩子平时去英国学校上学，但回到家，毫无例外，都要学习中文。这些从内地出来的家长特别重视子女的中文学习，商量着要办一个中文学校，方便孩子们集中学习。那时，雷丁有一所中国香港人设立的、教授粤语和繁体字的中文学校。这些内地出来的家长，由李丁民博士牵头，设立了一个普通话简体字班，挂靠在香港人设立的雷丁中文学校。1995年，我成了雷丁中文学校普通话简体字班的第一任语文教师，每周末义务教授中文和简体字。这一干就是四年。此后，这个普通话班扩大成了两个班。到雷丁中文学校成立三十周年时，学校已有十多个普通话简体字班，粤语繁体字班只剩下一个。

　　我将这段经历以及雷丁中文学校的发展，写进了我的博士学位论文。2004年，我作为"特聘院长"引进回国，创办华南理工大学国际教育学院。那时，第一所孔子学院刚刚开启。"普通话简体字"这一中文学习理念，一下子就让我对孔子学院的发展产生了浓厚的兴趣。2008年，我的泰国学生Thoranit Lilasetthakul（林德成）撰写的硕士论文就是关于赴泰汉语教师志愿者的，该论文获评为广东省优秀硕士论文。2011年，我们学校和英国兰卡斯特大学共建孔子学院，后又与美国爱达荷大学共建孔子学院，并创造性地与德国奥迪公司合作，创办了奥迪英戈尔斯塔特孔子学院。作为学校孔子学院办公室负责人，我

后 记

积极参与策划并促成这三所孔子学院的创办。

在这个过程中,我关注孔子学院的发展研究,先后获批国家汉办项目、教育部人文社科项目、国家社科基金一般项目,发表中英文论文,出版孔子学院研究专著。2016年,作为首席专家,我和我的团队成功获批国家社科基金重大招标项目"孔子学院跨文化传播与管理研究"。2021年,我们提交了百万字的成果,并以"良好"等级结项。目前出版的《孔子学院跨文化研究》正是这个重大项目的主要成果。

研究是与时俱进的,但成果的出版略显滞后。回首那么多的日日夜夜,我们奔走于世界各地不同国家、不同类型的孔子学院,听取"孔院人"的心声,我们畅谈、思考,终于形成了多姿多彩的孔子学院形态描写,也形成了这部书稿的主题与结构。其中的观点和内容,凝聚着我们(研究者)和他们(孔院人)思想的碰撞与交融,也记录着我们眼里的"他们",他们的工作经历和心声。在书中,我们呈现的不仅仅是学理,还有真实的日常,以及在此基础上的学理建构。

从开始下笔到现在收笔,这本书我已经不记得读了多少遍。每读一遍,我都会激动,会情不自禁地热泪盈眶、感慨万千。这些文字把我带到了那些特定情境、特别的故事里。一项事业需要一群人去奉献。孔院人把中文学习延伸到很多国家和地区,让世界各个角落的人学习用中文交流。我因孔院人而感动,并由衷敬佩,他们的伟大促使我下定决心尽快完成这一成果。志愿者们热情勇敢、蓬勃向上的精神状态感染着我,孔院教师与时俱进的职业情怀触动着我,孔院院长开拓进取、不断迎接挑战的斗志与精神激励着我,这些都凝聚成一股力量,注入我的心田,让我的研究与孔子学院发展同频共振。

感谢所有参加我们调研访谈的中外方院长、汉语教师、志愿者们,也感谢他们给我们机会去观摩课堂,参与他们的活动,等等。他们的故事娓娓道来,在异域他乡的奉献平凡可见,尤其是在巴基斯坦、马达加斯加孔子学院工作的同仁们,他们在非常艰苦的条件下工作的感人事迹,给我们调研团队留下深刻印象,也铭刻在我心里。在后续写作中,在对孔子学院的形态描写时,院长们又不厌其烦地帮我们校对、更正、说明,让一个客观真实的孔子学院呈现在"孔子学院形态描

后 记

写"之中。研究的过程有理性的思考,更有感恩的力量激励。

感谢在我们调研孔子学院期间接受访谈的院长和负责人,他们是:韩国彩虹孔子课堂金振武院长,韩国启明大学孔子学院魏义祯院长,日本立命馆孔子学院祖人植院长,马来西亚彭亨大学孔子学院郭伏良院长,泰国朱拉隆功大学孔子学院缪蓉院长,巴基斯坦伊斯兰堡孔子学院张道建院长,斯里兰卡科伦坡大学孔子学院黄薇院长,约旦安曼 TAG 孔子学院 Mamoun Abu Al-Sebaa 和杨松芳院长,德国英戈尔斯塔特孔子学院 Peter Augsdörfer 和张凤春院长,英国兰卡斯特大学孔子学院沈伟、张凤春和刘浵波院长,英国伦敦中医孔子学院王锐和刘婷婷院长,英国黑池周日中文学校教学点负责人李靖老师,英国图丽博物馆教学点负责人黄中辉老师,冰岛大学北极光孔子学院 Magnus Bjornsso 和祁慧民院长,俄罗斯乌拉尔联邦大学孔子学院玛利亚和陈辉院长,俄罗斯伊尔库茨克大学孔子学院古丽和曹英华院长,俄罗斯远东联邦大学孔子学院古丽洛娃和李芳院长,挪威卑尔根孔子学院 Rune Ingebrigtsen 院长,美国爱达荷大学孔子学院 Jeff Kyong-McClain 和薛荷仙院长,美国罗德岛大学孔子学院何文潮院长,美国罗格斯大学孔子学院史皓元院长,美国迈阿密达德学院孔子学院余学钧院长,美国乔治梅森大学孔子学院王丽虹和金晶院长,加拿大滑铁卢大学孔子学院李彦院长,巴西里约热内卢天主教大学孔子学院乔建珍院长,秘鲁天主教大学孔子学院 Ruben Tang 和黄皓院长,马达加斯加塔马塔夫大学孔子学院颜峰院长,马达加斯加塔那那利佛大学孔子学院祖拉桑院长和教师们,苏丹喀士穆大学孔子学院田河院长,澳大利亚维多利亚大学商务孔子学院 Colin Clark、王蓓和张维亮院长,以及中国驻英国、德国、俄罗斯、日本、巴基斯坦、斯里兰卡等多个国家使领馆的相关工作人员。此外,还要感谢参加"孔子学院跨文化传播与管理研究"重大项目开题报告会、研讨会、结项报告会等各种线上、线下会议的专家学者,他们的宝贵意见和中肯建议是完善这项成果并使其顺利面世的重要保障。原国家汉办及代表处也对本调研给予了关心与帮助,在此一并表示感谢。

我很幸运自己有一个非常好的团队。由衷感谢子课题负责人美国

后 记

哥伦比亚大学刘乐宁教授、美国罗德岛大学陈国明教授、瑞典斯德哥尔摩大学房晓辉教授、华南理工大学刘程教授、山东大学王彦伟教授。是他们,不断给我力量,给我思想,给我激励。从开题到结项,我们线上、线下多次开会讨论,发表观点,思想在碰撞中升华,研究在交流中推进。衷心感谢我们团队的每一位成员,他们有的参与前期工作,到各孔子学院去田野调查;有的参与中期工作,进行几百万字的一手数据分析;有的参与后期工作,参加专著的撰写与校对。一遍遍修改,一字字斟酌,我的同事与硕士研究生、博士研究生、博士后在这个枯燥与反复的过程中陪伴着我,支持着我,他们是:邓柳叶、谷欣然、郭旼灵、何蓓婷、何国华、李玉然、刘国力、佘佳梅、徐光毅、薛晨、易小词、张果、张欢、朱卉、朱佳佳。

最后,我要感谢中国社会科学出版社和华南理工大学。这是我第四次在中国社会科学出版社出版孔子学院研究方面的专著。2012 年,我们出版了《孔子学院传播研究》;2015 年,我们出版了《孔子学院中方人员跨文化适应能力研究》;2017 年,我们又出版了《孔子学院跨文化传播影响力研究》。尤其要感谢刘志兵编辑,他是我们第一本孔子学院研究专著的责编,也是现在这本书的责编。前后十多年,刘志兵编辑一直和我们并肩前行,支持和鼓励着我们。华南理工大学作为项目管理单位,一直全方位支持该项目研究、关注其进展,并资助研究成果出版。

回望过去,我对国际中文教育的兴趣已持续了近三十年。让中文成为世界通用语,让世界了解我们,让我们走向世界,这是我始终如一的信念。我将无怨无悔地继续走下去。感谢所有鼓励和支持我的同仁们,勇气与幸运都来源于你们。

本人才疏学浅,错漏难免,敬请各位方家批评指正。

安然于广州大学城

2023 年 7 月